KB063979

한국광복군 인면전구공작대장

韓志成의 독립운동 자료집

이 자료집은 한지성 대장의 조카들 및 姪壻 서홍우 회장의 지원으로 간행됩니다.

한국광복군 인면전구공작대장

韓志成의 독립운동 자료집

초판 1쇄 인쇄 2022년 7월 8일
초판 1쇄 발행 2022년 7월 15일
초판 2쇄 발행 2022년 9월 8일

편 자 | 김영범

발행인 | 정홍규 · 윤관백
발행처 | 한국광복군 인면전구공작대 기념사업회 · 선인

편 집 | 이경남 · 박애리 · 이진호 · 임현지 · 김민정 · 주상미
영 업 | 김현주

등 록 | 제5 - 77호(1998.11.4)
주 소 | 서울시 양천구 남부순환로 48길 1(신월동 163-1) 1층

전 화 | 02)718 - 6252 / 6257
팩 스 | 02)718 - 6253
E-mail | sunin72@chol.com

정 가 90,000원
ISBN 979-11-6068-723-1 93910

한국광복군 인면전구공작대장

韓志成의 독립운동 자료집

김영범 편

한국광복군 인면전구공작대 기념사업회 · 선인

인면전구공작대장 시절의 한지성 선생 존영

분단을 품는 한지성 대장의 민족운동을 기억하며

정 홍 규 (한국광복군 인면전구공작대 기념사업회장)

늦었다고 생각되는 때가 가장 빠른 때라는 말이 있다. 한지성 대장의 스토리가 바로 그렇다.

한국광복군 인면전구공작대는 처음 9명이 파견되었고 활동기간은 불과 2년이었지만 그 역사적 의미는 압도적으로 크다. 대한민국 임시정부가 독립전쟁을 위해 편성해놓은 한국광복군의 임무를 제2차 세계대전의 동남아 최전선에서 '유일하게' 구현해낸 부대였기 때문이다.

그동안 매스컴에서 간헐적으로 보도된 적은 있지만, 한지성 대장의 독립운동 스토리가 죄다 밝혀진 것은 아니었다. 그런데 이제 비로소, 그 전부가 우리의 시야 안에 들어오게 되었다. "드디어, 이렇게!"라고 아니할 수 없다.

이 자료집은 한지성 대장의 애틋한 민족애와 고난에 찬 독립투쟁의 자취를 있는 그대로 보여줄 것이다. 수많은 애국 동지들의 염원과 온 가족의 큰 소망이 마침내 이루어져 의미 있는 결실을 맺었다. 실로 감개무량이다.

어쩌다 우리의 골수에 박혀버린 분단 이데올로기는 우리 민족이 짊어지게 된 십자가이다. 우리가 넘어서야 할 미완의 부활이기도 하다. 그렇다면 한지성 대장의 전 생애가 아직은 미완성의 이야기로 남는 것 또한 우리의 십자가이다. 우리 모두가 한반도와 동아시아의 평화를 가꾸어가는 것이 그 보속이 되어줄 것이다.

어려운 작업을 도맡아 뚝심 있게 진행해 주신 김영범 교수님께 감사드린다.

돌이켜보니 1987~1989년, 성주 가천성당에서 사목할 적에 한지성 대장님의 생가를 방문할 때면 언제나 침묵으로 일러주시던 형수 분 김알로이시아님! 천국에서 우리 모두를 위해 빌어주소서!

一當百의 기백과 以死救國의 정신으로 독립운동을 하신 志成 숙부님께

비나이다

비나이다

천지신명께 비나이다.

조부모님께서는 매월 초하루, 보름의 새벽에 정화수를 떠 놓고 소식조차 알 길 없는 작은아들(한재수=한지성)의 건강과 무사함을 기원하셨던 것입니다. 참으로 애틋한 마음이셨을 거라는 생각에 불현듯 눈시울이 젖어듭니다.

조부님께서는 총명하고 성실한 두 아들이 실업계로 진출하는 것이 일신의 영달 도모를 떠나 일제 치하의 우리 민족의 힘을 기르는 데 보탬이 될 것이라 여기시어 장남(한갑수)은 대구공립농림학교로, 차남(한재수)은 대구공립상업학교로 유학 보내고 세상을 얻은 것처럼 기뻐하셨습니다.

아니나 다를까, 숙부님께서는 1931년 대구공립상업학교를 졸업(제4회)하자마자 양친을 찾아뵙고 큰절 올리면서 "중국으로 가서 학업에 정진하고 항일독립운동을 할 것이며, 조국이 광복될 때까지는 돌아오지 않겠습니다."고 의연히 뜻을 밝히셨습니다. 그리고는 곧장 중국으로 떠나셨습니다.

힘들게 키운 자식, 가까이 두고픈 생각이 왜 없었겠습니까마는, 명문 학교 졸업으로 보장될 좋은 직장도 마다하고 떠나려는 아들의 품은 뜻이 워낙 장대 고결한지라 조부모님께서는 아무 말씀도 못 하셨다지요. 떠나는 뒷모습을 그저 망연히 바라볼 수밖에 없으셨다고 합니다.

그렇게 숙부님께서 중국으로 가신 후에 조부님께서는 독립군 된 아들의 행방 추적에 협조하지 않는다는 이유로 일본 순사로부터 구타당하고 상시 관찰 대상으로 지목되어 감시와 가택수색 등으로 하루도 편할 날 없이 지내셨습니다.

광복 후 1946년 봄, 숙부님께서는 안금생 숙모님과 함께 그토록 그리던 고향에 오셨지요. 그때 성주군과 면사무소에서는 독립투사가 돌아오셨다고 성대한 환영식과 잔치를 베풀어 환대해 주셨으며, 당신께서는 고향 어른들과 친지들을 찾아뵈면서 양친 및 형님 가족과 함께 참으로 행복한 시간을 보내셨습니다.

고향에 계시는 약 한 달 동안에 독립투사인 숙부님과 안중근 의사님의 조카인 안금생 숙모님(안공근 지사의 차녀)을 직접 보려고 인근지역에서 날마다 찾아오는 손님들로 집안이 연일 북새통을 이루지 않았겠습니까.

그러던 어느 날, 숙부님은 갑수 형님께 "죽음을 각오하고서 해내야만 하는 항일투쟁으로 결혼이 늦어졌고, 독립운동에 방해가 될까 봐 자식을 낳지도 못했습니다. 조국의 완전독립이 이루어져 좋은 시절이 오면 아들 하나를 양자로 주실 것을 부탁합니다."는 말을 드렸지요. 그리고는 나라 위해 할 일이 많다면서 양친과 형님의 만류를 뿌리치고 다시 서울로 가셨습니다.

재수야...... 재수야......

그토록 사랑하던 작은아들의 이름을 마지막으로 부르면서 조모님께서는 제 나이 일곱 살 되던 해(1956년) 여름에 세상을 떠나셨습니다. 소식조차 알 수 없어 애태우시며 가슴에 맺힌 한(恨)만 엄청나게 커진 채로였습니다.

얼마나 보고 싶어 하셨을까?

얼마나 얼싸안아보고 싶어 하셨을까?

생이별 15년 후의 짧고도 짧은 한 달의 해후(邂逅).

그리고는 다시 헤어진 자식의 무사함만을 기원하시다 마음의 병만 얻고 그렇게 세상을 떠나셨습니다.

조부님께서는 두 아들에게 그러셨듯이 어린 손자들도 대여섯 살만 되면 아침 6시쯤에 어김없이 사랑방으로 불러 천자문과 품행을 가르치셨습니다. "너희 숙부를 본받아라. 불의

에 맞서 정의롭게 행동해야 한다. 특히 혼자 있을 때 그 언행을 올바르게 함이 군자의 도리이다."라고 말씀하시면서 정의(正義)와 신독(愼獨)을 강조하셨습니다. 숙부님의 정의롭고 강직하던 성품은 필시 이러한 조부님의 가르침에서 길러져 나온 것이 아니었을까 생각되옵니다.

조부모님!

올해 7월이면 그토록 사랑하셨던 아들 재수(지성) 탄생 110주년 기념으로 『한국광복군 인면전구공작대장 한지성의 독립운동 자료집』을 저희가 출간합니다.

얼마나 기쁘시옵니까? 애끊는 아픔으로 가슴 속에만 품고 사셨던 아들의 발자취를 낱낱이 훑어보시고 기뻐하십시오! 더덩실 춤을 추십시오!

하늘의 숙부님!

당신의 그 높은 기상과 고결하신 뜻을 온 천하에 이제라도 널리 알리게 되었으니, 원통하여 부릅뜨고 계실 두 눈 감으시고 편히 쉬시옵소서! 편히 쉬시옵소서!

당신의 생가 터에, 전쟁터에, 기념관과 기념탑을 세울 수 있도록 저희에게 무한한 열정과 용기를 북돋아 주십시오.

2016년부터 한지성 대장 기념사업을 추진하기 시작한 저희들은 숙부님의 독립운동 사실과 그 내용이 세간에 잘 알려지지 않았음을 알게 되었습니다. 그래서 그 독립운동 업적이 제대로 알려지고 평가받게끔 하는 것이 저희에게 새로 안겨지는 가장 중요한 소명임을 새삼 느꼈습니다. 그러던 터에 드디어 이렇게 자료집을 편간하게 되니, 그 기쁜 마음을 어찌 말로 글로 다 표현할 수 있겠습니까? 기념사업회 회원들과 저희 후손들은 "만만세!"를 외칩니다.

우선 하느님께 감사드리며, 이렇게까지 진전될 수 있도록 힘과 용기와 도움을 주셨던 모든 분께 머리 숙여 감사드립니다.

저는 이 기념사업을 추진해오던 중에 숙부님께서 일당백(一當百)의 기백과 이사구국(以死救國)의 정신으로 완전한 조국독립과 민주주의정부 수립, 자유와 평등의 세계질서 건립을 주창하셨음을 알게 되었습니다.

숙부님의 혼(魂)은 오로지 조국의 완전한 독립을 염원하셨으니, 그 숭고한 애국심에 이 후손은 숙연해질 뿐이옵니다.

그러므로 이 지면에서 마지막으로 드리고 싶은 말씀은, 조국과 민족을 위해 목숨도 버리셨던 순국선열들의 숭고한 희생정신과 드높은 뜻을 지금의 우리 모두는 물론이고 후세대대로 가슴에 새기어 위대한 대한민국을 이루어내는 데 일획의 규범이 되었으면 하는 바램이 절실하다는 것입니다.

이번 주말에는 손주들을 데리고 조상님들의 묘소에 들러 조부님, 부친께서 가르침을 주셨던 정의와 신독의 중요함과 독립지사 한지성 대장님의 이야기를 또다시 들려 주려합니다.

한지성 할아버지는 대여섯 나라의 언어에 능통하셨느니라.

축지법을 쓰셨느니라.

일본군 서너 명은 끄떡없이 물리치셨느니라.

그중에 제일은 죽음으로써 영원한 생명을 구한다는 순국의 정신으로 독립운동에 헌신하며 나라 위해 일생을 바치셨다는 것이라고 말입니다.

햇볕이 참 따스하게 내리쬐고 있습니다. 눈이 부십니다.

감사합니다.

2022년 4월

숙부님의 조카들을 대표하여 **한석동** 올림

축간사

한국독립운동사에 샛별같이 빛나는 韓志成 志士님의 '독립운동 자료집' 간행을 평소 그분을 흠모하는 동향 후진으로서 진심으로 경하하여 마지않는다.

민족의 최고 가치는 자주와 독립이다. 이를 수호하기 위한 투쟁은 민족적 성전이고, 이 성전에 몸을 바친 의인(義人)은 영원한 민족의 항성(恒星)으로 추앙받는다.

한 지사는 성주(星州)가 낳아서 조국의 독립 전선에 바친 인물이다. 자고로 산자수명(山紫水明)한 곳에서 인걸이 남이 대자연의 섭리라고 한다. 한 지사는 가야산의 정기를 받고 대가천(大伽川) 맑은 물에 심신을 단련하였고, 유년 시절부터 용모가 단아하고 천품이 영명하여 장차 나라의 동량으로 주위의 칭송과 기대를 모았었다.

한 지사는 1931년 대구공립상업학교를 졸업하고 은행 또는 여타 공직에 취업하면 단란한 가정과 안일한 생활이 보장될 수 있었다. 그러나 이를 외면하고 19세에 조국의 독립투쟁을 위해 중국으로의 험난한 망명길에 올랐다. 이로 미루어보면 한 지사에게는 이미 이때 분명한 역사의식과 국가관이 확립되어 있었던 것으로 짐작된다. 비록 나이는 젊었지만 사려는 깊고, 판단은 명석하며, 행보는 의로웠던 것이다.

한 지사는 망명 직후 1932년 9월에 중국국민당 중앙정치학교(교장 장개석) 대학부에 입학하여 1936년 8월에 졸업함으로써 학문과 식견을 더욱 넓히고 독립운동 전선에 참여하여 그 활약상은 다양하고 장중하였다. 그 중 대표적인 몇 사항만 추려보면, 첫째 영국군의 요청에 따라 광복군이 파견한 인면전구공작대(印緬戰區工作隊) 대장으로서의 활약상이다. 인면전구공작대는 1943년 8월부터 1945년 8월까지 인도·버마 전선에 파견되어 일본군과 대적 중인 영국군을 도와 대전과를 거두었다. 한 대장과 대원들은 영어와 일본어에 능숙하여 일본군으로부터 노획한 작전계획서와 암호를 판독하고 일본군 33사단에 포위된 영국군 제17사단을 무사히 귀환시키는 전공을 세워 영국 국왕으로부터 훈장을 수여했다.

여기서 특히 주목을 끄는 것은 인면전구공작대의 참전으로 광복군이 미·영·중 연합군과 함께 대일전에 참가했다는 의의를 가졌음과 아울러, 1910년의 국망 이후로 40여 년 단절되었던 영국과의 국교가 재개되는 계기를 마련했다는 역사적 성과이다.

둘째, 한 지사는 1938년 10월 10일에 조직되어 광복군의 한 축(軸)이 된 조선의용대의 외교주임으로 선임되어 활동하는 한편, 1942년 10월 20일 약관 30세에 김원봉, 김상덕, 유림, 이연호 등과 함께 경상도를 대표하는 임시의정원 의원으로 당선되어 임시정부 선전부장 김규식과 함께 선전위원으로도 활약했다. 그러던 중에 임시정부 승인 및 광복군 문제에 관하여 임시의정원이 중국참정의회로 보낼 전문의 초안 작성자로 조소앙과 함께 지명되기도 했다. 당시 재중 한인 독립운동가들은 외교적 방략으로 독립을 쟁취해야 한다는 인식이 고조되어 있었는데, 그 외교의 한 축을 한 지사가 담당했다는 사실은 대단히 돋보이는 점이다.

한 지사께서 오직 조국광복을 위해 헌신한 생애를 생각할 때 오늘날 우리 후진들은 참으로 마음이 숙연해진다. 한 시대의 지성으로서 과연 어떻게 사는 것이 참된 삶인가 고뇌하지 않을 수 없다.

인생이란 아침 햇살의 이슬과도 같다고 하지만, 한 시대를 이끄는 지성의 행보는 나라의 진운(進運)과 궤를 같이한다. 한 지사는 겸인지용과 견인불발의 의지를 겸비하고 한 시대를 이끈 한국 지성의 표본이다. 우리들의 무한한 존경과 추앙을 받고 있으며, 지사께서 남긴 유덕은 독립운동사에 길이 빛날 것이다.

2022년 4월

전 도산서원 원장 **이윤기** 삼가 씀

기념사

우리나라 독립운동사는 아직 완결되지 않았다. 무수한 별들이 명멸했지만 그분들의 기록들이 온전하게 정리되어 남겨진 상태가 아니다. 많은 독립운동 연구가들이 심혈을 기울여 발굴하고 정리하고 조각보처럼 엮어냈지만, 아직도 집대성된 독립운동사가 되기는 멀었다. 그 이유의 상당 부분은 해방정국에서 사상적으로 갈리고 조국이 분단되고 급기야 남북이 전쟁으로 치달아 피아간의 적대적 관계로 악화됨에 따라 역사 자체가 표류하였기 때문이다.

이 때문에 광복군의 최대의 성과라 할 수 있는, 2차 대전에 직접 참여한 인도·버마전구공작대(印緬戰區工作隊)의 성과에 대하여 대다수 국민이 알지 못하고, 또 설령 알아도 크게 말하지 못해 온 것이 사실이다. 왜냐하면 대장 한지성은 해방정국의 혼란한 시대적 상황과 남한의 미군정 당국이 통치했던 시기에 불편함을 느끼고 그래도 무엇인가 가능한 것이 북한에 있지 않을까 오판해서 넘어간 것이 그만 사상적으로 갈렸기 때문이다.

한지성(韓志成)은 누구인가?

그는 1912년 경북 성주에서 태어났다. 약관 19세에 중국으로 망명한 혈기 왕성한 애국청년이었고 중국에서 중앙정치대학을 졸업한 인텔리였다. 이어서 조선의용대의 선전을 도맡아 활약했고 외교 주임으로 일찍부터 대외관계에 눈을 떴다. 1942년 30세 때 대한민국 임시의정원의 경상도 의원으로 피선되었고 31세 때 재중자유한국인대회에 청년대표로 참석하였다.

인면전구공작대란 무엇인가?

다 아시는 바와 같이, 1940년 9월 광복군이 중국 전시수도 충칭(重慶)에서 재창설되었다. 각지에서 독립운동을 전개했던 독립군과 의용대들이 대한민국임시정부의 국군으로 모인 것이다. 당시 임시정부의 지상과제는 어떻게 하든지 연합국의 일원으로 항일전선에 참여하자는 것이었다. 그러므로 1941년 12월 9일(충칭시간), 일본이 진주만을 기습한 다음 날 미국이 대일선전포고를 했고, 그다음 날 대한민국임시정부도 김구 주석과 조소앙 외교부장의 명의로 대일선전포고를 하였다.

이어서 1943년 광복군 총사령부는 미국의 전략정보국(OSS, Office of Strategic Services)과 영국의 특수작전부(SOE, Special Operation Executive) 합동 요청으로 인도·버마지역의 대일작전부대로 한국광복군 인면전구공작대를 파견하였다. 공작대장으로 특수작전 능력과 동남아 지리에 밝으며 영어에 능통한 당년 31세의 한지성이 대장으로 선발되고, 대원은 부대장 문응국을 비롯하여 9명으로 편성되었다. 이들의 임무는 당초에는 선무공작 및 심리전이었다. 그러나 작전이 진행되면서 포로 신문, 통신문 해독(解讀)까지 다양한 작전에 참여했다. 특히 당시 영국군부대는 일본어에 익숙하지 않았다. 이들을 위해 적의 암호문을 해독하여 일본군의 동향을 물샐틈없이 파악하였고, 연합군은 일본군의 포위망을 뚫고 버마 국경선을 넘어 인도까지 철수하는 작전을 성공적으로 완수할 수 있었다.

인면전구공작대의 작전 능력을 높이 평가한 연합군 측은 이 부대를 증원하고자 한때 한지성 대장을 충칭으로 보내 증원 요원을 훈련시키고 투입하려 하였다. 그러나 급박한 전선의 사정으로 실현되지 못했다.

한지성 대장과 대원들은 1945년 일본이 항복할 때까지 전선에 머물면서 혁혁한 공로를 세웠다. 한때 적의 후방으로 비밀공작도 하였고, 그 과정에 한지성 지사는 안중근 의사의 조카딸 안금생(安錦生, 안공근의 딸)과 결혼하였다. 그리고 해방이 되고 충칭으로 귀환하였다. 충칭에서 임시정부 요인들이 모두 귀국한 이후에도 사후 정리를 위하여 남아서 복무하였고, 46년에 귀국하였다.

한지성은 귀국한 이후, 주로 진보계 중간파인 김원봉과 같이 조선민족혁명당과 민주주의민족전선에 가담하여 활동하였다. 하지만 해방정국에서 중간파 김규식·여운형 등의 좌우합작운동조차 설 땅이 없는 극우적 정치 분위기에서 조선민족혁명당은 활동공간을 찾지 못하였다.

1948년 남과 북에서 각각 단독정부가 수립되는 상황에서 한지성 지사는 민족분단을 막으려는 마지막 몸부림으로 김원봉 일행과 함께 남북협상 길에 나서서 평양으로 향했다. 하지만 협상은 무위로 끝났으며 그분들은 다시 서울로 복귀하지 않았다. 장개석 총통이 지도하는 중국국민당 군사위원회의 도움으로 항일무장투쟁을 한 조선의용대 사람들이 소련의 절대적 후원으로 수립되는 조선민주주의인민공화국 체제에서 온전히 살아남을 수 있었을까? 여기서 또 다른 오판은 시작된 것이다.

나는 한지성 지사가 교조적인 공산주의에 전도된 분이라고 보지 않는다. 더욱이 김일성식 우상화 왕조 국가를 지지할 분은 결코 아닌 것이다. 그분은 진보적 민족주의자일 뿐이다. 해방정국에서 선택할 공간이 제한되어 오판했고 배반당한 진보적 인사가 많았는데, 이분도 그 가운데 한 분이라고 생각한다.

한지성 애국지사에 대하여 왜 그렇게 판단하느냐고 반문한다면, 1951년 1·4 후퇴 당시 미처 남하하지 못해 서울에 잔류하신 정정화 여사님을 우연히 만난 한지성 선생이 여사님을 비롯한 애국지사 가족들—모두가 납북된 인사들의 가족분들을 위하여 식량과 생필품을 제공하였음을 말해주고 싶다. 공산주의자는 이런 온정을 베푸는 것을 죄악시하는 교조적인 집단이다. 서울이 수복된 이후 정정화 여사님은 오히려 남쪽 수사기관에서 혹독한 조사를 받았다.

오늘 한지성 선생을 위한 모든 자료를 모아서 이 책을 펴내는 것은 대단히 의미가 크다 하겠다. 왜냐하면 한 애국지사의 담백한 민족적 양심과 정열이 남북 양측에서 배신당한 처절한 우리의 역사를 다시 회고하는 작업이 되기 때문이다.

이제 대한민국은 성공한 나라로 꼽힌다. 세계에서 산업화, 민주화 모두를 성공시킨 모범 국가로 추앙받고 있다. 그러므로 과거의 일시적인 사상적으로 방황했던 시기의 역사도 반드시 정리하고 가야 한다. 이 자료집은 그런 역사 반추의 좋은 자료임을 강조한다.

그간 한지성 애국지사의 유족분들처럼 남북 양측으로부터 박해받은 역사를 이겨내신 모든 분의 쓰라린 고통에 심심한 위로를 드립니다. 또한 이 자료집을 위해 수고하신 여러 분의 정성과 노고가 값지다는 말씀도 같이 드립니다.

2022년 4월 11일 대한민국임시정부 수립일에

우당교육문화재단 이사장 **이 종 찬**

편자 서문 겸 해제

1. 역사의 결을 거슬러 솔질하기

한지성 선생(이하 '한지성')은 경상북도 성주 출신의 독립운동가이다. 지금까지 잘 알려지지 않았고 독립유공자 서훈도 안 되어 있다. 근래야 재발견된 것처럼 이따금 언급된다. 그러면 그저 스쳐 가는 이름밖에는 안 될 미미한 존재였는가? 단연코 그렇지 않다. 스물다섯 무렵에 독립운동에 투신하여 여러 중요조직을 거쳐 갔고 1943년부터 1945년까지는 한국광복군에서 파견한 선전공작대의 대장으로 인도·미얀마의 대일전선에서 활약했다. 오직 현 서훈 제도상의 어떤 제약 요소로 인해 미 서훈 상태일 뿐이고, 그것은 결국 한국현대사의 어떤 질곡에서 비롯되는 일이기도 하다.

돌이켜보면 한지성은 1930년대 중반의 독립운동 전선에 등장하여 1945년 일제의 패망으로 조국이 광복되기까지 한시도 쉼 없이 활동해갔다. 발자취 뚜렷하고 공로는 커서, 그때의 국외 독립운동 진영에서 그를 모르는 이는 좌·우 어느 편에도 없을 정도였다. 그만큼 비중 있는 위치에서 탁월한 역량을 발휘하여 우뚝 서는 존재로 인정받았다. 해방되고 환국해서는 갈수록 복잡해지는 정치 상황 속에서도 자주적 통일정부 수립과 완전독립의 의지를 불태우며 분투하였다. 그런데 바로 그 때문에 미군정과 친일잔재 경찰의 탄압을 받게 된다. 그러자 불가피한 선택과도 같이 다가온 북행길에 몸을 실었다. 그것이 이 땅에서 그가 결국 무명의 존재처럼 되어버린 연유이다.

과거사의 엄연한 사실과 후대의 인식·기억 사이의 큰 괴리는 이처럼 우리의 독립운동사에 여전히 남아있다. 그런 일이 한지성의 경우에만 벌어지는 것이 아니긴 하다. 그러나 분단체제가 만들어낸 비정상의 상황이 너무 오래 고착되다 보니 국민 일반의 역사의식이나 정의 감각이 크게 뒤틀리고 연약해져 버린 것 같아 보이기도 한다.

그럴진대 이 자료집을 내기로 할 때는 일면 조심스러운 바 없지 않았다. 공연히 긁어

부스럼 격의 일을 벌인다는 말이 나올 수도 있었다. 그럼에도 용기를 내 곧장 일을 추진했다. 이렇고 저렇고의 거창한 명분 이전에 후손들의 간절한 희원과 소망을 저버릴 수 없다는 것이 가장 큰 이유였다.

독립운동사학계에서 한지성에 대한 연구관심의 싹이 돋아 구체적 결실로 이어진 것은 이제 10년도 채 안 된다. 서울시립대 대학원생 류동연이 성주 현지 조사와 문헌 연구를 통해 얻은 결과를 갖고서 「韓志成의 활동을 통해 본 1930~40년대 在中한인독립운동의 一樣相」이라는 제목의 석사학위논문을 작성, 제출해 2014년 겨울에 인준받았다. 그것을 보충하고 다듬어 「韓志成의 생애와 민족운동」이라는 제목의 논문을 투고해 학술지에 게재된 것은 그 이듬해였다. 앞서 2009년에 독립기념관 한국독립운동사연구소의 박민영 연구위원이 인도·미얀마 현지 출장 조사와 관련 문헌 연구에 기초해 「한국광복군 印緬戰區工作隊 연구」 논문을 집필하고 학술지에 발표했었는데, 선구적인 문제의식이었음에도 큰 반향을 얻지는 못했던 것 같다. 그러다 류동연의 위 논문이 나오면서 상승효과를 얻고, 매스컴 일각에서도 관심 갖고 조명하니 인면전구공작대가 조금씩 알려지기 시작했다. 다시 2020년에는 류동연이 자료소개문(「R. C. Bacon 유족 제공 자료를 통해 본 인면전구공작대」)과 새 연구논문(「한국광복군 인면전구공작대의 파견 배경과 성격」)을 연이어 발표하였다.

그러던 중 2017년인가에 편자는 한지성의 서훈 문제에 관한 전화문의를 후손대표 되는 장조카분으로부터 받았다. 일단은 서류 갖추어 지역 보훈청에 신청해놓기를 권했는데, 그것 말고는 달리 해드릴 바도 없었다. 권유대로 신청은 했으나 얼마 후 보훈처 공적 심사에서 서훈 보류로 의결되었다는 후문이 들려왔다. 말할 것도 없이 이유는 '사후행적 이상'이었을 것이다. 아쉬운 결과이긴 하나 어쨌든 현재로서는 받아들일 수밖에 없기도 하다. 그 무렵 몇몇 극영화가 주는 메시지의 큰 울림과 더불어 3·1운동 100주년 도래라는 계기도 작용함에 독립운동사 속의 묻힌 사실들과 관련 인물에 대한 대중적 관심이 일기 시작했다.

그래서일까, 후손 측에서 학술회의를 한 번 개최했으면 하는 바램과 함께 조언을 구해왔다. 편자는 동의하지 못하고 재고를 권하였다. 자칫 자족적 의례로 그치고 빛 좋은 개

살구 식의 장식성 행사가 되어버릴 공산이 큰 일회성 학술회의보다는 내실 있게 지속적인 효과를 낼 수 있을 자료집 편간이 우선되어야 한다는 생각으로였다. 제대로 된 자료집을 펴내 널리 배포하고 공개해놓으면 학술회의도 자연히 알맹이 있게 조직되고 의미 있게 치러질 것이라 함이었다. 그래서 자료집 우선 간행을 강력히 제안하니, 인면전구공작대 기념사업회장(정홍규 신부)께서 흔연히 찬성하고 후손 측도 곧 동의하였다. 그러다보니 결국은 자료집 편간을 주관해가는 일이 역량 미급의 이 편자에게 맡겨졌고, 준비 작업이 2020년부터 시작되었다.

여러 사정상 편찬위원회를 따로 꾸려 조직하진 못하고 기획부터 실무까지 거의 만사를 혼자 부담해 조금씩 진행해가야 했다. 쉽지 않은 일이긴 했다. 그래도 한 가지 다행스러운 바는 후손들이 전부터 한지성의 생전 행적 관련 자료들을 소리 없이 조금씩 찾아내 모아왔고 상당수의 것이 복사물로라도 확보되어 있었다는 것이다.

그래도 그것만 갖고 자료집을 낼 수 있을 정도는 아니었다. 더 널리 자료를 탐색하고 찾아내 보충해서 깔끔하게 한 번은 매듭지어놓아야 했다. 그러려면 시야를 대폭 넓혀 다양한 자료원을 꼼꼼히 살피고 탐색해봐야 하고, 수집되는 모든 자료를 잘 정돈해 조직적으로 배치해낼 틀도 세워두어야 했다.

대략의 그런 설계를 갖고 시작된 편간 준비 작업은 최대한의 자료 구득과 재정리, 기존 번역과 원문과의 축자 대조·검토, 전자를 살리면 전문 교열 혹은 문체변환, 안되겠다고 버리면 재번역, 신출자료는 새로 번역 등의 일들로 꼬리를 물고 이어졌다. 지지부진해 보였지만 그래도 조금씩 성과가 쌓이고 진전을 이뤄냈다. 그 과정에 후손 쪽을 대리하는 한옥동님과 종종 연락을 취해 의견을 나누거나 도움받기도 했다. 그리고는 올 초부터 박차를 가하니 작업에 속도가 붙으면서 웬만한 자료는 다 섭렵해 갖춰졌다고 자신할 수도 있게 되었다. 그리하여 내정 기일 안에 그래도 번듯한 품새의 자료집이 나오게 되니 정말 다행이라 여긴다. 탄생 110주년이 되는 2022년에는 꼭 낼 수 있도록 하자고 거듭 다짐 두고 독려도 했었기 때문이다.

2. 수록 자료의 범위와 종류와 편제 원칙

흔히들 한국 독립운동의 종료 시점을 8·15 해방으로 보아 왔지만, 달리 볼 여지도 있다. '해방'이란 일제가 채워놓은 억압과 수탈의 족쇄로부터 풀려남이었을 뿐이지 민족의 자주독립이 바로 성취된 것은 아니었다. 해방되었다는 이 땅에 미·소 양국 군대가 일본군 무장해제 명분으로 들어와서는 점령군 행세를 하면서 국토를 남북으로 갈라놓고 군정을 선포, 실시했기 때문이다. 따라서 조국강토를 다시 하나로 묶어내고 민족자주정부를 세워야만 우리의 독립은 완성되고 독립운동도 완결되었다고 할 수 있을 터였다. 1945년 이후로 수년간 남한에서만도 '독립(운동)'이라는 단어가 단체들의 집회나 신문·잡지의 기사·칼럼 등에서 종종 쓰였는데, 그것도 다 그런 생각에서가 아니었겠는가 한다. 그런 의미에서 1948년까지의 한지성의 국내 정치활동도 반일독립운동의 연속선상에서 자연스럽게 생기한 '제2의 독립운동'이었다고 보고, 소략하나마 관련 자료를 이 자료집에 추려 넣는다.

그렇게 전제하고 보면, 한지성의 생애 전체는 크게 세 마디로 나눠볼 수 있을 것 같다. 출생 후 학창 시절까지의 성장기, 독립운동기, 재북활동기가 그것이다. 당연히 이 자료집에서는 책제와도 부합되게 둘째 마디 즉 독립운동기의 것까지를, 다만 앞서도 말했듯이 해방 후의 것도 포함시켜 자료수록의 범위로 삼았다. 재북활동기에 관해서는 아직도 알 수 없는 사실과 볼 수 없고 얻을 수도 없는 자료가 너무도 많을 터에 그 비늘조각밖에 안 될 약간의 사실이나 단편적 자료를 실어 생색내듯 내보이는 것은 외려 아니함만 못할 바일 것이었다. 그러므로 이번에 그 부분의 자료수록은 전면 유보키로 한다.

수록할 자료의 종류는 이미지(주로 사진)류, 논설문과 저작, 신문·잡지 기사, 그리고 후대의 회고·추모 기록 및 연구 논고로 대별해본다. 이미지 자료 중의 상당수는 후손들이 간직해온 가족관계 자료와 학업관련 자료이고, 논설문 자료란 한지성이 직접 작성해서 간행물에 기고해 실린 것을 말한다. 신문·잡지 기사도 그렇지만 논설문 자료는 기간(旣刊) 자료집류와 공공 데이터베이스에서 취하거나 얻어낸 것이 다수이고, 가급적 그 출처(또는 소재)를 밝혀 적기로 한다. 저작 자료는 한지성이 환국 후 편역서로 출간한 『제2차 세계대전

문헌』을 말한다. [회억편]의 회고·추모 기록은 그 전부를 후손들이 한옥동님을 통해 제공해주었고, 편차와 소제목만 편자가 정한다. 그리고 앞에서 언급했던 학술논문 3편도 필자 각인의 동의를 얻어 재수록한다.

첨언하면 편자는 이 자료집 편간에 하나의 목표와 다른 하나의 목적을 투입시켜놓고 있었다. 자료를 망라해 한군데 모아놓고 보여준다는 소박한 목표가 전자라면, 학술연구(자)가 아니더라도 관심 갖고 있다면 누구나 쉽게 접근해 읽어볼 수 있도록 하자는 것이 후자에 해당한다. 기간 자료집이나 개방적 데이터베이스 속의 자료들도 다 끌어와 활용하는 것은 전자의 목표와 상부하는데, 그렇다고 그대로 갖다 쓰기만 하는 것은 아니다. 원본·원문을 가능한 한 죄다 제시하되, 중문이나 일문 자료는 현대적 감각에 맞게 모두 새로 번역하고, 국한문본 자료 또한 현대어법과 현행 맞춤법에 맞게끔 변환시켜 원문과 함께 수록한다. 적어도 이 자료집만큼은 전문가의 연구실이나 도서관 서가에 꽂혀있음으로 족하기보다 우리 독립운동사의 내면과 진폭을 한 개인의 사례를 통해서라도 실감 나게 접하고 느껴 보고픈 시민적 수요에 더 부응하여 접근통로를 활짝 열어주는 것이 훨씬 더 의미 있겠다고 보기 때문이다. '자료집'이면서도 과거사의 자료만 넣지를 않고 [회억편]을 따로 만들어 현재적 회고와 추모의 글들을 같이 싣는 것도 그런 생각과 궤를 같이한다.

자료들의 분류 및 군집화와 그 안에서의 세부적 배치는 편자가 여러 사항을 고려하고서 설정하는 편·장·절·목에 상응하게끔 해간다. 그것은 자료 형태나 문서의 성질을 일차적 기준으로 삼기보다 각각의 자료 생성의 맥락 또는 기반과 순차를 중시하고 자료의 내용과 가치도 같이 감안하면서이다. 그래야 자료들이 저마다 품게 되었던 의미와 서로 간의 선후 연결성을 놓치지 않고 살려내면서 더 큰 그림을 독자들 스스로 그려보고 전체상의 파악도 더 쉽게 해낼 수 있을 것이라고 본다. 자료들의 행간에 스며들어 있었을지 모를 한지성의 꿈과 포부와 숨결도 그런 방법이라야 그나마 감지될 수 있을 것이고 의미 있는 상상도 가능해지지 않겠는가는 생각이기도 하다.

3. 출생과 성장기(학창 시절) 자료

[자료편]의 제1장에는 한지성의 출생 내력과 10대에서 20대 초까지 학창 시절을 거치며 성장해가는 모습들을 보여줄 자료를 수록한다. 먼저 제1절에 한지성 집안의 가계와 가족관계, 그의 인적사항에 관한 기초자료를 제시하는데, 족보와 제적부, 조모 사진과 양친의 동석 사진, 모친의 독사진이 그것이다. 일찍 별세한 조부의 사진은 남겨진 것이 없어 싣지 못하나, 후손들의 회고 전언처럼 후덕한 성품이 체격과 용모에서도 넉넉히 느껴지고 한지성과 가장 많이 닮아도 보이는 조모의 사진을 실을 수 있어서 다행이다. 더하여 한지성의 본향인 성주군 가천면 창천리 일대의 전경 사진과 생가터 사진도 같이 싣는다.

이어서 제2절에는 보통학교, 중등학교, 대학교 수학으로 이어져간 학창 시절의 다양한 면모를 보여줄 자료들을 싣는다. 먼저 가천공립보통학교 수학기 자료를 10점 수록하는데, 사진이 3점, 문서가 7점이다. 같이 입학하였기에 동기생이던 형과 함께 교복을 입고 찍은 사진이 인상 깊게 다가온다. 문서자료는 졸업대장과 졸업증서, 성적표, 상장 등이다. 학업성적표에서는 과목별 점수의 기복이 좀 있지만 대체로 중간 이상이었고 성적이 점점 향상되어 4학년 때는 전 과목 우수 성적이었음을 볼 수 있다.

제3절에는 대구공립상업학교 수학기의 자료 19점을 수록하는데, 문서류에 비해 사진이 월등 많다. 문서자료는 학적부, 5개년 성적표, 상장, 졸업대장, 유도 승급증서 등의 6점이다. 사진자료에는 독사진도 있고 학우 또는 친구들과 같이 찍은 것, 럭비부원으로서의 씩씩한 활동상을 여러모로 보여주는 것 등 해서 모두 12점이고, 1940년대의 상업학교 교사 사진도 곁들여진다. 이 시기에 그가 럭비선수였음은 사진에서 볼 수 있듯이 신장과 체격이 부쩍 커져 다부진 몸매를 갖게 되었음과 무관하지 않을 것이다.

그 다음은 중국으로 망명하듯 유학을 가서 남경의 중앙정치학교 대학부를 다녔던 기록들이 제4절에 실린다. 이 학교는 우수한 인재를 길러내 각 분야의 공무원이나 공공기관 종사자로 충원코자 하여 중국국민당이 설립한 고등교육기관이었고, 교장은 국민정부 주석인 장제스(蔣介石)가 겸임하였다. 한지성이 이 학교에 들어가게 된 개인적 배경이나 이유는 알려진 것이 없지만, 아무튼 재학 중에는 기숙사 생활을 했을 가능성이 아주 높다. 나중에 한지성의 중국어문 실력이 수준급에 이르게 된 것도 그 덕분이었을 것이라고 여겨진다. 이 절에는 학우와 함께 찍은 사진과 졸업사진, 〈동학록〉 책자에서 그의 이름과 학적이 명기된 페이지들, 그의 학적 보유 사실을 확인해주는 타이완 정부기관의 공문 4점 등을 복제 수록한다.

4절의 말미에는 그의 대학재학기의 것이면서 눈여겨볼 만한 특이자료가 하나 있어 같이 수록한다. 본명(한재수)으로 작성된 〈요시찰인 카드〉와 일제 관헌의 또 다른 보고자료 1건이다. 카드의 앞면 위쪽에는 기본적인 인적사항이 적혀있고, 그 아래의 '검거'나 '최근형(刑)' 항목은 아무 것도 적힌 것 없이 공백이다. 반면에 '기타 전과' 란에 "재지(在支)불령선인 등과 연락하며 조선독립을 몽상하고 있음"이라고 씌어 있다. 뒷면에는 한지성의 교복차림 반신사진이 박혀 있는데, "소화(昭和) 6,7년[1931,32년]경에 촬영된 것"이라고 적혔던 것을 두 줄 그어 지우고 "1940년 3월 16일 형사과에서 복사"라고 새로 기입되었다. 앞면의 '주거' 란에 '지나 거주불상'이라고 적힌 것을 보면, 이 카드는 어림잡아 1932년에서 1936년쯤 사이, 그러니까 한지성의 중앙정치학교 재학기간 중의 어느 땐가에 향리 관할 경찰서에서 처음 작성했고 1940년 경기도경찰부 형사과로 이관되었다고 추정된다.

이것과 연동시켜 볼 수 있을 또 하나의 자료가 조선총독부 경무국에서 1934년 12월에 중요정보 보고서로 편간해낸『군관학교사건의 진상』이다. 거기에 '한재수'가 '의열단 군관학교 관계자' 중 1인으로 지목되어 명부에 올라 있고 약간의 정보내용이 적혀 있었다. 상업학교 졸업 후 행적이 묘연해진 한지성의 행방과 소재를 경찰이 추궁하여 부모에게서 얻어낸 정보가 '남경 중앙정치학교 대학부에 재학 중'이라는 내용이었던 것 같다. 그런데 경찰은 그 말을 믿지 않고, 남경의 의열단 군관학교(정식 명칭은 '조선혁명군사정치간부학교')에 들어가 있거나 적어도 관계하고 있다고 의심했던 모양이고, 그래서 용의자 리스트에 올려놓았을 것이다. 동일 내용의 자료가 조선총독부 검사국 사상부에서 정기적으로 편찬해내던『사상휘보』에 재수록되었기에 여기서는 그것을 뽑아 같이 싣는다.

4. 독립운동의 주요 경로와 환국 관련 자료

한지성은 중앙정치학교를 졸업하던 해인 1936년쯤부터, 혹 졸업하고 의무복무로 바로 취직했다면 중일전쟁이 발발하자 1937년부터 독립운동의 길에 들어섰다고 보인다. 그가 독립운동의 장에 첫발을 내민 것은 조선민족혁명당 내의 청년당원 비밀서클에 가담함에 의해서였던 것 같은데, 이 서클은 1938년에 가서 '조선청년전위동맹'이라는 명칭과 조직개요를 공개했고 그때 한지성은 6인 집행위원 중 1인이었다. 그 후로 그는 조선의용대, 조선민족해방투쟁동맹, 대한민국 임시의정원과 임시정부, 조선민족혁명당, 중한문화협회, 중경 한국청년회 등의 성원, 간부, 역원 이력을 거쳐, 1943년 8월부터 만 2년간 파인(派印) 한국광복군 인면전구공작대의 대장이었다.

그러던 중 1945년 초에 결혼했는데, 그것도 독립운동과 무관한 사적 에피소드에 불과한 것이 아니었다. 아내 되는 안금생(安錦生)과 임시정부 선전부 총무과에서 과장과 과원으로 같이 근무했었음에서 독립운동의 동지적 인연을 갖고 있었으며, 그녀의 부친 안공근(安恭根)과 백부 안중근은 유명 독립운동가였고, 친오빠(안우생)와 사촌오빠(안원생)도 독립운동의 길을 같이 걷고 있었음을 볼 때 그렇다. 때문에 그의 결혼(생활) 관련 자료도 범상치 않은 의미를 띤다.

이런 점들을 같이 고려하면서 한지성의 독립운동 경로와 그 조직계선에 따른 일련의 행보들, 결혼 그리고 환국 관련 자료 중에서 사진 또는 원본 문서의 이미지를 골라 [자료편] 제Ⅱ장의 4개 절에 나누어 싣는다. 그러나 이것들만 갖고서 그의 독립운동 행로의 구체적 내용들과 조직 내 지위-역할 내역 등을 다 알 수 있지는 않다. 제Ⅳ장 각 절의 문서류 또는 기사성 자료들과 연결 지어 같이 보아야만 더 명확하게 파악이 된다.

한지성이 항일독립투사로서의 발걸음을 본격적으로 내디딘 것은 조선의용대에 소속되어 활동하면서였다. 창설 때부터 참여한 그는 Ⅳ장 1절의 다수 기사자료가 보여줄 바와 같이 처음부터 본부 요원이 되어 총무조 및 정치조 조원을 겸한다. 총무조에서는 항일전지로 나아간 2개 구대와의 통신·연락을, 정치조에서는 조장 김성숙 곁에서 대원 정훈자료와 대외 선전물 제작을 담당하면서 향후의 기관지 간행도 준비해갔다고 여겨진다. 본부가 호북성 한구에서 호남성 형양을 거쳐 광서성 계림에 정착한 후인 1939년 2월부터 8월까지 그는 전지통신원으로 특파되어 호북성 북부와 강남전선의 강소·절강·안휘성 일대의 여러 전구를 순회하며 대적선전 방법을 익히고 선전자료 수집도 한다. 이어서 11월부터는 정치조 선전주임 겸 편집위원회 중문간 주편(주임편집위원)이 되어 간부진 반열로 올라섰다. 그리고 2년 뒤 1941년 5월부터는 외교주임을 겸하는 지도위원으로 임명되었다. 그것은 김원봉이 한지성에게 '남양'(지금의 동남아시아) 지역에서의 선전공작을 맡겨 특파하려는 포석이었을 것임을 Ⅳ장 1절의 ⑪·⑫·⑬ 기사 자료에서 읽어낼 수 있다.

이러한 지위이력에 병행하여 조직 내 그의 위치 비중과 역할무게도 점점 커져갔다. 그 점은 Ⅱ장 1절에 싣는 4매의 사진 자료에서 넉넉히 감지된다. 조선의용대 성립 당시와 그 1주년, 2주년이 되던 시점에 각각 한구, 계림, 중경에서 촬영된 그 사진들은 촬영 계기만 아니라 피사인원의 규모와 범위도 저마다 다른데, 그런 중에도 한지성의 모습은 어느 경우든 돋보인다.

Ⅱ장 2절에는 한지성이 임시의정원 의원이었고 조선민족혁명당(이하 '민혁당') 간부이기도 했음을 말해주는 사진과 문서자료들을 싣는다. 1942년 10월 제34차 임시의회 개회 직전에 한지성은 만 30세의 나이로 이연호(이상정), 김상덕, 김약산(김원봉), 유림 등의 중진 인사들과 어깨를 나란히 하여 임시의정원의 경상도구 의원으로 선출되었다. 그래서 당선증서를 받았고 의원 일동의 기념 촬영에도 동석했으니, 그 두 자료를 Ⅱ장 2절의 머리에 싣는다.

그 얼마 후 1942년 12월에 중경의 야권 4개 단체의 통일회의가 열렸을 때 조선민족해방투쟁동맹(이하 '민해투') 대표로 한지성이 참가하였다. 그 회의에서 합의본대로 1943년 2월에 개최된 민혁당 제7기 전당대표대회 때 다른 3개 단체가 합류하면서 통합이 성사되고 민혁당 조직의 확대 개편이 이루어진다. 이때 새로 구성된 간부진 기념사진에도 한지성이 들어있는데, 신임 중앙집행위원의 일원으로였다. 1944년의 전당대표대회에서도 한지성은 인도 파견 중인데도 중앙위원으로 재선되었다. 이 사실은 Ⅳ장 3절의 자료 ⑥에서 확인되며, 1945년의 것이었다고 판단되는 '조선민족혁명당 집감위원 및 특파공작원 명단'이라는 제목의 문서(Ⅱ장 2절의 자료 ③; 이하 'Ⅱ-2-③' 식으로 표기함)에도 반영되어 있다. 역시 1945년의 것이었다고 판단되는 다른 한 문서('조선민족혁명당 특파공작원 명단': Ⅱ-2-④)에는 그가 '중앙비서주임'으로 표기되었다. 이 직위는 그가 인도로부터 중경으로 귀환한 1945년 9월 이후에 주어졌다고 보아야 할 것이다.

지금까지 짚어본 이력들 이상으로 한지성의 이름이 독립운동사에 더욱더 부각되게끔 해줄 것은 영국군의 대일작전을 돕기 위해 인도로 파견되었던 한국광복군 인면전구공작대의 대장 이력이다. 인면전구공작대 파견의 의미는 다음과 같이 좀 다른 각도에서 두 가지였다고 생각된다. 하나는 독립 쟁취를 위한 군사운동—'항일무장투쟁' 대신에 조선의용대에서 즐겨 쓰던 용어는 이것이었음—의 확장이고, 다른 하나는 임시정부 승인 획득을 위한 외교 전략의 한 버팀목일 수 있었다는 것이다. 실제로 김원봉도 한지성도 그 양면을 다 염두에 두고서 같이 추구하지 않았나 싶다. 조선의용대 창설 이후로 군사운동에 진력해온 결과를 실력으로 보여주고 널리 알려지게 끔도 하여 열강의 인정과 지원을 얻어내자는 포석으로 말이다.

때문에 한지성은 인면전구공작대가 구성되고 파견되어갈 때 민혁당의 이름으로든 광복군의 이름으로든 상관없이 오직 격전지로 가서 최대로 역량을 발휘하고 그러면서 한국독립운동 세력의 존재감과 실력을 한 번 과시도 하고 싶다는 생각을 했을 것이다. 그렇다면 인면전구공작대장 직 수임과 인도행은 그로서도 최고의 기회이고 최량의 선택이 되는 것이었다.

인면전구공작대장으로서의 한지성의 동향과 활동내역에 관해 [자료편] Ⅱ장 3절에 사진자료 4점과 문서자료 1점을, Ⅳ장 4절에는 문서자료 25점을 싣는다. 1943년 11월부터 1945년 9월 사이의 것인 그 사진자료들은 이미 공개되어 종종 원용도 되곤 했는데, 인면전구공작대의 상징적 표지와도 같고 이미지 효과가 강렬하다. 사진에 두 번 나오는 캐나다인 영국군 연락장교 롤런 C. 베이컨(Roland Clinton Bacon) 대위는 1930년대의 재한 선교사

출신이면서 인도 전지에서 광복군 공작대원들과 가장 빈번히 접촉하며 친하게 지내던 이다. 그런데 1945년 3월 12일, 부야크(Fagu) 전선의 적진 가까이서 대적선전에 나섰다가 일본군에 피격되어 전사하고 말았다.

1944년 12월에 한지성은 임지에서 중경으로 일시 귀환하였다(Ⅳ-4-⑱). 업무보고와 대원 충원 요청을 위해서였다지만(Ⅳ-4-⑲·⑳), 결혼식을 올리기 위해서이기도 했다. 박차정과 사별했던 김원봉의 재혼 의례가 1945년 1월 4일에 있었는데, 사흘 뒤 1월 7일에 한지성과 안금생의 결혼식이 거행되었다(Ⅱ-4-①). 한지성이 인도로 가기 전 재중경 한국청년회의 부총간사였을 때 총간사이던 안원생(安原生)이 이제 한지성과 처남-매제 사이가 되는 것이었다. 그도 1945년 4월에 안금생을 대동하고 인도로 가는데, 전년도 7월에 질병으로 조기 복귀한 나동규 대원의 교체 후임자로였다.

결혼 후 2월에 인도로 혼자 돌아간 한지성은 5월 초까지 전개된 영국군의 총반격전에 동참하여 미얀마 중북부에서 만달레이로 남진하는 부대와 행동을 같이 했다. 그 사이 4월 초에 부인이 영국군 인도 전지선전대(I.F.B.U.)의 후방지원사무소에 취직하는 조건으로 인도행에 성공하여 캘커타로 와서 안착하니 부부 상봉이 이루어진다. 그 얼마 후, 델리의 영국군총사령부에 근무 중인 공작대원 송철 대위가 베이컨 부인에게 편지를 보내 '한 소령'의 부인이 캘커타에 와 있음을 편지로 알렸다(Ⅱ-3-④). 그러자 남편 사후 북인도로 가서 무수리(Mussoorie) 체류 중이던 펄(Pearl) 베이컨 여사도 캘커타로 옮겨가 전지선전대 사무소에 남편 대신이듯 연락장교로 채용되었다. 그래서 한지성 부부와 친교를 맺어가니, 세 사람이 가로에 나란히 서서 찍은 사진(Ⅱ-4-②)에는 그런 배경이 있었던 것이다. 대원 전원이 사복 차림에 상당히 여유 있는 포즈를 취한 사진도 있는데(Ⅱ-3-⑤), 각자의 파견지에서 임무 완수 후 중경 귀환을 위해 캘커타에서 합류하고 찍은 것 같다.

1945년 9월 중순에 한지성과 공작대원들은 중경으로 귀환했다. 얼마 후 김원봉이 한지성 등 측근 4인을 대동하고 중국국민당 중앙집행위원회 비서장이면서 서로 우의가 깊던 우티에청(吳鐵城)을 찾아갔다. 거기서 그는 자기들이 조속히 귀국할 수 있도록 동북(만주)

까지 갈 군용기를 내줄 수 없겠는지 물으며 협조를 구하였다. 9월 29일에 오철성이 '우동(雨東)'이라는 이에게 써 보낸 편지(Ⅱ-4-③)에 그런 사실이 적혀 있다. '우동'이 누구인지는 확인되지 않으나 군사위원회 정치부장 장찌중(張治中)의 아호였을 것으로 짐작된다. 그렇지만 김원봉의 소원은 성취되지 못하고, 두어 달 후에야 임시정부 국무위원 제2진의 일원으로 귀국할 수 있었다.

1945년 11월 초순에 한지성은 고향의 부친께 편지를 써 보냈다(Ⅱ-4-④). 그는 '안중근 의사의 질녀' 되는 안금생과 결혼했음을 보고하고, 교통 관계로 말미암아 2~3개월쯤 뒤에나 귀국할 수 있겠다고 하였다. 그러나 예상보다 훨씬 늦어져, 1946년 2월에야 중경을 떠나 상해를 거쳐 부산으로 향해 5월 초에야 겨우 조국 땅을 밟을 수 있었다. 환국 때 한지성은 임시정부 요원 및 그 가족 68인 귀국대오의 인솔 책임자로 임명 받아(Ⅱ-4-⑤) 책임과 역할을 완수하였다.

부산 상륙 후 곧장 상경한 한지성은 5월 4일에 민주주의민족전선 주최로 서울 종로2가의 음식점 백합원에서 열린 '해외혁명가 10인 환국환영회'에 참석했다(Ⅱ-4-⑥). 귀국 후의 이 첫걸음이 그 후 그가 어떤 노선에서 어떤 행보를 취해갈지를 예감케 해주는 것이었음직도 하다.

5. 독립운동 관계 논설과 저작 자료

한지성은 조선의용대 창설 때 본부의 정치조 요원으로 배치되었고 대내 정훈자료 및 대외 선전자료 제작을 담당했을 것이라고 앞에서 말했었다. 중앙정치학교 수학기에 익히고 닦은 중국어문 독해와 작문 실력을 대장 김원봉이 높이 사서였을 것이다. 그 후로 한지성은 조선의용대 기관지를 위시한 여러 매체에 기고하여 자주 글이 실렸다. 일단은 그의 이름(본명 '재수' 포함)이 명기된 기사를 빠짐없이 수집하였고, 자료집에는 두 범주로 나누어 수록한다. 하나는 『조선의용대통신』(또는 『조선의용대』)의 여러 호·기에 게재된 논설문·보고문·번역문 들이고, 다른 하나는 여타 정기간행물들에 실린 기고문 또는 강연문이다.

전자가 17편으로 전부 중국문이고, 후자는 7편이며 우리말로 작성된 것도 있다.

먼저 『조선의용대(통신)』에 실렸던 한지성의 글은 [자료편]의 Ⅲ장 1절에 옮겨 싣는데, 일괄해 목록을 제시해보면 다음과 같다.

① 『조선의용대통신』 제3호(1939.2.5), 6-7쪽, 志成, 〈一個日本浮虜的告白〉

② 『조선의용대통신』 제4호(1939.2.15), 7쪽, 志成, 〈活躍在戰壕裏的朝鮮義勇隊〉

③ 『조선의용대통신』 제7기(1939.3.21), 10-11쪽, 朝鮮義勇隊 戰地通訊員 志成, 〈浮虜牧本君訪問經過〉

④ 『조선의용대통신』 제19·20기 합간(1939.8.1), 4-6쪽, 韓志成, 〈朝鮮青年怎樣反抗日本帝國主義(轉載)〉

⑤ 『조선의용대통신』 제24기(1939.9.11), 8-12쪽, 韓志成, 〈桐村定男的日記〉

⑥ 『조선의용대통신』 제28기(1939.11.1), 14-15쪽, 志成, 〈「中日親善」下的鎮江〉

⑦ 『조선의용대통신』 제29기(1939.11.15), 13-14쪽, 田矢(志成 譯), 〈臺灣統治者的暴虐〉

⑧ 『조선의용대통신』 제30기(1939.12.15), 1-3쪽. 韓志成, 〈目前朝鮮義勇隊的動態〉

⑨ 『조선의용대통신』 제30기(1939.12.15), 13쪽. 在樹 譯, 〈物資統制下之日本〉

⑩ 『조선의용대통신』 제31기(1940.1.1), 11-14쪽, 志成 譯, 〈日寇在朝鮮的精神總動員運動〉

⑪ 『조선의용대통신』 제31기(1940.1.1), 14-15쪽, 在樹 譯, 〈物資統制下之日本(續)〉

⑫ 『조선의용대』 제34기(1940.5.15), 2-4쪽, 韓志成, 〈目前環境與朝鮮義勇隊今後工作方向〉

⑬ 『조선의용대』 제34기(1940.5.15), 7-10쪽, 韓志成, 〈朝鮮「志願兵」問題〉

⑭ 『조선의용대통신』 7·7항전 3주년 기념 轉號(1940.7.7), 1-2쪽, 韓志成, 〈'七七'抗戰中産生的朝鮮義勇隊〉

⑮ 『조선의용대』 제37기(1940.10.1), 14-17쪽, 韓志成, 〈二年來的教訓與今後的工作〉

⑯ 『조선의용대』 제39기(1941.1.1), 12-14쪽, 志成, 〈對敵工作研究綱要〉

⑰ 『조선의용대』 제40기(3주년기념 특간, 1941.10), 11-14쪽, 韓志成, 〈朝鮮義勇隊三年來工作的總結〉

제1호부터 제42기까지의 필자 총수는 120명 가까이 되었는데, 그 중 한지성은 이달(李達) 다음으로 많은 17회의 게재 횟수를 기록하면서 '주요 필진'에서도 최상위에 속하였다. 게다가 어떤 주제, 어떤 종류의 글이건 다 써내는 유능한 필자에다 중심 논객이었고, 그러는 중에 이론적 조타수의 역할도 은연중 수행되고 있었다. 또한 의용대 내 직책·직무의 변동에 따라 집필하는 글의 성격, 방향, 초점이 바뀌어갔음도 간취된다.

①~③과 ⑤·⑥ 기사는 전지통신원이 되어 호북성 북부와 양자강 연안의 전선으로 나가서 순회하며 보고 겪은 바를 그대로 써내려간 르포르타주 형식의 글이다. 참호 속에 진치고 있으면서 수시로 적군 진지 쪽으로 나아가 용감하게 선전전을 펴는 의용대 동지들의 활약상을 신나는 어투로 그려내는가 하면(②), 포로로 잡혀온 일본병사들을 만나보고 대화하는 중에 파악되는 적군 병영의 정황과 병사들의 복잡다단한 심리풍경을 선연하고도 자세히 묘사해준다(①·③). 그런가하면 노획한 일본군 전사자의 수첩일기를 입수해 깡그리 중국어로 번역해내 싣기도 했다(⑤). 이 글들을 보면 대체로 농촌출신이면서 갑자기 징집되어 전쟁터로 끌려온 일본군 병사들의 처지를 한지성이 깊은 동정과 연민으로 대하고 보편적 휴머니즘에 입각해 이해하려던 마음자세가 역력히 느껴진다.

위의 글들과는 좀 다르게 그는 적의 점령지가 되어버린 후 2년이 경과한 강소성의 한 소도시로 잠입하여, 일본군·민의 편익 위주로 철저히 변형시켜져 버린 도시구조와 생활환경, 음울하기 이를 데 없는 거리풍경과 주민들이 겪는 생활상의 고통 및 절망적 심리상태 등을 눈에 선히 보일 듯이 생생하게 그려내기도 한다(⑥). 묘사의 구체성과 현장감에서 이 글은 보고문학의 백미를 보여주던 잭 런던이나 조지 오웰의 그것을 방불케 한다. ④는 전지통신원 활동과 무관한 것이지만, 국내 대중운동 특히 청년·학생운동이 어떻게 생기하여 성장하고 전개되어 왔으며 그 의미는 무엇인지를 회고하여 역시 감동적인 필치로 알려주는 글이다. 과거의 직접 체험과 현재도 꾸준히 유지되고 있는 관심과 평소의 진지한 사색이 아니라면 나올 수 없었을 구체적인 내용이 풍부하게 담겨 있다.

이와 같이 현시되던 필력이 그를 1939년 11월의 의용대 조직 개편 시 총대부의 선전주임 겸 중문간 편집위원회의 주임위원이 되게끔 해주었을 것이다. 그때부터 그는 『조선의용대통신』의 짜임새 있는 편집과 더 충실한 내용구성을 위하여 소임을 다하며 부지런히 글을 써내는데, 초점과 주제설정과 내용 모두 이전과는 많이 달라진다. 그것은 두 방향으로였으니, 하나는 일제 비판이었다. 극심한 경제통제로 자기모순을 노정시키고 있는 파쇼국가 일본의 국내 사정을 여지없이 폭로하는 글(⑨·⑪)과, 일제의 조선·대만 통치에서 적나라하게 드러난 폭력성과 잔악함의 실상을 묘파하고 신랄하게 비판하면서 식민지 민중은 어떻게 대응해가야 할 것인지를 암시해주는 글(⑦·⑩·⑬)을 번역과 집필의 두 방식으로 내어 실었다. 다른 하나의 방향은 조선의용대의 활동상과 그 객관적 여건을 냉철하게 검토·분석하고 자기비판도 가하면서 앞으로는 어떻게 움직이고 싸워가야 할 것인지의 방향과 지침을 강한 어조로 설파하는 글들이다(⑧·⑫·⑭·⑮·⑯·⑰). 그로부터 한지성이 의용대의 핵심 전략참모가 되어갔구나, 군사운동의 이론가로 점점 입지를 굳혀갔구나 하는 느낌이 강하게 온다. 그 중 ⑫는 중경에 통신처를 두고 있던 대만의용대의 기관지『대만선봉(臺灣先鋒)』 제5기(1940.9.15)와 제6기(1941.1.15)에 분재 수록되었고, ⑭는 최근 새로 발굴된 글이다.

위와 같은 그의 주장은 그 후의 의용대 동향에 실제로 반영되는 바 많았다. 그렇다면 그의 주장은 자기 혼자만의 것이었을 리도 없어 보인다. 지도부 내부의 암암리 합의와 일반대원들의 열망 또는 평소 목소리가 어느 선에서든 어우러지며 반영된 것이었다고 보아야 할 것 같다. 뒤의 시기로 갈수록 그의 문체가 좀 딱딱하고 표현은 난해해지는 감도 있는데, 그런 조율이 쉽지만은 않은 사정이 개재해서였을 것이다.

마지막으로 ⑰은 그가 외교주임 직을 수임하고서 남양지역 순방에 나서고 있었을 때 발표된 글이다. 그 후 나온『조선의용대』41기와 42기에는 그의 글이 없고, 대신에 그 못지않게 박식하고 문재도 뛰어난 조사주임 이정호가 제40기부터 영향력 있는 필자로 등장한다.

『조선의용대(통신)』이 아닌 다른 정기간행물에 한지성이 기고했거나 강연 대요가 실린 경우도 꽤 있었다. 유수의 중국신문들, 민혁당 기관지 및 내부소식지, 미주 독립운동 진영에서 내고 있던 주간신문 지면 등이 지면을 제공했거나 원고를 받아 게재한 것이다. '한지성'으로 필자가 명기된 것에 국한시켜 그 기사들의 목록을 열거하면 다음과 같다.

① 「조선의용대의 과거와 금후」, 『重慶 大公報』 1940년 10월 9일자

② 「지난 2년간 얻은 교훈과 금후의 공작」, 『新華日報』 1940년 10월 9일자

③ 「적의 전시 대한정책」, 『戰線日報』 1941년 6월 9일자

④ 「조선복국운동(강연문)」, 『香港 大公報』 1941년 10월 31일자

⑤ 「4동지의 장렬한 순국경과」, 『우리通訊』 제14호(1942.11.29)

⑥ 「1당백의 조선혁명청년」, 『앞길』 제34기(1944.7.5)

⑦ 「인도 공작대에 관하야」, 『독립』(*Korean Independence*) 제3권 제75호(1945.6.13)

기사 ①과 ②는 대표적인 국민당계 신문과 중공당 기관지에다 조선의용대 성립 2주년 기념일에 즈음하여 각각 기고한 글이다. 같은 날짜의 신문이고 제목도 비슷하지만 논지와 내용구성은 상당히 다르다. 전자에서는 의용대의 영용한 활동 실적을 구체적으로 열거해 강조했음이 눈에 띄고, 후자에서는 지난 2년간의 실적보다 반성적으로 도출되는 교훈과 그것에 기초해 세워보는 금후의 공작방향 및 활동 중점이 역설되었음을 본다. 그러고 보면 양자는 상호보족적인 글이었던 셈이다.

기사 ③은 국민당계의 외교·선전 책략가인 왕평생(王芃生)의 주관으로 중경에서 발간되는 일본어 잡지 『국제』에 기고해 실린 평론이 일간지에 재수록된 것이다. 앞서 1940년 『조선의용대통신』에 게재되었던 두 글(⑩과 ⑬)에 담아냈던 문제의식의 연장선에서 논지를 확대하여 일제의 침략정책 및 식민지통치 기조의 추이와 현 상황을 거의 전면적일 만큼 다각도로 접근해 파헤쳤다. "일본의 군사근거지로서 조선은 침략전쟁의 병력 보충지, 노동력 충당지, 식량 및 광산 공급지로 바뀌어버렸다."고 결론 내리는 그의 심정은 무척 쓰라렸을 것이지만, 동시에 중국 관민들의 경각심도 불러일으키기에 족하도록 울림이 큰 목소리였다.

기사 ④는 1941년 가을에 한지성이 김원봉 총대장의 명을 받고 "조선의용대의 공작 정형과 조선의 국정(國情) 및 일구(日寇) 통치하의 실정을 선전하고 소개하며 남양 각 민족의 반일운동도 강화하여 동방 피압박민족의 단결과 항일을 촉성"할 목적으로 필리핀·홍콩·싱가포르·버마 등지로의 순방길에 올랐을 때 10월 30일 홍콩에서 한 강연 내용을 기자가 받아서 신문 지면에 옮긴 것이다. 여기서 한지성은 '한민족의 기원'부터 얘기를 풀어낸 후 통한의 망국 경위와 그 후 일제의 한민족 탄압 경과, 그에 맞서 전개되어 온 항일독립운동의 약사를 차례로 술회한 후 "여러 반침략 민주국가가 한국의 독립운동에 동정하고 도와주시길 간절히 바랍니다."고 끝을 맺었다.

이 기사가 나온 지 한 달 조금 뒤에 미주의 『신한민보』 지상에 「조선의용대 지도위원 한지성의 거짓선전」이라는 제목의 기사가 실렸다(④의 [부록]). 한지성의 홍콩강연 내용을 반박하는 취지로 작성된 것인데, 읽어보면 강연 내용을 심히 왜곡해 비난 일변도로 논조가 짜였음을 알 수 있다. 어찌하여 이런 일이 벌어졌는가? 그 해 늦봄부터 여름 사이에 조선의용대의 주력대오가 황하를 건너 화북의 태항산으로 들어가 팔로군과 손잡았음을 알게 된 한국독립당 계열에서 민혁당과 김원봉을 극심하게 성토·비방하면서 중경의 우리 독립운동 진영 내부에 긴장 어린 기류가 조성된 상황이 그 배경이었다고 볼 만하다. 그래서 누군가가 미주 쪽으로 잘못된 정보를 보내 전한 것이 신문지면에 그대로 튀어나왔는지 모른다.

이 무렵 1941년 12월 12일에 조선의용대 화북지대의 제2대 대원들이 하북성 북부의 평원지대에서 중국민중 상대의 선전공작을 벌이다 원씨현 호가장에서 하룻밤 숙영하던 중 새벽에 일본군의 습격을 받고 맞서 싸우던 끝에 대원 4명이 전사하고 김세광 대장 외 2명이 중상을 입었다. 그 비보가 중경의 총대부로 전달된 것은 뒤늦게 몇 달 후였다. 그리하여 그 1주기를 앞두고 이 전투상황을 복원해 그려내는 한편으로 4인 동지의 용맹분투와 희생도 기리어 추모하는 글들이 주세민의 주재로 발간되는 민혁당원 소식지 『우리통신』의 제14호에 실렸다. 그 중의 하나가 한지성이 붓을 잡은 장문의 기사 ⑤인데, 심금이 울리게끔 절절한 문장으로 동지들의 넋을 위로하며 호곡한다. 신임 의정원 의원이 되어 의정활동으로 몹시 바쁜 중에 써낸 글인데 그러했다.

인면전구공작대는 본래 민혁당이 영국 원동군총사령부와 맺은 협정에 의거해 파견키로 되어 있었는데 광복군 총사령부와 중국 군사위 양측의 제동과 조정에 의해 '한국광복군' 명의로 보내졌고 대원 구성도 민혁·한독 양당에 안배되었다. 그래도 민혁당은 파인공작대의 활동과 업적을 자당의 것처럼 여기며 자랑스러워했다. 그런 분위기가 민혁당 기관지에 인도공작대의 활약상을 알리는 한지성의 글이 실리는 것으로도 반영되었다고 볼 수 있다. 기사 ⑥이 그 증좌였다. 이 기사가 『신한민보』 1944년 9월 21일자에 「1당백의 조선사관」으로 제목만 바꾸어 전재된 것은 미주 쪽에서도 인도공작대에 큰 관심과 기대를 가지면서 그들의 활동을 상찬하는 분위기였음을 말해준다. 그 신문과 정치적 입장이 대극이던 『독립』지의 1945년 6월 13일자에도 한지성의 기고로 「인도 공작대에 관하야」라는 제목의 긴 기사가 실렸다(⑦). 기사에서 한지성은 9명 대원의 추가 파견이 곧 이루어질 것처럼 거듭 말하는데, 막바지에 이행되질 않았으니 그의 노력은 빛을 보지 못한 것이었다.

환국하고 4개월이 조금 못되던 1946년 8월 말에 한지성은 서울 황금정의 태평문화출판사에서 『제2차 세계대전 문헌』이라는 제목의 편역서를 단독으로 펴냈다(Ⅲ-3). 책에는 대서양헌장(1941.8.14)부터 얄타회담에 관한 루즈벨트 대통령의 미국의회 보고(1945.12.1)까지, 지난 5년간 연합국 최고지도자들이 관여했던 헌장, 선언, 공보, 담화, 연설, 보고문 등 17건이 중문과 영문에서 번역되어 실렸다. 한지성은 머리말에서 "이 책은 전세계 반(反)파쇼 민주국가와 민주인민이 전승을 쟁취한 피의 경험과 미래세계에 대한 희망과 요구를 지적한 것"이자 "조선이 정확한 진로를 확정하는 데 필요한 자료가 되며, 또 조선문제를 처리하는 데 일종의 경험이 될 것임을 믿는다."고 하였다. 요컨대 '민족의 완전독립과 인민의 민주정부 수립'이라는 민중적 숙망의 실현에 도움이 되자는 생각으로 만든 것인데, 국제문제에 대한 그의 선진적 감각과 남다른 인식 수준을 확실하게 보여주는 것이기도 했다.

이 책은 현재 국립중앙도서관에만 귀중본으로 한 권이 소장되어 있는데, 후손의 집념어린 노력으로 2년 전 고서시장에서 실물이 어렵게 구해졌다. 덕분에 이 자료집에 복원해

실을 수 있게 되었다. 책 상태와 인쇄 품질이 비교적 양호하여 스캔 이미지만으로도 전문의 독해가 가능하다. 그래서 이 자료집에는 머리말만 원문과 현대문 변환본을 같이 활자화해 싣고, 그 나머지 부분은 모두 원본의 이미지만 수록한다.

6. 한지성의 독립운동 관계 기사 자료

[자료편] 제Ⅳ장에는 각종 문헌에 산재해 있는 한지성의 독립운동 관계 기사들을 채집하여 수록한다. 모두 다 텍스트 형태인 그 기사들을 편자는 그의 단체·기관 소속을 경계 기준 삼아 다섯 가지로 대별해본다. 조선의용대 간부 시절, 임시의정원 의원 및 임시정부 직원이던 시기, 조선민족혁명당과 재중경 항일연대조직들의 간부이던 때, 한국광복군 인면전구공작대장 시절, 그리고 환국 후 조국의 완전독립·통일독립을 위해 매진하던 2년여 기간이 그것이다. 수록되는 기사 수에서는 인면전구공작대장 시절의 것이 가장 많고, 다음으로 환국 후, 조선의용대, 임시의정원, 민혁당과 기타조직들 순이다.

제1절에서는 조선의용대에서 한지성이 거쳐 간 직무 이력, 즉 총무조원 겸 정치조원, 전지특파원, 정치조 선전주임, 총무부 외교주임, 지도위원 겸 편신조장이라는 직임이 주어지고 수행되었던 경로를 13건의 문서자료에 나타나는 그대로 옮겨 순차적으로 소개한다. 문서 내용에서 보면, 1941년 외교주임으로서의 직무 수행은 조선의용대의 결정과 그 집행만으로 가능했던 것이 아니라 중국 군사위원회 정치부의 승인과 중국 정부 외교부의 협조에 의해서만 가능했던 것임을 알 수 있다. 이는 조선의용대가 완전히 독립성을 가진 조직으로 존재했던 것이 아니라 창설 때부터 군사위원회 정치부에 예속되어 있었다는 사정이 지속되고 있는 때문이었다. 한국광복군도 '9개 준승'에 묶이어 제반 결정과 행동이 중국 군사위에 속박되고 있었다.

제2절에는 한지성이 1942년 10월 임시의정원의 신임 의원으로서 제34차 의회 회기 동안 의욕적으로 활동해간 내용들과 1943년 4월에 임시정부 선전부 총무과장 겸 편집조원으로 임명되고 선전위원회 위원으로도 선임되었음을 보여주는 문서들을 수록한다. 그

런데 1943년 8월에 인면전구공작대장으로 파견되어 의원직과 정부직 둘 다 수행할 수 없게 되니 10월에 사임하여, 의원과 정부요원 역할은 단기로 그치고 말았다.

제3절에서는 그가 민혁당과 중경의 몇몇 단체·조직에 참여하고 활동해간 내역을 여러 문서로 보여준다. 후자는 중한문화협회, 한국청년회, 재중국자유한인대회 간부직 수임과 활동인데, 편자는 일괄하여 '항일연대조직'으로 칭해본다. 중한문화협회는 중국국민당의 주도하에 재중경 한국독립운동가들이 적극 호응하여 성립한 조직인데, 초기 간부선임 시 한지성이 조직조 부주임으로 선임된다. 한국인에게는 거의 예외 없이 '부' 자 붙은 직위가 배정되었는데, 조직 담당 부서는 어느 단체든 제일 중요한 부서임에서 한지성의 당시 성망이랄까 독립운동계 내의 위치가 가히 짐작된다.

한국청년회 창립의 맥락은 잘 알려져 있지 않은데, 부총간사 직이 한지성에게 맡겨진 것은 간부 선임에서 한독·비한독 간 균형이 맞도록 안배됨에 의해서였다고 보인다. 그래도 '비한독'을 대표하는 자리에 한지성이 앉았음은 또 다른 차원의 결정이었다. 그로부터 4개월 후의 재중국자유한인대회 때 한지성이 비록 말석으로이지만 6인 주석단의 일원이었다는 것도 흥미롭다. 가령 한국청년회 몫이었을지라도 총간사 안원생이 아닌 그가 추대된 데는 합당한 이유가 있었을 것이다. 대회에서 발표되는 각종 문건을 한지성이 초할 것으로 기대 혹은 수임되어 그랬던 것은 아닌가도 한다.

김원봉의 두터운 신임을 받아 막역한 관계였다는 것만 생각하고 한지성이 민혁당에 일찍부터 참여했다고 예단되기 쉽다. 그런데 실은 민해투가 그의 오랜 소속단체였고, 1943년 1월에 그 조직이 민혁당으로 합류하여 해소되면서 비로소 그도 입당했으며 그 즉시 중앙집행위원이 되었음이 자료에서 확인된다. 그 후 그는 중경 부재중에도 중앙위원으로 재선되어 환국 전까지 계속해서 직을 유지하였고 중경 복귀 후에는 집행부의 요직에도 있었음을 알 수 있다.

조선의용대 소속이던 한지성은 1942년 임시정부 국무회의의 결의와 중국군사위의 명령에 따라 조선의용대가 한국광복군으로 편입됨에 따라 그해 8월경부터 한국광복군으로 소속이 바뀌었다. 중위 계급의 제1지대 정훈조 조원으로였다(Ⅳ-4-①). 그 1년 후에 한지성은 인면전구공작대 9인 대원의 대장으로 지명되어 인도로 파견되었다. 그때부터 1945년 9월까지 한지성의 활동 관련 각종 문서가 제4절에 총 25건으로 제시된다. 그 문서들에서 중요 내용을 간추리고 살펴보면 이러하다.

우선은 인면전구공작대(당해 문서에서는 '선전연락대' 혹은 '주인(駐印)연락대')의 파견을 확정 짓고 부대조건들을 설정해놓은 1942년의 협정서가 있었고(Ⅳ-4-②), '한국광복군' 명의가 등장하는 협정서 초안도 있다(Ⅳ-4-③). 후자에는 날짜가 적혀있지 않은데, 『대한민국임시정부자료집』 12의 색인 부분에서 '1945년 3월 27일'로 나온다. 어쩌면 그것은 그때 9인 대원 추가파견이 논의되면서(이 얘기는 조금 뒤에 곧 나온다) 작성된 것일 수 있다. 아니면 1943년 8월의 최초 파견 때 기초적인 조건들을 명시하여 작성·조인되었던 협정서가 1945년의 증파 협의 때 재확인을 위해서나 일부 조문 변경을 위해 끄집어내져 열람되다 정부 문서철에 삽입되면서 문서 대장에만 일자가 새로 기입된 것일 수도 있다.

공작대는 처음 9명으로 구성되면서 기간은 6개월로 정해놓고 공작성적 평가 결과에 따라 연장이 가능토록 협정되었다. 최초 파견 대원들이 인원 변동 없이 계속 인도에서 활동한 것을 보면, 영국군 측은 공작대의 활동 실적과 대원들의 자질에 만족하여 아무런 이의제기도 없었던 것으로 보인다. 1944년에는 16인을 추가로 파견키로 하여 명단이 확정되고도 했는데 중국 군사위원회의 반대로 인해 없었던 일로 되어버린 것 같다. 1945년 봄에도 한지성이 9명 증파를 자신하고 공언도 하고 있었으나, 임시정부에서는 5명을 생각하고 있었고(Ⅳ-4-ⓑ) 그마저도 유야무야로 결국은 실행되지 못하였다.

여하간 최초 파견 공작대원들은 "원래 6개월로 작정하였던 공작 기간이 여러 번 연장"됨에 의하여 인원 변동 없이 전원 존속으로 규모가 유지되었다. 1944년 7월에 질병 사유 귀환자가 1명 발생한데다 8월에는 1차 파견 인원이 전원 복귀하면서 새 인원으로 교체될 것이라는 얘기가 나왔지만, 그래도 아무 변동 없이 그대로 인도에 상주하였다. '유능하고 성실하게' 임무를 수행하는 대원들의 모습이 영국군이 봐도 믿음직스럽고, 교체해야 할 어떤 이유도 찾을 수 없기에 그랬을 것이다. 그것은 Ⅳ-4-⑮·⑯ 문서에 나오는 김약산과 한지성의 말로도 넉넉히 입증된다.

여러 문서에서 확인되는 바와 같이, 중국 측은 군사위원회 정치부 판공청과 외교부 아동사(亞東司), 주인도 전원공서(專員公署; 현재의 공사관 격) 3자가 수시로 긴밀한 연락을 주고받으면서 인면전구공작대의 동향에 촉각을 세웠다. 뭔가 마땅찮다는 듯이 부조보다는 규제 쪽으로 방침도 세우고 있었다. 그 방침은 다른 누구도 아닌 바로 장제스에게서 나왔던 것이고 예하의 군사·외교 단위들은 그 뜻을 충실히 받들려 했던 것임도 문서에서 읽힌다(Ⅳ-4-ⓐ). 공작대가 혹시라도 중국 본토나 한국독립운동 진영으로의 영국의 영향력 이전의 통로가 될까 보아 매우 경계하고 있었던 모양인데, 아편전쟁과 같은 과거사 트라우마가 있는 중국으로서는 그럴 만도 했을 것이다.

파인공작대의 여러 활약상과 대원 동향이 1945년 6월의 미주 신문『독립』지의 기사「인도에서 활약하는 조선용사들」에 아주 상세히 그려져 있다(Ⅳ-4-ⓒ). 필자는 델리의 영국군총사령부에서 근무 중이던 송철 대원이었음 직한데, 한지성이 3월 말부터 4월에 걸쳐 전선에서 계속 선전공작 중인 것으로 기술되어 있다.

Ⅳ장 5절에는 환국 후에도 환경조건과 공간만 달리하여 계속될 수밖에 없던 한지성의 독립운동에 관한 기록들이 실린다. 다만 1948년 4월까지의 신문에서 추출된 기사로만 한정하며 그 이미지와 원 출처 및 제목을 부기한다. 전문을 옮겨 활자화하지도 않으며, 기사 제목과 별개로 내용 요점을 축약해 편자가 붙이는 설명어구만 간단히 제시된다. 그런데 기사들의 내용에는 일정한 흐름이 내재했음을 알 수 있다. 그것은 한지성이 진보적 민족주의 노선에서 민주주의민족전선과 그 가맹단체의 하나이던 조선민족혁명당(후신은 인민공화당)의 최고위 간부이자 구심적 지도자의 한 명이 되어 일관된 행보를 계속 취해갔음을 그 기사들이 보여준다는 뜻이다. 하지만 남북의 정치적 소통과 단합을 그리 달가워하지 않던 미군정 당국의 방해, 그에 더해 친일 세력의 잔재와 버무려져 있던 극우파 및 경찰 합세의 탄압을 받아 그 길을 계속 걷지 못하고 중지되어버렸음도 알 수 있다. 안타깝고도 서

글픈 귀결이었다. 그래서 북으로 가버린 한지성의 그 후 행로는 더 추적하여 정확히 구명해보아야 하고 그것이 하나의 과제로 남는다.

7. 회고·추모의 목소리와 연구 논고들

자료집의 마지막은 [회억편]으로 꾸며져 마무리된다. 구성 재료와 방식은 [자료편]과 달리하여, 한지성에 관해 이제라도 나오고 돌이켜보며 정리도 해보는 이야기들을 싣는다.

Ⅰ장으로 놓이는 〈연보〉는 각종 문헌과 자료원을 두루 찾아보고 뽑아낸 후 검토하여 확인될 수 있던 사실들만을 갖고 편자가 책임지고 작성해본 것이다. [자료편] 내용의 요약·정리본인 격도 되는데, 세세한 내용도 담아 비교적 자세히 서술해놓는다. 그런 반면에 1948년 북행 이후의 내용은 하나도 담기지 않은 채 안타깝고도 송구하게 연보가 미완으로 끝난다. 그렇게 공백으로 두는 이유는 서두에서 말했었다. 1959년 3월 그가 북한정권에 의해 숙청 혹은 처형되었다는 설도 믿을 만한 근거를 갖고서 분명하게 확인되는 것은 아직 아니다.

다음으로 Ⅱ장에는 회고와 추모의 글들을 넣으면서 3개 절로 꾸며본다. 제1절은 조카들이 어렸을 적 들었던 것 가운데 지금도 기억에 남아있는 한지성의 여러 모습 또는 일화와 그의 어르신들에 관한 이야기로 구성된다. 다섯 명의 남녀 조카들이 2022년 4월 어느 날, 고향 본가에 모여 앉아 허심탄회한 얘기를 나눴고 그 녹취록을 토대로 넷째 조카 한옥동님이 정리 집필해 주었다. 여기서 우리는 한지성의 성장 과정과 성품, 조부모님과 부모님 특히 모친에 관한 얘기, 한지성 부부의 환국 후 일시 귀향 기간에 내비쳐졌던 면모 등을 흥미롭게 읽을 수 있다. 공식문서에서는 볼 수 없을 소중한 내용이고 귀한 자료가 될 것이다.

제2절도 앞 절과 유사하게 조카들의 이야기로 꾸며지는데, 이번은 인터뷰 자리에서 묻고 답한 내용이 실린다. 월간지 『영웅』의 박창재 편집인이 2017년 7월에 성주로 가서 현지 거주 조카 세 분을 만나보고 들은 얘기들을 녹취, 정리하여 그 잡지 제22호(동년 8월호)에

특집기사로 실었던 것이다. 표지의 한지성 사진도 곁들이면서 그 지면 그대로 옮겨 싣는다. 역시 가공되지 않은 생생한 회고담을 접할 수 있다.

다음으로는 '민족시인' 성재경 목사의 단심(丹心)이 배어 나오는 추모시 2편을 싣는다. 아직은 무관(無冠)인 한지성 대장의 공훈을 되새겨 기리고 추모하는 한편, 후손들이 남모르게 겪어온 심고와 슬픔에 공명하고 절절히 표해낸 시문이다. 처음 시를 받으면서는 자료집의 맨 앞에 놓아서 서광을 내뿜도록 하려 했는데, [회억편]을 만들고 '회고와 추모'의 장을 편제하게 되니 그 부분을 더 빛내줄 위치로 옮기게 되었다.

Ⅲ장에는 한지성의 독립운동에 관한 연구 논고 3편을 재수록한다. 한지성의 생애와 독립운동 궤적을 맨 처음 개관해낸 류동연 석사의 논문을 앞에 놓고, 인면전구공작대에 관한 논문 2편을 그다음에 싣는다. 박민영 박사의 논문은 인면전구공작대의 활동상과 이동경로 등을 실황에 아주 가깝게 충실히 재현해냈고, 류동연 연구관의 신작 논문은 공작대의 파견이 왜 어떻게 이루어졌고 어떤 의미를 띠었는지를 조밀하게 따져보고 설명해낸다. 그래서 이 세 논문은 한지성과 그의 독립운동에 대한 이해의 입문 통로가 되어줄 뿐 아니라, 독립운동 전반을 바라보는 각도를 조정하고 시야도 확장해서 더욱 폭넓은 인식으로 나아가게끔 하는 발판도 되어줄 것이다. 조선의용대와 민혁당, 임시의정원 등에 관한 논문도 볼 만한 것이 적지 않으니 추려서 싣는 것이 바람직하나, 자료만으로도 지면이 넘쳐 그러지 못함을 유감으로 여긴다.

인면전구공작대원이 되어서 한지성과 함께 활동했던 다른 9명의 동지(교체 파견된 안원생 포함)도 기억되고 알려져야 마땅하다. 더구나 이 자료집은 인면전구공작대 기념사업회에서 간행하는 것이지 않은가. 그런 뜻에서 '한지성의 인면전구공작대 동지들'을 마지막 순서로 Ⅳ장에 넣는데, 개별 인물연구 성과는 아직 나온 게 없으니 그 대체재 삼아 국가보훈처 〈독립유공자 공훈록〉의 서술을 옮겨 싣는다. 그리고 아직 서훈되지 않은 세 분 대원에 대해서는 약전을 따로 만들었다. 그 작업은 류동연 연구관이 선뜻 맡아 수고해주었다.

8. 감사의 인사를 남기며

이 자료집이 만들어지는 과정에 편자를 도와준 세 분의 소장학자 및 신진연구자 이름을 여기 적어 감사의 뜻을 전하고 싶다. 앞에서 논문 저자로도 수차 거명되었지만, 불시의 연락과 요청에 언제나 성심으로 응대하고 즐거이 도와준 류동연 연구관에게 먼저 고마움을 표한다. 공무로 연구활동으로 바쁜 중에도 시간을 내 『조선의용대(통신)』 기사 14편의 중국어 원문들을 성실하게 번역해 준 이상구 박사와 중국신문 기사 2편 및 『조선의용대통신』의 새로 발굴된 기사 2편의 번역에다 원문 탈초까지 해준 박민주 연구원에게 감사한다. 그 번역 초고들을 편자가 전부 검독하면서 부분적으로 고치거나 교열했고 그밖의 기사와 자료들은 직접 손을 대 번역도 했기에, 만에 하나 오류가 있다면 그것은 모두 편자의 책임이다. 『대한민국임시정부 자료집』과 이 자료집에 중복 수록되는 기사들의 경우에 전자의 기왕 번역문이 있지만 정확성과 가독성을 높이기 위해 편자가 아예 전부 새로 번역했는데, 거기서도 혹 나올지 모를 오류 역시 전적으로 편자의 책임이다. 언제나 꿋꿋하게 개척자의 길을 걸어가는 선인출판사 윤관백 대표님과 이동언 기획이사 외 여러분께 경의를 표하며, 유례없이 번잡했을 조판작업과 거듭되는 수개·추보 요청을 궂은 얘기 일절 없이 다 감당해주신 편집팀에 더욱 감사한다.

2022년 6월

편자 김영범

목 차

자료편

Ⅰ. 가계와 성장기

Ⅱ. 독립운동의 주요 경로와 환국

Ⅲ. 독립운동 관계 논설과 저작

Ⅳ. 한지성의 독립운동 관계 기사

회억편

Ⅰ. 연보

Ⅱ. 회고와 추모

Ⅲ. 연구 논고

Ⅳ. 인면전구공작대의 동지 9인

자료편

I

가계와 성장기

1. 가계와 본향

六校
丁卯

清州韓氏大同族譜

節度公篇

청주한씨 대동족보 절도공 편 (1987)

清州韓氏第六校大同族譜 節度公篇

謝奇 渥 公義
理 承舜 瑞龍

萬孫 字胤彥武科僉知兵馬節度使當燕山昏朝自京城避徙星州與寒暄堂金先生並居隣鄕盛誼交道尤得深重弘治癸亥十二月十三日卒 墓慶尚北道星州郡碧珍面伽岩洞舊雲谷坊冠洞子坐有表石及石儀
配淑夫人京山李氏父大司憲興門祖府使蕃曾祖府尹臧外祖瑞山君柳沂弘治壬戌六月二日卒 墓公墓後

十五世

子 **暉** 通訓大夫經歷茂長縣監虞候乙亥卒 墓妣墓後子坐有碑石
配淑人機張李氏父吏判湜 墓護軍公墓階下癸坐有碑石

十六世

子 **世麟** 慶尚虞候
配梁山李氏叅議胤聃女 墓考墓後上下兆

十七世

子 **瑾** 金海府使
配安東權氏生員麟元女 墓冠洞東麓艮坐有表石

子 **璡** 字君獻禦侮將軍忠順衛萬曆己卯卒 墓考墓後有碑石
配淑夫人星山呂氏父奉訓郎興文 墓公墓後

十八世

子 **慶胤** 西部叅奉
配清州鄭氏 墓冠洞西邊嶝雙兆

女 **呂應龜** 文科

女 **任敬臣**

子 **慶福**

子 **景祉** 字天賚號横亭以實行屢薦文貞公東岡金先生常友善有詠紀行詩中表從踏雪呂嶍撤學于鳳鳴書室嘉靖庚申生仁祖己巳卒 墓草田面晩洞後麓酉坐有表碣
配若木柳氏父監司昌緖 墓合兆

子 **景祥**

十九世

子 **鏞** 字應和戊午生生員
配奉化鄭氏父尚老 墓横城隅川面下水南里梨木洞庚坐 自星州移居横城

子 **欽** 系慶會后

女 **趙誠立** 大司諫子趙崙

子 **補**

子 **堅鐵** 字伯柔宣祖丁亥生壽八十四壽僉知中樞府事顯宗庚戌卒 墓碧珍面紫山洞山陰村山旨午坐有床石
配壽城羅氏父遇善
配全州李氏父允植 墓公墓三雙墳

子 **精鐵**

子 **春鎬** 忠贊衛
配 氏

二十世

子 **仁治** 七下

女 **金愉** 子金質堅

女 **金鼎基** 奉事

子 **景仁**

子 **汝增** 八下

子 **汝琦**

子 **汝洪** 系精鐵后 九下

子 **汝億** 九下

子 **汝愈** 九下

子 **汝琦** 生父堅鐵 一〇下

子 **儉智** 一一下

二十六世

宗震 師秀 德柱 一一上

光述
字敬志丙辰生丁巳三月二十四日卒 墓牛岩鼎蓋山右壬坐
配東萊鄭氏父㕓鎭戊午生癸丑正月十六日卒 墓泉倉村後枝田辛坐

二十七世

子 **仁基**
字士輔甲申生丙戌七月十一日卒 墓牛岩出升基亥坐
配永川崔氏父柱表庚寅生庚子六月二十一日卒 墓伽泉面沙峰亭後亥坐有誌石

二十八世

子 **國教**
字學汝號樵隱辛酉生以孝以敬和協上下性禀殊異不求名利寓居居昌甘隱丙午六月二十九日卒 墓高靈郡茂溪村後亥坐
配星州李氏父秉祚辛酉生丁亥正月十六日卒 墓甑山面百川橋酉坐

二十九世

子 **灝錫**
字應範號一之癸巳生丙午六月六日卒 墓泉倉龍頭山後巽坐
配慶州李氏父相褒戊子生丁酉五月六日卒 墓大家面中山洞後山乾坐

三十世

子 **弼洙**
戊戌生己亥八月二日卒 墓河南谷書齋艮坐
配水原白氏父俊基己酉生甲辰三月六日卒 墓甑峰乾坐

子 **甲洙**
字勝文號竹軒庚戌生丁未六月二日卒 墓甑峰下酉坐
配漢陽趙氏父光淳癸丑生壬午八月十三日卒 墓大家面中山洞後山午坐
配慶州金氏父相說甲子生

三十一世

子 **相道**
字景允號松軒戊辰生一九六九年十二月十三日卒 墓甑峰下酉坐
配李圭南一九三三年七月二十七日生父重熙星州人

女 **相粉**
一九三二年四月五日生
夫崔炳奎 慶州人

女 **春子**
一九三七年三月五日生
夫朴在雲 密陽人

子 **麒東**
一九三七年十二月二十三日生
配張富子一九三九年九月二十一日生父在翼仁同人

子 **石東**
一九五一年一月二十四日生
配 氏

子 **玉東**
一九五五年十二月二十二日生
配鄭弼花一九五七年一月十六日生東萊人

子 **昌東**
一九五八年八月廿六日生學士

子 **椿子**
一九三三年四月十八日生

女 **椿英**

三十二世

子 **吉煥**
一九六五年十二月三十日生

女 **穎京**
一九六八年十二月二日生

子 **相畯**
一九六九年八月十九日生

女 **盛喜**
一九七二年二月二日生

子 **大煥**
一九七九年三月十三日生

子 **寬熙**
一九八五年十一月八日生

女 **智恩**
一九八七年三月十四日生

子 基錫
字養惇號竹五丙申生乙未五月一日卒 墓堂山麓巽坐
配順興安氏父處邦丁酉生一九八二年三月二十八日卒 墓同原同坐

子 再洙
一九一二年七月十七日生上海臨時政府要人解放軍引率抗日戰爭遂行
配安錦生父恭根順興人

子 昌洙
乙卯生壬辰十月一日卒 墓甑峰亥坐
配青松沈氏父在徹庚申九月十八日生

子 壯洙
甲子八月十三日生
配水原李氏父得源一九 年 月 日生

子 洪
一九二九年十二月三日生
配呂壬淵一九三三年九月五日生父章鎭星山人

女 椿姫
夫金正吉 金海人
一九五三年十月十七日生
夫

子 龍雲
一九四〇年六月九日生
配禹鳳順一九四五年十月六日生父在吉丹陽人

子 鳳雲
一九四三年五月二十六日生
配申遺玉一九四九年二月十一日生父圭鎬鵝洲人

子 福龍
一九五四年一月三日生
法學博士
配孫銀鉉一九五六年一月十四日生父振利密陽人

子 政勳
一九七〇年十月十九日生

子 承勳
一九七二年七月二十八日生

女 恩慶
一九七五年一月一日生

子 亨熏
一九七三年二月五日生

女 呈叔
一九七二年一月二十六日生

子 政周
一九八八年六月三十日生

女 受廷
一九八二年四月八日生

女 京恩

제적

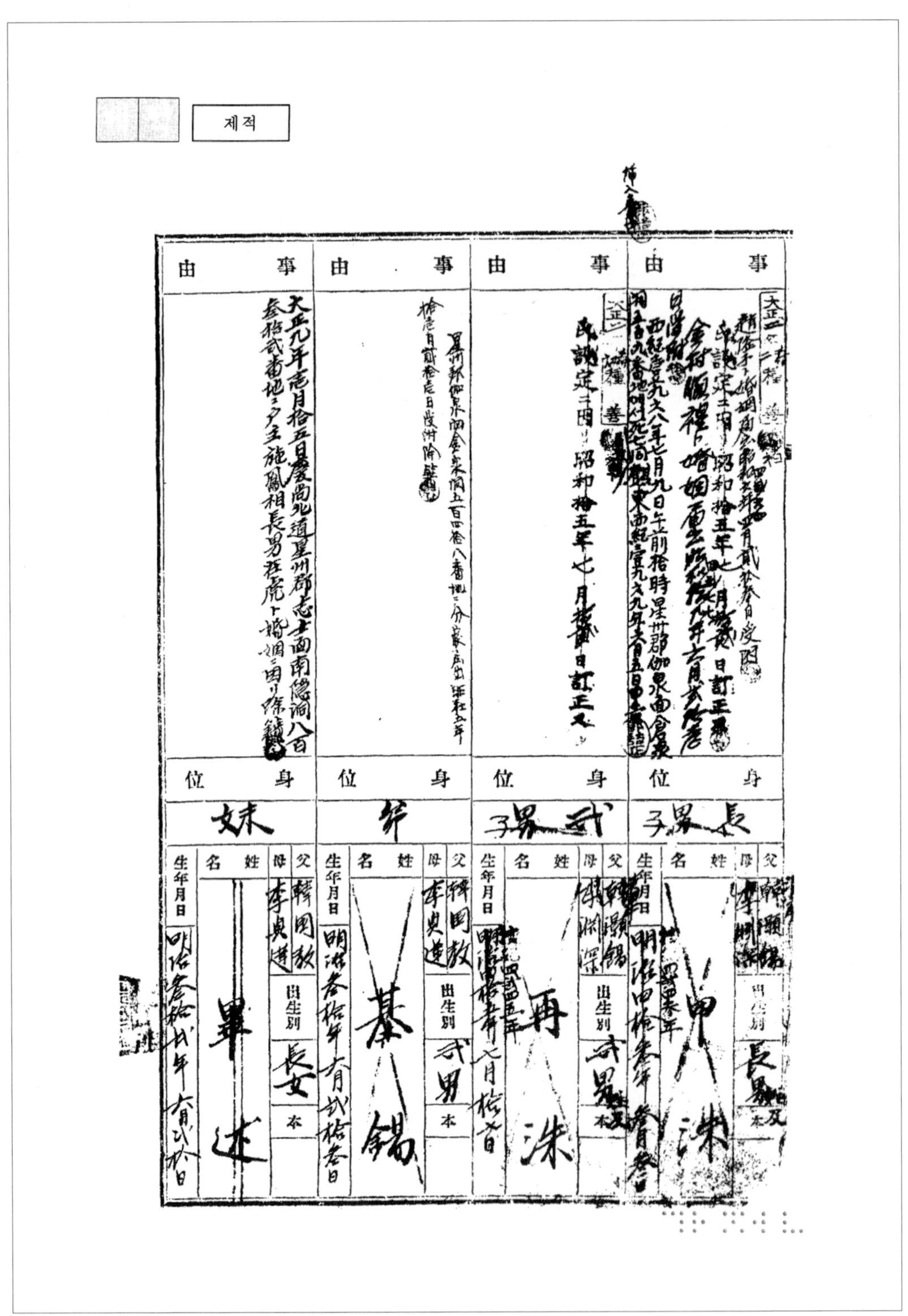

事由	身位	父	母	出生別	名	生年月日
[illegible] 昭和拾五年七月[illegible]日訂正	長男子	[illegible]	李[illegible]	長男	申洙	明治四拾參年[illegible]
[illegible] 昭和拾五年七月[illegible]日訂正	弍男子	[illegible]	[illegible]	弍男	再洙	明治四拾五年七月拾[illegible]日
星州郡伽泉面金泉洞五百四拾八番地ニ分家[illegible] 拾壹月貳拾壹日受附除籍	弟	韓國教	李良蓮	弍男	基錫	明治參拾年六月弍拾參日
大正九年壹月拾五日慶尚北道星州郡志士面南隱洞八百參拾弍番地戸主旋鳳相長男在虎ト婚姻ニ因リ除籍	妹	韓國教	李良蓮	長女	畢述	明治參拾弍年六月弍拾[illegible]日

부친의 제적부 속 가족상황

제적

①

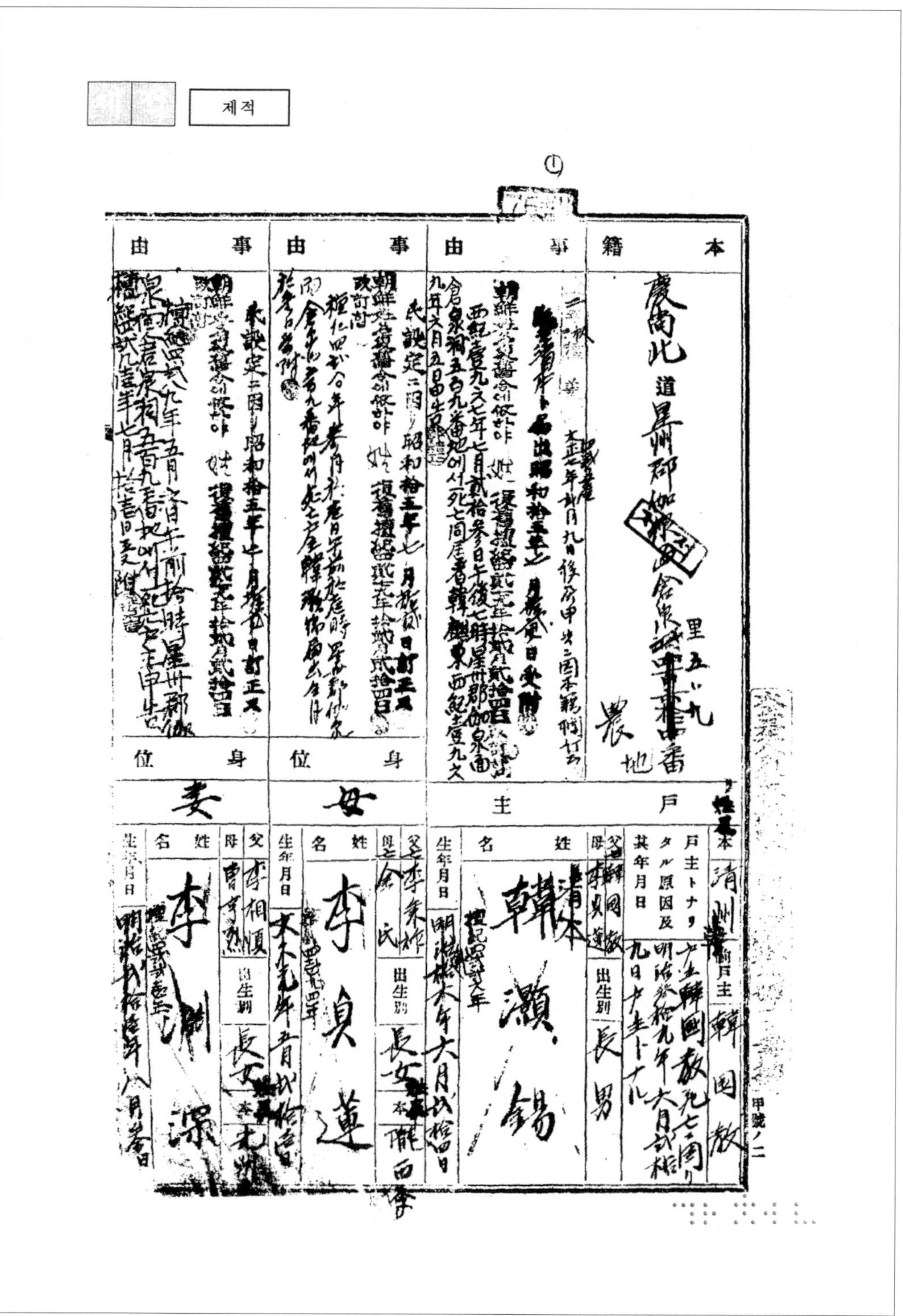

本籍	慶尙北道 星州郡 … 里 五八九番 農地
事由	朝鮮姓名復舊令에 依하야 姓ノ 復舊 … 西紀壹九五七年七月貳拾參日午後七時 星州郡 … 死亡 …

本	清州
前戶主	韓國敎
戶主トナリタル原因及其年月日	戶主韓國敎死亡ニ因リ 明治四拾九年六月 … 九日戶主ト爲ル
父	韓國敎
母	李貞蓮
出生別	長男
戶主 姓名	韓瀾錫
生年月日	明治拾六年六月貳拾四日

身位	母
事由	朝鮮姓名復舊令에 依하야 姓ノ 復舊 … 昭和拾五年七月 … 日訂正
父	李秉 …
母	金氏
出生別	長女
本	慶州
姓名	李貞蓮

身位	妻
事由	朝鮮姓名復舊令에 依하야 姓ノ 復舊 … 昭和拾五年七月 … 日訂正
父	李相頃
母	曹 …
出生別	長女
姓名	李淵深

甲號ノ二

부모님 (장손과 함께)

조모

모친

光復軍 印緬戰區工作隊
隊長 韓志成 生家터
(1912. 7. 17 ~ ?)
주소 : 경상북도 성주군 가천면 창천리 509

창천리 생가터와 표석

가천면 창천리 일대 전경과 약도

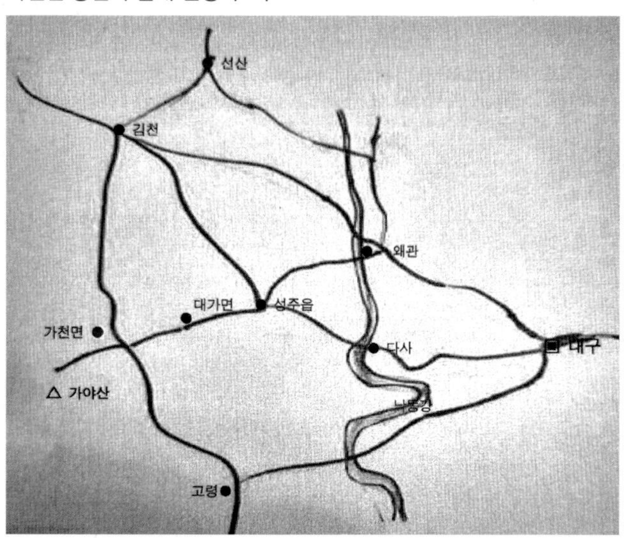

2. 가천공립보통학교 수학기

가천국민학교 옛 교사

보통학교 재학 때 형과 함께

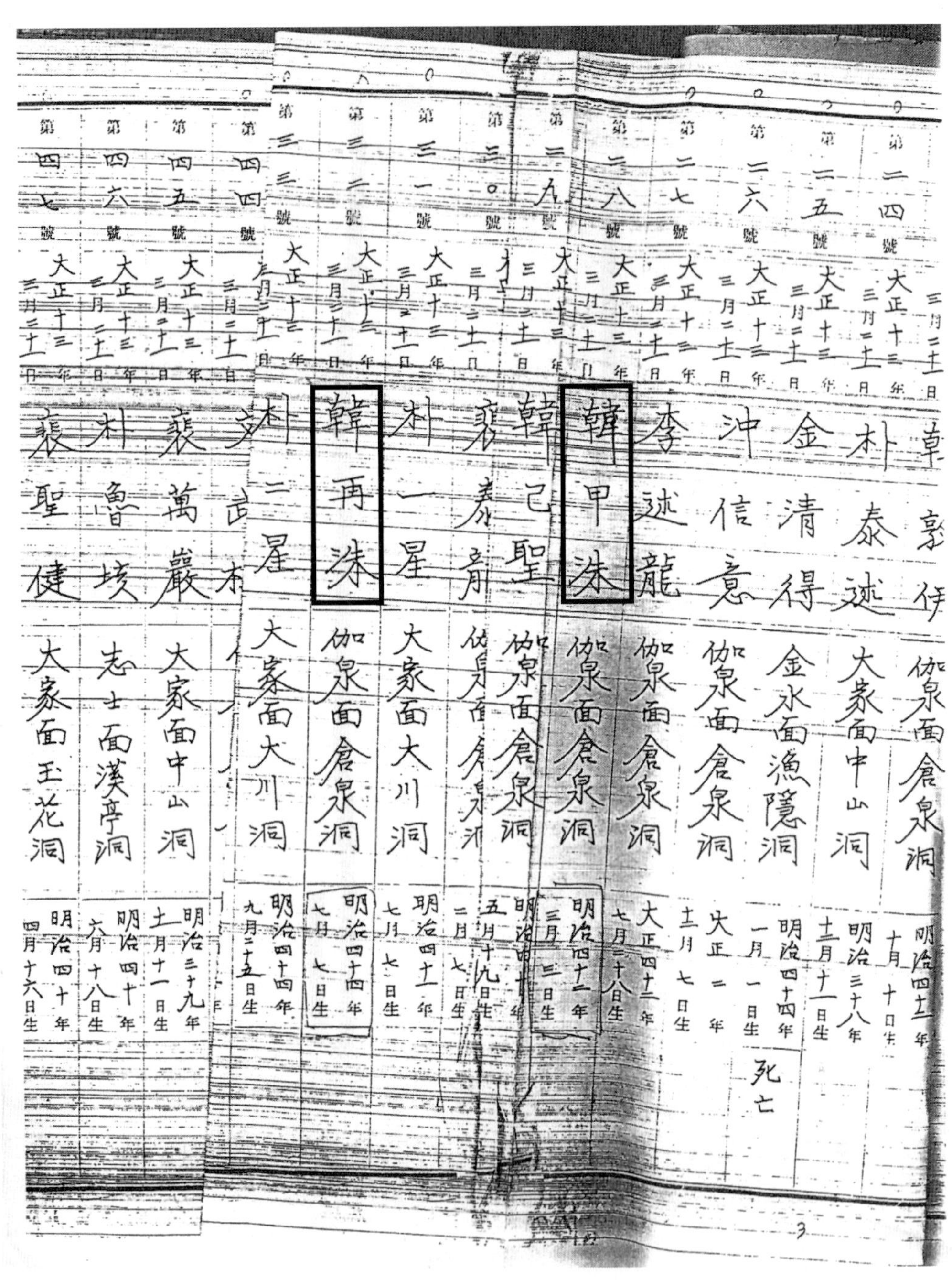

한갑수·한재수 형제의 보통학교 학적부

98-9 32

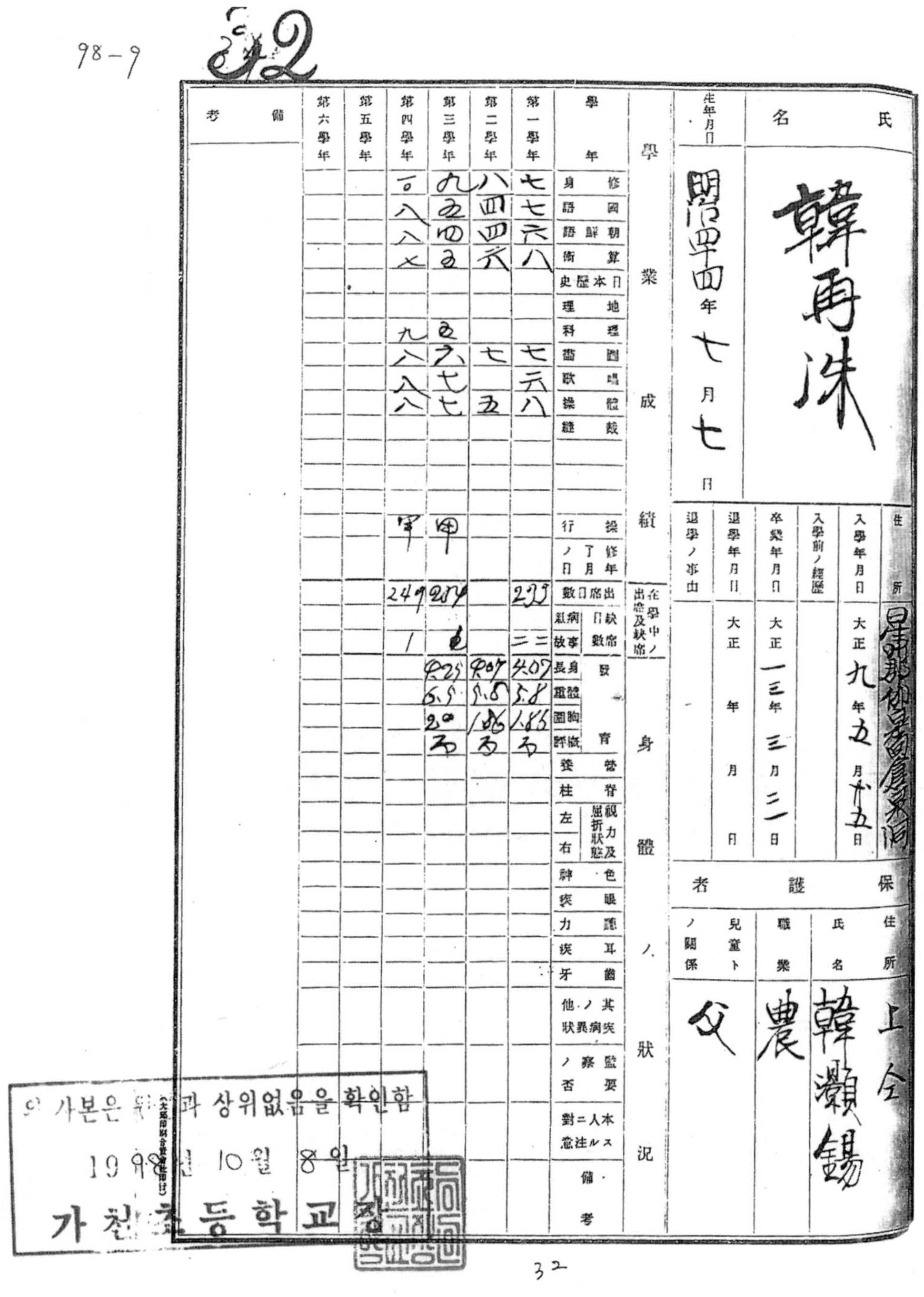

氏名 韓再洙

入學年月日 大正九年五月廿五日

卒業年月日 大正一三年三月二一日

保護者 住所 上仝 氏名 韓瀕錫 職業 農 兒童トノ關係 父

위 사본은 원본과 상위없음을 확인함

1998년 10월 8일

가천초등학교장

32

4년제 과정의 성적표

賞狀

第五學年

韓再洙

右者本學年中精勤一等ニ付

之ヲ賞ス

大正十四年三月二十日

伽泉公立普通學校

5학년 정근 1등 상장

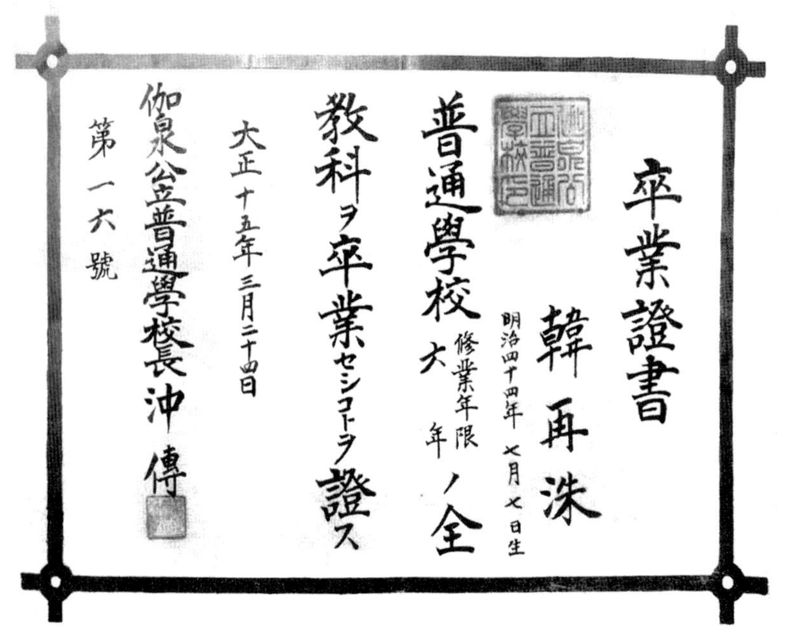
卒業證書

韓再洙

明治四十四年七月七日生

普通學校修業年限六年ノ全

教科ヲ卒業セシコトヲ證ス

大正十五年三月二十四日

伽泉公立普通學校長 沖傳

第一六號

6년제 과정 제1회 졸업증서

보통학교 졸업사진 (1926.3) ※ 둘째 줄 오른쪽 세 번째가 한지성

3. 대구공립상업학교 수학기

대구공립상업학교 교사 (1940년대)

No. No 1396

第 號	氏名	韓再洙
	生年月日	明治四十五年七月十七日生

本籍 戶主職業	本籍 慶北星州郡伽泉面倉泉洞五〇九
	~~士族~~ ~~兩班~~ 平民 ~~常民~~ 戶主 韓灝錫 職業 農
住所	大邱府南山町六七一

家庭	父	母	祖父	祖母	兄	弟	姉	妹	宗教	學資支給者	氏名	韓灝錫
	/	/		/	/				無		續柄	父

入學前ノ學歷	大正 年 月 大正十五年三月 伽泉公立普通學校第六學年卒業
入學	大正十五年四月一日 第一學年 試驗 ~~無試驗~~ 入

進級	第一學年修了	第二學年修了	第三學年修了	第四學年修
	昭和2年3月25日	昭和3年3月25日	昭和4年3月25日	昭和5年3月2

轉退學	大正 年 月 日
卒業	昭和6年三月七日
死亡	大正 年 月 日 ニ依リ死

保證人	正	氏名 韓灝錫 生徒トノ續柄 父
		住所 慶北星州郡伽泉面倉泉洞509 職業 農
	副	氏名 李龍錫 正保證人トノ關係 親戚
		住所 大邱南山町六七一 職業 商
備考		

원본과 틀림 없음을 확인 19 1988 10월 7 일

상업학교 학적부

學業成績					
學年 / 科	第一學年	第二學年	第三學年	第四學年	第五學年
身	60	77	77	84	78
講讀 甲	70	65	62	83	70
講讀 乙	60	76	74		
文法作文	63	65	58	60	68
習字	58	78	80	60	
鮮語	72	67	83	80	
珠算	68	60	63	85	67
算術	48			50	67
代數幾何		55	75	75	
理	74	78		76	
史		84	69		78
	40	63	85		
		80			
甲	84	78	84	77	73
乙	80	73	73	84	
丙	74	80	71		87
丁				73	77
制				77	83
濟				70	68
事要項		68	90	83	
記			65	70	77
品					84
業實踐					81
畫	54			[illegible]	75
操	73	68	74	85	88
点	978	1215	1183	1192	1221
均点	65	71	74	75	76
人員	108	96	68	61	55
次	55	46	20	20	16
行	乙	乙	乙	甲	甲
定	及	及	及	及	及
席スヘキ日數		251	252	253	237
席日數	247	249	252	250	233
席日數	4	2		3	4
引日數					
課時數		1			
早回數	7	10			3
任認印			[stamp]	[stamp]	[stamp]

體格					
學年 / 種別	第一學年	第二學年	第三學年	第四學年	第五學年
身長	4.83	1m57	1.62	166	168
體重	8.950	42.2瓩	4.82	56 52.8	56
胸圍	2.35	0.78m	78	84	85
發育概評	乙	乙	乙	甲	甲
營養	甲	甲	甲	甲	甲
脊柱	正				
視力及屈折狀態 左	1.0		1.20	1.2	1.2
視力及屈折狀態 右	1.0			1.2	1.2
色神	[illegible]		[illegible]	[illegible]	[illegible]
眼疾	[illegible]				
聽力	[illegible]				
耳疾	[illegible]				
齒牙	[illegible]				
其他疾病異狀	/				
監察要否					
本人ニ對スル注意					

人物					
學年	第一學年	第二學年	第三學年	第四學年	第五學年
性質	温順	温順	〃	〃	〃
動作	活發	活潑	〃	〃	〃
言語	明瞭	明瞭	〃	〃	〃
嗜好	庭球 英語	庭球	柔道	籠排球	ラグビー
役員賞罰					
主任認印	[stamp]	[stamp]	[stamp]	[stamp]	[stamp]

5개년 성적표

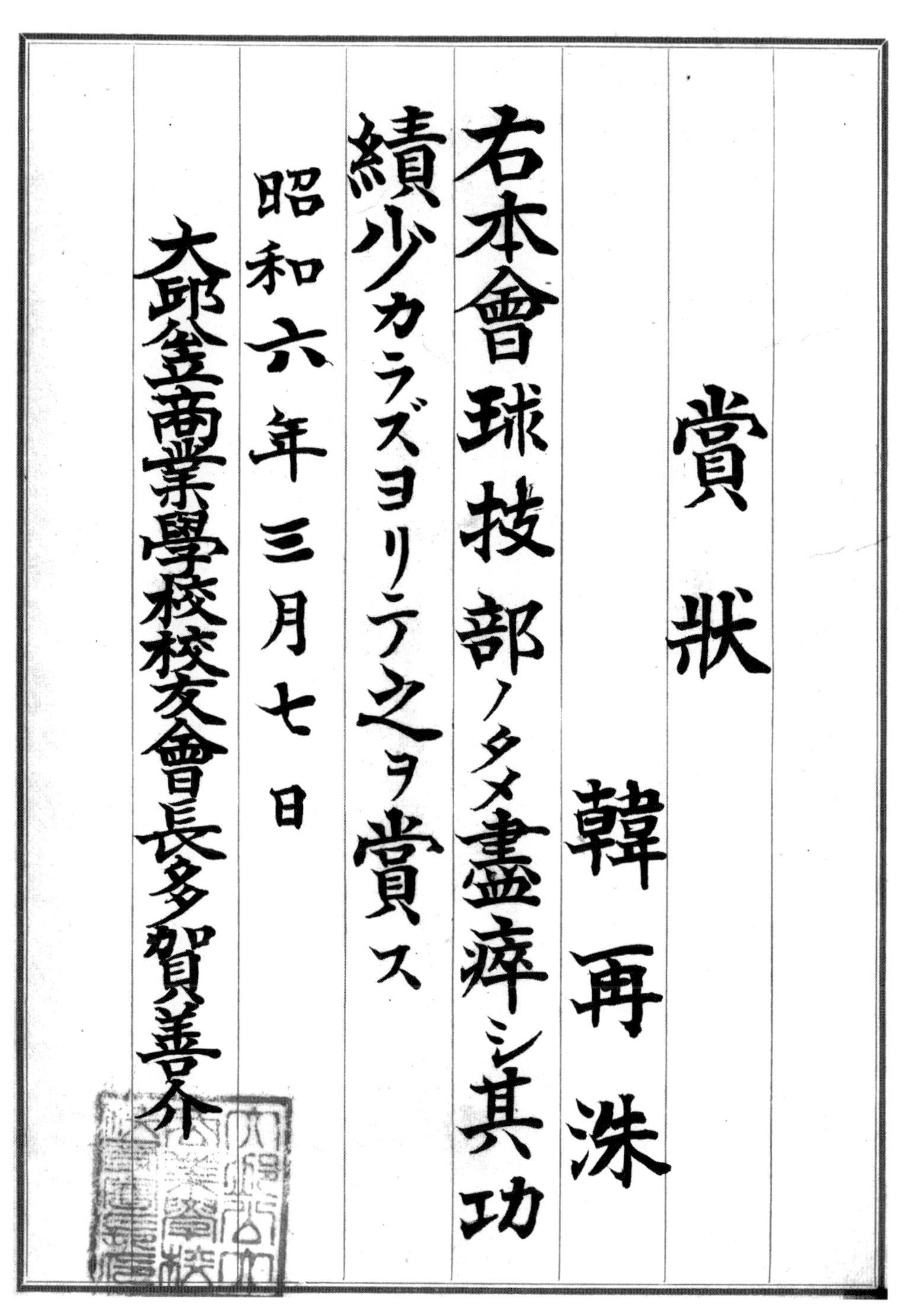

賞狀

韓再洙

右本會球技部ノタメ盡瘁シ其功
績少ナカラズヨリテ之ヲ賞ス

昭和六年三月七日

大邱公立商業學校校友會長多賀善介

구기부 활동 공로 상장 (1931.3)

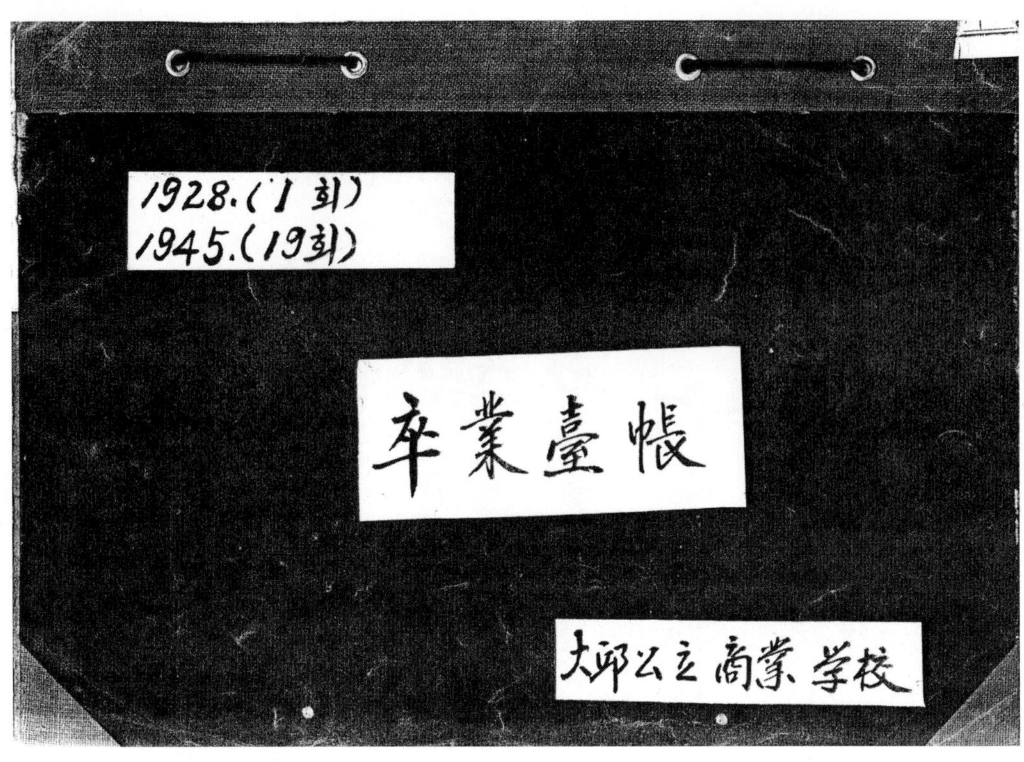

졸업대장 대구상업고등학교

	계인	번호	성명	본적및생년월일	입학년월일	졸업년월일	졸업회차
18		제171호	天野清	본적 愛知縣 14년 3월 22일	26년 4월 1일	31년 3월 7일	제 4 회 통 4 회
		제172호	天野光明	본적 広島縣 13년 2월 26일	년 월 일	년 월 일	제 회 통 회
		제173호	石井英志	본적 広島縣 12년 6월 11일	년 월 일	년 월 일	제 회 통 회
		제174호	今井武雄	본적 岡山縣 14년 7월 9일	년 월 일	년 월 일	제 회 통 회
		제175호	尹炳植	본적 경북 09년 5월 25일	년 월 일	년 월 일	제 회 통 회
		제176호	大島韓一	본적 京都府 12년 9월 25일	년 월 일	년 월 일	제 회 통 회
		제177호	韓再洙	본적 경북 12년 7월 17일	년 월 일	년 월 일	제 회 통 회
		제178호	北島豊	본적 長崎縣 14년 7월 15일	년 월 일	년 월 일	제 회 통 회
		제179호	橘高章	본적 広島縣 13년 10월 31일	년 월 일	년 월 일	제 회 통 회
		제180호	姜文[illegible]	본적 경북 12년 6월 14일	년 월 일	년 월 일	제 회 통 회

졸업대장

급우 단체사진 ※ 맨 뒷줄 오른쪽 5번째가 한지성인 듯

재학 때의 독사진

학우들과 함께 (1927) ※ 앞줄 오른쪽이 한지성

졸업 무렵 친구들과 함께 (1931) ※ 왼쪽

대구유학 성주 소년 6인 ※ 뒷줄 왼쪽 2번째

5학년 때 친우와 함께 (1930) ※ 왼쪽

졸업 무렵 서울에서 친구(정길화)와 함께 (1931.3) ※ 왼쪽

럭비부 홍백시합 때의 부원 일동 ※ 앞줄 오른쪽 네 번째

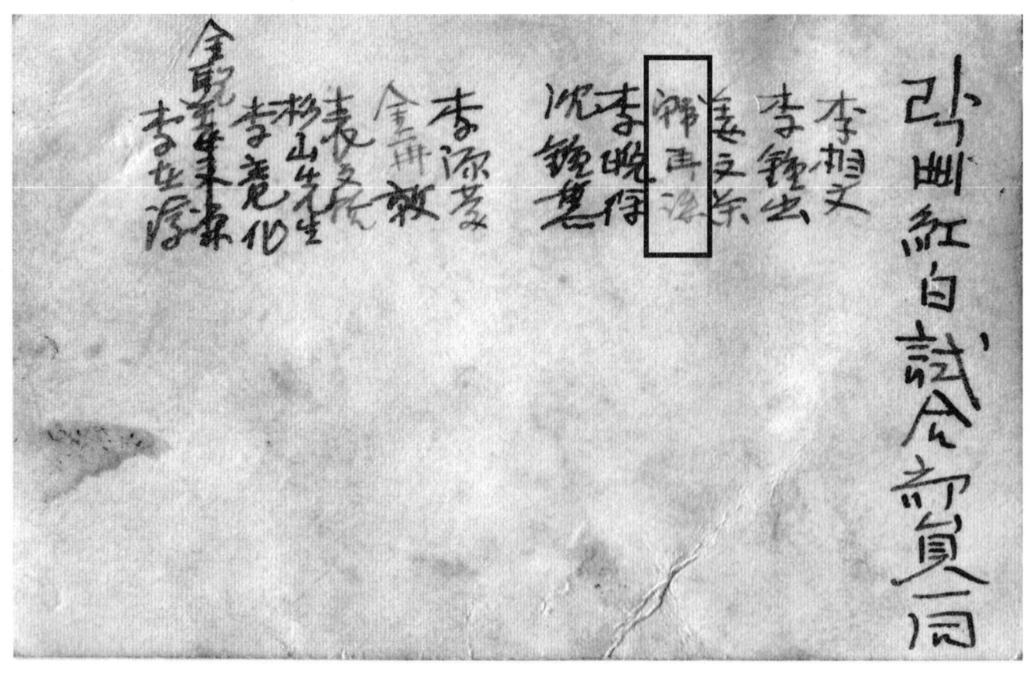

럭비부 홍백시합 때의 부원 일동 명단

럭비부 부산원정 때의 사진 (1930.12) ※ 앞줄 오른쪽 네 번째

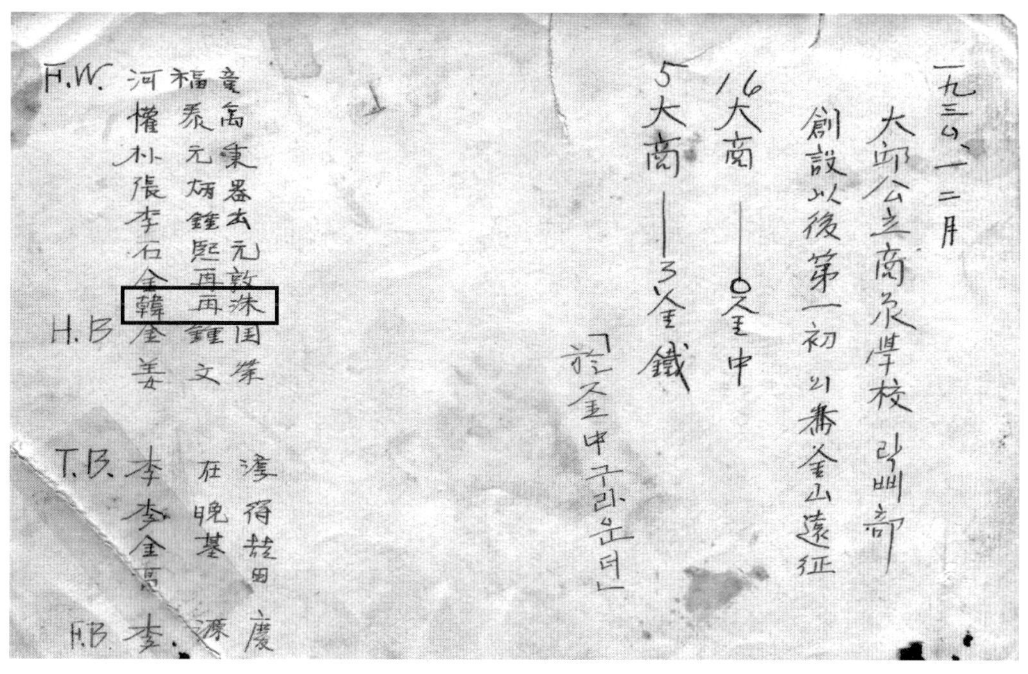

럭비부 부산원정 때의 사진 뒷면 메모 (출전 멤버 명)

럭비부 단체사진 (1930.4, 일본 릿쿄대학과의 교류 기념) ※ 뒷줄 왼쪽 6번째

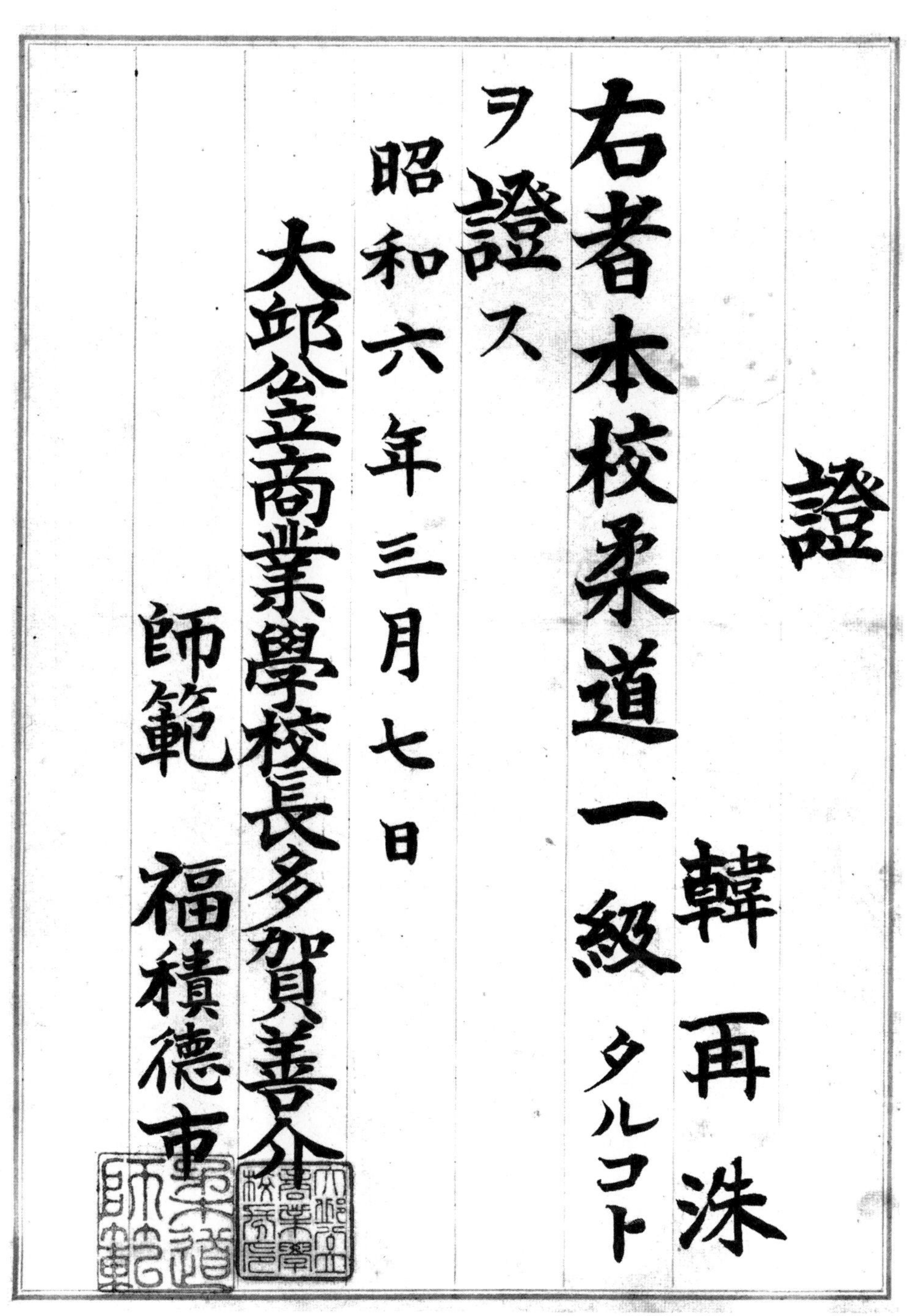

證

韓再洙

右者本校柔道一級タルコト

ヲ證ス

昭和六年三月七日

大邱公立商業學校長多賀善介

師範 福積德市

유도 1급 증서 (1931.3)

4. 중국국민당 중앙정치학교 수학기

학우와 함께 남경에서 (1934.1.1)

졸업사진 (1936.8)

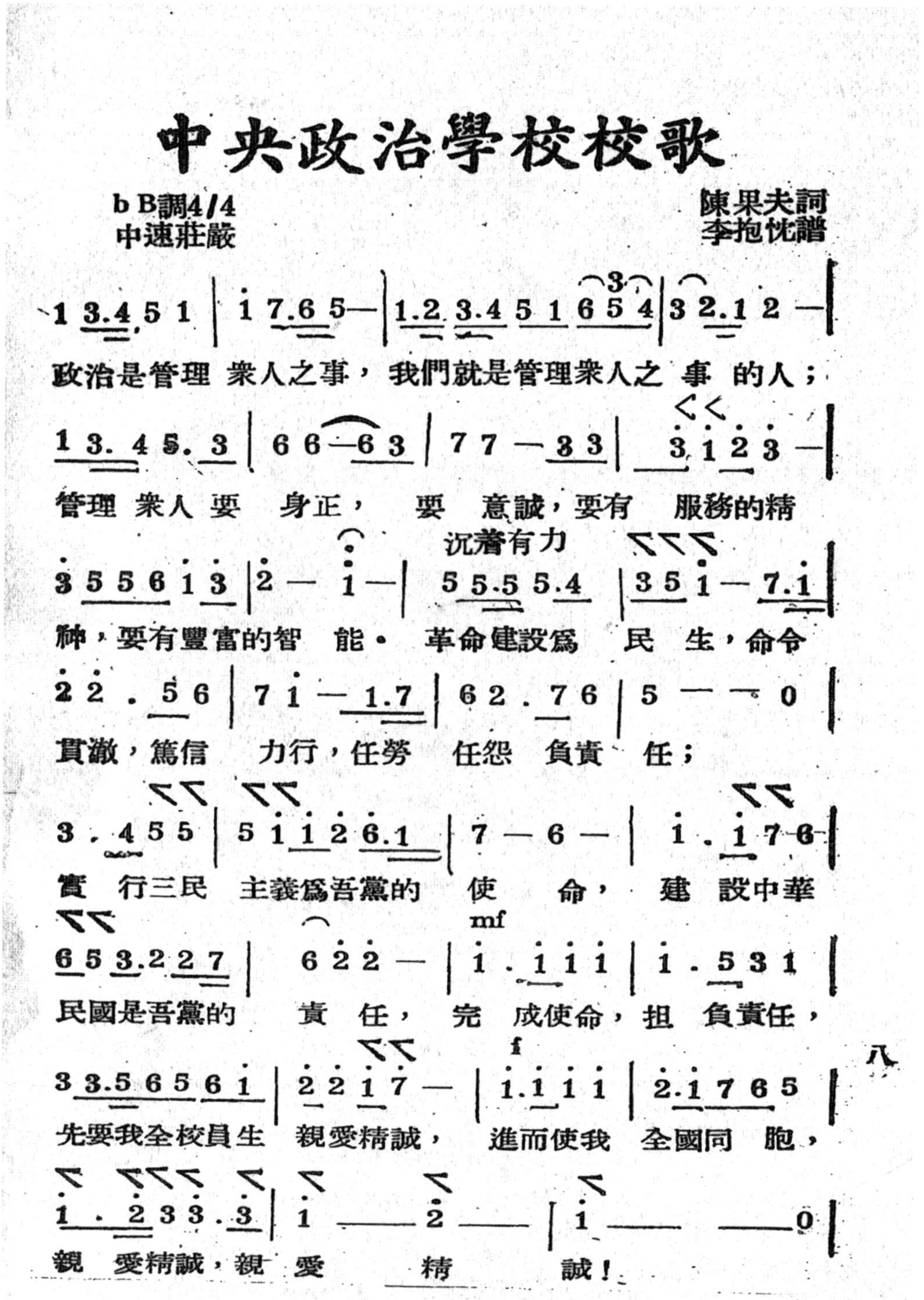

中央政治學校校歌

bB調4/4　中速莊嚴

陳果夫詞
李抱忱譜

政治是管理衆人之事，我們就是管理衆人之事的人；管理衆人要身正，要意誠，要有服務的精神，要有豐富的智能。革命建設爲民生，命令貫澈，篤信力行，任勞任怨負責任；實行三民主義爲吾黨的使命，建設中華民國是吾黨的責任，完成使命，担負責任，先要我全校員生親愛精誠，進而使我全國同胞，親愛精誠，親愛精誠！

八

民國三十六年三月

中央政治學校畢業同學錄

畢業生指導部編

〈중앙정치학교 필업 동학록〉 (1947)

現任教職員

(一)校長

姓名	別號	年齡	籍貫	現任職務	備註
蔣中正	介石	六一	浙江奉化	總裁兼國民政府主席	

(二)校務委員

姓名	別號	年齡	籍貫	現任職務	備註
蔣中正	介石	六一	浙江奉化	總裁兼國民政府主席	
戴傳賢	季陶	五九	浙江吳興	中央常務委員考試院院長	校務委員會常務委員
丁惟汾	鼎丞	七四	山東日照	中央常務委員中央撫卹委員會主任委員	同前
陳果夫		五六	浙江吳興	中央常務委員中央財務委員會主任委員	同前
陳立夫	祖燕	四九	浙江吳興	中央執行委員中央組織部部長	同前
陳布雷	畏壘	五七	浙江慈谿	中央執行委員國防最高委員會副秘書長	同前
孫科	哲生	五七	廣東中山	中央常務委員立法院院長	
居正	覺生	七二	湖北廣濟	中央常務委員司法院院長	

九

大學部第五期　二十五年六月畢業

一、行政系

姓名	年齡	籍貫	職務
丁仲光	三五	江蘇泰縣	青島中央合作金庫組長
王明義	三四	遼寧本溪	淞江雙城縣縣長
王昭文	三八	甘肅甯縣	甘肅武威縣縣長
王尊怡	三五	浙江平陽	浙江義烏縣政府主任祕書
孔繁霖	三七	江蘇金壇	三民主義青年團中央團部編審
史閏六	三四	江蘇宜興	中央合作金庫甯波支庫協理
朱　程	三五	福建浦城	廣州內政部禁烟委員會閩粵區禁烟督導
羊九思	三六	浙江富陽	浙江富陽包恆泰東號
余朝海	三五	雲南鎭南	雲南鎭南沙橋
宏怡雲	三六	湖北巴東	四川省民政廳祕書
李守廉	三九	熱河凌源	熱河省政府民政廳長
李佩雄	四〇	陝西石泉	陝西省訓練團指導處處長
李錫勛	三八	江蘇高郵	徐州陸軍總司令部

張宗漢	三四	江蘇江甯	南京中國農民銀行總管理處課長
曾憲文	三七	遼甯遼陽	
葉新明	三七	江蘇吳江	糧食部派駐上海特派員公署祕書
劉家傑	四〇	湖南平江	湖北黃岡直接稅分局局長
歐先哲	三八	四川廣安	貴州興仁第三區行政督察專員

五、教育系

（一）教育行政組

李　爲	四〇	江西萍鄉	福建沙縣省立醫學院祕書兼講師
俞思敬	三六	江蘇江甯	雲南大理國立師範教員
康世誠	三七	察省懷安	蘭州西北公路特別黨部委員
章育才	三七	江蘇江陰	中央訓練團地政班訓育幹事
温紹熙	三七	山西　縣	山西省黨部委員
廖人群	三八	湖南耒陽	湖南教育廳督學
趙容舒	三八	河北獲鹿	貴州省政府視察
趙芝慶	三七	河南滑縣	河南省社會處視導

大五

大五

姓名	年齡	籍貫	職務
劉　馨	四一	黑省肇州	
鄭小傑	三七	浙江永嘉	浙江省敎育廳科長
韓再洙　志成	三五	韓　國	

駐韓國臺北代表部
한글 번역 참고문

110-730* 서울시 종로구 세종로211 광화문빌딩6층 /전화*399-2765 /fax*730-1293 담당:畢秀嬿

문서번호: 한부99자제09900005460호

시행일자: 2010년 6월 25일

수　　신: 韓玉東 先生 귀하

<table>
<tr><td colspan="2">선결</td><td></td><td></td><td rowspan="2">지시</td><td colspan="2"></td></tr>
<tr><td rowspan="2">접수</td><td>일자
시간</td><td colspan="2"></td><td colspan="2"></td></tr>
<tr><td>번호</td><td colspan="2"></td><td rowspan="3">결재·공람</td><td></td><td></td></tr>
<tr><td colspan="2">처리과</td><td colspan="2"></td><td></td><td></td></tr>
<tr><td colspan="2">담당자</td><td colspan="2"></td><td></td><td></td></tr>
</table>

제　목: 韓志成 先生의 中央政治大學 졸업 여부 확인건

1. 貴下의 무궁한 발전과 건승을 기원합니다.
2. 본 대표부로 협조 요청하신 韓志成 先生의 中央政治大學 졸업 여부 확인건과 관련, 中央政治大學의 후신인 國立政治大學은 國家檔案管理局으로부터 확인한 결과를 본 대표부로 다음과 같이 알려왔습니다. 韓志成 先生께서는 본명인 "韓再洙"로 1932년 9월 中央政治大學에 입학하였고 1936년도 제5학기 "교육학과 교육행정조"를 졸업했으나 해당 사진 자료는 없는 것으로 확인됐습니다.
3. 상기 國立政治大學과 國家檔案管理局의 공문 사본 2페이지를 첨부하니 참고하시 바랍니다. 감사합니다.

駐韓國台北代表部

畢秀嬿 배상

학적 확인 통지문 (주한 타이페이대표부)

檔　號：

保存年限：

檔案管理局　函

地址：10486台北市伊通街59巷10號
聯絡方式：(承辦人)邱玉鳳
(電話)25131916
(E-Mail)yfchiu@archives.gov.tw

116
台北市文山區指南路2段64號
受文者：國立政治大學

發文日期：中華民國99年5月19日
發文字號：檔應字第0990002370號
速別：速件
密等及解密條件或保密期限：
附件：如文

主旨：檢送韓再洙先生相關檔案資料複印本乙份計2頁，復請查照。

說明：

一、復　貴校99年5月10日政教字第0990011228號函。

二、本局由移轉自教育部之國家檔案中查得韓再洙先生相關資料(檔號：0035/140.27-10/0001；案名：國立政治大學20-30年度畢業生案)，經核對年齡及畢業年度與　貴校函請協查之韓志成先生(本名韓再洙)資料相仿，特檢件供參。

三、使用檔案時，請依檔案法第17條及第18條辦理，尤宜避免有侵害公共利益、個人隱私或第三人正當權益之情形。

正本：國立政治大學
副本：

裝　訂　線

局長陳旭琳

第1頁　共1頁

학적 확인 통지문의 첨부문서 1 (당안관리국 공문, 2010.5.19)

檔　號：020499
保存年限：05年

國立政治大學　函

機關地址：台北市文山區指南路二段64號
機關傳真：29387081
承 辦 人：徐嘉林
聯絡電話：02-29393091#63276

110-050
韓國首爾市鍾路區世鍾路211番地光化門大廈6樓

受文者：外交部駐韓國代表處

發文日期：中華民國99年6月2日
發文字號：政教字第0990012573號
速別：最速件
密等及解密條件或保密期限：普通
附件：外交部駐韓國代表處函、韓玉東先生申請函說明、來文原文附加檔

裝

主旨：有關查詢韓國籍韓志成先生學籍資料乙案，復如說明，請 查照。

說明：

一、復 貴處99年4月14日韓部字第09900003540號函。

二、旨揭學籍查證，經函請國家檔案管理局協助調閱「國立政治大學前中央政治學校大學部自第一期至第十期各系組畢業生名冊」，查「韓再洙」先生民國21年9月入學，為本校25年度第五學期教育學系教育行政組畢業校友，特予說明。

訂

三、韓志成先生為本校前身「中央政治學校」大學部畢業校友，經國家檔案管理局僅查得說明二之學籍資訊，有關韓生畢業照片等，已無資料可查，尚請見諒。

正本：外交部駐韓國代表處

副本：外交部、教育部、教務處註冊組、教務處

線

校長 

第1頁 共1頁

학적 확인 통지문의 첨부문서 2 (국립정치대학 공문, 2010.6.2)

安炳武 明治四十五年四月二十九日	平安南道安州郡安州面元興里一〇七	安恭根ノ妻及金基濟、李光前等ニ勸誘サレ軍官學校第三期生トシテ應募入學セルモノナリ
安春生 明治四十五年四月十五日	黃海道海州郡錦山面冷井里六二四 黑龍江省呼蘭縣十字街	安重根、安明根ノ五寸ノ親戚ニシテ滿洲事變當時一時歸來セルモ生活困難ノ爲メ安敬生ヲ頼リ渡航セシハ軍官學校第三期生ニ入リタルモノナリ
韓再洙 明治四十五年	慶尙北道星州郡伽泉面金泉洞五〇九	南京中央政治學校大學部ニ在リト云フハ軍官學校ノコトナリ
韓道源 明治三十八年	平安南道大同郡古平面新興里	
韓錫官 明治四十二年	平安北道義州郡古城面新島洞三五七	安東商業ヨリ廣東ニ渡航上海ニ於テ李某ヨリ旅費ヲ受ケ入學ノ學校考究中ト實弟ニ宛軍官學校飛行科ニ入學スヘキ通信ヲ爲シタルハ第三期トシテ入學スルモノナラム
泰コト韓金綱 明治四十四年十二月十三日	平安南道中和郡楓洞面梭盛里三九三	上海仁成學校中國中學校卒業後廣東中山大學ニ在リシカ安恭根ノ妻及金基濟、李光前ノ勸誘ニ依リ軍官學校ニ入學シタルモノナリ
金毅漢 明治三十二年一月一日	京城府社稷洞一六二 杭州湖濱	上海ニ於ケ英商バス運轉ニ從事中住所ヲ變更スルニ至リ以來音信ナキハ軍官學校ニ入學シタルモノト認メラル
金敦一 明治四十二年六月十三日	慶尙北道善山郡高牙面元湖洞 チチハル方面	軍官學校募集連絡員タル金正默實父ヲ頼リ家族ト共ニ渡滿シ派遣軍ノ通譯ヲ爲スト雖モ實父ノ關係上軍官學校ニ入リタルモノナラム
金敦三 明治四十五年七月三日	右同 上海又ハ錦州	金敦一ノ實弟ニシテ家族ト共ニ實父ノ元ニ移居セルモノニシテ父ノ思想ヲ享ケ義烈團關係軍官學校ニ入リタルモノナラム
金淩增 明治四十二年	京畿道水原郡水原邑新豐里四三三 上海法界	渡滿後映畫監督トシテ各地ヲ廻リ金明水聯華影片公司ニ就職セルト雖モ軍官學校ニ入學スルモノナラム
新元コト金壯元 大正元年十月四日	京畿道楊州郡渼金面伽業里一七四 上海法租界	住居地ヨリ妹婿李昌順ニ宛通信ニハ語學研究中トノミ音信ヲナシ其他ニハ一、二回安否ヲ伺ヒタル外何等音信ナキ點軍官學校ニ入學セルモノナラム
斌坤コト金臥新 大正五年	ハルビン出身	金九ノ派遣セル軍官學校生徒募集員タル趙尙溫ノ勸誘ニ依リ入學シタルモノト認ム
金松雲 大正四年	(ハルビン出身) 不詳	右同樣
文燦コト金正水 大正六年	不詳 烏古密河	

(124)

의열단 군관학교 관계자 명부 (1935)

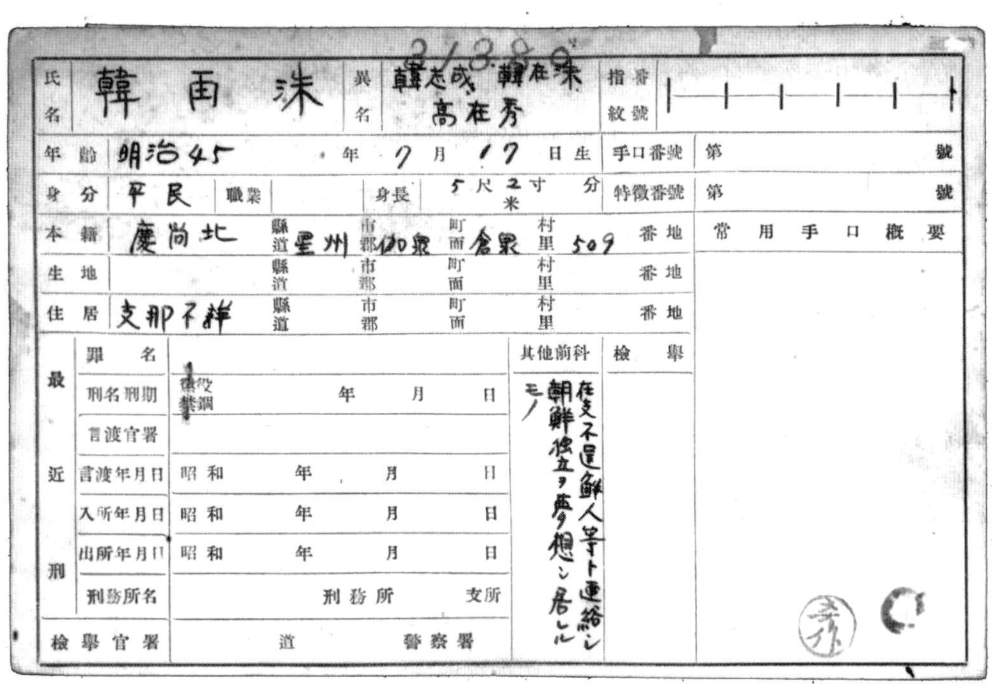

31389

氏名	韓再洙	異名	韓志成 韓在洙 高在秀	指紋番號	
年齡	明治45年 7月 17日生			手口番號	第 號
身分	平民	職業	身長 5尺 2寸 分 米	特徵番號	第 號
本籍	慶尚北道 星州郡 伽泉面 倉泉里 509番地			常用手口概要	
生地	縣道 市郡 町面 村里 番地				
住居	支那不祥 縣道 市郡 町面 村里 番地				

最近刑		其他前科	檢擧
罪名		在支不逞鮮人等ト連絡シ朝鮮独立ヲ夢想シ居ルモノ	
刑名刑期	懲役 禁錮 年 月 日		
言渡官署			
言渡年月日	昭和 年 月 日		
入所年月日	昭和 年 月 日		
出所年月日	昭和 年 月 日		
刑務所名	刑務所 支所		
檢擧官署	道 警察署		

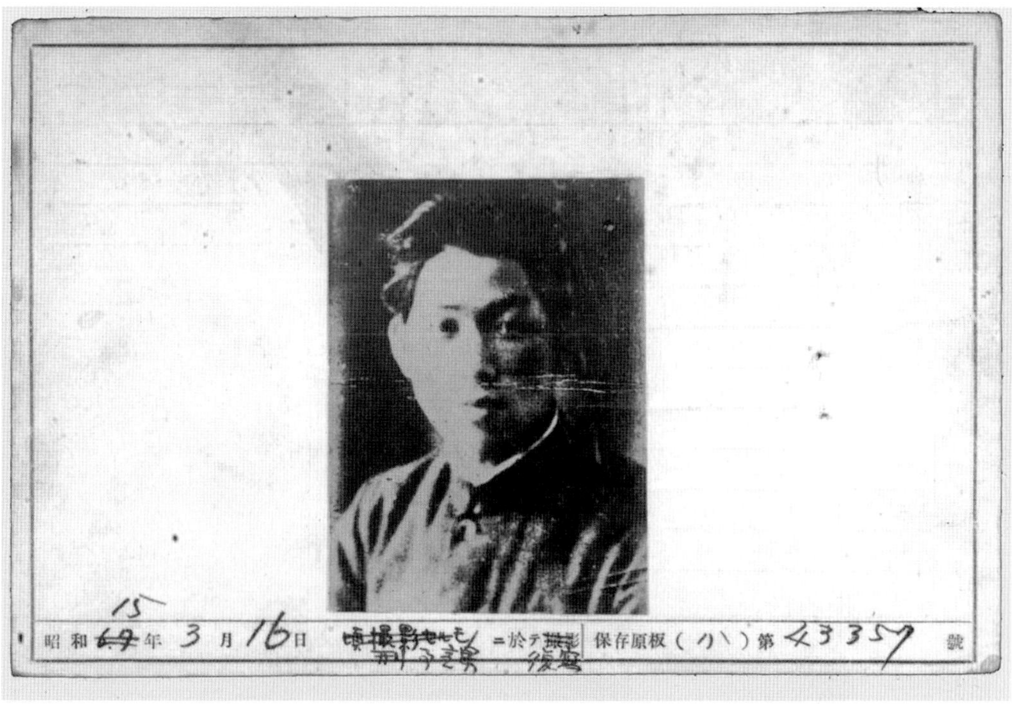

昭和 15年 3月 16日 ニ於テ撮影 保存原板(小)第 43357 號

요시찰인 카드 (1940)

자료편

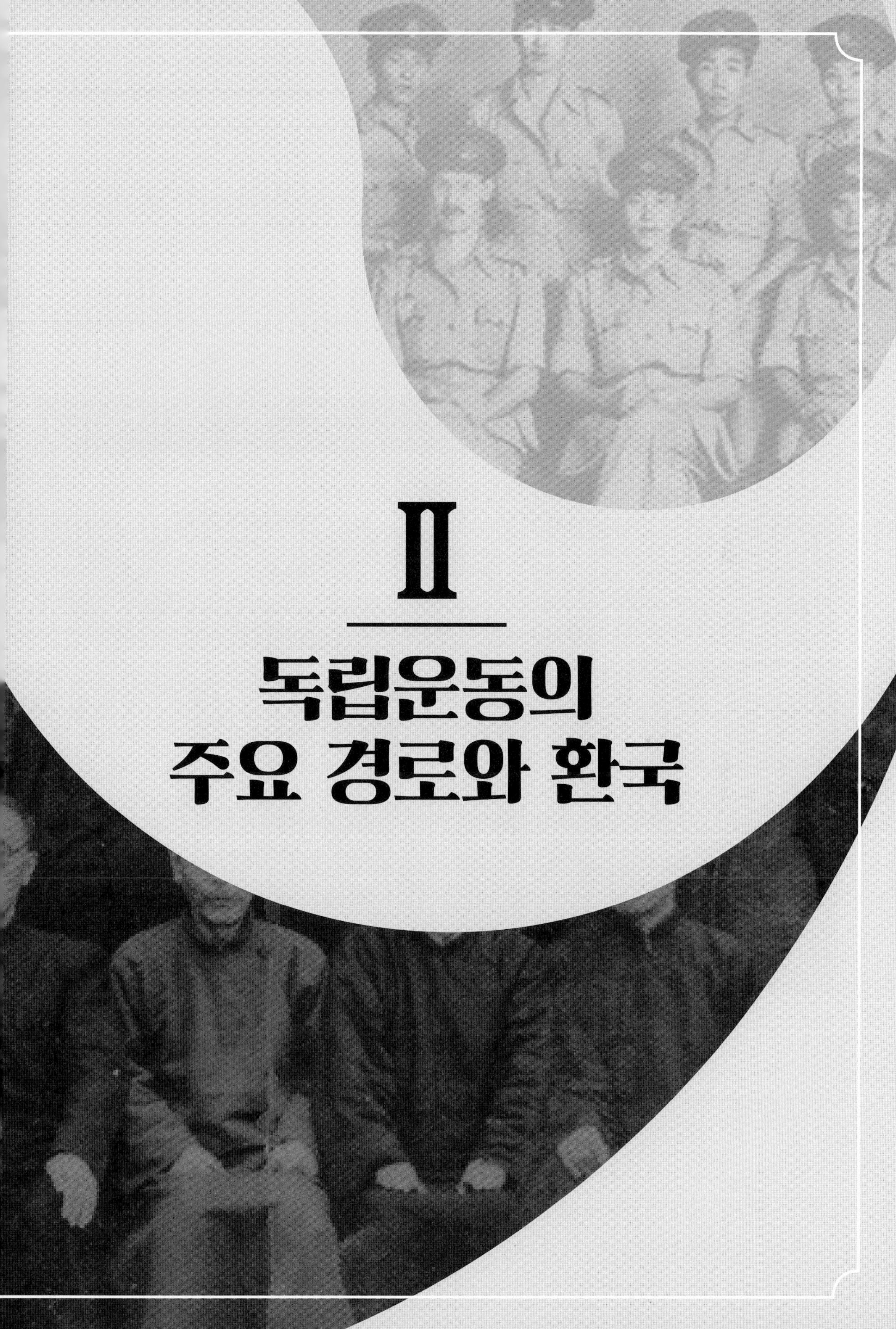

Ⅱ

독립운동의 주요 경로와 한국

1. 조선의용대 간부

조선의용대 성립기념 사진 (1938.10) ※ 맨 앞줄 왼쪽 5번째

조선의용대 창립 1주년 기념사진 (1939.10) ※ 둘째 줄 앉은 이의 맨 왼쪽

조선의용대 성립 2주년 기념식 사진 (1940.10) ※ 단상의 김원봉 옆 사회자

조선의용대 확대간부회의 참석자 사진 (1940.11) ※ 후열 오른쪽 2번째

2. 대한민국 임시의정원 의원 및 조선민족혁명당 간부

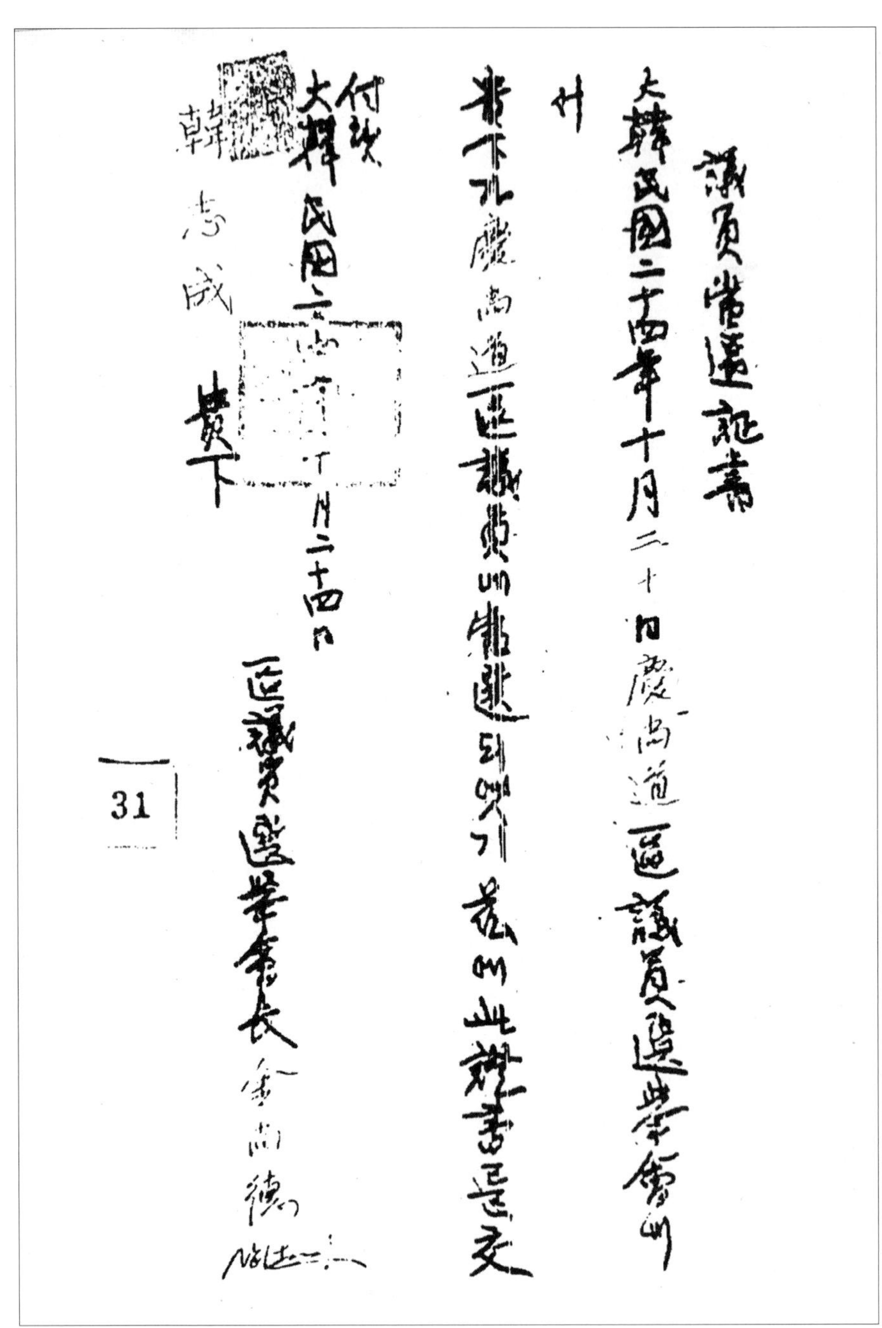

議員當選證書

大韓民國二十四年十月二十日慶尙道一區議員選擧會에서

貴下가慶尙道一區議員에當選되엿기玆에此證書를交付함

大韓民國二十四年十月二十四日

一區議員選擧會長 金尙德

韓志成 貴下

31

임시의정원 의원 당선증서 (1942.10)

大韓民國第三十四囬議政院議員一同紀念撮影

제34회 임시의정원 의원 일동 기념촬영 사진 (1942.10) ※ 셋째 줄 오른쪽 3번째

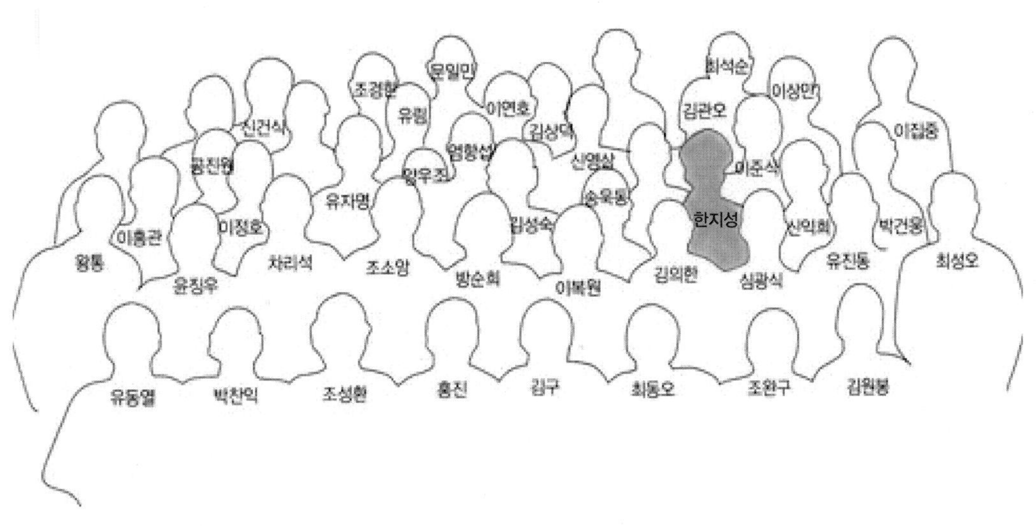

위 사진의 기명록

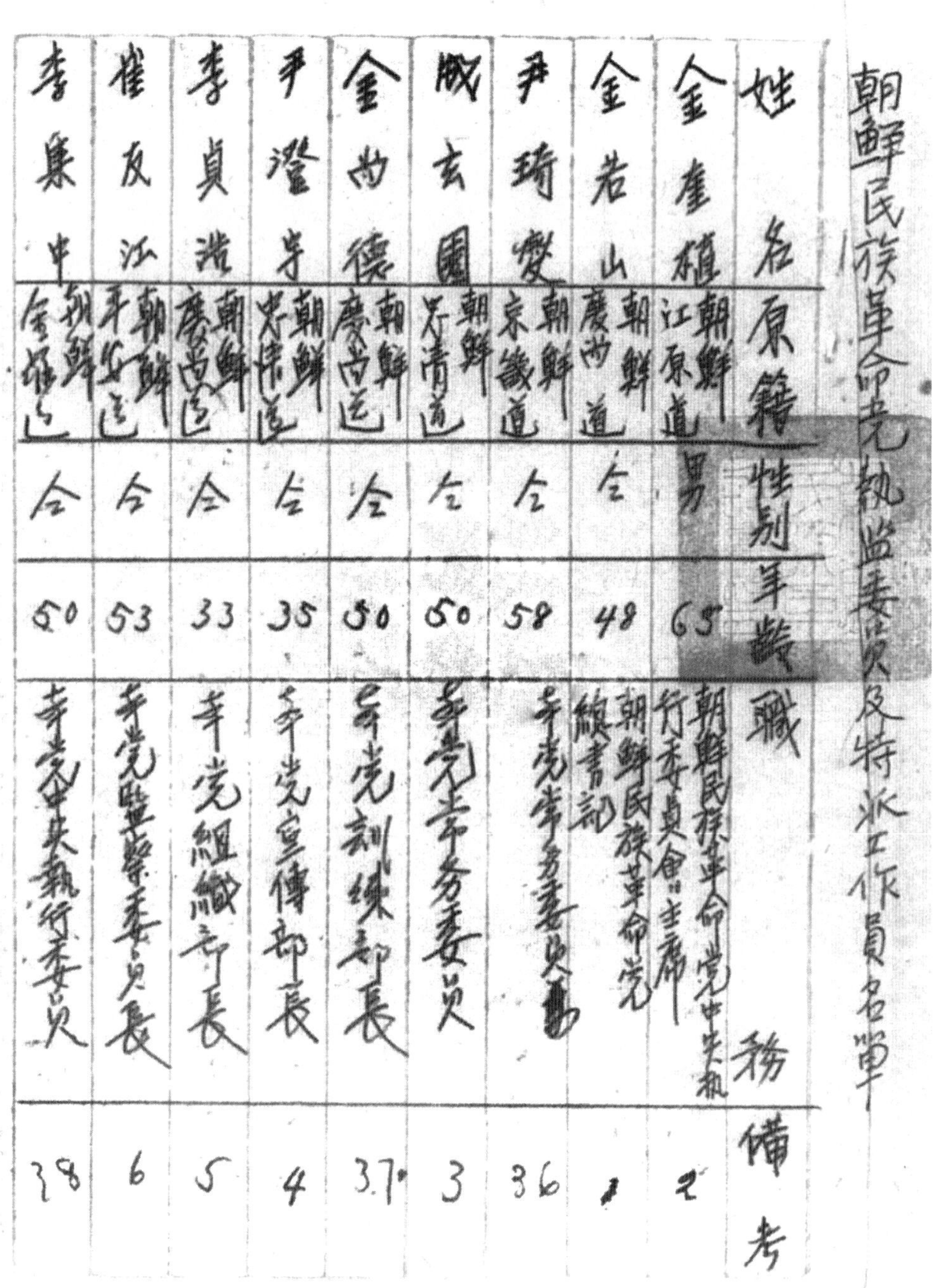

朝鮮民族革命党執監委員及特派工作員名單

姓名	原籍	性別	年齡	職務	備考
金奎植	朝鮮江原道	男	65	朝鮮民族革命党中央執行委員會主席	2
金若山	朝鮮慶尚道	仝	48	朝鮮民族革命党總書記	
尹琦燮	朝鮮京畿道	仝	58	革党常务委員	36
成玄園	朝鮮忠清道	仝	50	革党常务委員	3
金尚德	朝鮮慶尚道	仝	50	革党訓練部長	37
尹澄宇	朝鮮忠清道	仝	35	革党宣傳部長	4
李貞浩	朝鮮慶尚道	仝	33	革党組織部長	5
崔友江	朝鮮平安道	仝	53	革党監察委員長	6
李集中	朝鮮全羅道	仝	50	革党中央執行委員	38

姓名	籍貫	性別	年齡	職務	番號
崔省吾	平安道	仝	35	[illegible]中央委員	40
蔡元凱	平安道	仝	50	仝	39
宋旭東	全羅道	仝	44	仝	23
金淳愛	黃海道	女	57	仝	7
陳嘉明	慶尚道	男	35	仝	22
周世敏	慶尚道	仝	30	仝	34
金弘一	平安道	仝	50	仝	31
韓志成	慶尚道	仝	33	仝	8
于自强	慶尚道	仝	37	仝	24
韓錫源	咸鏡道	仝	42	仝	41

조선민족혁명당 중앙위원

조선민족혁명당 제7차 전당대표대회(개조대회) 기념 간부진 사진 (1943.2) ※ 맨 뒷줄 오른쪽 3번째

朝鮮民族革命黨特派工作員名單

姓名	原籍	性別	年齡	職務	備考
李貞浩	慶北	男	33	本黨中央組織部長	1
尹澄宇	慶北	男	35	本黨中央宣傳部長	2
韓志成	慶北	男	33	本黨中央秘書主任	3
陳嘉明	慶南	男	34	本黨中央財務部長	4
李集中	全南	男	50	本黨中央委員	21
李海鳴	江原道	男	48	本黨監察委員	23
于自强	慶北	男	37	本黨監察委員	19
宋旭東	全南	男	44	本黨中委	20

18

조선민족혁명당 중앙비서주임

3. 한국광복군 인면전구공작대장

인면전구공작대 대원 일동 및 영국군 R. C. Bacon 대위와 함께 (1943.11경, 인도 델리 근교로 추정)
※ 앞줄 왼쪽 두 번째

공작대 동지들 및 R. C. Bacon 대위와 함께 (1944. 1, 인도 Fagu 도착 직후로 추정)
※ 태극기 뒤 중앙

공작대 동지들 및 영국군 I.F.B.U(인도 전지선전대) 대원들과 함께 (1944, Fagu) ※ 뒷줄 오른쪽 3번째

공작대 동지 전원이 사복으로 함께 (1945, 중국귀환 직전으로 추정) ※ 뒷줄 중앙

4. 결혼과 환국

중경에서의 결혼식 사진 (1945.1.7)

인도 캘커타에서 부인 및 베이컨 여사와 함께 (1945)

Calcutta, India -
1945 - with Major Han
and his wife -
I was employed as
liason officer with "IFBU"
(Br. Intelligence) Calcutta
office - Eastern Command -
Was here for last 3 months
of war in Burma.
Then went to Darjeeling 15 mo

캘커타, 인디아
1945년, 한소령 및 그의 부인과 함께
내가 버마전쟁의 마지막 3개월 동안
원동군사령관 예하 I.F.B.U(영국 정보
기관)의 캘커타 사무소에 연락장교로
채용되어 있을 때임

베이컨 여사의 사진 뒷면 메모

附件第七四二五號

雨東吾兄勛鑒查朝鮮已獲解放我國為貫
徹扶植朝鮮獨立亟應協助韓國人員回國俾
其早日展開工作頃接韓國臨時政府軍務部
部長金若山先生稱擬率同周世敏王逸曙
尹鏡海韓志成四員隨同 貴部隊搭機飛
往東北繞道回韓等語似可予以協助以利進
行特函介前來晋謁至祈
惠予接見並指示為荷專此順頌

中國國民黨中央執行委員會秘書處用牋

우동(雨東) 형께 드리니 보십시오.

조선이 해방되었습니다. 이에 우리는 조선의 독립이 단단히 부식(扶植)되도록 한국인들이 귀국하여 조기에 (건국)공작을 전개하게끔 협조해 주어야겠습니다. 일전에 한국 임시정부 군무부장 김약산 선생이 주세민(周世敏)·왕일서(王逸曙)·윤경해(尹鏡海)·한지성(韓志成) 4인을 대동하고 왔었는데, 귀국(貴國)의 군용기를 타고 동북으로 가서 길을 바꿔 귀국했으면 등의 말을 하며 제게 협조해줄 수 있는지를 묻더군요. 그래서 진행이 잘 되도록 따로 편지 올리오니,

김원봉·한지성 등의 귀국과 관련하여 협조를 부탁하는 오철성(吳鐵城)의 편지 (1945. 9. 29)

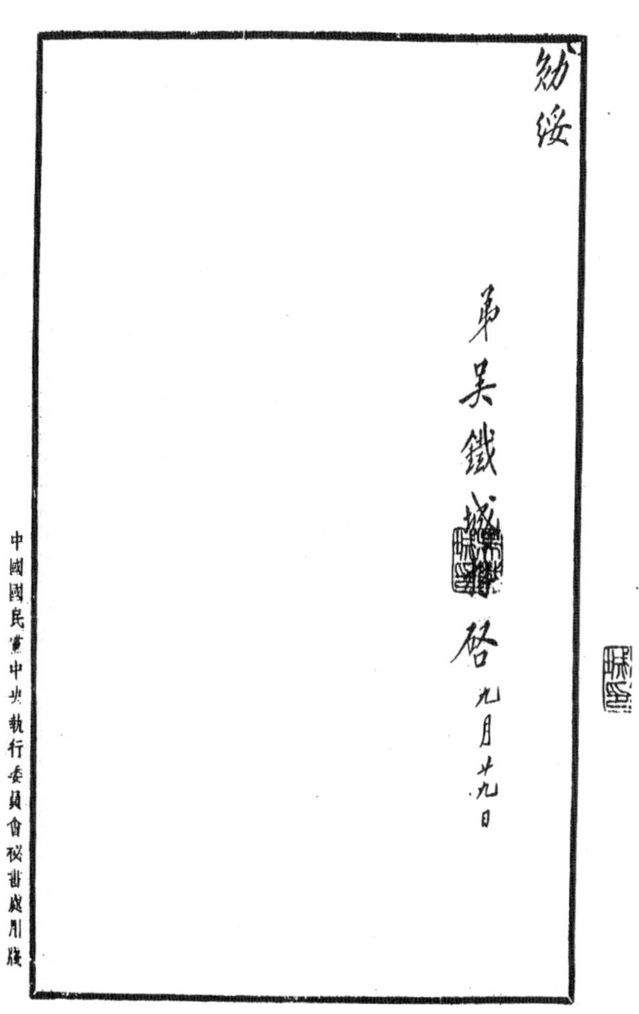

勛綏

弟 吳鐵城 啓 九月廿九日

中國國民黨中央執行委員會秘書處用牋

※ 원문 출처: 『대한민국임시정부 자료집』 9, 원문편 238-239쪽

형께 가거든 만나봐 주시기 바랍니다.
부디 은혜 베풀어 살펴보아주시고 지시도 해주셨으면 합니다.
언제나 편안하시길 빌며 이만 줄입니다.

제(弟) 오철성 올림 (인) 9월 29일

父主前上書: [illegible] 내 무고하시고 安康하옵신
지, 그럼 나는 金兄께서도 다 拘安하시옵니까. 祖國이
解放되었음을 [illegible]에서 獨立運動은 一段落을
告하였음을 不久에 歸國하겠읍니다. 지금 [illegible]
大韓臨時政府 主席 金九, 副主席 金奎植, 總書記 金若山, [illegible]
[illegible] 成周[illegible], 金尙德 諸氏가 還國하였다. 子息도
그들과 같이 共同 [illegible]를 負責하고 있읍니다. 又
回國後는 二三個月 더 지나서 歸國하겠읍니다. 在鄕有志人
士들을 動員하여 그들의 運動을 協助하여 주시옵
바랍니다. 子息은 今年 正月 七日에 安公根氏의 次女
安錦生과 結婚하였읍니다. 安은 故 義士 安重根
氏의 姪女이옵니다. 今次 妻男되는 安偶生君도 歸
國하였읍니다. 되는대로 金兄께서 서울을
訪問하시어 [illegible] 先生을 맞나서 그들을 차려
보신 모든 이야기를 드리시옵기 바랍니다. 數個月 後
에 歸國하게 될 [illegible]을 簡單히 數字 드리옵나이다.
나 歸國한 後 [illegible] 故鄕에서 [illegible]로 있게 될 것 같습니다.
이 밖 그칠 父主의 康健을 遙祝하옵나이다.

子息 韓[illegible]洙 上

中國에서 使用하는 일흠은 韓志成이라 하고 있
읍니다.

十月 五日 中國 重慶.

광복 후 부친께 올린 편지 (1945.11.5)

父主前(부주전) 上書(상서)

祖母(조모)님 뫼시고 어무님과 같이 安康(안강)하옵신지, 그리고 小宅(소댁)과 舍兄(사형)께서도 다 均安(균안)하십니가. 祖國(조국)이 解放(해방)되었음으로 海外(해외)에서 獨立運動(독립운동)은 一段落(일단락)을 告(고)하였음으로 不久(불구)에[머지않아] 歸國(귀국)하겠음니다.

지금 朝鮮民族革命黨(조선민족혁명당) 主席(주석) 金奎植(김규식), 總書記(총서기) 金若山(김약산), 常務委員(상무위원) 成周寔(성주식) · 金尙德(김상덕) 諸氏(제씨)가 返國(반국)합니다. 子息(자식)도 그들과 같이 共同(공동)히 民革黨(민혁당)을 負責(부책)하고[책임지고] 있음니다. 交通關係(교통관계)로 二,三朔(2·3삭) 너저서[늦어져] 歸國(귀국)하겠음니다. 在鄕(재향) 有志人士(유지인사)들을 動員(동원)하야 그들의 運動(운동)을 協助(협조)하야 주심을 바람니다.

子息은 今年(금년) 正月(정월) 七日(7일)에 安恭根氏(안공근씨)의 次女(차녀) 安錦生(안금생)과 結婚(결혼)하았음다. 安은 朝鮮의 義士(의사) 安重根氏(안중근씨)의 姪女(질녀)이올시다. 今次(금차) 妻男(처남) 되는 安偶生君(안우생군)도 歸國하였음니다. 될 수 있는대로 舍兄께서 서울을 訪問(방문)하야 崔奎東先生(최규동선생)을 맞나서 그들을 차저보시고 모든 이야기를 드리심을 바람니다. 數個月(수개월) 後(후)에 歸國하게 됨으로 簡單(간단)히 數字(수자[몇 글자]) 드림옵나니다. 歸國한 후 아마 京城(경성)에서 主(주)로 있게 될 것 갓음니다.

이만 그치고 父主의 康旺(강왕)을 遙祝(요축[멀리서 축원])하옵나니다.

子息 韓再洙(한재수) 上

中國(중국)서 使用(사용)하는 일홈[이름]은 韓志成(한지성)이라고 하고 있음니다.

十一月(11월) 五日(5일) 中國 重慶(중경)

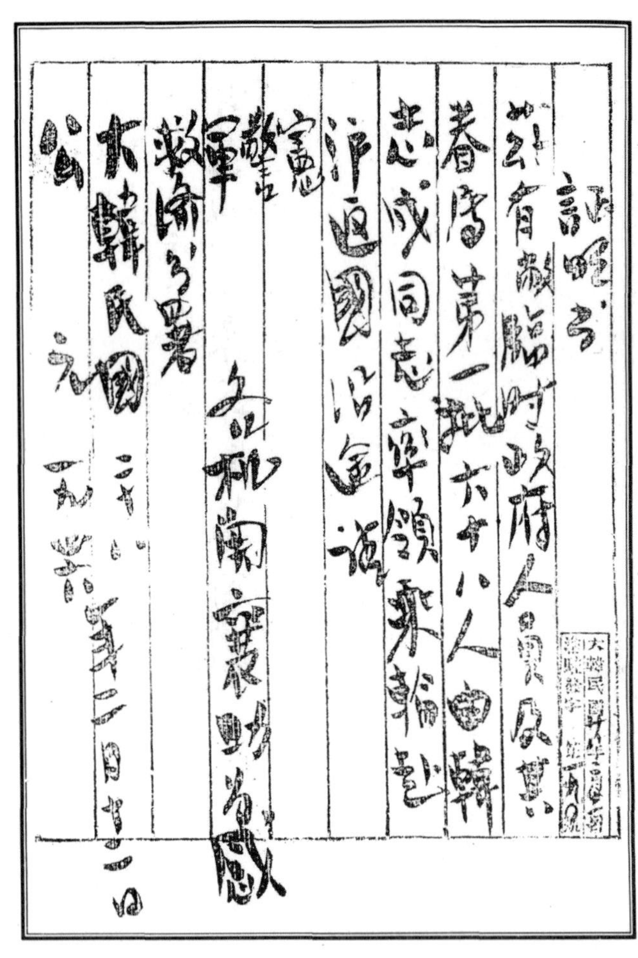

證明書

茲有敝臨時政府人員及其眷屬第一批六十八人由韓志成同志率領乘輪赴滬返國沿途請憲警軍救濟分署各機關襄助為感

大韓民國二十八年 公元一九四六年二月十二日

大韓民國廿八年二月十一日 渝駐發字第一九〇號

※ 원문 출처: 국사편찬위원회, 『한국독립운동사 자료』 30, 531쪽

증명서

대한민국 28년 2월 11일, 투주발자(渝駐發字) 제190호
이제 저희 임시정부 인원 및 그 가족인 제1진 68인이 한지성 동지의 영솔로 수송선을 타고 상해로 가서 귀국길에 오르니, 헌병·경찰·군대·구제분서 각 기관에서 도와주시길 간절히 청하나이다.
대한민국 28년, 공원(公元)[=서기] 1946년 2월 12일

한지성이 임시정부 요원 및 그 가족의 귀국 대열을 인솔 (1946.2)

漢城日報

어린이날열여섯돌마지

노래하고춤추며국기들고행진

예저거자미롭게보내어제하루

祖國爲해힘쓰겟소

海外革命家歡迎席上

1946.5.4. 민주주의민족전선 주최로 서울 백합원에서 열린 '해외혁명가 10인 환국환영회'에 참석
※ 기사 출처: 『한성일보』 1946.5.6, 「조국 위해 힘쓰겟소」

자료편

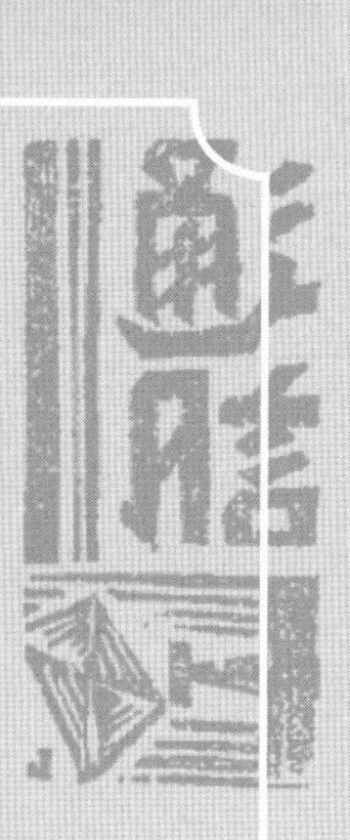

III

독립운동 관계 논설과 저작

1. 『조선의용대(통신)』

① 제3호(1939.2.5), 6~7쪽, 志成, 〈一個日本浮虜的告白〉

朝鮮義勇隊通訊

本刊已[illegible]登記中

第三號

一九三九年二月五日出版

編輯兼發行　朝鮮義勇隊

通訊處　桂林桂西路新知書店轉

定價　每份國幣三分

조선의용대통신 (創刊)

社評

慶祝中國國民黨五中全會的成功

奎光

正當着日本法西斯強盜侵佔武漢廣州以後更進而準備進攻西北及西南的時候，尤其當着敵相近衛發表所謂對華聲明以後汪兆銘氏公然發出妥協電文而一時眩惑了國內外視聽的時候，於一月廿一日中國民族的前衛中國國民黨在偉大領袖　蔣總裁領導下開了的五次中央全體會議。這個會議的結果如何，不僅對於目前中國的抗戰將給與決定的影響，同時對於全世界政治局勢也要起重大的作用。因此全中國人民以及全世界關心中國問題的人士們都很密切的注視着這個會議的成果。

現在有着這樣重大意義的五中全會，經過了十日之議事日程，通過重要提案凡十六項，於一月卅日得到了圓滿的閉幕。同時發表會議的宣言，嚴密地檢討過去十八個月的抗戰經驗，正確地估計目前的國際政治情勢，以樹立長期抗戰的國策。特別是向國人勗勉加強團結，積極奮鬥，加緊建設等抗日建國的三大任務。總之，這次會議是得到了偉大的成功。

首先，這次會議的結果，對於日本法西斯強盜的新的進攻，給與了強有力的反攻的回答。敵人佔領武漢廣州以後的一切軍事進攻和政治陰謀，在這次會議的加強團結和長期抗戰國策之下，將被粉碎，是沒有疑問的。

其次，這次會議的結果，不僅更加鞏固了國民黨內部的團結一致，並且更加堅定了全國人民的抗日建國的信念。特別對於一般悲觀，動搖，妥協的份子，給與了決定的打擊。汪兆銘氏發出豔電後的政治的眩惑現象，經過這[illegible]更加深

將其次，這次會議的結果，對於東方各被壓迫民族乃至全世界愛護和平的國家及人民，重新宣示了中國國民黨領導全國人民澈底反抗日本強盜的決心。於是乎全世界愛護中國的國家及民族，將要更加集中他們的力量，以援助和支持中國的抗戰。

總而言之，這次會議是成功了！中國國民黨的這一偉大的成功，不僅要決定中華民族解放戰爭的最後勝利，同時要決定日本帝國主義統治下的被壓迫民族及人民革命鬥爭的最後勝利！在這裏，我們朝鮮義勇隊代表全朝鮮二千三百萬同胞，謹以朝鮮民族的名義來慶祝中國國民黨五中全會的偉大成功！同時向偉大的中國民族領袖　蔣介石先生及國民黨諸同志，致最熱烈的革命敬禮。

第一區隊全體同志致

朝鮮民族戰線聯盟理事會的信

有濟深刻地意識，並且熱烈地鼓勵我們的那一封信已經接到。我們在這裏的全體同志，都覺得很感激，並且在心底裏湧出了無限的感激，由於同志們正確的指示和不斷的勉勵。在這裏的同志們，雖在東奔西走不定的生活中，但在心身方面不但沒有絲毫退步，個個的身體都很強壯，精神也更爲旺盛。最近在這裏工作的各界同志們舉行體力健康比賽，由我們的同志，全副包辦得勝了。由此你們可以知道我們現在心身的一般。

同志們是負着領導關內朝鮮革命運動的重大任務，爲我們的民族，爲後衆的將來，比我們十倍百倍苦心勞力，想到這一點，我們更感到非加倍努力工作，報答你們不可。我們一定更注意工作，康健和學習，這裏雖然是戰線，但生活還好，沒有什麼不能忍受的痛苦。請你們不要担心。

在這裏目覩中國軍民偉大的奮鬥精神，和英勇的活動。很多的地方都要我們跟他們學習，同時應當它做我們的榜樣，這裏實在是我們的「活的學校」

在這裏感到深刻的印象，這就是中國民族各層的偉大的精誠團結。越想越是偉大而越有意義。我們痛感要學習抗日的中國民族的必要。

同志們和我們雖然在空間上隔着，但一聽見你們的消息，如果是好，我們大家便都歡樂，如果是不幸，我們大家也就覺得全體的不幸。這樣，在關內的朝鮮革命同志，是像一個大家庭一樣，生死與共的一羣。我們對於同志們的希望是很大而又是很多，特別渴望我們的「精誠團結」。爲促進關內朝鮮革命運動，爲濟做後衆的模範，熱烈的期待着你們偉大的努力和奮鬥。由你們偉大的努力，增強我們民族的精誠團結！我們更會發敬你們，信仰你們。因此，更會培養我們的革命性。我們要想做諸位先衆同志忠勇的鬥弟，做革命的繼承者，我們想要步步跟着你們邁進。

敬愛的諸位革命前衆，盼望由你們的精神團結表現一個大家在一塊的具體的集團，並把勝利的光明射在我們革命的前程吧！那末我們沐浴在你們射出的光明中，克服一切的黑暗困難，不惜一切的犧牲，跟着你們快活的前進。我們相信你們一定有悲壯的決心和劃時期的努力。同時遙祝你們向光榮的前途勇進！我們誓死以精誠團結，跟着你們踏上民族解放的大道。最後敬祝同志們的健康，並懇望同志們不斷的指導。

朝鮮義勇隊第一區隊

全體隊員一同謹呈

一九三九年一月十日

由第九戰區。

通訊

一個日本俘虜的告白

志成

這是在鄂北樊城的事情。那裏有三個日本俘虜。朝鮮義勇隊同志到樊城之後，就從那裏的憲兵司令部把俘虜接收過來。由二位我們義勇隊同志與之共同生活，負責教導他們。

俘虜伊藤進是二十一歲，名古屋人，第三師團機關槍手一等兵。原是做照相機材料商，荒木是三十一歲，三重縣人屬於荒木師團的一等步兵，原是農民。池田是二十二歲的丙種的號兵。原是做瓦匠。他們都在大別山戰爭中被捕來的。當我們同志剛剛接受過來教導的時候，這些俘虜常要偷偷的去自殺或找機會逃走。但到了經過一個多月教導的今日，他們不但怕自殺，更怕得離開我們義勇隊的同志。

的確，日本俘虜是頑強的。看起來不會接受異族的任何教導。可是義勇隊同志，以革命的立場，誠懇的同情的態度，放給他們中國話，講給他們聽日本現在的政治經濟軍事情形，日本帝國主義爲什麼侵略中國？中國又爲什麼抗戰，朝鮮民族怎樣去奮鬥解放？帝國主義的黑暗的世界和未來的光明世界等事情。同志們的傳教師般的苦口婆心地解說，竟說服了他們那樣偏狹的反動固執，而使之踏上革命的光明的大道。

俘虜們到現在實吐了一向藏在心裏且認爲秘密的事情，就是荒木師團在大別山戰爭差不多全滅了。日本軍部早已經因爲人力物力的不足，大感恐慌，要對付國外之和平國家，又要對付國內革命民衆，手亂脚忙，簡直無法應付戰爭擴大後的新局面。據俘虜荒木家鄉的情形來說，有三千人口的村子，壯丁共有八百餘名，去年四月間已經實施了第八次補充，壯丁被抽徵來到中國參戰的有四百餘名。這些都是三十餘歲的老兵，軍事技能與體力方面都很差。又是因爲他們家裏留着沒有人扶養的父母妻子，又沒有人耕種的田地，故他們在前線的戰鬥意志是非常薄弱。敵士兵既然這樣厭戰，又爲什麼在戰場那麼樣頑強呢？據俘虜說，這是因爲敵長官常對士兵講，中國軍人是慘殘無道，獲捕日兵就割耳挖眼，八分其身體致死。日兵是不怕死的，最怕的這樣被弄死，因爲他們全部信奉佛教，就相信這樣被弄死將不能到極樂淨土去。現在的日本軍人精神——武士道精神是不像日俄，日清戰爭當時那樣堅固，已經是對於天皇和其代替者軍部不做盲目的信仰和服從。日兵是不怕被捕當俘虜，就怕被捕後這樣的慘死。如果把中國革命軍人在革命的立場優待俘虜的情形宣傳到日軍裏面，使他們知道這種情形，同時中國方面也能注意到這一點，那末對敵宣傳是會收到較大的效果，瓦解敵軍也較容易做到。

還有一點要我們特別注意的是敵兵長官常對士兵說千萬不可以被中國軍人逮捕，如果不幸而被俘，可以說自己是朝鮮人，那末中國人不會殺死的。俘虜荒木當被捕時就說了自己是朝鮮人金春根，該地戰區司令部不會分別韓日籍人，就照俘虜的口供，認爲他就是朝鮮人。因此戰區司令部對朝鮮人引起了不少的惡感。但我們義勇隊同志去接收俘虜後這位俘虜再不騙下去朝鮮人了，當場被揭發，而表示自己的懺悔。據說他的名字已在軍隊里報的。從這個事實足以看見日本法西斯軍閥的陰謀。這原來是軍部利用士兵怕死的心理，挑撥離間中韓兩民族之感情，企圖破壞中韓兩民族的團結的詭計。因爲日本法西斯軍閥，已到日暮途窮，最怕反日革命力量之團結和鞏固，要想破壞這個團結以苟延狗命，不惜一切無所不做。大家會記得自從抗戰以來日本帝國主義怎樣造謠捏造事實，企圖分化中國抗戰力量的行爲，還會記得敵機冒充中國飛機轟炸廣東情形。這些是敵人滅亡階段最後掙扎的卑劣的手段。我們看見敵人這樣的陰謀事實，更要團結起來。我們愈能團結，愈容易擊破日本帝國主義的迷夢。

俘虜們現在明白了日本法西斯軍閥誘殺的陰謀後，對之表示特別的憎惡，誓死以參加革命的隊伍里，建立光明的日本，和平的遠東。他們現在熱烈的參加我們義勇隊工作，做壁報，寫標語，畫漫畫作日本傳單，還和我們同志一齊參加群衆大會演講，下鄉訪問老百姓和軍隊，又和我們朝鮮義勇隊同志站在一個隊伍裏遊行。

在鄂北朝鮮義勇隊和日本俘虜參加中國的抗戰共同的消滅在中韓日民族的共敵——日本帝國主義。這樣活生生的事實已經給中國軍民深刻的印象。使他們更加緊固的感到中國的抗戰決不是孤軍，並使他們深刻地認識到中、韓、日反日本帝國主義偉大的團結和革命力量之下，必能打倒日本帝國主義的。

日本俘虜是倔強，不容易感化，這是事實。但是由我們的經驗和日本俘虜的口供，可以知道，瓦解敵軍使敵兵走上革命的大道，並不是那末困難的事情。最後我們聽俘虜們說的話吧：「我們明白了自己的責任，革命任務的重大，我們決心從今天起，站在革命的立場，和中韓的兄弟們一齊奮鬥建立新的國家新的遠東。我們得到朝鮮同志的教導非常高興，表示十分的感謝………我們不願離開你們，」這雖然是三位日本俘虜的實話，但他們的話却代表著千百萬日本士兵和日本民衆的心坎里的話。

——一九三九，二，一。

＊　＊　＊

陝北朝鮮青年們呼籲統一團結

（由朝鮮文譯成中文）

爲促進中國關內朝鮮革命同志的完全統一團結謹致：

金九、李東甯、宋秉祚、李始榮、趙琬九、車利錫、曹成煥、嚴恒燮、安恭根、趙素昂、梁起鐸、柳東悅、李青天、崔東旿、申榮三、金若山、金白淵、金奎植、尹琦燮、成周寔、崔錫淳、王海公、玄河竹、金奎光、柳子明、李健宇、

諸先生轉：各革命團體及中國關內全體同志們：

自從日本帝國主義強佔朝鮮後，爲着祖國的獨立和自由解放而奮鬥到底的朝鮮民族的光榮的諸位革命領袖和同胞面前，謹致祖國獨立的最敬禮

敬愛的民族偉大領袖和諸位同志！

中華民族英勇的抗日戰爭，正在堅固地展開起來，已轉入勝利的反攻時期。在這里祖國的獨立解放的一天已迫在眉睫了。

到此時，全中華民族，已經清算這十年來慘酷的內戰，而只是爲着祖國的獨立和自由，促成了偉大的統一和緊固的團結。

在朝鮮國內和滿洲，我們的同胞也是早已不分階級和主義而在祖國獨立的旗幟之下，緊緊的團結起來進行着英勇的鬥爭。唯有在中國關內的朝鮮革命者，不幸而到現在還未能完全統一團結。雖然在過去是因爲外來的種種的困難而未能十分統一，但到了今日，沒有一個妨礙我們團結的不能克服的外在的困難。

朝鮮民族的諸位領袖和同志們！

在日本帝國主義殘酷的鐵蹄下忍痛呻吟着的二千三百萬同胞，含淚期待着我們的努力，熱烈地渴望着神聖的獨立戰爭和我們的鋼鐵般的團結。

爲對抗日本帝國主義的侵略而浴血抗戰的，我們的友軍中國戰士們，正在期待着我們有力的協同。更熱望着我們的統一團結。

全世界勞動者農民，被壓迫民族和反法西斯人民，也熱烈地盼望着我們的統一團結和英勇的反日鬥爭。

我們怎樣能夠違背祖國二千三百萬同胞的願望？怎樣能夠辜負友軍中華民族的熱望？又怎樣能夠違背全世界友軍和同情者的期待？我們決不能違背他們的期待。

我們要不分主義和黨派，祇要是願望祖國的解放和獨立的同胞，唯有在祖國獨立的旗幟之下團結起來。我們堅決的相信今日唯一的任務是爲着祖國的獨立而奮戰。朝鮮民族只有我們的統一和團結才能夠解放出來的。

因爲個人的利害和人事的不和，

한 일본군 포로의 고백

지성(志成)

이 글은 악북(鄂北[호북성 북부를 말함: 역자]) 번성(樊城)에서 생긴 일에 대한 것이다. 거기에 일본군 포로 3명이 있었는데, 조선의용대 동지들이 번성에 도착한 후 그곳 헌병사령부에서 접수해 데리고 왔다. 그리고 우리 의용대 동지 2명이 그들과 함께 생활하며 교도(教導)를 맡았다.

포로 이토 스스무(伊藤進)는 21세로 나고야(名古屋) 출신이다. 제3사단 기관총수 일등병인 그는 원래 사진기 재료상이었다. 아라키(荒木)는 31세로 미에현(三重縣) 사람이다. 아라키 사단의 보병 일등병인데, 원래는 농민이었다. 이케다(池田)는 22세의 병약한 나팔수이고, 원래 기와공이었다. 3인 모두 대별산(大別山) 전투에서 사로잡혔다. 우리 동지들이 자못 의기양양하게 접수해 와 교도할 때, 그들은 몰래 자살하려거나 기회를 봐 도망가려 했다. 그러나 교도한 지 1개월이 지난 지금, 그들은 자살을 두려워한다. 그뿐 아니라 우리 의용대 동지들과 떨어지는 것은 더욱 두려워한다.

확실히 일본군 포로는 완강해서, 이민족의 어떠한 교도도 받아들일 수 없을 것처럼 보였다. 그렇지만 의용대 동지는 혁명가의 입장에서 성심성의껏 동정의 태도로 중국어를 가르쳐주고, 오늘의 일본 정치 · 경제 · 군사 상황에 대해 말해주었다. 일본제국주의는 왜 중국을 침략했는가? 중국은 왜 항전하며, 조선민족은 해방을 위해 어떻게 분투하는가? 제국주의의 어두운 세계와 미래의 광명세계 등에 관해 강의했다. 동지들은 마치 전도사처럼 입이 아프도록 마음 써 설명하여, 그들의 막무가내 고집을 꺾어 결국 설복시켰고, 혁명이라는 광명의 큰길로 오르게끔 했다.

포로들은 이제 마음속에 묻어둔 비밀도 실토하기에 이르렀다. 아라키 사단은 대별산 전투에서 거의 전멸했다. 일본 군부는 진작부터 인적 · 물적 부족으로 인해 큰 공황을 겪고 있다, 국외로는 화평한 나라와 맞서고 국내로는 혁명민중과 마주쳐 쩔쩔맨다, 그야말로 전쟁 확대 이후로 맞게 된 새 국면에 대응할 방법을 못 찾고 있다는 등등이다. 포로 아라키의 고향 상황을 말해보면, 3천 명의 마을사람 중에 장정이 8백여 명인데, 작년 4월까지 여덟 차례나 보충병 징집이 실시되어 장정 중의 4백여 명이 중일전쟁에 참전하고 있다. 그들은 모두 30대의 노병으로, 군사적 기량과 체력에서 딸린다. 그들 집안에는 부모와 처자를 부양할 사람이 남아있질 않고, 밭에 씨 뿌리고 농사지을 사람도 없다. 따라서 그들은 전선에서의 전투의지가 박약하다고 한다.

이런 상황인데 적군 사병은 전장에서 왜 그다지도 완강히 버티는가? 그 포로의 말은 이렇다. 그것은 적군 장교가 사병들에게 중국군은 잔인무도하여 일본병사를 사로잡으면 곧 귀를 막아버리고 눈알을 파내고 몸을 8등분해 죽인다고 말하기 때문이다. 일본군 병졸은 죽음을 두려워하지는 않지만 그렇게 죽임 당하는 것은 몹시 두려워한다. 그들은 누구든 불교를 믿으니, 그렇게 농락당해 죽으면 극락정토로 가지 못한다고 생각하기 때문이다. 하지만 현재 일본의 군인정신, '무사도' 정신은 러일전쟁·청일전쟁 때처럼 견고하지가 않다. 천황과 그 대변인 격인 군부에 대해 맹목적 신앙과 복종을 하지도 않는다. 일본군 병졸은 포로 됨을 두려워하는 것이 아니라 잡힌 후에 이렇게 농락당해 죽는 것을 두려워한다. 중국 국민혁명군이 혁명적 입장에서 포로를 우대함을 일본군에게 암암리에 선전한다면 그들도 그런 상황을 알게 될 것이다. 중국 측에서도 그 점에 주목할 필요가 있다. 그러면 대적선전에서 비교적 큰 효과를 얻게 될 것이고, 적군을 와해시킴도 비교적 쉽게 해낼 수 있는 것이다.

우리가 특별히 주의할 것은 적군 장교가 사병들에게 절대로 중국 군인에게 체포되지 말라고 한다는 것이다. 만약에 불행히도 포로가 될 경우에는 자기는 조선인이라고 말하면 중국인이 죽이지는 않을 것이라고 한다. 아라키를 붙잡았을 때, 그는 조선인 '김춘근(金春根)'이라고 말했다. 해당 전구(戰區) 사령관은 한국인과 일본인을 분별하지 못하니, 포로의 자백대로 그가 조선인인 줄 알았다. 그래서 전구 사령부는 조선인에 대해 적지 않은 악감을 갖게 되었다. 그러나 우리 의용대 동지들이 접수한 후로는 포로들이 조선인이라 속일 수 없게 되었고, 당장 발각되어 참회하곤 한다.

그들의 위장 성명이 군대에서 만들어졌다는 사실에서 일본 파시스트 군벌의 음모를 엿볼 수 있다. 죽음에 대한 사병들의 두려움을 군부가 이용하여 중·한 두 민족의 감정을 이간시키고 두 민족의 단결을 파괴하려는 독계(毒計)인 것이다. 일본 파시스트 군벌은 이미 몰락의 길에 이르렀기 때문에 반일 혁명역량의 단결과 견고함을 가장 두려워하여, 하찮은 목숨이라도 이어가려고 못하는 짓이 없다. 모두들 항전 이래로 일본제국주의가 어떻게 사실을 꾸며내고 날조하여 중국의 항전역량을 나눠놓으려 했는지, 또는 자기들의 비행기를 중국 비행기로 속여서 광동(廣東)을 폭격했던 상황을 기억할 수 있을 것이다. 이런 짓은 적이 멸망 단계에 들어서자 최후의 발악을 하는 비열한 수단이다. 우리는 적의 이러한 음모를 알아채고 더욱더 단결해야 한다. 우리가 단결하면 할수록 일본제국주의의 헛된 꿈을 더욱더 쉽게 무너뜨릴 수 있다.

포로들은 현재 일본 파시스트 군벌의 악랄한 음모를 알게 되어 그것을 특히나 증오하며, 죽기를 맹세하고 혁명적 군대에 참가하여 광명의 일본, 평화의 원동(遠東)을 건립하려 한다. 그들은 현재 우리 의용대의 공작에 열렬히 참여하고 있다. 그들은 벽보를 만들고 표어를 쓰며, 만화를 그리고 일본어 전단을 만든다. 우리 동지들과 함께 군중대회에 참가해 강연하고, 향촌으로 내려가 백성과 부대를 방문한다. 우리 조선의용대 동지들과 동일 대오로 서서 행진도 한다.

호북에서 조선의용대와 일본군 포로들은 중 · 한 · 일 민족의 공통되는 적인 일본제국주의의 소멸을 위해 중국항전에 참여하고 있다. 이와 같이 생생한 활동사실은 중국 군대와 민간에 깊은 인상을 주었다. 중국항전이 결코 외로운 홀로싸움이 아님을 더욱 확실히 알게끔 해주었고, 일본제국주의에 반대하는 중 · 한 · 일 민중의 위대한 단결과 혁명역량으로 기필코 일본제국주의를 타도해낼 수 있음을 깊이 인식하게끔 해주었다.

일본군 포로는 완강하여 쉽게 감화되지 않는다는데, 이는 사실이다. 그러나 우리의 경험과 일본군 포로의 진술에 비추어볼 때, 적군을 와해시키고 적병으로 하여금 혁명의 큰길을 걷게 함은 그다지 어려운 일이 아님을 알 수가 있다. 끝으로 포로들의 설명을 들어보자. "우리는 자기 자신이 귀중한 존재이고 혁명 임무가 중대함을 알게 되었습니다. 우리는 오늘부터 혁명의 편에 서서 중 · 한 형제들과 함께 새나라, 새 원동 건립을 위해 분투하기로 결심했습니다. 우리는 조선동지의 교도를 받게 되어 매우 기쁘고 감사합니다.... 우리는 당신들과 헤어지길 원치 않습니다." 비록 일본군 포로 3명이 실토한 것이지만, 그들의 말은 수많은 일본 사병과 일본 민중의 마음속 말을 대표하는 것이다. 1939년 2월 1일.

② 제4호(1939.2.15), 7쪽, 志成, 〈活躍在戰壕裏的朝鮮義勇隊〉

조선의용대통신 (旬刊)

朝鮮義勇隊通訊

本刊已呈請登記中

第四號

一九三九年三月十五日出版
編輯兼發行 朝鮮義勇隊
通訊處 桂林桂西路新知書店轉
定價 每份國幣三分

對敵宣傳在二期抗戰中的重要性

奎光

對敵宣傳是現代戰爭中的一種主要戰術。不管現代任何一種性質的戰爭也好，作戰雙方都需要運用這一種戰術，以達到瓦解敵軍的目的。

在目前中日戰爭中，被侵略的中國固然要實行對敵宣傳，但侵略的日本強盜也要實行對敵宣傳。不過雙方的宣傳內容和效果是大有分別的；而且是相反的。

對敵宣傳要獲得最大的效果，則這宣傳必須含有正義公理的政治內容。日本強盜侵略中國，在政治上已經違背了正義和公理，所以，即使他們也實行對敵宣傳，但得不到什麽效果的。不是嗎？敵人不是時常在我們的前方及後方散布種種宣傳品嗎？但這些都是充滿欺騙，利誘，威脅等謠言詭計，誰都不會相信的。反過來看，中國反抗日本的侵略，在政治上正是闡揚人類的正義和公理。所以我們的宣傳是可以把握敵人的心，可以使敵人相信，而其效果一定是很大的。

正因爲如此，抗戰開始後，中國當局早已注意到對敵宣傳的重要，特別設置了對敵宣傳工作的機關。可是在過去第一期抗戰中，因爲敵人在所謂「速戰速決」政策下猛烈進行大規模的包圍殲滅戰，而中國方面不得不全力實行軍事上的防禦，以保存長期抗戰的主力。所以，在這種猛烈的軍事鬥爭中，作戰較重於宣傳，對敵宣傳自然是次要的工作了！事實上這一工作在過去是得不到大的效果的。

可是在抗戰進到第二期的現在，對敵宣傳工作便帶上了非常重要的性質。換言之，目前中日戰爭新形勢的幾個特點，是決定了對敵宣傳工作的重要性。

第一、敵人佔領武漢，廣州以後，他們的所謂「速戰速決」政策和包圍殲滅的戰略方針，已很顯然地證明完全失敗了。於是他們也要實行長期的侵略戰爭，一方面企圖掩飾過去侵華戰爭的失敗，以安定正在動搖着的國內人心。另一方面企圖保衛和鞏固已經佔領的區域，並用種種欺騙，利誘，威脅等手段來積極建立僞組織，以爭取中國的民衆。這樣敵人正在採取軍事和政治雙管齊下的戰略方針。

第二、自從敵人的「速戰速決」政策失敗以後，敵國內部的矛盾更加尖銳化，反戰反法西斯運動更加普遍地發展。自軍部至士兵，自內閣至人民，都表現着非常深刻的反戰鬥爭。就是說，使敵人接受我們的宣傳的條件已很成熟了。

第三、日本帝國主義統治下的朝鮮及台灣民族，乘着日本侵華戰爭失敗的機會，更加積極地發動反日革命鬥爭。最近在朝鮮及台灣各地已發生種種革命暴動，而這種暴動正在繼續地生長和發展。

以上三個特點，是對於我們的對敵宣傳工作給予了最大限度的重要性和可能性。在這種新的形勢下，只要我們運用正確的方法，積極實行對敵宣傳，那末一定能够獲得最大的效果，更進一步可以達到瓦解敵軍的目的。

中韓的兄弟們！切斷壓迫民族的鎖鏈，才有光明的一天！

賴少其作

7

活躍在戰壕裏的朝鮮義勇隊

志成

中日戰爭，不單單是中國和日本帝國主義的戰爭，同時是中韓被壓迫民族共同抗日的戰爭。朝鮮義勇隊同志，已經在鄂北的最前線的戰壕里，和中國戰士一齊共同肉搏着敵人。

中日正在激戰的鄂北，距漢口西北四百餘華里的隨縣，這里和東隣的浙河畔，有一條河叫做浙河，出源於北嶺山脈，西部高山，入於漢水。寬約八十米突。雪花飄落的江面，赤黃的水，保發着中國人民的血液似地不斷地流着。河的對岸是敵軍，河的這一邊是中國的軍隊。在我方的戰壕里，隨時可以聽到在對岸敵兵報數，口令的聲音和喊呼聲。這里是保衛華中的重要防禦線，也就是反攻敵人的重要根據地。偉大的中國革命戰士，不斷地做夜襲，使得敵人心膽俱寒。在這里英勇的戰士爲着革命的勝利，把這條江邊的雪面，染紅了自由的鮮血，而顯示着中國的同胞別忘却這筆血債，這無聲的話，像革命導師的命令似地，又像慈母的眼淚似地，激起每個中國軍民的心肺，爲報仇，爲爭取民族的生存和獨立邁進。在這里沒有人推諉責任，沒有人爭權利，又沒有人爭名譽，沒有人悲哀，沒有人怨，都很興奮着，唯有同志愛和自動犧牲的精神。這里不是黑暗的地下室，却是光明的革命大道，正在打成着消滅法西斯敵人，建立新世界的堅固的基礎。

在這非常光榮的戰場，三十年來飽受屠殺和苦辱的朝鮮革命青年，熱烈地參加在戰壕里的工作。他們相信今日保衛隨縣，這就是明日爭取朝鮮首都漢城的戰爭。他們曾這樣說道「啊，我現在這里死也得高興；左右是生死與共的革命同志，還有成千累萬的同志，會繼續我們的工作……」

對敵宣傳是義勇隊目前的重要工作，在戰壕裡，利用敵我的接近，向敵軍用播音、日語演講，或喊口號，或貼漫畫和標語於敵軍足以看到的地方。在夜里，或在空的時間，教給戰壕里的士兵日本語言，簡單的對敵宣傳標語及喊話。講給他們朝鮮亡國後的悲慘情形，及其現在革命的實情。日本政治經濟及軍閥，因爲中國民族的抗戰，快要崩潰的情形和中國抗戰的展望及其必勝的道理等。又唱給他們聽救亡歌。戰壕是很好的學校，是一個很大的鎔化爐，在這里頭，把個人的一切私心都鎔化而造成了一條鋼鐵一樣的爲爭取民族解放而拼死抗戰的決心。在這實際鬪爭中，教育工作是很容易收到其效果，同時慰勞戰士也在這里會齊到更大的效果。

有一天晚上朝鮮義勇隊同志，在白布上寫起「日本的兄弟們！別參加亡國戰爭，過來這里和我們共同打倒日本軍閥，救日本，建立新的日本，新的遠東——中國軍隊歡迎日本兄弟！朝鮮的革命青年在這里和中國的兄弟緊緊的攜手，起來爲着中國和朝鮮民族的解放，爲着軍閥壓迫下的日本人民的解放抗戰，將敬愛的日本士兵兄弟，把你們的槍口對準驅使你們送命，破壞你們家庭的軍部，把你們光榮的名譽留給日本的人民吧！……」一等文字及出戰敵兵的父母妻子等待他們歸來的漫畫等掛在敵兵足以看得見的河邊上，二天早上這被敵人發現給予敵人很大的衝動，敵兵看見這個漫畫和標語，使怕得軍心爲此而擾亂，要想把這個打掉，對此終日以機關槍掃射，但始終不但不能打落它，却且消耗了幾萬發子彈。這給戰壕的士兵極大的興奮。鄂北的民衆聽見這個消息，便以爆竹祝賀，並把這個事實做談話的材料。

不願做奴隸的中韓兄弟，在戰壕里一齊奮戰，在這里沒有中韓兩民族間的隔膜和磨擦，却在實際的戰鬪中，彼此深刻的感覺着在目前的工作上缺少了任何一方便會起許多的不便於是他們更加團結起來了！這個活生生的事實，更發揚着中國抗戰的偉大的意義，並且給了敵人很大的打擊。同時使中韓的同胞更堅固必勝的信念。

義勇隊在長沙

鐵

大火後的長沙，已經是在新的氣象之下，正進行着新的建設，好像表徵新中國的建設一樣，表現着朝氣勃勃的偉大的力量。這使人更可從毀滅中艱苦長成出來的這個都市。

朝鮮義勇隊同志，呼吸着這新鮮可愛的空氣，爲着建設抗戰的新長沙，爲着爭取中韓兩民族的獨立和自由，正在刻苦奮鬥着。他們早已派一部同志到前線參加工作，而留在長沙的，因爲工作的需要分壁報，標語，出版，街頭報及行動等五組，每位同志，每天忙着做各自所負担的工作。每天早晨要出壁報街頭報標語等，故在前一天晚上，各種刊物都要編輯完畢，因此担任編輯出版的同志們，在夜裏差不多不能睡覺。在行動組組員，要一早起來把所有的刊物都發貼出去。在長沙的十字街上，附近的鄉村裏，到處都可以看到鼓勵軍民的標語，和時事的報告。他們都深刻的感到自己多一份努力，使

참호전에서 활약하는 조선의용대

지성

중일전쟁은 중국과 일본제국주의와의 전쟁일 뿐 아니라 중·한 피압박 민족이 함께 하는 항전이기도 하다. 조선의용대 동지들도 호북성 북부의 최전선 참호에서 중국군 전사들과 함께 적군에 육박해왔다.

중국군과 일본군이 격전 중인 악북(鄂北)지구란 한구(漢口)에서 서북쪽으로 400여 화리(華里[중국식 거리 단위로, 1화리는 약 400m임: 역자]) 떨어진 곳인 수현(隨縣)이다. 이곳과 그 동쪽 편의 절하(浙河) 사이에 한 줄기 하천이 있어 절하와 만나는데, 북령산맥(北嶺山脈)에서 발원하여 서부 고산지대를 거쳐 한수(漢水)로 흘러들어간다. 폭은 약 80m이다. 눈꽃이 단풍처럼 떨어지는 수면은 적황색 빛을 띠고서 전 중국인민들의 혈액을 보양하듯이 끊임없이 흐른다. 맞은편 강변에는 적군이, 이쪽 강변에는 중국군대가 있다. 우리 참호에서는 수시로 반대편 적병들의 점호와 구령 붙이는 소리며 외쳐 부르는 소리를 들을 수 있다. 이곳은 화중지역 보위의 주요 방어선이고, 적으로서는 반격의 중요 근거지가 된다.

위대한 중국혁명군 전사들은 끊임없이 야습(夜襲)하여 적들의 심장이 떨리고 머리를 처박게끔 만들었다. 이곳의 영용한 전사들은 혁명의 승리를 위해 이 강변의 눈밭을 자유의 선혈로 붉게 물들였고, 그 피 값을 동포들이 결코 잊을 수 없게끔도 만들었다. 비록 무언이지만 마치 혁명지도자의 명령처럼, 또한 자애로운 어머니의 눈물과도 같이, 복수로 향하는 중국 군민의 저마다의 분노를 불러일으킨다. 민족의 생존과 독립을 위해 이곳에서는 누구도 책임을 미루지 않고, 누구도 권리를 다투지 않는다. 또한 누구도 명예를 다투지 않고, 누구도 슬퍼하지 않는다. 그 누구도 원망하지 않고 모두가 분기하며, 동지애와 자기희생의 정신만이 있다. 이곳은 어두운 지하실이 아니라 환히 빛나는 혁명의 큰길이며, 파시스트 적과의 전쟁을 성공시켜 새 세계의 든든한 기초를 세워놓는 곳이다.

30년 내내 학살과 고난을 겪어온 조선의 혁명청년들은 이 영광스런 전장에서 열렬히 참호전 공작에 참여한다. 그들 상당수가 오늘의 수현을 지켜내고 있는데, 그것은 바로 내일 조선의 수도인 서울을 쟁취하는 전쟁이다. 그들은 이렇게 말한다. "아, 나는 지금 여기서 죽어도 좋아. 곁에는 생사를 함께할 혁명동지들이 있고 다시금 수천만의 동포도 있어서 우리의 공작은 계속될 것이기 때문이야...."

대적선전은 의용대의 당면 중요공작이다. 아군과 적군의 근접성을 이용하여 참호에서 적군을 향해 확성기로 일본어 강연을 하고, 혹은 구호를 외치며, 적군의 발길이 닿을 곳마다 만화와 표어를 붙여놓기도 한다. 밤중이나 휴식시간에는 일본군 병사들에게 간단한 대적선전 표어와 구호를 일본어로 외쳐댄다. 조선 망국 후의 참혹한 정형과 현재의 혁명적 실정, 일본 정치 · 경제 및 군벌이 중국민족의 항전으로 인해 곧 붕괴하고야 말 정형, 중국항전의 전망 및 그 필승의 이치 등에 관해 말하는 것이다. 또한 그들에게 구망가(救亡歌)를 불러서 들려주기도 한다. 전시의 참호는 좋은 학교이고 큰 용광로이다. 여기서 개인의 모든 사심은 녹아버리고, 민족해방을 쟁취하려는 결사항전의 결심이 하나의 무쇠처럼 조성된다. 이와 같은 실제의 투쟁에서 교육공작은 매우 쉽게 그 효과를 얻을 수 있으며, 동시에 전사들을 위로하는 것도 이곳에서 더욱 큰 효과를 얻게 된다.

어느 날 밤 조선의용대 동지들은 흰색 천에다 "일본의 형제들! 망국전쟁에 참여하지 말고, 이곳으로 와서 우리와 함께 일본 군벌을 타도하자! 일본을 구하고 새로운 일본, 새로운 원동을 건립하자! 중국군은 일본형제를 환영한다. 조선의 혁명청년은 이곳에서 중국의 형제들과 굳게 손잡고, 중국과 조선 민족의 해방을 위해 일어섰다. 군벌의 탄압 아래 놓여있는 일본인민의 해방항전을 위해, 경애하는 일본 사병 형제들이여, 너희의 총구를 들어 너희를 속인 자들, 목숨을 잃게 만들고 너희의 가정을 파괴한 군부에다 겨누고, 너희의 영광스런 명예를 일본의 인민들에게 남겨주어라." 등의 글들과, 출전한 적병의 부모 · 아내가 그들이 돌아오는 것을 기다리는 만화 등을 적병들이 충분히 볼 수 있는 강변에 걸어놓았다. 다음 날 아침, 적들이 그것을 보고 고무된바 큼을 알 수 있었다. 이들 만화와 표어를 보고 군심(軍心)의 동요가 생길까 우려한 적군이 그것들을 떼어내려고 온종일 기관총을 쏘아댄 것이다. 하지만 끝내 떨어뜨릴 수가 없었을 뿐 아니라 애꿎은 기관총탄만 소모했고, 참호 안의 사병들을 크게 흥분시켰을 뿐이다. 악북의 민중들이 이 소식을 듣고 폭죽을 터뜨리며 축하했고, 아울러 좋은 교육재료가 되었다.

노예가 되고 싶지 않은 중 · 한의 형제들이 참호 속에서 함께 분전한다. 이곳에는 중·한 두 민족 사이의 거리낌이나 마찰이 없다. 오히려 서로의 당면공작에서 어느 한 쪽이 부족하면 둘 다 많은 부분이 불편할 것임을 실제 전투를 통해 깊이 느끼면서 더욱 똘똘 뭉치게 되었다. 이처럼 생생한 사실들은 중국항전의 크나큰 의미를 더욱 발양하고, 적들에게 큰 타격도 주었다. 동시에 중·한 동포에게는 더욱 견고한 필승의 신념이 고취되고 있다.

③ 제7기(1939.3.21), 10~11쪽, 朝鮮義勇隊 戰地通訊員 志成, 〈浮虜牧本君訪問經過〉

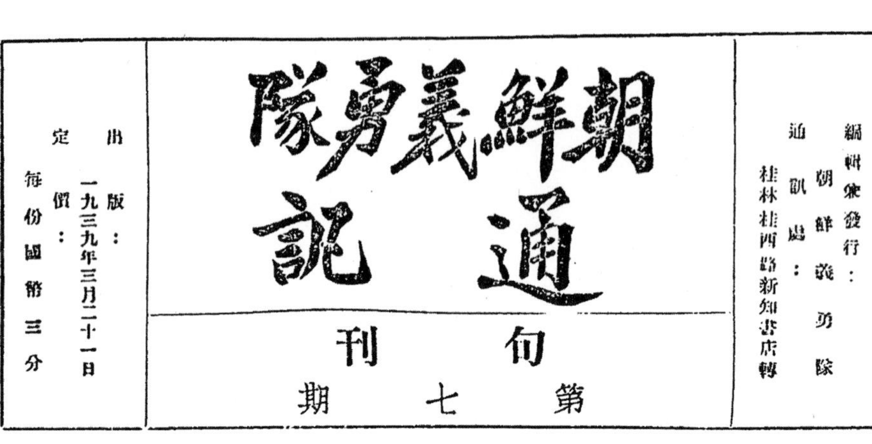

朝鮮義勇隊通訊

旬刊

第七期

編輯兼發行：朝鮮義勇隊

通訊處：桂林桂西路新知書店轉

出版：一九三九年三月二十一日

定價：每份國幣三分

關於「對敵宣傳」的態度問題

李達

現代戰爭為整個國力的競賽，不僅要求軍事上的決戰，同時，須動員全國的政治，經濟，文化和外交各方面的力量與敵人作全面的作戰。

這次中日戰爭，亦即全面戰爭，一方面在戰爭的形態上它不能逃出現代戰爭的範疇，另一方面在性質上中國是反抗日本侵略主義者，爭取國家民族的生存與解放的民族革命戰爭。中國抗戰已經支持了廿個月，在第一期抗戰中，奠定了勝利的基礎，現在轉入第二期，中國已愈戰愈強，處處居於主動地位，使敵人加速其總崩潰。正在這爭取最後勝利的時候，感覺得更進一步擴大對敵宣傳的必要。

對敵宣傳，是現代戰爭中的一種重要戰術，無論任何一種性質的戰爭，雙方面都需要這一種戰術。我們對敵宣傳的目的，是在敵國內及敵軍陣線中成立我們的友軍，以期使侵略主義者的立脚點崩潰，所以我們必需以友愛和提攜作宣傳的原則。

對敵宣傳上的態度，就應當根據上述的原則，敵軍士兵在政治上，尚在其法西斯軍閥武斷宣傳的蒙蔽之下，因而他們尚有很強的狹隘的民族自尊心，他們對於戰爭，尚有很高的勝利信念，他們仇視中國人，他們仇視共產黨，他們自以為是為着「保衛東洋和平」而戰，為着「防止赤化」而戰，他們迷信天皇的「萬能」。的確。這一切都是由少數日本法西斯軍閥所造成的罪惡。我們對於這種由於軍閥強烈的欺騙和麻醉之下倔強已極的敵軍士兵宣傳的時候，可以不必採取敵人慣用的欺騙和威脅的方法，我們要是也採取威脅與欺騙的方法，只能增加他們的反感而已。

我們的宣傳，應當是眞實的，態度應當是誠懇的，謙遜的，我們應當堅決反對宣傳上的威脅和欺騙，我們是一個以正義的戰爭去反對一個破壞正義的罪惡戰爭，我們有正義，因而也就用不着欺騙與威脅。

餘言：

本刊自第一期起直到本期，差不多每次都改變了「面目」，因此給予讀者以不快的印象，但幸非「開倒車」而却表示着朝鮮義勇隊工作的積極發展。

我們自以為遺憾的就是因印刷方面的種種不便，不能使本刊按期出版。尚希愛護本刊的讀者格外原諒並賜指教。

（達）

本期要目

路，爲向上的工作邁進，現在我已在朝鮮的兄弟們和中國同胞們握手並肩前進，首先我在樊城，已是朝鮮義勇隊的一員了。我已正確的瞭解在抗戰建國的中國。在參加勞軍團時，我曾向前線的兵士們及一般的民衆說明中•韓•日東亞三民族在正確的理解之下，以全世界被壓迫民族解放與自由平等爲目標，爲實現眞正和平的新天地而鬪爭。

有一個很辛苦的農夫，他很理解抗戰的意義，他高呼打倒日本法西斯軍的雄壯的姿態與一個士兵以不流利的日本話對我說：「我們歡迎一位日本的弟兄伊藤進君，你已離開了日本法西斯軍閥的手，參加我們中國偉大的革命戰爭了」，他那種姿態是給予了我很大的刺激和永遠不能忘的印象。

現在在全東亞步步進展的這種革命運動已距成功之路，不遠了，相信能達到我們革命者願望的日子也快到了，我們爲保衛全世界的和平，同心戮力奮鬪到底吧！

伊藤進拜於樊城 二月二十日

俘虜牧本君訪問經過

朝鮮義勇隊戰地通訊員 志成

二月二十一日早晨，在岳陽附近山谷，獨立房屋裏，被我們六十餘歲的老太婆抓來一個敵兵。他是今年二十八歲的活潑而又和藹的農村青年，叫牧本貴夫，福井縣坂井郡大石村中莊人，家裏還有五十九歲的老母和沒有人耕種的一塊水田和兩塊旱田。他在十歲時死別了他的父親，在母親底下教從成長的，同時是一個沒有親戚沒有兄弟的獨子。他十七歲的時候，在該縣私立三年制農業學校畢業，一直來到中國以前幫助母耕田。去年十一月間被徵發當補充兵「開到中國來」。

二月二十日晚上，與五十餘士兵一齊輕裝離開岳陽，不知去的是何處？祇跟着分隊長走。走的是山路，爬了五六個山嶺、又是深，又是黑，他一個忽而從他的隊伍落伍了。不清方面和山路，又不能作聲，獨自掙扎找一條路，連着重像命一樣的槍刀也掉在山谷裏。但竟沒有找到道路而東方顯出微明，帶了一陣早晨的冷風，耐不住飢寒的士兵，恰巧在山腳下，有一座房屋，就下山衝而屋裏。以手勢表示要飯，要水，烤火。他說那時候什麼感想都沒有，祇要充飢，想裏後即逃走。那裏只有一位六十餘歲的老太太、很親切地給他做飯吃了。不料剛吃完飯的時候，突然出現五六個中國壯丁，把他抓起來了。原來在那偏僻的山谷裏，這六旬的老太太，也爲着民族解放而奮鬪着。

他是去年十一月一日，在福井縣，第六次被徵編入了坂州郡的屯營裏，（屯營是流動訓練所）敵軍現在徵發補充兵，不問其爲獨子與否，更不問其家庭經濟狀況，祇要身體好，而又不是大官，財閥的子弟，都編入補充兵。原來在屯營裏的訓練是定爲一個月，但這次訓練不到半個月，即不能不調到前線作戰了。十一月十五日離開家鄉的時候，編入了第××師團，在敦賀乘船往上海開了。

和老母別離「那一個母親沒有愛子之心，正像有一位參戰的朋友寫來信樣，「慈母的愛是如山高，如水深」。這是離別老母的一種感想，老母終淌不知何時，才能歸來的兒子，還請他保重身體，這時他的心要碎了。但環境不許表示絲毫不平，又奈何？記者問他既然不願出戰，何以不逃走呢？他答，如能逃走沒有關係的話，到現在已經逃走了不知多少人。

十一月底到上海，繼乘船至南京，再往武昌，在武昌起步行一天行軍五十餘里，走了六天，十二月底，才到了岳陽。在岳陽直到被抓時爲止，只受訓而未曾參加作戰，

牛他們的話，入了屯營，每天上午五時起床，夜九時入睡，每天受十時基本軍訓，如立正稍息等動作，因爲他們從未受過軍訓。除了上操以外，沒有「精神訓練」，又沒有「政治討論會」，每日發下包香煙，和一些酒，在行軍的時候，每天上午起來，就燒吃兩頓飯，午飯吃冷的，晚上到了某地水方，就燒晚飯吃。行軍時最感覺困難的是沿路沒有看見一個人。沒有好的吃，又沒有柴和青菜。但幸虧有許多地方還有滿田的青菜可以隨便拔，還有門板稻草，被窩，他們行軍時所帶的糧食是二日分米二升。如果我們退出時，能把青菜都拔掉，澈底燒掉房屋，那麼敵人進行軍也極困難了。

這些新兵是完全與老兵隔開的，同時與同樣新兵隔開起來。到了岳陽後的生活是每天上午八時起床，點名，吃飯。從前在敵軍隊內嚴勵執行的，早上洗面後向天皇三拜，當吃飯時，「感謝天皇的恩德」到今日這個也不做了飯後暫爲休息，就上勤務和上操，十一時下操，休息半小時，十二時吃午飯，飯後休息一小時又就勤務或上操，四時許洗澡，晚飯後多半談天，話題多是女人問題。也有的寫家信，但大家都很想接到回信，爲此都甚感苦悶，常

爲信嚴禁軍事消息，這樣敵人到今日，無法在後方從容訓練新兵就不到半個月開到陣後直地方補充訓練，每星期日上午點名多就放假，但不許外出，故多半是睡覺，也不大做運動。

每個月有一次「演藝會」完全由士兵組織，吃酒，唱流行歌（小調）或跳舞，他們打戲，打撲來玩，在這種會裏，大隊長不在固不用說，即中隊長也很少見。一個部隊裏一個人的眞正的精神在這種比較自由的隨便會場上容易表現出來的。在侵略者的軍隊裏根本不會有爲革命而高唱的救亡歌，也不會有熱烈的演說，正像在他們的演藝會裏所表現那的樣只有浪漫和頹敗。

在他們的隊伍裏，沒有紀綠，又沒有人報告關於軍事，政治，戰事等情形，故他離開故鄉到現在根本不知道他們國內的情形和全般戰爭情形，軍部只要求士兵服從上部的命令，而不許有第二句話，大家在心裏都有一種厭戰的苦心，但是互相不能說出來，他說一個最感苦悶的是「盲目的動作」。

大隊長，中隊長不常在屋子裏不大出來，不知做什麼？他的分隊長是一個老兵，什參加瑞昌的戰爭，他是新兵的唯一的指導者。與新兵共同生活，在閒時常談起參戰當中痛苦的經驗。這最痛苦的經驗是夜間行軍中幾天不吃飯打仗。這都是中國焦土抗戰和游擊隊給與敵人的最大的痛苦。

他們在岳陽過了元旦，那一天早上起放假，但也不許出營門一步。出戰第一次吃到了年糕和餅乾等。他問中國有無年糕？他表示很想吃，我就給他吃了。

在他的裏村，有三千人口，至去年十一月爲止已被補充而參戰的有百餘名。每家都要拿出國防獻金他們家裏也拿出了不少。工錢是過去一元二角的現在降到六角七角，物價漲得很大，平均漲了百分之三十以上。鐵，棉花漲得最大，全般農村是在痛苦，在一般言論界也不許隨便發表關於政治，經濟方面的東西，戰爭已繼續了將近二年，不知何時才能結束，對於戰爭都抱着懷疑的態度。苦悶是現在日本軍民一般的心裏。他很希望戰爭早些結束，回家去看看老母。

當我說這次的戰爭不但是解放中華民族和朝鮮民族的革命戰爭，而且解放日本人民，建立日本人民的新日本的戰爭。日本侵略中國是少數財閥軍閥自私自利的戰爭，犧牲日本人民生命財產的亡國的戰爭，現在有不少的日本朋友參加我們的抗戰，和我們一齊共同努力，希望他明白我們抗戰的意思，來一齊爲建立新東亞而努力……。他答「是的」「軍閥」的他伸出手來，要我握手，表示了他們心裏的話。

三月二日於長沙

和平村通訊(一)

石正作

我們從長沙出發，第四天到了芷江。沿路因爲客貨擁擠的原故，買票須按照登記的順序，所以有許多旅客買不到票，甚至有等了好幾週的。所幸我們由各站站長好意的照顧，途中也沒有虛費了多少時日；只有在沅陵中州車站時，因爲情形過於亂雜不能會見站長，以致整個一天不能前進。

我們到了芷江的時候，還以爲收容所是在這里，但是下了車以後訪問朱維二同志的結果，才知道收容所是在辰溪，而且在前幾天已經遷到貴州鎮遠去了。我們對這個出乎意料之外的事實，不能說沒有一點失望，但是事實上不容許躊躇，所以就準備明天向鎮遠前進。

前幾天羅同志，因爲收容所職員們路過芷江的機會，會見了收容所所長。所長對他說：「他希望朝鮮的革命者們，對朝鮮俘虜中富有革命性的青年，要多多注意。」同時，羅同志說：「一見所長就知道他是一個很有熱情和很有革命精神的人。」我們聽了羅同志的這些話，對工作的前途覺得有無限的希望。羅同志還說：「朝鮮俘虜中，有一對夫婦而且還帶着一個小孩。」這個純潔的孩子，一出世就做了亡國奴而且又做了俘虜，我想到這一切，心中有說不出的刺痛！很希望能够早一天到收容所裏去訪問，對這個可憐的孩子給他一點安慰。

芷江到鎮遠因爲沒有直到的通車，我們不得不在湘黔交界的晃縣換車。但是在晃縣積滯的旅客太多了！站長對我們也是愛莫能助，不能給我們以特殊的便利。我們在此地等了不到五天，在第五天的時候恰巧有一個機會順便乘上了軍用貨車到了鎮遠。

（未完）

本隊消息

一、本部已奉部令除仍留桂工作歸行營政治部指揮

一、本隊陳隊長已於本月十五日赴渝公幹

一、台灣義勇隊籌備委員會已在金華成立並已開始工作不久當可參加中國之抗戰矣

포로 마키모토군을 찾아가보니

조선의용대 전지통신원 지성

2월 21일 이른 아침, 악양(岳陽) 부근의 산골짜기 독립가옥에서 60여 세의 노인에게 붙잡힌 적병이 있다. 올해 28세의 활발하고 붙임성 좋은 농촌청년인데, 이름은 마키모토 기오(牧本貴夫)이다. 후쿠이현(福井縣) 사카이군(坂井郡) 오샤쿠촌(大石村)의 농사꾼 출신으로, 집에는 59세의 노모 말고는 농사지을 사람이 한 명도 없는 논 한 마지기와 밭 두 마지기가 있다. 그는 열 살 때 부친과 사별하고 모친 슬하에서 교육받으며 성장했고, 친척이나 형제가 한 명도 없는 외아들이다. 17세 때 3년제의 사립농업학교를 졸업했고, 중국으로 오기 전에는 줄곧 모친을 도와 논밭을 갈았다. 작년 11월에 보충병으로 징집되어 중국에 오게 되었다고 한다.

2월 20일 밤, 50여 명의 일본군 사병이 일제히 경무장을 하고 악양을 떠났다. 어디로 가는지 알 수 없었고, 그저 분대장의 뒤를 따라 걸었다. 산길을 걸어 5·6개의 봉우리를 넘었는데, 깊고 어두웠다. 어쩌다 그만 그는 따르던 대열에서 혼자 낙오하고 말았다. 방향을 잃은 산길에서 소리를 낼 수가 없어 홀로 길을 찾아 헤매다 생명과도 같은 총과 칼을 산골짜기에 떨어뜨리고 말았다. 끝내 길을 찾을 수는 없었지만, 동쪽에서 희미한 불빛이 보였고 새벽 찬 바람이 불어오고 있었다. 배고픔과 추위를 견딜 수 없던 사병은 때마침 산골짜기 아래에 집이 한 채 있는 것을 보고 내려가 집으로 들어갔다. 손짓으로 밥과 물을 요구했고, 불을 피워달라는 뜻도 표했다. 그때 그는 아무 생각 없이 그저 배불리 먹고 추위에서 벗어나면 즉시 도망치려 했다고 한다. 그 집에는 60여 세의 노인 한 명만 있었는데, 친절하게도 그에게 밥을 지어주었다. 밥을 거의 다 먹었을 때 갑자기 5·6명의 중국인 장정이 나타나 그를 붙잡아갔다. 알고 보니, 외진 산골에 사는 육순의 그 노인 역시 민족해방을 위해 분투한 것이었다.

마키모토는 작년 11월 1일, 후쿠이현에서 제6차로 징집되어 사카이군 둔영(屯營)에 편입되었다(둔영이란 이동훈련소다). 적군의 현재 보충병 징발은 외아들 여부를 불문하고 강행된다. 가정의 경제상황도 따져보지 않고, 오직 신체 괜찮고 고관·재벌의 자제만 아니면 죄다 보충병으로 편입시켜버린다. 원래 둔영 내 훈련은 1개월로 정해져 있었지만, 이번 훈련은 보름도 안 채워 끝나고 즉시 전선의 작전에 투입되어야 했다. 11월 15일에 고향을 떠날 때, 제××사단으로 편입되었고, 돈카(敦賀)에서 승선해 상해(上海)로 출발하였다.

노모와의 이별이라. 어느 어머니인들 자식 사랑하는 마음이 없겠는가? 참전하는 어느 친구가 "자애로운 어머니의 사랑은 산처럼 높고 물처럼 깊다"고 편지에 쓴 것과 꼭 같다. 이는 어머니와의 이별에 대한 감상이다. 노모가 언제 돌아올지 모를 아들을 그리며 건강하기를 바라니, 이때 그의 마음은 애가 타는 것이다. 그러나 환경은 추호도 공평하지 않았으니, 어째서 그런가? 기자가 그에게 "출전을 원치 않았다면 어찌하여 도망치지 않았는가?"고 묻자, 그는 "도망갈 수 있고 없음이 아무 상관없는 일이라면 진즉 도주한 사람이 얼마나 많았을지 모를 일"이라고 답했다.

그는 11월말에 상해에 도착했고, 재차 승선해 남경(南京)에 이르렀으며, 다시 무창(武昌)으로 가서 매일 50여 리의 도보행군으로 6일을 줄곧 걷기만 했다. 그리고는 12월말이 되어서야 악양에 도착했는데, 거기서는 지금까지 오로지 훈련만 받았지 작전에는 나가본 바 없다.

그들의 둔영생활은 매일 오전 5시에 일어나 밤 9시 취침이었다. 매일 10시간 동안 '차려'나 '쉬어' 동작 같은 기초 군사훈련을 받았는데, 전에는 그 같은 군사훈련을 받아 본 적도 없다. 체조 외의 정신훈련은 없고, 정치토론회도 없으며, 매일 담배 한 갑과 약간의 술이 보급되었다. 행군할 때는 매일 오전에 일어나 두 끼 분의 밥을 짓는데, 점심에는 찬밥 먹고 저녁이 되어서야 물이 있는 곳에서 밥을 데워먹는다. 행군할 때 가장 곤란한 점은 길가에 아무것도 없다는 것이다. 맛있는 게 없고 땔감과 채소도 없다. 다행히도 많은 지방의 밭을 가득 메우고 있는 채소는 마음대로 뽑을 수가 있고, 불 피울 문짝과 볏짚과 널빤지들도 구할 수 있었다. 그들이 행군할 때 갖고 다니는 식량은 2일분의 쌀 두 되(升)이다. 우리가 퇴각할 때 채소를 모두 뽑아버리고 철저히 집을 태워버리면 적들의 행군 또한 매우 곤란해질 것이다.

이들 신병은 고참병과 완전히 거리를 두며, 같은 신병들끼리도 거리가 생긴다. 악양에 온 후의 생활은 매일 오전 8시에 일어나 점호하고 밥을 먹는다. 아침 세수 후 천황을 향해 절을 하고 밥 먹을 때도 "천황의 은덕에 감사합니다."라고 외쳐대는 따위의, 이전에 적군 부대 내에서 엄격히 집행되던 짓들을 지금은 하지 않는다. 식사 후에는 휴식을 생략하고 곧바로 근무와 훈련에 들어간다. 11시에 훈련을 마치면 30분간 쉬고 12시에 점심을 먹는다. 밥 먹은 후 1시간 휴식하고 다시 근무나 훈련을 한다. 4시경에 씻고, 저녁을 먹은 후에 대부분은 잡담을 한다. 화제는 대체로 여자문제이다. 물론 어떤 이들은 집에 편지를 쓴다. 다들 회신받기를 원하지만 걱정도 많다. 편지 쓸 때 군사소식이 들어가는 건 엄격히 금지되기 때문이다. 이렇게 적군은 지금 후방에서 느긋하게 신병을 훈련시키질 못하고, 보름도 안 되어 진지로 투입한 후 지방별로 보충훈련을 시키고 있는 것이다. 매주 일요일 오전에는 점호 없이 대부분 쉬지만, 외출은 허락되지 않는다. 따라서 대부분은 잠을 자고, 운동도 별로 하지 않는다.

매달 한 번씩 '연예회(演藝會)'가 있는데, 완전히 사병으로 조직된다. 먹고 마시며 유행가를 부르거나 춤을 춘다. 그들은 북과 징을 치며 노는데, 이런 모임에는 대대장이 와보지 않고 별 말도 없으며 중대장만 가끔 보인다. 한 부대 혹은 한 개인의 진짜배기 정신은 이렇게 비교적 자유로운 모임에서 쉽게 표출되곤 한다. 침략자의 군대 안에는 근본적으로 혁명을 위해 고창되는 구망가가 있을 수 없고, 열렬한 연설도 있을 수 없다. 그들의 연예회에서 표현되는 것은 단지 낭만과 퇴폐뿐이다.

그들 대오 안에는 정보망이 없고, 군사 · 정치 · 전세 등의 제반 정세에 관해 말해줄 사람도 없다. 그래서 그들은 고향을 떠나온 후 현재까지의 국내 상황과 전반적인 전쟁 상황에 깜깜이다. 군부는 사병들이 그저 상부의 명령에 따르기만을 요구하지, 토 다는 것을 일절 허용하지 않는다. 속마음으로야 사병들 모두 전쟁을 싫어하지만, 서로 말할 수는 없다. 그들이 가장 고민스러워 하는 것은 '맹목적 움직임'이다.

대대장과 중대장은 평상시 실외로 잘 나오질 않아서, 도대체 무얼 하는지 알 수가 없다. 마키모토의 분대장은 고참병으로, 일찍이 서창전쟁(瑞昌戰爭)에도 참가했고 신병의 유일한 지도자이다. 신병과 함께 생활하고, 한가할 때면 종종 참전 때 겪었던 괴로움을 말하곤 한다. 그 가운데 가장 힘들었던 경험은 며칠 동안 야간행군을 하며 밥도 못 먹고 싸운 일이었다라고 한다. 이것은 모두 중국의 초토항전(焦土抗戰)과 유격대가 적군에게 준 가장 큰 고통이었다.

그들은 악양에서 새해를 맞았다. 첫날 아침에 휴가가 시작되었는데, 역시 외출은 한 발자국도 허락되지 않았다. 출전하고 처음으로 떡과 과자 등을 먹었다. 그는 "중국에 떡이 있는가?"고 물으면서 먹고 싶다고 했다. 그래서 내가 주니까 맛있게 먹었다.

그의 고향 마을에는 주민이 3천명인데, 작년 11월까지 보충되거나 참전한 자가 100여 명이었다. 집집마다 국방헌금을 냈고, 그의 집에서도 적지 않게 냈다. 임금이 예전에는 1원(元) 2각(角)이었는데, 지금은 6·7각으로 떨어졌다. 반면에 물가는 평균 30% 이상 크게 오르고, 철과 면화 값이 가장 많이 올랐다. 전반적으로 농촌은 고통스러워하고 있으며, 언론에서는 정치·경제 부면의 내용을 마음대로 발표하지 못한다. 이미 2년 가까이 전쟁이 계속되면서 언제 끝날지 알 수 없게 되자 회의적 태도가 퍼져갔고, 그런 고민이 현재 일본 군·민의 일반적인 심경이 되어 있다. 그는 전쟁이 더 일찍 끝나기를 바라며, 집으로 돌아가 노모를 보살피고 싶어 했다.

나는 "이번 전쟁이 중화민족과 조선민족을 해방시키는 혁명전쟁일 뿐 아니라, 일본인민도 해방되어 신일본을 건립할 전쟁"이라고 말했다. "일본의 중국 침략은 소수 재벌과 군벌의 사리사욕을 채우는 전쟁이고, 일본인민의 생명과 재산을 희생시키는 망국적 전쟁이다, 현재 적지 않은 일본친구들이 우리의 항전에 참가하고 있으며 우리와 함께 공동의 노력을 하고 있는데, 당신도 우리의 항전의사를 잘 이해하고 신동아 건립을 위해 함께 노력하기를 바란다."고도 말했다.... 그러자 그는 "맞아, 군벌!"이라면서 손을 내밀어 악수하고 속내도 끄집어내 말하기 시작했다. 3월 2일 장사(長沙)에서

④ 제19 · 20기 합간(1939.8.1), 4~6쪽, 韓志成,〈朝鮮青年怎樣反抗日本帝國主義(轉載)〉

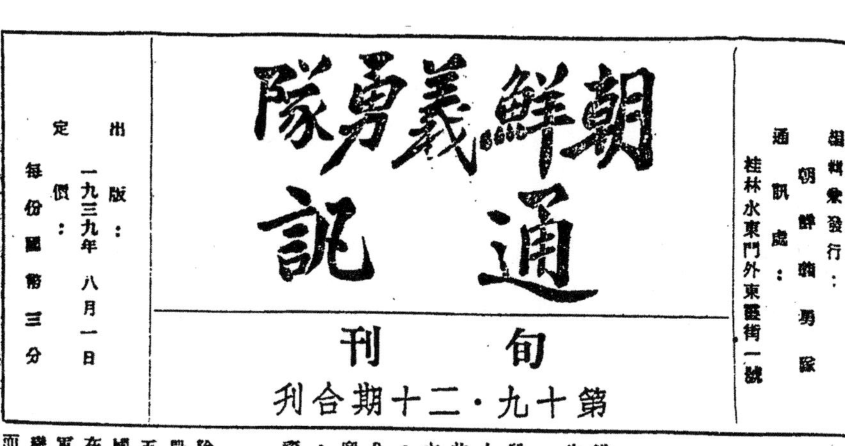

朝鮮義勇隊通訊

旬刊

第十九·二十期合刊

編輯兼發行：朝鮮義勇隊
通訊處：桂林水東門外東靈街一號

出版：一九三九年八月一日
定價：每份國幣三分

現階段朝鮮社會和朝鮮革命運動（二）

李貞浩

二，朝鮮的土地所有關係和農民問題

如上篇所述，朝鮮之亡於日本帝國主義，實因朝鮮的「亞細亞的」停滯性所產生出來的落後經濟，被先進資本主義的商品經濟和武力所衝破的結果。

而當時這極落後的經濟關係是建立在封建的土地所有關係和農民大衆的基礎上的。這樣，朝鮮是佔全人口百分之八十以上爲農民的一個古老的農業國。因此，農民問題的發芽，雖始自很早，但不如亡國後日本帝國主義者把朝鮮的土地所有關係改編以後的嚴重，悲慘！它爲甚麽把朝鮮的土地所有關係改編過來呢？改編到甚麽地步？改編以後影響到農民生活的是甚麽呢？這就是本篇主要的內容。在討論這些問題之前，我想先把朝鮮向來的土地所有關係，略，介紹，以資讀者參考：

A從來朝鮮的土地制度

向來朝鮮的土地制度，在原則上都是國有制，（除民族社會和部落社會之外）扶餘國當時雖還殘存了農業共同體的生產樣式，如『舊扶餘俗，水旱不調，五穀不熟，輒歸咎於王，或言當易，或言當殺』（三國志扶餘傳，但到了高句麗時代，即國家的軍事行動在急速地發展下，雖有一部分的土地分給有力的貴族軍官和地主以發戰勝的情況，可是實際上土地制度已變成爲國有制，國王不但是政治軍事的最高主權者，而同時是在經濟上國家土地的最高所有者，他對土地有自由分割之權。這樣在國有制之下，分爲官有地和賜與地、貸與地等三種，官有地的一部就以壯丁一人爲標準，每人平均分田一頃，貸與地則貸與農民耕作而負與相當納稅的義務，至賜與地則分給貴族自由耕作而受若干貢納。

百濟的土地制度，大體上與高句麗相同。毫新羅的土地制度還是國有制，而國有制之下設賜田，食邑，寺田，御料地，口分田等，賜田大部份是分給貴族和軍官所有的；食邑制是限於外來人民的，例如「法興王十九年，金官國主金仇亥……以國帑寶物來降，王禮待之。授位上等，以本國爲食邑」（三國史記第八新羅本紀）；寺田是當時佛教的興盛而國王給與寺廟的土地；御料地是國王的所有地，可說以上幾種的土地所有關係都是上層階級的，至於一般人民的土地

本期要目

朝鮮青年怎樣反抗日本帝國主義（轉載）

韓志成

是的，青年是社會，民族的中堅份子。正是因爲這個緣故，在民族革命的過程中，最能出力的是青年。同時，在反動的法西斯魔手之下，被屠殺被蹂躪，被壓迫的最多也是青年。現在整個的世界，正是法西斯強盜瘋狂地大屠殺青年的時候；正是他們破壞人類的和平幸福的時候；也正是中華民族千百萬青年，爲着中華民族的永遠的自由和幸福與強盜日本帝國主義，作殊死戰的時候；更是歐洲青年英勇的同法西斯血戰的時候！全世界的青年，不分地域，不分信仰，不分職業的高呼以國際青年的團結力量，來共同撲滅青年的敵人，人類的公敵，而建立沒有侵略的平等自由的新世界秩序。這是世界和平力量的新的姿態，是各民族永遠確保和平關係的偉大的基礎。在這裏，我願把朝鮮青年，怎樣被日本帝國主義屠殺，同時又怎樣奮鬥爭取自由解放。做最簡單的介紹，希望關心朝鮮青年的讀者共同的研究，使有一個共同的認識。

自然，朝鮮的青年運動，是給朝鮮的特殊社會條件所規定。同時青年運動，又不能脫離朝鮮民族解放運動的整個的潮流。

朝鮮的青年運動，在與敵奮鬥三十年的當中，同整個民族解放運動的一般動態一樣，由限於知識層的運動，擴大到工農勞苦大衆；同時其領導的力量，也從少數的知識份子轉移到廣大的民衆，在其運動的實的方面，也從單純的反日復國運動進步到建設新的民主國家的進步的革命的鬥爭。

朝鮮青年運動的初期，正像別的殖民地國家里的青年運動一樣，學生運動佔最重要部份。因爲殖民地社會里的一般民衆政治水準不很高，同時學生們是最容易接受新文化，又最敏捷的感覺着他們社會基礎的沒落而在思想上最能熱烈的渴求自由獨立和平等。但是到了一九一九年「三一」大革命——韓國獨立萬歲事件後，隨着社會主義運動的發展，青年運動里，學生以外的青年工農民衆也活躍起來，到了現在，勞動青年大衆領導着整個的青年運動，而佔着朝鮮革命運動的主力地位了。

朝鮮亡國後的學生運動，算是從一九一九年的「三一」大革命起。那正是一九一九年三月一日的下午二時朝鮮首都漢城，以中央學校學生爲先發，敬新，培材，梨花等男女學校學生數十名一隊一隊的湧進城塔洞公園，有一位年青的學生在八角亭上，向羣衆一句一句的朗讀了「獨立宣言」，高呼「韓國獨立萬歲」，因爲高度的興奮，引起血管破裂而氣絕，成千累萬的學生羣衆異口同聲的高呼「韓國獨立萬歲」「打倒日本帝國主義」他們千萬個拳頭高高的舉起來，衝進市街：「示威」，「演講」與敵武裝軍警作猛烈的戰鬥而慘遭逮捕慘殺的有幾千個。這個運動繼續着二個月，發動了二百萬民衆，被敵逮捕者達五萬餘人，其中二十歲以下的中小學生有三分之一。

的一切稻穀，盡歸地主和高利貸業者的手裏，農民手無寸鐵，只得咬住牙關，忍受苛刻搾取，最後被迫離開一代一代住下來的可愛的家鄉，飲淚流淚，流浪到人地生疏的異域山川！尤其中國抗戰開始以來，日本帝國主義對朝鮮農民的搾取與驅逐更甚一層，一面對華侵略戰爭的戰費轉嫁於朝鮮農民，強徵軍費及軍糧，另一面實施九百萬人的移民（驅逐）計劃，再一面則實行徵兵制，可是結果歷盡的不過是十一個人，「徵兵」既然失敗了，現在日人竟要用強迫的手段來對付朝鮮民衆了。據去年（一九三九）七月中旬的敵人廣播，可知日人要在朝鮮設置「兵事部」，定於今年八月一日起正式開始事務！這樣，朝鮮農民在水火沸湯中，只有死與反抗兩條路！這是朝鮮農民的現狀，也就是朝鮮農民問題的嚴重化。

壓迫愈重，反抗愈烈，這是必然的道理，朝鮮農民在死與反抗之生死關頭上，曾展開了偉大的反日本帝國主義運動，一九一九年至一九三二年間，農民的暴動回數竟達一萬三千九百四十三次之多，光是一九三七年度的小作爭議亦有九千三百餘件之多！朝鮮農民，在日本帝國主義，實在是心腹之要患，它是朝鮮民族解放的無盡藏的後備軍，民族解放的主要內容可說是農民解放問題，朝鮮的革命若是失去了農民的援助，那是沒有辦法成功的，反過來說，民族革命不成功，整個農民問題是不會有解決的。

總之，土地改編就是土地掠奪，它加諸朝鮮農民的不過是餓死，凍死，流離失所，無家可歸，爲了爭取麵包和自由，只有血淋淋的反日本帝國主義鬥爭，朝鮮農民大衆却成了朝鮮民族革命運動的無盡藏的生力軍。

更正

本通訊第十八期所載，「現階段朝鮮社會和朝鮮革命運動」一文中，[illegible]……特此更正。

這個運動失敗後學生們便感到組織之必要遂於一九一九年五月在漢城成立了「朝鮮學生大會。」這是中學以上學生所組織的，是以組織的力量推動整個學生運動。在成立不到二個月內會員增到一萬餘名，敵人看見學生革命勢力日益澎湃情形，決不能讓它再自由的發展下去，便加以嚴厲的壓迫了。學生們對此雖然作了英勇的鬥爭，然而因爲敵人的兇暴，到底歸於失敗了。但，此後的青年運動中之工農及青年婦女相繼出現，戰鬥的姿態又重新展開。

一九二〇年從夏到秋，各地建立了無數的青年團體，到十一月更成立了擁有一百三十三個團體，三萬餘會員的「朝鮮青年聯合會」。在這樣廣大的組織下，開始了充實力量的文化運動（如介紹新思想研究學術等），隨後更由文化運動展開到罷課罷工的政治鬥爭。同時因爲青年運動的發展。工農青年大衆也組織起「勞動共濟會」。在他們的領導之下，發動了朝鮮南部釜山工人的總罷工。

朝鮮社會的分化，又受了外界的影響，在「朝鮮青年聯合會」的內部，也起了民族主義與社會主義思想的分化，竟於一九二二年，漢城青年會等十幾個團體從「聯合會」脫離而另外開展了工作，組織起「朝鮮青年同盟」。

但各個團體，各幹各的，在實際鬥爭中，深刻的感到分化而無切實的聯結，還只有削弱反日的力量，在一九二五年更新建立了「全國青年總同盟」，「工人總同盟」，「農人總同盟」，這三個團體，發動了二十萬盟員幹部。他們在進步的新思想之下，統一起來。

激烈烈的「三一」大革命中的英勇的學生運動，到了一九二九年十月底在朝鮮南部光州又發動了「光州學生運動」。事情的發端是在十月三十日光州中學（日本中學）學生調戲光州女子高普（朝鮮女中學）學生而起的韓日學生的衝突。與這女生同走的她的哥哥，當時便對日本學生予以嚴厲的責備，但無恥的日本學生，不但不反省錯誤反而更加兇暴起來。這個消息傳到女子高普的全體同學，及光州高普（朝鮮男子中學）全體學生，沒有一個不憤慨的。過了幾天，韓日十餘學生在街上相遇，日本學生又侮辱朝鮮學生，因此引起了激烈的衝突。日本人方面馬上調集武裝的軍警，在鄉軍人及日浪人所組織之救火隊，對於赤手空拳的朝鮮學生，施以武力的彈壓。日本學生有了日本軍警的槍砲和保護他們的決作，竟殺害了六名，逮捕了數百人。無辜的朝鮮學生在敵人殘忍的槍刀之下，悲慘的犧牲了。但革命的高潮，決不能以野蠻的槍砲所能壓制，第二天光州的凡是朝鮮中學學生全體總動員，與敵作殊死的抗戰。日報道給呼號「朝鮮獨立萬歲」。高唱革命歌的不願做奴隸的民衆也參加這偉大神聖的民族解放的戰鬥。日軍又殺死了無辜民衆四十餘名，逮捕了二百餘名。他們怕革命的火焰到處燃燒，便把持了郵政，交通機關，澈底的封鎖了光州與外界的來往。但敵人以任何的方法，終不能抑制住革命的巨流。十一月廿七日光州的青年學生又觸怒了，帶傢眾，高呼獨立口號，舉行大示威，當場又被捕了五百餘名。漢城學生聯合會聽到這個消息就在當天晚上召開了緊急會議。決定先派人去光州調查真相，第三天去調查的學生帶來了悲壯的報告，在敵人森嚴戒備的充滿着恐怖的黑夜、在一個女學生家裏召開了各校的代表會議，報告這可歌可泣的鬥爭事實，全場一致的決議發動全國學生及工農青年，做反日，民族解放的鬥爭。

一個緊急動員令下來，全漢城的大、中、小學生們就全體參加了第二天的大示威運動，朝鮮民族的血管都爲這般青年學生的救亡鬥爭而充滿了革命的熱血，中小學生，革命羣衆的「打倒日本帝國主義」「爭取朝鮮民族的獨立自由」的吼聲，振動全朝鮮每個角落。十二月底在日本東京的朝鮮學生和工人也企圖發動一個大規模的運動，但事前被發覺而遭逮捕的有三百餘名。

這次運動，不但各處的中小學生起來，而且朝鮮北部宣川，洪源，南部大邱釜山等地勞動者也罷工，企府繩油農場，日海農場的佃戶們也發動抗租運動而響應學生運動了。光州學生運動所引起的全朝鮮學生運動繼續到三個月動員了十五萬學生，被殺害的數百名，被捕的有將近五萬名。

這次運動是一個大規模的鬥爭，但與日本之學生小規模的衝突，差不多每天都在各個不同的地方扮演着。在朝鮮很常看見韓日中小學生之集團戰鬥，這種現象在十一二歲的小學生裏也很常有的。有一次日本學生向朝鮮學生挑戰，朝鮮學生便起來抵抗。第二天日本學生在軍警武裝掩護之下，包圍了漢城培材學校，朝鮮學生對於日本學生這樣野蠻的舉動非常激憤，就全體出動參與的棒球棒子打退日本學生。

學生運動是朝鮮青年運動的主力，但到了一九二九——三〇年一月光州學生運動後敵人對於學生的壓制是更加厲害起來，朝鮮青年學生聯合會的解散是不用說，連學校里的學生自治會也都解散了。因此大規模的表面的組織和具體的激烈的運動是沈滑下去，反而文化運動和配合着工農大衆的地下室的革命運動是比從前加倍的强化了。殖民地學生是來發運動的先鋒隊。朝鮮的學生從光州學生運動後多表面上利用合法的機關從事文化運動，朝鮮民族有百分之七十以上是文盲，對於這個，敵政府是根本不願設法的，於是青年學生們，每年利用暑假，做巡迴施教推動文盲掃除工作。他們屢屢捐出自己的金錢或向地方志士募捐，巡迴各地辦理短期識字班。務勁農村青年，由他們的活動，每年可以增加了五萬餘識字者並發動了幾十萬農民。敵政府對於此種文盲掃清運動又加以無情的彈壓，有時不准開辦短期識字班。有一次把一個十五歲的學生檢舉起來，他們的理由是「不知爲什麽拿出自己的錢來辦理識字班」？這種現象在朝鮮是很普通的，但是沒有一個青年因爲强盜的武力壓制而屈服，相反的是加强了革命的熱情强化了自由渴求。他們常擺脫敵人的監視網到山谷里日光之下教課，被教者，教者都深刻的知道「爲什麽不能在屋子里上課而跑到寒冷的野外秘密的上課」．他們因爲知道共同的命運，都是一條心地，沒有一個人缺課，沒有一個洩漏秘密，更沒有一個落伍、大家都爲着爭取自由的祖國而奮鬥。

九一八後的朝鮮學生運動直接與工農青年運動聯合起來，這是因爲朝鮮中產階級的急激沒落的綠故，他們秘密的組織讀書會．社會科學研究會，又直接參加各地方合法青年團體暗暗地活動着。一九三二（？）金泉的讀書會事件關係到全國的學生組織及各社會團體．七七抗戰後，在朝鮮最苦痛是這般青年，他們在敵政府頒布的「國民精神總動員法律」之下，言論，結社，集會的自由是早已被剝奪光了。敵人爲强化施增的「思想犯」、現有的二萬多警察還覺得不夠，揃近又由在朝鮮的日本浪人組織了「補助警察。」朝鮮的青年在敵人這樣的壓制之下，地下層的活動也更加困難了。但他們熱烈地渴望着自由的天地，在敵人的殘踏下，埋頭奮鬪着。

朝鮮青年是拋棄了家庭的快樂，青年的幸福，敵人强盜榨剝削的工場，農場，在白頭山上，在東北的樹林里，在蘇聯，在中國關內，組織了民族解放前衛——！朝鮮義勇軍（東北）和朝鮮義勇隊（關內）與敵人爭奪最後的勝利。一九一九年三一大革命，一九二九年光州學生運動的偉大的革命精神浪流在每個朝鮮青年的胸懷里，又受着中華民族英勇抗戰的刺激，更沸騰起來，正配合着中國的抗戰準備着迎取勝利的最後決戰。

中國的青年戰士，爲了祖國的獨立自由，已流了無限的鮮血，我們朝鮮青年特別表示至誠的同情，我們在中國的青年們，於去年十月十日在漢口已組織起朝鮮義勇隊了，伸出我們熱情的手與中國的青年戰士，在戰壕里，在敵人的後方，在中國的每個角落親密的緊握着手爲消滅共同敵人而奮鬪。

全世界的青年們，尤其是在東方反侵略的青年們，我們是現時代的中堅，緊緊的聯合起來與消滅日本法西斯的荊棘的侵略主義，而建立永遠沒有侵略的，和平的，自由的，文化新東方，新世界。

揚子江

金維

——敬贈中國的戰士們——

揚子江，
揚子江！
中國的動脈揚子江
幾千年的脈流
培發了中國偉大的力量
過去啊
妳高唱着和平，自由，解放；
妳光榮鬥爭的歷史
已証明了妳始終石和人類的公敵猛搏着
而今啊！
砲火烽煙在籠罩着妳，
虎豹豺狼踏在妳身上；
吸吮着妳的血，
吞噬着妳的肝臟——上海，南京，武漢……
你只在掙扎，怒吼，咆哮。
中國的生命揚子江啊！
掀起妳洶湧的巨浪
向着那些罪惡的野獸猛撲吧！
爲爭取民族生存的戰士們，
爲求自由求解放的朋友們；
揚子江的洪流在啓示着，
只會奔騰你的革命的怒潮，
向着東方運進。
聽吧！揚子江的怒濤在咆哮，
看吧！揚子江的浪潮在奔騰。
她已驚醒了沉悶的大地，
喚起了千百萬的民衆。
勇敢的戰士們！
揚子江的流水正象徵着妳，
你們的血——浪濤，
你們的吶喊——咆哮，
你們的意志——洪流；
爲了人類正義世界和平，
非把一切危害人類的野獸消除，
永久奠定下世界和平的基礎，
只有奮鬪，決不罷休！

조선 청년은 일본제국주의에 어떻게 반항해 왔는가? (옮겨 싣는 글)

한지성

그렇다. 청년은 사회와 민족의 중견이다. 바로 그런 때문에 민족혁명의 과정에 가장 힘을 내는 이가 청년이고, 반동적 파시스트의 손에 학살되고 유린당하고 압박당하는 일이 가장 많은 이도 청년이다. 현재 전 세계는 파시스트 강도들이 미친 듯이 청년을 대학살하는 시대이고 인류의 평화와 행복을 파괴하는 시대이다. 동시에 중화민족 억만 청년이 자기민족의 영원한 자유와 행복을 위하여 강도 일본제국주의와 사투를 벌이는 시대이기도 하다. 아울러 유럽의 영민하고 용감한 청년들도 파시스트와 혈전을 벌이는 시대이다. 전 세계 청년은 지역 · 신앙 · 직업의 구분 없이 국제청년의 단결된 역량으로 청년의 적, 인류의 공적을 함께 무너뜨려 멸하자고 소리높이 외친다. 그래서 침략 없는 평등과 자유의 새로운 세계질서를 건립코자 한다. 이는 세계평화 역량의 새로운 모습이며, 각 민족의 영원한 평화 확보의 위대한 기초이다. 이 글에서 나는 조선의 청년들이 어떻게 일본제국주의에 의해 학살되어왔고 그러면서도 어떻게 자유와 해방을 쟁취하기 위해 분투해왔는가를 간략히 소개하고자 한다. 조선청년에 관심 있는 독자들과 함께 연구하여 하나의 공동인식을 마련코자 함이기도 하다.

당연히 조선의 청년운동은 조선의 특수한 사회적 조건에 의해 규정된다. 동시에 청년운동은 조선 민족해방운동의 전체적 조류를 벗어날 수 없다.

조선의 청년운동은 적과의 30여 년 분투 중에서 전체 민족해방운동의 일반적 동태와 궤를 같이하면서 지식층의 운동이라는 한계를 넘어 노동자 · 농민 등의 일하는 대중에게도 이르도록 확대되었다. 동시에 그 지도적 역량도 소수의 지식인에서 민중으로 확대되었고, 운동의 질적 방면에서는 단순한 반일 복국운동(復國運動)에서 새로운 민주국가 건설의 진보적이고 혁명적인 투쟁으로 나아갔다.

조선 청년운동의 초기에는 다른 식민지 국가의 청년운동과 마찬가지로 학생운동이 가장 중요한 부분을 차지했다. 식민지 사회의 일반 민중의 정치수준이 높지 않았음에 반하여 학생들은 아주 쉽게 새로운 문화를 받아들였고, 그들 사회의 토대가 몰락하고 있음을 가장 빨리 감지하였다. 그러면서 자유, 독립과 평등의 사상을 열렬히 갈구했다.

그런데 1919년에 이르러 '3 · 1 대혁명'이라는 독립만세사건 이후로 사회주의운동의 발전에 따라 청년운동 안에서도 학생 이외의 청년인 노동자 · 농민 대중이 활약하기 시작했다. 오늘에 이르러 노동청년 대중은 전체 청년운동을 영도하면서 조선 혁명운동의 주력의 지위를 점하게도 되었다.

조선 망국 후의 학생운동은 1919년의 3 · 1 대혁명에서 시작된다. 1919년 3월 1일 오후 2시에 조선의 수도 서울에서 중앙학교 학생들이 앞장서고, 경신 · 배재 · 이화 등의 남녀학교 학생 수십 명이 팀을 이루어 탑골공원에 모였다. 젊은 학생 한 명이 팔각정 위에서 군중을 향해 한 구절 한 구절 이어가며 독립선언서를 낭독하고 '한국독립 만세'를 외쳤다. 그는 매우 흥분했기 때문에 혈관이 터져 기절했다. 천 명 이상의 학생 군중이 이구동성으로 '한국독립 만세', '일본제국주의를 타도하자'고 외쳤고, 천 · 만 개의 주먹을 높이 쳐들고 시가로 돌진해 '시위'를 벌이고 '강연'을 했다. 무장한 적 군경과 맹렬한 전투도 벌여서, 마구잡이로 체포되거나 무참히 살해당한 이가 수천 명이었다. 이러한 운동은 2개월간 계속되었고 2백만 민중이 행동에 나섰다. 그 중 적에 체포된 자가 5만여 명이고, 그 중 3분의 1은 20세 이하의 중 · 소학생이었다.

이 운동이 실패한 후 학생들은 곧 조직의 필요성을 느끼게 되었고, 그리하여 1919년 5월 서울에서 '조선 학생대회'가 성립하였다. 이는 중학 이상의 학생들이 조직한 것으로, 조직적 역량으로 전체 학생운동을 추진하게 된 것이다. 성립한 지 2개월도 되지 않아 회원이 2만여 명에 달하였다. 적들이 보기에도 학생들의 혁명역량이 날이 갈수록 팽창하니, 또다시 자유롭게 발전하도록 둘 수가 없다고 매섭게 탄압했다. 학생들은 이에 맞서 용감하게 투쟁했지만, 적들의 흉악한 폭력으로 인해 실패로 돌아갔다. 하지만 그 후로는 청년들 가운데 노동자 · 농민과 젊은 여성층의 운동이 연이어 계속 나타나고 전투적 모습을 새롭게 띠어갔다.

1920년 여름부터 가을까지, 각처에 수많은 청년단체가 건립되었다. 11월이 되자 133개 단체 3만여 회원을 보유한 '조선청년연합회'가 성립하였다. 이렇게 확대된 조직 하에서 충실하게 역량을 갖춘 문화운동이 신사상을 소개하고 학술을 연구하는 등의 방식으로 시작되었고, 곧이어 문화운동에서부터 수업거부와 파업이라는 정치투쟁으로 발전해갔다. 청년운동의 이와 같은 발전과 더불어 노동자 · 농민 청년대중은 '노동공제회'를 조직해냈다. 그들의 지도로 조선 남부의 부산(釜山)에서 노동자 총파업이 일어나게도 되었다.

조선사회의 분화는 외부세계의 영향도 받은 것이었는데, '조선청년연합회' 내부에서도 민족주의와 사회주의 사상의 분화가 일어났다. 결국 1922년에 서울청년회 등 10여 개 단체가 연합회에서 이탈하고 별도의 공작을 벌여 '조선청년동맹'을 조직해냈다. 그러나 각 단체는 자기 일만 하면서 실제의 투쟁 중에는 심각한 분화가 감지되었고 확실한 연결고리가 없었다. 이는 결국 반일역량을 약화시킬 따름이었다. 그러다 1925년에 전국청년총동맹 · 노동총동맹 · 농민총동맹이 건립되고, 이 3개 단체의 20만 동맹원과 간부들이 행동하기 시작했다. 그들은 진보적 신사상 하에 통일되었다.

최고로 장렬했던 '3 · 1' 대혁명에서 용감하기 그지없던 학생운동은 1929년 10월말에 조선 남부의 광주(光州)에서 재연되었다. 사건의 발단이 된 것은 10월 30일에 일본인 학교인 광주중학 학생이 조선인 여자중학교인 광주여자고보 학생을 조롱한 데서 빚어진 한 · 일 학생의 충돌이었다. 이 여학생과 함께 걷던 오빠가 일본인 학생을 매섭게 꾸짖었는데, 뻔뻔스런 일본인 학생이 잘못을 반성하기는커녕 외려 흉포해졌다. 이 소식을 접한 여자고보 전체 학우들과 광주고보(조선인 남자중학) 전체 학생들은 분개해마지 않았다. 며칠 후, 10여 명의 한 · 일 학생이 길에서 마주쳤는데, 일본인 학생들이 또다시 조선인 학생을 모욕하자 격렬한 충돌이 발생했다. 일본인 측에서는 즉시 무장군경을 소집했다. 재향군인과 낭인으로 조직된 소방대는 맨손, 맨주먹인 조선학생들을 무력으로 탄압했다. 일본인 학생들에게는 일본 군경의 총포와 보호막이 되어줄 법률이 있었다. 결국 조선인 학생 6명이 살해되고 수백 명이 체포되었다. 죄 없는 조선인 학생들이 적의 잔인한 총칼 아래 비참하게 희생된 것이다.

그러나 혁명의 열기를 야만적 총포로 억압할 수는 없었다. 이튿날 광주의 조선인 중학생 전체가 총동원되어 목숨을 걸고 적과 항전하였다. 모두가 함께 '조선독립 만세'를 외쳤다. 노예가 되지 않길 바라는 민중들이 혁명가를 소리 높여 부르면서 호응해, 이 위대하고도 신성한 민족해방의 전투에 참가하였다. 일본군은 또 무고한 민중 40여 명을 죽였고, 200여 명을 체포했다. 그들은 혁명의 불꽃이 우편 · 교통 기관을 통해 곳곳으로 번지는 것이 두려운 나머지 광주와 외부의 왕래를 철저히 봉쇄하였다. 그러나 여하한 방법으로도 적들이 혁명의 거대한 흐름을 막을 수는 없었다. 11월 27일 나주(羅州)의 청년학생들이 또다시 호응했다. 전단을 찍어내고 독립구호를 외치면서 큰 시위를 벌였는데, 현장에서 또다시 500여 명이 체포되었다. 서울의 학생연합회는 이 소식을 듣고 당일 밤에 긴급회의를 소집했고, 우선 사람을 광주로 파견해 진상을 조사하기로 결정했다. 조사를 간 학생은 사흘 뒤에 비장한 보고를 가져왔다. 적들의 삼엄한 경계로 공포가 가득 찬 어두운 밤, 한 여학생의 집에서 각 학교의 대표 회의가 소집되어 감동적이고 눈물겨운 투쟁 사실을 보고했다. 그 결과, 전국의 학생 및 노동자 · 농민 청년들이 만장일치로 반일 민족해방투쟁의 결의를 발동했다.

긴급동원령이 내려오자 서울의 대 · 중 · 소학생 전체는 다음날의 대시위운동에 참가했다. 조선민족의 혈관은 모두 이들 청년학생의 구망투쟁을 위한 혁명의 뜨거운 피로 충만했다. 중 · 소학생과 혁명군중의 '일본제국주의를 타도하자', '조선민족의 독립자유를 쟁취하자'는 외침이 전조선의 방방곡곡을 진동시켰다. 12월말, 일본 도쿄의 조선인 학생과 노동자들도 대규모의 시위운동을 벌였는데, 사전 발각으로 체포된 이가 300여 명에 이르렀다.

이번의 운동은 각처의 중 · 소학생들이 일으킨 것일 뿐만 아니라, 조선 북부의 선천(宣川) · 홍원(洪原), 남부의 대구(大邱) · 부산 등지에서는 노동자들이 파업했다. 김해(金海) 구포농장 · 일해농장의 소작인들도 항조운동(抗租運動)을 일으켜 학생운동에 호응했다. 이처럼 '광주학생운동'이 야기한 전조선 학생운동은 3개월 동안 이어져 15만 학생이 동원되었으며, 수백 명이 학살되고 체포된 이는 5만 명에 달하였다.

이번 운동은 하나의 대규모 투쟁이었다. 그렇지만 일본인 학생과의 소규모 충돌은 거의 매일 각지에서 연출되어 왔었다. 조선에서는 한 · 일 중 · 소학생의 패싸움을 자주 볼 수 있었고, 그런 현상은 11 · 12세의 소학생들 사이에도 항상 있었다. 한번은 일본인 학생이 조선인 학생에게 도발하자 조선인 학생이 바로 저항했다. 다음날 일본인 학생은 무장군경의 엄호 하에 서울 배재학교를 포위했다. 조선인 학생들은 일본인 학생들의 야만적 책동에 격분하여, 곧 전체가 출동해 몽둥이와 야구방망이를 갖고서 일본인 학생을 두드려 물리쳤다.

이렇게 학생운동은 조선청년운동의 주력이었다. 그러나 1929년~30년 1월의 광주학생운동 이후로 학생에 대한 적의 탄압이 더 심해졌다. 조선청년학생연합회 해산은 말할 것도 없고, 학교 안의 학생자치회도 모두 해산되었다. 따라서 대규모의 표면적 조직과 구체적이고 격렬한 행동은 침체되어갔다. 반면에 문화운동과 배합되기에 이른 노동자 · 농민 대중의 지하혁명운동이 종전과 비교해 더욱 강화되었다.

식민지 학생은 계몽운동의 선봉대였다. 광주학생운동 이래로 조선의 학생은 표면상의 합법적 기관을 이용해 문화운동에 종사하는 경우가 많아졌다. 조선민족의 70% 이상이 문맹인데, 이에 대해 적 정부는 근본적인 해결책을 내놓지 않았다. 그래서 청년학생들은 매년 여름방학을 이용해 순회교육을 펴면서 문맹극복사업을 수행하였다. 그들은 매년 여름방학에 자기 돈을 내거나 지방 유지들에게 모금하고 각지를 순회하면서 문자알기 단기반(短期班)을 만들었다. 농촌에서 시작된 청년들의 활동을 통해 매년 5만여 명으로 문자해득자가 늘어남과 아울러 수십만 명의 농민들이 떨쳐 일어났다. 적 정부는 이러한 문맹퇴치운동도 사정없이 탄압해, 때로는 단기 문해반의 개설을 허용하지 않았다. 한 번은 15세 학생을 검거했는데, 그 이유는 "왜 자기 돈으로 문자알기 반을 만드는가?"였다. 이러한 현상은 조선에서 극히 범상한 일이었다.

그럼에도 강도 같은 무력탄압에 굴복하는 청년은 한 명도 없었다. 그와 반대로 자유를 갈망하는 혁명적 열정이 강화되어갔다. 그들은 항상 적들의 감시망을 벗어나 산골짜기 속 햇볕 아래서 수업하고 교육받았다. 피교육자와 교육자 모두 "왜 교실에서 수업할 수 없고 차가운 야외로 도망쳐 몰래 수업해야 하는지?" 알고 있었다. 공동의 운명으로 그들은 모두 한마음이었다. 단 한 사람도 결석하지 않았고, 누구도 비밀을 누설하지 않았다. 누구도 낙오하지 않았으며, 모두들 자유조국을 쟁취하고자 분투했다.

9 · 18 사변 이후의 조선 학생운동은 직접적으로 노동자 · 농민 청년운동과 연합했다. 이는 조선의 중산계급이 급격히 몰락한 때문이기도 하다. 그들은 독서회, 사회과학연구회를 비밀리에 조직했고, 각 지방의 합법적 청년단체에 직접 참가하고 암암리에 활동했다. 1932년(?) 경상북도 김천(金泉)의 독서회사건은 전국적 학생조직 및 각종 사회단체와 관련된 것이었다. 7 · 7 항전 이후로 조선에서 가장 고통스러웠던 존재는 청년들이었다. 적 정부가 반포한 '국민정신총동원법' 하에 언론 · 결사 · 집회의 자유가 일찍이 모두 박탈되었기 때문이다. 적의 탄압으로 '사상범'이 늘어났고, 2만이 넘는 경찰력으로도 충분치가 못한지 최근에는 조선의 일본낭인들로 '보조경찰'을 또다시 조직하였다. 이렇듯 적의 압제 하에 처한 조선의 청년들은 지하활동마저도 더욱 곤란해졌다. 그러나 그들은 자유의 세상을 열렬히 갈망하기에, 적의 잔혹한 짓밟음으로 머리가 파묻히더라도 분투 중이다.

조선의 청년은 가정생활의 즐거움과 청년의 행복을 포기했고, 적 강도들에게 공장과

농장을 약탈당했다. 대신에 백두산에서, 동북(만주)의 수풀 속에서, 소련에서, 중국 관내(關內)에서, 민족해방의 전위인 조선의용군(동북)과 조선의용대(관내)를 조직해, 적들로부터 최후의 승리를 쟁탈하려 한다. 1919년의 3·1 대혁명과 1929년 광주학생운동의 위대한 혁명정신이 조선청년 각자의 가슴 속에 여전히 흐르고 있다. 또한 중화민족의 영용한 항전에 자극받아, 더욱 끓어오르는 의기로써 중국의 항전과 배합해 승리의 최후 결전을 맞을 준비를 하고 있다.

중국의 청년 전사들은 조국의 독립과 자유를 위해 무한히 선혈을 흘렸다. 우리 조선청년은 진심으로 뜻을 같이한다. 우리는 중국에 있는 청년들로, 작년 10월 10일 한구(漢口)에서 조선의용대를 조직하였다. 우리의 열정적인 손을 내밀어 중국의 청년전사와 함께 참호 속에서, 적들의 후방에서, 중국의 모든 두메산골에서도 친밀하게 손을 잡고 공동의 적을 소멸시키기 위해 분투하고 있다.

전 세계의 청년들, 특히 동방의 반침략(反侵略) 청년들아! 우리는 현시대의 중견이다. 굳게 연합하여 일본 파시즘의 악랄한 침략주의를 소멸시키고, 침략 없이 영원히 평화롭고 자유로운 문화의 신동방, 신세계를 건립하자.

⑤ 제24기(1939.9.11), 8~12쪽, 韓志成, 〈桐村定男的日記〉

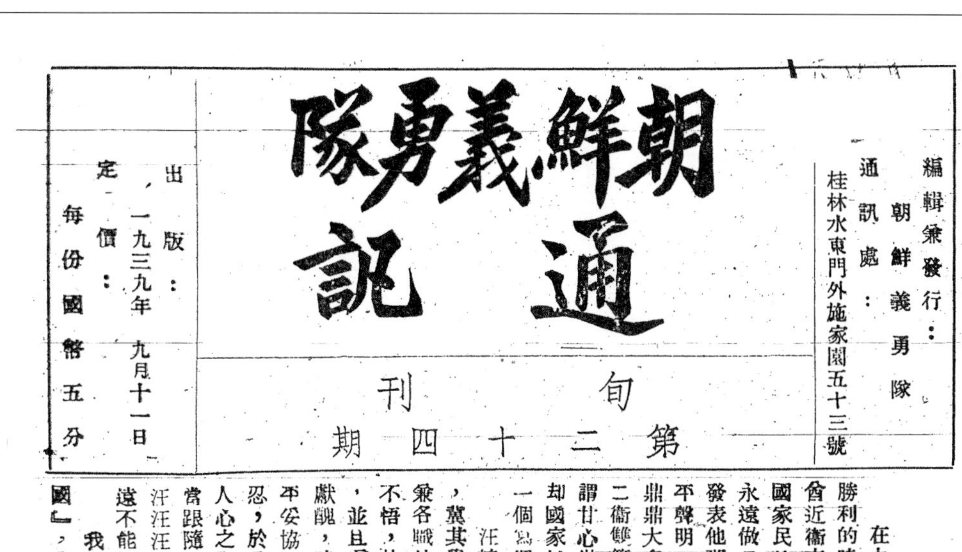

朝鮮義勇隊通訊

旬刊

第二十四期

編輯兼發行：朝鮮義勇隊

通訊處：桂林水東門外施家園五十三號

出版：一九三九年九月十一日

定價：每份國幣五分

共誅汪精衛

在中華民族解放戰爭，已一天天接近最後勝利的時候，不料汪精衛竟喪心病狂，嚮應倭會近衛文磨的亡華聲明，甘心背叛祖國，出賣國家民族的利益，使四萬萬五千萬的中國民族永遠做日本帝國主義的奴隸；而應聲蟲似的，發表他那荒謬絕倫的投降求和主張。近衛的和平聲明，就是三尺孩提也曉得是亡華別名，而鼎鼎大名的汪精衛，乃利令智昏竟與之大演其二衛雙簧戲—這眞是令人百思不得其解者！所謂甘心做漢奸以發展個人領袖慾，爲私利而忘却國家民族的利益，這的的確確就是汪精衛的一個寫照！

汪精衛出走之初，中國政府尙以寬大爲懷，冀其覺悟，故除永遠開除其黨籍並撤銷其所兼各職外，並未嚴加治罪！誰知汪逆不特至死不悟，甘心做日本法西斯軍閥侵略祖國的走狗，並且更變本加厲的出任總傀儡，時而赴東京獻醜，時而奔走於京滬平津，狂吠大叫，『和平妥協』『共同防共』……，是而能忍孰不可忍，於是中國政府乃下令通緝歸案！此乃大快人心之擧。我們對這個神人共憤的汪精衛，應當跟隨中國法令之後，羣起而攻之，把他的『汪汪汪……』的狂吠聲，壓倒下去，使他永遠不能抬頭！

我們知道：『妥協就是投降，投降就是亡國』，我們更知道，所謂『共同防共』的眞實內容，就是滅亡中國。試看與日寇締結「防共協定」的德國，目前與蘇聯成立了互不侵犯條約，這就是自白，所謂『防共』就是帝國主義者侵略弱小民族的烟幕彈。日寇的所謂防共，就是滅亡中國的一個幌子。

可恨的汪精衛這個民族敗類，以假爲眞替日本法西斯軍閥，做政治上分化中國的工作，替日寇施行以華制華的毒計，眞是喪盡天良的背天滅理的擧動，我們對這些東西，不但要鼓而攻之，並且要捕而殺之，因爲這種敗類存在一天，國家，民族，甚至世界人類就多受害一天！我們朝鮮因爲有汪精衛一樣的賣國賊李完用，所以我們遭到了悲慘的命運！使三千萬同胞變成了敵人的牛馬！可是結果，李完用這個賣國賊，是在我們愛國志士李在明手裏斃的！這就是我們對付認賊作父的民族叛徒唯一的手段。（達）

本期要目

桐村定男的日記

韓志成

桐村定男是一九三七年參加侵略中國的戰鬥，一九三八年在江南戰死，他留下的日記中看到充分的表現他是一個「皇軍的忠勇戰士」，第一批進攻南京城的先鋒，但是從他的日記我們也可以看得出他的思想像大多數日本士兵一樣的在轉變的過程中。——譯者——

一九三七年八月三十一日：星期二，——被徵入伍，四時起床，朝拜「神棣」和祖先父母妻子兄弟，並祝禱自己的武運長久，就出發。

日章旗祝我征途，妻子的誠心，在我心底，我在征途中。當出發時蒙受村民熱烈的歡送，感慨無量。誓死報答這批民衆的期待而入伍。到隊伍，遇到許多初年兵「新兵」，有的說起已有妻子，又互談歡樂在日隊伍的生活，深深地感到他們才是唯一的戰友。

九月一日（晴），昨日入伍的，編成八個中隊，入宿舍，只撥下兵器。幹部中沒有一個熟識的，不知爲什麼緣故，終不能信賴這些幹部。

九月二日（晴）今天是入伍的第三日，做什麼都沒有興趣，今天又是白白的過一天。下午父母妻姐來會面，不知和他們說什麼才好，要說起來就禁不住要哭，但又想多談談，所以談到很長的時間。感覺到有說不出來的感傷。望着回家的父母妻子的後影更感到有難以形容的寂寞。

九月三日（陰）什麼都寫不出來，只希望父母妻子再來會面嘴裡說很强硬的話，但在心裏老是僅有這類希望，此外沒有其他的快樂了。父母妻子送別徵人落淚，我也有人間的情感和思想在不講話的當中，更表露着深切的情意。

九月四日（陰）整理軍裝出去營門，受軍裝檢查。有隊長訓話後向軍旗宣誓，誓死報國。

九月五日（晴）動員已完結，現在只等待出發命令『義重如泰山，死輕如鴻毛』母妻來做最後的會見，妻母，一面哭一面勉勵我她們的話好像還留在耳朵裏

九月六日（晴）啓程首途時聆大隊長有力的訓話，拜靖國神，敬致最後的檢禮，半夜離營門一路有民衆熱烈的歡呼

九月七日晴，征途的列車，載着勇敢的將士，直向××港口前進，上午十時抵臨港線，換乘電車赴大王寺，在天曉院宿營

九月八日。在國土最後的一夜，很有意義的過去了。奉命向梨港出發，第二的故鄉——大阪呀!?再會吧。如能再來這裡，還會和你共同生活的。五時上船，九時開船，船在朦朧的雨霧中，靜靜的離開了陸地，母國呀！再會吧。

九月九日，在船上過夜，地方太狹少，不能忍受艙內壞的空氣便到甲板上，美麗的內海的風景，像一幅油畫般的展在眼前，下午天氣驟變惡劣波起濤湧，下午十時許入海峽。

九月十日（雨）早起風激船動，搖擺殊甚，離開海峽所看見的只有高大的浪濤和傾盆的雨珠，因爲身體不好，終日趟在床上，在雨浪交雜聲中傳來了模糊的汽笛聲。

九月十一日（雲）波浪未見平息，船更激動，痛苦更大增强，什麼也不能吃，硬要吃下去就要吐出來。

九月十二日（晴）天氣晴朗波浪平靜，大家都很高興到甲板上去玩，但二天二晚沒有安食熟眠不能夠站得安定。今天是開船後第一次的洗澡。

九月十三日（晴）昨天平靜的海面又起風浪大，終日不能安食又加沒有一個熟習的戰友，更感觸到家族的親愛，下午五時抵天津的海邊，給妻子寫信，並遙拜他的健康。

九月十四日（晴）今天是被召集的第三星期，下午九時抵塘沽宿營，上陸的第一日，是永遠不能忘却的一天。

九月十五日（晴）天氣很冷，在異國的第一夜，終夜未能安眠，望着美麗的

月亮回憶往事。

九月十六日(晴)。大隊向天津行軍，在酷熱的陽光之下，晒得像黑人一樣，不到四千米突的行軍，落伍的佔多數。看見吃污水和落伍者，心裏很難過，下午八時抵天津租界，背囊的重量傷害了肩膀，一夜沒有睡得好，在夢中見到年青而美麗的妻，這是不能忘却的夢。

九月十七日(晴)意料在天津最底限度有一天的休息。身體已極疲倦，但上午九時又要離開天津向第一線出發，在路上聽到護送兵們說在第一線的苦狀，略知其惡戰。七時許突然下雨，在路途上進退兩難，又冷氣迫人。使人難受。夜行軍中看見「我軍」苦戰的痕跡。

九月十八日(晴)昨夜的大雨已清，是一個很好的「行軍日」，下午往古鎮懲發蘿葡，白菜。好久沒有吃過蘿葡，別有風味，足掌已起豆子。難以步行，又沒有香煙。

九月十九日(晴)上午六時出發，在路上看到往後運輸的軍馬的死骸和負傷兵。有沒有腿的沒有眼睛的，沒有手的，帶上綳帶的厥狀眞是悲慘，入伍以來第一次感到戰時氣分。當出發時，向「神樣」和祖先拜禱不要把我的命白白送去，給我報國的機會。太陽發笑。向第一線出發，敵人的偵探斥候時常出沒。

九月二十日(晴)，戰時氣分逐漸在濃厚。步槍，迫擊砲，手槍的聲音急激。看見「敵兵」的遺骸，想到這是活的人間的屍體，禁不住可憐生長在弱國的人們。到了第一線便開始戰鬥。

九月廿一日(晴)。從昨夜起充當下士官步哨長，在第一線勤務。徹夜聽見隆隆的砲聲。今早玩弄不發彈，二名即死，多數輕傷。聽見「敵」軍六萬攻擊大城鎮，下午五時輕裝出發。三個五個的死傷兵送後方。看見戰死者的火葬情景，已打亂了腿，手，頭火葬起來。感到說不出來的悲傷。這樣被火葬的人們，他的骨頭將會在何處。一面這樣想一面進擊。

九月廿二日(晴)，出征第三星期，曾有時渡過如腰深的水，有時渾身的汗濕透軍裝，還曾受蚊羣的襲擊，又沒有洗過一次澡，又沒有東西吃身體已呈極度疲倦，什麽欲望都沒有，現在唯一的希望是能洗一次澡，身體擾得沒有辦法。至拂曉停息了一夜來的砲聲而表現極安靜。在這裏發現了在中國難得的清水。便痛飲數杯。

九月廿三日(晴)，迫擊大城鎮，砲聲隆隆，彈丸亂飛，不久就平靜下去了。我當斥候潛入大城鎮時已經是九時三十五分，射殺逃亡兵二名。

九月廿四日(晴)，下午二時接敵陣報告，輕裝而出發。途中，不意受「敵」之猛襲。雖有「敵」之猛射，但終未見到「敵」影，越走越受猛襲，在附近的戰友中有許多犧牲者，到處都是呻吟的悲鳴。冒着危險站起來想找一個人射擊，但終未見到一個，悲憤之至，哭起來了。在我們的中隊裏也有七個負傷兵，在其他各中隊裏也有不少的犧牲者，當日深夜雖然佔領「敵」陣，但想起死亡約戰友，大家握着槍幹哭起來了。

九月廿五日(雨)，在陣地瀉肚，患腹痛，又下着大雨。奉命向大隊部出發。時已上午十一時飢寒交迫，極需一刻的安眠，雨是從背面流到腹部來，在曠野彷徨五小時，佛曉到目的地。才知道一夜只走了二十里路。在這裏發現梨樹大家向他突擊，出徵第一次吃到梨子。

九月廿六日，從昨夜起又充當部隊衛兵。不眠病更劇烈起來，一切都覺得麻煩，連生命也不要留戀，今日已追擊敵人幾千米突，心身早已盡疲大家都想着僅僅一日的休養，和一支香煙。

九月廿七日(晴)到處都是梨子，大家都不願多帶一粒子彈，反而設法多帶一個梨子。肚子還沒有好，連梨子也討厭了。終日在水中步行，下午二時至一個地方戰友們唯望能夠休息和洗澡更希望能撥下一支香煙。

九月廿八日(晴)，昨天下午至某村後就宿營，在這時大家把隊長當做「神樣」一樣恭敬。像小孩子一樣歡呼起來，雖已精疲力竭，還出去徵發鷄來吃。但是離開分隊的四名總不回隊。在這曠野的地方，離開部隊的他們不知在何處？聯隊集合地撥下來香煙一包，眞好吃！一下吃了三支，香煙的神呀！感謝你。

九月廿九日(晴)交換冬服。完結師團集結。後通過敵人的戰壕急行，過沙河橋就宿營。拿出紀念照片，會見久未見到的妻子。他們都沒有變，變的是祇有我自己。

九月三十日(晴)今天是出征後整整一個月，在河北省戰鬥中體驗各種情景。起初給 千金錢僱用中國人的現在也可以强制征用，如果不聽話還可以隨便打罵他們。因此最近經過的地方還掛着太陽旗，貼着打倒「國民黨」的標語。這樣，要使用中國人，就可以使用的。不應該對他們有害怕的心理。但不知歡迎我們他們的心理究竟有什麼意思？下午又有中國特有的酒，滿天黑暗，在雨泥中行軍。

十月一日(晴)在曠野看見東天旭日在日本是看不到的光景。在行軍中朝拜扶桑，祈禱父母妻子的健康，一日上午九時入獻縣縣城。這可說是眞正的勝利嗎!?沒有流血，未發一砲而佔領敵城，不能算是眞正的勝利。

十月二日(晴)是入城的第二日。從早起就聽到什麼整理隊伍什麼出發等等的謠言，但還沒有上官的命令。從昨日起的休息是出征以來第一次的休息，大家吃中國酒，唱歌來玩。在行軍中一句話都不講的我們，有了休息的機會就什麼話都講出來了，關於自己的老婆，以及過去浪漫的生活等等做爲話題。極其疲倦時又在沒腰的水中行軍的苦狀，而唱起好久未唱的流行歌來了，因此大家又都想起父母，妻子，遙望故國天空很想寫信給他們但是無從寫起，父母雙親呀！妻子啊，姊妹們；我平安地還在獻縣城哩！

十月三日(晴 昨日下午八時離開縣城，由水路向高城進發。下午五時發現敵人陷入更深度的困難危境。六時遭受「敵人」的猛射。隨即上陸對敵佈置陣線。

十月四日(晴)傍晚我一中隊由陸路進攻，另一隊由水路進攻，我担任沿岸警備斥候長，向敵搜索進攻。若是在這一條路遭受敵人的猛射，自己恐怕就成爲第一個犧牲者。這樣想起來，覺得做斥候長也不是那末容易的事情。離開獻縣城什麼都沒有得吃，肚子已經餓極了。

十月五日(晴)昨夜起担任衛兵勤務，從西門進城以來，觸目皆是徵收，掠奪等等。關着門的人家，不遺漏的，去衝門而進，把屋內的東西都拿走，這是皇軍呢!?還是强盜呢!?下午隊長下令禁止徵發。

十月六日(晴)到東門去，在金眞門一帶勤務，受地方老百姓的款待，巡察學校時發現了油，因爲顏色很好看，就拿來燒菜時用了，可是到了半夜大家都瀉起肚子，受了大苦。第一天調查，才知道那油不是食用油，是機械油，怒也不能怒，笑也不能笑，眞是啼笑皆非，這才是說不出來的悲喜劇呢!!大家都忘記腹痛而笑起來。爬上城墻一望皆是日本旗，但是居民們還在到處，躱匿着。

十月七日(晴)上午爲了掃蕩殘敗兵，巡回附近村落，徵發大量的食料品和鷄羊等。滿載而歸。勿論是在隊伍裏或在戰場，都很希望長官與下級士兵，應該要有美滿的，更强有力的融和。對於睹着生命作戰的上官很想接近，對於現役二年的中隊長也好，敎官也好，班長也好，都很想接近。入伍召集以來到今日，始終缺乏這種親熱。這不是因爲幹部壞，還是我們不好。

十月八日(晴)兩親和妻子，因久未有去信，很懷念急—不知何時才能發出信，幸而今天有這護送傷兵的機會上部許可每人可以寫一封信。因此已經寫好的五封信和昨日寫給尾條子的一封信，合起來用一個信封寄去了。

十月九日(晴)又要出發掃蕩敗殘兵借此徵發鷄猪。天氣明朗波濤平靜，但汝川昨日呑下了步兵九名，工兵二名計十一個生靈。今天倒意外的安靜。出征異國，不給子彈打死而在水中淹死，心中給這十一個戰友，默禱。下午去北門、天氣更見清爽，想起流着一身汗追擊敵人的情形，現在雖說麻煩一些，但是還很有趣啊!?

十月十日(晴)今日又到北門去勤務。向北門附近的居民要香煙。白糖，中國燒酒鷄等來吃。這些居民眞是可憐。用所知道的一點點的中國話和小孩子談談，很好玩。下午師團司令部移到上流。有命令留一小隊其餘一律歸隊。

十月十一日(晴)追擊中，拾到的鈔票拿回去想做紀念品，但是意外的那些鈔票也有跟日本鈔票同樣的價値，可以交換物品。說感謝好呢!還是說可惡好日本鈔票簡直不通用了。在每天的勤務，無事可做，買豆子回來，做豆子粥吃的時候，向兩親，妻子，兄弟祝禱他們的健康。

十月十二日(晴)，天氣突然變冷，已是深秋了。洗衣服的時候，亦覺得有點冷，這樣明朗的秋天，若是在故鄕正好到郊外散步去呀。

十月十三日(晴)。有一個人上天津去，拜托他寄森崎民外七封信，在一個月戰鬥的生活中，給太陽晒得像土八一樣黑，到了衡水城以後便有機會去洗澡理髮了。照鏡子，看見自己黑的臉面就禁不住獨自發笑。

十月十四日(晴)。行軍中生病的谷內己病死，抱着滿腔的希望來前線的他不幸生病逝去。眞是可憐!想起苦口婆心地勉勵谷內的分隊長的話，；喂!谷內!你很辛苦吧!我也很辛苦，我幾乎快要倒下來，但你一離開，谷內部隊，就成『後備隊』呢，再走一些吧，希望你呀!』只有悲感他辜負了流涕盼勉的分隊長的厚意，而在曠野中的醫院里逝去了!

十月十五日(晴)；天冷得沒有辦法了。帳幕裏的生活，實在對於已經餓肚子的人是相當的苦，晚上又被臭虫咬得不能睡。入進營以後沒有一天睡得很好。常做惡夢，夜半常感到自己的胸部如重石壓制似的痛苦。希望父母安好。妻呀!祝你第二世的安產。愛子呀!祝你健康!

十月十六日初晴)細雨綿，使人懷念故鄕!昨夜忽下的雨已停息，天空更見淸朗。去埋葬淹死的戰友寺島辰二郎和深見良一。淹死以後已經是一個星期，全身都腐臭得要命。如果他的父母看見了這個光景會有怎樣的感想呢；然而這都是兩君的命運。

十月十七日(晴)昨夜方時下了出發命令。明天是神嘗祭，上午五時留一小隊其餘都出發乘中國的運輸船離開衡水。衡水城呀，我要離開你了，現在不能約束何時再會見你呀!多思的衡水呀!願你安好。當離開衡水時向父母妻子祝禱健康。

十月十八日(晴)水路航行的第二日，船在慢慢的進行，照這樣下出，到師團部集結地不知要多少時候?今天又是瀉肚子屢次下船，太不方便了。使人快樂的是一點也沒有，拿出極大的精神來做事可是在這樣冷的地方還吃南京米眞受不下去啦。

十月十九日(晴)今天也在船上勤務。與同年兵岸本相談，他講的，我說的都是關於一般痛苦的身世話。在歌詞中的話一樣，到戰場多半是身世話，岸本也這樣說；我的唯一的「安慰物」是想想我的妻子。

十月廿日(晴)今天也是因爲瀉肚子

在船上勤務。部隊上陸宿營。整理船內冷水摩擦後躺在寢室，點着香烟向外望，看見的是中國特有的房屋的外端。靜靜地閉目一想是父母妻子的事獨自微笑，種種感想油然而生。

十月二十一日，(陰)四日間船中的安靜的生活，告別上陸，下午跟着行軍通話到師團集合地。——寧晉去。

十月二十二日(晴)到了寧晉以南一萬米遠處與聯隊合隊。在這裏接到出征以來第一次的妻子的頭一封信。和村長的慰問信，高興的連話都說不出來。兩親和妻子都很好，才放心了(九月三日的信)

十月二十三日(晴)給　長妻子，和學校校長寫信。每個分隊發下來不到一斗的糧食。這是四天分的糧食，拿早晚二頓要我們糊口。又不許再徵發。但是就是有錢也沒有東西可買呢。

十月二十四日(晴)樹葉沙沙的寂寞的在響着，在異鄉更感到中秋風味，河北省的氣候和日本並沒有差別，在這時候，家裏想必很忙。妻來信說家裏正忙着準備秋收。還加上弟弟將於十二月中旬就要入伍。現在忘記一切大家都熱心的做秋收。

十月二十五日(晴)到了師團集結地，糧食早已不夠吃，給中國人說好話，買了些白薯來，但仍是担心着飯的問題，大家望着一點剩下的米又把他量一量看，在每個人的臉面上，都表示着很不安的情緒，勿論怎樣說，已經是沒有辦法，只好決定翌日還吃山芋而就寢。在追擊戰鬥當中，約一星期光吃小米和山芋過日子，當斥候勤務的時候，肚子餓得沒有辦法了，軍餉已欠了二十元。

十月二十六日(晴)長長的秋夜，澈夜向故鄉寫信。今天又寫了七封信。應要寫的信都已寫完了吧！奉大隊長命令巡察附近村落徵發到雞三百五十隻，山芋八百斤。分隊也買來米鹽，白糖等。這樣菜也可以吃得到了。只要有了鹽，什麼都不成問題了。高興呀！戰友們！我們已經減少了不少的不自由。

十月二十七日(晴)又充當部隊衛兵，在秋天暖和的太陽光下，終日勤務也是一件艱苦的事情。恐怕將有戰鬥，全部隊的空氣突變，而呈現着慌張。有命令寄信的只限於明日，因此又寫給由美和愛子。這是在河北省最後的一封信。不知究竟往何處去？綜合各方的命令，猜到大概到上海方面去。

十月二十八日(陰)增加一個愛子的母親，不知產後的母子是否健康？又起了什麼名字？在我只希望母子的健康；上帝呀，我祝禱你。愛子！你放心吧！我在這遠處祝禱你呀：今天是在我的一生永不能忘却的一日，是我一生轉變最大的一天，賢良的妻子呀！你在內地保護搶後的國家，我在中國爲「皇國」出力。

十月二十九日(晴)上午演習感到像受初年兵教育一樣的氣味。四時許從國內來了補充兵六十名。他們在歡呼聲中被送而越過千里海山，來到這血腥的曠野，在其心中將會如何感想？已經變老的靈吉茂也在裏頭。晚上接到妻的來信。公司又匯錢來了。

十月三十日(晴)非常冷。已經是像冬天一樣。異境的寒氣又透進身來了。今天又是從早起先煮些山芋吃，談談天玩。毛毯也發下來，可算已經是完結了冬天的準備。今天又接到妻和弟的來信。

十月三十一日(晴)今天又玩一天。空中沒有一點雲彩。從早起燒山芋吃，一面談一面唱，十足的嘗到戰中休息的味道。今天才看到報紙，是十月十二日的。抱着很大的期待搜索新的消息。

——待續——

本期已得審證第一〇一號

일본군 병사 桐村定男의 일기

한지성

기리무라 사다오(桐村定男)는 1937년 중국침략 전투에 참여했다가 1938년 강남에서 전사했다. 남겨진 일기에서 그가 '황군의 충용(忠勇)한 전사'였음이 충분히 드러난다. 남경성(城)으로 맨 처음 진격해간 부대의 선봉이긴 했지만, 그의 일기에서 우리는 그의 생각이 대다수 일본 사병들처럼 변하고 있었음을 엿볼 수 있다. —역자—

1937년 8월 31일 화요일. 징집되어 입대하기 위해 4시에 일어났다. '신(神)님'과 조상님, 부모님, 아내와 아들, 형제에게 아침인사를 하고, 나 자신의 무운장구를 축도하며 출발했다.

일장기도 나의 출정을 축도해줬다. 출발할 때 마을사람들의 열렬한 환송을 받으니 감개무량했다. 이들 민중의 기대에 죽음으로 보답하겠다고 맹세하며 입대했다. 입대 후 수많은 초년병 즉 '신병'을 만났는데, 어떤 이는 벌써 부인과 자식이 있었다. 입대 전의 즐거웠던 일들을 서로 이야기했고, 그들이야말로 유일한 전우라고 깊이 느꼈다.

9월 1일(맑음). 어제 입대한 사람들은 8개 중대로 편성되고, 숙사로 들어가 병기를 배급받았다. 간부 중에는 아는 이가 없었고, 왜 이들 간부에게 좀처럼 믿음이 가지 않는지를 모르겠다.

9월 2일(맑음). 오늘은 입대 3일째이다. 하는 것마다 도통 재미가 없다. 오늘 또 헛되이 하루가 갔다. 오후에 부모님과 아내, 누나가 면회를 왔는데, 무슨 말을 해야 할지 몰라 머뭇거렸다. 그러다 말이 시작되자 울음을 참을 수 없었다. 그래도 많이 이야기하려고, 긴 시간 동안 대화했다. 말할 수 없는 슬픔이 느껴졌다. 부모님과 아내가 돌아가는 뒷모습을 바라보니 형용키 어려운 외로움이 느껴졌다.

9월 3일(흐림). 아무것도 써지지 않는다. 부모님, 아내와 다시 면회하고 싶다는 바람만이 입안을 강하게 맴돈다. 마음속에는 항상 이런 유의 희망만 있을 뿐이고 다른 즐거움이 없다. 부모님과 아내는 나와 헤어지며 눈물을 떨구었고, 나 역시 인간적 감정과 생각은 있어서, 말하지 않더라도 더욱 깊은 감정이 드러났다.

9월 4일(흐림). 군장(軍裝)을 정리하고 영문을 나와 군장검사를 받았다. 부대장의 훈시가 있은 후 군기(軍旗)를 향해 죽음으로 국가를 보위하겠다고 선서했다.

9월 5일(맑음). 동원은 이미 완결됐고, 현재는 출발명령을 기다린다. "신의는 태산같이 무겁고, 죽음은 깃털처럼 가볍다." 어머니와 아내가 마지막 면회를 왔다. 아내와 어머니가 울면서도 나를 격려하던 말들이 귓속을 맴도는 것 같다.

9월 6일(맑음). 길을 나서며 대대장의 어조 센 훈시를 들었고, 국신(國神)을 참배하고 최후의 '받들어 총' 인사를 올렸다. 한밤중에 영문을 나섰고, 길에서 민중들의 열렬한 환호를 받았다.

9월 7일 맑음. 전선으로 가는 열차는 용감한 장사(將士)들을 태우고 곧장 ××항구로 전진했다. 오전 10시에 임항선(臨港線)에 도착했고, 전차로 환승해 천왕사(天王寺)로 가서 천효원(天曉院)에서 숙영했다.

9월 8일. 국토에서의 마지막 밤이 뜻깊게 지나갔다. 명령대로 이항(梨港)을 향해 출발했다. 제2의 고향 오사카(大阪)여, 다시 만나자! 만약 다시 볼 수 있다면 다시 너와 함께 생활하고 싶다. 5시에 승선해 9시에 출항했다. 배는 몽롱한 안개 속에서 고요히 육지로부터 벗어났다. 모국이여, 다시 만나자!

9월 9일. 배에서 밤을 보냈다. 선실의 공간이 너무 협소해 탁해진 공기를 참을 수 없어서 갑판 위로 올라갔다. 아름다운 내해 풍경이 한 폭의 유화처럼 눈앞에 펼쳐졌다. 오후에는 날씨가 급격히 변해 사나운 파도가 용솟음쳤다. 오후 10시경에 해협으로 들어섰다.

9월 10일(비). 바람이 거칠게 불어 배가 흔들렸다. 심하게 흔들렸고, 해협에서 보이는 것은 높고 큰 파도와 도시락을 때리는 빗방울뿐이다. 몸이 좋지 않아 종일 침대에 누워 있었다. 비와 파도가 교차하는 시끄러운 소리에도 어렴풋이 뱃고동 소리가 들렸다.

9월 11일(구름). 파도가 아직 가라앉지 않아 배는 더욱 크게 요동치고 고통은 더 심해졌다. 아무 것도 먹지 못했고, 억지로 먹으려 하면 토했다.

9월 12일(맑음). 날씨가 쾌청하고 파도는 고요하다. 모두들 기쁘게 갑판에 올라가 즐겼다. 그러나 이틀 주야로 안식과 숙면을 취하지 못해 충분히 안정적이지는 못했다. 오늘은 배가 출발한 이후 처음으로 목욕을 했다.

9월 13일(맑음). 어제 고요했던 해면이 또다시 바람 불고 파도가 높아져 종일 안식할 수가 없었다. 익숙한 전우도 없었다. 더욱이 가족의 따뜻함을 느낄 수 없었다. 오후 5시에 천진(天津)의 해변에 도착했다. 아내에게 편지를 써 그녀의 건강을 빌었다.

9월 14일(맑음). 오늘은 소집된 지 2주째이다. 오후 9시에 당고(塘沽)에서 숙영했다. 상륙한 첫날이다. 영원히 잊지 못할 첫날이었다.

9월 15일(맑음). 날씨가 매우 추웠다. 이국의 첫날밤은 밤새도록 편히 잠들 수가 없었다. 아름다운 달빛을 보며 지나간 일들을 떠올렸다.

9월 16일(맑음). 대대는 천진을 향해 행군했다. 쨍쨍한 햇볕이 쏟아져 피부가 검게 탔다. 4천 미터 거리가 안 되는 행군 동안에도 낙오자가 많이 나왔다. 오염된 물과 낙오자를 보니 마음이 아팠다. 오후 8시에 천진 조계에 도착했다. 배낭이 무거워 어깨가 아팠다. 밤새도록 잠자리가 불편했다. 꿈속에서 젊고 아름다운 아내를 봤는데, 잊을 수 없는 꿈이었다.

9월 17일(맑음). 예상대로 천진에서 겨우 하루를 휴식했다. 몸은 이미 극도로 피곤했지만, 오전 9시에 또다시 천진을 떠나 전선으로 출발했다. 가는 길에 전선의 괴로운 상황을 호송병으로부터 들었는데, 그 악전고투를 대략은 알 듯했다. 7시경에 갑자기 비가 내렸다. 길은 진퇴양난이었고, 찬 기운이 덮쳐왔다. 우리는 괴로웠다.

9월 18일(맑음). 어젯밤의 큰비가 개어, 매우 좋은 '행군일'이었다. 오후에 고진(古鎭)으로 가서 무와 배추를 징발했다. 오랜만에 무를 먹으니 별미였다. 발바닥에는 굳은살이 박혀 보행이 어렵고 담배도 떨어져 없다.

9월 19일(맑음). 오전 6시에 출발해, 길에서 후송되는 군마(軍馬)의 사체와 부상병을 보았다. 다리 또는 눈이 없어졌거나, 손이 없는 이도 있었다. 붕대를 감고 기절한 상황은 정말 비참했다. 입대한 이래 처음으로 전시(戰時) 분위기가 느껴졌다. 출발 때, 신과 조상께 내 생명이 무사히 돌아갈 수 있고 보국의 기회가 주어지도록 기도했는데... 태양이 웃고 있었다. 최전방을 향해 갈 때 적군의 정찰척후병이 자주 출몰했다.

9월 20일(맑음). 전시 분위기가 점점 짙어진다. 소총·박격포·권총 소리가 연이어 들려온다. 적병의 유해를 보니, 이것이 살아있던 인간의 시체란 말인가라는 생각이 들었다. 약한 나라에서 태어나고 자란 사람들이 불쌍해 참을 수 없었다. 최전방에 도착해 전투를 시작했다.

9월 21일(맑음). 어젯밤부터 하사관 보초장이 되어 제1선으로 이동했다. 밤에 큰 포성이 들려왔다. 오늘 아침, 불발탄을 갖고 놀던 2명이 즉사하고 다수가 경상을 입었다. 적군 6만이 대성진(大城鎭)을 공격한다는 소식도 들려온다. 오후 5시에 가볍게 무장하고 출발했다. 3명의 전사자와 5명의 부상병을 후방으로 보냈다. 전사자를 화장하는 걸 보니, 다리 · 손 · 머리가 이미 잘려나가고 없으니 화장하는 것이었다. 말할 수 없는 비참함을 느꼈다. 이렇게 화장당한 사람들의 뼈는 장차 어디서 찾아야 하나. 이렇게 생각하면서도 한편으로는 진격했다.

9월 22일(맑음). 출정한 지 3주 동안, 때로는 허리까지 오는 깊은 강물을 건넜고, 때로는 온몸의 땀이 군장에 배었다. 게다가 모기떼의 습격도 받았지만, 목욕은 한 번도 못했다. 먹을 것이 없어 몸은 극도로 피곤하고 어떤 욕망도 없다. 유일한 바람은 목욕 한번 하는 것이지만 몸을 보살피고 할 방법이 없다. 새벽이 되어서야 밤새 들리던 포성이 멈추고 평온해졌다. 여기 중국에서는 맑은 물을 구하기가 어렵고, 몇 잔 마시는 것도 힘들다는 것을 알게 되었다.

9월 23일(맑음). 대성진이 공격받았다. 포성이 크게 울리고 탄환이 날아다녔는데, 오래지 않아 평온해졌다. 내가 척후병이 되어 대성진에 잠입했을 때가 9시 35분이었고, 도망병 2명을 사살했다.

9월 24일(맑음). 오후 2시에 적군이 가까이 왔다는 보고가 있어 가벼운 군장으로 출발했다. 도중에 '적'의 맹습을 받았다. 맹렬한 사격이 가해져 왔는데 적병은 그림자도 보이지 않았다. 걸으면 걸을수록 맹습을 받았다. 주변의 전우들 중에도 희생자가 많이 나오고, 도처에서 신음과 비명이 들렸다. 위험을 무릅쓰고 달려드는 적군 한 명을 쏜다고 하긴 했는데, 결국 한 명도 보이지가 않았다. 슬픔과 분노가 극에 달하니 울음이 터져 나왔다. 우리 중대에서 부상병이 7명 나왔고, 다른 중대들에도 적지 않은 희생자가 있었다. 당일 심야에 적진을 점령했지만, 죽은 전우를 생각하며 모두들 총을 쥐고 울음을 터뜨렸다.

9월 25일(비). 진지에서 설사와 복통이 있었고, 큰비가 내렸다. 명을 받고 대대 본부를 향해 출발했다. 시간은 오전 11시, 굶주림과 추위가 동시에 닥쳐오니 잠깐이라도 편안히 눈 붙여 자고 싶었다. 비는 등을 타고 복부로 흘러내렸다. 광야에서 방황한 지 5시간이 되고서야 비로소 목적지에 도착했다. 하룻밤 걸려 단지 20리만 걸었음을 알았다. 이곳에서 배나무를 발견했고, 다들 그것으로 돌격했다. 징집된 후 처음으로 배를 먹었다.

9월 26일. 어젯밤부터 징병자가 부대에 충원되어 왔다. 불면증이 더욱 심해졌고, 모든 게 귀찮아졌다. 심지어 생명도 미련이 없어졌다. 오늘은 수천 미터까지 적을 추격했다. 심신은 이미 지칠 대로 지쳤다. 다들 다만 하루라도 휴식을 취하고 담배 한 대라도 피우고 싶어 했다.

9월 27일(맑음). 곳곳이 배나무였다. 모두들 10개의 탄환보다는 배 한 개라도 더 갖고 싶어 했다. 여전히 복통으로 불편하니 나는 배가 싫어졌다. 온종일 물속을 걸었고, 오후 2시가 되어서야 어딘가에 이르렀다. 전우들의 유일한 희망은 충분한 휴식과 목욕이었고, 담배 한 대 피울 수 있기를 간절히 바랐다.

9월 28일(맑음). 어제 오후 어느 마을에 도착해 숙영했다. 이때 다들 대대장을 신처럼 공경하며 어린애들처럼 환호했다. 기진맥진했지만 나가서 닭을 징발해 먹었다. 그러나 분대를 떠났던 4명은 결국 복귀하지 않았다. 이 광야에서 부대와 떨어진 그들은 도대체 어디로 가버렸단 말인가? 연대 집합지에서 담배 한 갑을 배급했다. 정말 맛있어서 한꺼번에 3개비를 피웠다. 담배의 신이여, 당신께 감사합니다!

9월 29일(맑음). 겨울옷으로 바꿔 입었다. 사단 집결이 완료된 후에 적군의 참호 곁을 빠르게 통과해 사하교(沙河橋)에서 숙영했다. 기념사진을 꺼내, 오랫동안 만나지 못했던 아내와 만났다. 그녀는 어디에도 변함이 없었고, 변한 것은 오직 나 자신이었다.

9월 30일(맑음). 오늘은 출정 후 1개월째 되는 날이다. 하북성(河北省) 전투 중에 각종 장면을 체험했다. 처음에는 천금을 주고 고용했던 중국인들을 지금은 강제로 쓴다. 말을 듣지 않으면 마음대로 때린다. 그래서 최근 지나온 지점들에는 일장기가 걸렸고, '국민당'을 타도하자는 표어도 붙었다. "이렇게 중국인을 사용하면 된다. 그들을 두려워해서는 안 된다"는 심리이다. 그러나 우리를 환영한다는 그들의 심리는 결국 무슨 의미일까? 오후에는 중국 특유의 술이 있었다. 온통 하늘이 어두운 가운데, 비로 젖은 진흙 속을 행군했다.

10월 1일(맑음). 동쪽 하늘에 해가 떠오르는 것을 들판에서 봤는데, 일본에서는 볼 수 없는 광경이다. 행군 중에 해 뜨는 동쪽으로 아침 절을 올리고 부모님과 아내의 건강을 기도했다. 1일 오전 9시 헌현(獻縣)의 현성으로 들어갔다. 이것을 진정한 승리라고 말할 수 있을까? 유혈 없이 포 한 발 쏘지 않고도 적의 성을 점령했지만, 진정한 승리라고 할 수는 없다.

10월 2일(맑음). 입성한 지 2일째다. 아침부터 “부대정리를 하라, 출발한다” 등등의 헛소문을 들었지만 아직 상관의 명령은 없다. 어제부터의 휴식은 출정 이래 처음이고, 다들 중국술을 마시고 노래를 부르며 논다. 행군 중에는 한 마디도 하지 않던 우리지만, 휴식의 기회가 오자 말들이 많아졌다. 제 부모나 아내에 관해서, 혹은 과거의 낭만적인 생활 등등이 주제였다. 극도로 피곤한데다 허리춤까지 잠기는 물속 행군의 고통스런 상황에서, 너무 오래되어 잘 불리지도 않는 유행가를 불러댔다. 큰 집들이 다시금 부모님과 처자를 상기시키니, 머나먼 고국의 하늘을 바라보며 그들에게 편지를 쓰고 싶어졌다. 하지만 쓸 도리가 없다. 부모님! 아내! 자매들이여! 나는 평안하게 헌현성에 있습니다!

10월 3일(맑음). 어제 오후 8시에 현성을 떠났고, 수로를 따라 고성(高城)으로 나아갔다. 오후 5시에 적의 함정에 걸려 매우 곤란한 지경이 되었다. 즉시 뭍으로 올라가 적과의 대치선을 폈다.

10월 4일(맑음). 어젯밤, 우리 1중대는 육로를 따라 공격해 들어가고 다른 1개 중대는 수로를 따라 공격했다. 나는 연안경비 척후장을 맡았고, 적을 향해 수색하며 진공했다. 이 길에서 적들의 맹사를 당하면 첫 번째 희생자가 되고 말리라고 스스로 두렵기도 했다. 이렇게 생각하니, 척후장도 그리 쉬운 일은 아님을 느꼈다. 헌현성을 떠난 후 아무것도 먹지 못해 배가 매우 고팠다.

10월 5일(맑음). 어젯밤부터 위병 근무를 맡았다. 서문으로 성에 들어온 이래, 눈에 띄는 모든 걸 징수·약탈했고, 문 닫힌 인가도 빠트리지 않았다. 관청에 들어가 파악한 물건은 모두 들고 갔다. 이것이 황군인가, 아니면 강도인가? 오후에 대대장이 징발 금지 명령을 내렸다.

10월 6일(맑음). 동문으로 갔다. 금진문(金眞門) 일대에서 근무했는데, 그곳 백성들의 환대를 받았다. 학교를 순찰하다 특별한 기름을 발견했는데, 색이 아름다웠다. 음식을 만들 때 사용했는데, 한밤중에 다들 설사와 구토로 괴로워했다. 다음날 조사해보고야 그 기름이 식용유가 아니고 기계유라는 것을 알게 되었다. 화를 내려야 낼 수 없고, 웃으려야 웃을 수도 없었다. 정말 울지도 웃지도 못할 상황이었다. 이것이야말로 말도 못할 희비극이 아닌가! 모두들 복통을 잊고 웃었다. 성벽에 올라 바라보니 온통 일장기였다. 그러나 주민들은 여전히 도처에 숨어있다.

10월 7일(맑음). 오전에 패잔병 소탕을 위해 인근 촌락을 순회하면서 대량의 식료품과 닭·양을 징발해 가득 싣고 돌아왔다. 물론 부대 안에서 혹은 전장에서 모두들 장교와 하급사병 사이가 원만해지고 더욱 강력히 융합되기를 바란다. 생명이 걸린 작전의 상관은 다들 비슷하다. 현역 2년의 중대장도, 교관도, 반장도, 모두들 가까워지고 싶어 한다. 입대 소집 이래 지금까지, 처음부터 끝까지 친밀함이 부족하다. 이는 간부들 안에서만 아니라, 우리 사병들 또한 그렇다.

10월 8일(맑음). 부모님과 아내에게 오래도록 편지를 못 보내 그립고 초조하다. 언제가 되어서야 편지를 보낼 수 있을지 모르겠다. 운 좋게도 오늘 부상병이 후송되어가는 기회에 다들 편지 한 통씩 써 보낼 수 있었다. 그래서 나는 써 놓았던 5통의 편지와 어제 쓴 마지막 편지를 한 봉투에 넣어서 보냈다.

10월 9일(맑음). 또다시 패잔병을 소탕하러 간다는 핑계로 닭과 돼지를 징발했다. 날씨는 맑고 물결은 잦아들었다. 그러나 문천(汶川)은 어제 보병 9명과 공병 2명, 합계 11명의 생명을 앗아갔다. 오늘은 왠지 평온해졌다. 이국에 출정해 총탄을 맞아 죽음이 아니라 물에 빠져 죽다니.... 11명의 전우에게 마음으로 묵도했다. 오후에 북문으로 갔다. 날씨는 더욱 상쾌했다. 온 몸에 땀을 흘리며 적들을 추격하는 모습이 생각났다. 지금은 그게 귀찮다고들 말하지만, 더 재미있는 일이 있단 말인가!?

10월 10일(맑음). 오늘 다시 북문으로 근무를 나갔다. 북문 주변의 주민에게서 담배, 설탕, 중국 소주와 닭고기 등을 구해 먹었다. 이들 주민은 정말 불쌍하다. 조금 아는 중국어를 사용해 어린애와 대화했는데 재미있었다. 오후에 사단 사령부가 상류로 이동했고, 1개 소대만 남기고 전부 귀대하라는 명령이 있었다.

10월 11일(맑음). 패잔병 추격 중에 지폐를 얻게 되어, 가지고 돌아와 기념품으로 간직하려 했다. 그런데 뜻밖에도 그 지폐들이 일본지폐와 동일한 가치를 가졌고 물품과 교환할 수도 있었다. 고맙다고 해야 할지! 아니면 싫다고 해야 할지. 일본지폐는 전혀 통용이 안 된다. 매일의 낮 근무에 아직은 아무 일이 없고, 콩을 사서 돌아왔다. 콩죽을 만들어 먹으면서 부모님, 아내, 형제들의 건강을 기도했다.

10월 12일(맑음). 날씨가 갑자기 추워졌다. 가을이 깊어진 것이다. 옷을 빨면서 역시나 좀 춥다고 느껴졌다. 이렇게 쾌청한 날씨에 고향에 있었다면 교외로 산책을 나갔을 텐데!

10월 13일(맑음). 천진으로 올라가는 대원 한 명이 있어서, 모리자키 다미(森崎民) 외 7명에게 보내는 편지들을 부쳐달라고 부탁했다. 한 달 동안의 전투생활로 햇볕에 타서 얼굴이 흑인처럼 검어졌다. 충수성(衝水城)에 당도하여 목욕과 이발의 기회를 가졌다. 거울에 비친 시커먼 얼굴 모습에 홀로 웃음이 나와 멈출 수 없었다.

10월 14일(맑음). 행군 중에 발병한 다니우치(谷內)가 결국 사망했다. 만강(滿腔)의 희망으로 전선에 온 그가 불행히도 병이 들어 죽다니, 정말 가련하다! 노파심에서인지 다니우치에게 거듭 말을 걸며 격려하던 분대장 말이 생각났다. "어이, 다니우치! 힘들지? 나도 힘들어. 곧 쓰러질 것 같아. 그렇지만 부대에서 자네 혼자 떠나면 다니우치 부대가 후비대(後備隊)가 되는 거야. 조금만 더 가자. 네게 희망을 건다!" 그저 슬퍼하기만 하면 그가 눈물 흘리며 간절히 바라던 것을 헛되게 하고 말 것이라는 분대장의 후의였지만, 어쨌든 다니우치는 광야의 병원에서 죽고 만 것이다.

10월 15일(맑음). 날씨가 추워지는 데는 어쩔 도리가 없다. 막사 안의 생활은 배고픈 사람들에게는 상당한 고통이었다. 밤에는 벌레들이 물어서 잠들 수가 없었다. 병영에 들어온 후로 하루도 잘 자는 날이 없다. 자주 악몽을 꾸고, 한밤중에 무거운 돌이 가슴을 내리누르는 것 같은 고통도 느낀다. 부모님이 평안하길 바라고, 마누라여! 2세의 순산을 바란다. 아내여! 부디 건강하길 빈다!

10월 16일(맑음). 가랑비가 내려 마냥 고향을 그립게 하더니! 어젯밤 내리던 비가 그쳤다. 하늘이 맑아지자, 익사한 전우 데라시마 타츠니로(寺島辰二郎)와 후카미 요시이치(深見良一)를 묻었다. 익사 후 한 주가 지났으니 온몸이 심하게 부패했다. 그들 부모가 이 모습을 봤다면 어떤 느낌이었을까. 하지만 이것도 모두 두 친구의 운명일 따름에야.

10월 17일(맑음). 어젯밤에 출발 명령이 떨어졌다. 내일은 신상제(神嘗祭[일본에서 10월 17일에 신사에서 지내는 제사: 역자]) 날이다. 오전 5시에 1개 소대를 제외하고 전원이 중국 수송선을 타고 충수를 떠나 출발했다. 충수성아, 이제 나는 너와 헤어지련다. 언제 너를 다시 볼 지 기약할 수가 없구나! 많은 것을 생각게 했던 충수야, 잘 지내라! 충수를 떠나면서 부모님과 아내의 건강을 기도했다.

10월 18일(맑음). 물길 따라 항행한지 이틀째다. 배는 천천히 나아갔다. 이런 식으로 가면 사단 본부에 집결하는 데 시간이 얼마나 걸릴지 알 수 없다. 오늘은 설사 탓에 누차 배에서 내려 매우 불편했다. 즐거운 게 하나도 없다. 극도의 정신력으로 버티며 참아보지만, 이렇게 추운 지방에서 남경미(南京米[찰기 없이 푸석한 쌀: 역자]) 밥만 먹는 건 정말 참기 힘들다.

10월 19일(맑음). 오늘도 선상근무를 했고, 동갑인 야스모토(安本)와 얘기 나눴다. 그가 하는 말이나 내가 하는 말이나 똑같이 괴로운 신세타령일 뿐이다. 노래 가사처럼 전장에서 하는 대부분의 말은 신세타령이고, 야스모토도 이렇게 말했다. "나의 유일한 위로는 내 아내를 생각하는 것뿐"이라고.

10월 20일(맑음). 오늘도 설사로 인해 선상근무를 했다. 부대는 상륙 후 숙영했다. 선내를 정리하고 냉수마찰 후 침실에 누웠다. 담배에 불을 붙이고 밖을 내다봤는데, 보이는 것은 중국 특유의 집 모습들뿐이다. 가만히 눈을 감고 부모와 아내를 생각하며 미소지었다. 여러 생각이 떠올라 흘러갔다.

10월 21일(흐림). 4일간 선상에서의 안정된 생활과 고별하고 상륙했다. 오후에 간신히 행군하고 사단 집결지와 통화했다. 영진(寧晉)으로 향해 갔다.

10월 22일(맑음). 영진 남쪽으로 1만 미터 되는 곳에서 연대와 합류했다. 이곳에서 출정 이래 처음으로 아내와 촌장의 위문편지 한 통씩을 받았다. 너무 기뻐서 아무 말도 안 나왔다. 부모와 아내 모두 잘 지낸다니 마음이 놓였다. (9월 3일에 부친 편지였다.)

10월 23일(맑음). 촌장과 아내, 그리고 교장선생님께 편지를 썼다. 각 분대에 한 되도 안 되는 식량이 배급되었는데, 4일분으로였다. 우리는 아침과 저녁 두 끼로 입에 풀칠하는데, 민간징발은 불허되었다. 하기야 돈이 있어도 살 수 있는 게 없다.

10월 24일(맑음). 나뭇잎이 우수수 떨어지며 적막을 깨니, 타향에서 다시금 추석 분위기를 느낀다. 하북성과 일본의 기후는 차이가 없다. 이 시기의 고향 집에서는 바빴던 것이 생각난다. 아내로부터 온 편지에는, 추수 준비로 바쁘고 동생이 12월 중순에 입대할 거라 했다. 지금은 다들 모든 걸 잊고 추수가 한창일 것이다.

10월 25일(맑음). 사단 집결지에 도착했지만, 양식은 먹을 만큼 충분치가 않다. 중국인에게 잘 말해 고구마를 사왔지만, 그래도 먹는 문제가 걱정된다. 모두들 조금 남겨진 쌀을 다른 이의 것과 비교해보지만 얼굴에는 모두가 불안한 표정이다. 물론 어떻게 말하든 더는 방법이 없다. 그저 다음날엔 고구마를 먹기로 결정하고 자는 수밖에 없다. 좁쌀은 한 주 만에 추격전투 중에 다 먹고 이제는 고구마로 지낸다. 척후근무에 임할

때 배가 고파도 방법이 없고, 봉급은 20원이나 밀렸다.

10월 26일(맑음). 길고긴 가을밤에 철야하며 고향에 편지를 쓴다. 오늘도 편지 7통을 썼다. 써야할 편지는 모두 다 썼다! 대대장이 주변 촌락을 순찰하면서 닭 350마리와 고구마 800근을 징발하라고 명령했다. 분대도 쌀과 소금, 설탕을 사왔다. 이렇게 음식을 먹을 수 있게 됐다. 소금만 있으면 어떤 것도 문제가 되지 않는다. 기쁘다, 전우여! 우리는 이제 많은 부자유를 줄였다.

10월 27일(맑음). 또다시 부대로 징집 병사가 충원되어왔다. 다사로운 가을 햇볕 아래서이긴 하지만 종일 근무는 무지막지한 일이다. 이제 전투가 있을 것이라 하니 부대원 전체의 분위기가 돌변했고 당황함이 보였다. 편지를 부칠 수 있는 것도 단지 내일까지라는 명령이 있었기 때문에, 또 다시 유미(由美)와 아이에게 편지를 썼다. 이것이 하북성에서의 마지막 편지다. 도대체 어디로 가는 건지 모르겠다. 각 방면의 명령을 종합해 보면, 대체로 상해방면으로 가는 것도 같다.

10월 28일(흐림). 아이 하나가 늘어난 엄마. 출산 후 모자(母子)가 건강한지 모르겠다. 이름은 무엇으로 지었을까? 나는 오직 엄마와 아이의 건강을 바랄뿐이다. 하느님이시여, 당신께 기도합니다. 아이야, 안심해라! 내가 이 먼 곳에서 너를 위해 기도한단다. 오늘은 내 인생에서 영원히 잊을 수 없는 날이다. 내 일생에 가장 큰 변화가 있는 날이다. 나의 현모양처여, 당신은 내지에서 후방의 국가를 지켜내고, 나는 중국에서 '황국'을 위해 힘을 내자.

10월 29일(맑음). 오전의 연습은 초년병 교육을 받는 것 같은 기분이 느껴졌다. 4시경에 국내에서 보충병 60명이 왔다. 그들은 환호성을 받으며 보내졌는데, 천리 바다와 산을 넘어 피비린내 나는 광야로 왔다. 그 마음속에는 장차 어떤 느낌이 들어설까? 나이 많은 타마요시 시게루(靈吉茂)도 그 안에 있었다. 밤에 아내의 편지를 받았다. 회사에서 또 돈을 보내왔다.

10월 30일(맑음). 몹시도 춥다. 겨울마냥 춥다. 다른 경지의 한기가 몸을 파고든다. 오늘도 아침부터 찐 고구마를 먹고, 날씨에 대해 얘기하며 놀았다. 모포가 배급되니 겨울 준비가 끝났다. 오늘도 아내와 동생의 편지를 받았다.

10월 31일(맑음). 오늘도 온종일 놀았다. 하늘에는 구름 한 점 없다. 아침부터 고구마를 익혀 먹었다. 서로 담소하고 노래도 불렀다. 전쟁터의 한가운데서 충분한 휴식을 맛

봤다. 오늘 신문이 와서 볼 수 있었다. 10월 12일의 것이다. 큰 기대를 품고 새로운 소식을 찾아봤다.

—계속됨—

⑥ 제28기(1939.11.1), 14~15쪽, 志成, 〈「中日親善」下的鎭江〉

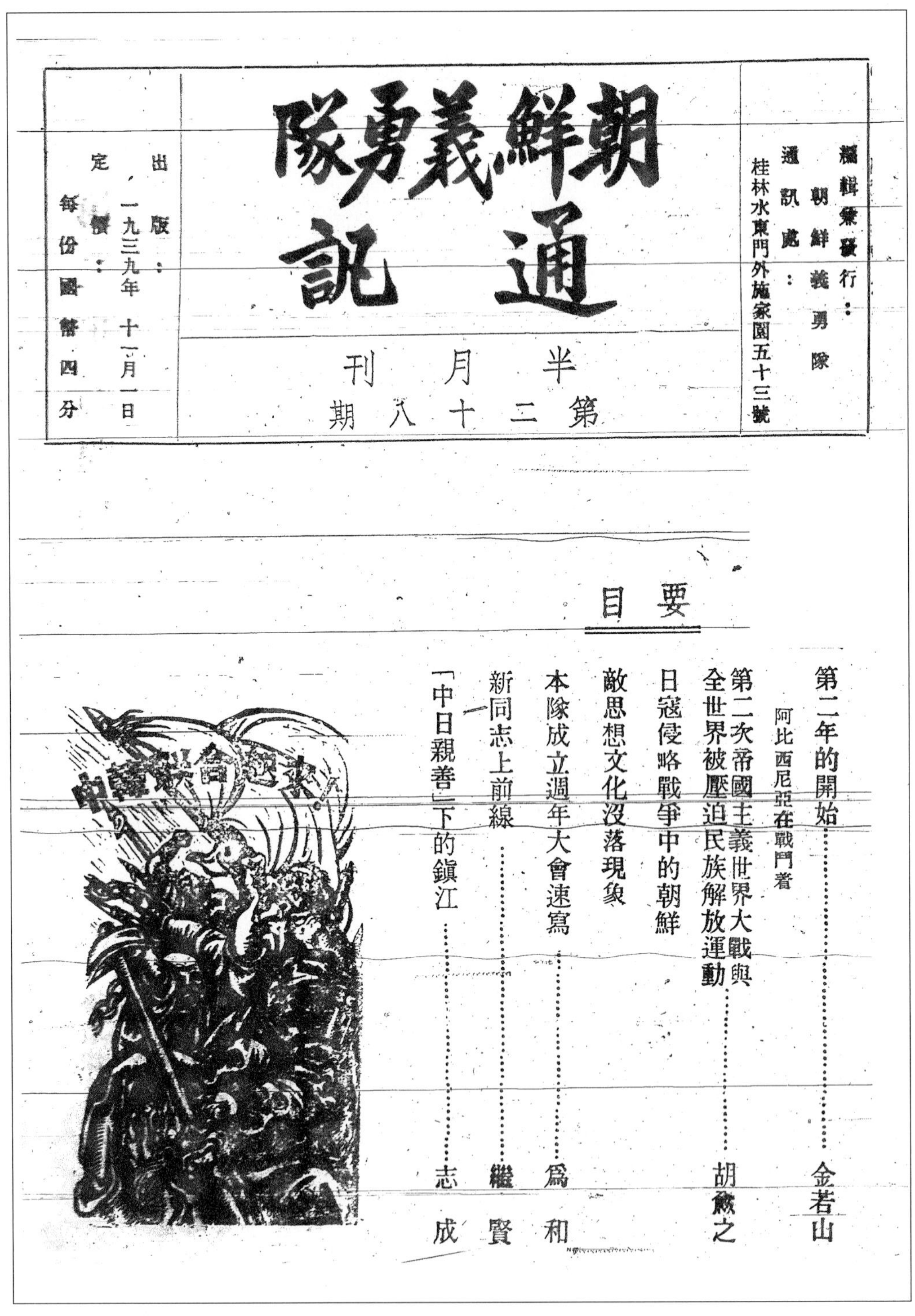

朝鮮義勇隊通訊

編輯兼發行：朝鮮義勇隊
通訊處：桂林水東門外施家園五十三號

出版：一九三九年十一月一日
定價：每份國幣四分

半月刊
第二十八期

要目

第二年的開始……金若山
阿比西尼亞在戰鬥着
第二次帝國主義世界大戰與全世界被壓迫民族解放運動……胡愈之
日寇侵略戰爭中的朝鮮
敵思想文化沒落現象
本隊成立週年大會速寫……爲和
新同志上前線……繼賢
「中日親善」下的鎭江……志成

「中日親善」下的鎮江

志成

鎮江的街上，家家的門口，公共體育場，以及佈告欄的上面，到處可以看到任敵人佔領區內其他各據點內所能看見的類同的標語，尤其是在公共體育場的門柵上，貼滿了什麼「長期抗戰土盡焦」、「日支同族共存共榮」，「打倒×××」，「實現東亞和平」等等紅綠紙條。街上來往的人雖然亦不很少，但除了像我這樣特別留心這些標語和門聯的外來的人以外，沒有人會留下足步細心去閱讀它的。

鎮江的淪陷已經是將近二年了，敵人進佔鎮江的時候，曾宣傳要「打倒×政權保護民衆」，鎮江大照電氣公司的中國老板郭志誠，亦召集民衆歡迎日本「皇軍」，協助敵加藤宣撫班長，「維持」地方秩序，有了這種「功勞」，他便被派爲僞丹徒（鎮江）縣長，敵人和傀儡直到現在還自稱爲民衆的救星，但事實上鎮江已從中國人手裏淪到日本人的手裏了，而且二年來敵人帶給鎮江人們的，只是和整個中華民族所受到的一樣的災難，觸目都是毀滅了的殘餘。在鎮江城內可以看到一個極端對立的現象，一方面是殘酷的壓迫者，另一方面是可憐的被壓迫者羣，六十多個敵人商店，三百多個日本人佔領市中心區最熱鬧的中正路，中山路，如日本堂，遠藤商店，中島百貨商店，什麼株式會社，大阪樓（妓院）等等——所看到的都是一些穿着和服木屐的日本女人，和穿咖嘰服的日本軍人，穿綠色布衣的僞綏靖隊，成十個八個一羣的在街上來往的穿梭，那些穿草綠色布衣的見了穿咖嘰服的日本軍人，老遠的便立定敬禮，佩長刀，背平槍，着黃皮筒鞋的憲兵，不時注視這些穿草綠色衣服人們的一舉一動，我怕再看那些憲兵的毒辣的視線，但是鎮江的民衆沒有一天能脫離開它。

在最繁華的街上，就是有幾家中國商店，他們的門上，都有歡迎日本皇軍的標語和日本警備隊的「指定理髮館」，「指定洗澡堂」，「指定咖啡館」的啓示，商店裏亦都全是日本貨。大街旁邊的小胡同里，隔不多遠必有一家「售吸所」——即鴉片館，掛着僞機關證章的青年在裏邊和女人調戲，使人心寒的黃瘦的燙髮女人，無言的站在門口，在等待着她的貴賓。

過去的機關的舊址和建築物都爲敵僞機關佔去了。如僞縣府宣撫班地方法院（過去的民政廳內），警察大隊（實驗小學），警察所（公安局），米田部隊（省黨部），日本電報局（電報局），日本警察所日本小學（五州圖書館內），高木部隊（省立產科醫院），東和劇場（電影院）百二野戰郵務局（上海銀行），軍人單獨宿舍（建設廳），日本居留民會（啓潤書社）憲兵隊（商店），日華俱樂部（金鷄頭碼），及其他水道公司，鎮江火柴公司大照電氣公司，亦都是爲日人佔去。

許許多多中國機關舊址和私人宏壯的住宅，在「敵產」的名義下，都被日本憲兵隊封起來，旋而落在敵人的手裏，憲兵們强奪了這些建築物家產土地後，就分給自己的戚友或其他日本人，中國人却敢怒而不敢言，就是自己的亦只好隨他們的便，以免麻煩。

中國人的商店，大多數被驅到西門大街和小胡同里，門口上掛着引人注意的裝飾，就是很小的商店內也有五六個夥計，見了顧客都是畢恭畢敬而殷勤的招待着，爭想多賣一些貨物，這種競爭在資本主義極度發達的國家裏亦很少見到的！我曾去過一家皮貨商店，那商店是一家五口人經營的，資本不到二百元，我問他們生意如何，他們好像很明瞭我們來意似的回答說：「實在沒有辦法，要想糊口亦只有快些搬到外邊去住，你看、運氣好一天亦只能賣一二只皮箱，今天來了一個鬼子水兵，値五塊錢的皮箱，只給我們一元，我小孩跟着他討錢，反倒挨了一頓毒打，我們實在不能忍耐下處，不能忍耐下去」。理髮店，洗澡堂，衣服店都減了價，夥計們的小賬收入都減少了。至於那不顧國家民族的郭志誠的大照電氣公司，亦被日本人奪去了。後來日人又强迫使用軍用票與華興銀行的僞鈔，物價一天比一天高漲，人民生活之痛苦更難以設想了。

敵人文化上的痲醉政策更是毒辣，鎭江城內有一個大民會的分會，設在縣立師範的附近一家祠堂裏，專司欺騙的宣傳工作，還設有一個青年團，另外有初中一所，完全小學三所，初級小學七所，在學校裏的大禮堂內，孔夫子代替了孫中山先生的肖像，教科書內删去了中華民族的光榮歷史，代替的是日本的史地，什麽東京多好啦，富士山怎樣美麗呀等等，義勇軍行進曲改爲和平行進[illegible]完全改掉。每星期要請宣撫班長演講兩次，內容不外，「日支同文同種共存共榮」，要建設東亞和平一定要把中國的政治經濟和國防，與日本打成一片」。但它的結果如何呢？有一次一個十一歲的小學生對我講：「和平不是這樣建設，本來是很和平的，鬼子來了倒不能和平了」。

現在鎭江人口只有兩萬人，不及過去的五分之一，在馬路上人力車都少見到，來往的公共汽車，每每只能看到一個女查票員，和幾個日本兵。

敵人的機關報新鎭江報每天都在替「皇軍」宣傳，可是他們的行動却常常打宣傳者的嘴巴，「皇軍」的眞面目已經赤裸裸的暴露無餘了。

焚燒房屋，屠殺人民，强奪銀行工場學校土地商品等，强佔最繁榮的市街，公設「售吸所」，妓院，這是日本精神，是日本向中華民族要求的中日親善

這是「中日親善」下的鎭江，裏面充滿了黑暗，慘酷，罪惡——，在裏還藏着的無數人民渴望着的光明。這些人們聽到游擊隊的槍聲，便一個二個聚首耳語，欽慕着英勇的戰士，祝禱自由日子早日到來！

日本石川縣檢舉「社會大衆黨」人

敵國內反戰運動與革命運動醞釀日甚，据東京讀賣新聞載，去年六月廿八日晨，石川縣特高課會檢舉社會大衆黨金澤支部人員，當時此項新聞被禁發表，而交由金澤地方裁判所豫審庭番訊，八月七日，犯人六名豫審終結，即將交與金澤地方裁判所公判，十日午後四時新聞解禁据云，彼等之罪行，爲乘「事變」勃發之際，作反戰的不穩言行，或參加并煽動勞働爭議，農事爭議等，又利用後方諸問題鼓動民衆，擾亂事變下之後方治安云。

本隊消息

一、金隊長由渝抵桂，旋於隊本部調整後，赴前方視察。

二、本隊隊本部機構與人事加以調整，計增設編輯委員會，流動宣傳隊，婦女服務團等三部。

三、本隊於十月十日下午三時半假東旭大戲院舉行本隊成立週年紀念大會到各界來賓多人情况甚爲熱烈。

四、由重慶來桂參加本隊之新同志三十一名，聚往前方×××一帶工作。

‘중일친선’하의 진강(鎭江)

지성

표어를 볼 수 있다. 진강[중국 남경 동쪽, 강소성의 한 소도시: 역자]의 길바닥에서, 집집마다 출입구에서, 공공체육관에서, 포고문 상단에서, 적 점령구역 및 기타 각 거점에서와 비슷한 종류로 발길 닿는 곳마다. 특히 공공체육관의 출입문에는 “장기간의 항전으로 병사들은 지쳤다.” “일본과 중국은 동족이고 함께 번영해야 한다.” “타도 ×××[장개석: 역자]” “동아시아 평화를 실현하자” 등등의 홍·녹색 전단이 가득 붙어있다. 거리를 오가는 사람들은 적지 않지만, 나처럼 이런 표어와 플래카드에 주의를 기울이는 사람 말고는 발걸음을 멈추어 읽는 사람이 아무도 없다.

진강이 함락되고 2년 가까이 되었다. 적들은 진강에 들어올 때 “×[蔣: 역자]정권을 타도하고 민중을 보호한다.”고 선전했다. 진강대조전기공사(鎭江大照電氣公司)의 중국인 사장 곽지성(郭志誠)도 민중을 모아 일본 ‘황군’을 환영했고, 적장 가토(加藤)에게 선무반장으로 협조했다. 그렇게 지방 질서를 ‘유지’한 공로가 있다 하여 그는 괴뢰 단도현(丹徒縣, 즉 진강)의 현장(縣長)으로 보내졌고, 적들의 허수아비가 되어서는 ‘민중의 구원자’임을 자처해왔다.

그러나 진강은 실상 중국인의 손에서 일본인의 손으로 넘어가버린 것이다. 2년 동안 적들은 전체 중화민족이 받아온 것과 같은 재난을 진강사람들에게도 초래했다. 눈에 띄는 것은 온통 파괴되고 남은 것들뿐이다. 진강 성내에서는 극단적으로 대립하는 현상을 볼 수 있다. 하나는 잔혹한 진압자이고, 다른 하나는 가련한 피압박자들이다. 60개가 넘는 적들의 상점과 300명 이상 숫자의 일본인들이 시 중심의 가장 번화한 중정로(中正路)와 중산로(中山路)를 점령해버렸다. 예를 들어, 니뽄당(日本堂), 엔도상점(遠藤商店), 나카지마백화점(中島百貨商店), 무슨무슨 주식회사, 기생집 오사카루(大阪樓) 등등이다. 보이는 것은 그저 일본 옷을 걸치고 나막신을 신은 일본 여인과 카키색 복장의 일본 군인뿐이다. 초록색 옷을 입은 수정대(綏靖隊)[괴뢰 보안대: 역자])가 10명 혹은 8명씩으로 무리지어 도로를 빈번히 왕래한다. 이 초록옷 인간들은 카키색 복장의 일본 군인들이 보이기만 하면 멀리서도 즉시 경례를 한다. 긴 칼 차고 총 메고 군복 입고 군화 신은 헌병들이 그런 초록복장 사람들의 일거수일투족을 주시한다. 나는 헌병들의 날카로운 시선을 다시는 보고 싶지 않지만, 진강의 민중은 단 하루도 그것에서 벗어날 수가 없다.

번화가에 중국인 상점도 몇 개 있기는 한데, 그 출입문에는 일본 황군을 환영한다는 표어와 일본 경비대의 '지정이발관', '지정목욕탕', '지정카페'라는 팻말이 어김없이 걸려 있다. 상점 안의 물건들은 죄다 일본제이다. 큰길 주변의 작은 골목 안에는 얼마 들어서지 않아 반드시 '흡연실'이 있는데, 바로 아편관이다. 괴뢰 기관의 증서를 걸어놓고 젊은이들이 안에서 여자를 희롱한다. 가여우리만치 여윈 얼굴에 파마머리를 한 여인이 말없이 문 앞에 서서 손님을 기다린다.

공공기관이 들어서 있던 옛터와 건물은 모두 적의 괴뢰기관이 점거했다. 예를 들면 과거의 민정청에는 괴뢰 현정부의 선무반과 지방법원이, 실험소학교에는 경찰대대가, 공안국에는 경찰서가, 성 당부(省黨部)에는 고메다(米田) 부대가, 원 전보국에는 일본전보국이, 오주도서관에는 일본경찰서와 일본소학교가, 성립(省立) 산과의원에는 다카키[高木] 부대가 접수해 들어섰고, 전영원(電影院)은 동화극장으로, 상해은행은 102 야전우편국으로, 건설청은 독신군인 숙사로 바뀌어버렸다. 계윤서점[啓潤書社]에는 일본거류민회가, 상점들에는 헌병대가, 금계부두[金鷄碼頭]에는 일본상품클럽이 들어섰으며, 수도공사, 진강성냥회사, 대조전기회사도 죄다 일본 괴뢰가 점거해 있다.

수많은 중국기관의 옛터와 개인 소유의 수많은 주택들이 '적산(敵產)'이라는 명목으로 일본 헌병대에 몰수당해 적의 손에 떨어졌다. 헌병들이 이들 건축물, 가산, 토지를 뺏어간 후 자기 친척, 친구, 혹은 기타 일본인들에게 나눠 줘버렸다. 중국인들은 분노하지만 감히 말은 못하고, 심지어 자기 것도 그들 손에 내맡겨버리고는 성가신 일을 피한다.

중국인 상점은 대부분 서문대가(西門大街)와 작은 골목 안으로 밀려났다. 문에는 사람들의 주의를 끄는 장식이 걸려있다. 작은 상점에도 5·6명의 점원들이 있고, 손님이 오면 매우 공손한 태도로 기쁘게 초대한다. 여러 물건을 많이 팔려고 경쟁하는데, 그런 경쟁은 자본주의가 극도로 발달한 국가에서도 매우 드문 것이다. 내가 일찍이 한 가죽제품 상점엘 갔었는데, 그 상점은 한 집안의 다섯 식구가 경영하는 것으로, 자본금은 2백원이 채 안 된다. 장사가 어떠냐고 물었더니, 그들은 물음의 취지를 아는 듯이 명료하게 대답했다. "별다른 방법이 없소이다. 입에 풀칠이라도 하려면 물건이 빨리빨리 팔려나가야 하는데, 오늘도 왜놈 수병 한 놈이 와서 5원짜리 가죽 가방을 단 1원만 주면서 가격

흥정하던 내 아이를 심하게 때렸소이다. 우리는 정말 견딜 수가 없소. 견딜 수가 없단 말이오." 이발소, 목욕탕, 옷가게 모두 가격을 내렸고, 점원들의 팁 수입도 줄었다. 국가와 민족을 내던졌던 저 곽지성의 대조전기공사 역시 일본인에게 빼앗겼다. 나중에는 일본인들이 군표와 화흥은행(華興銀行)의 위조지폐를 사용토록 강요하면서 물가는 나날이 올라갔고, 인민생활의 고통은 더욱 어려워졌을 것으로 생각된다.

적의 문화적 마취 정책은 더욱 지독하다. 진강성 안에는 대민회(大民會) 분회가 있는데, 현립 사범학교 부근의 사당 안에 세워놓고 기만 선전공작을 전문적으로 해댄다. 그 조직은 청년단을 설립했고, 초 · 중학 1곳, 완전소학 3곳, 초급소학 7곳 학교의 대강당에 있던 손중산(孫中山) 선생의 초상을 공자(孔子)의 것으로 대체해버렸다. 교과서에서는 중화민족 영광의 역사를 빼버리고 일본 역사와 지리로 대체했다. 도쿄가 얼마나 좋은가! 후지산(富士山)이 얼마나 아름다운가! 등등 식이다. 의용군행진곡은 평화행진곡으로 제목을 바꾸고 가사도 완전히 바꿔버렸다. 선무반장을 초청해 매주 두 번씩 강의토록 하는데, 내용은 예외 없이 "일본과 중국은 동족이고 함께 번영해야 한다."느니, 동아의 평화를 건설하려면 중국의 정치 · 경제와 국방은 "일본과 하나가 되어야만 한다."는 것이다. 그러나 그 결과는 어떠한가? 한번은 11세의 한 소학생이 내게 말하기를, "평화는 이렇게 건설하는 것이 아닙니다. 본래부터 평화적으로 하는 것이지, 왜놈이 왔으니 평화일 수는 없습니다."고 하는 것이었다.

현재 진강의 인구는 2만여 명인데, 과거의 5분의 1에 불과하다. 길에서 인력거는 드물게 보일 뿐이고, 왕래하는 버스에는 항상 여자 검표원 한 명과 몇몇 일본병사뿐이다.

적의 기관지인 『신진강보(新鎭江報)』는 매일 '황군'을 대신해 선전한다. 하지만 그들의 행동은 자주 선전자의 따귀를 때린다. '황군'의 진면목은 이미 적나라하게 폭로되어 더 남은 것이 없다. 집을 불태우고, 인민을 학살하고, 은행 · 공장 · 학교 · 토지 · 상품 등을 약탈하고, 가장 번화한 시가를 강점하며, 흡연소와 기생집을 세운다. 이것이 일본정신이고, 그런 일본이 중화민족에게 중일친선을 요구한다.

이것이 소위 '중일친선' 하의 진강의 모습이다. 그 속에는 어둠과 참혹과 죄악이 들어차 있을 뿐, 무수히 많은 인민이 갈망하는 광명은 싹도 보이지 않는다. 민중은 유격대의 총성을 들으면 하나 둘 모여서 귓속말로 영용한 전사를 흠모하며 자유의 날이 빨리 오기를 기도한다.

⑦ 제29기(1939.11.5), 13~14쪽, 田矢(志成 譯), 〈臺灣統治者的暴虐〉

第二十九期

半月刊

朝鮮義勇隊通訊

蘇聯國慶日感言

李斗山

蘇聯革命的成功，不僅是爲着蘇聯的人民踏上人類新歷史的歷程，實爲全人類高揭「解放的旗幟」，二十二年前的一九一七年十一月七日（俄曆十月二十五日），俄國的勞工大衆已起來響應波爾塞維克黨的號召，在彼得堡暴動，攻佔了違背大衆利益的臨時政府底冬宮；在莫斯科，也佔據了克里姆林宮；農民大衆也起來響應革命黨的號召，實行奪取土地的運動。經過這劃時代的壯舉，便完成了「一切政權歸蘇維埃」的光榮勝利！

我們在這友邦國慶紀念當中，不但感到無限的興奮，並且也感到一種深刻的意義和冷靜的檢討自身的必要。

二十二年前蘇聯革命時期的困難狀態，簡略的說，遭遇了難以形容的危機：經過四年餘帝國主義戰爭的俄國，已把當時國民經濟破壞淨盡；尤其是它的不斷的內戰，暴風雨似的摧殘了人民的經濟命脈。那時的俄國所有的糧食、鐵，燃料，紡織物等重要的必需品，都在戰爭裏消耗光了；所有的工廠、所有的工業，所有的交通運輸等事業，都破壞或停頓了。外有十四個國家聯軍的進攻，內有白黨的軍隊和反動勢力的搗亂。在敵人方面，其作戰指揮的軍官，都是大名堂堂的資產階級的名將；各帝國主義國家之精良的武器，都

要目

編輯兼發行：朝鮮義勇隊
通訊處：桂林水東門外施家園五十三號
出版：一九三九年十一月十五日
定價：每份國幣四分

武漢敵偽反宣傳

谷斯範

在武漢外圍作戰的×××師，最近搜獲了敵偽大批的宣傳品。敵偽的宣傳品，記者以前在東戰場時，已見了不少，一套鬼把戲，早已瞭然。但因敵偽對淪陷區的反宣傳是有計劃有系統的，顯然可以看出，現在在「方針」上，已有幾點改變，在國際方面，歐戰爆發後，已由反蘇反英，而變為以全力反蘇，在國內方面，在政治上第二期抗戰以來，前線進展毫無，淪陷區民衆對抗戰必勝信心更堅，乃從宣傳戰事之殘酷和擴大汪逆「和平運動」着手，漢口「民衆時報」上有一幅連環圖最足說明其用心，它的程序是：不和、動武、平手、和平、在軍事上，則已由誇大前線勝利，改變為攻擊游擊隊，詆毀游擊戰爭，現在分述於後，讓國人看看它的鬼把戲。

「蘇聯是個飯桶」

它要攻擊蘇聯最基礎的理論，還是強調人種的分類：「諸君原為東洋人種，因欲牽制理應一心一德之日本，遂依賴本為仇敵之西洋，此豈非前途渺茫之愚舉歟？」（見告民衆書）。希特勒小鬍子冷面無情，自動拉下防共協定的假面具，敵偽自知再宣傳蘇聯要赤化中國，已不會有人相信，就大宣傳特宣傳蘇聯的無能：一在滿蒙國境蘇聯被日本軍擊落八百架以上的飛機，大家要知道，蘇聯的實力是很薄弱的」，（見應山縣宣撫班九月六日快報）。在「告民衆書」上，有一張「燈蛾撲火圖」的漫畫，燈是日本空軍，蛾是蘇蒙飛機 說明八百架飛機被擊落的狀況，九月十日的「民衆時報」（館址漢口江漢路四八〇號）上，以蘇聯被擊落飛機八百架，毀坦克車一百五十輛的「慘況」，忿然的寫了篇短評，題曰：「蘇聯是個飯桶！」

「和平運動擴大全國」

汪逆的「和平運動」，被敵偽視作「法寶」到處造是生非，在八月三十一日的「民衆時報」上，造了滿版的謠言，大題目是「重慶發生反戰運動，波及衡陽、韶關，長沙」。最無恥的是隨意捏造荒唐消息，有個重慶電是：「孔祥熙提出一案，謂我對游擊地區之資本或物質，最近多量流入日本佔領地區內，我等無論如何講究方策，不能加以阻止，其故何在？因游擊地區之民心，巳不

台灣統治者的暴虐

田矢

（志成譯）

台灣成了日本的領土，統治者便以武斷和警察政治維持着台灣這塊殖民地，但是，因為政治的壓迫和經濟的搾取，台灣人曾起了轟動世界的反日暴動。這是大家已經知道的，但是統治者的暴虐却更變本加厲起來，日本的官吏憲兵等用其職權，任意虐待台灣人，強姦婦女，威迫良民，強奪金錢，但是台灣的人民，始終渴望着自由的天地，暗暗地進行着解放運動。

戰後的台灣；開戰後日寇特別注意台灣人的集合，甚至於親族集會也到不能舉行的地步了，反之各種稅金增高到戰前的兩倍以上，統治者是不問他們的苦狀的，他們如果在一定的期間內不能繳納「應獻出的稅金」，將來就要遭到無情的抵押，所以往往把小學中的桌子也作為抵押品，這些沒有自由和權利過問的臺灣大衆在天天涕哭着。不但如此，戰爭開始後所有的小形船舶多已被統治者徵收去，他們都是無產大衆，但是他們不能夠反對，如果有一點反對的意思，就把他們當做非國民而逮捕投獄，或處以死刑。

强徵人民；台灣在日本帝國主義統治之下，已經是四十餘年了，到現在徵

願意抗戰，故現今速託第三國處理事變實爲得策，渴愿伯及毛澤東均緘口不言，惟陳立夫慫慨，後蔣員委長及共產黨觀此情形，甚爲憂慮，」還捏造了各種電訊說明「和平運動擴大全國，實搋汁目。」

「台兒莊其實日本大勝」

由於自第二期抗戰以來，敵人在前綫毫無進展，鄂北潰退了三百里，中條山又敗得有苦說不出，武漢淪陷區民衆對抗戰必勝信心，更爲堅定，「台兒莊」三字，更常是掛在口邊，於是在「告民衆書」上，又煞費了敵僞的苦心：「武漢民衆諸君：蔣政權及共產黨謂日本財政行將破產，而日本人民亦均厭戰，將發生革命，其實日本內地一切狀況，幾令人不覺有戰事氣象，人民均度其安適生活，凡曾赴日旅行者，皆譽不絕口，出徵軍人之陣亡及受傷染病，雖屬不少，但類乎厭戰則絕無其事，又謂戰事愈久，則日本愈弱，中國反愈戰愈强，諸位偶有不明大體者，也信此胡說，其實所謂中國愈戰愈強，究以何理由，獲得此結論，吾人殊實不解？諸君常言台兒莊，台兒莊其實日軍大勝，何曾敗北。」但現在在湘北又敗「北，縱然矮子肚裏鬼計多，恐也難自圓其說！

「游擊點什麼？」

敵後游擊戰的展開，及質的改善和量的增多，使敵人的佔領地越縮越小，大起恐慌，於是拚命詆毀游擊隊，挑撥民衆與游擊隊對立，有幾張詆毀游擊的漫畫，這樣說明着：「有錢的出錢，不給我們游擊隊的是漢奸！」「日軍要來了，破壞鐵路吧，道路也破壞哪！」「一個孩子問他母親說：「好好的鐵路，道路，爲什麼要破壞呢？」但是淪陷區的民衆，不是人人是小孩子倒是「民衆時報」的漢奸編輯聰明，在九月四日的報上，「悲悲哀哀」的寫了篇似通非通的社評，題曰游擊點什麼？正文是：「昨日傳來噩耗，我的一個朋友死了，爲什呢？眞奇怪！我不禁在惋惜着！「游擊隊」好體面的名詞，他們幹的倒是什麼工作呀，破壞交通，但他們弄錯了，中國人不是也趁車的嗎？他們是所謂反動份子嗎？這種游擊隊眞笑話，有人說，最後勝利有賴各地游擊隊起來反攻，可是我眞担憂。」其實，他也用不到担憂，「游擊點什麼」，游擊還是要游擊：「台兒莊其實日軍大勝」（？）現在於鄂北湘北明明又是（敗北），再敗北！「蘇聯是個飯桶」（？）但「飯桶」今日已成世界第一強國！「和平運動擴大全國」（？）但討汪電猶如雪片紛飛！在全國已抱定抗戰必勝決心堅持抗戰到底國策，只要能進步的加強中蘇外交擴大敵後游擊戰爭！我們倒要替那批「神明的子孫」和狗屁不通的東洋叭兒狗担憂！

（十一、八、寄於鄂北）

沒有徵到一個台灣兵，統治者始終怕着台灣的革命，像怕朝鮮的革命一樣，同時他們認爲日本軍人是應該由純粹日本血統者組織起來，在另一方面台灣人也不願當統治者的犧牲品，因爲有了這些情形，統治者連志願兵也不敢收容了，甚至於船夫也不敢用台灣人，只是把他們征去做伕子而已。

澎湃的反日運動；侵略戰爭獲利的是少數軍需工業者，一般中小商工業者，因爲受到大百貨商店和大資本家的壓迫，在不斷的破產。小農亦因爲勞働力的缺乏不能耕種，然而人民的負担却增了一倍。他們知道在法西斯日本强盜之下，永遠不會脫離這奴隸的生活，這命運便激起這批人們的反戰運動，革命的組織也越來越嚴密了，雖然一個一個投獄或斷頭，民衆的革命運動還是繼續不斷的猛烈的發展着，他們正爲熱烈的希望燃燒着鬥爭的火焰。遠於一九二四年九月十六日在距花連紅六里的地方，台灣人七百餘和朝鮮人五百發起的大規模暴動，雖然終歸於失敗，可是那遺下來的火苗仍在每個台灣人的心裏滋長着，而準備更大規模的暴動。

타이완 식민통치자의 포악함

田矢 (지성 역)

타이완(臺灣)은 어느새 일본 영토가 되어버렸다. 통치자는 무단(武斷)과 경찰정치로 타이완이라는 식민지를 유지한다. 정치적 압박과 경제적 착취를 견디다 못해 타이완 사람들은 전 세계를 진동시킬 반일폭동을 일으킨 바 있고, 이는 다들 알고 있을 것이다. 그럼에도 통치자의 포악함은 더욱 심해졌다. 일본 관리와 헌병 등은 직권을 이용해 타이완 사람들을 제멋대로 학대하고, 부녀를 강간하며, 양민을 위협해 금전을 강탈했다. 그러자 타이완 인민은 자유로운 세상을 갈망하여 암암리에 해방운동을 진행시켜왔다.

전쟁 발발 후의 타이완: 7.7항전[중일전쟁을 말함: 역자] 발발 후 일본 침략자는 타이완 사람들의 집회를 특별히 주의했다. 그래서 친족 모임도 가질 수 없는 지경이 되었다. 이에 반해 각종 세금은 전쟁 전의 두 배 이상으로 올렸다. 통치자는 타이완 사람들의 힘든 상황을 아랑곳하지 않는다. 일정 기간 내에 '바쳐야 하는 세금'을 내지 못하면 사정없이 차압되고 만다. 종종 소학교의 책상마저 그리되곤 한다. 이처럼 자유와 권리 없이 간섭만 받는 타이완의 대중은 매일 눈물 흘린다. 게다가 개전 후로는 소형 선박도 대부분 통치자가 징발해버렸다. 선주는 모두 무산대중이지만 반대할 수도 없다. 조금이라도 반대 의사를 보이면, '비국민'(非國民)으로 간주되어 체포 · 투옥 혹은 사형에 처해진다.

강제로 인민을 징집: 타이완은 일본제국주의 통치 하에 놓인 지 40여 년이 되었지만 지금도 저항해 싸운다. 따라서 지금은 어서 빨리 제3국에 위탁하는 것이 실질적인 처방이다. 그럼에도 탕언보(湯恩伯)나 마오쩌둥(毛澤東) 모두 입을 닫고 말하지 않는다. 오직 천리푸(陳立夫)만 분개해마지 않았다. 후에 장(蔣)위원장 및 공산당이 이러한 정황을 매우 걱정했지만, 각종 매체는 "평화운동이 전국으로 확대되어 실로 주목할 만하다."라고 날조된 설명을 내놓았다.

"태아장(台兒莊)에서 실은 일본군이 대승했다"고?

제2기의 항전 이래 적군은 전선에서 추호도 진전이 없고, 악북(호북성 북부)에서 패하여 300리나 퇴각했다. 중조산(中條山) 전투에서도 패하여 찍소리 못 내고 있다. 적 점령지 무한의 민중조차도 항전의 필승을 믿고 있다. 특히 '태아장'이라는 세 글자를 꽉 붙잡고 늘 입에 달고 산다. 그래서일까. 적의 〈민중에게 고하는 글〉에는 고심(苦心)의 흔적이 여기저기서 튀어나온다. "무한의 민중 여러분, 장정권과 공산당은 지껄이기를 일본재정이 머지않아 파산할 것이고 일본 인민도 다들 전쟁을 혐오해 혁명이 발생할 것이라고들 합니다. 그러나 실제로 일본 내지(內地)의 모든 상황은 전쟁 분위기가 전혀 느껴지지 않는다는 것입니다. 인민들은 누구나 안락하게 살고 있지요. 무릇 전에 일본을 다녀간 이들은 다들 입을 모아 얘기합니다. 징집되어간 군인 중에 전사자, 부상자, 병자가 적지 않기는 하지만, 전쟁을 혐오한다거나 하는 부류는 결코 있지 않다고요. 또한 전쟁이 오래가면 갈수록 일본은 점점 약해지고 중국은 반대로 점점 강해진다고들 하는데, 잘 알지도 못하면서 여러분은 이런 헛소리를 믿습니까. 중국은 싸울수록 더 강해진다는 말은 도대체 어떤 이유로 나오는 결론인지, 우리만 이해를 못한다는 말입니까? 여러분은 노상 태아장을 말하는데, 태아장은 사실 일본이 대승했습니다. 언제 패배한 적이 있었다는 말입니까?" 그러나 적은 현재 악북에서도 지고 있다. 일본 침략자의 뱃속에 꿍꿍이가 많긴 하지만, 저 스스로 그럴듯하게 둘러대지 못함을 두려워하는 것이다!

"무엇을 유격(遊擊)하느냐?"고?

적후(敵後) 유격전의 전개와 그 질적 개선 및 양적 증가는 적을 점점 위축시키고 심리적 공황을 키운다. 그래서 적은 필사적으로 유격대를 비방한다. 민중을 유격대와 대립시키려고 충동질한다. 유격대를 비방하는 만화가 몇 장 있는데, 이런 식으로 그려놓는다. "돈 있으면 돈을 내라. 우리 유격대에게 돈을 안 주면 매국노다!", "일본군이 쳐들어온다. 철도를 파괴하라. 도로도 파괴하라!" 그러면 한 아이가 엄마에게 묻는다. "그 좋은 철도와 도로를 왜 부숴버려요?" 하지만 적 점령구 내 민중이 다들 그런 어린애와 같지는 않아서, 『민중시보(民衆時報)』의 매국노가 편집해낸 기사도 오히려 총명하게 읽어낸다.

9월 4일자 그 신문에는 "슬프고도 슬프다"라는 투의 그럴듯한 사설이 실렸다. 제목은 「무엇을 유격하느냐?」였고 본문은 이렇게 나갔다. "어제 비보를 들었다. 내 친구 한 명이 죽었다는 것이다. 왜 그랬을까? 정말 이상하다. '유격대'라는 그럴싸한 명사(名詞)에 대해 나는 애석함을 금치 못한다. 그들은 대체 무슨 짓거리를 하는가. 교통을 파괴한다. 그들이 잘못하는 것이다. 중국인은 차를 타지 않는가? 그들이 소위 반동분자라는 말인가? 이런 식의 유격대라면 정말 웃기는 얘기다. 각지의 유격대가 일어나 반격함에 최후의 승리가 달려있다고 말하는 이들도 있는데, 난 정말 걱정된다."고.

실은 그가 걱정할 필요가 없다. "무엇을 유격하느냐?"고? "태아장에서 실은 일본군이 대승했다."는 헛소리를 유격하려는 것이다. 현재 악북과 상북(湘北[호남성 북부: 역자]) 에서 일본군은 분명 패배했고, 또다시 패배할 것이다! "소련은 머저리"라고? 그 '머저리'가 오늘날 세계 제1의 강국이 되어있다. "중·일 평화운동이 전국으로 확대되었다"고? 왕징웨이(汪精衛)의 매국 죄상을 성토하는 전보가 눈보라처럼 날아다닌다! 전국에서 항전 필승의 결심 아래 항전을 견지함이 결국 국책이 되어있다. 한 걸음 더 나아가, 중소외교를 강화하고 적후 유격전쟁을 확대해야만 한다! 우리로서는 외려 '신명(神明)의 자손'이라면서 개뿔도 모르는 동양의 강아지가 걱정되는 바이다!

(11.8, 악북에서 씀)

⑧ 제30기(1939.12.15), 1~3쪽, 韓志成, 〈目前朝鮮義勇隊的動態〉

本期已得審查證第一五七號

朝鮮義勇隊通訊

半月刊　第三十期

目前朝鮮義勇隊的動態

韓志成

新的工作方向

朝鮮義勇隊參加中國抗戰，已經有一年了。在這一年中，我們站在國際縱隊的一個支隊的崗位上，站在爭取朝鮮民族解放的先鋒隊伍的立場，嘗試了瓦解敵軍的工作。因爲這部工作是我們的處女嘗試，所以在進行工作的時候，遭遇了許多未曾意料到的困難問題，雖然在工作中亦獲得了一些經驗和教訓。當第二年工作開始的時候，我們根據過去一年來獲得的教訓，再配合着中國目前的新策略，並爲有力的佈置整個東方反日力量起見，曾規定了新階段的主要工作方向爲（一）向敵後發展：目的在配合敵後的中國游擊戰施行武裝對敵宣傳，與爭取朝鮮民衆而建立武裝的戰鬥部隊。（二）繼續一年來的工作：如在前線做對敵宣傳，教育俘虜，培養對敵宣傳幹部，執行國際宣傳，以及發動東方各民族的反日本帝國主義力量，並促進這個力量的統一和集中。

除了這些工作之外，當然還有許多其他的工作，不過上述的工作和方向是最基本的。唯有發展這基本的工作，鞏固這基本的工作，才能增加反日的力量，加強中韓兩民族的聯合，才能有力的推動朝鮮民族的解放運動。

展開中的新工作

要目

編輯兼發行：朝鮮義勇隊
通訊處：桂林水東門外施家園五十三號
出版：一九三九年十二月十五日
定價：每份國幣五分

（一）參加保衛大西南的南路工作：敵人大舉進攻南寧，爲的是以較大規模的戰鬥，鎮壓其民衆的反戰心理，用欺騙的方法將其民衆對內的不滿轉移到對外作戰上。對於中國方面是企圖以軍事的進攻，破壞中國政治上的團結，對於國際方面，是企圖截斷中國和國際間的交通綫，直接威脅英法，使英法在遠東對日讓步。這是敵人的重大陰謀，也正是表示着他最後的掙扎。我們要摧毀敵人這種企圖，無遺的揭露日本軍閥欺騙敵兵和民衆的假面具，使他們認清誰是敵人，以致用他們的槍彈對準欺騙他們的軍閥射擊。同時我們還要以國際隊伍的立場，加强中國的團結。爲了實現這些任務起見我們派遣一分隊參加南路工作。其意義誠如本隊總隊長金若山同志在歡送出征同志會席上所說的一樣：「中國和朝鮮反日的利害是一致的，敵人打到那裏來，我們就挺進到那裏去，敵人要破壞中韓反日力量的團結，我們就要以團結和行動來粉碎它。這次我們能夠參加中國抗戰上有意義的南路戰鬥，並且與西南英勇的中國戰士和民衆一齊打擊敵人。這是朝鮮義勇隊歷史上新的光榮的一頁，我們要以必死的決心來粉碎敵人的企圖」。

（二）派遣一分隊赴敵後××地方工作：這工作是依據我們第二年的工作方向而實施的，是負着發展到敵後，參加游擊隊，實施對敵宣傳工作，並爭取朝鮮羣衆建立武裝隊伍的先遣隊的任務。現在敵佔領區域內除東北方面有二百萬韓僑外，在其他地方戰後移來的日韓僑民約有二十餘萬，其中十萬爲朝鮮人。這些都是被日寇驅逐出來的貧窮的民衆，可能爭取爲反日隊伍有力的生力軍。因此這方面的工作任務，用第××區隊長樸孝三同志的話來講：這個先遣隊的任務「如同哥倫布斯發現亞美利加新大陸一樣」負責爲朝鮮義勇隊的前途尋找羣衆的基礎，建立一個戰鬥的基點。這不但在朝鮮義勇隊的歷史上有着偉大的意義，而且在加强中韓兩民族的聯合上，也有着巨大的意義。因爲在敵後方發動朝鮮羣衆，配合中國的游擊戰破壞敵僞政治軍事經濟等諸般設施，可以使中韓兩民族的革命關係，更密接更充實起來。

（三）向××地方挺進：過去一年來在湘北火綫上忠實的執行了我們的工作，而獲得了中國當局及一般民衆熱烈愛護的×隊，現在已離開這個陣地，向××地方挺進。因爲××地方是敵人今年佔領的較大的據點，并且是通敵人腹地的要衝。在敵人方面看來，以此爲根據地，可以進攻湘北，打通粤漢路並截斷東南和西南的連絡。在中國方面看來很需要以政治軍事上的力量鞏固這方面的第一道防線，更據之擾亂敵人後方，摧毀敵人上述的野心。所以我們向這方面挺進是爲了保持中國抗戰的腹地，在時間上，空間上爭取抗戰勝利的工作上也有着很大的意義。

（四）在北方×戰區與×戰區集中部隊準備第二年的工作；依據第二年工作的經驗，要進行大規模的對敵宣傳，要想得到更大的效果，必定要以集中的力量，向一個目標突擊。所以在第二年的工作中，我們便集中力量向着建立武裝隊伍的目標前進。

我們怎樣達成這些工作

依據新的工作方向，已重新佈置了我們的力量開始進行第二年初步的工作。無疑地，我們的總任務的達成與否，是要看目前工作的開展如何而定，所以將如何去推展和完成我們的工作，是値得我們研究的。我認爲比較重要的是：

（一）建立政治上統一的組織鞏固團結：我們要勝利的完成第二年這部巨大而艱難的工作，需要每個同志認清目前工作的重要，自覺的做應有的準備，到處同心合力，有計劃的努力工作，才能確保工作的勝利。因爲我們的同志和工作部門已經散佈在全中國每個戰場，同時我們的工作又非常艱難。假若沒有政治上統一的組織和鞏固的團結，沒有統一的策略和同一的決心，就不能建立有組織的鞏固的基礎，更不能完成這些工作。

（二）善用客觀環境，在廣大的工作區域，不同的工作環境中，向着同一目標進行工作，如果不能把握各個具體環境中變化着的新情勢和新任務，不能善於應付中國社會發展的不平衡性，只憑着主觀的超現實的幻想，固執主觀的成見，則不但不能展開工作，反而會遭到許多挫折。所以善用客觀環境，在實際上無論是爲了展開我們的工作或爲了促進中韓兩民族的團結，都是重要的關鍵。

（三）堅持工作，忠實的執行任務：每個工作的勝利是必須以堅持的精神來爭取的。在任何困難的環境之下，把我們的工作方向和重心擺在前面，繼續不斷的努力，向着這個目標努力邁進，才不至於遇難而退。同時必須最忠實的執行在特定空間，特定時間內所負的工作，才能在每個工作勝利過程中達成我們總的任務。

（四）不斷的學習：要在工作不忘學習，學習不忘工作的原則下，不斷學習中國語言，風俗習慣，學習在中國社會中工作的方法，學習正確的政治理論，以理論武裝頭腦，以技術做工作的武器，才能達成我們的工作。如果只憑熱情是不夠的，是不能有利的展開工作的。

（五）加强中韓兩民族的聯合，因爲我們的工作是在中國領土上，配合着中國的抗戰，所以我們的工作成効如何，固然要看義勇隊本身之力量而定，但也受着中韓兩民族聯合程度的限制。中韓兩民族的聯合與義勇隊的發展是有密切關係的。一方面義勇隊的工作如能夠切實的展開，而成爲一個有力的戰鬥部隊，很可以有利的促進中韓兩民族的關係。另一方面中韓兩民族更密接的聯結，也能促進義勇隊工作的展開。所以加强並完成中韓兩民族的聯合戰綫是朝鮮義勇隊這期工作上最重要的。

總之，我們在第一年工作的開始，決定了第二年工作方向，並依據這個工作方向，重新安排了工作陣容。但問題是在怎樣來完成這個工作。在這裏我們必須建立統一的政治組織鞏固團結，善用客觀環境，忠實的執行所負担的工作，繼續不斷的學習，並加强中韓兩民族聯合戰線，才能達成向敵後發展建立武裝隊伍的基本任務，也才能夠更有力的執行前後方的各種工作。

本隊消息

一、本隊隊長金若山前赴××視察×區隊同志工作，今已返隊。

二、本隊指導委員金學武等於日前由老河口抵桂。

三、金學武同志繼任本隊政治組組長職。

四、本隊派遣一分隊參加桂南前綫工作。

五、本隊派遣一分隊赴敵後××地區工作。

六、本隊第×區隊現奉命向××前線挺進中。

지금 조선의용대의 동태

한지성

새로운 공작방향

조선의용대가 중국항전에 참가한지 벌써 1년이 되었다. 그 1년 동안 우리는 국제종대(國際縱隊)의 1개 지대(支隊)라는 위치와 조선민족해방 쟁취의 선봉대오라는 입장에서 적군와해 공작을 시도했다. 이 부면의 공작은 우리가 처음 해보는 것이어서 의외의 곤란한 문제들에 많이 부딪혔다. 하지만 몇 가지 경험과 교훈도 얻었다. 제2년 공작이 개시됨에 즈음해 우리는 과거 1년간 얻은 교훈에 근거하고 중국이 취하는 새 책략을 재차 배합함과 아울러 동방의 모든 반일역량을 힘차게 배치 · 정렬하기 위하여 주요 공작방향을 다음과 같이 새롭게 규정하는 바이다.

(1) 적후(敵後)를 향하여 뻗어감. 그 목적은 적후의 중국군민 유격전과 배합하여 무장 대적선전을 시행하려는 것이고, 더불어 조선민중을 쟁취하여 무장 전투부대를 건립하려 함이다.

(2) 1년 동안 해온 공작 계속하기. 전선에서 대적선전을 하고, 포로를 교육하며, 대적선전 간부를 길러내고, 국제선전을 집행하여, 동방 각 민족의 반(反)일본제국주의 역량이 발동되게끔 하면서 그 역량의 통일과 집중을 촉진한다.

이러한 공작 외의 여타 공작들도 당연히 많지만, 앞에서 말한 공작과 방향이 가장 기본적인 것이 된다. 이 기본적 공작을 발전시키고 공고히 해야만 반일역량을 증대시킬 수 있으며, 중 · 한 두 민족의 연합을 강화함에서 조선민족의 해방운동을 힘차게 추진해 갈 수 있다.

전개 중인 새로운 공작

(1) 대서남(大西南)을 지켜내는 남로공작(南路工作)에 참가

적군은 남녕(南寧)을 진공하여 대규모의 전투를 벌이려 하고 있다. 나라 밖에서의 군사작전으로 국내 민중의 반전 심리를 억압하고 기만적인 방법으로 민중의 대내적 불만

을 배출시키려는 것이다. 중국 방면으로는 군사적 진공을 꾀하여 중국인의 정치적 단결을 파괴하고, 국제적으로는 중국과 국제간의 교통선을 차단하며 영국과 프랑스를 직접 위협하여 원동지역을 양보 받으려는 것이다. 이는 적의 중대한 음모이며, 그들의 최후 발악이 드러나는 것이기도 하다.

우리는 적의 이러한 시도를 쳐부수고 일본 군벌이 적병과 국내민중을 속이는 가면도구를 남김없이 폭로하여, 누가 진짜 적인지를 그들이 알게끔 해야 한다. 그들을 속이는 군벌에게 그들의 총탄을 쏘게끔 해야 하고, 동시에 우리는 국제대오라는 입장에서 중국과의 단결도 강화시켜야 한다. 이러한 임무를 실현키 위해 우리는 1개 분대를 파견하여 남로공작에 참여시키고 있다. 그 의미는 우리의 총대장 김약산(金若山) 동지가 출정동지들을 환송하는 자리에서 말한 바와 같다.

"중국과 조선은 반일이라는 이해관계가 일치한다. 적들이 타격하러 어디로 오든지 간에 우리는 진군하여 어디로든 갈 것이다. 적들은 중 · 한 반일역량의 단결을 파괴하려들지만, 우리는 단결과 행동으로 그 음모를 분쇄해낼 것이다. 이번에 우리는 중국항전에서 의미가 클 남로전투에 참가하려 하며, 서남지구의 영용한 중국 전사 및 민중과 함께 적군을 모조리 타격할 것이다. 이는 조선의용대의 역사에서 새로운 영광의 한 페이지가 될 것이고, 그러니만큼 우리는 필사의 결심으로 적들의 기도를 분쇄해갈 것이다."

(2) 1개 분대를 적후 ××[화북: 역자] 지방의 공작에 파견

이 공작은 우리의 제2년 공작방향에 따라 실시하는 것이다. 이는 적후로 가서 중국군 유격대에 참여하여 대적선전공작을 실시하고 조선인 군중을 쟁취하여 무장부대를 건립할 선발대의 임무를 짊어지고서이다.

현재 적 점령구역에는 동북[만주] 방면의 200만 한인 교민을 제외하고도 기타 지역에 중일전쟁 발발 후로 이주해온 일 · 한 교민 약 20여 만이 있는데, 그 중 10만이 조선인이다. 그들 모두 일제에 의해 내쫓긴 빈궁 민중이니, 반일 대오의 유력한 새 일꾼 쟁취가 가능하다. 그리하여 이 방면의 공작 임무는 제×[1: 역자]구대장 박효삼(樸孝三) 동지가 한 말을 그대로 인용해본다. 즉, 이 선발대의 임무는 "콜럼버스가 아메리카 신대륙을 발견한 것과 꼭 같이" 조선의용대의 앞길을 책임지고 군중적 기초를 찾아내 하나의 전투적 기점을 세워놓는 것이다. 이것은 조선의용대의 역사에서 크나큰 의미를 띨 뿐 아니

라, 중·한 양 민족의 연합을 더욱 강화한다는 의미도 큰 것이다. 적 후방에서 조선 군중을 발동하고 그로써 중국군의 유격전에 배합하여 적군 및 그 괴뢰의 정치·군사·경제 등 제반 시설을 파괴할 터이니, 중·한 양 민족의 혁명 관계는 다시금 밀접하고 충실해질 것이다.

(3) ××지방으로 진군함

과거 1년 동안은 악북전선에서 우리의 공작을 충실히 집행했고, 중국군 당국 및 일반 민중이 무척 아끼는 '×대(隊)'라는 이름을 얻었다. 지금은 이곳 진지를 떠나 ××[감북(贛北); 강서성 북부: 역자]지방으로 진군하고 있다. ××지방은 적군이 금년에 점령한 큰 거점인데다 적의 몸통으로 통하는 요충지여서이다. 적의 견지에서는 그곳을 근거지 삼아 호남성 북부로 진공할 수 있고, 월한로(粵漢路[광주-무한 간 철로: 역자])를 쟁탈하여 동남과 서남 사이의 연결선을 끊어버릴 수 있다. 중국 측 입장에서는 정치적·군사적 역량으로 이 방면의 제1방어선을 공고히 하고 그에 더해 적의 후방을 교란시켜 앞서 말한바 적의 야심을 무너뜨릴 것도 요청된다. 때문에 우리가 이 방면으로 진군하는 것은 중국항전의 허리를 지켜내기 위함이고, 시·공간 양면에서의 항전승리 공작에 매우 큰 의미가 있다.

(4) 북방의 ×[1: 역자]전구와 ×[5: 역자]전구로 부대를 집중시켜 제2년 공작을 준비함

제1년 공작의 경험에 비추어볼 때, 대규모의 대적선전을 진행시켜 더 큰 효과를 얻어냄이 필요하다. 역량을 집중시켜 하나의 목표로 돌격함도 필요하다. 그래서 제2년 공작에서 우리는 역량을 집중시켜 무장부대 건립이라는 목표를 향해 전진할 것이다.

이러한 공작을 우리는 어떻게 해낼 것인가?

새로운 공작방향에 따라 우리의 역량을 새로 배치했고 제2년의 첫걸음이 되는 공작을 개시했다. 의심할 바 없이 우리의 모든 임무의 달성 여부는 앞으로의 공작이 어떻게 전개되는가에 따라 결정된다. 그래서 앞으로 우리의 공작을 어떻게 추진하고 완성해가야 할지가 우리의 연구에 값한다. 내가 비교적 중요하게 보는 점들은 이러하다.

(1) 정치적으로 통일된 조직을 건립해 굳게 뭉친다. 우리가 제2년의 이 거창하고도 어려운 공작을 승리로 완성시키려면, 동지 각자가 당면공작의 중요성을 똑바로 인식하고 자각하여 상응하는 준비를 해줘야만 한다. 어디서나 같은 마음으로 힘을 합치고 계획적으로 공작에 힘을 쏟으면 승리를 확보할 수 있다. 우리의 동지와 작전 활동이 이미 전 중국의 각 전장으로 분산되어 있고 우리의 공작은 매우 힘든 성질의 것이기 때문이다. 정치적으로 통일된 조직과 공고한 단결이 없으면, 통일적 책략과 하나 된 결심이 없으면, 견고한 기초가 있는 조직을 건립할 수가 없고, 더욱이 이러한 공작을 완성할 수도 없다.

(2) 객관적 환경을 잘 활용하여, 광대한 공작 구역과 서로 다른 공작 환경에서 같은 목표를 향해 공작을 진행시킨다. 각각의 구체적 환경에서 변해가는 새 정세와 새 임무를 파악하지 못하면, 중국 사회발전의 불균등성에 능숙하게 대응할 수가 없다. 주관적 · 초현실적 환상에 기대어 주관적 견해만을 고집하면 공작을 전개할 수 없을 뿐 아니라 수많은 좌절도 겪을 것이다. 그래서 객관적 환경을 잘 활용하는 것이 우리의 실제적 공작 전개를 위해서만 아니라 중 · 한 양 민족의 단결 촉진을 위해서도 중요 관건이 되는 것이다.

(3) 공작을 굳세게 해가면서 임무를 충실히 수행한다. 매번 공작의 승리는 굳센 정신으로 쟁취하는 것이다. 여하히 곤란한 환경에서도 우리의 공작 방향과 중심을 앞에 세우고 계속해서 굽힘없이 노력해야만 한다. 이러한 목표를 향해 노력하고 매진해야만 어려움을 만나도 물러서지 않을 수 있다. 동시에 필수적인 것은 특정 공간, 특정 시간에서 맡은바 공작을 충실히 수행함이다. 그래야만 매번의 공작에서 승리할 수가 있고, 그럼으로써 우리의 총체적 임무도 달성할 수 있는 것이다.

(4) 끊임없이 학습한다. 공작 중에도 학습을 잊지 않고, 학습 중에 공작을 잊지 않는다는 원칙하에 끊임없이 중국의 언어와 풍속 · 습관을 배워야 한다. 중국사회에서의 공작 방법을 학습하고, 정확한 정치이론을 학습해야 한다. 이론으로 두뇌를 무장시키고, 기술을 공작의 무기로 삼아야 한다. 그래야만 우리의 공작을 달성할 수 있다. 그저 열정만을 따른다면 부족함이 있고, 이는 공작 전개에 득이 될 수 없다.

(5) 중 · 한 양 민족의 연합을 강화한다. 우리의 공작은 중국영토에서 이루어지기 때문에 중국의 항전에 배합시키는 것이다. 우리의 공작 성과가 어떠할지는 의용대 자

신의 능력으로 정해지겠지만 중·한 양 민족의 연합 정도에 의해 제한받기도 할 것이다. 그렇게 중·한 양 민족의 연합과 의용대의 발전은 밀접한 관계가 있다. 한편으로 의용대의 공작이 착실히 전개되면 하나의 유력한 전투부대가 될 수 있고, 중·한 양 민족의 관계를 촉진함에도 유리할 수 있다. 다른 면에서는 중·한 양 민족이 더욱 밀접히 연결되는 것이 의용대의 공작 전개를 촉진할 수 있다. 그러므로 중·한 양 민족의 연합전선을 강화하고 완성시키는 것은 조선의용대의 제2년 공작에서 가장 중요한 것이다.

총괄하면, 우리의 제2년 공작이 시작되었고 그 공작방향이 결정되었다. 그러한 공작방향에 따라 공작진용도 새로이 짜여졌다. 그러나 문제는 이 공작을 어떻게 완성할 것인가이다. 여기서 우리는 통일적 정치조직을 건립해 단결을 공고히 하고, 객관적 환경을 잘 활용하여 맡겨진 공작을 충실히 수행하며, 계속해서 끊임없이 학습해야 한다. 아울러 중·한 양 민족의 연합전선을 강화해야 한다. 그래야만 적후로 뻗어나가 무장부대 건립의 기본임무를 달성할 수 있고, 그래야만 전·후방의 각종 공작을 충분히 힘차게 집행할 수 있는 것이다.

⑨ 제30기(1939.12.15), 13쪽, 在樹 譯, 〈物資統制下之日本〉

物資統制下之日本

在樹譯

——編者按：此篇載於「實業之日本」六月號內，充分暴露出敵國內經濟拮据狀況，特譯於此，以供參考。

資金統制

輸入資金之統制——資金統制是因爲在戰時消耗了大量的物資，尤其是在長期戰爭中，爲了調整和補充物資而產生的。日本是一個物資缺乏的國家，同時又不能從外國得到貸款，於是當他調整和補充物資的時候，就只有設法增加戰爭必需品之輸入，與擴充國內生產力之二途，爲了能夠很靈活的運用資金達到前二項目的，資金統制乃更見必要了。因之在日本資金統制亦是分做國內與輸入兩方面的：輸入資金之統制，是早在戰爭之前就開始了。那時爲了防止資金外流起見，曾實施了「外國匯替管理令」，此後又於昭和十二年一月修正匯替管理令，而重新頒布輸入匯替許可制。此法開始之初，每日輸入超過三萬元以上者，必須得當局之許可。其後統制逐漸强化，到現在就是輸入一百元者，亦要得當局的許可才行。

國內資金之統制——在戰爭開始後，日本實施了臨時資金調整法，以求調整國內資金之使用，並擴充生產力，它的內容；（一）事業資金之調整，（二）興業債券發行限度之擴充，（三）貯蓄債券之發行，（四）金融事業之調整等四項。最使人注意的是事業資金之調整。其首先是對統制銀行，信托公司，保限公司，金融機關，證券業者及貸款社債引受等。就是說那些資金供給者，放款給固定事業者的時候，或放款超過五萬元以上時，需要得到政府當局的許可。

其次是事業公司之統制；昭和十二年九月發佈的資金統制法中，規定凡新設立公司或合併成立之公司，資金超過五十萬元者，必需要得到主管大臣的許可。同時當徵收未繳納之股本，或用自己的資金添設，或擴充改良的時候，所需要的資金如超過十萬元以上，亦要得到政府的許可。及至去年八月又來了一個修正，新設或合併成立之公司必需得到許可的資金標準，由五十萬元降至二十萬元。添設或擴充需要得到政府許可的資金標準亦由十萬元降至五萬元。到了今年四月，金融機關或證券業者對於固定事業者放款超過三萬元（本來是五萬元），都要得到許可了。

放款强制命令之發動：事業資金能不能得到許可，還要看事業的性質，大凡是軍需工業的投資，都可獲得優先權，而平時事業就要受到强力的限制。它把各種事業分爲甲乙丙三種，屬於甲種者如金屬鑛山，資源公司，航空機公司等百餘種，都是原料極端缺乏和國防上迫切需要的。對於這些投資是無條件的許可的。屬於乙種的有二百餘種，許可與否，要看其事業性質與投資額多少而定。屬於丙種的如紡織業，酒造業，取引所業及劇場等百餘種，歸類於平時事業，當局極力壓制着它的增設或擴張。到了今年四月，又規定這些事業擴充或增設的資金不得超過三萬元以上。但是生產力愈來愈需要擴充，遂有今年四月所頒布的總動員法第十條中的強制貸款命令（資金融通令），政府有權命令日本興業銀行放款。今後，對其他金融機關亦將要施行命令放款了（未完）

물자통제하의 일본

재수 역

ㅡ편집자의 말

이 글은 『실업 일본(實業之日本)』 6월호에 실린 것이다. 적의 국내경제가 허덕이는 상황을 충분히 폭로해주는 것이기에 여기 특별히 번역하여 참고용으로 제공하는 바이다.

자금통제

수입자금 통제

자금통제는 전시에 대량의 물자가 소모되기 때문에 생겨나는 현상이다. 특히나 장기전에서의 물자 조절과 보충을 위한 것이다. 일본은 물자가 부족함과 아울러 외국차관을 얻기가 불가능해진 나라이다. 그래서 물자를 조절하고 보충하려면 전쟁필수품의 수입을 늘리든지 국내생산력을 확충하는 방법밖에 없게 되어 있다. 그 두 가지 목적을 달성키 위해 자금운용을 원활히 하려면 자금통제가 필요해지는 것이다. 그리하여 일본에서 자금통제는 국내와 수입(輸入) 두 방면으로 나누어 이루어진다. 수입자금 통제는 전쟁 전부터 시작되었는데, 그때는 자금의 외부유출을 막기 위해 '외국송금 · 차관 관리령'을 실시했다. 이후 쇼와(昭和) 12년[1937년] 1월에 송금 · 차관 관리령을 수정했고, 수입대금 이체 허가제를 새로 마련했다. 이 법 시행 초기에는 하루치 수입대금이 3만 원 이상이면 당국의 허가를 얻어야 했다. 그 후 통제가 점점 더 강화되어, 현재는 수입대금이 1백 원만 되어도 당국의 허가가 있어야 한다.

국내자금 통제

중일전쟁 개전 후 일본은 임시자금조정법을 실시하여 국내자금 사용 조절과 생산력 확충을 꾀하였다. 그 내용을 보면, (1) 사업자금 조정, (2) 흥업채권 발행한도 확충, (3) 저축채권 발행, (4) 금융사업 조정이라는 네 항목이었다. 그 중에서도 사람들의 주의를 가장 많이 끈 것은 사업자금 조정이었다. 은행 · 신탁회사 · 보험사 · 금융기관 · 증권업자들의 대부와 사채인수 등을 통제함이다. 그런 자금공급자들이 사업가에게 돈을 풀 때, 혹은 5만 원 이상의 돈을 풀 때는 정부당국의 허가를 받아야한다는 것이다.

다음은 사업회사 통제이다. 1937년 9월에 발포된 자금통제법에는 신설회사나 합병으로 성립하는 회사의 자금이 50만 원을 초과하는 경우에는 반드시 주관대신의 허가를 얻도록 규정되었다. 또한 미상장(未上場) 주식이나 자기자본을 사용해 회사를 증설·확충·개량할 때도 소요자금이 10만 원 이상일 때는 정부 허가를 받아야만 했다. 작년 8월에 규정의 한 대목을 다시 수정했는데, 신설 혹은 합병으로 성립하는 회사는 50만 원 이하 20만 원 이상의 허가된 자금기준을 반드시 마련해야 한다. 증설 또는 확충의 경우에도 10만 원 이하 5만 원 이상의 자금기준을 충족시켜야 한다. 금년 4월부터는 금융기관 혹은 증권업자가 고정사업자에게 해주는 대출 금액이 3만 원(본래는 5만 원이었음) 이상이 되면 당국의 허가를 받게끔 했다.

대출강제 명령의 발동

사업자금이 허가를 받을 수 있느냐의 여부는 사업의 성질도 관계된다. 대체로 군수공업 투자는 우선권을 얻을 수 있고, 평시사업은 강력한 제한을 받는다. 각종 사업을 갑·을·병 3종으로 나누어, 갑종에 속하는 것은 금속광산·자원회사·항공기회사 등 100여 종에 이른다. 그 모두가 원료의 극단적 결핍과 국방상의 절박한 수요가 겹치는 부문인데, 이에 대한 투자는 무조건 허가한다. 을종에 속하는 것은 200여 종이고, 허가 여부는 사업의 성질과 투자액의 많고 적음을 갖고서 정해진다. 병종에 속하는 것은 방직업, 양조업, 거래소업, 극장업 등 100여 종이고 평시사업으로 분류되는 것이다. 이들 사업의 증설이나 확장은 당국에서 극력 제한한다. 올해 4월에 이르러 이들 사업의 확충 혹은 증설 자금은 3만 원을 넘지 않도록 규정되었다. 그러나 생산력 수요가 갈수록 늘어나니, 마침내 금년 4월에 국가총동원법 제10조로 강제대출 명령(자금융통령)을 반포하고, 정부가 명령권을 갖는 일본흥업은행에서 돈을 풀었다. 앞으로는 기타 금융기관에 대해서도 대출명령 시행이 필요해질 것이다. (미완)

⑩ 제31기(1940.1.1), 11~14쪽, 志成 譯, 〈日寇在朝鮮的精神總動員運動〉

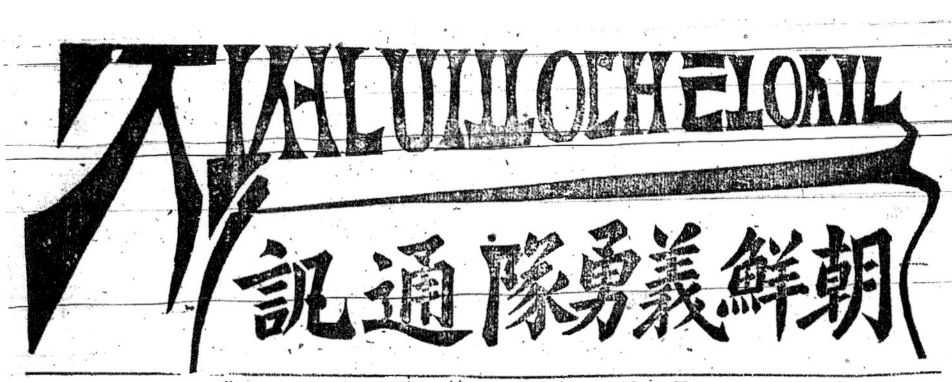

本期已得審查證第一五七號

朝鮮義勇隊通訊

半月刊　第三十一期

建立東方各民族友誼的新基礎

金若山

自從蘆溝橋事變，中國朝野上下空前的團結一致，展開反日本帝國主義的抗戰以來，整個東方已分成兩個顯明的對峙的陣營；一方面是侵略壓迫屠殺剝削他民族和犧牲絕大多數人民幸福的帝國主義者，另一面是反帝反侵略的革命大衆和被壓迫民族的聯合陣綫。至此，東方被壓迫民族當前的急務，便是在進行打倒共同敵人日本帝國主義的決戰。而在這個決戰中，顯然中國抗戰是起着領導的主力的作用。

爲了打倒共同敵人，在華朝鮮革命者于一九二八年十月十日在漢口組織了朝鮮義勇隊，台灣革命同志於一九三九年九月在浙江金華組織了台灣義勇隊；日本革命同志及反戰的士兵亦於一九三九年十二月在桂林組織了日本人民反戰同盟西南支部。這一支一支的反日隊伍都是台灣朝鮮日本革命同志，在中國友誼的援助下自動組織起來的。朝鮮義勇隊過去一年來曾參加過南北各戰區火線上的對敵宣傳工作，台灣義勇隊和日本人民反戰同盟的同志們，亦於最近參加到東南西南各戰場從事爭取日兵瓦解敵軍的工作。除了這些直接在日本帝國主義壓迫蹂躪下的台灣朝鮮日本人民的隊伍外，印度亦派遣了救護隊來幫助中國抗戰。

以中國抗戰爲火源，東方各民族都燃起了革命的火炬，這是東方被壓迫民族反日本帝國主義革命的新發展，這新發展將會建立起東方各民族解放後的友誼的基礎。

因此，我們認爲目前最主要的工作是進一步建立在華各民族的武裝隊伍，並與各該國內的革命群衆和各民族間取得密切聯結。這樣，才能更有力的促進中國抗戰的勝利，與各該民族的解放。

在華各民族武裝隊伍的建立，不僅是各該民族爭取解放的基幹隊伍，而且是中國抗戰勝利後保障東方和平的聯盟軍。所以我們建立武裝隊伍的意義，完全是爲了中國抗戰勝利和東方各民族永遠的友誼的聯合。

× × ×

× × ×

要目

編輯兼發行：朝鮮義勇隊
通訊處：桂林水東門外施家園五十三號
出版：一九四〇年一月一日
定價：每份國幣五分

日寇在朝鮮的精神總動員運動

志成譯

本文譯自朝鮮總督府於一九三九年九月，在日本內務省情報週刊上發表的「朝鮮國民精神總動員運動」。日寇自從對華速戰速決政策失敗之後，對於朝鮮民族，除施以政治的暴壓，經濟上加以剝削之外，還在精神上，要朝鮮民族日本化。這是永遠消滅朝鮮民族的毒辣手段，這種企圖無餘的暴露在本文中，因此譯出這篇的全文以供關心朝鮮民族問題的諸讀者——譯者話

朝鮮精神總動員的特殊性

在朝鮮的國民精神總動員與日本不同。它不但有和日本一樣的精神總動員的一般目標，並且還有使半島同胞（即朝鮮民族）「皇國臣民化」即強化「內鮮一體」的特殊使命。朝鮮在地理上負着帝國侵入大陸的兵站基地的任務，所以必須比日本更加以澈底的實行精神總動員。因此精動運動是當做總督政治的重要政策之一而網羅民間有望者，官民一致熱烈從事於動員並集中全國民意的工作，

精神總動員的機構

總督府；為着指導並計劃國民精神總動員運動起見，在總督府下設立了國民精神總動員委員會與精動會幹事會，由政務總監任委員長，各局長官房部課長任委員，各局課長任幹事調查並審議重要事項。這個委員會及幹事會與下面提到的國民精神總動員朝鮮聯盟的理事會及參事會有着密切的連繫。

國民精神動員朝鮮聯盟；是這運動的中樞機關，指導民衆精神動員的外衛團體。它的使命跟日本國民精神總動員中央聯盟一樣依據尊嚴的國體，負責由全國臣民，推作日本精神於日常生活之中，更將依據朝鮮的特殊性強化半島同胞的皇國臣民化以實現「內鮮一體」，促進各種產業的迅速的發展，使二千三百萬朝鮮同胞協助建設新東亞的聖業。這個聯盟當然不是直接參加政治，可是因為它負着協助總督政治的使命，所以特任川島陸軍大將為總裁，朝鮮總督府學務局長鹽原為理事長。總督府各局部長文書課長等精動委員會委員，中樞院參議新聞社長及民間有力者任理事，總督府各課長，各專門中學校長，思想團體代表者及有力者，及言論機關代表

對敵宣傳

東銘作　和譯

緊握着鋼鐵般的拳頭，
悍然跳上偉大的戰場，
這是朝鮮男兒壯烈的氣勢。
勇邁地奔馳吧！
帝國主義的命運已到山水盡頭。

× × ×

一手握鋼筆，一手携傳單，
盤轉在敵人身邊背後，
這是朝鮮青年特有的作風。
英武地戰鬥吧！
勞苦大衆的呼聲已震動全球。

× × ×

標語！傳單！將這正義之矢發射，
招引千百萬敵偽軍反戰反正的風潮。
這是我們唯一武器。
怒吼吧！
法西日閥已陷入萬丈深淵。

× × ×

為了民族解放與世界和平，
高唱被壓迫大衆大聯合之歌，
這是我們義無旁貸的任務。
勇敢地前進吧！
自由幸福的曙光已在放露。

任務事。並請朝鮮當局協力彼此保持密接關係，爲完成使命而努力。

一、地方聯盟：地方聯盟與國民精神動員朝鮮聯盟取有密接連絡，負着實踐的使命，以道以下各行政區爲單位以至鄉鎭街都有聯盟組織，由官民首腦者及有力者充當各聯盟幹事做實際指導的工作。

二、各種聯盟：因爲這個運動是集中國家總力的運動，所以官署，學校，銀行會社及其他各團體等凡是同性同業的機關團體間都組聯盟，以愛國爲指導精神訓練團體生活，促進知識階級的同覺。這些聯盟稱爲各種聯盟以與上述之聯盟相區別。這些各種聯盟是每天規定一定時間（如夏期午前七時，冬期午前七時五分），用無綫電傳令全鮮人民，一齊向宮城遙拜。

三勤勞報國

不問官吏或人民都應該忠實於自已的職業，以加強職業報國的觀念，又實施團體勞働以澈底强化勞働報國的觀念。

四、勵行貯蓄

全朝鮮到處組織貯蓄組合，勵行愛國貯金，節米貯金，增加各官所的規定貯蓄額，並着重公債推銷

國民精神總動員朝鮮聯盟綱領

（一）發揚皇國精神　（一）完成內鮮一體

（一）革新生活　（一）協助戰時經濟政策

（一）勤勞報國　（一）生產報國

（一）槍後的後援　（一）防共防止間諜

（一）組織實踐網並澈底指導

國民精神總動員朝鮮聯盟實踐要目

每朝遙拜宮城，勵行參拜神社，勵行祭祀祖先，時時朗誦皇國臣民的誓詞，尊重國旗勵行國語，實行非常時期的國民生活，愛用國貨，勵行貯金，澈底實行節約，獎勵應募國債，愛護資源，强化勤勞報國隊的活動，勵行增加一日一小時勤勞時間，實行農山漁村更生五個年計劃，全家勸勞，歡送歡迎出征軍人，慰問傷病兵，帮助出征軍人家族，並慰問殉國者的遺族，時時默禱殉國者英靈，防止流言蜚語，警戒間諜，協力防共防諜。

本隊消息

本隊南路工作隊，已安抵××地方，蒙白將軍崇禧，行營政治部梁主任寒操召見，備得贊許，詳賜指示，併發給無線電放送機二架，現該工作隊已經赴火線工作云。

東路工作隊安抵××地方，已開展工作，羅總司令曾親自迎見，並允在工作上給予各種便利云。

本隊本部最近曾舉行四次座談會第七次由本隊隊長金若山同志主講「朝鮮義勇隊的任務與今後工作方向」；第八次由王繼賢同志主講「最近日本政治動態」；第九次由李達同志主講「日美關係」；第十次由李貞浩同志主講「敵國阿部內閣倒台之原因及新內閣的前途」，結果頗爲圓滿。

隊本部工作人員曾參加中國民族復興節遊行大會與歡送負傷將士重上前線大會。

本隊政治組長金學武，政治組主任宣傳員韓志成兩同志，於本月十六日，因公赴第×戰區；政治組長職已暫由李達同志代理云。

致在美韓胞的一封信

紐約，舊金山，路山宰爾斯，朝鮮義勇隊後援會諸位同志公鑒：

在異國堅苦奮鬥着的諸位同志，不顧一切的困難，以赤胆熱心，對我們義勇隊做精神上物質上的援助，對此，我們義勇隊由隊長以至全體同志，是表示無限的感謝，同時這使得我們在現在的事業上，在將來的發展上，都得到了深刻的鼓勵，增加了無限的勇氣，在東方弱小民族正和日本帝國主義作最後決戰的時候，我們朝鮮民族，不論在任何地域，都是以朝鮮民族革命爲目標，堅强的團結，向前邁進，這就是我們朝鮮革命者最大的行動指針，我們在各地的活動是向着同一目標，同一方向，如果再把我們的精神和力量集中起來，那麼我們朝鮮民族解放運動將成爲致敵死命的偉大力量，由此，在中國各地活動的我們朝鮮義勇隊同志們，早在爭取朝鮮民族解放的旗幟下，與唯一的友軍中國，抱有唇亡齒寒的關係，更準備將來和東北，朝鮮革命勢力連繫，匯合，結成偉大的武裝反攻力量，同志們！我們要一致團結起來，向着我們既定的目標邁進，我們堅決相信，只要我們以百折不撓的精神，堅苦卓絕的實踐做果敢的鬥爭

愛國班的活動狀況

聯盟基礎組織的愛國班的活動是聯盟組織網的一份子的團結活動，同時是聯盟員家庭生活的根源。因此愛國班的指導目標也着重於此，以期達成任務，愛國班勿論在聯盟運動的那一個方面來說，都站在第一線活動，在此介紹其一般情形如下，遙拜宮城，參拜神社清掃神社，勤勞奉公，搜集廢物，勵行愛國貯金，修築道路工事等愛國作業，淸掃班員住居附近，日常生產的共同生產等。這個活動兼有物質精神兩方面，全鮮二千三百萬同胞不問其貴貧和階級都是屬於一個愛國班，依據其構成性質，或直屬於朝鮮聯盟或加入各該地一般聯盟，互相取得充分的連絡，全鮮一致，竭力進行精神運動。

愛國班；不關一般聯盟或各種聯盟，以十家或相當人數組成愛國班，做爲各聯盟的基楚組織執行保共存及木？運動。在這種實踐機構的第一線上活動的愛國班，隨着上述地方聯盟以下各種組織網的完成，將能發揮精神動員的持色。是實踐的中心着重於「半島同胞的」「皇國臣民化」及「內鮮一體的完成」。愛國班，加强了精動運動的組織這是已被一般所共認的。至昭和十四年（一九三九年）七月末爲止全鮮已有三十三萬四千個愛國班，和四百八十餘萬班員。班員數以家爲單位，如連其家族算上，則全半島住民幾乎都包含在愛國班的組織中了。

國民精神總動員運動的現狀

朝鮮在中國事變發生以後，以總督府情報委員會爲中心，爲專心使民衆認識時局，發揚日本精神起見，實施了啓發的宣傳，結果槍後報國，愛國，的熱情澎湃起來。自從事變週年紀念日成立國民精神總動員朝鮮聯盟後這個運動是以這聯盟爲中心，在總督府指導下，而努力於任務之達成的。

主要實踐項目

朝鮮聯盟的實踐要目有下述二十一項，其中精神和物質方面的根本，仍爲遙拜宮城和勤勞貯畜二項，目前是以此二項爲必行的運動基礎，而圖謀將來健全的發展。在這里列擧一二實踐狀況如下。

一、制定愛國日

學校，官署，銀行會社及其他各團體各地部落制定每月一日爲愛國日，遙拜宮城，參拜神社，齊誦皇國臣民誓詞，勤勞奉公做爲團體的經常工作，但最近內閣會

，我們的最後勝利是無疑的。今後我們希望在美的同胞同志，對在不斷努力中的我們朝鮮義勇隊，不時的予以鞭撻，予以支持，使得我們奠下堅固的基礎，得到更大的發展，我們更希望諸同志對我們要取得經常的密切的連繫。

最後對諸同志赤誠的結晶品——援助金，我們眞是却之不恭，受之有愧，我們願以更大的努力來回答諸同志的期待和盛意，現在謹將每次收到的捐款發表於後，並致

革命敬禮

一九四〇、一、一、

朝鮮義勇隊隊長金若山暨

全體同志上

計開（紐約朝鮮義勇隊後援會捐款）

一九三九、五、四、收到法幣三百元

六、二十、收到法幣二百元

八、八、收到法幣二百元

十、三、收到法幣三百元

合計　一千元

另收到自路山宰爾斯捐來的照像機一架

議決議制定每月一日爲興亞奉公日，特別會戰場，在日常生活中，要不斷的自肅自省，而在朝鮮的愛國日就當做興亞奉公日，以期徹底的實現。從九月一日起除愛國日應做的諸般事情之外，又實施自肅自省，刷新生活的其他各種事項，以使國民精神的集結與國家總力的發揮而無辜於聖旨。

二、宮城遙拜

爲着培養忠誠愛國的思想，加强半島同胞皇國臣民的信念急速實現內鮮一體起見，乃做此活動。例如南總督大野政務總監也是總督府內愛國班中官房愛國班的一員。他們和一般廳員一樣有時參加朝鮮神宮奉贊殿廣場擴張工事，有時參加獻納馬糧草的奉公事業，流着汗工作。又在家庭，以巷內的一個愛國班員而與民同拜，因此愛國班的活動跟着聯盟精神徹底的實行無疑地將會獲得更大的效果。

聯盟運動與既存運動之關係

國民精神總動員聯盟的運動目的是鑑於時局，發揚日本精神，實現半島民衆皇國臣民化，以確立擧國一致的精神運動。需要有上至，朝鮮聯盟，下至愛國班，都一致的有系統的統一的運動。使既存各種團體的運動精神也歸屬於聯盟的指導原理而在實際進行上一方面要使民衆能夠了解，另一方面更要與特別組織訓練的農山漁村振興運動的最後目標而努力。精神運動在農山漁村與既存的振興運動以不可分離的關係互相幇助，可是在沒有振與組織的城市便與各種既設團體予以體系及統制，而完成了全朝鮮一體的組織。

朝鮮的精神總動員運動基於完備的組織綱，全朝鮮諸精神運動的統合，將展開有力的工作，以達成聖業。

物資統制下之日本（續）

在樹譯

建築之統制

自從戰爭開始之後，建築亦激增了，例如全國二十二個都市的建築費總額，在去年一月只有一千八百萬元，至同年十二月便增至三萬萬八千一百萬元，即東京一處來說，去年一月間是五百八十二萬元，十二月增至一萬萬四千萬元。建築物的數量，以昭和十二年七月做準，至今年三月住宅建築增加23%，商業建築增加2.6%，工場增加5.7%，其他建築物增加7%，特別是咖啡館平均早日增加一間半，其原因是由於戰時的

일본 침략자가 조선에서 벌이는 정신총동원운동

지성 역

이 글은 조선총독부가 1939년 9월 일본 내무성의 주간 정보지에 발표한 「조선국민정신총동원운동」을 번역한 것이다. 일본 침략자는 중국에 대한 속전속결 정책이 실패하고부터 조선민족에 대해 정치적 폭압과 경제적 착취 이상으로 정신상의 일본화도 하려들고 있다. 이것은 조선민족을 영원히 소멸시킬 독약과도 같은 수단인바, 그런 기도가 이 글에서 남김없이 폭로되고 있다. 그래서 그 전문을 번역하여 조선의 민족문제에 관심 있는 독자 제위에게 제공하는 것이다. ―역자의 말

1. 조선 정신총동원의 특수성

조선에서의 국민정신총동원은 일본과 다르다. 거기에는 일본에서의 정신총동원과 똑같은 일반적 목표가 있을 뿐 아니라, 반도 동포(즉, 조선민족)의 '황국신민화' 즉 '내선일체' 강화라는 특수한 사명도 들어있음에서이다. 조선은 지리상 제국이 대륙을 침입하는 병참기지의 임무를 짊어지므로 정신총동원을 더욱 철저히 실행해야 한다. 그래서 정동운동(精動運動; '국민정신총동원운동'의 약칭: 역자)이 총독정치의 중요 정책의 하나로 삼아지고, 민간 명망가를 다 끌어내 관민일치로 전국의 민의를 동원하고 집중시키는 사업에 열심히 종사토록 한 것이다.

2. 정신총동원의 기구

총독부는 국민정신총동원운동의 지도와 계획을 위해 총독부 예하에 국민정신총동원위원회와 그 간사회를 설립했다. 정무총감을 위원장으로, 각 국장과 관방부(官房部) 과장을 위원으로, 각 국의 과장들을 간사로 임명하여 중요사항의 조사와 심의를 맡도록 했다. 이 위원회와 간사회는 아래에 설명할 국민정신총동원조선연맹의 이사회 및 참사회와 밀접한 연계를 갖는다.

국민정신총동원조선연맹은 이 운동의 중추기관으로, 민중 정신동원의 외곽단체들을 지도한다. 그 사명은 일본국민정신총동원중앙연맹과 마찬가지로, 존엄한 국체에 의거해

전국의 신민(臣民)들로 하여금 일상생활에서 일본정신을 책임지고 드높이도록 하며, 조선의 특수성에 의거해서는 반도 동포의 황국신민화를 강화하여 내선일체를 실현시키고 각종 산업의 신속한 발전도 촉진하여 2천3백만 조선동포로 하여금 신동아 건설의 성업(聖業)에 협조토록 한다는 것이다.

이 연맹이 정치에 직접 참여하지는 않는다. 그렇지만 총독정치에 협조할 사명이 있기 때문에, 카와시마(川島) 육군대장을 총재로, 조선총독부 학무국장 시오하라(鹽原)를 이사장으로 특임하였다. 총독부 각 국의 부장 및 문서과장 등을 정동위원회 위원으로, 중추원 참의와 신문사장 및 민간 유력자들을 이사로 임명하고, 총독부 각 과장, 각 전문·중학교장, 사상단체 대표자 및 유력자, 언론기관 대표들을 참사로 임명하였다. 아울러 조선과 총독부 당국이 협력하여 서로 밀접한 관계를 유지하면서 사명을 완성토록 노력하기를 요청하였다.

(1) 지방연맹: 지방연맹은 국민정신총동원조선연맹과 밀접한 연락을 취하면서 실천적 사명을 지도록 한다. 도 이하의 각 행정구를 단위로 삼아 향(鄉)·진(鎭)·가(街)에 이르기까지 모두 연맹조직이 있고, 관·민의 수뇌자 및 유력자가 각 연맹의 간사로 충원되어 실제의 지도적 공작을 한다.

(2) 각종 연맹: 이 운동은 국가의 총력을 집중시키는 운동이므로, 관공서, 학교, 은행, 회사 및 기타 각 단체들에서 성격이 같고 업종이 같은 기관·단체끼리 연맹을 두고 애국으로 정신훈련과 단체생활을 지도하며 지식계급의 각성을 촉진시킨다. 이들 연맹을 '각종 연맹'이라 하는데, 앞서 말한 연맹과는 상호 구별된다. 각종 연맹은 매일 일정 시간을 정해놓고(예를 들어 여름에는 오전 7시에, 겨울에는 오전 7시 5분에) 무선전신을 이용하여 전 조선인민으로 하여금 일제히 궁성요배토록 한다.

(3) 근로보국: 관리이건 인민이건 모두가 자기 직업에 충실토록 하여 직업보국 관념을 강화시키고, 단체노동 실시로 노동보국 관념도 철저히 강화시킨다.

(4) 저축 장려: 전조선 곳곳에 저축조합을 조직하여 애국저금과 식량절약저금을 하도록 하며, 각 관소(官所)의 규정된 저축액을 늘리고 공채 매입에도 나서도록 한다.

3. 국민정신총동원조선연맹 강령

- 황국정신을 현양(顯揚)함
- 내선일체를 완성함
- 생활을 혁신함
- 전시경제정책에 협조함
- 근로로써 보국함
- 생산으로 보국함
- 후방에서 전선을 후원함
- 공산분자를 막아내고 간첩을 방지함
- 실천망을 조직하여 철저히 지도함

(1) 국민정신총동원조선연맹 실천요목

매일 아침 궁성요배를 한다. 신사참배를 한다. 조상제사를 지낸다. 수시로 황국신민서사를 낭송한다. 국기를 존중하고 국어[일본어를 말함: 역자]를 쓴다. 비상시국의 국민생활을 실행한다. 국산품을 애용한다. 저금을 힘써 행한다. 절약을 철저히 실행한다. 국채(國債) 매입을 장려한다. 자원을 애호한다. 근로보국대 활동을 강화한다. 1일 1시간 이상의 근로시간 늘리기를 힘써 행한다. 농 · 산 · 어촌 갱생 5개년 계획을 실행한다. 가족 전원이 근로한다. 출정군인을 환송 · 환영한다. 부상병을 위문한다. 출정군인 가족을 돕고 순국자 유족을 위문한다. 수시로 순국영령에 묵도한다. 유언비어를 방지한다. 간첩을 경계한다. 방공(防共) · 방첩에 협력한다.

4. 애국반의 활동상황

연맹 기초조직인 애국반의 활동은 연맹 조직망의 일개 구성분자의 단결활동이고, 동시에 연맹원 가정생활의 근원이기도 하다. 그러므로 애국반의 지도목표가 그 임무 달성을 기함에 있어서 중요하다. 애국반은 물론 연맹운동의 한 부면이며, 말하자면 제1선 활동이기도 하다. 이에 그 일반정형을 소개해보면, 궁성요배, 신사 참배 및 청소, 공익을 위한 근로, 폐물 수집, 애국저금 실행, 길 닦기 공사 등의 애국작업, 반원의 주거지

부근 청소, 일상생산적인 공동생산 등이다. 이들 활동은 물질적 및 정신적 부면을 겸하는데, 전조선의 2천3백만 동포는 빈부 차와 계급을 불문하고 전원이 1개 애국반에 소속되며 그 구성성질에 따라서 조선연맹에 가입하거나 각지 일반연맹에 가입한다. 그리고 서로 충분한 연락을 취하면서 전조선 일치로 정신운동에 힘을 쏟는 것이다.

애국반은 일반연맹이든 각종연맹이든 관계없이 10가구 또는 그 상당 인원으로 구성되고, 각 연맹의 기초조직은 공존 및 목?[원문대로임]운동을 집행키로 되어 있다. 이와 같이 실천기구로서의 애국반이 제1선 활동을 해감에 따라 상술한 지방연맹 이하의 각종 조직망이 완성되고 정신동원의 특색도 발휘할 수 있다. 이 실천적 중심이 '반도동포의 황국신민화' 및 '내선일체의 완성'에 중요하다. 애국반은 실로 정신운동 조직이고, 이 점은 일반적으로 인정되는 바이다. 쇼와 14년(1939년) 7월말 현재로 전 조선에 33만4천 개의 애국반이 조직되어 있었고, 그 반원은 모두 합해 4백8십만여 명이었다. 반원 수는 가족 단위인지라, 그 가족을 다 연결시켜 셈해보면 실로 전 반도주민 거의 모두가 애국반 조직에 포함된 셈이었다.

5. 국민정신총동원운동의 실황

중국사변[중일전쟁을 말함: 역자] 발생 이후로 조선에서는 총독부 정보위원회를 중심으로 민중이 시국을 인식토록 하는 데 전념하여, 일본정신을 발양시키면서 정신계발 선전을 실시하였다. 그 결과, '후방에서 보국하기[槍後報國]'의 애국적 열정이 팽배해졌다. 중국사변 발발 1주년 기념일에 맞추어 국민정신총동원조선연맹이 성립한 후로 실천운동이 연맹의 중심사업이 되고 총독부 지도하에 임무달성에 노력하였다.

(1) 주요 실천항목

조선연맹의 실천요목으로는 아래에 기술하는 21개 항이 있다. 그 중 정신과 물질 방면의 근본이 되는 것은 궁성요배와 근로저축 2개 항이다. 지금은 이 2개 항을 반드시 행할 운동기초로 삼고 장래의 건전한 발전을 도모하고 있다. 이에 실천상황을 한, 두 개 열거해보면 아래와 같다.

① 애국일 제정

학교, 관공서, 은행, 회사 및 기타 각 단체, 각지 부락이 매월 1일을 애국일로 정해놓고, 궁성요배, 신사참배, 황국신민서사 일제 암송, 근로봉공을 단체의 경상공작으로 삼는다. 다만 최근에 내각회의에서 매월 1일을 흥아봉공일(興亞奉公日)로 제정하고, 전장의 상황을 각별히 마음에 새기어 일상생활에서 부단히 자숙·자성키로 결의하였음에서, 조선의 애국일도 앞으로는 흥아봉공일이 되도록 철저히 실현해갈 것이다. 9월 1일부터는 애국일에 상응하는 제반 사정을 제외하고라도 자숙·자성을 실시하고 생활상의 기타 각종사항을 쇄신하여 국민정신 집결과 국가총력 발휘가 되도록 하면서 성스러운 뜻에 조금도 어긋남이 없도록 할 것이다.

② 궁성요배

충성애국의 사상을 배양하고 반도동포의 황국신민적 신념을 강화시켜 내선일체를 급속히 실현하기 위한 활동으로 예컨대 미나미 총독과 오노(大野) 정무총감이 총독부 내 애국반 중 관방애국반의 일원이 된다. 그들은 일반 총독부원과 마찬가지로 때로는 조선신궁의 봉찬전(奉讚殿) 광장 확장공사에 참가하고, 때로는 군마(軍馬)가 먹을 건초(乾草) 헌납의 봉공사업에도 참가하면서 땀 흘려 공작할 것이다. 또한 가정에서는 여항(閭巷)의 일개 애국반원으로서 평민과 함께 요배하고, 그로써 애국반의 활동이 더욱더 연맹의 정신에 철저해지면서 의심할 바 없이 더욱 큰 효과를 내도록 할 것이다.

(2) 연맹의 운동과 기존 운동의 관계

국민정신총동원연맹의 운동 목적은 시국에 비추어볼 때 일본정신 발양, 반도 민중의 황국신민화에 있고, 그로써 거국일치의 정신운동을 확립하는 것이다. 위로는 조선연맹에서 아래로는 애국반까지 그 모두가 일치하여 계통 있고 통일된 운동을 해갈 필요가 있다. 기존 각종단체의 운동정신이 연맹의 지도 원리에 귀속되도록 하고, 실제 진행에서는 한편으로 민중이 잘 이해할 수 있도록 하면서 다른 한편으로는 특별히 조직·훈련된 농산어촌진흥운동의 최후 목표와 더불어 노력함을 요한다. 정신운동은 농산어촌에서의 기존의 진흥운동과 더불어 불가분의 관계로 서로 돕는 관계이니, 후자와 같은 조직이 없는 도시의 각종 기설단체에 체계와 통제를 주어 전조선 일체의 조직을 완성할 수 있는 것이다. 조선의 정신총동원운동은 이와 같이 완비된 조직망에 기초하고 있어서, 전조선의 여러 정신운동의 통합이 앞으로 힘차게 전개되고 그리하여 과업을 달성해 내고야 말 것이다.

⑪ 제31기(1940.1.1), 14~15쪽, 在樹 譯, 〈物資統制下之日本(續)〉

，我們的最後勝利是無疑的。今後我們希望在美的同胞同志，對在不斷努力中的我們朝鮮義勇隊，不時的予以鞭撻，予以支持，使得我們奠下堅固的基礎，得到更大的發展，我們更希望諸同志對我們要取得經常的密切的連繫。

最後對諸同志赤誠的結晶品——援助金，我們眞是却之不恭，受之有愧，我們願以更大的努力來回答諸同志的期待和盛意，現在謹將每次收到的捐款發表於後，並致

革命敬禮

一九四〇、一、一、

朝鮮義勇隊隊長金若山暨

全體同志上

計開（紐約朝鮮義勇隊後援會捐款）

一九三九、五、四、收到法幣三百元

六、二十、收到法幣二百元

八、八、收到法幣二百元

十、三、收到法幣三百元

合計 一千元

另收到自路山宰爾斯捐來的照像機一架

議決議制定每月一日為興亞奉公日，特別會戰場，在日常生活中，要不斷的自肅自省，而在朝鮮的愛國日就當做興亞奉公日，以期澈底的實現。從九月一日起除愛國日應做的諸般事情之外，又實施自肅自省，刷新生活的其他各種事項，以使國民精神的集結與國家總力的發揮而無辜於聖旨。

二、宮城遙拜

為着培養忠誠愛國的思想，加强半島同胞皇國臣民的信念急速實現內鮮一體起見，——乃做此活動。例如南總督大野政務總監也是總督府內愛國班中官房愛國班的一員。他們和一般廳員一樣有時參加朝鮮神宮奉贊殿廣場擴張工事，有時參加獻納馬糧草的奉公事業，流着汗工作。又在家庭，以巷內的一個愛國班員而與民同拜，因此愛國班的活動跟着聯盟精神澈底的實行無疑地將會獲得更大的效果。

聯盟運動與既存運動之關係

國民精神總動員聯盟的運動目的是鑑於時局，發揚日本精神，實現半島民衆皇國臣民化，以確立舉國一致的精神運動。需要有上至，朝鮮聯盟，下至愛國班，都一致的有系統的統一的運動。使既存各種團體的運動精神也歸屬於聯盟的指導原理而在實際進行上一方面要使民衆能夠了解，另一方面更要與特別組織訓練的農山漁村振興運動的最後目標而努力。精神運動在農山漁村與既存的振興運動以不可分離的關係互相幫助，可是在沒有振興組織的城市便與各種既設團體予以體系及統制，而完成了全朝鮮一體的組織。

朝鮮的精神總動員運動基於完備的組織網，全朝鮮諸精神運動的統合，將展開有力的工作，以達成聖業。

物資統制下之日本（續）

在樹譯

建築之統制

自從戰爭開始之後，建築亦激增了，例如全國二十二個都市的建築費總額，在去年一月只有一千八百萬元，至同年十二月便增至三萬萬八千一百萬元，即東京一處來說，去年一月間是五百八十二萬元，十二月增至一萬萬四千萬元。建築物的數量，以昭和十二年七月做準，至今年三月住宅建築增加23%商業建築增加2.6%，工場增加5.7%，其他建築物增加7%，特別是咖啡館平均早日增加一間半，其原因是由於戰時的

軍需景氣，這些適於時代的現象，雖然沒有直接統制，但對於營業及分配的統制，對於建築亦發生着間接統制的作用。

在分配統制之中，嚴格的統制了從美國輸入的木材，只能用本國木材，此外釘子瓦斯水道電燈鐵磚瓦等亦都受到嚴格的統制，因此要建築一間房子，亦有許多問題。

因爲鉛管受到統制，水道只得代之以鐵管，而且還不充分，釘子是要經統制機關分配的，瓦斯亦不能自由使用，有時出相當的錢來還可以使用。在東京市內的建築物，不能不有防火防空的設備，但購買耐火木材，鐵門，有網的玻璃時，又會遭到各種困難。木材的價格高漲了五成，因此戰前只需一萬元的建築物，現在必要一萬六七千元了。

木綿，毛織物之統制

昭和十二年十月末規定過棉絲的最高標準價格，但因爲消費之限制，都要求把規定法律化起來，遂於昭和十三年五月，實施了棉絲販賣規則，從新規定了棉絲的最高價格，至於棉布幷未規定，到了同年六月又實行了綿製品生產與分配制度，由統制價格決定批發價格來統制小商業者，但其效果是很小的，於是政府設立了中央物價委員會，統制全國的價格，又在各地方設立地方物價委員會，研究地方的物價。由此今後分配或販賣是否依照規定實行，要看現狀的變化如何。去年六月二十八日規定的棉製品取締條例實行的初期，似乎還未曾發生秘密的交易。後來成問題的是軍需品和特免品，就是有許多商人向商工省請求分給原絲的時候，往往多報，而把餘剩的絲拿到黑市場另去賣。其後政府把軍需品和特免品交給綿工聯管理，這種秘密交易才停止了。現在成問題的是批發商貨物的來源，雖然還存着去年剩餘的貨物，但爲數甚少。據一個批發商的報告，他是照着一月十一日的公定價格出賣的，結果損失了二十萬元，因此到了最近加工的話不合算，只好把資金用到別的事業上。

棉絲業恐慌要算在今年冬天最厲害了，而最感到恐慌之苦的還是小商，從前他們與批發所的交易都是信用担保，現在是非用現金不成，甚至有現金亦難買到貨物。雖然法律上許可存藏貨物，但事實上是把貨物固定起來不能活用，這對小商仍是不利的，於是近來又高倡強化商業組合，但無論如何小商是在日漸沒落着，只要看下面的情形便可以明瞭的；大正十一年東京大地震時，東京市和五都的小商總數，約有八萬家，資本總額有十萬萬八千萬日元，其中百貨商店約六千萬日元，小商平均每家資本爲一萬二千六百元，可是十年後的今天，小商已增至十六萬三千家，而總資本却減少爲九萬萬七千五百萬元，其中除去百貨商店的資金外，小商平均每家資本爲四千五百元。在這十年中百貨商店的資本增加　四倍，而小商平均每家反減少了三分之二。而且這個反比是在一天天加大，小商如何解決這個問題呢！

啓事

在這[illegible]中國民族解放鬥爭當中，關於宣傳文字一項，須要愼重，而收宣傳的實效，才不負讀者諸位的抗戰熱忱，所以本會將每期文字審愼討議，酌量增刪，然後付印，務請各界人士，倘有大作，或對本刊問議之事，直接賜教於「桂林施家園朝鮮義勇隊編輯委員會」收，以利工作爲荷。

編輯委員會謹啓

물자통제하의 일본 (속편)

재수 역

건축 통제

전쟁이 시작된 후로 건축이 급격히 증가했다. 전국 22개 도시의 건축비 총액이 작년[1938년] 1월에 1천8백만 원이던 것이 12월에는 3억 8천1백만 원으로 폭증했다. 도쿄 한 곳만 보더라도 작년 1월에 582만 원이던 것이 12월에는 1억 4천만 원으로 증가했다. 건축물 수는 1937년 7월의 것에 올해[1939년] 3월의 것을 대비시켜 보면, 주택건축 23%, 상업용 건축 2.6%, 공장 5.7%, 기타 건축물 7%가 증가했다. 특히 커피점은 평균 1.5칸 증가로 나타났는데, 전시 군수경기로 인한 것이면서 시대역행적 현상이기도 하다. 비록 직접적인 통제는 없지만, 영업 및 분배에 대한 통제가 있고 건축에 대해서도 간접통제가 생겨나고 있다.

분배 부면의 통제 중에는 미국으로부터의 목재수입에 대한 통제가 엄하다. 본국의 목재만 쓸 수 있고, 못 · 가스 · 수도 · 전등 · 철 · 벽돌 · 기와 등이 엄격한 통제를 받고 있다. 따라서 방 한 칸이라도 건축하려면 수많은 문제가 생긴다.

납관도 통제를 받아, 수도는 부득이 철관으로 대체하는데 그마저도 충분치가 않다. 못은 경제통제 기관이 분배하고, 가스 또한 자유롭게 사용하질 못하며, 상당액의 돈을 내야만 사용 가능하다. 도쿄 시내의 건축물에는 방화(防火) · 방공(防空) 설비가 없을 수 없는데, 불에 잘 견디는 목재와 철문, 무늬유리를 사려면 각종 곤란을 겪는다. 목재 가격이 50%나 올랐고, 그래서 전쟁 전에 1만원이면 되던 건축물에 현재는 1만 6 · 7천 원이 소요된다.

목면 · 모직물 통제

1937년 10월말에 면사(綿絲)의 최고표준가격을 정해놓았지만, 소비 제한을 위해 법률로 규정되기에 이르렀다. 1938년 5월에 면사판매 규칙이 시행되고 면사의 최고가격이 새로 규정되었다. 면포(綿布)는 그렇지 않다가 6월 들어 면제품의 생산과 분배가 제도

화되었다. 가격통제도 시작되어, 도매가격 통제로 소상인들을 통제하려 했다. 그러나 효과는 매우 작았다. 이에 정부는 중앙물가위원회를 설립하여 전국적인 가격통제에 나섰고, 각 지방은 지방대로 물가위원회를 설립해 지방의 물가를 살펴보기 시작했다. 이로부터 분배 혹은 판매가 규정에 따라 이루어지게끔 되었는데, 현상의 변화는 어떠한지를 볼 필요가 있다.

작년 6월 28일에 규정된 '면제품 단속조례' 실행의 초기에는 밀거래가 없는 것처럼 보였는데, 뒤에 가서 문제가 된 것은 군수품과 특별면세품이었다. 수많은 상인들이 상공성(商工省)에 원사(原絲) 분급을 요구할 때 종종 보고되었듯이, 남아도는 면사가 암시장에서 거래되는 것이다. 그 후 정부는 군수품과 특별면세품을 면공련(綿工聯)으로 하여금 관리토록 했고, 그제야 밀거래가 중지되었다. 현재 문제가 되는 것은 도매상의 화물 출처이다. 작년도의 잉여화물이 보관되어 있다고들 하지만 그 수량은 매우 적다. 한 도매상의 말에 따르면, 1월 11일의 공정가격으로 판매한 결과 20만 원의 손실을 보았다고 한다. 그처럼 최근에는 가공하면 수지가 맞지 않으니 자금을 다른 사업으로 돌려쓰길 좋아한다.

면사업의 공황은 올겨울에 가장 심했고, 소상인들의 고통이 가장 컸다. 이전에 그들은 신용을 담보로 도매소와 교역했지만, 이제는 현금을 내지 않으면 안 된다. 심지어 현금이 있더라도 물건을 사기가 어렵다. 법률상 허가된 저장화물이더라도 실제로는 화물을 고정시켜놓아서 활용할 수가 없다. 이는 소상인들에게 매우 불리한 것이고, 그래서 근래에는 상업조합을 강화하자는 목소리가 높아졌다. 그래도 소상인은 날이 갈수록 몰락해갈 것이다.

그 점은 아래와 같은 정황을 보면 명료해진다. 다이쇼(大正) 11년['12년' 즉 1923년의 오기인 듯함: 역자]의 도쿄 대지진 때, 도쿄시와 5개 군의 소상인 총수는 약 8만 가호에 자본 총액이 1억 8천만 엔이었다. 그 중 백화점이 약 6천만 엔이었고, 소상인의 자본금은 상점마다 평균 1만 2천6백 원이었다. 10년 후인 오늘의 소상인은 16만 2천 가호인데, 총자본은 9억 7천5백만 원으로 오히려 감소하였다. 소상인의 자본금 평균이 상점마다 4,500원밖에 안 되는 것이다. 10년 동안 백화점의 자본은 4배 증가했지만, 소상인의 자본금은 평균 잡아 3분의 2만큼 줄어들었다. 이 반비례는 하루하루 커지는데, 소상인들은 이 문제를 어찌 해결하려나!

⑫ 제34기(1940.5.15), 2~4쪽, 韓志成, 〈目前環境與朝鮮義勇隊今後工作方向〉

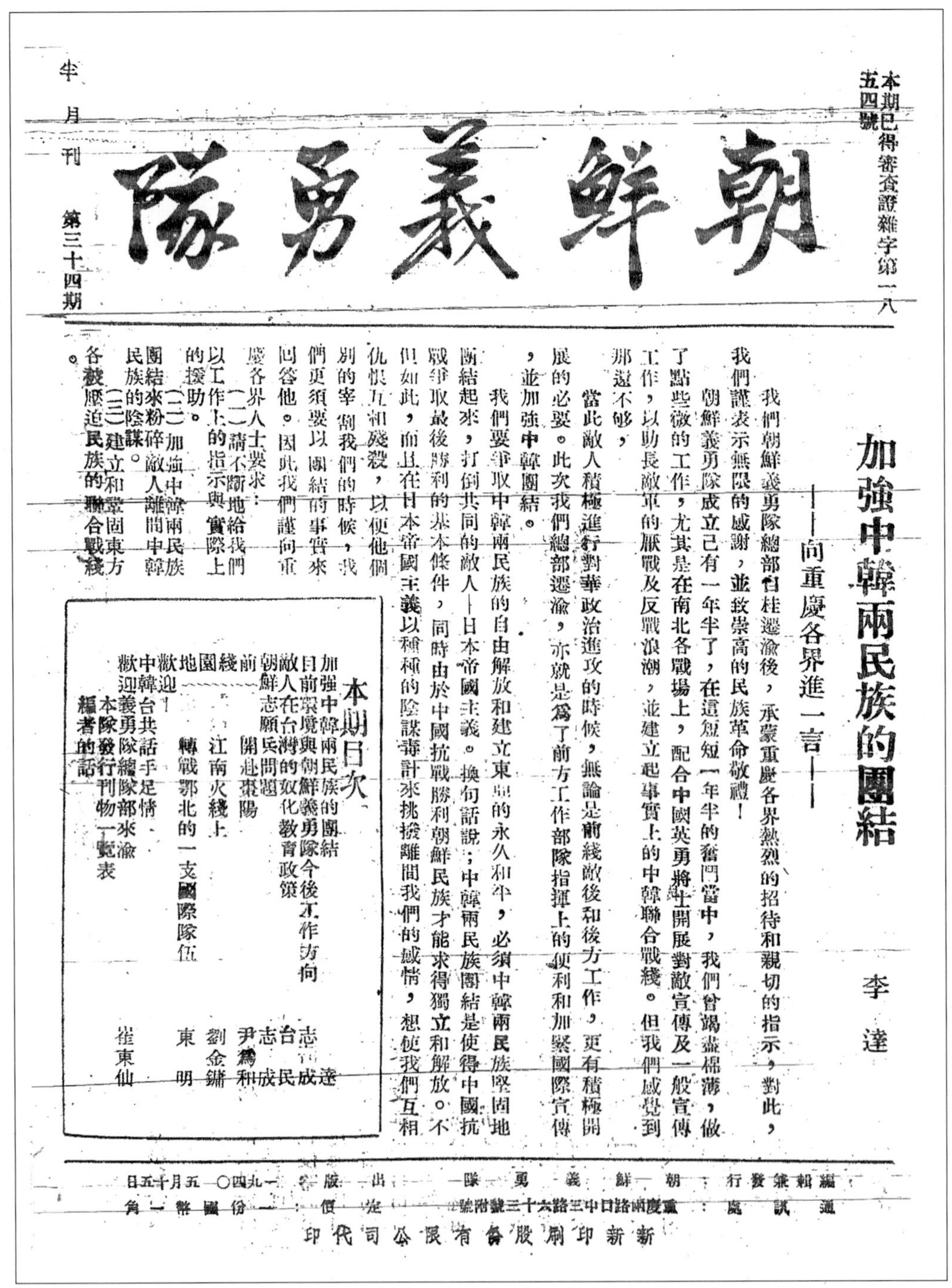

本期已得審查證雜字第一八五四號

朝鮮義勇隊

半月刊 第三十四期

加強中韓兩民族的團結

——向重慶各界進一言——

李達

我們朝鮮義勇隊總部自桂遷渝後，承蒙重慶各界熱烈的招待和親切的指示，對此，我們謹表示無限的感謝，並致崇高的民族革命敬禮！

朝鮮義勇隊成立已有一年半了，在這短短一年半的奮鬥當中，我們曾竭盡棉薄，做了點些微的工作，尤其是在南北各戰場上，配合中國英勇將士開展對敵宣傳及一般宣傳工作，以助長敵軍的厭戰及反戰浪潮，並建立起事實上的中韓聯合戰綫。但我們感覺到那還不够，

當此敵人積極進行對華政治進攻的時候，無論是前綫敵後和後方工作，更有積極開展的必要。此次我們總部遷渝，亦就是爲了前方工作部隊指揮上的便利和加緊國際宣傳，並加強中韓團結。

我們要爭取中韓兩民族的自由解放和建立東亞的永久和平，必須中韓兩民族堅固地團結起來，打倒共同的敵人—日本帝國主義。換句話說：中韓兩民族團結是使得中國抗戰爭取最後勝利的基本條件，同時由於中國抗戰勝利朝鮮民族才能求得獨立和解放。不但如此，而且在日本帝國主義以種種的陰謀毒計來挑撥離間我們的感情，想使我們互相仇恨互和殘殺，以便他個別的宰割我們的時候，我們更須要以團結的事實來回答他。因此我們謹向重慶各界人士要求：

(一)請不斷地給我們以工作上的指示與實際上的援助。

(二)加強中韓兩民族團結來粉碎敵人離間中韓民族的陰謀。

(三)建立和鞏固東方各被壓迫民族的聯合戰綫。

本期目次

編輯兼發行：朝鮮義勇隊 出版：一九四〇年五月十五日
通訊處：重慶兩路口中三路六十三號附號 定價：一份國幣一角
新新印刷股份有限公司代印

目前環境與朝鮮義勇隊今後工作方向

韓志成

朝鮮義勇隊的產生，負着兩個特殊的使命，一，直接參加中國抗戰，以促進中國抗戰的早日勝利，二，以戰鬥行爲和革命的實踐來號召並發動朝鮮民族更積極的進行獨立解放運動，因此我們每個特殊階段的工作都依據着中國抗戰的戰略與中國關內朝鮮革命者的革命策略的。

一、目前的環境

1. 敵人的戰略：戰略上說，自從中國退出武漢之後中日戰爭眞正進入了最嚴重的階段，敵人沒有力量征服中國，軍事上表現無能，在中國方面全面的反攻還得要經過相當長期的相持階段。於是戰爭的重心在廣大的淪陷區域的面的爭取。在敵人方面，問題在怎樣將點線的佔領擴大到面的佔領，怎樣完全消化全部的佔領區來任意利用中國的人力物力做進一步的侵略，因此敵人爲了面的佔領撥軍事上運用百分之八十以上兵力分配在淪陷區域進行着「掃蕩戰」，政治上積極樹立僞中央政權，設法鞏固各地的僞政權，用一切挑撥離間的方法，破壞中國民族的團結，分化抗戰的力量，企圖實現以華制華的陰謀。其次在經濟方面敵人財政涸竭，無法應付中國的長期抗戰，於是企圖開發中國天然的資源做滅亡中國民族的經濟的後盾，敵人現已設置「華北開發」「華中振興」兩「國策公司」，直接投資六萬萬元，而附屬於這兩個公司的尙有十餘公司，所運用的資金也達三十餘萬元，企圖以大規模的經濟侵略，達成以戰養戰的目的，今年三月卅日日寇正式組織汪逆傀儡漢奸政府，並派日本前內閣總理阿部爲「統監」，這是日寇對華政治上進一步的滅亡中國民族的更陰險的毒計。總之，敵人現在以政治進攻爲主，以軍事經濟爲副，進行大規模的侵略。

2. 敵人對於朝鮮人的政策

(1)實行大量的移民—敵人要想在廣大佔領區域內做面的爭取，要想完全消化佔領地，僅僅靠僞組織漢奸是不可能的，還要移殖大量的生人與朝鮮人做經濟政治文化侵略的工具，可以說目前施行的大量的移民政策是敵人完成面的佔領的主要策略。如日寇吞併朝鮮以後，就移殖大量的日人到朝鮮來，先佔領幾個重要都市的政治經濟文化支配權，再由都市做爲根據逐漸佔領廣大的鄉村，日寇在朝鮮利用他們在政治經濟上法律上優越地位，很迅速的掠奪了朝鮮人的土地財產，三十年來已經強佔去了土地的百分之八十五，資本的百分之九十五以上。而把一半以上的朝鮮人驅逐在死亡的飢餓線上。又把他們用「戰時景氣」等口號驅逐到中國來做侵略的工具。日寇在朝鮮得到了這種經驗，目前在中國便進行大規模的移民於京滬平津，武漢等地及各大城市，日人與朝鮮人的數目平均達當地總人口的百分之五乃至十。日人在人數方面雖然佔少數，但操縱着經濟政治上的權利；而朝鮮人則爲日人侵略的先驅工作。如在東北，日寇大量移朝鮮人至東北；等到朝鮮人相當開墾之後，就由日人強佔已開墾好的耕地。這裏很明顯的看到日本帝國主義的侵略政策中，殖民政策却是佔重要的部份。因此日寇自戰爭開始以來，便積極的進行移民工作，根據某方情報，東北現有的朝鮮人已達一百二十餘萬人，在平津一帶十餘萬人，石家莊三萬餘人，新鄉八千，太原七千餘人，青島濟南各有一萬餘人，僅僅在華北已有二十餘萬人，敵人計劃將移殖七十萬人。再從被移來的朝鮮人的成分來說大約可分三類，一，生活困苦被迫來華的農民勞動者，這是佔最多數，其中包括大批苦力，鐵路工人，隨軍苦力，二，流浪青年，被戰時景氣的號召出來的知識青年，多做冒險事業或無定職業而徬徨着。三，少數營不正當的生意的如軍妓，販買毒品等等，從這個成份來看，很可能轉變這些移民成爲反日的先鋒。

(2)鞏固侵略陣營。日寇對淪陷區域內朝鮮人用兩種方法來管束，以求鞏固侵略陣營，(一)凡是朝鮮人所有的地方，普通的設置僑民會或居留民會，利用流氓或親日派主持會務，專事調查來往的人以鞏固他們的後方，(二)用祕密的方法，利用叛變的革命者，外表上使他們完全站在反日的立場，吸收當地的有革命性的青年，圖謀轉變思想，有時候發表似是而非的理論迷惑青年，或從中探知革命工作，暗中破壞革命，這種祕密組織已在平津上海等地成立起來，正在進行着反動的工作。

3. 敵偽內部的對立與矛盾

(1)戰爭的延長必然使日本國內的矛盾更加尖銳化，人民與士兵的反戰運動日趨熾烈起來，今年在中國各戰區所表現的敵兵的厭戰情形，是比去年更覺得顯然，而且將隨着中國的長期抗戰更會高漲的。

(2)中日民族的對立：這種民族的對立在淪陷區域裏表現得很深刻，自侵略戰爭以來，敵人用最野蠻的慘無人道的手段，虐殺中國無辜民衆，掀起了全中國民族的敵愾心，就在偽組織工作的漢奸，也在內心抱着仇恨。因爲漢奸本來多是流氓土匪出身，沒有政治理想，祇爲的是保命發財的，敵人曾想利用這批人對於民衆施以恐怖手段，使民衆屈服，但目前對華正進行政治進攻，收拾民心的時候，自然要限制漢奸土匪的行動，改編土匪軍爲正規偽軍，於是常發生漢奸與日軍之嚴重對立。

(3)日本統治者與朝鮮民族的對立。朝鮮是日寇任意徵用人力物力的殖民地，必然的隨着戰爭的繼續而增强殖民地民族的負担與犧牲，而終局造成不能挽救的革命戰爭。敵人對移民，雖然用直接的方法管理統制，可是這對立的基本因素是仍舊潛伏着的，同時這個因素在沒有革除之前，反日運動是不斷地進行的，在這反日的過程中，自然的又要和中國的遊擊隊攜手並進，如同在東北抗日聯軍這樣的隊伍。

4. 我們一年來的工作經驗與效果

在戰地及敵後方施行對敵宣傳的經驗與教訓告訴我們，對敵宣傳是有效的，祇要我們的方法得當，便可以使得敵兵大規模的厭戰。我們在廣大的區域裏，最勇敢的參加抗日工作，便可鼓舞中國軍民的抗戰情緒，以朝鮮民族獨立的旗幟參加中國抗戰，這對於中國軍民以及敵後朝鮮人的號召發動作用是很大的。再就以上工作的效果來說，中國民衆，尤其是戰地的軍民熱烈地擁護着我們，在工作過的地方軍民要求我們千萬不要離開他們，未工作的地方，紛紛的要求我們和他們一齊工作。而最值得寶貴的效果是敵後方如武漢平津，京滬，平漢路及同蒲路一帶的朝鮮人都知道朝鮮義勇隊，知道朝鮮義勇隊是爲朝鮮的解放，由朝鮮革命者組織起來，參加中國抗戰的朝鮮民族獨立部隊，於是他們表示歡迎，擁護朝鮮義勇隊，據敵後某方來人說：常聽見朝鮮的青年說，啊！怎樣能和朝鮮義勇隊取得連絡？同時有的已經投到我們的陣營裏來了，在美國的朝鮮同胞在芝加哥，洛杉磯及紐約等地自動組織朝鮮義勇隊後援會，精神上物質上積極的援助我們，他們現在出版刊物，屢次舉行了大規模的反日示威運動，和領導抵制仇貨運動，又爲中國募捐協助抗戰。

總之，我們經過一年半的參戰，已不像當時成立那樣的孤單的地位，相反的與廣大的中國軍隊及民衆堅固的聯結起來了。同時更給朝鮮羣衆以深刻的衝動，今後我們在這些羣衆的擁護和維持的基礎上，將要配合着中國抗戰戰略，更加英勇的開展今後工作。

二、今後工作方向

今後的工作方向是針對着敵人的戰略，粉碎敵人對我的政治進攻，積極的開展對敵人的政治進攻，抓着敵國內部的矛盾，瓦解敵軍，爭取朝鮮羣衆，以瓦解日寇侵略陣營，這是中國目前戰略上的任務，也就是關內朝鮮革命者當前的主要工作。

那末將怎樣達成這戰略上的任務呢。

1. 集中力量：過去的工作可以說是散佈在各戰區的，因此擴大了工作的影響，可是在另一方面，因爲太分散，也未能收到集體工作應有的效果，要想給敵人以更大的打擊，更大規模的號召，朝鮮羣衆必須要選擇適當的地點（地點以(一)朝鮮羣衆(移民)多的地方，(二)朝鮮志願兵被徵來作戰的地方，(三)義勇隊發展的地方，）集中力量，做進一步藏時的準備。

2. 發展敵後方工作：粉碎敵人南的殖民政策，破壞「以韓制華」之詭計，急需發展到敵後方爭取朝鮮群衆的工作，而淪陷區內朝鮮人已經有一部份擁護支持朝義隊，並希望我們能够深入朝鮮羣衆裏。這從客觀的需要來說，又從中韓抗日的戰略上說，發展敵後方工作是刻不容緩了，所以朝義隊的發展與否，也要看這部工作的進展程度。可是這種工作必須要有幾個條件，第一要有自身的團結，在敵人統治之下，最艱難的環境中進行冒險的工作，非有政治上堅定明確的認識與鐵般的團結，才可以發展這個工作的。第二要與中國方面切實的聯絡。敵後方是比前線政治上軍事上都複雜。這種複雜的關係，往往阻礙我們工作的開展，甚至於使工作停留在不合於戰略所要求的階段。這便使得我們抗戰上少發揮一部份力量，不利於戰略的勝利的，我們至誠的盼望着，在一切爲了抗戰勝利的原則之下給我們於工作上以最大的援助，同時我們本身也要隨時隨地，爲着朝鮮民族的獨立隊伍的表現而努力，這樣才能克服這個困難。第三，需要政治警覺性與工作技術，發展敵後之工作，只有機會是不够的，本身要有做這工作的技術。

3. 建立朝鮮革命軍：當中國抗戰逐漸轉入勝利的階段的時候，敵人正在最後掙扎的時候，朝鮮革命軍的出現於中國戰場，更可以鼓舞中國民族的抗敵情緒，也更可以大規模的號召敵後方的朝鮮羣衆，給與敵人以致命的打擊。因此建立革命軍是中國整個抗戰形勢上，和本隊更高度的發展上，目前最重要的工作。至於革命軍的建立是一個很艱難的工作，要集中力量，展開敵後方工作，奪取敵人的武器武裝自己，爭取朝鮮羣衆。要由自身的鬥爭來建立革命軍，要流更多的血，克服更多的困難，這樣才能成爲光榮而鞏固的朝鮮革命軍。但這部工作的發展的限度和速度，還要看中國和朝鮮兩民族的聯合的程度而定。

今後的工作，不僅僅憑主觀的希望，也依據着客觀的需要，並基於工作的實現性，我們的面前擺着祗有一條路；就是集中力量，團結精神，在發展敵後方的工作，與敵人鬥爭，爭取朝鮮羣衆工作中，建立革命軍，爭取外界的援助。

당면 환경과 조선의용대의 금후 공작방향

한지성

조선의용대가 태어나면서 두 개의 특수사명을 짊어졌다. 첫째는 중국항전에 직접 참가하여 중국항전의 조기 승리를 촉진하는 것, 둘째는 전투행동과 혁명적 실천으로 조선민족에게 호소하고 그들을 발동시켜 독립해방운동을 적극 진행하는 것. 따라서 우리의 특수한 단계마다의 공작은 모두가 중국항전의 전략과 중국 관내(關內) 조선혁명자의 혁명책략에 의거함인 것이다.

1. 당면 환경

1) 적의 전략

전략에 관해 말해보자. 중국군이 무한에서 철수한 후 중일전쟁은 가장 엄중한 단계로 들어섰다. 적은 중국을 정복할 역량이 없고 군사적 무능을 내보였다. 중국 측의 전면적 반격은 장기적 대치 단계로 접어들게끔 만들었다. 그러자 전쟁의 무게중심은 광대한 점령구역의 면(面)을 얼마만큼 쟁취하느냐에 놓이게끔 되었다. 적군으로서는 점과 선으로 이어지는 모양새의 점령을 어떻게 면의 점령으로 확대시킬 것인지와, 어떻게 점령구역 전부를 완전히 집어삼켜 중국의 인력 · 물력을 제 뜻대로 이용하면서 침략을 더 밀고 나갈 수 있는가의 문제가 대두한 것이다. 그래서 적들은 면의 점령을 위해 80% 이상의 병력을 점령구역에 배분해 '소탕전'을 벌인다. 정치적으로는 적극적으로 괴뢰 중앙정권을 수립하고 각지의 괴뢰정권도 공고히 세우며, 이간책을 총동원해 중국민족의 단결을 파괴하고 항전역량을 분열시켜 '중국으로 중국을 제압함'이라는 음모의 실현을 꾀한다. 경제 방면에서는 적의 재정이 고갈되어 중국의 장기항전에 대응할 방법이 없다보니, 중국의 천연자원을 자기 것으로 개발해 중국민족의 경제적 방패를 없애버리려 한다. 그리하여 적은 '화북개발공사'와 '화중진흥공사'라는 두 '국책공사'를 설립하고 6억 원을 투자했으며, 이 두 회사에 10여 회사를 부속시키고 운용자금도 30여 만 원에 달한다. 대규모의 경제침략을 통해 '전쟁으로 전쟁을 키운다'는 목적의 달성을 꾀하는 것이다. 올해 3월

30일에 일제는 왕징웨이(汪精衛) 괴뢰 매국정부를 조직하고 일본의 전 내각총리 아베(阿部)를 '통감(統監)'으로 보냈다. 이것은 일제의 대중국 정치면에서 중국민족을 멸망시키려는 음험한 간계로 한 걸음 더 나아간 것이다. 종합해 말하면, 적들은 현재 정치적 진공을 위주로 하고 군사와 경제를 부(副)로 삼아 대규모의 침략을 진행시키는 것이라 하겠다.

2) 조선인에 대한 적의 정책

(1) 대량이민을 실행

적군은 광대한 점령구역에서 면을 쟁취하여 점령지를 완전히 먹어 삼키려 한다. 다만 괴뢰 매국노들의 조직에만 의지하는 것은 불가능하니, 대량의 생업인과 조선인을 옮겨다놓고 경제 · 정치 · 문화 침략의 도구로 삼으려 한다. 현재 실행되고 있는바 대량의 이민정책은 적들이 면의 점령을 완성시키려는 주요 책략이라고 말할 수 있다.

이는 일본 침략자가 조선을 병탄한 후 대량의 일본인을 조선으로 이주시킨 것과 같다. 우선 몇몇 중요도시의 정치 · 경제 · 문화의 지배권을 점령하고 나서 그 도시들을 근거지 삼아 광대한 향촌을 차차 점령해갔다. 일본 침략자는 조선에서 정치적 · 경제적 · 법률적으로 우월해진 자기들의 지위를 이용하여 조선인의 토지와 재산을 재빨리 약탈했으니, 30년 동안 토지의 85%, 자본의 95% 이상을 강점했다. 절반 이상의 조선인들이 쫓겨나 죽음의 기아선상에 놓였다. 또한 그들은 '전시경기' 등의 구호가 이용되는 중에 중국으로 내몰리고 침략의 도구가 되었다. 일제 침략자는 조선에서의 이러한 경험을 얻은 위에서 지금은 중국의 남경, 상해, 북경, 천진, 무한 등지 및 각 대도시로 대량의 이민을 진행시켜, 대도시 지역 총인구에서 일본인과 조선인의 수가 평균 5%에서 10%에 달하고 있다.

일본인은 숫자상으로는 소수이지만 경제적 · 정치적 권리를 휘두르면서 조선인을 자기들의 침략에 앞세우는 공작을 한다. 예컨대 동북에서도 일제 침략자가 조선인을 대량으로 이주시키고는 조선인들이 개간해놓은 좋은 경지를 일본인들이 강점토록 했다. 여기서 식민정책이 일본제국주의의 침략정책에서 중요 부분을 차지함이 명확히 드러난다. 그래서 일제는 중일전쟁 개시 이래로 이민공작을 적극 진행해온 것이다. 한 정보에 따르면, 현재 동북의 조선인은 120여 만 명에 달하고, 북경 · 천진 일대에 10여 만, 석가장(石家莊)에 3만여, 신향(新鄉)에 8천, 태원(太原)에 7천여, 청도(青島)와 제남(濟南)에 각 1만여 명으로, 화북지역만 해도 20여 만 명이다. 그런데 적은 장차 70만 명을 화북지역으로 이주시킬 계획을 갖고 있다고 한다.

이주해온 조선인의 성분은 대략 세 부류로 나눠볼 수 있다. 첫 번째는 생활고에 내몰려 중국으로 올 수밖에 없었던 농민과 노동자이다. 가장 많은 숫자를 점하고, 대체로 최하층의 육체노동자[쿠리(苦力)], 철도노동자, 군대를 따라온 짐꾼이 포함된다. 두 번째는 유랑청년들이다. 전시 분위기에 휩쓸려 고국을 떠나온 지식청년들로, 모험적 사업을 하거나 일정한 직업 없이 방황한다. 세 번째는 소수이지만 옳지 못한 방식으로 살아갈 생각을 품은 종군매춘부나 마약판매자 등이다. 이러한 성분으로 보아 이들 이민을 반일의 선봉으로 바꾸어놓을 수가 있을 것이다.

(2) 침략진영 다져놓기

일본 침략자는 점령구역의 조선인을 두 가지 방법으로 관리하면서 침략진영 다져놓기를 꾀한다. 첫째는 조선인들이 모여 사는 지방에 교민회나 거류민회를 설치하고, 불량배나 친일파가 사무를 주관하면서 내왕 인사들을 항시 조사토록 하여 그들의 후방을 공고히 해놓는 것이다. 둘째, 비밀스런 방법을 쓰는 것인데, 변절한 혁명자를 이용하여 겉으로는 완전히 반일 입장에 서도록 함으로써 현지의 혁명 성향의 청년들을 흡수해 사상전향을 꾀해가는 것이다. 때로는 사이비 이론으로 청년들을 미혹시키거나 혹은 그런 가운데 혁명공작을 탐지해 암암리에 혁명을 파괴시킨다. 이러한 비밀조직이 북경·천진·상해 등지에 벌써 성립해있으면서 반동적 공작을 진행하고 있다.

3) 적·괴뢰 내부의 대립과 모순

(1) 전쟁의 연장은 필연적으로 일본 국내의 모순을 더욱 첨예화시킨다. 인민과 사병의 반전운동이 갈수록 치열해져, 올해는 중국의 각 전구에서 적병들이 전쟁에 염증을 보이는 모습을 보임이 작년보다 더 두드러졌다. 중국의 장기항전과 교전이 계속될수록 더욱 그러할 것이다.

(2) 중·일 간의 민족적 대립인데, 이런 종류의 대립이 점령구역에서 나타나고 점점 심각해지고 있다. 침략전쟁 이래로 적들은 가장 야만적이고도 참혹한 비인도적 수단으

로 중국의 무고한 민중들을 학살하여 전 중국민족의 적개심을 야기했다. 심지어 괴뢰조직에서 일하는 한간들조차도 내심으로는 원한을 갖게 되었다. 한간들은 본래 부랑자나 토비(土匪) 출신이 많은 관계로 정치적 이상이 없이 그저 목숨을 보전하면서 돈이나 벌려고 하는 자들이다. 이런 자들을 이용해 적은 공포수단을 써서 민중을 굴복시켜보려고 했다. 그러나 지금은 중국에 대해 정치적 진공을 진행시켜 민심을 수습하려는 때여서, 자연히 한간들의 토비적 행동을 제한하고 토비군을 괴뢰 정규군으로 개편해가고 있다. 이에 한간과 일본군 간의 엄중한 대립이 상시로 발생하는 것이다.

(3) 일본통치자와 조선민족의 대립이다. 조선은 일제가 멋대로 인력과 물력을 징발해 쓰는 식민지여서 전쟁이 계속됨에 따라 식민지 민족의 부담과 희생은 필연적으로 늘어나고, 마침내는 되돌릴 수 없을 혁명전쟁이 조성된다. 적들은 조선인 이민들을 직접 관리·통제하려 하지만 기본적인 대립 요인이 오래 잠복해 있고, 이들 요인이 제거되어 없어지기 전에는 반일운동이 부단히 진행된다. 이 반일의 과정에 자연적으로 중국인 항일게릴라와 손을 잡고 함께 나아갈 것이니, 동북의 항일연군이 바로 그런 모습의 대오이다.

4) 우리의 1년 동안의 공작 경험과 효과

전투지역 및 적 후방에서 해온 경험과 교훈은 우리에게 대적선전이 유효함을 말해준다. 우리의 방법이 적병으로 하여금 대규모의 염전사상을 갖게끔 하니 그렇다. 우리는 드넓은 구역에서 가장 용감하게 항일공작에 참가하여 중국 군·민의 항전정서를 고무시킬 수 있었다. 조선민족 독립의 깃발을 들고 중국항전에 참가했는데, 이것이 중국 군·민과 적후의 조선인들에게 호소력을 발하며 그 마음을 움직여내는 바 매우 컸던 것이다.

이상의 공작효과를 부연해 말해보면 이렇다. 중국민중은, 전지의 군·민들은 더욱더, 우리를 매우 아낀다. 우리의 공작지였던 지방의 군민들은 우리에게 절대로 떠나지 말기를 부탁한다. 공작지가 아니었던 지방에서도 우리가 그들과 함께 공작하기를 계속해서 요구한다. 가장 가치 있고도 소중한 효과는 무한·북경·천진, 남경·상해 등의 적 후방과 평한로(平漢路) 및 동포로(同蒲路) 일대의 조선인들 모두가 조선의용대를 알게 되었고, 조선의용대가 조선의 해방을 위해 분투한다는 것도 알게 되었음이다. 조선의용대는 조선혁명자로 조직되어 중국항전에 참가하는 조선민족 독립의 부대임에서 그들의 환영과 옹호를 받게 된 것이다. 적후 어느 방면에서 온 사람이 말하기를, 조선인 청년들을 만나게 되면 "와우! 조선의용대와 어떻게 연락할 수 있나요?"라는 말을 듣곤 하며, 어떤 이들은 이미 우리 진영으로 들어와 있기도 하다고 한다. 미국의 조선동포들은 시카고, 로스엔젤리스, 뉴욕 등지에서 스스로 조선의용대후원회를 조직하여 정신적·물질적으로 우리를 적극 원조해주고 있다. 그들은 지금 간행물을 출판하고 있으며, 대규모의 반일 시위운동을 누차 거행했고, 적국 상품의 불매운동을 주도한다. 또한 중국을 위해 항전에 협조하는 모금도 한다.

종합하면, 우리가 참전한지 1년 반이 경과하면서 창립 당시의 고단한 지위와는 상반되게 광대한 중국군대 및 민중과 견고히 연결되었다. 동시에 조선인 군중에게도 깊은 충동을 주었다. 앞으로 우리는 이러한 군중의 옹호와 지지를 기초로 중국항전 전략에 호응해 부합해가며, 금후의 공작을 더욱 지혜롭고 용감하게 전개해야 한다.

2. 금후의 공작방향

금후의 공작방향은 적들의 전략에 대못을 박아버리는 것이다. 적의 정치적 진공을 분쇄하면서 적에 대한 정치적 진공을 적극 전개하는 것이다. 적국 내부의 모순을 붙들어 잡아 적군을 와해시키고, 조선 군중을 쟁취하여 적의 침략진영을 와해시키는 것이다. 이는 중국의 현하 전략적 임무임과 아울러 관내 조선혁명자들의 당면 주요공작이기도 하다.

그러면 앞으로 어떻게 이러한 전략적 임무를 달성할 것인가?

1) 역량을 집중시킴

과거의 공작은 각 전구로 분산 배치되었고, 그래서 공작의 영향이 확대될 수도 있었다. 그러나 달리 보면, 크게 분산되었기 때문에 집체공작이 가져다주는 효과를 얻을 수가 없었다. 적들에게 더욱 큰 타격을 주려면 더 큰 규모로 호소해야 하고, 조선인 군중에 대해서는 적당한 지점(① 이민자인 조선군중이 많은 지방, ② 조선인 '지원병'이 끌려와 작전하는 지방, ③ 유격대가 발전해있는 지방)을 선택함이 필수적이다. 그렇듯 역량

집중은 전쟁준비로 한 걸음 더 나아감과 같은 것이다.

2) 적 후방 공작을 발동 전개함

면으로 점령하려는 적의 정책을 분쇄하고 '한인을 갖고 중국을 제압함[以韓制華]'라는 흉계도 파괴하려면, 적 후방으로 가서 조선인 군중을 쟁취해내는 공작이 시급히 전개됨을 요한다. 적 점령구역 내 조선인들은 일부나마 조선의용대를 옹호·지지하고 있으며, 우리가 조선군중 속으로 깊이 들어가기를 바라고 있다. 이러한 객관적 수요에서도, 또한 중·한 항일의 전략 면에서도, 적 후방 공작을 지체 없이 발동, 전개해야 한다. 조선의용대의 발전 여부도 이 부면 공작의 진전 정도에 달려 있다고 할 것이다.

그런데 이러한 공작에는 몇 가지 조건이 필수적이다. 첫째는 자체 단결이다. 적의 통치 하 가장 어려운 환경에서 진행하는 모험적 공작이므로, 명확한 정치적 인식과 철판처럼 단단한 단결이 없이는 이 공작이 발전할 수 없다. 두 번째는 중국 방면과의 절실한 연락이다. 적 후방은 전선에 비해 정치적으로도 군사적으로도 복잡하다. 그처럼 복잡한 관계는 우리 공작의 전개를 왕왕 저해할 것이다. 심지어 공작이 전략적 요구에 맞지 않는 단계에 머물러 버리게도 만든다. 그렇게 되면 우리는 항전역량을 부분적으로만 소량 발휘하게 되어, 전략적 승리에 불리해진다. 우리는 모든 것이 항전승리라는 원칙 하에 우리의 공작에 최대로 도움이 되기를 진심으로 기원한다. 동시에 우리 자신도 언제 어디서나 조선민족의 독립대오임을 나타내기 위해 노력할 것이다. 그래야만 여러 어려움을 극복해낼 수 있다. 셋째는 정치적 경각심과 공작기술이다. 적후공작의 발전은 기회가 있다는 것만으로 충분치가 않다. 본래부터 공작기술을 요한다.

3) 조선혁명군을 건립함

중국항전이 점점 더 승리 단계로 들어서고 적들은 최후의 발악을 하는 이때, 조선혁명군이 중국 전장에 출현하면 중국민족의 항적(抗敵) 정서가 더욱 고무될 수 있다. 적 후방의 조선인 군중에 대한 대규모의 호소도 가능해져서, 적들에게 치명적 타격을 줄 것이다. 따라서 혁명군 건립은 중국항전의 형세에 비추어서도, 우리 의용대의 고도의 발전이라는 견지에서도, 당장의 가장 중요한 공작이 된다. 혁명군을 건립해내는 것은 아주 힘든 공작이다. 역량 집중을 요하고, 적 후방 공작의 전개로 적의 무기를 탈취하여 자기를 무장함과 동시에 조선군중 쟁취도 해내야 하기 때문이다. 스스로의 투쟁으로 혁명군을 건설하려면 더욱 많은 피를 흘리고 더욱 많은 곤란을 이겨내야만 한다. 그래야만 영광스런 이름의 견고한 조선혁명군을 만들어낼 수 있다. 다만 이 부면 공작의 발전 한도와 속도는 중국과 조선 양 민족의 연합 정도에 비추어 정해질 것이다.

금후의 공작은 주관적 희망에만 기대는 것이 아니다. 객관적 수요를 따르는 것이며, 공작의 실현가능성에도 기초한다. 우리의 눈앞에는 오직 하나의 길이 있을 뿐이다. 역량을 집중시키고 정신적 단결을 기하며, 적 후방 공작을 발전시켜 적들과 투쟁하고, 조선인 군중을 쟁취해가는 가운데 혁명군을 건립하고 외부의 원조도 얻어내는 것이다.

⑬ 제34기(1940.5.15), 7~10쪽, 韓志成, 〈朝鮮「志願兵」問題〉

朝鮮「志願兵」問題

韓志成

向來關心朝鮮問題的人們，自然地更要注意中日戰爭後的朝鮮問題，然而朝鮮人當兵的問題，很少有人得到明確的瞭解。現在不到一千人的朝鮮兵，散佈在華北各戰區爲日軍作戰，那末這些朝鮮人是怎樣被迫來華參戰？今後的趨勢將是怎樣？關於這方面目前還沒有完備的研究材料，但只能把所有的材料略略地整理以供給大家參考。

日寇爲什麼實施「志願兵」制度？

日寇目前在朝鮮實施的不是像日本一樣的徵兵制度，也不是募兵制度，却是志願兵制度。日寇爲什麼到了中日戰爭開始時，在朝鮮實施志願兵制度？要瞭解這個不能不先從日本統治朝鮮的歷史上研究。

日寇統治朝鮮的第一步，就解除朝鮮民族武裝，朝鮮亡國前三年卽在一九〇七年，日本對於朝鮮之統監伊藤博文等，已經企圖滅亡朝鮮與賣國賊李完用等密議，以建立新軍制爲藉口，強迫一律解散原有的軍隊，以完全解除武裝。嗣後不久又廢除韓國政府的陸軍部而存餘的一部皇室衛隊，則隸日軍司令部管理，於是韓國政府的正式軍隊是完全被解散了。

第二步解除朝鮮民間的武裝，向來在朝鮮民間的武器是很豐富的，因爲歷史上朝鮮着重民軍。各地方均保有自衛的武裝，而國家一旦有緊急時，不待命令而自動的起來捍衛國家的，這種風氣遠自三國時代已有，最著名的是在李朝宣祖時鄉紳儒林僧侶等的義兵暴動，至於一九一〇年當朝鮮被日寇吞併的時候，全朝鮮的義兵到處蓬蓬的蹶起，而進行英勇的反日復國戰鬥，曾繼續到八年之久，給了敵人嚴重的打擊。敵人從這些史實得到痛楚的經驗。所以一抓到統治權，就一方面澈底的進行消滅義兵，在另一方面強迫民衆登記所有的武器限期繳納，如有不繳納情形，就無情地被嚴重處罰了。如打獵者或需要自衛武器時，就要好幾個人連名具報得到許可之後，才可以攜帶的。

日本憲兵補助憲兵及警察中也有朝鮮人，但日寇對這批人也不發武器爲原則；就是在特殊情形之下，發給武器還得要嚴密的監視。

日寇對朝鮮人的政策是「朝鮮人不許有一兵一卒，不許有一槍一刀」，因爲這樣才可以放心進行任意屠殺榨取的工作。在這個原則之下，向來被日寇稱爲「一視同仁」「皇國臣民」之朝鮮民族，未曾提過實施志願兵，也更未提到實施徵兵制度。這和英國對印度，及法國對安南的政策完全是不同的。

「志願兵」制度實施之意義

敵總督南次郎於今年四月廿三日，在朝鮮首都京城召集全朝鮮十三道的道知事會議，講到：「半島（朝鮮）的使命！是完成帝國躍進大陸的兵站基地的任務，要到達這個任務，必須要培養人的資源，並發展廣義的國防產業」。從這句話中十足的看出，實施志願兵制度是日本帝國主義整個侵略戰爭中，補充侵略工具的一種特殊政策。日寇向來在朝鮮未曾提出志願兵制度，可以說未敢提出這個問題，而至於今日竟然實施志願兵制度，是否因爲朝鮮民族已經完全被同化成日本人的緣故嗎？這當然不是的。還是爲了應付中國的長期抗戰，藉此補充日本軍隊所缺乏的人力。擁有二千三百萬人口的殖民地朝鮮，自然不能在整個侵略戰爭的圈外了。從日寇各方面政策與言論看起來，志願兵制度是暫時的，將可能實施徵兵制度，而可以說目前的志願兵制度是實施徵兵制度的試探的準備工作。

「志願兵」制度實施情形

(一)志願兵數目：志願兵制度自從一九三八年實施後，第一批受訓完畢被派參戰的有四百名，第二批一九三九年畢業志願兵訓練所者共六百名，今年志願兵應募者八萬餘名，適格者三萬餘人，其中取錄爲志願兵者三千人，從這個數目上看志願兵前後批合計祇有四千人。今年採用的三千名志願兵，今年內實施訓練後明年派去參戰。常在報章雜誌或傳說有幾千幾萬的朝鮮兵參戰，或說日軍作戰部隊中三分之一或一半是朝鮮人，這都是一種謠傳。

(二)志願兵手續：當志願兵並不是按照每個人的志願，就可以做得到的，還要經過嚴格的審查考試及訓練的過程。每次募集志願兵的時候，朝鮮軍司令部命令各道各郡的警察署，發表募集志願兵之佈告，應募者便拿志願兵請願書及身份保證書去警察署登記後，考日文，檢查身體及思想，第一次考試審查由各郡警察署舉行，合格者報告龍山朝鮮軍司令部，由司令部再行第二次的審查選擇採用爲特別志願兵。在各郡審查的時候最爲重要的是看應募者的思想及家庭社會環境，如果思想方面有一點反日的或認爲不穩健的傾向就不採用，社會及家庭環境方面親戚或朋友中如有反日革命者時也就不採用的。經過這樣嚴格審查後，一旦被採用，就由各地送到龍山志願兵訓練所給予六個月的初步的軍事精神訓練，又從中考察志願兵之言行，訓練合格者才當着一個志願兵派出去參戰。

(三)被派出去參戰情形：第一批及第二批前期訓練者(第二批後期訓練者仍在訓練)參加到第廿師團的各部隊被派來山西中條山、絳縣，平陸、涿州一帶，多是步兵上等兵或一等兵。被派出去不是一小隊或分隊的單獨集中在一起而二三個分散到各大隊中隊小隊裏夾進去，並且不許志願兵間有互相橫的聯絡，日寇始終恐懼着朝鮮人互相聯絡互相團結，故用澈頭澈尾的分散政策。現據某方確報，第一批參加作戰的志願兵中有了很多的死亡，這將影響整個志願兵制度實施之將來，因此近來暫時不派第一線直接參戰之工作，便派留在後方佔領區域或朝鮮，使他們担任維持秩序治安及宣傳之工作，這當然不是永久地派留在後方，而企圖用這個方法一面鎮撫反對志願兵之空氣，另一方面收買民心及安撫志願兵。

(四)志願兵之成份及社會地位：這是值得研究的，尤其研究敵情從事於瓦解敵軍工作的格外有研究的必要。朝鮮人爲什麽有些人要做志願兵？是眞正爲了生活的困難嗎？還是受了欺騙爲了「日本帝國」的呢？要研究這個問題不能不先研究志願兵的成份及他們社會的階層，關於這方面目前沒有什麽完善的材料，不過可以做參考的，第一，從今年全朝鮮志願兵應募者八萬名中的知識程度來看，中等學校學力者祇有一百九十二名，慶尙北道志願兵應募者八千五百名中，中學學力者祇達十二名。又據今年二月間志願兵訓練所所長鹽原之報告，在中學生中志願兵應募者太少，這因爲各學校當局沒有澈底的宣傳志願兵制度所致之緣故，今後應該特別宣傳，並詳細調查具有志願兵合格條件者呈報，如果成績好的就給他們嘉獎，相反地成績壞還得要受處分，從這個事實推測，的確中學程度者充當志願兵者少。又從另一方面觀察，現在朝鮮中學生畢業之出路是很好的，今年春期畢業之職業中學校畢業生已在去年底都有工作的地方，同時待遇也比較戰前高一倍或加至百分之五十。這是因為戰時工商業發展，需要大批的技術人材或中學程度人才之緣故。這樣看應募志願兵的絕對多數是小學畢業的或小學中途退學的人。而就這些人的社會階層來說，屬於正在沒落滅亡中的朝鮮農村佃農小規模小作農或城市的工人徒弟流浪青年。他們沒有經濟之能力讀中學，又沒有資本經營商工業。而從整個農村經濟破產中，都市小市民中被擠出來的。又從他們的心理情況來說，不滿於現狀但又不能把握得着現實社會，光充滿着一片的不平和冒險心及動搖不定的情緒，他們情緒上渴求着能洩漏這些不平的場合。

（五）應募志願兵之原因：（1）根據志願兵之成份社會環境及心理情形來說這些人是在鄉村都市為經濟壓迫被驅逐出來而追求戰時景氣的人們，以為當兵可以發財的。（2）由於朝鮮民族的特殊心理；朝鮮人向來富於冒險性，好奇心好動，又富於英武之觀念，從歷史上觀察自從三國時代到現在無數次的義兵運動，轟轟烈烈的冒險暴動固然是由當時的社會條件造成的，但在另一方面這種歷史的傳統也已經成了一種民族心理。（3）由於當兵可以升官的幻想，今年初在京城會舉行了一次志願兵座談會，那裏提到很多問題，和這個問題有關係而值得我們注意的是，這些志願兵還認為當志願兵將可以升為官長，指揮很多人作戰，即使不升官也從前線調回歸國以後，可以被任用為比較重要的地方警察或訓練所青年訓練所模範村的指導員，也可以被任用為志願兵募集之宣傳人員。（4）受到敵人的欺騙宣傳。敵人現在志願兵宣傳的重要理論根據是「內鮮一體」論，敵南總督在日本建國紀元二千六百年紀念日告朝鮮同胞說：「朝鮮是日本帝國進出大陸之兵站基地，為完成這個任務，勿論如何要實現徹底的內鮮一體」，至於內鮮一體的內容，據敵南總督之說法「內鮮（日本及朝鮮）有着同祖同根之血統關係，而且朝鮮人的容貌也和大和民族完全一樣，所以今日歸附大和民族是應該的」。又據朝鮮總督府於一九三九年九月所發表之朝鮮國民精神總動員運動，朝鮮精動的特異性中提到「使半島人民成為皇國臣民化」這就是說日本統治者根本不承認朝鮮民族，而把朝鮮民族認為太和民族之一部份，而這種企圖的具體表現為朝鮮不叫朝鮮而叫半島，又最近實施創氏制度，強迫朝鮮人改朝鮮姓為日本人式之姓名。總之日寇「內鮮一體」論以日本和朝鮮同一民族為根據，要求朝鮮人，在這太和民族遭到空前危期，「半島人」也應該不分彼此為着日本之命運而共同負義務，故要朝鮮人參加戰爭。

（六）志願兵募集之宣傳及準備工作：（1）日寇統治朝鮮之目前政策是一切為『人力的補充』『實現內鮮一體』，因此實現這個目標而所實施的一切組織如愛國班，勤勞報國隊，模範村，青年訓練所，這都是志願兵運動之具體的準備工作。只拿青年訓練所來說：去年全朝鮮設立了一百一十所，今年設立七百八十五所，而明年將在每個高級小學（六年制小學）所在的地方普通的設立一所青年訓練所（共九百三十五所），以訓練當地的青年灌注『內鮮一體』的精神及授與初步的軍事訓練。

（2）文化宣傳：現收買敗類之貴族或文化人到處宣傳演講志願兵運動，或派由參戰調回來的志願兵巡迴演講，或收買一批流氓自動的請願參加志願兵以造成一種空氣，又利用叛變之文化人如朴英熙，李光洙等製成志願兵電影片及詩歌等擴大宣傳。

（3）獎勵：被採用之志願兵都一一發表在各報章雜誌上宣揚，他們在受訓練期內經濟上給與特別的優待，在畢業時社會及日本當局特別優待，以第一二批情形來看，當畢業時帶他們到日本各處參觀：陸軍大臣特地設宴款待，一一接見志願兵，並給他們以獎金，出戰的時候，朝鮮總督，朝鮮軍司令及社會一流人物都去歡送，戰死時更以大規模的舉行葬禮，去年在山西作戰中戰死的李仁錫，日寇把他特地提出來表揚，各處爲紀念李仁錫起見，建立忠靈塔，敵南總督以下各文武重要人物都參加這李仁錫之葬禮，又募集大批的金錢及慰勞品給遺族，其熱烈的情形眞是轟動一時，比起日本內閣總理出葬還要熱鬧。敵人用這些辦法企圖收買人心，喚起應募志願兵之好奇心。

(七)社會一般之反應。關於這方面也沒有什麽具體的材料，只應募者的人數方面看：去年應募者一萬二千名，今年增加到八萬人，將近八倍的比率。但又從應募者的成分上看，一般有知識的青年和稍微有辦法的青年都不應募的。可見今日朝鮮社會的中堅青年是不參加志願兵的。再看志願兵座談會上的論調。一般社會對志願兵運動還抱着冷淡而表面上採取不歡迎的態度，而一般革命羣衆方面積極的反對這個運動，例如一九三八年平壤開城的三千餘革命羣衆發起反對志願兵運動，與敵軍警衝突，遭到不少的犧牲。

今後趨勢

依據中日戰爭的長期性，日寇人力的缺乏以及上述各般情形觀察，敵人將大規模的擴充志願兵訓練所，採用多量的志願兵，並將用強迫威脅之手段吸收優良青年，爲了完成這部工作，自然地要加强各地方的青年訓練所工作。據某方情報，敵人將在朝鮮抽出四十萬士兵，大規模的驅逐到中國戰場來。無疑的，這是日寇走上自滅之路。

日寇盡管統制，壓迫、欺騙、屠殺、掙扎，然而歷史是遵照一定的原則而發展的。凡是知道朝鮮歷史的也就可以知道未來的朝鮮。史實告訴我們，敵人武斷的恐怖統制政治之下，曾發動過二百萬大衆的三一大革命和光州學生運動以及無數次壯烈的鬥爭。今天敵人竟於實施志願兵制度，盡管用最嚴密的方法來管束，但這將必然歸於徒勞的。因爲志願兵是在飢餓的死線上彷徨的人們，不滿於現實的人們，所以他們一旦被知道誰是他們眞正的敵人，就會翻然站在革命陣營的，在這裏特別需要朝鮮革命者粉粹日寇之企圖，爭取這些志願兵的工作。今天朝鮮義勇隊已參加中國抗戰，正進行着瓦解敵軍喚起朝鮮羣衆並爭取志願兵的工作，將進一步可以把敵人驅逐來的朝鮮人民，用敵人的武裝去消滅這人類的惡魔日本強盜。

本隊發行刊物一覽表

朝鮮義勇隊	(中文刊)	總隊部發行
戰鼓	(朝鮮文刊)	同上
戰崗	(朝鮮文刊)	第一支隊部發行
內外消息	(中文刊)	第一支隊第三分隊發行
華中通訊	(朝鮮文刊)	同上
漢水版	(朝鮮文刊)	第二支隊第一分隊發行
黃河版	(朝鮮文刊)	第二支隊第二分隊發行
華北版	(朝鮮文刊)	第二支隊第三分隊發行
江南通訊	(朝鮮文刊)	第三支隊部發行
義勇報	(朝鮮文刊)	美洲朝鮮義勇隊後援會發行

조선 '지원병' 문제

한지성

조선문제에 관심을 가져온 이들은 자연히 중일전쟁 이후의 조선문제에도 관심을 가질 것이다. 하지만 조선인들이 당하고 있는 징병 문제를 명확히 이해하는 이는 소수에 그친다. 현재 1천 명에 못 미치는 조선인 병사들이 일본군의 작전을 위해 화북의 각 전구에 흩어져 분포해 있다. 그러면 이들 조선인은 어떻게 중국으로 내몰려와 참전케 된 것인가? 이후의 추세는 어떨 것인가? 이 방면에 관해 완비된 연구 자료는 아직 없지만, 확보 가능했던 자료들이라도 간략히 정리하여 여러분에게 참고가 되도록 제공하는 바이다.

1. 일제 침략자는 왜 지원병제도를 실시하는가?

일제가 지금 조선에서 실시하는 것은 일본 국내와 같은 식의 징병제가 아니다. 모병제도 아니고, 결국 지원병 제도이다. 일제는 왜 중일전쟁이 시작될 때 조선에서 지원병 제도를 실시했는가? 이 점을 이해하려면 일본이 조선을 통치한 역사부터 연구해보지 않으면 안 된다.

일제는 조선통치의 첫걸음을 조선민족의 무장 해제로부터 뗐다. 조선 망국 3년 전인 1907년에 조선통감 이토 히로부미(伊藤博文) 등은 매국노 이완용(李完用) 등과 밀의하여 조선 멸망을 기도하였다. 그리하여 새 군제 건립을 빙자하여 기존 군대를 일제히 해산토록 강박하고 무장을 완전히 해제시켰다. 얼마 후에는 한국정부의 육군부를 폐지하고 황실호위대는 일본군사령부로 귀속시켜 관리했다. 그로써 한국정부의 정식군대가 완전히 해산되어버린 것이다.

제2보는 조선의 민간무장 해제였다. 그때까지 조선에는 민간의 무기가 풍부했다. 역사적으로 조선에서는 민군(民軍)이 중시되어, 지방마다 자위적 무장을 갖추고 있었다. 나라에 긴급사태가 발생하면 명령 없이도 자동으로 일어나 나라를 지켜냈다. 이런 풍습은 삼국시대부터 있어왔고, 가장 유명한 것이 이조 선조(宣祖) 때의 사족·유림·승려

등의 의병봉기였다.

1910년 조선이 일본 침략자에게 병탄될 때 조선 전국에서 의병이 왕성하게 궐기해 영용한 반일 복국전투를 해나갔다. 그것은 8년이나 계속되어 적에게 엄중한 타격을 주었고, 적은 이런 사실로부터 뼈아픈 경험을 갖게 되었다. 그래서 통치권을 잡은 후에는 한편으로 철저히 의병을 소멸시키고, 다른 한편으로는 민중들에게 소유 무기를 등록함과 아울러 기한 내 관납토록 했다. 그대로 이행하지 않으면 사정없이 엄중 처벌하였다. 사냥꾼이거나 자위를 위해 무기가 필요할 시는 여러 사람이 개인별 연명보고를 하여, 허가가 있고서야 비로소 휴대할 수 있었다.

일본 헌병을 보조하는 헌병 및 경찰 중에 조선인도 있었는데, 일제는 이들에 대해서도 무기를 지급하지 않음을 원칙으로 삼았다. 특수상황에서만 무기가 지급되었고 그것도 엄밀한 감시를 받아야 했다.

조선인에 대한 일제의 정책은 "병졸 하나도 허하지 않고 총칼 하나도 허하지 않음"이었다. 이렇게 해야만 멋대로의 학살과 착취 공작을 마음 놓고 해갈 수 있기 때문이었다. 그런 원칙하에 놓여있던 조선민족에게 일제가 이제 와서는 '일시동인(一視同仁)'에 '황국신민'이라고 칭하면서 일찍이 없던 지원병제를 실시한다. 게다가 전에 없이 징병제도까지 실시한다 한다. 이것은 인도에 대한 영국의, 그리고 베트남에 대한 프랑스의 정책과는 완전히 다른 것이다.

2. 지원병 제도 실시의 의의

적의 총독 미나미 지로(南次郎)는 금년 4월 23일에 조선의 수도 경성에서 전조선 13도 도지사 회의를 소집했다. 거기서 그는 "반도(조선)의 사명은 제국이 대륙으로 약진하는 병참기지의 임무를 완성하는 것이고, 이 임무를 달성하려면 반드시 인적 자원을 길러내야 하며, 더불어 광의의 국방산업을 발전시켜야 한다."고 강설했다. 이 말에서 지원병제도를 실시함은 일본제국주의가 벌이는 침략전쟁 중에 침략도구를 보충하는 일종의 특수정책임을 십분 엿볼 수 있다.

지금까지 일제가 조선에서 지원병 제도를 시행한 바 없었음에서 이 문제를 과감히 꺼내지는 못했을 것이라고 말할 수 있다. 그런데 금일에 이르러 갑자기 지원병 제도를 실시함은 조선민족이 완전히 동화되어 일본인이 되었기 때문이지 않을까? 당연히 그렇지 않다. 그저 일제가 중국의 장기항전에 대응하여, 일본군대에 결핍된 인력을 보충하려는 것일 뿐이다. 2천3백만 인구의 식민지 조선은 침략전쟁의 권역 밖에 서있을 수가 없다. 일제의 각 방면의 정책과 언론으로 봤을 때, 지원병제도는 일시적인 것이고 장차는 징병제 실시도 가능하다. 그렇다면 현재의 지원병제는 징병제 실시를 시험해보는 준비공작이라고 말할 수 있다.

3. 지원병 제도 실시의 상황

(1) 지원병 인원

지원병 제도가 1938년부터 실시된 후, 제1기로 훈련 끝내고 파병되어 참전한 이가 4백 명이고, 제2기로 1939년에 지원병훈련소를 졸업한 이는 6백 명이다. 올해의 지원병 응모자는 8만여 명인데, 신체검사 합격자는 3만여 명이었다. 그 중 지원병으로 선발된 자는 3천 명이다. 이 숫자로 보면 지원병은 모두 합해 4천 명일 뿐이다. 올해 뽑힌 3천 명의 지원병은 금년 내로 훈련 실시 후 내년에 파견되어 참전한다. 신문·잡지 혹은 소문에는 수천, 수만의 조선인 병사가 참전했다거나, 혹은 일본군 작전부대 병력의 3분의 1 혹은 절반이 조선인이라고들 한다. 그러나 그것은 모두 헛소문이다.

(2) 지원병이 되는 절차

지원병이 되는 것은 개인별 지원에 따라서가 아니고, 의향대로 되는 것만도 아니다. 엄격한 심사와 시험과 훈련과정을 거쳐야만 한다. 지원병을 모집할 때마다 조선군사령부가 각 도, 각 군(郡)의 경찰청·경찰서에 명령해 지원병 모집 포고를 발표한다. 그러면 응모자는 지원병 청원서 및 신분보증서를 들고 경찰서로 가서 등록한 후, 일본어로 된 시험을 보고 신체검사와 사상검사를 받는다. 1차 시험·심사는 각 군의 경찰서에서 실시하고, 합격자는 용산의 조선군사령부에 보고된다. 사령부는 2차 심사로 걸러서 특별지원병을 택하고 채용한다.

각 군에서 심사할 때 가장 중요한 것은 응모자의 사상과 가정·사회 환경이다. 사상 방면에서는 한 건이라도 반일행적이 나타났거나 불온경향이 인지되면 채용하지 않는다. 사회 및 가정환경 방면에서 친척이나 친구 중에 반일 혁명자가 있으면 역시 채용되지 않는다. 이처럼 엄격한 심사를 거쳐 일단 채용이 되면, 각지에서 용산 지원병훈련소로 보내져 6개월의 초보적 군사 · 정신 훈련을 받는다. 그 중에서도 지원병의 언행이 고려된 훈련합격자만 한 명의 지원병이 되어 파견되고 참전하는 것이다.

(3) 파병과 참전 상황

제1기와 제2기의 전기(前期) 훈련자(제2기의 후기 훈련자는 아직 훈련 중임)는 제20사단 휘하의 각 부대로 가서 산서성 중조산 · 강현(絳縣) · 평륙(平陸) · 탁주(琢州) 일대로 보내졌다. 다수가 보병 상등병 혹은 일등병이다. 파병은 1개 소대 혹은 분대 단독으로 집중되어 함께 가는 것이 아니고, 2 · 3개의 소대 · 분대로 나뉘어 각 대대 · 중대 · 소대 안으로 끼어들어 가는 식이다. 게다가 지원병 상호간의 횡적 연락도 허용되지 않는다. 일제는 조선인이 서로 연락하고 서로 단결하는 것을 맨날 두려워하므로 철두철미 분산 정책을 쓴다. 현재 모 방면의 확실한 정보에 따르면, 제1기로 작전에 참가한 지원병 중에 매우 많은 사망자가 있었는데, 이것은 지원병제도 실시의 장래에 영향을 미칠 것이라 한다. 그래서인지 근래에는 제1선의 직접참전 공작에 파견함이 일시 중지되고, 후방의 점령구나 조선으로 보내서 치안질서 유지와 선전공작을 맡게끔 하고 있다 한다. 이는 그들을 영구적으로 후방에 머무르게 하겠다는 것이 당연히 아니다. 그런 방법을 써서 일면으로는 지원병에 반대하는 분위기가 진정되기를 꾀하고, 다른 면으로는 민심을 회유하여 지원병을 안심시키려는 의도인 것이다.

(4) 지원병의 성분과 사회적 지위

이 문제는 연구해볼 만하다. 더욱이 적정(敵情) 연구는 적군공작을 와해시킴 이상의 필요성이 있다. 조선인은 무엇을 위해 지원병이 되는가? 그것은 진정 생활의 곤란 때문인가? 아니면 '일본제국'이란 것에 속아 넘어간 것인가? 이런 문제를 연구하려면 지원병의 성분과 그들의 계층 소속을 먼저 연구하지 않으면 안 된다.

이 방면에는 완전한 자료가 아직 없다. 다만 참고할 만한 것은 첫째, 올해 전 조선의 지원병 응모자 8만 명 가운데 지식정도에서 중등학교 학력자는 192명에 불과하며 경상북도의 지원병 응모자 8천5백 명 중에는 중학 학력자가 11명에 불과하다는 사실이다. 금년 2월에 지원병훈련소 소장 시오하라(鹽原)가 보고한 바로는, 중학생 중의 지원병 응모자가 매우 적은데 이는 각 학교당국이 지원병제를 철저히 선전하지 않은 때문이라

하였다. 그래서 이후로는 특별선전과 더불어 지원병 합격조건을 갖춘 자를 상세히 조사하여 보고토록 했다. 그 성적이 좋으면 상을 주고, 성적이 나쁘면 상응하는 처분을 받아야 한다고 했다.

이런 사실들로 미루어보건대, 중학 정도의 학력자로서 지원병으로 충원되는 자가 적음이 확실시된다. 다른 측면에서 보면, 현재 조선에서 중학생의 졸업 후 진로가 아주 좋은데, 금년 봄의 직업중학교 졸업생은 이미 작년 말에 모두 직장이 생겼다. 대우도 전쟁 전의 2배가 되거나 50%는 좋아졌다. 이는 전시 상공업 발전으로 인해 대규모의 기술인재나 중학 정도의 인재에 대한 수요가 있기 때문이다. 이렇게 볼 때, 지원병 응모자의 절대 다수는 소학교 졸업생이거나 중퇴자들이다. 이들의 사회계층에 대해 말해보면, 몰락·쇠망 중인 조선농촌의 소규모 소작농이거나 도시의 견습 노동자와 유랑청년들이다. 그들은 중학교를 다닐 만큼의 경제적 능력이 없고, 상공업을 경영할 자본도 없다. 농촌경제가 파산함에 따른 것이고, 도시 소시민에서도 밀려나온 이들이다. 그들의 심리상태는 현실에 불만이 있어도 현실사회를 잡아채지 못하고, 한 조각의 불평과 모험심 및 동요하는 부정형의 정서로 충만해있다. 그들의 정서는 그런 불평등의 상황에서 벗어나기를 갈구한다.

(5) 지원병에 응모하는 원인

① 지원병의 성분과 사회적 환경 및 심리상황에 근거해 말해보면, 응모자들은 향촌과 도시에서 경제적 압박에 내몰려 전시 경기를 쫓는 사람들이고, 군대에 들어가면 돈을 벌 수 있다고 생각한다. ② 조선민족의 특수한 심리에서 비롯된 것이라고도 볼 수 있다. 조선인은 고래로 모험심이 많고 호기심으로 움직이기를 좋아하며 무(武)를 높여보는 관념도 풍부했다. 역사적 관찰을 해보아도, 삼국시대부터 현재까지 수많은 의병운동이 있었다. 위험을 무릅쓰고 매섭게 불끈 떨쳐 일어남은 물론 당시의 사회적 조건에서 그리된 것이긴 하지만, 달리 보면 그런 역사적 전통이 일종의 민족심리가 되어있기도 하다. ③ 군대에 들어가면 장교가 될 수 있다는 환상이 있어서이다. 올해 초 서울에서 제1차 지원병 좌담회가 열렸는데, 거기서 많은 문제가 제기되었다. 이런 문제와 관련해 우리의 주의를 끄는 것은 지원병이 되면 장차 장교로 승진하여 많은 부하를 거느리고 작전을 지휘할 수 있을 것으로 지원병들이 알고 있다는 것이다. 설사 장교가 못 되더라도,

전선에서 물러나 귀국한 후에는 비교적 중요한 지방경찰이나 훈련소·청년훈련소·모범촌의 지도원으로 임용될 수 있고, 하다못해 지원병모집 선전원이라도 될 수 있을 것으로 알고들 있다. ④ 적의 기만적 선전을 받아들여서이다. 적이 현재 지원병 선전의 중요한 이론적 근거로 내세우는 것은 '내선일체'론이다. 조선총독 미나미는 일본 건국기원 2천6백년 기념일에 조선인들에게 설파하기를, "조선은 일본제국이 대륙으로 진출하기 위한 병참기지이고, 이 임무의 완성을 위해서는 이러쿵저러쿵 말이 필요 없이 철저한 내선일체를 실현해야 한다."라고 했다. 그리고 내선일체의 내용에 대해 미나미는 "내선(일본과 조선)은 조상이 같고 뿌리가 같은 혈통관계이고, 조선인의 용모도 대화민족(大和民族)과 똑같다. 그러므로 조선인이 오늘날 대화민족에 귀속됨은 당연한 것이다."라고 했다. 또한 조선총독부가 1939년 9월에 발표한 조선국민정신총동원령에서는 그 운동의 특수성으로 "반도의 인민이 황국신민이 되게끔 함"을 내걸었다. 이는 일본 통치자들이 근본적으로 조선민족을 승인하지 않고 대화민족의 일부분으로만 여김을 말해주는 것이다. 그런 시도의 구체적 표현이 조선을 '조선'으로 부르지 않고 '반도'로 부르는 것이다. 최근 실시된 창씨제도는 조선인을 강박하여 조선식의 성(姓)을 일본인 식의 성명으로 바꾸도록 하였다. 요컨대 일제의 '내선일체'론이란 일본과 조선이 동일민족임을 근거로 삼아, 대화민족이 공전(空前)의 위기를 맞고 있는 이 시점에는 반도인도 너와 나 구분 없이 일본의 명운이 걸린 의무를 같이 부담할 것을 조선인에게 요구함이다. 그래서 조선인도 전쟁에 참가해야 한다는 것이다.

(6) 지원병 모집의 선전과 준비공작

① 일제의 조선통치 정책은 현재 '인력 보충'과 '내선일체 실현'으로 모아져 있다. 그 목표를 실현키 위한 조직이 애국반, 근로보국대, 모범촌, 청년훈련소 등이다. 이 모두는 지원병운동의 구체적 준비공작이기도 했다. 청년훈련소만 해도 작년에 조선 전역에 110개소를 설립했고 올해는 785개소를 설립했다. 내년에는 고급소학교(6년제 소학교) 소재지마다 청년훈련소를 1개씩(합계 935개소) 설립하여 현지 청년을 훈련시킬 것이라 한다. '내선일체' 정신을 주입하며 초보적 군사훈련도 시킬 것이라 한다.

② 문화선전: 현재 매수되어 변절한 귀족이나 문화인들이 곳곳에서 지원병운동을 선전 강연하고 있다. 참전했다가 돌아온 지원병들을 순회강연에 내보내고, 떠돌이들을 매

수해 지원병 참가를 자원토록 함으로써 일종의 분위기 조성도 해낸다. 또한 박영희(朴英熙), 이광수처럼 민족반역자가 된 문화인들을 이용해 지원병 영화와 시가(詩歌) 등을 만들어 크게 선전한다.

③ 장려: 선발된 지원병은 전원 신문 · 잡지에 명단이 발표되어 그 이름이 선양되고, 훈련기간에도 급여를 받아 특별히 우대된다. 훈련소 수료 시에는 사회와 일본당국의 특별우대가 있게 된다. 제1기와 제2기 지원병들은 훈련소 수료 후 일본 각처를 다니며 참관했고, 육군대신이 특별히 마련한 연회에서 환대하고 한 명씩 접견하며 장려금을 주었다. 출전할 때는 조선총독, 조선군사령관 및 사회 일류의 인물들이 다 나와 환송했다. 전사하면 대대적으로 장례가 거행된다. 작년에 산서작전에서 전사한 이인석(李仁錫)은 일제가 특별히 표창하고 각처에 충령탑도 건립되었다. 미나미 총독 이하 각계 문관 · 무관 요인들이 죄다 이인석의 장례에 참가했고, 위문금과 위문품을 많이 거두어 유족에게 주었다. 그 열기는 정말 시끌벅적했는데, 일본 내각총리 장례를 능가할 정도였다. 적들은 이런 방법을 이용해 인심 얻기를 꾀하고 지원병에 응모하고픈 호기심도 불러일으킨다.

(7) 사회 일반의 반응

이 방면에 관해서는 구체적인 자료가 아무것도 없다. 응모자 인원이 작년에는 1만 2천 명이었는데 올해는 8만 명에 달하여 8배 가까이 증가했다. 그러나 응모자의 성분으로 볼 때, 일반의 지식청년과 조금이라도 살길을 찾아낸 청년은 아무도 응모하지 않았다. 오늘날 조선사회의 중견청년은 지원병에 참가하지 않음을 볼 수 있다. 지원병 좌담회의 논조를 재차 보면, 일반사회는 지원병운동에 대해 여전히 냉담한 반응을 보이고 겉으로도 환영하지 않는 태도를 취하고 있다 했다. 혁명군중 일반은 이 운동을 적극 반대한다. 예를 들어, 1938년 평양과 개성의 3천여 혁명군중이 지원병반대운동을 일으켜 적 군경과 충돌했고 적지 않은 희생도 있었다.

4. 금후의 추세

중일전쟁 장기화에 따라 일제의 인력부족이 상술한 제반 상황으로 미쳤음을 볼 때,

적군은 장차 지원병훈련소를 크게 확충하고 다량의 지원병을 선발해갈 것이다. 또한 강박·위협 수단을 써 우량청년을 흡수해갈 것이고, 이 공작을 완성키 위해 각지 청년훈련소 공작을 강화해갈 것이다. 어느 정보에 따르면, 적은 조선에서 40만 명의 사병을 추출하여 중국 전장으로 내보낼 것이라 한다. 의심할 바 없이 이것은 일제가 자멸의 길로 달려감과 같다.

일제는 애써 통제하고 압박하고 속이고 학살하며 버둥거린다. 하지만 역사는 일정한 원리에 따라 발전해간다. 무릇 조선의 역사를 안다면 미래의 조선도 알 수 있다. 역사적 사실은 우리에게 말해준다. 적의 무단적 공포통제정치 하에서도 2백만 대중의 3·1 대혁명과 광주학생운동 및 무수히 많은 의열투쟁이 벌어졌음을.

급기야 적은 이제 지원병제도를 실시하고 무진 애를 쓰면서 매우 엄밀한 방법으로 단속한다. 하지만 그것은 헛수고로 돌아가고야 말 것이다. 지원병은 굶주림의 사선(死線)에서 방황했기 때문에 현실에 불만을 가진 사람들이다. 때문에 누가 그들의 진정한 적인지를 알게 되면 그들은 돌연 입장을 바꿔 혁명진영에 설 것이다. 여기서 조선혁명자가 일제의 기도를 분쇄하고 이들 지원병을 쟁취해내는 공작이 특별히 필요한 것이다. 오늘의 조선의용대는 이미 중국항전에 참가하여 적군을 와해시키고 조선군중이 떨쳐 일어나게끔 하며 지원병을 쟁취하는 공작을 진행시키고 있다. 한 걸음 더 나아가, 적에 의해 쫓겨난 조선인민들이 적의 무장을 이용하여 저 인류의 악마 일본 강도를 소멸시켜갈 것이다.

⑭ 7·7항전 3주년 기념 專號(1940.7.7), 1~2쪽, 韓志成, 〈'七七'抗戰中產生的朝鮮義勇隊〉

一九四〇年七月七日　朝鮮義勇隊　（增刊）　（一）

朝鮮義勇隊

（增刊）

「七七」三週年紀念專號

寫在前面

「七七」三週年，這個偉大的日子，他不但是中國抗戰紀念日，同時在世界愛好正義和平人士的心靈上，也是難忘記的一天。尤其是直接在日本帝國主義宰割下的被壓迫民族，對於這一天更有異樣的感覺！我們在這裏，首先謹爲抗戰殉難的中國烈士致哀，並向正在前線與敵血戰的中韓將士致熱烈的革命敬禮！

「七七」可以說是中國的新生，是正義的伸張，是被壓迫民族解放的模範。現在又臨到了他的三週年紀念日，我們應當來很熱烈的紀念。但是日本帝國主義，還沒有拋棄它那狂妄的野心，還在繼續的進犯。我們於歡欣之餘，還應拿出積極的行動來打擊日本法西斯強盜，讓他早一天完全進入墳墓，好實現中韓兩民族的澈底解放！

我們朝鮮革命者，參加了中國抗戰，在東方革命領袖 蔣委員長領導之下，正在各戰場上和日寇血拚！偉大的「七七」三週年，來到我們面前，我們只有更堅決更興奮的和中國弟兄攜起手來，完成「七七」所交下的歷史任務。爲了不辜負這偉大的一天——「七七」，留在重慶的朝鮮義勇隊一部同志準備拿更堅決的信心和行動來紀念它，並出版這小小的刊物來配合紀念工作。

紀念「七七」與朝鮮革命

樸孝三

偉大的中國抗戰，已經有整整三年了，抗戰帶給中國以痛苦與艱難，同時帶來了刷新與更生，在戰爭中不但建立了新生的中國，同時領導和推動東方被壓迫民族的解放鬥爭，這一個「七七」是有歷史意義的紀念日，同時也是一切東方被壓迫民族解放的信號。

朝鮮民族的解放運動，在其理論與實際上與中國的革命，有着歷史的不可分離的客觀聯系。在中國抗戰到三年的今日，由於日本帝國主義內部矛盾日益尖銳化，因而引起了朝鮮國內外情勢的顯然變化，朝鮮人民大衆在日寇殘酷的壓榨下，而迫使他們走向革命，這革命的發展與日本帝國主義的崩潰，是互相成爲正比例而發展着，所以朝鮮革命的動力與中國抗戰的配合，愈益積極而密切，則日本帝國主義的總崩潰亦愈益迫近，因此現階段中國對朝鮮的問題及朝鮮民族本身所負的當前任務，是非常重大而迫切。

目前日本帝國主義爲了挽救在戰爭途上日益沒落的統治，更加瘋狂的剝削和壓迫其本國與殖民地人民，對人以朝鮮爲其兵站基地與資源人力供給地，藉戰時統制的名義，實行種種殘無人道的手段。以物資動員爲名，絞死僅存一息的朝鮮土著資本的生命；以消費節省爲名，朝鮮人民一日只准食兩頓稀粥；以「內鮮一致」的欺騙陰謀，要把朝鮮民族化爲變相的日本人，做日本帝國主義萬世的忠順奴隸；以所謂「思想統一」爲名，拘禁捕殺無數的有爲青年和志士；以及嚴禁政治，文化，社會上的一切活動，又復頒佈所謂「創氏令」想把朝鮮人原來的姓名，都改爲日本式的什麼牛二郎，馬三郎。這滑稽而毒辣的野蠻政策，就想把朝鮮民族意識剷除淨盡，又以「臣民勁忠」的命令，強迫徵募所謂「志願兵」，並到處設立所謂「青年訓練所」，什麼「愛國班」，什麼「勤勞班」，什麼「移民訓練所」，什麼「精神總動員聯盟」等等。此外特別是，日本帝國主義爲了鞏固在朝鮮的統治，而且更要積極的使朝鮮成爲供給侵略[illegible]資源的所謂「兵站基地」，因之目前敵人在朝鮮積極擴充工業，使朝鮮變爲戰時工業化，傾其全力將國家資本對朝鮮各部門產業投資，在其投資部門中，工業方面已超過了百分之六十以上，其中多半是軍需工業，結果使朝鮮農村經濟加速崩潰，大部分農戶均變成貧農，城市勞動者隨之激增，[illegible]的增加，在朝[illegible]了很大的變[illegible]命的主力[illegible]的鬥爭中[illegible]日本帝[illegible]配合以[illegible]誘惑的陰險毒辣的陰謀，迫使朝鮮國內的上層階級投降，因之朝鮮國內的一部分封建勢力及一部分中小資產階級爲已投入到敵人懷抱裏，甚至於甘願在國內相當活躍的「革命者」以及一部分無恥文人，替敵人作了絞殺革命的劊子手。朝鮮革命運動困然更爲艱苦，然而他已深入大衆裏面，並且日益普遍化而帶着積極性，然而這個運動必須與海外的革命勢力和日本國內革命勢力配合成一氣才能成功。

所以海外運動在朝鮮革命運動史上，佔着非常重要的地位，而在朝鮮革命運動的戰略上，也是最重要的一節。海外運動已有三十餘年的光榮歷史，並且具有領導與指導整個朝鮮革命運動的地位，因此海外運動在目前情勢之下，所担負的責任是更重大，茲將其鬥爭任務，略述於後：

1. 動員在日本帝國主義國內的一百萬朝鮮勞動者，來積極參加日本人民的反戰陣線，和日本統治者進行勇敢的鬥爭，這是日本帝國主義最基本的矛盾對立的一環。

2. 在朝鮮國內，動員國內的人民大衆，以「總督府」的統治爲對象，用革命手段反抗敵人一切經濟，政治，文化等各方面的施設，這是朝鮮民族對日本帝國主義鬥爭的最基本的戰略陣地。

3. 組織訓練在華的一百八十餘萬的朝鮮移民，建立武裝隊伍，參加中國抗戰，並切實的配合着英勇的中國抗戰力量，以粉碎敵人在華扶殖的一切傀儡政權。

以上就是我們的戰略任務，而我們目前在這三個環節中，應集中主要力量，於第三個環節，因爲日本帝國主義的發展和歐美帝國主義的發展，是大不相同，它雖然經過了資產階級性的明治維新這一階段，可是當時推動這一革命的並不是進步的資產階級，而是地方的封建軍閥和地主，所以日本統治政權始終操在封建軍閥（藩閥）的手裏，所以它一誕生即具有向外武力侵略的先天性，然後經濟文化隨之伸張。它在台灣如此，於朝鮮亦復如此，今日侵略中國亦施其一貫的故技，這就是日本帝國主義畸形發展的特徵，它目前雖然傾全國之力，來侵略中國，然而只是外強中乾。中國打擊和日本國內及殖民地間的諸矛盾的[illegible]銳化，使敵[illegible]不得的困境，其[illegible]抗戰三年中[illegible]

所以我們曉得，敵人的矛盾環節中，侵略中國這一環節是最脆弱的一環，因爲戰爭期的諸矛盾，都屬於此一環中，如果我們首先集中力量，把這一環節打碎，而其他一切矛盾隨即爆裂，則整個日本帝國主義的體系，必隨之總崩潰，因此我們趕快發動在華的一百八十餘萬朝鮮同胞，加以組織訓練，建立武裝的革命隊伍，積極參加中國抗戰，並切實的配合偉大的四萬萬五千萬生動的革命勢力，打倒日本帝國主義，以奠定東亞和平的新的歷史基礎。

「七七」抗戰中產生的朝鮮義勇隊

韓志成

「七七」抗戰是中國歷史上劃時代的，也在東方以及全世界人類歷史上有着巨大的意義。半殖民地半封建的中國，在這一百年來，爲帝國主義欺凌蹂躪，而視爲永遠可以作剝削，屠殺之對象。但三年前的七月七日，有全世界四分之一的人口，有機的向「垂死的」東方強盜日本帝國主義射出正義的革命的砲彈。這表示人類文明的勝利，是表示着逆於時代的反動滅亡。這是多麼偉大的壯舉呀！

中國問題，不僅是太平洋問題，而且是最重要的一部份世界問題，領土的廣大，人口的衆多，物質文明的落後，資源的豐富，以及人力的低廉，與世界帝國主義寄生於中國的事實而言，中國能否脫離帝國主義的壓迫，足以決定東方各被壓迫民族革命運動的發展，甚至於對全世界的國際關係，也有着極大的作用。

在三年前的七月七日，半殖民地四萬萬五千萬中國民族，在偉大的中國民族領

袖　蔣介石先生領導之下，統一團結起來，為了建立三民主義的新中國，為着民族的澈底解放，抱定「有敵無我」「有我無敵」的抗戰決心，斷然向日寇展開了武裝的鬥爭。昭示着中國革命勝利的前途。無疑的，中國抗戰的勝利，必然澈底傾覆日本帝國主的統治，同時也是建立東方各被壓迫民族新國家的關鍵。

中國能夠得到抗戰勝利，能夠得到解放，東方各被壓迫民族有希望可以獨立自主，全世界被壓迫民族及被壓迫的大衆也有希望被解放。相反地，中國若萬一被日本帝國主義征服，而附屬於日本帝國主義，則東方各民族的前途，祇有在黑暗，野蠻，剝削，殺人放火的帝國主義的統治下，因此今日中國抗戰的勝敗，不僅僅是中國民族的問題，事實上是影響於在各東方民族的生死存亡。尤其是，在同一個帝國主義下直接受日寇侵略的中國朝鮮，是相互間有着更密切的不可分離之關係。

可是因為這個緣故，近幾十年來朝鮮與中國息息相關，不僅是由於種族和文化上之歷史關係，而更是由於目前兩個民族的革命利害相同的緣故。一九一九年三月一日「三一」大革命時提出的民主主義的口號，與當時那熱烈鬥爭的情形，曾影響了中國五四運動。當中國北伐時期，中國民族的統一與革命的巨潮也影響到朝鮮，因此朝鮮的各黨也統一起來，在統一的指導之下，遂掀起了偉大的一九二九年的光州學生運動。當時在華的朝鮮革命者，也參加北伐，達三百餘名。一二八淞滬抗戰時，也有個別的朝鮮革命者參加了中國軍隊作戰，如我們英勇的吳淞砲台砲手金水山君曾擊沉了敵艦。尹奉吉烈士炸死了敵酋白川大將等。

朝鮮的革命志士，在中國國土上流了不少的鮮血。這是為了什麼？當然為了朝鮮的獨立解放，為了中國民族革命的成功，為了全世界被壓迫的人們的幸福。

「七七」抗戰促成了關內朝鮮革命運動急速的發展。自從朝鮮亡國之後，朝鮮革命者亡命於東北或京滬及平津等地，以各該地為根據地，策動了朝鮮革命運動。於是關內是和東北一樣，這三十年來成了朝鮮革命運動的有力的據點，但在抗戰以前，因為中國與日本之外交關係及其他種種的困難，朝鮮革命者只能祕密的生活，只能進行地下工作，至於「七七」抗戰開始，隨着中國民族從新精誠團結，關內朝鮮革命運動也公開活躍起來了，散在各地的革命者也集中起來，舉起朝鮮民族的旗幟了，不單是在這種表面上起了變化，更在鬥爭的內容與形態方面也促成了顯著的發展，第一，中國民族在抗戰建國中統一團結，向三民主義新中國邁進，這便促進了關內朝鮮革命者的統一和團結。第二，中國民族向日本帝國主義全面的作戰，更又促成了關內朝鮮革命運動集體的鬥爭與革命的實踐，這種公開的集體的革命的實踐，很快的提高了一般革命理論水準，又使我們的革命經驗更豐富起來了。

朝鮮義勇隊是中國抗戰中生長出來的關內朝鮮革命者的抗戰隊伍，是實踐的部隊，歷史的產物。朝鮮義勇隊是基於三十年來關內運動的歷史關係，在中國當局熱烈援助之下，由關內最進步的，最有力的，最優秀的革命者與團體組織起來的，它又有着內在的發展條件與外在的需要，有革命的軍事政治幹部，有淪陷區內被迫來華之數十萬朝鮮群衆，因此它不僅是直接參加中國的火綫戰鬥，更要爭取朝鮮的群衆，組織成一支有力的革命部隊，並完成朝鮮與中國革命的紐帶作用。

今年是朝鮮義勇隊產生後第二週年的「七七」，在這兩年來，朝鮮義勇隊的同志參加了南北十三省份戰地及敵後方之對敵宣傳工作，和中國弟兄一起在敵人之鐵絲網中殺敵（湘北），在槍林彈雨中救出中國負傷同志（湘北），挺進敵後破壞交通，打擊敵人，俘獲敵兵（在鄂北，豫北浙西），和中國弟兄共同作戰（中條山）的時候，與廣大的中國弟兄結成了鞏固的聯系。這是在鬥爭中結成的中韓兩民族的友誼的聯合，祇有這種聯合的擴大與鞏固，才能夠打倒強敵，建立兩民族的真正親密的友誼關係。

今年迎着第三年的「七七」，敵人正趁着歐洲的大戰，對內更進行建立法西斯單一政黨，以便更加緊壓迫犧牲日本民衆，對華則更積極的加強政治陰謀，企圖分化中國民族之統一團結，收[illegible]漢奸，進[illegible]毒計，對[illegible]一體」的政[illegible]者資源與[illegible]急急加緊[illegible]民族意識的[illegible]不過是日本軍閥之迷夢，在崩潰前夜的最兇惡的醜態。中國英勇的抗戰，三年來偉大的鬥爭，已經打下了勝利的基礎，東方各被壓迫民族再生的曙光也發出來了。我們將怎樣完成打倒日寇建立新朝鮮新中國之神聖任務呢，這須要更多的努力，反日的主力中國抗戰陣容更要鞏固，肅清一切漢奸分化抗日力量，遂害抗戰利益的陰謀，發動全中國的人力和物力。在朝鮮革命者方面，更要担負起瓦解敵軍，爭取被敵人統治下之朝鮮群衆，破壞其後方，更積極的組織發動朝鮮民族的獨立運動，朝鮮義勇隊更要努力完成所負的任務。由革命的實踐中鞏固中韓兩民族的聯合陣綫。

朝鮮義勇隊是抗戰中產生，砲火中生長，為着朝鮮民族的獨立和中國抗戰之勝利，獻給了我們的頭顱和熱血，舉起了我們的拳頭，我們熱烈的高喊着，鞏固中韓兩民族的革命陣綫，迫切的期望着援助朝鮮義勇隊發展，使得更有力的發揮抗日的力量，當我們紀念第三週年「七七」，回想三年來中國的抗戰，這是中國最偉大而英勇的抗日勇士的壯烈犧牲的血史，我們對中國陣亡將士，對我們朝鮮的獨立革命先烈一樣表示哀悼，並對中國民族　領袖以及抗日將士全中國抗日民衆致最崇高的革命敬禮，朝鮮義勇隊誓以堅持抗戰，團結一致，消滅敵人，安慰我們中韓先烈之靈，保障子孫萬代之幸福。

◆　◆

紀念「七七」應更加強中韓團結

李　達

偉大的「七七」第三週年紀念日來到了，我們紀念今年的「七七」有着格外重大的意義。第二次帝國主義戰爭正在激烈的開展，而世界情勢有着很大的變化的時候，日本帝國主義在中國的泥脚，愈踏愈深，已走上了死滅之路，相反的，中國抗戰愈打愈強，而最後勝利更有把握的時候，我們來紀念這一個日子，何等興奮！

「七七」，的確是中華民族獲得解放的開端，同時也是東方被壓迫民族解放的先聲。假如沒有「七七」中國也不會有今天的光榮，不僅中國如此，而且直接在日本帝國主義宰制下的朝鮮和台灣，亦以「七七」為契機，便走上了民族解放運動的新的發展階段。因此不但中國民族紀念「七七」，朝鮮和台灣民族也很熱烈的紀念着這有歷史意義的偉大的「七七」。

抗戰三年來，中國在各方面已給予日寇莫大的打擊，而奠定了勝利的基礎，獲得了初步的勝利，然而，這初步的勝利，事實上距抗戰建國的最終目標尚遠，換句話說，「七七」所交下的歷史任務，我們還未全部完成，而頑強的敵人，亦還沒有拋棄它那狂妄的野心，還在用百般毒計進行着滅亡中國的陰謀。因此我們紀念「七七」，不止於紀念形式而已，更應檢閱我們抗戰動員的力量執行具體的戰鬥任務。

今天我們要宣誓：第一，三年來中國抗戰的收獲固然不少，在軍事政治經濟各部門，中國逐漸以優勢的姿態壓倒了敵寇，但我們要檢討一下三年來的抗戰中得來的經驗和教訓，在抗戰四年開始之初更要當心敵寇卑劣惡毒的陰謀。尤其是我們更要澈底粉碎敵人離間中韓兩民族感情的陰謀。第二，抗戰三年來中國得到了國際的同情和援助，這說明了最後勝利是必屬於中國的，我們朝鮮民族以義勇隊協助中國抗戰，也是理所必然，今後我們更應擴大朝鮮義勇隊為朝鮮革命軍，以增加中國抗戰力量。第三，我們要繼續加強和鞏固中韓兩民族的團結，動員更廣大的朝鮮人民參加中國抗戰。同時，要求中國人民更多的積極的援助，發展和擴大朝鮮的革命運動。

末了，我們謹為抗戰殉難的中國烈士致哀，並向正在前綫浴血抗戰的中韓兩國將士致最熱烈的革命敬禮！

◆　◆

7.7항전 중에 탄생한 조선의용대

韓志成

7.7항전은 중국역사상 획기적인 사건이고, 동방에서 전 세계로까지 인류역사에도 커다란 의의를 가집니다. 반식민지 반봉건사회인 중국은 지난 100년 동안 제국주의의 기만·능멸과 유린을 받으면서 언제까지라도 수탈·착취 가능한 대상으로 간주되었습니다. 그러나 3년 전 7월 7일, 전 세계 인구의 1/4은 한데 뭉쳐, '죽어가는' 동방의 강도 일본제국주의를 향해 정의로운 혁명의 포탄을 쏘아 올렸습니다. 이는 인류문명의 승리이고, 시대 역행의 반동 행위는 곧 패망할 것임을 보여줍니다. 이 얼마나 위대한 장거입니까!

중국문제는 태평양문제일 뿐만 아니라 세계문제의 가장 중요한 부분이 됩니다. 넓은 영토, 많은 인구, 물질문명의 낙후성, 풍부한 자원, 값싼 인력, 그리고 제국주의란 제국주의는 모두 중국에 기생한다는 사실에 비추어 보면, 중국이 제국주의의 압박에서 벗어날 수 있는지가 동방 각 피압박민족 혁명운동의 발전 여부를 결정할 것입니다. 심지어 전 세계적 차원의 국제관계에도 막대한 영향을 미칠 것입니다.

3년 전 7월 7일, 4억 5천만 명의 반식민지 중국민족은 위대한 지도자 장제스 선생의 영도 아래 일치단결했습니다. 그들은 삼민주의 신중국 건설과 민족의 완전한 해방을 위해, "적이 있는 한 나는 없다", "내가 있는 한 적은 없다"와 같은 항전 결의를 다지고 일제에 대한 무장투쟁을 단호히 전개하기 시작했습니다. 그럼으로써 중국혁명이 승리할 것임도 보여주었습니다. 의심할 바 없이 중국항전의 승리는 일본제국주의의 통치를 완전히 무너뜨림과 동시에 동방 각 피압박민족의 신국가 건설의 관건도 될 것입니다.

중국은 항전에서 승리하고 해방을 쟁취할 수 있습니다. 동방 각 피압박민족은 독립자주를 바라며, 전 세계 피압박민족과 피압박대중 또한 해방을 소망하고 있습니다. 그와 반대로, 중국이 만약 일제에 정복되고 부속된다면 동방 각 민족의 앞날은 암흑, 야만, 착취, 살인, 방화로 얼룩질 제국주의 통치 아래 놓이게 되고 말 것입니다. 따라서 금일 중국항전의 승패는 중국민족만의 문제라고 할 수 없고, 실은 동방 각 민족의 생사존망에도 영향을 미칩니다. 특히나 제국주의의 직접통치 아래 놓여있거나 일본 강도의 침략을 받고 있다는 점에서 같은 처지인 조선과 중국 사이에는 더욱더 밀접한 불가분의 관계가 있는 것입니다.

그래서 근래 수십 년간 조선과 중국은 밀접한 관계 속에서 지내왔습니다. 종족·문화상의 역사적 관계 때문으로만 아니라, 현재 두 민족의 혁명에 대한 이해관계가 같기 때문이기도 합니다. 1919년 3월 1일의 3.1대혁명 때 제창된 민주주의 구호와 열렬한 투쟁양상은 중국의 5.4운동에 영향을 주었습니다. 북벌시기 중국민족의 통일과 혁명이라는 거대한 물결은 조선에 영향을 미쳤습니다. 그리하여 조선의 각 당파는 하나 되어, 통일적 지도하에 마침내 위대했던 1929년 광주학생운동을 일으켰습니다. 당시 중국의 조선혁명가들은 북벌전에도 참여했는데, 그 수가 3백여 명에 달했습니다. 1.28 '상해사변' 때도 조선혁명가들이 개별적으로 중국군대에 참가하여 작전을 수행한 바 있습니다. 예컨대 우쑹(吳淞) 포대의 포수 김수산(金水山) 군은 적함을 격침시켰고, 윤봉길 열사는 일제의 우두머리인 시라카와(白川) 대장 등을 폭사시켰습니다.

조선의 혁명지사가 중국땅에서 적지 않은 선혈을 흘린 이유는 무엇입니까? 당연히 조선의 독립과 해방, 중국 민족혁명의 성공, 전 세계 피압박민족의 행복을 위해서였습니다.

7.7항전은 중국 관내의 조선혁명운동을 급속도로 발전시켰습니다. 나라가 망한 후로 조선혁명가들은 중국 동북 혹은 난징·상하이, 베이징·톈진 등지로 망명하고, 각 지방을 근거지 삼아 조선혁명운동을 벌여왔습니다. 그리하여 중국 관내는 동북과 마찬가지로 30년간 조선혁명운동의 유력한 거점이 되어왔습니다. 그러나 항전 이전에는 중국과 일본의 외교관계 및 다른 여러 난점들 때문에 조선혁명가들은 숨어살며 지하공작을 할 수밖에 없었습니다. 그러다 7.7항전이 개시되면서 중국민족이 새로이 열성으로 단결하자 관내의 조선혁명운동도 공개적으로 활성화되고, 각지에 산재해있던 혁명가들이 모여들어 조선민족의 기치를 높이 들어 올렸습니다. 이러한 현상은 표면적인 변화에 그친 것이 아니라, 투쟁의 내용과 형태 면에서도 현저한 발전을 이루어냈습니다. 첫째, 중국민족은 항전 중에 단결하여 삼민주의 신중국을 위해 매진했는데, 이것이 관내 조선혁명가들의 통일 단결을 촉진시켰습니다. 둘째, 중국민족은 일제를 향해 전면전을 폈는데, 이것은 관내 조선혁명운동의 집체적 투쟁과 혁명적 실천을 촉성시켰습니다. 이와 같이 공개적이고 집체적이며 혁명적인 실천은 일반 혁명이론의 수준을 빠르게 높여주었고,

우리의 혁명경험을 풍부히 만들어 주었습니다.

조선의용대는 중국 항전 중에 만들어져 나온, 관내 조선혁명가들의 항전 대오로, 실천적 부대이자 역사적 산물입니다. 조선의용대는 30년 역사를 갖는 관내운동에 터하여 중국 당국의 열렬한 지원 아래, 관내에서 가장 진보적이고 가장 유력하며 가장 우수한 혁명가와 단체들로 조직되었습니다. 조선의용대는 내재적 발전조건과 외재적 수요에 맞추어 혁명적 군사·정치 간부를 갖고 있고, 일본군 점령지에는 중국으로 내몰려 온 수십만 명의 조선민중이 있습니다. 그렇기 때문에 조선의용대는 중국전선에서의 전투에 직접 참가할 뿐 아니라, 조선민중을 쟁취하여 강력한 혁명부대를 조직하여 조선혁명과 중국혁명의 유대를 완성시켜 갈 것입니다.

오늘은 조선의용대 창설 후 두 번째 맞는 7.7항전 기념일입니다. 지난 2년 동안 조선의용대 동지들은 남북 13개 성의 전장과 적 후방에서 대적선전 공작에 참여해왔습니다. 중국의 형제들과 적의 철조망을 뚫고 적군을 죽이기도 했으며(호남성 북부에서), 탄알이 빗발치는 가운데도 중국군 부상자를 구해내는가 하면(호남성 북북에서), 적 후방으로 돌격해 교통로를 파괴하고 적군을 공격해 포로를 잡아들이기도(호북성 북부, 하남성 북부, 절강성 서부에서) 했습니다. 중국 형제들과 공동작전을 벌일 때는(중조산에서) 폭넓게 돈독한 관계를 맺었습니다. 이 관계는 투쟁 중에 맺어진바 중·한 두 민족의 우의 깊은 연합인 것으로, 그러한 연합이 확대되고 다져져야만 강적을 타도하고 두 민족의 진정으로 친밀한 우의관계를 세워갈 수 있을 것입니다.

올해는 7.7항전 제3주년이 되는데, 일제는 유럽의 대전을 기회 삼아 안으로는 파시즘적 단일정당을 세우고 일본 민중을 더욱 압박하여 희생을 강요하고 있으며, 중국에 대해서는 정치적 음모를 극력 강화하여 중국민족의 통일단결이 깨져버리기를 기도합니다..... [원본 훼손으로 판독할 수 없는 부분]..... 붕괴 전야의 가장 흉악한 추태입니다. 중국의 영웅적 항전, 3년 동안의 위대한 투쟁은 이미 승리의 기초를 다졌고, 동방 각 피압박민족 재생의 서광이 비치기 시작했습니다.

앞으로 우리는 어떻게 일제를 타도하고 신조선, 신중국 건립의 신성한 임무를 완수해야 할까요? 여기에는 더 많은 노력이 필요합니다. 반일에 주력하여 항전 진용을 더욱 공고히 하고, 항일역량을 갈라놓으면서 항전에 위해를 가하는 것이 이익이라는 매국노를 숙청하며, 전 중국의 인적·물적 자원을 발동시켜야 합니다. 조선혁명가들은 적군을 와해시키는 일을 맡아, 적군 치하의 조선민중을 쟁취하여 그 후방을 파괴하고 적극적으로 조선민족의 독립운동을 조직하고 발동시켜야 하겠습니다. 조선의용대는 맡은 바 임무를 완수함에 노력하고, 혁명의 실천 과정에 중한 양 민족의 연합진선을 다져가야 할 것입니다.

조선의용대는 항전 중에 탄생하였고, 포화 속에서 성장하면서 조선민족의 독립과 중국항전의 승리를 위해 목숨도 피도 바쳐왔습니다. 우리는 주먹 쥐고 일어나 열렬히 외치기를, 중·한 두 민족의 혁명전선을 공고히 하면서 조선의용대의 발전을 도와주어 항일역량을 힘차게 발휘하게 해주기를 간절히 바란다고 하였습니다. 7.7항전 제3주년을 맞이하여 3년간의 중국항전을 떠올려보니, 그것은 중국에서 가장 위대하고 용감한 항일영웅의 장렬한 희생이 만들어낸 피의 역사라고 할 수 있겠습니다. 우리는 전사한 중국장병과 조선의 독립혁명 선열에 대해 한 가지로 애도를 표합니다. 아울러 중국민족의 최고지도자 및 항일장병과 전 중국의 항일민중에게 가장 숭엄한 혁명경례를 올립니다. 조선의용대는 항전태세를 견지하여 일치단결함으로써 적군을 소멸시켜 우리 중·한 선열의 넋을 위로하고 자손만대의 행복도 보장할 것을 맹세합니다.

⑮ 제37기(1940.10.1), 14~17쪽, 韓志成,〈二年來的教訓與今後的工作〉

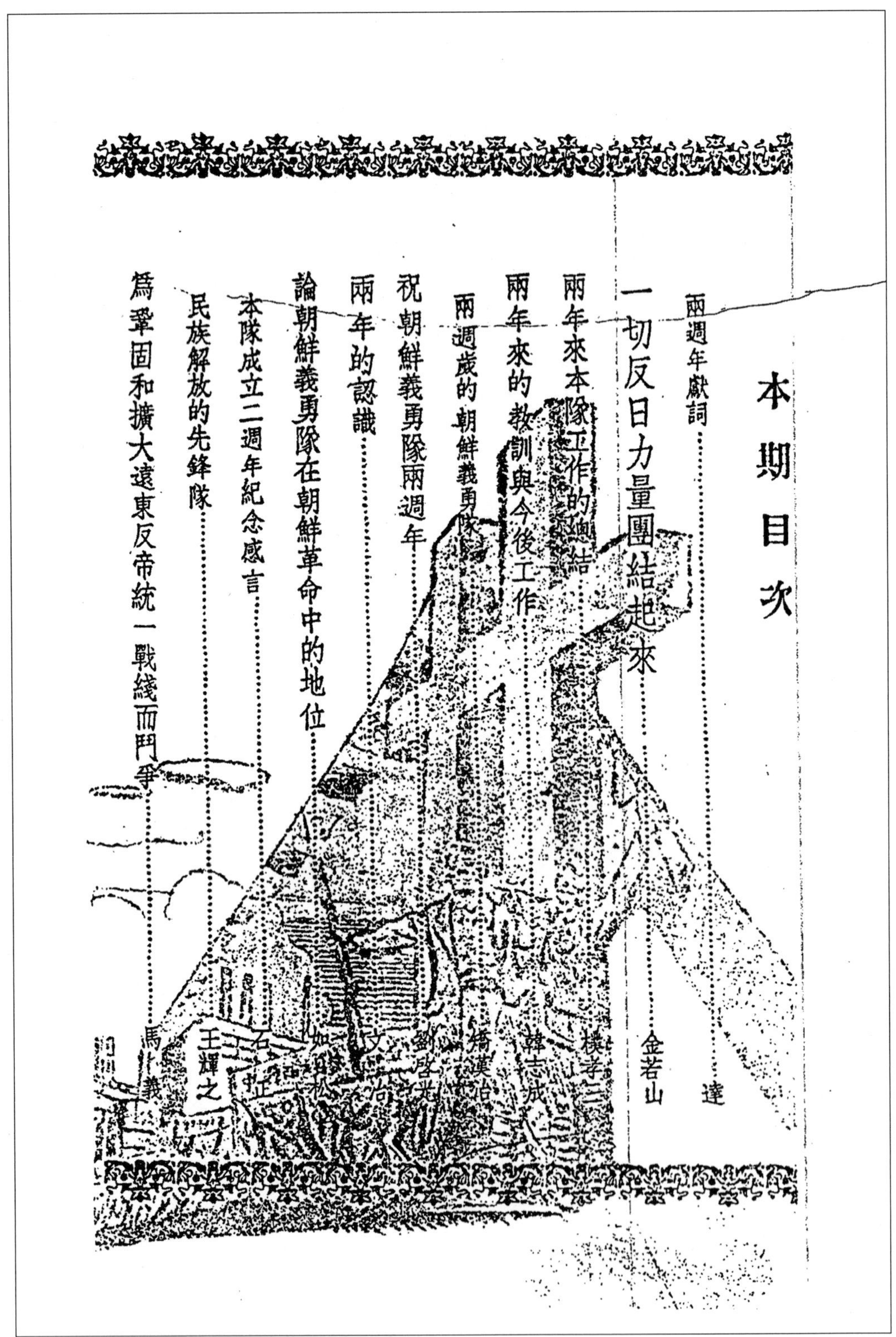

本期目次

兩週歲的朝鮮義勇隊

矯漢治

今天剛好是朝鮮義勇隊成立兩週年紀念日，在這兩年義勇隊英勇奮鬥的過程中，經過了無數的洶湧波濤和險阻；可是，這些波濤險阻並不能妨礙他的活躍與發展。

我們在鄂中，在湘北，在桂南各戰場上，都能夠看得到他們偉大工作的足跡，建樹了轟轟烈烈的榮譽的戰功，茲趁紀念義勇隊成立第二週年的機會，特向義勇隊全體同志致崇高的革命敬禮。

我們知道現在是中國抗戰的第四年，亦就是我們的革命戰爭接近最後勝利的階段，勝利的時日愈接近，則我們所遭遇的困難亦愈多，這些不可避免的，是革命事業過程中必須的磨折。

這次中國的抗戰，是弱小民族求獨立生存的戰爭，是公理正義和強權的搏鬥，是三民主義和日本帝國主義侵略作最後的總結算，在這個偉大的中華民族改造進行時代，他的推動和發展的威力，是以推毀任何與革命為敵的惡勢力，處此世界劇變的環境中，自然會產生慷慨激昂之士，擔任民族解放的先鋒隊、踏着先烈碧血染成的道路，作壯烈的犧

二年來的教訓與今後的工作

韓志成

一、今後工作方向的再商榷

關于今後工作方向，已經在「朝鮮義勇隊」第三十四期及其他各報上發表過幾篇文章，然而今天還要提出這個問題來討論，這並不是因為迎接本隊成立兩週年的應酬文章，而是站在我們義勇隊的工作，應該總結一下，踏過另一個階段，第三年的工作是要在這新的基礎上發展下去，所以還是要繼續討論這個問題。

二、二年來的教訓與我們的準備

自從朝鮮義勇隊成立以來，我們在

前線，在敵後，向敵人喊口號，演講，散發傳單，探知敵情，發動民衆，破壞敵交通，教育對敵工作幹部等。這些工作中，我們得到了什麼教訓呢！重要的教訓可以舉出四點：

第一個教訓：與軍隊沒有完全配合起來。對敵宣傳工作是中國抗戰中整個政治工作中的一部份，必需要由全體指揮官全體戰鬥員及全體政工人員，大家共同努力，才能得到宏大的效果，而決非一小部份人所能完成的。對敵宣傳幹部的訓練，敵情的調查，敵軍工作的進行，必須在統一的籌劃之下，發動全體戰鬥員的力量，我們義勇隊參加各戰區的敵軍工作，雖然獲得

東亞之不安定世界之不和平由於被壓迫人類之未聯合侵略暴力之未打倒努力努力再努力革命的戰鬥必須貫徹
國土之未復國仇之未報由於革命力量之未集中團結團結再團結革命的陣營必須鞏固
革命的戰鬥之不能貫徹革命的力量之不能集中由於革命方法之不夠適應學習學習再學習革命的工作必須進步

朝鮮義勇隊成立兩周年獻詞

王崐崙敬致

門

朝鮮義勇隊，就是這個時代的產物，義勇隊的同志們，都具有奮鬥犧牲的堅強意志，豐富的工作經驗，純熟的革命技術，這些優秀條件就是成功革命主要的基礎。最近從各戰區來觀察朝鮮義勇隊工作的實際成績，證明我們稱許是十分真確的。

朝鮮義勇隊，是我們抗戰隊伍中最親愛的朋友，他們有二年以上戰鬥經驗，他們是日本帝國主義者的死對頭，現在我們打開世界版圖一看，不禁感慨系之，什幾何時，被強權吞噬的國家有十多個，侵略的兇惡勢力愈囂張，則世界上的公理正義亦愈陷入黑暗，我們目睹世界上各弱小民族所遭遇，慘痛場面，愈能引起我們更劇烈奮鬥的革命情緒，我們要認識新勢力的被摧毀，就是新勢力產生的開端。

中國是東亞幅員最廣大的國家，較諸歐洲各部還要大一點。倭寇雖然妄想獨霸東亞，可是他這樣渺小的國家，怎能夠與兇橫殘狠的德國相比擬。中國決不會敗在倭寇手裏，倭寇亦是沒有滅亡中國的資格，相反的倭寇國家的命運到被中國英勇抗戰拖他捺在泥淖裏，而無力作扎。

了戰區最高長官，各級指揮官和士兵的愛護與熱烈的支持，但在整個敵軍工作上，總覺得不夠。

第二個教訓：與民衆沒有密切配合。對敵宣傳工作已經不是純粹的軍隊工作，當中國抗戰已轉入相持階段的時候，敵後方的民衆，前線的民衆，對敵宣傳工作上是比起軍隊的對敵宣傳工作更加重要了。爲了敵軍工作有利的展開，必須要組織民衆，發動民衆，教育民衆，然而我們對於民衆的工作是不夠的，因此在民衆之間不能建立起對敵宣傳工作的工作中地。

第三個教訓：非武裝的對敵宣傳是不如武裝的對敵宣傳。我們過去的對敵工作，都是在陣地或在敵後方的，在這些地方工作的時候，屢次遇到敵人的襲擊，然而我們沒有帶武裝，所以不能堅持工作，不能善用有利的條件，去完成工作。有時甚至不得不暫時的撤退了，這種痛苦的經驗告訴我們對敵宣傳人員必需要武裝起來。

其次，在宣傳要配合戰鬥的意義上尤是很重要的，敵人自從戰爭以來，未曾遭遇軍事上致命的失敗，也未曾遭到可怕的殲滅，因此相當深的驕傲觀念，輕視中國軍隊，不易接受宣傳，因此我們的對敵宣傳，應該配合戰鬥，隨時隨地不放機會去宣傳才行，尤其是要利用戰鬥的勝利進行工作，利用游擊隊活動的機會來進行工作，求敵工宣傳人員戰鬥化。所以目前要在對敵宣傳工作上得到更大的効果，就要每個戰鬥員，即是宣傳員，每個宣傳員即是戰鬥員，在這種意義上，今日的對敵宣傳非但要武裝化，而且要戰鬥化。

第四個教訓：工作太過於流動而不集中，我們在這兩年來，參加六個戰區南北十三個省份的敵軍工作。工作過於流動有好處也有壞處。當我們這枝國際隊伍出現在中國戰場的時候，爲了擴大我們政治上及工作上的影響，爲鼓舞中國抗戰士氣起見，在策略上，採取散在政策而勝利的完成了任務。但在另一方面，過於分散，過於流動，就不能集中力量，又不能在一個地方堅持工作，設立對敵宣傳的根據地。這是一個很大的缺點，敵軍工作的進行必須調查敵情，研究敵之矛盾，因此在這裏需要比較長的時間，否則工作計劃自然不能週到，對一個對象不能繼續不斷的做下去。

總之，我們是以一個國際隊伍的立場參加各地的抗戰工作，一切的工作是協助中國的對敵宣傳工作，但在這協助朝鮮在地理上是處於中蘇倭三大之間，就立國的形勢說，具備了優秀的條件。自從朝鮮淪亡之後，具便形成倭寇跳登大陸的踏脚板，因以釀成今日東亞的大禍，直接身當其衝者為中華民族，受害最烈者為朝鮮同胞。

現在是中韓兩民族爭取最後勝利的緊要關頭，朝鮮義勇隊參加中國抗戰，是中韓兩民族並肩作戰的實踐，中國的勝利，就是朝鮮革命的成功，義勇隊是現階段朝鮮革命的一支新武力，她負有打倒日本帝國主義，恢復祖國的偉大使命，藉此兩週年，願獻一得之愚，用以彼此互相勉勵。

1.革命應不怕困難，不怕犧牲，失敗就是革命成功的原動力。2.革命要有鋼鐵一般的意志，百折不撓的進取精神。3.相扶相持，互助互信，乃是最高的革命道德。4.精誠團結，集中力量，是革命成功的必經途徑。5.革命要識大體，明大義，決大計。6.處事要明敏，要冷靜，要果決，對人要誠實，要親切，要熱情。

最後敬祝朝鮮革命成功萬歲，中國抗戰勝利萬歲！中韓兩民族聯合起來，打倒日本帝國主義。

上，因為工作範圍的限制，不能主動的配合軍事政治及民衆運動，所以在工作的進行中也常有限制，血的經驗告訴我們將應怎樣補救過去的缺點，這需要我們的對敵宣傳工作與軍事政治及民衆工作配合起來，一定要武裝化，一定要建立對敵宣傳的根據地。

根據上述的教訓，我們的準備是怎樣呢？

(一)集中力量：這個行動口號是第二年工作的下半期提到的，今天第三年開始的時候，我們已經把過去散佈在廣大區域工作的力量，百分之九十五以上集中在一個區域，勝利的完成了這個計劃，這不只形式上集中於一個地方，而且政治上有着共同的目標，有着統一的策略，和一致的行動，因此義勇隊內部的團結也有了空前的進步，這是我們展開第三年工作的最基本的條件。

(二)選擇工作地點：朝義隊過去之工作是普遍的，沒有嚴格的選擇過工作地點，因此多顯的流動，但現在要建立工作根據地，比較固定的在一個地方工作，在政治的意義上有着特殊性，所以必須根據他的特點，選擇適當的條件，選擇地點，這個條件是：(1)被迫來華之朝鮮人多的地方，(2)被迫參加「朝鮮志願兵」出征的地方，(3)游擊隊發達的地方。這樣我們可以站在民族的立場，爭取為敵人被迫做先驅作用的朝鮮同胞以做瓦解敵人的先鋒，因此工作地點是關係朝義隊今後工作很重要的，本隊現已在某地集中，正準備轉進于某地，但最後之決定，還要中國最高當局之作戰計劃及對我們的希望。

三、今後工作方向

在目前抗戰形勢之下，在中國抗戰

卓絕艱苦　自強不息
舊物光昭　功成可必
戰為同仇　協我前勵
偕作偕行　勝在操券

朝鮮義勇隊兩週年紀念刊題詞

王光生

17

祝朝鮮義勇隊成立二週年

中國抗戰已經進入了最光輝的第四年代。

我們感覺到，東亞解放的黎明在漸漸的接近。正和日本帝國主義極深刻的危機對照着，以中華民族英勇鬥爭爲軸心的東亞諸民族的血的結合體，已經奠定了強固的基礎。

我們日本人民在中國抗戰中，已有着代表的組織。我們面對這可慶幸的今日的情形，謹向同志們表示敬意。因爲諸君是東亞反帝國主義的民族聯合戰線最先驅，同時，兩年來以不屈不撓的鬥爭貢獻于其基礎工程。

同志們！向着最後勝利，更加堅固的攜着手邁進吧！

在華日本人民反戰同盟代表

鹿地亘

與朝鮮民族獨立解放運動中最重要的發重問題，是將怎樣奪取敵人企圖利用之人力與物資，將怎樣破壞敵人已實施的各種設施，使日寇絲毫也不能夠得到人力及物資的補充，在關內朝鮮義勇隊面前也擺着這個任務做爲當前的課業，我們根據二年來之工作教訓，提出下列幾個最主要的工作方向。

一、爲海外朝鮮革命運動堅固的統一而努力。在這兩年來工作中，朝鮮義勇隊內部之各部力量已逐漸集中，政治上更統一了，更團結鞏固了，我們應該首先依靠于朝鮮義勇隊內部之統一更與海外其他革命力量如東北及美洲之革命力量取得更密切的聯系，進而統一起來，朝鮮義勇隊是在中國政府及最高統帥指導援助之下的關內朝鮮革命隊伍，我們相信這個隊伍將在戰鬥中和革命的實踐中與海外其他各革命力量親密統一團結起來。

二、與朝鮮國內革命運動取得更密切的聯結：並在工作上與他配合起來，以促進中韓兩民族聯合抗日陣綫的鞏固和擴大。

三、在敵後朝鮮群衆內樹立對敵宣傳及鬥爭之根據地，配合中國敵後游擊隊，破壞日寇在華企圖補充人力及物資之一切企圖。

四、建立武裝隊伍，武裝化，戰鬥化，戰鬥配合宣傳，宣傳配合戰鬥以加強對敵宣傳之效果。

解決「中國事變」的真正力量是中國抗戰與朝鮮革命，我們要把握着日寇目前之危機，明確的指出目前日寇之政略，戰略的陰謀，我們在「勝利第一」的原則之下，不分民族，不分黨派，聯合團結反日力量，互助作戰，才能打倒強敵，建立三民主義中國及新的朝鮮。

＊　＊　＊　＊

朝鮮義勇隊兩週年紀念

貴隊兩年來在各戰場上的英勇奮鬥造成許多可歌可泣的壯烈事蹟不僅加強中國抗敵力量並且奠定了中韓兩民族解放共同奮鬥的基礎

閻寶航

지난 2년간의 교훈과 금후의 공작

한지성

1. 금후의 공작 방향을 다시 생각해보고 정함

금후의 공작방향에 관해 『조선의용대』 제34기와 기타 간행물에 몇 편의 글을 발표한 바 있다. 그렇지만 오늘 다시 그 문제를 제기하고 토론에 붙여보려 한다. 이것은 그저 의용대 성립 2주년을 맞았기 때문에 내놓는 글이 아니다. 우리 의용대의 공작이 하나로 뭉쳐지며 한 걸음 더 나아가 제3년의 공작이 그것을 새 기초로 삼아 발전하기를 바라는 마음에서 이 문제를 계속 토론해보려는 것이다.

2. 지난 2년의 교훈과 우리가 해야 할 준비

조선의용대 성립 이래로 우리는 전선과 적후에서 적을 향해 구호를 외치고 강연을 했으며, 전단을 뿌리고 적정(敵情)을 탐지했다. 민중을 동원하여 적군의 교통선을 파괴하고 대적공작 간부들을 교육시키기도 했다. 이러한 활동에서 우리는 어떤 교훈을 얻을 수 있었는가? 중요한 교훈으로 다음과 같이 네 가지를 들 수 있다:

첫 번째 교훈: 중국군과 우리 부대와의 완전한 협력을 이뤄내지 못했다. 대적선전공작은 중국항전 중의 정치공작 전반의 일부분인 것으로, 총지휘관부터 전체 전투원 및 전체 정치공작 인원이 모두 뭉쳐 공동으로 노력해야만 큰 효과를 볼 수 있다. 일부 소수가 완성시킬 수 있는 일이 결코 아닌 것이다. 대적선전간부 훈련, 적정 조사, 적군공작의 진행은 반드시 통일적 책략 아래 이루어지면서 전체 전투원의 역량을 동원해야만 한다. 우리 의용대는 각 전구의 적군공작에 참여하면서 전구 사령관, 각급 지휘관과 사병들의 애호와 열렬한 지지를 받긴 했지만 적군공작 자체에서는 통틀어 보건대 부족함이 느껴졌다.

두 번째 교훈: 민중과의 긴밀한 협력을 이뤄내지 못했다. 대적선전 활동은 순수한 군대공작만은 아니게끔 되었다. 중국항전이 상호대치 단계로 들어서니 적 후방의 민중과 전선의 민중이 대적선전 활동에서 군대의 그것보다 더 중요해졌다. 적군공작이 유리하

게 전개되려면 민중을 조직하고 동원하며 교육시켜야만 한다. 그러나 군중을 대상으로 하는 우리의 공작이 부족하여, 민중 속에 대적선전공작의 근거지를 건립해내지 못하였다.

세 번째 교훈: 비무장의 대적선전은 무장하고서의 대적선전과 같지 못하다는 것이다. 우리의 과거 대적공작은 죄다 진지나 적 후방에서 행해진 것이었다. 그런 공작 때 누차 적군의 습격을 받았는데, 우리는 무장하고 있지 못했으므로 공작을 계속할 수가 없었다. 유리한 조건을 선용하여 공작을 완수할 수도 없었다. 심지어 잠시 물러서야만 하는 때도 있었으니, 그처럼 아픈 경험은 우리에게 대적선전 인원은 반드시 무장하고 있어야만 한다는 것을 깨우쳐주었다.

다음으로, 선전과 전투의 배합이 매우 중요한 의미를 갖게 되었다는 것이다. 적군은 개전 이래 군사상의 치명적인 실패를 겪은 바 없고 참담하게 섬멸당한 적도 없다. 그렇기 때문에 그들은 매우 교만한 생각을 갖게 되었고, 중국군대를 경시하여 선전을 쉽게 받아들이지 않는다. 그러므로 우리의 대적선전은 전투와 배합되어야 하며, 언제 어디서든 선전을 솜씨 있게 해낼 기회를 놓치지 말아야 한다. 특히 전투에서의 승리를 이용하고 게릴라 활동의 기회도 이용하면서 공작을 진행시킬 필요가 있으니 대적선전공작 요원의 전투화도 요구된다. 그러기에 현재의 대적선전공작이 더 큰 효과를 얻으려면 전투원 각인은 선전원이고 선전원 각인은 전투원이 되어야 한다. 이런 의미에서 금일의 대적선전은 무장화를 요할 뿐만 아니라 전투화도 요하는 것이다.

네 번째 교훈: 활동이 지나치게 유동적이고 집중되지 못하였다. 지난 2년간 우리는 6개 전구와 남·북 13개 성(省)으로 나뉘어 대적공작을 벌였는데, 그처럼 과한 유동성에는 장점도 있었지만 단점도 있었다. 중국전장에서 우리가 일개 국제대오로 출현했을 때 그 정치적 및 활동상의 영향력 확대를 위하여, 그리고 중국항전의 사기도 올려주기 위한 책략으로, 분산배치 정책을 취하였고 임무도 성공적으로 수행하였다. 하지만 달리 보면, 지나친 분산과 이동으로 역량집중이 어려워졌다. 한 지역에서 공작을 계속할 수가 없었으며, 대적선전 근거지를 건립할 수도 없었다. 이것은 크나큰 결점이었다. 적군 공작을 진행하려면 먼저 적정을 조사하고 적의 모순을 연구해야 하며, 그래서 비교적 긴 시간이 필요하다. 그렇지를 못하니, 공작계획은 자연히 주도면밀하지 못하고 한 대상을 계속해서 부단히 살펴볼 수도 없었던 것이다.

종합해 말하면, 우리는 일개 국제대오의 입장에서 각지의 항전공작에 참가했고, 모든 공작은 중국군에 협조하는 대적선전공작이었다. 하지만 그 협조에 있어서 공작범위가 제한된 관계로 군사와 정치와 민중운동을 주동적으로 배합해낼 수가 없었다. 그처럼 공작진행에 제한점이 있기는 했지만, 피어린 경험은 우리가 어떻게 과거의 결점을 메꿔낼 것인지를 알려주었다. 그러기 위해 우리의 대적선전공작은 군사·정치공작 및 민중공작과 배합되어야 하며, 한편으로는 무장화, 다른 한편으로는 대적선전 근거지의 건립을 요한다.

그러면 상술한 교훈들에 따라 우리의 준비는 어떠해야 하는가?

(1) 역량을 집중시킨다. 이러한 행동구호는 이미 활동 2년째의 하반기에 제기되었는데 이제 3년째로 접어드는 시점이니, 우리가 지난날 광대한 구역에 분산시켰던 공작역량의 95% 이상을 한 구역으로 집중시키는 것이다. 이 계획을 성공시키려면 형식상 1개 지방에 집중시키는 데 그치는 것이 아니라, 정치적으로 공동의 목표와 통일된 책략으로 일치된 행동을 해야 한다. 그러면 의용대 내부의 단결이 유례없는 진척을 보일 것이며, 이것이 우리가 제3년의 공작을 전개함에 있어서 가장 기본적인 조건이 된다.

(2) 활동지점을 선택한다. 조선의용대의 과거 활동은 널리 퍼져있는 형국이었고, 활동지점의 엄정한 선택이 없었다. 그렇기 때문에 빈번히 유동적이었다. 하지만 이제는 활동근거지를 건립하여 비교적 고정된 한 지방에서 활동하며, 정치적으로도 특수한 의미를 띠어야 한다. 그러기 위해 근거지의 특점이 있어야 하는 것이고, 적절한 조건의 선택과 지점 선택이 그렇게 이루어질 터이다. 그 '조건'이란 이러하다: ① 강박 당해 중국으로 온 조선인들이 많은 지방, ② 억지로 참가한 '조선지원병'들이 출정해 있는 지방, ③ 유격대가 발달한 지방.

이렇게 우리는 민족적 입장에서, 적들에게 강박 당해 침략의 선봉대가 되어버린 조선동포들을 쟁취하여 적을 와해시키는 선봉대로 삼아야 한다. 때문에 활동지점이 조선의용대의 이제부터의 활동과 아주 중요한 관계가 있는 것이다. 조선의용대는 지금 이미 모(某) 지점에 집결해 있으면서 다른 모 지방으로 진군해갈 준비를 하고 있다. 다만 최후의 결정은 중국 최고위 당국의 작전계획과 우리에 대한 희망사항에 따라 내려질 것이다.

3. 금후의 공작 방향

현재의 항전형세에서 중국항전과 조선민족독립해방운동의 가장 중요하고도 엄중한 문제는 무엇인가? 그것은 적군이 이용하려는 인력과 물자를 어떻게 빼앗으며, 적군이 설치해놓은 각종 시설을 어떻게 파괴해버릴 것인가이다. 그리하여 침략자 일본군이 인력 및 물자를 조금도 보충 받지 못하도록 하는 것이다. 관내지역의 조선의용대의 면전에도 이런 임무가 주어져 당면과업으로 여겨지고 있다. 우리는 지난 2년간의 활동의 교훈에 근거하여 아래의 몇 가지를 가장 주된 공작방향으로 제출하는 바이다.

(1) 해외 조선혁명운동의 통일을 위해 노력한다. 지난 2년간의 활동에서 조선의용대 내부의 각 부분 역량이 점점 집중되어 왔고, 정치적으로 통일되었으며, 단결도 공고해졌다. 우리는 가장 먼저 조선의용대 내부의 통일을 기하고 그런 다음에 동북 및 미주와 같은 해외의 다른 혁명역량들과 긴밀한 관계를 맺으면서 통일로 나아가자.

조선의용대는 중국정부와 그 최고통수의 지도 · 원조를 받는, 관내지역의 조선혁명대오이다. 우리는 이 대오가 장차 전투와 혁명적 실천을 벌이면서 해외의 여타 각 혁명역량과 친밀해지고 통일되며 단결도 할 것임을 서로 믿는다.

(2) 조선 국내의 혁명운동과 더욱 긴밀한 연결을 가지며, 공작에서도 그들과 협력토록 한다. 그로써 중 · 한 양 민족의 연합 항일전선 다지기와 확대도 촉진한다.

(3) 적후지역의 조선군중 내에 대적선전 및 전투의 근거지를 건립한다. 중국의 적후 유격대와 협력하여, 일본 침략군이 중국에서 인력과 물자를 보충하려는 일체의 기도를 파괴해버린다.

(4) 무장대오를 건립하여 무장화와 전투화를 기하며, 전투는 선전과 배합시키고 선전은 전투와 배합시켜 대적선전 효과를 높여간다. '중국사변'을 해결할 진정한 역량은 중국항전과 조선혁명이다. 우리는 일본 침략군이 현재 직면하고 있는 위기를 파악하고 그들의 정략과 전략적 음모를 명확히 지적해내야 한다. 우리는 '승리 제일'의 원칙하에 민족과 당파의 구별 없이 반일역량을 연합 단결시키고 상호협조로써 작전한다. 그래야만 강적을 타도하고 삼민주의의 중국 및 신조선을 건립해낼 수 있을 것이다.

⑯ 제39기(1941.1.1), 12~14쪽, 志成, 〈對敵工作研究綱要〉

編輯兼發行 朝鮮義勇隊

通訊處 重慶南岸大佛段

出版年月 一九四一年一月一日

定價 國幣一角

印刷者 新新印刷公司

第三十九期

要目

重慶圖書雜誌審查委員會審查證二四八四號

對敵工作研究綱要

志成

一、過去對敵工作經驗片斷

甲：我們的成績

1. 抗戰三年半來，使一般軍民覺到對敵工作的重要，同時已經訓練了幾萬對敵工作人員，而打起今後工作的基礎。

2. 三年半的對敵工作中，對敵軍以相當嚴重的打擊，例如在華北，鄂北，鄂東，湘北贛北等地敵軍，已經有局部的表現厭戰，反戰的舉動。

鄂北隨棗一帶——今年四月，我方在陣地向敵人唱歌時，敵人歡呼拍掌，並要求我們過到他們那裏談話。

贛北高郵——今年二月初，在敵我相距二百米突之地，我向敵方進行宣傳，並要求敵人從戰壕裏出來談話，敵人走出二十個之多，同時有時候敵人也自動要求我們談話。

鄂東方面——日本反戰同志在陣地向敵人宣傳時，敵人表示接受、並擲罐頭給我方。

3. 凡是我方宣傳的地方，敵人即頻繁調動，以防與我方之聯結。

4. 由于我方宣傳的深入，使敵國內亦受衝動，九月二十六日大阪每日新聞有一段記載說：「重慶政府以宣傳唯一的武器，利用廣播開俘虜座談會，我當局可以取不知道的態度嗎？……」

5. 華北方面報載，敵人會有一個中隊（十九名）反戰過來。

這些成績雖不能說完全是因為對敵宣傳的效果，但至少也可以講，對敵工作的影響是不少的。

乙、缺點

1. 一般講起來，多半未認識到對敵工作的重要性，有的抱「速效觀念」，缺乏正確的具體的方法。

2. 對敵工作的機構，從上級到最前線及敵後方的戰鬥單位及民衆間，機構的系統，成員及各級工作之分配都不够健全。

3. 對敵工作實施上，缺乏全般的統一的計劃性。

4. 宣傳資料供給上，缺乏普遍性適當性。

5. 宣傳內容上缺乏具體性，時間性，同時內容多主觀，而常勿略了客觀性，即被宣傳者的立場。

6. 宣傳人員缺乏，未能普遍地配置於各戰線戰鬥部隊及敵後。

7. 宣傳與戰鬥未能配合起來。

8. 未能充分的動員陣地及敵後之軍民。

二、對於現階段對敵工作中心任務的管見

現階段是抗戰第二期的末期，也就是我們準備總反攻的階段，於是對敵工作的中心任務，對象及內容，都是要達成這個戰略任務的。

1. 促進日本國內人民革命運動，使略戰爭的延長，南進之冒險，日本統治者的危機，敵國內部廣大人民的反戰運動正醞釀，在這時，我們要更加倍的宣傳中國抗戰的勝利。

2. 使前線敵兵厭戰反戰情緒變成反戰的行動，從消極的反抗變成積極的行動，從單獨的行動變成集體的鬥爭。

3. 瓦解「偽滿」及汪逆偽組織，爭取淪陷區域廣大民衆。敵人為了繼續侵略戰爭必須在東北及其他佔領區域補充所缺乏的人力及物力，以東北而言，敵人從今年起劃分十個徵兵區、準備徵二百萬至三百萬人，產業「五年計劃」中，今年擬生產生鐵二千二百萬噸，煤三千五百萬噸 石油二百十萬噸，因此我們目前應盡力發動敵佔領區域民衆革命運動，瓦解偽組織，爭取廣大的同胞。

4.配合日本帝國主義殖民地民族解放運動，並極力援助，這雖不是對敵工作，但我們要完成相持階段末期的任務，必須要注意到這部工作與對敵工作配合起來。

三、現階段對敵工作原則

1.爭取中國抗戰之勝利，建立三民主義的新中國，宣傳的態度內容，一切都要依據這革命的立場，決不能以狹義的愛國主義「殺盡倭奴」的觀念去宣傳。

2.須要正確的把握被宣傳者接受的程度，這是對敵宣傳不能忘記的原則，過去的宣傳往往只以主觀的希望，而忽略被宣傳者客觀的情形。

四、對敵工作的具體辦法

1.工作對象——目前工作對象應該是全般的。

(1)敵軍民。

(2)「偽滿」及汪偽組織。

(3)敵統治下的廣大的群衆。

(4)被敵所利用的朝鮮人。

(5)被敵所利用的台灣人。

2.工作方法及技術——應以工作的對象及工作之中心任務，用不同的方法及技術。

(1)日本國內，朝鮮及台灣

(一)利用出刊新聞，雜誌等秘密刊物。

(二)播音。

(三)與日本朝鮮及台灣革命團體取緊密聯絡。

(2)陣地

(一)文學的——如用傳單，標語，小冊子，木牌，寫信等方法。

(二)口頭的——如用喊話，演講，辯論，唱歌，演劇，喇叭等。

(三)藝術的——如用風箏，漫畫，人形等。

(四)用強力的無線電。

(3)淪陷區域

(一)文字的——進行陣地工作時，文字方法外，還可以出版秘密的定期刊物。

(二)談話——在敵後隨時隨地把握適當機會，暴露敵人之弱點矛盾，宣傳敵後民衆。

(三)加強民衆之對敵工作。

(四)與正規軍，遊擊隊密切配合。

(五)宣傳與組織工作聯系起來（一技術上可以採用特務式方法）。

此項工作上應注意的事項：

(1)宣傳材料須要統一的有計劃的迅速的不斷地供給，

(2)內容務採用具體的，而且正確的事實。

(3)文字須正確，不應有錯誤字體，及宣傳品更要藝術化。

(4)內容上不應該有損害敵人民族自尊心之語句。

(5)宣傳應與戰鬥任務配合起來，同時更要與戰鬥配合起來。

歡迎日本戰友

張恩鐸

一個晴朗的早晨，曉風帶着寒氣侵襲着我們每個人的身上。今天——十二月八日，歡迎青山和夫和四位日本反戰同志，這使每個同志的臉上堆滿着笑容，心裏充滿着歡欣。所有的同志，匆忙的佈置會場，首先將歡迎青山和夫及日本反戰同志六幅標語懸掛在最醒目的禮堂門口。禮堂的四週貼了許多「中國抗戰勝利萬歲」及「朝鮮民族日本人民解放萬歲」的標語。

時間到了九點多，在我們熱烈鼓掌聲中，青山先生和日本反戰同志們入了座。會場上充溢着友情的氣氛，同志們的視綫都一致的集中到這些一條戰綫上的日本友人和弟兄。金隊長站了起來致歡迎詞，會場立刻寂靜下來，「日本反戰弟兄與我們朝鮮義勇隊是同樣反對法西斯的好朋友。朝鮮民族被日本帝國主義併吞已經三十多年了，在這三十年當中，日本軍閥對朝鮮民族的壓迫，屠殺，掠奪，野蠻，殘暴的行為，實在是古今東西沒有前例的，做一個譬喻來說，亡國後的朝鮮，好似一個入監獄，朝鮮的民衆好比是囚犯。日本帝國主義就隨意宰割，屠殺，當日本帝國主義對中國發動侵略戰爭以後，從來敢怒而不敢言

(6)宣傳員武裝化。

(7)口頭宣傳時，應由精通日語者担任。

(8)要有正確細密的敵情調查。

3. 工作機構

（機構系統，人員成份及任務分配）關於機構，我們只能提出一點意見，供參考，隨着各個不同的具體環境，可以酌量改變。

(1)上層機構——

(一)機構——設在總政治部，擴充現有的文化工作委員的第三組。

(二)成份——必須網羅高級部隊方面的參謀部，政治部，宣傳部及其他研究敵情進行對敵工作的團體。

(三)任務——敵情研究，對敵播音，管理，出版定期對敵刊物，印發宣傳品。計劃及策動對敵工作，訓練高級對敵工作人員等。

(2)各戰區——

(一)機構——成立對敵工作委員會，屬於戰區政治部。

(二)成員——網羅參謀處，政治部，地方政府，民衆團體，地方有力者及其他對敵工作有關者。

(三)工作——有計劃對敵工作，印發對敵宣傳品，訓練中級對敵工作幹部。

(3)部隊——

(一)機構——設對敵工作委員會，屬於軍部政治部。

(二)成員——軍參謀處，政治部，地方政府，地方有力者，民衆救亡團體。

(三)工作——訓練下級幹部。

(4)團部——

(一)機構——成立對敵工作隊，人數約一中隊之數。

(二)工作——分派各連部巡迴工作。

(5)連部——

(一)機構——成立對敵工作班。

(二)工作——配合戰鬥進行對敵工作。

(6)淪陷區域地方政府及遊擊隊

(一)成立各工作單位的對敵工作班。

(二)工作——隨時隨地對敵工作。

4. 工作人員

(1)由文化委員會訓練高級對敵工作幹部。

(2)各區對敵工作委員會，選拔各軍師之優秀人員訓練。

(3)選員懂日語言者。

(4)動員藝術人才。

5. 俘虜

(1)政策——俘虜由軍部管理，由政治部對敵工作部訓練。

(2)俘虜中戰鬥員與非戰鬥員分別處理。

(3)教育管理俘虜政策上，應採取說服感化方法。

(4)善用俘虜，看俘虜覺悟程度及能力分配於各種工作。

(5)朝鮮俘虜編入朝鮮對敵工作團體管理教育運用，日本俘虜台灣俘虜各編入於日本台灣的對敵工作團體管理教育。

(6)看適當機會可以釋放俘虜回原部隊或敵後。（完）

的反日本法西斯軍閥的日本朋友們，已解脫了鎖鍊，參加中國的抗日戰爭。今天我們歡迎青山先生和反戰同志們，益覺有着重大的意義，希望青山先生和日本反戰弟兄們，為了解救在日本軍閥壓榨下的大衆，我們要團結起來，打倒我們共同的敵人日本軍閥。」在一陣熱烈掌聲中，金隊長結束了他的演詞。

遊藝會開始了，雄壯的歌聲激蕩着

白頭山屹立在天間，
東海黃海環繞着半島，
為了求生存自由的三千萬大衆
熱血沸騰又在迴旋，
紛碎惡魔般的仇敵，
我們要站在三千萬大衆的前面

金同志提議：「請青山先生唱日本民謠，」青山先生高興的接受了，他的那自然和諧的態度，柔和的聲調，曲折的音節，振動着每個同志的心情，越發增加了興奮，隨着歌聲的揚抑，又是不斷的大鼓掌，繼有劉同志的「[illegible]殿」，雖然是中國的舊劇，但在這不同的場合上，愈發顯得精彩。三種不同的歌聲充滿了會場每個角落，更表現中韓日的朋友們，是站在一條戰綫上共同為打倒日本軍閥而怒吼。

最後在歡樂歌聲中，結束了這個國際友人的盛會。

대적공작 연구 요지

지성

1. 과거 대적공작 경험의 단편들

1) 우리의 성적

(1) 항전 3년 반 동안, 일반 군·민으로 하여금 대적공작의 중요성을 깨닫도록 해주었음. 동시에 수만 명의 대적공작 요원을 훈련시키고 향후 공작의 기초를 세워냄.

(2) 3년 반 동안의 대적공작에서 적군에게 상당히 엄중한 타격을 가했음. 예컨대 화북, 악북, 악동(鄂東), 상북, 감북 등지의 적군은 일부나마 염전정서를 드러내고 반전폭동도 일으킴.

호북성 북부의 수조(隨棗[隨縣과 棗陽: 역자])전선 일대에서— 금년 4월에 우리쪽 진지에서 적진을 향해 노래 부르고 시를 읊으니 적군이 환호하고 박수 침. 우리에게 자기들 쪽으로 건너와 대화하기도 요청함.

강서성 북부의 고우(高郵)에서— 금년 2월 초, 적군과 아군이 200미터쯤 거리를 두고 있는 상태에서 우리가 적 쪽을 향해 선전을 진행하니, 적군이 참호에서 나와 얘기 나눌 것을 요청함. 그러자 적군 20여 명이 뛰쳐나오고, 동시에 적군 스스로가 우리에게 담화할 것을 요청함.

호북성 동부방면에서— 조선의용대원이 된 일본인 반전동지가 진지에서 적군을 향해 선전할 때, 적들은 받아들인다는 표시를 하고 우리 쪽으로 통조림을 던짐.

(3) 무릇 우리가 선전하는 지방에서는 적군이 곧 분주해지는데, 우리 쪽과의 연결을 방지하려는 것임. 우리 쪽 선전이 깊이 들어가면 적군도 동요함. 9월 26일자 『오사카마이니치신문(大阪每日新聞)』의 한 기사에 "중경정부는 선전을 유일의 무기로 삼고 라디오방송을 이용해 포로좌담회를 연다는데, 우리 당국이 모른다는 태도를 취하는 게 말이 되는가?"라는 대목이 있음.

(5) ['(4)'의 오기인 듯: 역자] 화북 방면의 보도에 적군 1개 중대의 사병 19명이 전쟁에

반대해 아군 쪽으로 넘어온 적이 있다는 기사가 실림.

이런 성적이 완전히 대적선전의 효과 때문이라고 할 수는 없겠지만, 적어도 대적공작의 영향이 적지 않다고는 말할 수 있음.

2) 결점

(1) 일반적인 얘기부터 해본다면, 대부분의 사람들이 대적공작의 중요성을 알고 있고 '효과가 빠르다'는 생각도 함. 그러나 정확하고도 구체적인 방법은 결핍됨.

(2) 대적공작 기구가 상급에서부터 최전선 및 적후방의 전투단위와 민중에 이르기까지 구성계통, 인원 및 각급 공작의 배분실태 모두 건전치 못함.

(3) 대적공작 실시의 통일적 계획성이 전반적으로 부족함.

(4) 선전자료 공급에서 보편성과 적절성이 부족함.

(5) 선전내용에서 구체성과 시간성이 결핍됨과 동시에 내용이 많이 주관적임. 피선전자 입장에서의 객관성이 늘 소홀해짐.

(6) 선전요원이 부족하여, 각 전선과 전투부대 및 적후에 두루 배치될 수가 없음.

(7) 선전과 전투가 배합되질 못함.

(8) 진지 및 적후의 군·민 동원이 충분치 못함.

2. 현 단계 대적공작의 중심임무에 대한 소견

현 단계는 항전 제2기의 말기이고, 우리가 총반격을 준비하는 단계이기도 함. 이에 대적공작의 중심임무, 그 대상 및 내용은 이러한 전략적 임무를 달성해냄과 직결됨.

1) 일본 국내의 인민혁명운동을 촉진할 것. 침략전쟁 연장, 남진(南進)의 모험, 일본 통치자의 위기, 적국 내부 광범위한 인민들의 반전운동이 무르익어가는 중임. 이때 우리는 중국항전의 승리를 더욱더 열심히 선전해야 함.

2) 전선의 적병들이 염전·반전 정서를 갖고 반전행동을 벌이게끔 만들 것. 소극적 반항이 적극적 행동으로 바뀌고 단독행동이 집체적 투쟁으로 바뀌어가도록 할 것.

3) '괴뢰 만주국'과 왕징웨이의 반역괴뢰조직을 와해시켜, 피점령 구역의 광대한 민중을 쟁취해낼 것. 적들은 침략전쟁을 계속하기 위해 부족한 인력 및 물력을 동북 및 기타 점령구역에서 보충해야 함. 동북으로 말하면, 적들은 올해부터 10개 징병구로

나누어 2백만에서 3백만 명의 징병을 준비하고 있음. 또한 산업 '5개년 계획'으로 금년에 무쇠 2천2백만 톤, 석탄 3천5백만 톤, 석유 210만 톤을 생산할 계획임. 그러므로 우리는 이제 적 점령구역의 민중혁명운동을 발동시키는 데 매진하고 괴뢰조직을 와해시켜 광대한 동포를 쟁취해야만 함.

4) 일본제국주의 식민지의 민족해방운동에 협력하고 극력 원조할 것. 비록 이것이 대적공작인 것은 아니지만, 우리가 상호대치 단계의 말기적 임무를 완성하려면 이런 쪽의 활동과 대적공작의 배합에 반드시 주의를 기울여야 함.

3. 현 단계 대적공작의 원칙

1) 중국항전의 승리를 쟁취하고 삼민주의의 신중국을 건립하려면 선전의 태도와 내용이 모두 혁명적 입장에 의거해야 함. 좁은 의미의 애국주의로 "왜놈들을 다 죽여 없애자"는 따위의 생각이 선전되게끔 하면 안 되는 것임.

2) 피선전자가 얼마만큼 받아들일 것인지를 올바로 파악해야 함. 이것은 대적선전에서 망각하면 안 되는 원칙임. 과거의 선전은 왕왕 주관적 희망만을 내세워 피선전자의 객관적 상황을 소홀히 했음.

4. 대적공작의 구체적 방법

1) 공작대상 — 현재의 공작대상은 아래와 같이 전반적임

(1) 적의 군 · 민

(2) 괴뢰 만주국과 왕징웨이의 괴뢰조직

(3) 적 통치하의 광대한 군중

(4) 적에게 이용당하는 조선인

(5) 적에게 이용당하는 타이완인

2) 공작 방법 및 기술

방법과 기술은 공작의 대상 및 중심임무와는 다르게 설정되어야 함.

(1) 일본 국내, 조선, 타이완에서

① 신문 · 잡지 등의 비밀간행물을 이용

② 라디오 방송

③ 일본·조선 및 타이완 혁명단체와의 긴밀한 연락

(2) 진지에서

① 문자로－예컨대 전단·표어·소책자·팻말·편지 등을 이용하기

② 입으로－예컨대 고함쳐 말하기, 강연, 변론, 창가, 연극, 나팔 등을 이용하기

③ 예술로－예컨대 연·만화·인형 등을 이용하기

④ 강력한 무전을 사용

(3) 점령구역에서

① 문자로－진지공작 때 쓰는 문자방법에 더하여 비밀리에 정간물을 펴낼 수 있음

② 담화로－적후에서는 언제 어디서든 적당한 기회를 노려 적의 약점과 모순을 폭로하고 적후 민중에게 선전

③ 민중의 대적공작을 강화

④ 정규군과 유격대가 긴밀히 협력

⑤ 선전과 조직 공작을 연결(기술적 견지에서 특무식[特務式] 방법을 택해 쓸 수 있음)

※ 이 항목의 공작에서 주의할 사항

① 선전 재료는 통일적, 계획적, 지속적으로 끊임없이 공급되어야 함

② 내용은 구체적이고도 정확한 사실을 채택해 사용할 것

③ 문자는 정확해야 하고, 잘못된 글자체가 있으면 안 되며, 선전품은 예술화시킬 것

④ 내용에서 비록 적군일지라도 민족적 자존심을 훼손시킬 어구를 쓰면 안 됨

⑤ 선전 임무와 전투 임무를 배합시키고 실제로도 전투와 배합시킬 것

⑥ 선전원도 무장화

⑦ 구두선전은 일본어에 능통한 자가 맡도록 해야 함

⑧ 정확·세밀하게 적정을 조사할 것

3) 공작기구(기구체계, 요원, 성분 및 임무배분)

공작기구에 관한 약간의 의견을 참고용으로 제공한다. 그때그때 달라지는 구체적 환

경을 참작해 바꾸면 된다.

(1) 상층기구

① 기구－총정치부를 설치하고, 현재 운용중인 문화공작위원은 3개 조(組)로 확충

② 성분－최고위급 부대의 참모부, 정치부, 선전부와, 적정 연구 및 대적공작 진행을 맡는 기타 단체들을 망라

③ 임무－적정 연구, 대적방송 관리, 정기적인 대적간행물 출판, 선전품 인쇄, 대적공작 계획 및 책동, 고급 대적공작 요원 훈련 등

(2) 각 전구

① 기구－대적공작위원회를 성립시켜 전구 정치부에 속하게 함

② 성원－참모처와 정치부, 지방정부, 민중단체, 지방 유력자, 기타 대적공작 관계자를 망라

③ 공작－대적공작을 계획, 대적 선전품을 인쇄, 중급의 대적공작 간부를 훈련

(3) 군 사령부

① 기구－대적공작위원회를 설립하여 군 사령부의 정치부에 속하게 함

② 성원－군 사령부의 참모처와 정치부, 지방정부, 지방 유력자, 민중구호단체를 망라

(4) 단(團[한국의 연대급 부대: 역자]) 본부

① 기구－대적공작대를 성립시키고, 인원은 1개 중대 정도로 함

② 공작－각 연(連[한국의 중대급 부대: 역자]) 본부를 순회하며 공작

(5) 연 본부

① 기구－대적공작반을 성립시킴

② 공작－전투와 배합시켜 대적공작을 진행

(6) 적 점령구의 지방정부 및 유격대

① 공작단위별로 대적공작반을 성립시킴

② 공작－언제 어디서든 대적공작을 함

4) 공작요원

(1) 문화위원회가 고급 대적공작 간부를 훈련시킴

(2) 각 전구 대적공작위원회는 각 군 및 사(師[한국의 사단급 부대: 역자])의 우수요

원을 선발해 훈련시킴

(3) 일본어 회화 가능자를 동원

(4) 예술인재를 동원

5) 포로정책

(1) 포로는 군 사령부에서 관리하면서 정치부의 대적공작부에서 훈련시키도록 함

(2) 포로 중의 전투원과 비전투원을 구분해 처리

(3) 포로 교육·관리 정책에서는 설득과 감화의 방법을 채택해야 함

(4) 포로를 잘 활용하고, 포로의 각오 정도 및 능력을 보아 각종 공작에 분배

(5) 조선인 포로는 조선인 대적공작단체에 편입시켜 관리·교육·운용하고, 일본인 포로와 대만인 포로는 각각 일본과 대만의 대적공작단체에 편입시켜 관리·교육함

(6) 적당한 기회에 포로를 석방하여 원 소속부대나 적후로 돌려보낼 수 있음

⑰ 제40기(3주년기념 특간, 1941.10), 11~14쪽, 韓志成, 〈朝鮮義勇隊三年來工作的總結〉

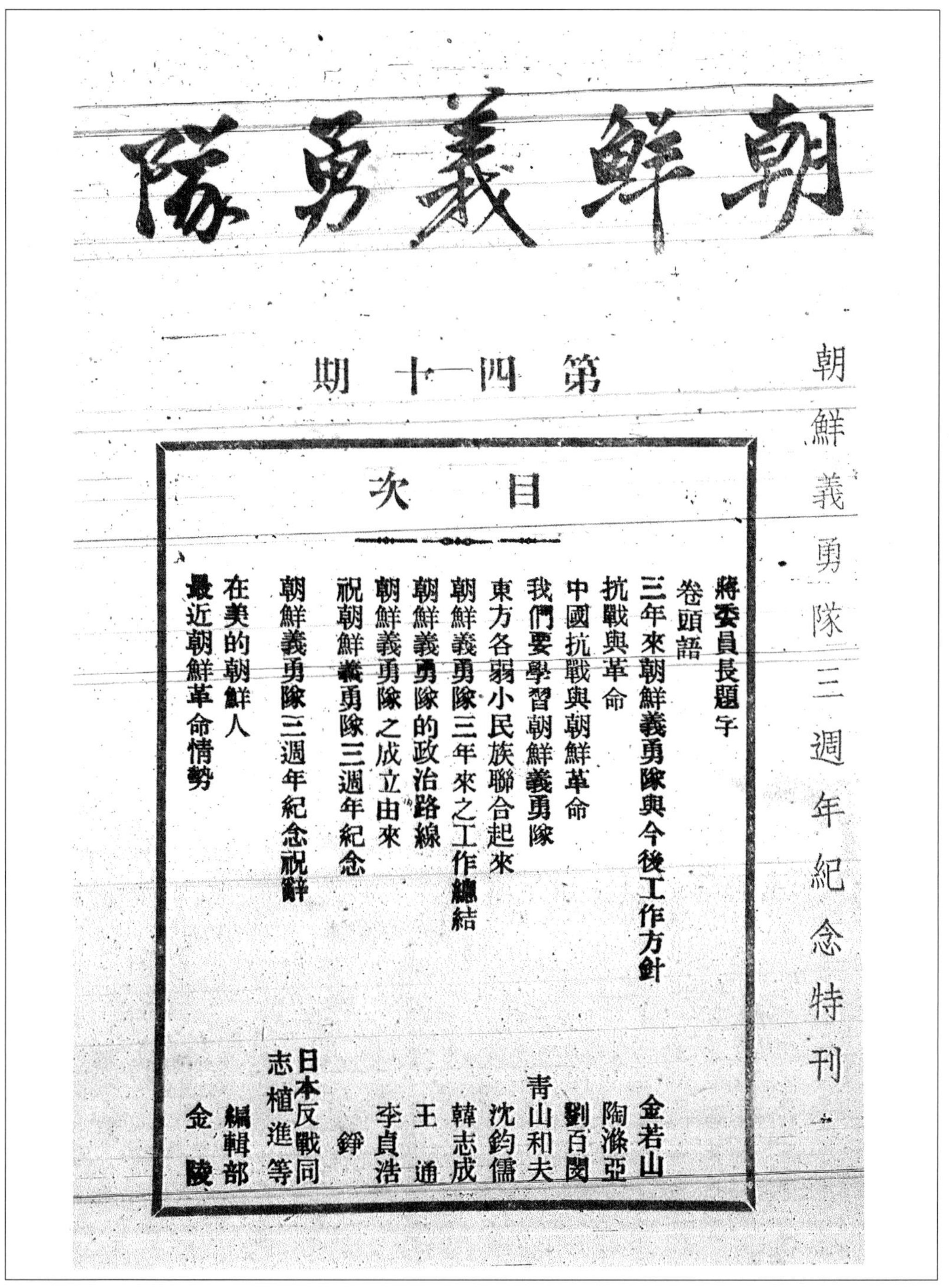

朝鮮義勇隊

第四十一期

朝鮮義勇隊三週年紀念特刊

目次

朝鮮義勇隊三年來工作的總結

韓志成

「當我寫三年來工作的總結時，接到敵後某地來信，派去敵後工作的×等同志被捕就義其中×同志則連他的母親也被捕去給野蠻的日本憲兵打得直到死了！×等同志是為了開展第三年的中心工作而第一個光榮犧牲的同志，我們全體同志應該更充分的執行已定了的工作來安慰×同志在天之靈。」

朝鮮義勇隊成立於一九三八年十月十日，旋即參加中華民族的英勇壯烈的抗日戰爭，已有整整三年了。

這枝國際的隊伍，朝鮮民族的革命隊伍，在三年來的參戰中，到底做了些什麼？對於中國抗戰，對於朝鮮民族的獨立解放盡了些什麼？

今天，敵我正作你死我活的戰鬥的時候，我們要推進第四年的工作，必須徹底的檢討過去。這不是為了自誇或僅僅批判過去而為的，而是把過去的經驗與教訓應用在今天的工作上，以便目前的工作，更有力的更活潑的開展。

如果說打倒法西斯軸心國家是全世界民主國家的急先務，那麼，凡是反法西斯的反侵略的應該不分國家不分民族，不分國家制度，都需緊密的團結起來，如果說打倒日本法西斯侵略強盜是被日寇侵略蹂躪的中國，朝鮮安南等民族共同的而且最迫切的任務，那末我們亦應同樣的不分國家不分民族精誠的聯合起來親愛的協助，完成目前唯一的任務—打倒日寇。

今天朝鮮和中國的聯合抗日不是憑空的理論，而已成了現實問題，我們今天要把實存的，具體的，現實的條件做為根據，應進一步研究中韓兩民族的聯合抗日問題。

在這種意味上，願把本隊過去的工作情形和自我的批判向關心我們的同志和先生們供給研究。

三年來的工作

三年來的工作，可分為兩個階段，第一階段是自從成立到去年的下半年，第二階段為去年下半年起，更確實的說，本隊成立兩週紀念及第一次擴大幹部會議以後起的。

第一階段的工作：

一、工作的目標及原則

本隊的任務是(一)動員在華朝鮮革命力量及朝鮮同胞積極參加或支持中國抗戰。(二)完成朝鮮革命的地域的特殊任務，來推動朝鮮革命運動，解放祖國。(三)爭取日本軍民，發動東方弱小民族做反日本帝國主義軍閥的鬥爭。

我們的原則是：站在朝鮮民族的立場，參加整個中華民族的抗戰，我們是亡國民族，目前我們的至上而迫切的目標是求民族的獨立和生存，為了打倒日本強盜求民族的獨立自由，我們要和任何一個抗日力量都取得密切的聯結同時要配合起來，但是我們今天在中國的領土上抗日，應該服從於整個中國抗日作戰的領導。

在這種工作目標及原則之下第一階段的主要工作是對敵宣傳工作，對一般軍民宣慰工作，國際宣傳及發動朝鮮同胞反日鬥等工作：

甲、對敵工作

(一)陣地上對敵宣傳工作：在與敵對峙的陣地上，或距敵二三百公尺或近至五六十公尺之地點向敵人宣傳中國抗戰必勝日本軍閥必敗之道理，以喚起日本軍民厭戰反戰情緒的工作。舉主要的場面來說則如一九三九年二月在鄂北隨縣浙河畔上的對敵演講，一九三九年三四月在湘北錫山賽公橋通城等襲擊時之喊話，同年二月桂南崑崙關會戰時之對敵宣傳，一九四〇年南昌攻擊戰時在奉新，高郵及錦河畔的對敵宣傳，竟傳敵人拋棄槍械而表示向我投誠，同年二月在鄂北長嶺崗應山下與敵舌戰，同年四月隨縣廟兒坡之反戰歌劇，都是中國抗日戰場上對敵宣傳工作中破天荒的紀錄。而同時通過這種實際的工作，喚起了成千累萬的中國軍民對敵工作的興趣和注意。

(二)參加戰鬥破壞工作，參加戰鬥中進行宣傳或直接參加戰鬥破壞之工作則有一九三九年正月在鄂北隨縣余家店的武裝宣傳，同年三，四，五月間在湘北參加攻擊翔鳳三次，錫山三次，秋桂巷二次，賽公橋二次，襲擊紅山，何家屋嶺家汪家萬家伴等十四次，伏擊下東港，大沙坪十里市北港等十次，破壞方面，則有五六次破壞敵之通訊橋樑前後四五十次破壞敵之坦克車，一九三九年至四〇年間參加鄂北會戰三次，三九年十二月參加江西乾州街之襲擊戰，中條山第十二次反掃蕩戰，四〇年二月萬山戰役及杭州城內之驚人的破壞工作，同年十二月在豫北林縣及汲縣一帶破壞敵之通訊網及鐵路，有的參加中國的敢死隊與敵肉搏，有的參加便衣隊，有的引導戰鬥部隊與敵血戰(杭州郊外戰鬥中)前線的同志更在敵人的槍林彈雨中進行了最勇敢的革命的宣傳。

中韓生聚勵志沼吳
共申正義式是雄圖
朝鮮義勇隊成立三週年
紀念特刊
劉峙題

(三)印發傳單：印發日文，朝鮮文及中文的小冊傳單標語等，在二年來印發小冊子五萬餘冊傳單五十餘萬張標語四十餘萬張敵僞投誠通行證萬餘張，這都是我們向日本軍閥心窩裏投進去的炸彈。

(四)教育俘虜：本隊派同志到××××及××等各俘虜收容所及俘虜訓練機關協助軍政部及政治部訓練俘虜，由中國政府軍政部釋放編入本隊的將近有五十餘名，在各戰區訓練俘虜僅就××及×××兩地來說亦有七十五名，詢問俘虜有一百二十二名。

(五)翻譯敵之文件：本隊派在各戰區的工作同志協助長官部及政治部收錄敵之播音，翻譯敵之文件，以供作戰上參考而得効果的也不少，二年來翻譯文字僅以第一，第五戰區兩地已有九十五萬字之多。

(六)教育對敵宣傳幹部：協助各戰區長官部及政治部舉辦短期日語訓練班，在陣地選拔優秀士兵訓練低級對敵宣傳人員，同時隨地隨時教授日語，二年來訓練六萬餘中下級對敵宣傳人員教授時間累計有四千餘小時。

（七）藝術宣傳：除了文字的，口頭的宣傳之外通用漫畫，風箏，人形等各種方法隨時應機的進行了對敵宣傳工作。

二、對於一般軍民之工作

本隊之旗幟，他有深刻的豐富的意味，和特別的刺激性，因此我們安慰和鼓舞中國抗日軍民的作用也大了，我們在長涉平江瀏陽隨縣大洪山，中條山林縣江西浙西桂南是我們所到的六個戰區十三省的前線敵後方及大後方用我們在心底裏積累着的同情和熱情接近民衆，和士兵與民衆共同生活共同甘苦，在這部工作裏曾留下了可歌可泣的無數的故事，這種故事將在中韓兩民族的心的交流中起着極大的作用。

三、國際宣傳

為了爭取全世界愛護和平人士的對抗日戰爭的同情起見我們站在朝鮮民族的立場曾做了廣汎的國際宣傳。首先表現最有力的反映是在華的台灣革命同志自動的組織台灣義勇隊參加中國抗戰，日本反戰弟兄也組織日本人民反戰同盟來參加中國抗戰，東方的被壓迫民族及被壓迫人民們都在中國抗戰的周圍緊密的團結起來了，這是中國抗戰必勝的表徵。我們的參戰引起了美國印度安南及蘇聯等國家人士的興趣和注意，他們的在華特派記者都特別撰文發表於各該國的報章雜誌上，美國，南洋的人士們甚至於指款援助本隊。國際人士對於本隊的同情就是對於中國抗戰的同情，使我們更興奮的是中國境內的小數民族如蒙藏回苗等族特地來信鼓舞我們。

四、發動朝鮮同胞工作

中國的抗戰給與亡國三十年的朝鮮民族莫大的興奮，朝鮮革命者組織起來的朝鮮義勇隊與中國政府配合抗戰，這更使朝鮮民族激勵起來，並且給朝鮮民族以獨立的自信和光明的希望。我們一方面出刊朝鮮文的雜誌及叢書，並利用無線電廣播每週二次向朝鮮國內及在華，美洲同胞演講，在另一方面經實的執行我們的任務，來抗日鬥爭擴大鞏固自己的隊伍加緊中韓的關係來鼓動朝鮮同胞。使朝鮮同胞站在民族革命的途上來，對此首先反映的是在美的朝鮮僑胞自動組織朝鮮義勇隊後援會，總動員在美韓僑在精神上物質上予以積極援助，其次在朝鮮國內的人民據最近自國內來此者的報告，在全朝鮮一般宣傳着朝鮮義勇隊是三千武裝隊伍，他們希望於本隊前非常之大，再其次是淪陷區域的朝鮮同胞他們也希望在我們的旗幟之下為祖國的解放而努力。敵人在北平組織朝鮮義勇隊同樣的隊伍混亂朝鮮人民的視聽離間中韓之關係，在上海出版雜誌專門做離間本隊與朝鮮群衆之團結分化革命的力量，在前線利用好細懸償抓捕我們的同志，從敵人對於本隊這種種的對策看來，足以表示本隊給予朝鮮人民的影響之大，今天的朝鮮人民既然信仰本隊，只待我們去發動他們組織他們，教育他們成為堅決有力的革命群衆。

第一階段工作的經驗與教訓

為了檢討年來的工作，策劃第三年工作起見以本隊成立第二週年為機契在重慶隊本部召開了第一次擴大幹部會議，各區隊各獨立分隊都派區隊長。分隊長出席參加，這次會議是本隊工作上的分水嶺，會議中嚴格的批判了過去的工作，並一致認定

一、二年來的工作在中國總政治部及指導委員會領導之下，所進行的各方面工作得到相當的成效。

二、對敵宣傳工作因為和軍隊，民衆政治各方面未能完全

配合起來，同時因爲主觀方面種種限制未能達成預期的目標，而且所遇到的困難是以我們的能力無可克服的。

三、對敵宣傳因爲沒有武裝化，所以很難以有効的進行。

四、發動朝鮮同胞的工作倘屬不够。

五、工作上自動的自力更生的精神缺乏。

因此一致決定：

（一）發動在海外的及國內的朝鮮同胞，完成朝鮮獨立。這是幫助中國抗戰的最至上而最有力的辦法，因此我們要挺進朝鮮華北地帶去，我們的運動必須要建立在朝鮮民族的社會的經濟的基礎上。

（二）解放朝鮮民族爭取民族的和平幸福必須以民族的武裝作爲利器，朝鮮義勇隊是在華的朝鮮軍事政治幹部所組織起來的，在中國抗戰的過程中，應該負担起建立朝鮮民族武裝的一部任務。

（三）發動朝鮮同胞，建立武裝的隊伍，必須要變更過去的工作方式，將過去分散的移動的政治宣傳的工作改變爲集中力量做戰鬥行爲來建立根據地，同時更要以戰鬥的勝利來號召朝鮮同胞參加到革命的陣營裏來。

（四）各戰區長官部及政治部工作着重於日語幹部的訓練。

第二階段的工作

第二階段的工作是依據軍委會政治部暨指導委員會的指示及本隊第一次擴大幹部會議的決議，來進行的。

一、教育訓練工作

爲了執行擴大幹部會議的決議，開展新的工作起見，首先要將隊員加以特別訓練以準備新的工作。於是集中第一區隊第二區隊第三區隊部各工作同志在洛陽予以訓練三個月。順利的完成了預期的教育目標。

二、發動朝鮮同胞工作，這是第三年的中心工作，爲了更有力的發動朝鮮同胞起見集中各戰區區分散的力量移動到敵後，正準備集體的戰鬥；並派員深入敵後與朝鮮革命者取密切聯結，訓練，移動，集中，準備這是第三年的中心工作。在美州方面成立了在美韓族聯合會，以統一的指導發動在美朝鮮同胞援助在華朝鮮革命運動；在菲律賓設立本隊通訊處，教育組織發動僑居南洋的朝鮮同胞。在這期內値得更欣喜的成効是能與國內的革命同志取得連繫了。

三、前線工作：前線工作以長官部及政治部的日語訓練爲重，其次是在西安洛陽等地的流動宣傳隊的工作，曾給一般軍民無限的刺激並把公演的話劇的收入合計二百餘元獻給政治部及婦女慰勞會。

三年來工作的總結

戰鬥的三年，興奮的三年已經過去了，回顧三年的經過，實在令人感奮萬端，一批沒有基礎和國際地位的亡命在華的亡了國的革命者，所經過的途徑是不平常的，雖然我們的組織和工作是簡單，但正因爲朝鮮政治是整個世界政治的一環，所以所受到的影響也沒有例外的。

三年來我們在中國最高統帥　蔣委員長和本隊指導委員會直接領導之下，努力進行了抗日鬥爭並且學習中國抗戰革命的豐富的經驗，然而今天覺得非常慚愧，對於中國抗戰對於朝鮮革命所貢獻的太少。

三年當中我們犧牲了不少的老同志，他們幾十年來在與日本帝國主義的憲兵警察細探監獄作鬥爭，和苦難的環境作鬥爭，而今天在中國的抗日戰場上留了光榮的戰跡，這是使我們永遠銘記的悲壯的記憶。同時在三年中增加了將近三倍的生力軍，他們正在前線和敵後前仆後繼的英勇奮鬥。今天中國抗戰正在最艱難的環境，在我們的前途更是艱險萬分，然而今天中華民族在英明的　蔣委員長領導之下進行堅決的抗戰，今天中蘇英美及全世界一切反侵略反法西斯的國家打成一片對法西斯暴徒逐漸做全面的戰鬥的時候，我們相信朝鮮民族的前途是光明的，今天我們依據積累的經驗和教訓以自覺的革命決心向已定的工作方向邁進！——建立朝鮮民族的武裝，發動朝鮮革命完成朝鮮獨立來援助中國抗戰。我們知道革命的艱難的，何況沒有雄厚力量的我們的前途必定有種種的困難，但我們相信這種困難是祇能鍛鍊我們使我們更加發奮而前進！

一九四一，九，二九，

조선의용대의 지난 3년간 공작 총정리

한지성

(필자가 조선의용대 3년간의 활동을 총정리해 보려는 차에 적후의 모 지점에서 온 편지를 받았다. 적후공작을 위해 특파되었던 X 등 몇몇 동지가 체포되어 사형 당해 순국하고, X동지는 모친까지 연달아 잡혀가 야만적인 일본 헌병에게 맞아 죽었다고 한다! X동지 등은 제3년의 중심공작을 전개하다 빛나는 이름을 남기고 처음 희생된 동지들이다. 우리 전체 동지는 소정의 공작을 더욱 충실히 수행해갈 것이며, 그래야만 하늘에 있는 X동지의 영혼도 위로받을 것이다.)

조선의용대는 1938년 10월 10일에 성립되었고, 그 즉시 중국민족의 영용·장렬한 항일전쟁에 참가했으니, 어언 3년이 흘렀다.

국제적 대오이면서 조선민족의 혁명대오이기도 한 우리는 지난 3년간의 참전 중에 무엇을 해왔는가? 중국항전에 대하여, 또한 조선민족의 독립해방에 대하여 어떻게 기여했는가?

적과 아군이 사활을 걸고 싸우고 있는 오늘 이때, 우리는 제4년의 공작으로 나아가려 하고 있으니 과거를 철저히 검토해봐야 한다. 이는 스스로 자랑하려는 것이 아니고, 무턱대고 과거를 비판하려는 것도 아니다. 과거의 경험과 교훈을 오늘의 공작에 응용하고 그럼으로써 금후의 공작이 더욱 힘차고 활발히 전개되게끔 하려 해서이다.

파시스트 추축국 타도가 전 세계 민주국의 급선무라면 여하튼간에 반파쇼·반침략 진영은 국가·민족·국가체제의 구별 없이 모두 긴밀히 단결해야 한다. 일본 파시스트 침략자 강도를 타도함이 그에게 유린당한 중국·조선·베트남 등 제민족의 공동임무이고 가장 절박한 임무라면, 우리 어찌 국가·민족 구별 없이 성심으로 연합하고 친밀하게 협조하지 않을 수 있겠는가? 그래야만 목전의 유일한 임무인 일본 침략자 타도를 완수할 수 있으니 말이다.

조선과 중국의 연합항일은 공염불 같은 이론이 아니라, 이미 이루어지고 있는 현실문제이다. 그러니 오늘의 우리는 실존적이고 구체적이며 현실적인 조건들을 근거로 삼아 중 · 한 양 민족의 연합항일 문제 연구에서 한걸음 더 나아가야 한다. 그런 의미에서 우리 대오의 과거 공작 정형과 자아비판을 관심 있는 우리 동지와 선생 제위께 연구해 보시도록 제공하는 바이다.

1. 3년간의 공작

3년간의 공작을 두 단계로 나눠볼 수 있다. 제1단계는 성립부터 작년 하반기까지를 말하고, 제2단계는 작년 하반기부터, 좀 더 확실하게는 우리 대오의 성립 2주년 기념식 및 제1차 확대간부회의 개최 이후를 말한다.

2. 제1단계 공작

1) 공작의 목표 및 원칙

우리 대오의 임무는 이러하다. ① 재중국 조선혁명 역량 및 조선동포들을 동원하여 중국항전에 적극 참가하고 그것을 지지해 줌. ② 조선혁명의 지역적 특수임무를 완수하고 조선혁명운동을 추동하여 조국을 해방시킴. ③ 일본 군 · 민을 쟁취하고, 동방 약소민족들이 일본제국주의군벌에 반대하는 투쟁을 발동시킴.

우리의 원칙은 조선민족의 입장에서 전체 중화민족의 항전에 참여한다는 것이다. 우리는 망국민족으로, 목전의 우리의 지상목표이자 절박한 목표는 민족의 독립과 생존을 구하는 것이다. 일본 강도를 타도하고 민족의 독립과 자유를 얻기 위하여 우리는 여하한 일개 항일역량과도 밀접히 연결되며 동시에 힘을 합치는 것이 필요하다. 그런데 오늘 우리는 중국영토에서 항일하고 있기 때문에 전체 중국 항일작전의 영도를 따르기도 해야 한다.

이러한 공작목표 및 원칙 아래 제1단계의 주요 공작은 대적선전공작, 일반 군 · 민 대상의 선무공작, 국제선전, 조선동포의 반일투쟁 발동공작 등이었다.

갑. 대적공작

(1) 진지에서의 대적선전공작

적과 대치중인 진지에서 적병과 200~300미터 거리, 가까이는 50~60미터 거리의 지점까지 나아가 적군을 향해 중국항전 필승과 일본군벌 필패의 이치를 선전하고 그럼으로써 일본 군민의 염전·반전 정서를 불러일으키는 공작이다. 주요 장면을 들어보면 이렇다. 1939년 2월 악북(호북성 북부) 수현의 절하(浙河) 강변에서 적에게 연설, 1939년 3·4월 상북(호남성 북부) 석산(錫山)·새공교(賽公橋)·통성(通城) 등지를 습격했을 때의 고함쳐 말하기, 같은 해 2월 광서성 남부 곤륜산(崑崙山) 회전 때의 대적선전, 1940년 남창공격전 때 봉신(奉新)·고우(高郵) 및 금하(錦河) 강변에서의 대적선전, 드디어 이때 적군이 총기를 포기할 의사를 전해오고 투항할 뜻도 표했다. 동년 2월 악북 장령(長嶺) 오구산(烏龜山) 아래서 적군과 벌인 설전(舌戰), 동년 4월 수현 묘아파(廟兒坡)에서의 반전가극(反戰歌劇). 이것들 모두가 중국항일전장에서 우리가 벌인 선전공작의 전례 없는 기록들이다. 이러한 실제 공작은 수천만 명 중국군민들의 흥미와 주목을 끌기도 했다.

(2) 전투·파괴공작에 참가

전투에 참가하면서 선전을 진행하거나 전투파괴공작에 직접 참가하기도 했으니, 1939년 정월 악북 수현 여가점(余家店)에서의 무장선전에, 그리고 동년 3·4·5월간 상북 상봉(翔鳳) 공격전에 세 번, 석산 공격에 세 번, 질계항(秩桂巷) 공격에 두 번, 새공교 공격에 두 번, 홍산(紅山)·하가옥(何家屋)·영가(嶺家)·왕가(汪家)·만가반(萬家伴) 등 습격에 14회, 하동항(下東巷)·대사평(大沙坪)과 십리시(十里市) 북항(北港) 등의 매복공격에 10회 참여하였다. 파괴공작에서는 적의 통신교량을 5~6차, 탱크는 전후 40~50차나 파괴해버렸다. 1939년에서 1940년 사이에 악북회전에 세 차례 참가했고, 1939년 2월에는 강서성 건주가(乾州街) 습격전과 하북성 중조산(中條山)의 제12차 반(反)소탕전에 참가했다. 1940년 2월에도 만산전역(萬山戰役)과 항주(杭州) 성내의 깜짝 놀랄 파괴공작에 참가했고, 예북(豫北[하남성 북부])의 임현(林縣) 및 급현(汲縣) 일대에서도 적의 통신망과 철로를 파괴했다. 중국군 결사대에 참여하여 적과 육박전을 벌인 일도 있고, 편의대(便衣隊)에 참가하거나 전투부대를 이끌고 적과의 혈전을 벌이기도 했다(항주교외 전투 중에). 이처럼 전선의 동지들은 적군의 총탄이 퍼부어지는 중에도 가장 용감하게 혁명적 선전을 진행시킨 것이다.

(3) 전단 찍어내기

일본어, 조선어, 중국어로 된 소책자와 전단, 표어 등을 찍어냈다. 2년 동안에 인쇄한 소책자가 5만여 권이고, 전단 50여만 매, 표어 40여만 장, 적군이나 괴뢰군의 투항용 통행증 1만여 장 등도 찍어냈다. 이 모두는 우리가 일본군벌의 가슴팍에 내던지는 폭탄인 것이었다.

(4) 포로를 교육

우리 부대는 ×××× 및 ×× 등지의 각 포로수용소 및 포로훈련기관에 동지를 보내 군정부(軍政部) 및 정치부의 포로훈련에 협조토록 했다. 중국정부 군정부가 석방하여 우리 부대로 편입되어 온 이가 50여 명 가까이 된다. 각 전구에서 훈련 중인 포로도 ×× 및 ××× 두 곳으로부터 들려오는 얘기로는 75명이나 된다고 하며, 심문한 포로가 122명이었다.

(5) 적의 문서를 번역

우리 부대가 각 전구로 파견한 동지들은 장관사령부 및 정치부를 도와 적의 방송을 녹취하고 적 문서를 번역하여 작전상 참고자료로 제공함으로써 적지 않은 효과를 냈다. 2년 동안 번역한 문자는 제1 · 제5 두 전구에서만도 95만 자 이상이었다.

(6) 대적선전 간부를 교육

각 전구 장관사령부 및 정치부에 협조하여 일본어 단기훈련반을 개설하고, 진지에서 우수사병을 선발하여 하급 대적선전 요원들로 훈련시켜냈다. 동시에 언제 어디서든 일본어를 가르쳐도 주었으니, 2년 동안에 훈련시킨 6만여 명의 하급 대적선전요원에 대한 교수시간이 다 합해 4천여 시간이나 되었다.

(7) 예술에 의한 선전

문자선전과 구두선전 외에도 만화, 연, 인형 등의 각종 방법을 활용하여 상황에 그때그때 부응하는 식으로 대적선전공작을 진행시켰다.

2) 일반 군민에 대한 공작

우리 의용대가 내건 기치는 그야말로 깊고도 풍부한 의미를 띤 것이었다. 아울러 특별히 자극적이기도 했다. 그래서 우리가 중국의 항일군민을 안심시켜 위로하고 고무해 주는 바 큰 것일 수 있었다. 우리는 장사(長沙)·평강(平江)·유양(瀏陽)·수현(隨縣)·대홍산(大洪山)에 주둔했고, 중조산·임현·강서성과 절강성 서부, 광서성 남부 도처에 우리의 발길이 이르렀으니, 6개 전구, 13개 성(省)의 전선과 적후 방면 및 중국군 후방 지구였다. 우리는 마음속 깊이 담아둔 동정과 열정을 발휘하며 민중에게 다가갔고, 사병과 더불어, 그리고 민중과 함께 생활하며 달고 쓴 모든 것을 같이 경험했다. 이러한 활동 속에서 노래가 나오고 울음도 나올 무수한 일들이 쌓여갔다. 그런 일들이 장차 중·한 양 민족의 마음의 교류에 크나큰 작용을 할 것이다.

3) 국제선전

전 세계의 평화애호 인사들이 항일전쟁에도 공감토록 만들기 위해 우리는 일찍이 조선민족의 입장에서 광범위한 국제선전을 벌였다. 가장 먼저 나타났고 가장 유력한 반응이기도 했던 것은 재중국 대만인(臺灣人) 혁명동지들이 자발적으로 대만의용대를 조직하고 중국항전에 참가했음이다. 일본인 반전형제들도 일본인민반전동맹(日本人民反戰同盟)을 조직하여 중국항전에 참가하고 있다. 동방의 피압박민족 및 피압박인민들은 모두 중국항전을 둘러싸고 긴밀히 뭉치고 있다! 이것은 중국항전 필승의 조짐이다.

우리의 참전은 미국, 베트남, 소련 등 여러 나라 인사들의 흥미와 주목을 끌어냈다. 그들 나라의 중국특파 기자들은 다들 특별취재 기사를 작성하여 자기 나라의 신문·잡지들에 발표하고 있다. 미국과 남양(南洋)의 인사들은 심지어 우리 대에 대한 차관 공여와 원조 의사까지 표하고 있다. 이처럼 국제 인사들이 본대(本隊)에 표시하는 공감은 곧 중국항전에 대한 공감이기도 하다. 더욱 감동적인 것은 중국 경내의 소수민족인 몽골족, 장족(藏族), 회족(回族), 묘족(苗族) 등이 특별히 편지를 보내 우리를 격려해주었음이다.

4) 조선동포 발동 공작

중국의 항전은 망국 후 30년 되는 조선민족을 크게 고무하였고, 조선혁명자들이 조직해낸 조선의용대가 중국정부와 협력하여 항전한다. 이 사실은 다시금 조선민족을 격동시킴과 아울러, 독립의 자신감과 빛나는 희망도 안겨준다. 우리는 조선어 잡지 및 총서를 출간하는 한편으로, 무선전신과 방송을 이용하여 매주 2회씩 조선국내 및 재중국·재미 동포들에게 강연한다. 그런 식으로도 우리의 임무—항일투쟁을 확대, 자기 대오를 튼튼히 함, 중한관계를 더욱 긴밀해지게 조성, 조선동포를 고무 격동—를 충실히 수행했던바, 그것이 조선동포들을 민족혁명의 길로 들어서게끔 해준다.

가장 먼저 나온 반응은 재미 조선인 교포들이 스스로 조선의용대후원회를 조직하여 재미한교들을 정신적·물질적으로 총동원하고 우리를 적극 원조토록 해준다는 것이다. 다음은 조선국내의 인민들인데, 최근에 고국으로부터 온 사람의 보고에 따르면, 조선에서 일반에 선전되기로 조선의용대는 3천 명의 무장대오라는 것이며 그래서 무척이나 큰 희망을 본대에 걸고 있다고들 한다. 그 다음은 적 점령구의 조선동포들인데, 그들도 우리의 깃발 아래서 조국의 해방을 위해 힘쓰기를 희망한다. 적은 북평(北平)에다 조선의용대와 같은 모양의 부대를 조직하여, 조선인민의 눈과 귀를 혼란시키고 중한관계를 이간질하고 있다. 상해에서는 잡지를 출판하여, 본대와 조선군중의 단결을 이간시키고 혁명역량을 분열시키는 짓을 전문적으로 해대고 있다. 전선에서는 매국노와 간첩을 이용하여, 우리 동지를 잡아오면 현상금을 주기도 한다. 적들이 이따위 짓들을 우리 조선의용대에 대한 대책이랍시고 내놓고 있는 것을 보면, 우리 대가 조선인민들에게 끼친 영향이 얼마만큼 큰지를 알 수 있다. 오늘날 조선인민은 우리 대를 굳게 믿으면서, 우리가 가서 자기들을 발동시켜 조직하고 교육하여 굳세고도 유력한 혁명군중이 되게끔 해주기만을 기다리고 있다.

3. 제1단계 공작의 경험과 교훈

2년간의 공작을 검토하고 제3년 공작의 계획을 수립하기 위하여 본대 성립 제2주년을 계기 삼아 중경(重慶)에서 대 본부가 제1차 확대간부회의를 소집 개최하였다. 이에 각 구대와 독립분대의 구대장 및 분대장들이 출석 참가하였다. 우리 대의 공작에서 한 분수령이 될 이번 회의에서는 과거 공작을 엄중히 비판하고 전원 일치로 아래와 같이 결론 내렸다.

(1) 2년간의 공작이 중국 군사위원회 총정치부와 의용대 지도위원회의 영도 하에 진행되었는바, 각 방면의 공작이 상당한 위력과 효과를 얻어냈다.

(2) 대적선전공작은 군대와 같이 한 것이기 때문에 민중정치의 각 방면과는 완전한 배합을 이뤄내지 못했다. 주관적 방면의 이런저런 한계로 인해 예기했던 목표가 달성되지도 못하였다. 게다가 봉착했던 난점들은 우리 능력으로는 극복할 수가 없는 것들이었다.

(3) 대적선전은 무장화가 되지 않은 때문에 유효하게 진행되기가 어려웠다.

(4) 조선동포 발동 공작은 아직 착수되지 못하였다.

(5) 공작상의 자발성과 자력갱생 정신이 부족하였다.

그리고 전원 일치로 아래와 같은 결정을 보았다.

(1) 해외와 국내의 조선동포들을 동원하여 조선독립을 완성한다. 이것이 중국항전을 돕는 최상의 유력한 방법이다. 그러므로 우리는 조선군중(거주)지대로 나아가야 한다. 우리의 운동은 조선민족의 사회적 · 경제적 기초 위에 건립됨을 필수로 요한다.

(2) 조선민족을 해방시키고 민족의 평화와 행복을 쟁취하려면 민족적 무장으로 무기를 만들어내 쓸 것이 필히 요구된다. 조선의용대는 중국내 조선인 군사 · 정치 간부들이 조직해낸 것으로, 중국항전 과정에 조선민족 무장[대오] 건립의 임무를 일부분 짊어져야 한다.

(3) 조선동포를 발동하고 무장대오를 건립하려면 과거의 활동방식을 변경함이 필요하다. 과거의 분산적 · 유동적 · 정치선전적 공작을 확 바꾸어, 역량을 집중시키고 전투행동을 벌이며 근거지를 건립토록 한다. 동시에 전투에서의 승리로 조선동포들에게 호소함으로써 그들이 혁명진영에 참가토록 해야 한다.

(4) 각 전구 장관사령부 및 정치부에서 공작중인 대원들은 일본어 중심의 간부훈련공작에 착수토록 한다.

4. 제2단계 공작

제2단계 공작은 군사위원회 정치부 및 지도위원회의 지시와 우리 대의 제1차 확대간부회의의 결의에 의거하여 진행될 것이다.

1) 교육훈련 공작

확대간부회의의 결의를 집행하기 위하여 새로운 공작을 전개하기 시작했다. 우선은 대원들이 특별훈련을 받고 새 공작을 준비토록 하였다. 이에 제1구대, 제2구대, 제3구대 본부의 공작요원 동지들이 낙양(洛陽)에서 3개월간 훈련받고 예기된 교육목표에 순조롭게 도달하였다.

2) 조선동포 발동 공작

이것이 제3년의 중심공작이다. 더욱 힘 있게 조선동포들을 발동시키기 위하여, 각 전구로 분산되어 있던 역량을 적후로 이동시켜 집중을 기하고 집단적 전투를 준비하고 있다. 아울러, 대원을 적후 깊숙이 침투시켜 조선혁명자와 밀접한 연결을 취하도록 하고 훈련과 이동과 집중과 준비를 해가는 것이 제3년의 중심공작이 되고 있다. 미주 방면에서는 재미한족연합회(在美韓族聯合會)가 성립하여, 통일적 지도로써 재미 조선동포들을 발동시키고 재중국 조선혁명운동을 원조해주고도 있다. 필리핀에도 우리 대의 통신처(通訊處)가 설립되어, 남양에서 살고 있는 조선동포들을 교육하고 조직하며 발동시킨다. 때를 같이하여 더욱 반가운 효과가 나온다면 그것은 국내 혁명동지들과의 연계를 얻어내는 일이 될 것이다.

3) 전선공작

전선공작은 전구 사령장관부 및 정치부에서의 일본어 훈련을 먼저 중시한다. 그 다음은 서안(西安)과 낙양 등지의 유동선전대 공작인데, 일찍이 일반 군민에게 무한한 자극을 주었고 연극공연 수입이 합계 2백여 원이 되어서 정치부 및 부녀위로회에 가져다주기도 했다.

5. 3년간의 공작 총결

전투의 3년, 흥분된 3년이 지나갔다. 그 3년간 있었던 일들을 되돌아보면, 실로 다사다난했고 감회도 깊다. 기초도 국제적 지위도 하나 없이 중국으로 망명해 있던, 망해버린 나라의 혁명자들이 지나온 길은 평탄하지 못했다. 우리의 조직과 공작이 비록 간단해보였을지라도, 조선정치는 전 세계정치의 일환이기에 그 영향을 받음에서 예외일 수도 없었다.

3년간 우리는 중국의 최고 통수(統帥)인 장(蔣)위원장과 의용대 지도위원회의 직접 영도 하에 힘써 항일투쟁을 진행시켰고, 중국항전·혁명의 풍부한 경험도 배웠다. 그럼에도 오늘 우리는 몹시 부끄럽다. 중국항전에 대해서도 조선혁명에 대해서도 공헌한바 아주 적기 때문이다.

3년이란 시간 속에서 우리는 적지 않은 수의 원로동지를 잃고 말았다. 그들은 수십년간 일본제국주의의 헌병·경찰, 밀정, 감옥과 싸워왔다. 괴롭고 어려운 환경과도 싸워왔다. 그리고는 오늘의 중국 항일전장에 영광스런 발자취를 남겼으니, 우리가 영원히 간직해야 할 비장한 기억이다. 그와 동시에 3년간 우리의 군사일꾼이 3배 가까이로 늘어나, 전선과 적후에서 앞으로 치닫고 뒤에서 밀어주며 용감하게 분투 중이다.

오늘의 중국항전은 가장 어려운 환경에 놓여있고, 우리의 앞길도 더욱 간고·험난할 것이다. 그렇지만 오늘의 중국민족은 영명하신 장위원장의 영도 하에 견결히 항전을 진행시키고 있으며, 오늘의 중·소·영·미 및 전 세계의 모든 반침략·반파시스트 국가들이 하나로 뭉쳐 파시스트 폭도와의 전면적 전투를 점점 더 벌여가고 있다. 그러므로 이제 우리는 조선민족의 앞길이 훤하게 밝아질 것을 굳게 믿는다. 오늘 우리는 쌓아온 경험과 교훈에 의거하여 혁명을 자각하고, 정해놓은 공작방향—조선민족의 무장을 건립, 조선혁명을 발동하여 조선독립을 완성하고 중국항전도 지원—으로 매진키로 결심한다!

우리는 혁명의 어려움을 잘 안다. 하물며 웅장하고도 두터운 역량을 갖춰놓지 못한 우리의 앞길에 여러 종류의 곤란이 반드시 있을 것임을 어찌 모르랴. 그럼에도 우리는 그런 곤란이 오히려 우리를 단련시키고 우리로 하여금 더욱더 분발하고 전진토록 할 것임도 굳게 믿는다!

1941. 9. 29

2. 대외 기고문과 강연문

①「조선의용대의 과거와 금후」, 『重慶 大公報』 1940.10.9

朝鮮義勇隊的過去與今後

韓志成

조선의용대의 과거와 금후

한지성

10월 10일은 조선의용대 탄생 2주년 기념일이다. 제국주의 전쟁이 대서양과 지중해 연안에서부터 태평양·인도양으로 번져 바야흐로 전쟁과 혁명의 불길이 타오르고 있는 이때, 우리가 조선의용대 성립 2주년을 기념하게 되니 크나큰 의의가 있다고 본다.

조선의용대는 가장 먼저 조선민족의 깃발을 내걸고 중국항전에 참가해온 조선혁명대오이며 중국항전 중에 가장 먼저 출현한 일개 국제대오의 한 지대이니, 역사적으로 보더라도 동방 각 민족 반일연합작전의 추동을 완성시킴에 있어서 선구자가 된 것이다. 이 한 가지 사실만으로도 조선의용대의 탄생은 중요한 의의를 갖는 것이었다.

지금 적은 조선에서 '일본과 조선은 한 몸[日鮮一體]' 정책을 실시하면서 조선민족을 멸망시켜 일본민족으로 만들려는 음모를 진행시키고 있다. 그로 인해 조선민족은 현재 전례 없는 위기 국면에 처해 있으니, 우리는 조선민족의 앞날을 위해서도 중대한 임무를 띠고 있음을 새삼 깨닫는다.

2년 동안 시종 우리는 싸움터를 그냥 지나쳐 벗어난 바 없고, 한 순간도 공작을 멈춘 적이 없다. 주요 참전실적을 꼽아보면 이러하다. 재작년(1938년) 12월의 호북성 수현(隨縣) 절하(浙河) 전투에 참가, 작년 3월 호남성 북부에서 통성(通城)·석산(錫山) 공격전에 참가, 5월에 남경과 상해 일대의 적 점령구로 대원을 보내 적의 각종 시설을 조사, 같은 달 호북성 북부 회전(會戰)에 참가함과 아울러 대원을 무한(武漢) 일대로 보내 적군와해 공작을 진행, 12월에 광서성 남부의 곤륜관(崑崙關) 전투에 참가하는 한편, 하남성 북부의 적 점령구인 급현(汲縣)에서 민중을 지도해 철도를 파괴함과 아울러 평한선(平漢線)에도 대원을 파견하여 적군 동태를 조사하고 와해공작을 전개. 금년 2월에는 강서성에서 고우(高郵)·금강(錦江) 공격전에 참가, 4월에 절강성 항주(杭州)와 만산(萬山)에서 민중을 지도하여 전투에 참가하고 적군의 교통망을 파괴, 역시 4월에 호북성 북부 경종(京鐘) 일대의 전투에 참가하는 한편 중조산(中條山)에서의 제11차 반(反)소탕전에도 참가, 같은 달 하남성 북부의 적 후방지역인 임현(林縣)에서 전투에 참가, 호북성 북부의 수현과 동백(桐柏) 등지에서도 전투에 참가... 등등이다.

그렇게 2년 동안 우리는 남북의 6개 전구, 13개 성(省)에 이르는 전선·적후 및 적후방 공작에 참가해왔다. 최전방에서 우리는 적군을 향해 소리쳐 말하고, 우리의 전단이 적군 진지 어디에나 뿌려졌다. 적군 주둔지 부근에는 표어를 길게 늘어뜨려 붙여, 압박받는 일본인 형제들에게 우리와 나란히 서서 일본 강도에 맞서 싸우기를 호소하였다. 우리가 뿌린 혁명의 씨앗이 적들의 마음속에서 싹트기를 조용히 기다리는 한편으로, 인내심을 갖고 설복하는 정신으로 완강한 적군 포로들을 교육하여 감화시킴에도 열성을 다하였다. 그 결과, 우리 대오로 동참해오는 포로도 생겨났다. 우리는 중국군 각 부대의 군사공작 전개를 도왔을 뿐 아니라, 각급 대적선전간부도 훈련시켜주었다. 영용하게 싸우는 중국형제들과 더불어 우리는 적군이 쳐놓은 철조망 앞에서도 생사를 같이하고 환난을 같이 겪으면서 협동작전을 전개했고, 군대 내 군정공작은 물론이고 지방의 민중단체 내부에서도 우리 대원들의 활약이 이어졌다.

그렇게 2년간의 우리의 영용한 투쟁은 적에게 상당한 타격을 입혔다(호남성 북부, 강서성 금강, 호북성 북부의 경종 일대에서 우리의 선전이 주효하여 적군이 전투를 포기하고 철수한 바 있음). 동시에 우리는 중국 군민과의 공동작전 과정에 자연스럽게 중·한 두 민족 간의 단단하고도 긴밀한 우의관계를 건립해냈으니, 이 또한 우리에게 커다란 의미가 있다. 우리의 전투는 해외 조선동포들에게도 영향을 미쳐, 조선혁명운동의 새로운 실천단계로의 발전을 촉성시켰다. 미주의 조선동포들은 뉴욕·로스앤젤레스 등지에서 조선의용대 후원회와 중국항전후원회를 스스로 조직하여, 대일 군수품수출에 반대, 일본제품 불매, 중국항전지원 모금 등의 활동을 벌였다.

2년 동안의 우리의 투쟁은 다시금 상해·무한·북평·천진 등지의 적의 통치하 조선동포들도 크게 감동시켰다. 이들 지방의 조선동포들은 다들 조선의용대를 잘 알게 되어, 조선의용대와 연결될 수 있는 방법을 노상 찾으면서 어떻게 하면 조선의용대에 가담할 수 있는지도 궁리한다. 그 중에는 이미 우리 대오로 넘어온 이들도 있다. 이렇게 미치는 영향이 크니, 적은 여러 방법으로 조선의용대를 소멸시키고자 안간힘을 쓴다.

조선동포들과 조선의용대 사이를 이간시키기 위해 적은 호남성 북부와 화북지역에서 조선의용대원 1인당 5천 원의 현상금을 걸어놓았다. 상해에서는 적측이 ××단체를 조직해놓고 ×× 등의 간행물을 출판하여, 표면상 조선의용대를 동정·원조하는 입장을 내걸고 실상은 이간공작을 벌인다.

얼마 전 이 잡지에서는 "××지역의 우리 조선청년들은 조선의용대에 참가하기를 열렬히 바라고 있다. 그런 열정은 참으로 가상하고, 우리는 마땅히 조선의용대의 발전을 옹호하고 도와야 한다. 그렇지만 우리는 면밀하게 계획과 방법을 마련해야 한다. 의용대에 꼭 참가해야 하는 것은 아니고, 적후에서 군중을 조직하여 스스로 단결하고 조선의용대와의 연락을 시도하면 될 것이다...."라고 한 바 있다. 동시에 적은 북평과 천진 일대에 가짜 '조선의용대'를 조직해놓고 우리 조선의용대와 중국동포들 간의 친밀한 관계를 파괴하려든다.

지난 2년간 조선의용대는 여러 곤란을 겪었음이 확실한데 적에 의해 소멸되지는 않았다. 오히려 그와 반대로 우리의 영용한 전투가 중·한 양 민족의 우의를 더욱 강화시켜주었다. 중국당국 및 항일군민의 열렬한 애호와 조선동포들이 지성으로 보내주는 응원에 힘입어 우리의 대오는 확대되고 강해졌다. 공작 진행 중에 겪는 어려움이 적지 않았지만, 희생을 두려워하지 않는 견결한 전투정신으로 정치수준과 공작기량을 높이고, 훼멸될 수 없는 기초를 튼튼히 다져놓았다.

조선의용대의 두 번째 탄생일을 맞아 우리 눈앞에는 중요한 과제가 놓여있다. 그 과제란 생각건대 앞으로 적의 '이한제화(以韓制華)[한국을 이용해 중국을 제압함]', '이전양전(以戰養戰)'[작은 전투들로써 전쟁을 키워감], '이화제화(以華制華)[중국인이 중국인을 누르게 함]' 등의 간계를 어떻게 파괴해갈 것인가, 일본 강도의 중국침략 '병참기지'가 되고 있는 조선의 일체 침략시설과 인력·물자 보충 계획을 어떻게 파괴할 것인가이다.

이상 서술한 투쟁목표에 근거하여 우리는 제3년의 구체적 공작을 다음과 같이 제시한다.

첫째, 해외 조선동포들도 민족독립혁명의 길에 들어서도록 발동시킴과 아울러, 그들로 하여금 중국항전을 적극 원조하거나 참여하게끔 만든다.

둘째, 무장화와 전투화가 필요하며, 아울러 적 후방에 우리의 근거지를 건립하고 군중을 조직하여 적의 중국침략과 한국민족 멸망을 위한 일체의 시설을 파괴해간다.

셋째, 조선 국내 및 중국 동북의 반일 민족혁명 역량과 연락·협력하여 반일역량의 총체적 통일과 공고한 단결을 기해낸다.

물론 이러한 공작을 수행함에 많은 어려움이 수반되리라는 것을 우리는 잘 안다. 그러나 지난 1년간의 경험을 기초로 삼으면 우리 눈앞의 혁명 임무를 훌륭히 완수할 수 있을 것이라고 굳게 믿는다. 동시에 중국의 동포들과 전 세계 반일혁명의 선배들께서 우리에게 깊은 동정과 경제적 및 군사적 원조를 더욱 크게 보내주기를 간절히 바라는 바이다.

②「지난 2년간 얻은 교훈과 금후의 공작」,『新華日報』1940.10.9

二年來的教訓與今後的工作

韓志成

一、今後工作方向的再商榷

二、二年來的教訓與我們的準備

지난 2년간 얻은 교훈과 금후의 공작

한지성

오늘은 조선 혁명지사들이 조직한 조선의용대 성립 2주년 기념일이다. 지난 2년간 조선의용대 대원들은 온갖 어려움에도 불구하고 각지의 전장을 누비며 중국항전을 도왔고 훌륭한 성적을 적지 아니 거두었다. 또한 조선의용대는 중·한 두 나라 민족이 평등한 입장에서 연합하여 독립과 해방을 쟁취하기 위한 사업을 촉진시켰다. 성립 2주년에 즈음하여 조선의용대 동지들이 스스로 기념하는 글 여러 편을 보내와 게재를 청하였다. 이에 본보는 그 뜻을 존중하여 한 편을 골라 여기 게재하며, 아울러 조선의용대와 조선민중에게 경축의 뜻을 전한다. ―편집자

1. 금후 공작방향의 재검토

우리가 진행해갈 금후의 공작방향에 관해서는 『조선의용대』 제34기 및 기타 각 신문 지상에 여러 편의 글로 발표한 바 있다. 그럼에도 오늘 그 문제를 다시금 제출하고 토론해보려는 것은 우리 대의 성립 2주년이라 해서 그저 구색 맞추기 식이 아니다. 우리 의용대의 공작을 한 번 총결산해고 새 단계로 나아가기 위해서이다. 의용대의 제3년차 공작은 응당 새로운 기초 위에서 발전해가야 하며, 그렇기에 더욱 더 금후 공작방향에 대한 논의가 필요하다는 것이다.

2. 지난 2년간 얻은 교훈과 우리의 준비

조선의용대가 창설된 후 우리는 전선과 적후에서 활동해왔다. 적군을 향해 구호를 외치고 연설하고 전단을 뿌리는가 하면, 적정을 탐지하고 민중의 호응행동을 이끌어내며 적의 교통로를 파괴하고 대적공작 간부를 교육시키는 등이었다. 그런 공작을 진행하는 가운데 우리는 여러 교훈을 얻었다! 그 중에서도 중요한 것으로 네 가지를 들 수 있다.

첫 번째 교훈: 우리가 중국군과의 완전한 결합에 이르질 못했다는 것이다. 대적선전 공작은 중국항전 중의 정치공작의 일부분이다. 고로 모든 지휘관과 전체 전투원 및 전체 정치공작요원이 함께 노력해야 커다란 성과를 거둘 수 있는 것이지, 몇몇 사람의 능력만으로 효과를 볼 수 있는 것이 아니다. 대적선전 간부 훈련, 적정 조사, 적군공작의 진행이 모두 통일적 기획 하에 이루어지고 전체 전투원의 역량을 발동시키는 것이어야 한다. 우리 의용대가 각 전구의 적군공작에 참가하면서 전구 최고장관, 각급 지휘관과 사병들의 애호와 열렬한 지지를 받아왔지만, 적군을 직접 상대하는 공작에서는 얻어낸 것이 많지 않음을 깨닫는다.

두 번째 교훈: 민중과의 긴밀한 연계를 맺지 못했다는 것이다. 대적선전 공작을 해보면 그것이 순전히 군대공작인 것만은 아님을 알 수 있다. 중국항전이 이미 지구전 단계로 접어든 마당에는 적 후방의 민중과 전선의 민중이 진행하는 대적선전 공작이 군대의 대적선전 공작보다 더욱더 중요하다. 적군에 대한 공작을 유리하게 전개하기 위해서는 반드시 민중을 조직하고 민중을 동원하며 민중을 교육시켜야 한다. 그러나 우리의 대(對)군중공작에는 부족함이 많았고, 그로 인해 민중 사이에 대적선전 공작의 근거지를

건립해내질 못하였다.

세 번째 교훈: 비무장의 대적선전은 무장 상태의 대적선전만 못하다는 것이다. 그동안 우리는 대적공작을 거의 다 진지에서 혹은 적 후방에서 벌였고, 그런 지방공작 때 누차 적의 습격을 받았다. 그러나 우리는 무장하지 않고 있었기 때문에 공작을 계속할 수가 없었고, 유리한 조건을 잘 활용하여 공작을 완성할 수도 없었다. 그러기는커녕 심지어 공작을 멈추고 일시 철퇴해야 하는 경우도 있었다. 이런 참담한 경험들에서 우리는 대적선전 요원들도 반드시 무장해야 한다는 교훈을 얻게 되었다.

다음으로, 선전은 전투와 결합될 때 그 의의가 더욱 커진다는 점이다. 침략전쟁을 도발한 이래 적은 군사상의 치명적인 실패를 맛보았고 엄청난 인명손실을 겪었다. 그럼에도 적군은 교만하기 그지없어서 우리의 선전이 쉽게 먹혀들지를 않았다. 그러므로 대적선전의 효과를 높이기 위해서는 언제 어디서든 기회를 놓치지 말고 전투와 결합시켜야 한다는 것을 우리는 깨닫게 된다. 특히 전투의 승리를 이용하여 펴는 선전공작, 유격대 활동의 기회를 이용하여 벌이는 선전공작이 필요하고, 그렇기 위해 선전요원은 전투원도 되어야 한다. 요컨대 대적선전 공작에서 더욱 큰 성과를 내기 위해서는 모든 전투원의 선전요원화, 모든 선전요원의 전투원화가 이루어져야만 한다는 것이다. 그런 점에서 볼 때 금후의 대적선전은 무장화만 아니라 전투화도 필수적이다.

네 번째 교훈: 공작 진행 과정에서의 너무 잦은 이동으로 역량집중을 기하지 못했다는 것이다. 지난 2년간 우리는 ×개 전구에 참가하여 남북 13개 성에서 대적공작을 수행하느라 쉴 새 없이 옮겨 다녔다. 그처럼 잦은 이동에는 좋은 점과 나쁜 점이 다 있다. 우리 의용대가 국제대오의 한 지대로서 중국전장에 나섰을 때는 정치상·공작상의 영향을 확대시키기 위해, 그리고 중국항전 전사들의 사기를 고무하기 위해, 대원들이 각지로 퍼져서 공작을 진행하는 책략을 채택하였고, 맡은 바 임무를 성공적으로 완수하였다. 그러나 다른 한편으로는 대원들이 너무 분산된 데다 자주 이동해야만 하는 바람에 역량을 집중시킬 수가 없었다. 한 장소에서 장기간 공작을 진행할 수 없었기 때문에 대적선전의 근거지를 확고히 마련해놓지도 못하였다. 이는 효과적인 대적선전 공작에 큰 결점이 되지 않을 수 없다. 대적공작을 진행하려면 먼저 적정을 조사하고 무엇이 적의 모순점인지를 연구하여 알아내야 한다. 그런 작업이 진행되려면 비교적 긴 시간을 요하는데, 사전준비가 철저하지 못하면 공작계획이 치밀하지 못하게 되고 1개 대상에 대한

지속적인 공작도 이루어질 수 없게 되고 마는 것이다.

결론적으로 우리는 지금 1개 국제대오인 입장에서 각지의 항전공작에 참가하고 있다. 우리의 공작은 그 전부가 중국군의 대적선전 공작에 협조한다는 것이다. 다만 공작범위의 제한으로 인하여 군사·정치·민중운동 등의 제 분야에 주동적으로 보조를 맞출 수가 없다. 그로 인하여 공작 진행 과정에서도 자연히 많은 제약을 받고 있다. 피의 대가를 치르며 얻은 경험은 우리가 어떻게 해야 과거의 결점을 메꿀 수 있을지 그 해답을 알려주었다. 과거의 결점을 보완하기 위해 금후 우리의 대적선전 공작은 군사·정치 및 민중공작과 긴밀하게 결합되어야 한다는 것이다. 아울러 선전요원의 무장화가 꼭 이루어져야 하며, 확실하고 고정적인 대적선전의 근거지도 반드시 건립해야 한다.

이상의 교훈들에 근거하여 우리는 다음 단계를 위한 준비를 어떻게 하고 있는가?

(1) 역량 집중을 기하고 있다. '역량 집중'은 우리가 2년차 하반기의 공작 진행 때 내놓은 구호이기도 했지만, 이제 3년차 공작의 개시에 즈음하여 우리는 광대한 지역에 산재되었던 공작역량의 100분의 95 이상을 한 구역에 집중시키는 데 성공하였다. 그 역량 집중은 그저 형식상의 것이 아니었으니, 공동의 정치적 목표를 갖고서 통일적 책략을 마련하였을 뿐 아니라 일치된 행동을 보이고 있다. 그 결과, 우리 의용대 내부의 단결은 공전의 진전을 보이고 있으며, 이는 3년차 공작을 진행함에 있어서 갖춰야 할 가장 기본적인 조건이기도 하다.

(2) 공작지점을 확실하게 선택하려 한다. 과거 조선의용대의 공작은 넓게 퍼진 모양새로 진행되었지, 엄격하게 선택된 공작지점이 있는 것이 아니었다. 그로 인해 여기저기를 빈번히 옮겨 다녀야 했다. 그러나 이제는 비교적 고정된 공작거점을 한 지방에다 건립하려 한다. 이는 특별한 정치적 의의도 띨 수 있는 것이기에 근거지의 특성과 조건을 잘 살피면서 적당한 지점을 선택하고 고정된 근거지로 삼을 것이다. (생략) 그래야만 적의 강박에 의해 침략의 도구로 이용되고 있는 조선동포들을 우리 민족의 입장에서 쟁취하고 적의 선봉을 와해시킬 수도 있다. 따라서 공작지점의 선정은 조선의용대의 금후 공작에 있어서 매우 중요한 부분을 점한다. 현재 ××에 집중되어 있는 조선의용대는 ××으로 옮겨갈 준비를 하고 있다. 다만 조선의용대의 공작지점에 관한 최종적 결정은 중국 최고당국의 작전계획과 우리에게 거는 기대에 달려 있다고 하겠다.

3. 금후의 공작 방면

목전의 항전 형세로 볼 때, 중국항전과 조선민족 독립해방운동에서 가장 중요한 문제는 적이 이용하기를 꾀하는 인력과 물자를 어떻게 하면 탈취해 우리의 것으로 만들 것이냐, 적이 침략전쟁에 이용하고 있는 각종 시설을 어떻게 하면 파괴해 일본강도의 인력·물자 보충 방도를 끊어놓을 것인가이다. 바로 이 임무를 완수하는 것이 관내에서 활동하고 있는 조선의용대의 당면 과업이기도 하다. 지난 2년간의 공작을 통해 얻은 교훈에 근거하여, 아래 몇 가지를 금후 조선의용대의 가장 중요한 공작방향으로 제출하는 바이다.

(1) 해외 조선혁명운동 세력의 완전한 통일을 위해 노력해야 한다. 지난 2년간 공작을 진행하는 과정에서 조선의용대는 내부의 역량이 점차 집중되고 정치적 통일을 이루면서 단결이 더욱 강화되었다. 우리는 조선의용대 내부의 통일을 기초로 삼아 해외의 기타 혁명역량(예를 들어 동북 및 미주의 혁명역량)과 긴밀한 연계를 취하고, 나아가 해외의 모든 조선혁명역량을 통일시켜야 한다. 조선의용대는 중국정부 및 그 최고통수의 원조와 지지로 성립되어 관내에서 활동하고 있는 조선혁명대오이다. 이 대오는 전투와 혁명적 실천의 과정에 해외의 여타 각 혁명역량과 더욱 친밀히 연계되어 혁명역량을 통일하고 단결시키는 역할을 훌륭히 수행해낼 것으로 믿는다.

(2) 조선 국내의 혁명운동과 더욱 밀접한 연락을 취하고 공작 방면에서도 협력하여 중·한 두 민족 연합항일전선의 공고화와 확대를 촉진해야 할 것이다.

(3) 적 후방에 대적선전 및 전투의 근거지를 수립하고, 조선군중 및 적후에서 활동 중인 중국유격대와 연계하여, 중국 안에서 인력과 물자를 보충하려는 일본강도의 기도를 철저히 분쇄해야 한다.

(4) 무장대오를 건립하여 무장화와 전투화, 선전과 전투의 결합을 기해가야 하며, 그로써 대적선전의 효과도 더욱 강화시키도록 해야 한다.

'중국사변'을 해결해낼 진정한 역량은 중국항전과 조선혁명이다. 현재 일본강도가 처해있는 위기를 잘 파악하고 명확히 지적해내면서 일본강도의 정략과 전략적 음모를 드러내 폭로도 해야 한다. 우리가 '승리 제일'의 원칙 아래 민족과 당파를 넘어서 모든 반일역량과 연합하고 단결하여 함께 싸울 때에만 강적을 타도하고 삼민주의 중국과 신조선을 건립할 수 있다.

※ 원본 출처: 국사편찬위원회, 『대한민국임시정부 자료집』 40, 2011, 원문편 51~52쪽

③「적의 전시 대한정책」,『戰線日報』1941.6.9

敵戰時對韓政策

——韓國韓志成·日文「國際」雜誌——

葉樹芳譯

與滿洲蘇聯接界，有四千二百餘年悠久底歷史和相當日本三分之一約二千三百萬人口及二十二萬平方公里面積的朝鮮，與日本侵略戰爭有怎麼樣的關係？戰爭中起何種變化，這當然是一個東亞的現實問題，值得我們深切注意並研究此中眞相。

因明治維新中途，我爲爭跋資本主義的日本經日淸，日俄兩役，先使朝鮮脫離中國及俄國的勢力範圍，置朝鮮於獨佔的支配之下，終於在一九一〇年廢韓國皇帝，造成「日韓合併」的局面。

這不單是歷史的命運，是日本資本主義發展過程中必然的犧牲，然因日本資本主義奪取朝鮮的目的，不僅是要把它當做商品市場，投資地，原料供給處，並且進一步作爲佔領中國大陸的軍事根據地。

自從明治四十三年合併以來，三十一年間不光是日本資本主義來來往往，看日本政府之「朝鮮總督」，亦足以証明政治的經濟的掠奪性與依存性，朝鮮總督府現在已有土地九百萬町（日文「町」即地畝，三千方間爲之一町，一間方六尺—譯者註），憑藉着總計資本日金一億三千餘萬圓，分行七十以上的朝鮮殖產銀行及其他七百十九所一百六十三萬日圓的金融機關，朝鮮總督操縱着朝鮮各階層的經濟—正在榨取朝鮮民族的血汗。在合併之初僅只有一百五十二個會社（日文「會社」，即公司「株式會社」即股份公司—譯者註）日金三千九百萬圓之資本，昭和十三年年底，會社就增至[illegible]千五百二十五個，資本總額十八萬萬日圓，現在屬於日本人系的土地已佔全朝鮮百分之八十五，各種資本則佔百分之九十五。

日本最感缺乏的是鐵貨，現在朝鮮每年要供給一千萬石以上，現在日本所缺之資工業資源，如煤，單是無烟煤，朝鮮就埋藏着十四萬萬噸；鐵，在咸境北道茂山，黃海道從二浦埋藏量有十一萬萬噸以上，金的埋藏量也相當的多，還擁有豐富底農林礦畜物和二千三百萬人口的朝鮮，所謂「東亞新秩序建設」—「日滿支三國高度國防建立」，這些口號中，與日本帝國主義同一命運被認爲本國之一部分，現在日本帝國主義正依賴五千萬圓以上的鐵道與三萬基羅的道路，動員二萬以上的警察，消耗七萬萬的日金，企圖維持確保這日本帝國主義的生命線之朝鮮。

一九四〇年四月南朝鮮（南次郎）總督在道知事會議席上訓示，謂「當茲日本帝國向大陸躍進之際，兵站基地半島之使命在人力與物力之培養」。其具體的內容如左：

（一）「內鮮一體」。此即以日本之手消滅朝鮮民族也。所以日本當局公佈了創氏令，把朝鮮人固有的姓名如金某李某改爲「金子太郎」等類，據總督府報告，一年當中改姓達半以上矣！僅半年，封建的朝鮮社會是滅亡朝鮮民族的政策之一，自不待言。

（二）「朝鮮語取消運動」。朝鮮總督府儘量用日本語，一方面在中小學，一政府機關禁止用朝鮮語，以朝鮮文刊印的東亞日報，朝鮮日報亦於去年八月停刊，實爲朝鮮成一個民族的重要因素之一，朝鮮獨有的語音、文字，文法，都很容易，而日本帝國主義當局竟絕之，其惡毒固係人類之公敵，則衆始衆恐慌無異，但是一個民族的文化是不能消滅的。

（三）「日鮮通婚」。強後特別獎勵日鮮通婚，這個總是謀混合血統形成民族之單一化的根本政策，實際只是夢想，在社會文化感情風俗經濟生活上，有明的分界，尖銳的對立。

（四）「教育單一化」。去春以來，廢除朝鮮教育法規，朝鮮教育制度與日本教育法規，普通學校高等學校改稱小學中學，提倡日鮮共學。朝鮮式服裝改爲和服，強迫腦筋單純，富於接受性之少年青年使用

（五）「神社參拜」。強迫朝鮮人和日本人一樣，不問宗教如何，每天早晨要參敬徒及其學校亦須參拜神社，可見連信教的自由也沒有。

（六）「特別志願兵制度實施」。兵員的補充與物資的補充同爲侵略戰爭中日本軍閥最迫切的問題，所以放棄併吞以來的方針，日本當局公佈一種特別志願兵令，以「志願」之形式強迫朝鮮人加入日本軍隊作戰。第一年第一期爲一千名，第二期爲二千名（按故國情報局第二二九號調報載陸軍省發表，昭和十四年度朝鮮抽征之適齡壯丁人數爲四千一百四十四名，十五年度五千二百九十五名，——譯者加註）其第一期的一千名早已死傷，隨戰爭之擴大，更要朝鮮人作重要的犧牲了。

（七）「勞動力統制」。戰爭以來日本死亡「三百萬的青年，勞力不足，軍需補充對雖啟齎其侵略戰，所以對朝鮮勞動力之統制榨取亦強激烈，總督府設「勞動力調查委員」發記十七歲以上的勞動者，有計劃的統制勞動力。戰爭到現在總「二十萬以上的勞動者到日本去，現在在日本的朝鮮人勞動者一共已達一百萬，佔日本總勞動者八分之一

（八）「米穀增產」。日本的糧食問題和兵員問題同爲侵略戰爭致命傷，朝鮮本來每年又供給米一千萬石，但是因爲戰爭以來日本內地大歉收，所以強使朝鮮人直接加重負担，依其「增產計劃」土地之集中管理，生產分配之統制，全由大地主總理，農民連雜糧也不大吃得到了。其他還有棉花，羊毛，耕牛等等的獎勵增產。

（九）「鑛產開發」。總督府定了一個金屬與非金屬等的五年計劃，規定今後的生產額爲七千五百萬噸，其實還是宣傳，紙上空談。

總之日本軍事根據地的朝鮮已變成了侵略戰爭中的兵員補充地勞動力的徵發地糧食鐵產的供給地了。

적의 전시 대한정책

-한국 韓志成의 『國際』(일본문) 잡지 기사-

예슈팡[叶树芳] 역

만주, 소련과 경계를 접하고 4,200여 년의 유구한 역사와 일본의 3분의 1에 상당하는 2,300만 인구와 22만㎢의 면적을 가진 조선은 일본의 중국침략전쟁과 어떤 관계에 있는가? 전쟁 중에 일어나는 어떤 변화이든 그것은 동아시아의 현실문제이고, 깊은 주의를 기울여 진상을 연구해볼 만하다.

메이지유신으로 반쪽짜리 자본주의를 형성해낸 일본은 청일전쟁과 러일전쟁을 거치면서 조선을 중국과 러시아의 세력범위에서 이탈시켜 독점적으로 지배하기 시작하더니 마침내 1910년에 한국 황제를 폐하고 '한일병합' 국면을 만들어냈다.

그것은 역사적 운명일 뿐 아니라 일본자본주의 발전이 빚어내는 필연적 희생이었으니, 일본자본주의가 조선을 빼앗아 취하는 목적은 조선을 상품시장, 투자처, 원료공급지로 삼는 데서 한 걸음 더 나아가, 중국대륙 점령을 위한 군사근거지로 만들기 위한 것이었다.

1910년 '합병' 이래로 31년간 일본자본주의가 걸어온 모습은 일본정부의 '조선총독'이 보기에도 정치적·경제적 약탈성과 의존성을 증명하기에 족하였다. 조선총독부는 현재 9백만 정보(일본어로 '정보'는 토지면적 단위인데, 1정보는 3천 평이고 1평은 6척임－역자 주)의 땅을 갖고 있으며, 총 1억 3천여만 엔의 자본을 관할하면서 70개 이상의 조선식산은행 점포와 719개의 여타 금융기관들에 163만 원을 나누어 맡겨 관리한 조선총독은 조선 각 계층의 경제를 조종하면서 조선민족의 피와 땀을 착취하고 있다. '합병' 초에는 회사(일본어의 '회사'는 중국어의 '공사', '주식회사'는 '股份公司'를 뜻함－역자 주) 152개소에 자본금은 3,900만 엔에 불과했지만, 1938년 말에는 회사 5,525개소에 자본금이 18억 엔으로 늘어났다. 현재 조선의 토지 85%를 일본인이 소유하며, 각종 자본의 95%가 그들 것이기도 하다.

일본이 가장 부족하다고 느끼는 것은 식량인데, 현재 조선은 매년 1천만 석 이상을 일본에 공급하고 있다. 일본은 공업자원도 부족한데, 석탄의 경우 무연탄만 해도 조선에

14억 톤이 매장되어 있다. 철은 함경북도 무산, 황해도 겸이포에 11억 톤 이상 매장되어 있고, 금의 매장량도 상당히 많다. 풍부한 농림 · 광산물과 2,300백만 인구를 가진 조선은 소위 '동아 신질서 수립', '일본 · 만주 · 중국 3국의 고도 국방 건설'이라는 구호 아래 일본 제국주의와 동일한 운명에 놓인 그 일부분으로 간주되고 있다. 현재 일본제국주의는 5천km 이상의 철로와 3만km의 도로에 의존하고 2만 명 이상의 경찰을 동원하며 7억 원 이상의 엔화를 소모하면서 일본제국주의의 생명줄인 조선을 유지 · 확보하려 하고 있다.

1940년 4월 미나미 지로 조선총독은 도지사 회의에서 훈시하기를, "일본제국이 대륙으로 나아갈 때 병참기지인 반도의 사명은 인력과 물자의 양성에 있다"고 말하였다. 그 구체적인 내용은 다음과 같다.

(1) **'내선일체'**. 이것은 일본의 손으로 조선민족을 소멸시키려는 것이다. 일본 당국은 먼저 '창씨령'을 공포하여 김모 · 이모와 같은 조선인 고유의 성명을 '가네코 다이로(金子太郎)' 식으로 바꾸게 하였다. 총독부 보고에 따르면, 1년간 성을 바꿔 만든 사람이 반 이상이나 되었다 한다. 말할 나위 없이 이것은 반(半)봉건사회 상태에서 조선민족을 멸망시키는 정책의 하나이다.

(2) **'조선말글 안 쓰기 운동'**. 조선총독부는 일본어 사용을 장려하는 한편, 중학교 및 소학교와 일반기관에서 조선어 사용을 금지하고 있다. 작년 8월에는 조선문 간행 신문인 동아일보와 조선일보를 정간[실은 폐간이었음: 편집자]시켰다. 언어는 한 민족을 구성하는 중요 인소 중의 하나이다. 조선어 발음, 문자, 문법은 다 간편하고 배우기 쉬우니 일본제국주의는 드디어 그것을 없애버리려 한다. 그 악독함은 인류의 공동적에 속하며 진시황의 포악함과도 다를 바 없다. 그러나 한 민족의 문화는 소멸시킬 수는 없는 것이다.

(3) **'일선통혼'**. 일본은 중일전쟁 도발 이후로 일본인과 조선인의 통혼을 특별히 장려하였다. 그것은 혈통을 뒤섞어서 민족형성의 단일화를 꾀하는 근본정책이다. 그러나 실제로는 몽상일 뿐이니, 사회 · 문화 · 감정 · 풍속 · 경제생활의 여러 면에서 조선인과 일본인 간에는 분명한 경계와 날카로운 대립이 있기 때문이다.

(4) **'교육 단일화'**. 지난 봄 이후로 총독부는 조선의 교육법규와 교육제도를 폐지하고 일본의 교육법규를 준용하여, 보통학교와 고등학교를 소학교, 중학교로 개칭하고 '일선공학'을 꺼내들었다. 조선식 복장도 일본식으로 바꾸고, 사고력이 단순하나 감수성은 풍

부한 청소년들이 받아들여 사용하도록 강박하고 있다.

(5) **'신사참배'**. 조선인도 일본인과 마찬가지로 종교 여하를 불문하고 기독교도 및 그 학교까지 매일 아침 신사참배를 하도록 강요받고 있다. 신앙·종교의 자유가 없어지고 있음이 이것으로 드러난다.

(6) **'특별지원병제 실시'**. 병력과 물자의 보충은 침략전쟁을 벌이는 일본군벌에게 가장 절박한 문제이다. 그래서 일본 당국은 병탄 이래로 고수해온 방침을 버리고 '육군특별지원병령'을 공포하여, '지원' 형식으로 조선인이 일본군에 입대하고 전쟁에 참여할 것을 강요하고 있다. 첫해의 제1기에는 1천 명, 제2기에 2천 명이었는데(적국 정보국의 제229호 『주보(週報)』에 게재된 육군성 발표에 따르면, 1939년도의 조선에서 뽑아내본 바 지원 가능 연령에 이른 장정 수는 4,114명이고 1940년도는 5,295명임—역자 주), 제1기의 1천 명은 일찍이 죽거나 부상을 입었다. 전쟁이 확대됨에 따라 마침내 조선인이 직접적 희생물이 되기를 강요받고 있는 것이다.

(7) **'노동력 통제'**. 중일전쟁 발발 이래로 일본의 청년 300만 명이 죽어갔다. 노동력 부족과 군수품 보충이 곤란하니 침략전쟁 수행이 위협받고 있다. 그렇기 때문에 조선에서도 노동력 통제와 착취가 갈수록 심해진다. 총독부는 '노동력 조사 요원'을 풀어서 17세 이상의 노동자를 등기해놓고 노동력을 계획적으로 통제하고 있다. 개전 이래 지금까지 20만 명 이상의 노동자가 일본으로 갔고, 현재 일본에 있는 조선인 노동자는 다 합해 1백만 명에 이르니, 일본 전체 노동자 숫자의 8분의 1을 점한다.

(8) **'미곡 증산'**. 일본의 식량문제와 병력동원문제가 침략전쟁에서 치명상이 되고 있다. 조선은 본래 매년 1천만 섬의 쌀을 일본으로 수출해왔다. 그러나 개전 이후로 일본은 본토의 대흉작 때문에 조선인이 자기부담을 직접 가중시키도록 강제하였다. '증산계획'에 의하여 토지의 집중관리와 생산·분배의 통제를 전적으로 대지주가 처리토록 하니, 농민들에게는 잡곡이나 돌아가고 그마저도 제대로 먹지 못한다. 그밖에 면화, 양모, 농우 등등의 증산도 강제되고 있다.

(9) **'광산개발'**. 총독부는 금속 및 비금속 등에 관한 5개년 계획을 수립하고 금후의 생산액을 7,500만 톤으로 예정하지만, 실은 선전에 지나지 않고 탁상공론일 뿐이다.

결론적으로 일본의 군사근거지로서 조선은 침략전쟁의 병력 보충지, 노동력 충당지, 식량 및 광산 공급지로 바뀌어버린 것이다.

④ 「조선복국운동」(강연문), 『香港 大公報』 1941.10.31

韓志成演講

朝鮮復國運動

痛述韓國建國淪亡經過

及在我抗戰中活動情形

□□□□□□□□□□，□□□□□□，□□□□□□「□□□□□□□」。

•韓民起源• 韓君首述朝鮮民族之起源，據稱：韓民族已有四千二百餘年悠久之歷史，亦起源於中亞細亞，爲蒙古遊牧民族之支派，而經河北、察哈爾、遼寧而移殖至朝鮮半島，可知與中華民族爲同種。最近數百年來，國勢衰弱，至大院君思想陳舊頑固，奉行鎖國政策，不顧隨世界新潮流以革新，國內有志之士，雖有改革之意，但不知以自力創建新國家，唯仰仗外力，圖利用各國之矛盾以倖存，故至末年，思想紛歧，黨派龐雜，卒爲隣日所呑併。韓君認爲近五十年來之東方問題，以至中日、日俄兩次戰役，無不以朝鮮問題爲其中心，今後韓國能否復國，非爲黨派問題，而爲民族生存問題云。

•亡國痛史• 韓國亡國時之情形，雖已成歷史上之陳跡，但經韓君播述，聽者莫不動容。據謂自一九〇四年以後，日逐步奪取韓國之政治及經濟主權；至日俄戰後，韓外交權亦爲日所奪，一九〇七年，萬國和平會議舉行於海牙，韓密遣代表出席，竟不爲承認，而日因此事，更加緊其侵壓，如軍隊被解散，司法警察等由其接辦，蓋已名存實亡，至一九一〇年乃實行兼併。該年九月二十八日舉行御前會議，國賊李完用奏稱，閣議主張日韓合併，韓皇聞言，知不可爲，默然良久，旋謂事已至此，願諸君努力。語至此淚泫然下，在座者均默不作聲，韓國數千年之歷史，於是斷送。

•壓迫情形• 韓國淪亡已三十一年矣，日本施其野蠻手段，巧取豪奪，韓民之經濟資財，均已爲日閥所坐享，韓爲農國，但土地百分之八十五以上爲日人所佔有，韓佃農佔全民百分之八十，其所負擔之佃租，常佔收成八成至十成。韓農辛苦所得，全部供奉日地主，其食用所需，則頼舉債，聞其數已達五萬萬元以上，故韓農實無異中世紀之奴隸矣。企業方面，全國資金百分之九十五，操於日手，韓人且不准經營五千元以上之企業，他如強迫改姓，禁用韓文韓語，以及原有風俗習慣，莫不強迫改變，其野心蓋非消滅朝鮮民族不止也。對華作戰以來，對韓人力與物資之榨取尤爲嚴厲，如日本年需穀米一萬萬石，[illegible]徵取二千六百餘萬擔。[illegible]年一月，竟限令於三個月內趕造麻袋一萬萬個，其他軍需品，亦莫不予取予求。日稱韓爲兵站基地，甚至認爲日本之生命線，故韓國之革命獨立運動，對日本將爲最嚴重之問題也。

•革命經過• 韓君繼謂韓獨立運動，起於一九〇七年，當時軍隊被解散，有志之士，即組義兵，與日抗鬥，苦戰八年，終退至中國東北，以後亦漸消沉。一九二〇年蘇聯革命成功，對韓影響甚大，並有一派趨於左傾，當時革命運動即分爲社會主義與民族主義兩派。至一九二七年乃合併，並成立新韓會，一九二九年國內曾發生大規模之學生運動，自三〇年至三一年，日預備侵略中國東四省，對韓大肆壓迫，革命運動遂秘密展開。最近中國抗戰，韓人又極爲興奮，國內反抗運動，如抗捐、罷工等，常有發生，而在華之韓革命領袖金若山，即組朝鮮義勇隊，以與中國配合在軍事上對日鬥爭，東北韓軍由金日成率領，有二萬人，於一九三八年冬曾攻入韓北漢山。一九三九年韓北農民暴動，被捕者五百人；同年七月間韓南部學生大示威，被捕者八百人，韓全民百分之七十同情革命，在華韓人有一百五十萬人，在美有韓僑一萬人，在蘇有四機械化部隊，故韓革命政府如成立，各地僑胞當聞風興起，使日陷於絕境，深盼各反侵略民主國家，加以同情援助云。

[한지성 강연] 조선복국운동

- 한국의 건국, 멸망 경과와 대일항전 활동의 정형을 감동적으로 말하다

□□□□□□□□□[朝鮮義勇隊韓志成君], □□□□□□□[昨日演講于香港], □□□□□□□[乃本紙轉載其全文] 「□□□□□□」[「朝鮮復國運動」]。

(□ 안에 들어갈 문구는 모두 편자가 추리해 넣은 것으로, "조선의용대의 한지성씨가 어제 홍콩에서 강연을 했는데, 본지는 '조선복국운동'이라는 제목의 그 전문을 여기 전재한다."는 뜻임)

한민족의 기원

한지성씨는 먼저 조선민족의 기원에 대해 말하였다. 4200여 년의 유구한 역사를 가진 한민족은 중앙아시아에서 기원하였는데, 이들은 몽골 유목민족의 지파로서 허베이 · 차하르 · 랴오닝을 거쳐 한반도로 이거하였습니다. 이것으로 한민족은 중화민족과 동족임을 짐작할 수 있습니다. 조선은 최근 수백 년 사이에 국세가 쇠약해진데다 대원군에 이르러서는 사상이 고루하고 쇄국정책을 펴면서 세계적인 신조류에 따라 혁신하려 하지를 않았습니다. 국내의 뜻있는 선비들이 개혁의 뜻을 가지고 있었다 해도 자력으로 신국가를 건설할 줄은 모른 채 오직 외세의 힘에 의존하고 국제적 모순을 이용해서 요행히 살아남기를 꾀하였을 뿐입니다. 하지만 끝에 가서는 사상이 여러 갈래로 나뉘고 당파관계가 복잡해지면서 끝내 인접국 일본에게 병탄되고 말았습니다. 한지성 씨는 최근 50년간의 동방문제가 중일전쟁과 러일전쟁이라는 두 차례의 전쟁 발발로 이어지던 중에 조선문제가 그 중심에 놓이지 못했다고 생각된다면서, 금후 한국이 나라를 되찾을 것인가 못 찾을 것인가는 당파문제가 아닌 민족생존 문제가 된다고도 말하였다.

망국의 아픈 역사

한국이란 나라가 망할 때의 정형은 이미 지나간 역사의 흔적으로만 남게 되었지만, 그래도 한지성씨의 설명을 들어보면 가슴이 뭉클해질 수밖에 없다. 1904년 이후로 일본은 드디어 한국의 정치적 · 경제적 주권을 빼앗는 길을 걸었고, 러일전쟁 후에는 외교권마저 빼앗아갔습니다. 1907년 헤이그에서 만국평화회의가 열리자 한국은 비밀리에 대표를 파견하여 회의에 참석토록 했으나 승인받지를 못하였습니다. 일본은 이를 빌미 삼아 침학과 탄압의 끈을 더욱 조여, 군대를 강제 해산시키고 사법경찰권을 관장하면서 조선이라는 나라를 유명무실하게 만들어가더니 1910년에 이르러 마침내 합병을 실행시켰습니다. 그 해 9월 28일['8월 29일'의 오기인 듯: 편집자]에 열린 어전회의에서 매국노 이완갑(李完甲)[이완용(李完用)의 오기일 것임: 편집자]은 아뢰기를 내각이 '일한합병'을 주장한다고 했지요. 한국 황제는 그 말을 듣고는 이제 어쩔 수 없다는 것을 알고 한참을 가만히 있다가, "일이 이 지경에 이르렀으니 여러분이 노력해주길 바란다"고 간신히 말하였습니다. 그 말이 끝나고 눈물이 뚝뚝 떨어지는 가운데 자리에 있는 모두가 어떠한 소리도 내지 못하였습니다. 한국이 수천 년간 이어 온 역사가 그렇게 끊기고 말았던 것입니다.

탄압 정황

한국이 망해버린 지 벌써 31년이 되었습니다. 그 동안에 일본이 야만적인 수단을 동원하여 교묘하고도 뻔뻔스럽게 한국인의 경제적 자산을 빼앗아가니 모조리 일본인의 손아귀로 들어가 그들 차지가 되고 말았습니다. 한국은 본래 농업국이었는데, 토지의 85% 이상을 일본인이 점유하고 있습니다. 한국에서는 전 인민의 80%가 소작농인데, 그들이 부담하는 소작료가 언제나 수확의 80에서 100%까지 달하고 있습니다. 한국인 농민들은 어렵게 얻은 소득을 전부 일본인 지주에게 바치고 먹거리마저도 빚을 져 충당하는 실정입니다. 듣건대 그 액수는 벌써 5억 원 이상에 달하였는바, 때문에 한국인 농민들은 사실상 중세시대의 노예처럼 되어가고들 있습니다. 기업 부문에서는 전국 자금의 95%가 일본인의 수중에 장악되었고, 한국인은 자본금 5천 원 이상의 기업은 경영할 수가 없게 되고 말았습니다. 그밖에도 창씨개명을 강박하고 한국어문 사용을 금지하며 한국민족 고유의 풍속 · 습관마저도 바꾸지 않을 수 없도록 몰아가고 있답니다. 그렇다고 일본의 야심이 조선민족 말살로 그칠 일은 아닌 것 같습니다. 중일전쟁 도발 이후로 한국에 대한 일본의 인적 · 물적 착취가 더욱더 심해졌으니까요. 예컨대 일본의 연간 미곡 수요량은 1억 석인데 한국에서 2,600여만 석을 거두어가고 있습니다. 올해 1월에는 3개월 기한으로 마대 1억 개를 서둘러 만들어내도록 명령하였고, 기타 군수품도 제멋대로 취해갑니다. 일본은 한국을 '병참기지'라고 부르며, 심지어 '일본의 생명선'이라고까지 생각한답니다. 그러므로 한국의 혁명적 독립운동은 장차 일본에게 가장 엄중한 문제가 될 것입니다.

혁명 경과

한지성씨는 이어서 한국독립운동에 대해서도 말하였다. 1907년 당시 군대가 강제 해산되자 뜻있는 이들이 즉시 의병을 조직하여 일본에 대항해 싸웠습니다. 8년의 힘겨운 싸움 끝에 그들은 중국동북 지역으로 후퇴했고 급기야는 점차 사그라들고 말았습니다. 1920년 러시아혁명의 성공은 한국에 막대한 영향을 끼쳤고, 아울러 한국독립운동의 한 계열이 급속히 좌경화되면서 혁명운동 노선은 사회주의와 민족주의 두 갈래로 나뉘었습니다. 1927년에 이르러 좌우 양파의 합작으로 신간회가 성립하였고, 1929년 국내에서 대규모의 학생운동이 벌어졌습니다. 1930년부터 1931년까지 일본이 중국 동4성 침략을 준비하면서 한국인들을 대대적으로 탄압하니 혁명운동은 결국 비밀리에 전개되어갔지요. 최근의 중일전쟁으로 한국인들이 다시금 떨쳐 일어나니, 납세 거부, 파업과 같은 국내 반일운동이 언제든 발생하고 있습니다. 한편 재중국 한국혁명 영수인 김약산이 조선의용대를 조직하여 중국과 협력하면서 군사적 대일투쟁을 진행시키고 있고, 동북의 한인 군대 약 2만 명이 김일성의 인솔 하에 1938년 겨울 한국 북방의 혜산군으로 쳐들어가기도 했습니다. 1939년 한국 북부지방에서 농민들이 일으킨 폭동으로 500명이 체포되었고, 그 해 7월에는 한국 남부지방에서 학생들이 대시위를 벌여서 800명이 붙잡혀갔습니다. 한국 인민의 70%가 혁명에 동정하며 재중국 한인 150만 명, 재미 동포 1만 명에다 소련에는 4개의 기갑부대가 있고 하니, '한국 혁명정부'가 수립되면 각지 동포들이 소식을 듣고 일어나 일본을 절체절명의 궁지로 몰아넣을 것입니다. 하오니 여러 반침략 민주국가가 한국의 독립운동에 동정하고 도와주시길 간절히 바랍니다.

【부록】「조선의용대 지도위원 한지성의 거짓선전」, 『신한민보』 1941.12.4

조선의용대 지도위원 한지성의 거짓선전

기자

중국에 있는 조선의용대의 존재에 대해서는 별 문제이고 다만 이 글에 교정하려는 것은 조선의용대 파원[派員] 한지성의 거짓선전이니, 그는 본년 10월 중순에 남양으로 향하는 길[에: 편집자 삽입] 홍콩을 지나며 조선의용대를 선전하는 글을 중국신문에 게재하였다. 조선의용대의 파원으로 그 사업을 선전할 수 있거니와, 만일 사실을 말살하여 남이 한 일을 내가 하였다거나 해외 한족의 대다수가 임시정부의 기치 하에 있는 것을 무시하고 모두 조선의용대의 기치 하에 있다고 하면, 이 같은 거짓선전은 도리어 우리 운동을 장애하는 것임에 도저히 용인할 수 없는 것이다. 그런 고로 그 선전문 가운데 착오점을 들어 아래와 같이 교정한다.

(상략) "망국한 지 30여 년을 지난 조선민족은 중국항전 제2년 즉 중화민국 27년 중국 국경일(10월 10일) 조선의용대를 정식 성립하여 영용 장렬한 항일전쟁에 참여한 지가 벌써 꼭 3년이 되었는데, 조선의용대는 즉 조선민족의 혁명대오요 중국 항일전쟁 상에 출현한 1지 국제종대이다."

대한민족의 혁명대오가 3년 전에 비로소 출현한 것이 아니오, 벌써 거금 30년 전 나라 망하기 전부터 서북간도의 독립군이 성립되어 누차 왜군과 정식 교전하였고, 그 후 길림 · 요령성으로 들어와 3만 독립군이 무장을 정비하여 왜군과 계속 전투하는 가운데 청산리, 수천평, 마록구 등 전역[戰役]과 같은 광명전적을 드리웠고, 또 그 후 중국 9.18 사건을 당해서도 8천 건아의 한국독립군이 있어서 중국의용군과 연합전선을 체결하여 요녕성 부근 동변도 일대 흑산백수 청사장 속에서 왜적을 때려잡아 중국의 우군과 밀접한 관계를 맺었고, 당시 군율을 주지하던 이청천 장군이 계통을 내어갖고 중국 관내에 들어와서 임시정부 기치 하에 있는 한국광복군을 건립하였나니, 이러한 사실에서 보면 대한민족 혁명 무장대오가 3년 전에 비로소 중국에 출현이 된 것이 아니라 그 전에 벌써 출현되었고 오직 조선의용대가 3년 전에 출현되었다고 하면 그것은 사실이다.

(중략) "예하면 국내에 무수한 조직적 폭동(활동) 계획과 및 농공운동, 전 세계를 경동하던 2중교의 일황 저격사건, 1922년 상해 신부두[新碼頭]에서 중국침략 적괴 전중의일[田中義一]을 습격하던 사건, 그 해 장춘에서 좌등[佐藤] 통감을 모살하려던 사건과 및 그 후 4월 29일 윤봉길이 백천[白川] 대장과 및 하단[河端] 민단장 중국침략 비도 등을 격살한 소위 홍구작탄사건이 도시 조선 해외의 광명전적이오, 이것이 금일 조선의용대가 잉태한 아이들이다."

독자는 응당 기억할 것이다. 이상 모든 의사가 조선의용대가 잉태한 아들인가? 다른 사건은 다 접어놓고 다만 홍구작탄사건으로 말하면, 한국 애국단에서 파견하였고 그 주모자가 누구인 것은 '1봉서'에 발표되어 세상이 다 아는 일이다. 이러한 거짓선전은 한 웃음에 붙이고 말거니와 한 가지 교정할 것이 있나니, 3년 전에 출세한 조선의용대가 7년 전에 있은 윤봉길 의사를 가져 자기가 잉태한 아이라는 것은 사실의 착오요 또 선열에 대한 불경이다.

⑤ 「4동지의 장렬한 순국경과」, 『우리通訊』 제14호, 1942.11.29

四同志의 壯烈한 殉國經過

韓志成

朝鮮義勇隊第五支隊第二隊(現韓國光復軍第一支隊第二區隊)隊長 金世光以下 五十余同志는 平漢線 石家莊以南 百余里 되는 元氏서부터 邢台一帶에 武裝宣傳工作을 担任하고 昨年十一月부터 工作을 展開하여 온 바, 每處에 工作은 順利로 展開되였다. 그리하여 十二日四日부터는 敵과 小接觸이 있어 我隊同志들도 全部武裝하야 警戒하여오던 次, 十二日下午에는 五百余敵과 遭遇하야 猛烈한 火力으로 敵을 擊退하고, 同夜 枚保墅를 包囲하고 金隊長世光同志가 二十分間 中語로 國際情勢에 關한 對敵演說을 하고, 金學鐵同志가 다시 日語로 三十分間 反戰演說을 하였다. 그때도 敵營에서는 아모 反應이 없음으로 趙烈孫同志가 反戰唱歌를 하였으나, 敵兵 何等의 反應이 無해서 도라오고 말었다. 翌日은 그곳을 떠나 贊皇으로 도라가기로 約束하고 그날밤의 警戒는 地方自衛隊에게 一任하고 連日 戰斗의 疲困한 몸을 休息하기 爲하야 하로밤 잘-자기로 하였다.

然而 의외에:

十二日拂曉, 在间我隊를 包囲하여노코, 날이 밝기를 기다리던 敵은 여 동이들 때 屋頂上에서 放哨하고 있는 我隊書記 富寬同志를 向하야 射擊하였다. 이리하야 깊은 안개 속에서 고요히 잠자든 花塔한 山村은 俄然 猛烈한 戰場으로 變하였다. 富寬同志는 敵의 銃丸을 맞고, 急히 金隊長에게 報告할 때, 自衛隊 隊長도 와서 報告하기를: 敵이 三面 밖에서 我部隊를 包囲進攻하고 있으니 速히 準備하라고 하였다. 我隊同志들은 곧 準備된 準備工作을 瞬間에 맞이고, 大門을 나가려할 때 敵 機關槍의 火力은 우리 大門에 集中하였다. 그럼으로 大門으로 나갈 수 없는 我隊同志들은 屋頂에다 機關槍을 걸고 反擊하였다. 敵의 火力을 다시 屋

頂으로 集中하였다。이틈을 타서 我隊同志들은 速
히 大門을 나가 西便山 끝으로 退하다가 할 때 敵의 火力
은 正面에서 我隊를 向하여 集中攻擊하였다。그
때마참 敵은 「敵は何處に居るか?」(敵은 이 山 밑으
로?)」하고 소리쳤다。이것을 들은 我 金隊長
은 從容沈着하게 「敵は南の方へ逃げた」(敵
은 南쪽으로 逃走하였다)」하고 答하였다。敵은
이 소리를 듣고 南方으로 兵力과 火力을 集中하
였다。이 틈을 탄 我同志들은 急速히 西部高
地를 占領하고 「이리오시요!」「이리오시요!」소리
질너 混亂한 우리 同志들을 集中식히며 一面戰
斗를 繼續하였다。敵은 我軍을 向하여 亂射, 金
隊長은 指揮中 처음으로 「다리」를 맞았다。이번
腹部를 다쳤다。中傷한 隊長은 엎어서 神氣
를 喪失하고 指揮소리는 漸次 弱하야지였다。이
것을 본 곁에 있는 崔寬同志(新同志)는 「
隊長동무 高麗精神을 發揮하시요!」하고
외쳤다。隊長은 이에 感動되여 다시 精神을 차려
고, 机関銃을 손에 잡고 作戰할 때 敵의 彈丸은

또 金光同志의 왼팔과 목을 命中하였다。가
늘수 없이 射은 두고 마는 同志의 救援을 받게
되였다。趙烈光同志는 다시 그 机関銃을 가지고 사
格하야 할 때, 再次 二發을 맞게 되였다。中傷한
趙烈光同志도 寸步도 行할 수 없어 最後의 決
心을 하고 敵오기를 기다리며 등次 金 金鐘同志가 지나
며 그 光景을 보고, 趙烈光同志를 등에 업고 安
全地帶에 退却하야 하였다。「机関銃은 金隊니
生命이다, 나를 關心 말고 速히 机関銃을 가지고 가
라」하고 趙同志는 소리 쳤다。金 金鐘同志도 그
대로 同志를 救하려고 하였으나 趙烈光同志는 再
三 拒絶함으로 할 수 없이 槍을 메고 가버릴 때,
崔寬同志가 지나게 되여 金 金鐘同志는 机関槍을
崔寬同志에게 맡기고 趙烈光同志를 등에 업고
一面으로 敵의 包圍를 避하여 安全地帶에 到着
하였다. 신도 버선도 없이 山길을 달린 자국
에 「발 점지와 살」을 모도다 떠러지고 뼈만 게남
지 않었다. 그 后 三個月間 治療하고 처음 걸게 되
였다. 그리하여 大部同志는 安全地帶로 退却하

(4) 激戰하고, 밋어 退出하지 못하고 敵에게 包圍當하
야 悲壯한 때 同志의 戰斗는 特히 悲壯하엿다. 佔
領한 高地에서 我同志가 敵에게 包圍되여 孤軍抵
抗하며, 肉박하는 것을 빤히 보면서 救할
수 없이 그대로 犧牲식이는 我隊同志들의 心情
이 如何하엿을가? 孫一峰同志는 처음 敵과 부
稜으로 싸우다, 다시 接近된 敵에게 手榴彈을
먼저 많은 敵을 죽이엿다. 手榴彈 가지다 쓰게되
에, 彈丸이 다 함에, 孫同志를 사로잡으라는 敵과
肉박이 始作되엿다. 이 肉박 格斗를 目睹하는 我
隊同志는 하는 수 없이 그 쪽을 向하야 机関槍으로 掃
射하엿다. 到底히 사로잡어 갈 수 없음을 안
敵은 最后의 方法으로 刺刀로 孫同志의 왼편 가
삼을 질너 죽엿다.

王現淳同志는 大门을 나와서 뒤담에 다 隱身
을 하고 敵과 激戰하나 所有의 彈丸을 다 使用하고
不幸히 敵의 彈丸이 大腦에 命中하야 小腦를 뚤
고 나가게 되여 即死하엿다.

崔鐵鎬同志는 屋頂에서 激戰하다 하는

-5-

수없이 뒤담을 뛰여서 넘어가다 局部를 命中
當하야 呻吟하다 죽엇다.

朴詰東同志는 彈丸을 用盡하고 사로잡으
려는 三敵과 잡히여 가지 않으려고 肉搏格斗하며 언
덕에서 골창으로 굴너가며 苦戰格斗하다가
敵은 하는 수 없음을 알고 刺刀로 왼편 가삼을
질너 죽엿다. 屍体를 發見할 때 同志는 두 눈
을 뜨고 이를 악물고 두 손으로 自己 옷가슴
을 헤치고 끌어안은 채로 죽엇다. 同志의 壯
烈한 죽엄은 全華北 方方谷谷에 가장 英勇
한 故事로 傳해지고 있다.

敵我의 激烈한 戰斗가 두 時間을 經한
后 友軍의 援軍이 到着되자 敵은 慌하야 激退
하엿다. 此役에 百余 敵을 擊斃하고 無數한
戰利品을 獲取하엿다. 我軍은 孫一峰, 王
現淳, 崔鐵鎬, 朴詰東 四同志가 悲壯히 犧
牲되고, 金世光, 趙烈光, 黃通 三同志가 受
傷하엿다.

— 끝 —

4동지의 장렬한 순국경과

한지성

조선의용대 제3지대 제2대(현재의 한국광복군 제1지대 제3구대) 대장 김세광(金世光) 이하 30여 명 동지는 평한선(平漢線)의 석가장(石家莊) 남쪽 100여 리 되는 곳인 원씨현(元氏縣)에서부터 형태(邢台)까지의 무장선전 공작을 맡아 작년 11월부터 공작을 전개해왔는데, 가는 곳마다 공작이 순조롭게 전개되었다. 그러다 12월 4일부터 적과 약간 접촉하게 되니 우리 동지들도 전원 무장하여 경계하여 오던 차, 11일 정오에 200백여 명의 적군과 마주쳐 맹렬한 실력행사로 적을 격퇴하였다. 그날 밤에는 적의 보루를 포위하여 김세광 대장이 20분간 중국어로 국제정세에 관한 대적연설을 하고, 김학철(金學鐵) 동지가 일본어로 15분간 반전연설을 하였다. 그래도 적 진영에서는 아무 반응이 없음으로 조소경(趙少卿) 동지가 반전노래를 불렀는데, 역시 아무런 반응이 없어서 돌아오고 말았다. 다음 날 그곳을 떠나 찬황(贊皇)으로 가기로 약정한 위에서 그날 밤의 경계는 지방 자위대에 일임하고, 연일 전투로 지친 몸을 휴식하기 위하여 하루 밤 잘 자기로 하였다.

전투 개시...

12일, 날이 밝을 무렵이었다. 밤중에 우리 부대를 포위해놓고 날이 밝기를 기다리던 적군은 먼동이 틀 때 지붕 위에서 보초 서고 있던 우리 조관(曺寬) 동지를 향해 사격을 가하였다. 깊은 안개 속에서 고요히 잠들어 있던 황량한 산촌이 그리하여 갑자기 격전장으로 바뀌었다. 조관 동지는 적의 총소리를 듣고 급히 김대장에게 보고했고, 지방자위대 대장도 와서 보고하기를 적이 2리 밖에서 아군을 포위 진공하고 있으니 속히 준비하라고 하였다. 우리 동지들이 익숙한 준비공작을 재빨리 마치고 대문을 나가려 하니 적의 기관총 화력이 대문으로 집중되었다. 그래서 대문으로 나갈 수 없게 된 우리 동지들은 지붕 위에 기관총을 걸어놓고 반격하였다. 그러자 적의 화력은 다시 지붕 위로 집중되었고, 이 틈을 타 우리 동지들이 속히 대문을 나가 서편 산골짜기로 퇴각하려 함에 적의 화력이 또다시 사면에서 우리를 집중 공격해왔다.

그때 마침 적군에서 "적이 어디 있는가?"고 소리쳤다. 이것을 들은 김대장이 조용히

침착하게 “적은 남쪽으로 도망쳤다.”고 대답하였다. 적은 이 소리를 듣고 남방으로 병력과 화력을 집중시켰다. 이 틈을 타 우리 동지들은 급속히 서부고지를 점령하고 “이리 오시요!” “이리 오시요!”라고 소리 질러, 혼란에 빠져있던 우리 동지들을 집중시키면서 전투를 계속하였다.

적이 아군을 향해 난사하니, 김대장이 지휘 중에 처음에는 다리를 맞았고 이어서 복부를 또 맞았다. 그렇게 총탄을 맞은 대장은 정신을 잃고 지휘 소리는 점점 약해졌다. 곁에 있던 조관 동지(신입동지)가 그 모습을 보고는 “대장 동무, 고려정신을 발휘하시요!”라고 외쳤다. 대장이 이에 감동되어 정신을 차리고 기관총을 손에 잡고 다시 쏘려했을 때 적의 탄환이 또 김세광 동지의 왼편 손목에 명중되었다. 하는 수 없이 그는 총을 두고 다른 동지의 구원을 받게 되었다.

조열광(趙烈光) 동지가 그 기관총을 갖고 다시 사격하려다 역시 2발을 맞았다. 적탄에 맞은 조열광 동지는 한두 걸음도 내디딜 수가 없음에 최후의 결심을 하고 적이 오기를 기다렸다. 그러던 차에 김흠(金鑫) 동지가 지나가다 그 광경을 보고는 조열광 동지를 등에 업고 안전지대로 퇴각하려 하였다. 그러자 조동지는 “기관총은 전체 대원의 생명이다. 나는 상관 말고 속히기관총을 갖고 가라”고 소리쳤다. 김흠 동지는 그래도 동지를 구하려고 했는데 조열광 동지가 재삼 거절하므로 하는 수 없이 기관총을 메고 가려 할 때 조관 동지가 지나갔다. 김흠 동지는 기관총을 조관 동지에게 맡기고는 조열광 동지를 등에 업고 하루 동안 달려 적의 포위를 벗어나 안전지대에 도착하였다. 신발도, 버선도 없이 산길을 달린 까닭에 발꿈치와 살이 모두 다 떨어지고 뼈밖에 남지 않았다. 그 후 3개월간 치료하고서야 겨우 걷게 되었다.

그리하여 대부분의 동지는 안전지대로 퇴각하며 격전을 벌였고, 미처 빠져나오지 못하고 적에게 포위당하여 희생된 네 동지의 전투는 특히 비장하였다. 점령한 고지에서 우리 동지가 적에게 포위되어 혼자서 분전하며 육박전을 벌이는 것을 바라보면서도 구할 수 없어 그대로 희생시키는 우리 동지들의 심정이 어떠하였을까?

손일봉(孫一峯) 동지는 처음 적과 소총으로 싸우다 접근해온 적에게 수류탄을 던져 많은 적을 죽였다. 수류탄까지 다 쓰게 되여 탄환이 다함에 손동지를 사로잡으려는 적과의 육박전이 시작되었다. 이 육박전 격투를 보게 된 우리 동지는 하는 수 없이 그쪽을 향해 기관총을 쏘아댔다. 도저히 사로잡을 수 없음을 안 적병은 최후의 방법인 양

총검으로 손동지의 왼편 가슴을 찔러 죽였다.

왕현순(王現淳) 동지는 대문을 나와 뒷담에 은신하고 적과 격전하면서 갖고 있던 탄환을 모두 사용하니, 불행히도 적의 탄환이 대뇌에 명중하여 소뇌를 뚫고 나가면서 즉사하였다.

최철호(崔鐵鎬) 동지는 지붕 위에서 격전하다 하는 수 없이 뒷담을 뛰어 넘어가다 국부(局部)를 명중당해 신음하다 죽었다.

박철동(朴喆東) 동지는 탄환을 다 쓰고는, 사로잡으려는 2명의 적병과 육박전 격투를 벌이다 언덕에서 고랑으로 굴러 떨어지며 악전고투했다. 적병은 하는 수 없음을 알고 단도로 왼편 가슴을 찔러 죽였다. 시신을 찾아냈을 때 박동지는 두 눈을 뜨고 이를 악물고 두 손으로 가슴께를 부여잡고 꿇어앉은 채 죽어있었다. 동지의 장렬한 죽음은 화북지역의 방방곡곡에 가장 영용한 고사로 전해지고 있다.

적과 우리의 격렬한 전투가 두 시간 반가량 이어지던 끝에 우리 편의 우군이 원군으로 도착하자 적은 황급히 물러갔다. 그 후 100여 명의 적을 사살하고 무수한 전리품을 획득하였다. 아군은 손일봉 · 왕현순 · 최철호 · 박철동 4동지가 슬프게도 희생되고, 김세광 · 조열광 · 황통 3동지가 부상을 입었다. -끝-

* 원문 출처: 『대한민국임시정부 자료집』 3(임시의정원 Ⅱ), 원문편 290~292쪽

⑥ 「1당백의 조선혁명청년」, 『앞길』 제34기(조선민족혁명당), 1944.7.5;
「1당백의 조선사관」, 『신한민보』 1944.9.21

◆ 인도 전선 에서

一당百의 조선 사관

조선민족의 성로는 이사구생 뿐 이다!
공작을 홍 하야 실천의 진리를 구하라!

[이 귀사는 중국 중경 에서 발행 하는 조선 혁명당 주간 [앞길] 一九四四년 七월 五일 호 에서 전재한것 이다 작년에 인도 영군을 협조 하려 인도로 간 사판 중에 한 사람인 한지성씨가 금번 四월 二十四일 인도 임팔 전선 에서 약산 동지 에게 보내는 편지 에서 몃구절을 전재 한것 이다 —편즙인—]

임팔 전선 에서 한지성

[전략] 우리는 지금 수가지 잘 잇습니다 문응국, 김상준은 三월 초 티딤에 공작 나갓다가 적 에게 후토를 단절 당하야 생사를 모르든 차에 四월 초에 그 부대가 적을 격퇴 식히고 무사히 임팔에 도착 하엿읍니다

[illegible] 건강 하고 그간 특히 문응국 동지는 큰 공로를 니엇읍니다 적정 판단에 잇서서 큰 성과를 니어 영○○사 사장이 여간 조아 하지 안습니다 제와 영진, 성호 三인은 三월 二十일에 임팔에 와서 비로소 동지들이 포위 당한것을 알고 三월 말에 다무파 팔 공로에 공작을 나아가서 제가 적 에게 방송한 결과 적이 빅기를 흔들며 나왓읍니다 이것이 인도에 처음 잇는 현상 이라고 합데다 불행히 우리가 작전부대의 련락 부족 으로 우리 포수의 사격 으로 후퇴을 식히지 못하엿읍니다 그후 그 진지를 우리 군인이 점령 하고 적 포로 五인을 잡아 그의 말에 의지하여서도 그 사실을 알게 되엿읍니다 지금 전선에 잇는 영인 군인은 단장 이하 군사들 수가지 모다 이 사실을 알제 되여 조선 사람, 광복군을 알게 되엿읍니다 그리서 가는곳 마다 환영이옵니다 이곤 동맹군의 세력은 절대로 우세 이오며 위험한 경우도 一인 난진이옵니다 발서 사경을 투차 당 하엿습니다

그러나 조선 민족의 성로는 죽을으로 삶을 구하는것 밧게 업습니다 공동한 목적—적 일본을 타도 하기 위하야 대가와 희생을 교계 하겟읍니가? 각 동지들도 재와 갓흔 결심을 가지고 민족의 광영한 명예를 위하야 노력 하고 잇습니다

나는 이 공작을 홍 하야 실천의 진리에 대하야 더 한층 갑독 하엿읍니다 우리가 지상 으로 선전, 선전문 천만장을 산발 한다 하여도 엇던 영국의 군단장 사장, 수만 수十만 사람이 조선을 인식 하며 [조선] 이라는 말이나 하게소! 그러나 지금 단 六인의 힘 이라도 전선 에서 그 돌을 구 하며 그 돌을 원조 하는 그 과정, 그 성적을 홍 하야 모두가 조선 청년이 자유 독립을 위하야 공동 작전 한다는것을 조곰 이라도 인식 식히게 되엿소 ……

금번 이곤에 침입한 적은 三十一, 三十三, 十五 사단, 세사단 인데 작년 七월 남경서, 十一월 안남서 투차 작전 회의를 하여 이곤 침입의 주요 목적이 절망에 수바진 일본 군민 에게 한갓 흥분적 고무를 주라든 정치 작용에 지나지 못합니다 그러나 적의 포로의 말과 문서에 의하면 적은 전쟁의 승리 과악이 업다는것 이며 비관 뿐이옵니다 서라서 이 시기를 유실치 안토록 우리의 준비는 시급히 하여야 될것이옵니다 무엇보다도 강대한 조선, 강대한 력량이 잇기전 에는 자유와 독립의 조선은 보장 못할것이오 …… 기회주의적 노력은 피하고 견실한 노력, 진정한 민족을 위한 노력, 실력 비양을 위한 노력이 절대로 필요 합니다

일전에 왜놈을 잡으려 수十리외 초벌을 나아갓으나 왜놈들이 다 도망 치고 닭 한마리 닭이알 세개 박게 못잡아 왓소 어제는 왜놈 하나와 군[illegible] 기 한마리를 포로 하엿읍니다

나는 六척이 못되는 조고마한 전투 속에서 우리 민족의 전도를 성각 하며 이날을 보냅니다

차동 동지의 병은 좀 엇더한지오? 이곤 각 동지들은 정성 단결 로서 민족을 빗내기 위하며 죽음 으로서 삶을 구하겟사오니 안심 하십시오

一當百의 朝鮮革命青年

조선민족의 생로는 이사구생(以死求生[죽음으로써 삶을 구함: 편자]) 뿐이다!
공작을 통하여 실천의 진리를 구하라!

전략(前略[원문대로임: 편자]). 우리는 지금까지 잘 있습니다. 문응국(文應國)·나동규(羅東奎)·김상준(金尙俊)은 3월초 타(他)팀에 공작 나갔다가 적에게 후로(後路)를 단절당하여 생사를 모르던 차 4월초에 그 부대가 적을 격퇴시키고 무사히 임팔에 도착하였습니다. 모두 건강하고 그간 특히 문응국 동지는 큰 공로를 내었습니다. 적정 판단에 있어서 큰 성과를 내어 영국군 ㅇㅇ사(師) 사장이 여간 좋아하지 않습니다. 저와 박영진(朴英晉), 김성호(金成鎬) 3인은 3月 20日에 임팔에 와서 비로소 동지들이 포위당한 것을 알고 3월말에 다무파랜 공로(公路)에 공작을 나가 제(弟)가 적에게 방송한 결과, 적이 백기를 흔들며 나왔습니다. 이것은 인도에 처음 있는 현상이라고 합디다. 불행히 우리가 작전부대의 연락 부족으로 아(我) 포수의 사격으로 투항을 시키지 못하였습니다. 그 후 그 진지를 아군이 점령하고 적 포로 5인을 잡아, 그의 구공(口供)에 의해서도 그 사실을 알게 되었습니다. 지금 전선(前線)에 있는 영국·인도 군인은 위로는 군단장 아래로는 사병들까지 모두 이 사실을 알게 되어 조선사람 광복군을 알게 되었습니다. 그래서 가는 곳마다 환영입니다. 이들 동맹군의 화력은 절대로 우세이오며, 위험한 경우도 일언난진(一言難盡[한 번에 다 말하기가 어려움: 편자])입니다. 벌써 사경(死境)을 누차 당하였습니다. 그러나 조선민족의 생로(生路)는 이사구생하는 것밖에 없습니다. 공동한 목적—적 일본을 타도하기 위하여 대가와 희생을 고계(估計)하겠습니까? 각 동지들도 저와 같은 결심을 가지고 민족의 광영한 명예를 위하여 노력하고 있습니다. 나는 이 공작을 통하여 실천의 진리에 대하야 더 한층 감득하였습니다. 우리가 지상(紙上)으로 전단, 선전문 천만 장 산발(散發)한다 해도 어떤 영국의 군단장, 사장, 수만 수십만 사람이 조선을 인식하며 '조선'이라는 말이나 하겠소! 그러나 지금은 단 6인의 힘이라도 전선에서 그들을 구하며 그들을 원조하는 그 과정, 그 성적을 통하여 모두가 조선청년이 자유와 독립을 위하여 공동작전하는 것을 조금이라도 인식시키게 되었소.

양 민족 간 풍속, 습관과 다기(多岐)한 전통적 인습의 □□[장벽: 편자]으로 이해하지 못하는 점도 많습니다. 우리의 후로는 벌써 적에게 단절되었습니다. 침입한 적을 완전히 격퇴할 때까지 그들의 공작을 원조해야 될 것입니다. 금번 이곳에 침입한 적은 31·23·15사단, 3개 사단인데, 작년 7월 남경서, 11월 안남(安南)서 누차 작전회의를 하여 이곳 침입의 주요 목적—절망에 빠진 일본 군민(軍民)에게 한껏 흥분적 고무(鼓舞)를 주라는 정치작용에 지나지 못합니다. 그러나 적의 포로의 구공 문건에 의하면 적은 전쟁의 승리 파악이 없다는 것이며 비관뿐입니다. 적의 패망도 순간문제뿐입니다. 따라서 이 시기를 유실치 않도록 우리의 준비는 시급히 하여야 될 줄 압니다. 무엇보다도 강대한 조선, 강대한 역량이 있기 전에는 자유와 독립의 조선은 보장 못할 것이요. 금번 당 대회에서 실천 강화, 적후공작 강화, 조직 강화, 교육 제고는 이 시기에 처하여 가장 적절한 결의이오니 실천을 하도록 하십시오.

□□□□[혁명가정: 편자] 아동의 교육문제를 □□할 줄 압니다. 특히 바라는 것은 교과서 편성에 착수하시고, 동포들의 실제 이익을 위하야 적당한 노력이 있기 바랍니다. 당의 인사 배치의 정형을 보아서 당내 일반 정형과 금후의 발전을 추측하겠습니다. 모험적 정책과 기회주의적 노력을 피하고 견실한 노력, 진정한 민족을 위한 노력, 실력 배양을 위한 노력이 절대로 필요합니다.

일전에 왜놈 잡으러 수십 리의 토벌에 나아갔으나 왜놈들이 다 도망치고 닭 한 마리, 달걀 3개밖에 못 잡아왔소. 어제는 왜놈이 하나와 군견 한 마리를 포로로 하였습니다. 나는 6척이 못되는 조그마한 참호 속에서 우리 민족의 전도를 생각하며 이 날을 보냅니다. 차정(次貞) 동지 병이 좀 어떤지요? 이곳 각 동지들은 정성 단결로써 민족을 빛내기 위하여 최후까지 노력하며 이사구생하겠사오니 안심하십시오.

제(弟) 한지성(韓志成)

1944. 4. 14 임팔전선에서

※『앞길』 기사의 원문은 『대한민국임시정부 자료집』 37, 원문편 262쪽에 실려 있음. 그러나 인쇄상태가 조악하여 판독이 어려우므로 위 자료집, 488~489쪽의 탈초본만 옮겨 실음. 대신에 『신한민보』 제1904호(1944.9.21)에 「인도전선에서 一당百의 조선사관」이라는 제목으로 전재된 국문본 기사도 있으므로 그 이미지를 올려놓은 것임. 탈초본은 가독성을 높이기 위해 약간 손질하여 현대문으로 바꾸었고, 오기·오식이었다고 판단되는 몇 글자는 고쳤음.

⑦ 「인도 공작대에 관하야」, 『독립』(*Korean Independence*) 제3권 제75호, 1945.6.13

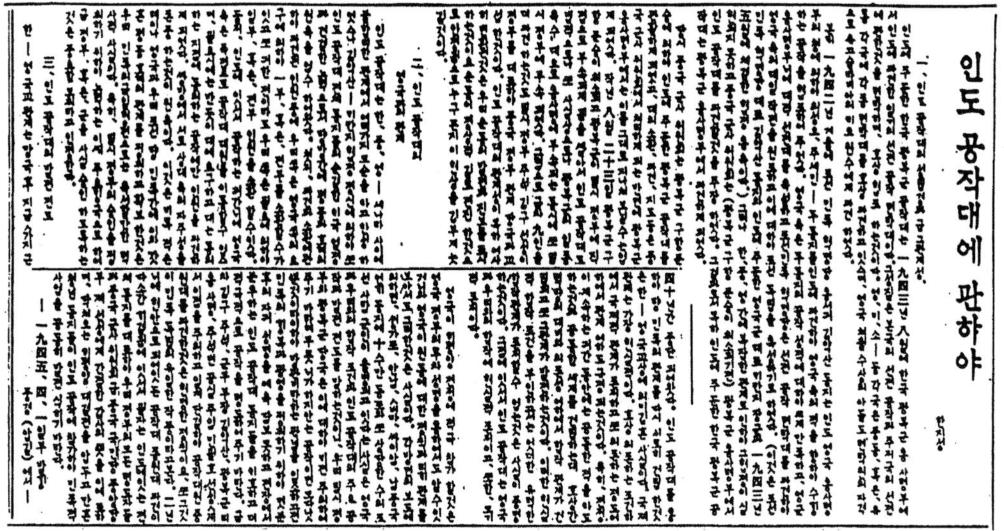

인도 공작대에 관하야

한지성

인도 공작대에 관하야

한지성

1. 인도 공작대의 성립 경과 및 그 관계성

인도에 주둔한 한국광복군 공작대는 1943년 8월에 한국광복군 총사령부에서 인도에 파견한 일개의 선전공작 연락대이다. 그 성질은 본국의 선전공작과 주재국의 선전에 관한 것을 연락하며, 상호 협조하는 것이다. 영 · 미 · 소 등 각국은 중동 혹은 유럽 각국에 각종 연락대를 상호 파견하고 있으며, 영국 처칠 수상의 아들도 연락원의 자격으로 유고슬라비아의 티토 원수에게 파견되었다.

본래 1942년 겨울에 조선민족혁명당 총서기 김약산 동지는 인도 영국군 총사령부의 청에 의하여 최성오, 주세민 두 동지를 인도에 파견하여 영국 측의 적을 향해 수행하는 공작을 협조하여 주었다. 영국 측은 두 동지의 공작 성적에 대해 크게 만족하고, 영국군 총사령부 내에 대적선전대를 특설하고 조선민족혁명당은 선전공작 연락대를 파견하여 영국 측의 대일작전을 원조하고 이에 대하여 조선독립을 촉성하기로 하였다(이것은 조선민족혁명당 대표 김약산 동지와 인도에 주둔한 영국군 대표 맥켄지 장군과 1943년 5월에 체결한 협정 총칙이다). 그러나 한 · 중 · 영 간의 복잡한 관계로 인하여 그 협정이 실현되지 못하고 중국 군사위원회는(광복군 9항 준승이 취소되기 전) 광복군 총사령부에서 인도공작대를 파견할 것을 주장하였다. 그 결과 현재 인도에 주둔한 한국광복군 공작대는 광복군 총사령부에서 파견하게 되었다.

당시 중국 군사위원회는 광복군 9항 준승에 의하여 인도에 주둔한 광복군 공작대를 관할하게 되었고, 대의 소환 · 파견 · 지도 등은 중국 군사위원회에서 처리하게 되는 반면에 광복군 총사령부에서는 이를 그대로 지나쳐 보낼 수 없게 되었다. 작년 8월 23일 광복군 9항 준승이 취소되고 광복군이 임시정부에 직접적으로 부속되게 됨에 따라 인도공작대도 법적으로나 또 사실상으로나 광복군의 일종 특수대오로 총사령에 부속되는 동시에 또 임시정부에 부속되었다. 그러므로 이번에 9명을 더 파견하는 것도 임시정부 주석 김구 선생이 정부를 대표하여 중국정부 관계당국과 교섭한 것이다. 인도공작대의 관계성이 현재 이렇게 변화된 것은 우리 운동의 발전과 진보를 표시하는 것이오, 운동이 정상적 길로 전진한 것으로 인정되므로 누구든지 이 현상을 기쁘게 느낄 것이다.

2. 인도 공작대의 영국과의 관계

인도 공작대는 한 · 중 · 영 세 나라 사이의 불합리한 관계에서 여러 가지 모순을 안고 탄생 하였으나 김약산-맥켄지 협정 정신에 의하여, 또 인도공작대 전체 동지들의 순결한 애국 열정과 건결한 노력으로 양방 간에 평등과 호혜의 원칙을 엄수해왔다. 첫째, 파견과 소환에 관하여, 파견된 인원 중에 우리 쪽은 영국 쪽의 요구에 의하여 일부 혹은 전부를 소환할 수가 있고, 또 기한 전이라도 우리 쪽은 필요에 의하여 일부 혹은 전부 인원을 소환할 수 있다. 둘째, 인도에서 공작하는 기간 내에 영국 측은 특전보로 공작대 대원을 이동할 수 없으며, 필요시에는 반드시 대에 요구하고 대는 동의하는 지점에 동의하는 공작에만 인원을 파견하게 되었다. 쌍방에서 서로 상대측의 자주성을 존중하는 것이 원칙이다. 이것은 비록 적은 대이나 영국과 우리 조선 양 민족 간에 이와 같은 평등 호혜의 관계를 쟁취하고 확보한 것은 우리 민족의 금일 형편으로는 특서할 만한 역사적 사실이다. 특히 임시정부의 승인을 쟁취하기 위하여 노력하는 이때 주요 맹국으로 하여금 정부 혹은 군을 사실상 승인토록 하는 것은 중요한 발걸음이라고 인정한다.

3. 인도 공작대의 발전 전도

한 · 영 국교 관계는 망국 후 지금까지 근 40년간 중단되어 왔다. 인도공작대를 통하여 양 민족의 관계를 다시 새로이 건립한 것은 한 · 영 국교 상에 의미 깊은 사실이다. 국제관계는 가장 현실적이다. 상호 의존하는 조건 하에서 국제적 관계가 존재하고 또 의존하는 정도 여하에서 관계 여하도 규정되는 것이다. 특히 전쟁이 계속되는 기간 동안에는 공동의 적을 타도하는 것과 공동의 세계를 건립하는 데 상호간 역량의 대비와 의존성 여하에서 합작관계가 건립되고 또 그 관계가 발전하는 것이다. 이러한 현실적 합작조건을 부인하고서는 어떠한 유력한 합작관계도 존재할 수 없음은 사실이 증명하는 것이다. 그 점에 있어 인도공작대는 영국과 우리와의 합작에 현실적 존재이고 또한 합목적적 존재이다.

영국이 태평양전쟁에 적극 참가할 것임은 영국정부의 누차 성명을 보더라도 알 수 있거니와, 영국의 원동에 대한 정책과 대외관계를 보아서도 그러한 것은 사실이다. 각 방면의 보도에 의하면 싱가포르, 안남, 버마, 시암, 남중국 연해 등지에 십 수만 동포와 또 상당한 수의 조선사람 군인이 출병되고 있다는 사실은 영국과 우리와의 합작조건과 인도공작대 주요 공작과 발전 전도를 말하는 것이다. 우리 임시정부와 광복군 당국은 이에 대하여 배전의 주의를 해주기 바라며, 무릇 내가 하지 않는 공작이면 모두 나쁜 것이라 하여 방관 비판하는 관념을 일소하고 전 민족의 행복과 광영을 쟁취하기 위하여 몇 분 후의 자기 생명을 예측 담보 못하고 전장에서 분투하는 인도공작대 동지들을 애호하고 더 적극적으로 공작을 영도하여 주기 바란다. 이번에 김구 주석, 군무부장 김약산, 광복군 이청천 총사령, 주석판공실 주임 민필호 선생께서 이 점을 주의하고 일치단결하여 공작대원 증원대를 파견한 것은 현명한 정책이요, 또 그것이 민족독립의 유일한 작품이라고 본다. 2년 내에 현안으로 되어 있던 공작대 증원대 파견이 다소간 해결됨에 있어서 필자는 인도에 있는 전체 동지를 대표하여 우리 정부의 모든 영도자들과 중국 군사위원회 및 중국 국민당 중앙당부의 여러 선생에게 간절한 감사의 뜻을 이에 표하며, 닥쳐오는 태평양 대결전을 앞두고 많은 청년 동지들이 인도공작에 참가하여 민족적 사업을 공동으로 발전시키기 바란다.

—1945.4.1 발행, 중경 『앞길』에서—

※ 기사 원문은 순한글체이지만 한자투 어휘가 빈출함. 이에 가독성을 높이고자 현대식 표기로 바꾼 것이 더러 있음.

3. 편역서 『제2차 세계대전 문헌』(1946)

序

이 微弱한 팜푸렛트를 八.一五 解放 一週年 紀念 讀物로 提供하려 한다. 이 册은 第二次 世界大戰 發生 以來 盟國 領袖들의 重要한 會議의 決議文과 故 루-즈벨트, 스타-린, 처-칠 三氏의 重要演說을 收集하야 編譯한 것이다.

이 册의 全 內容은 盟國이 第二次 世界大戰의 勝利를 爲하야 또 戰後 政治上, 經濟上, 國際相互間 複雜한 諸般問題를 善處하기 爲하야 規定한 것이며, 또한 未來의 持久한 平和와 安全의 保障을 爲하야 各國이 共同遵守함을 約束한 原則과 方法이다.

이 册은 全世界 反파시스 民主國家와 民主人民이 戰勝을 爭取한 피의 經驗과 未來世界에 對한 希望과 要求를 指摘한 것이다.

이 册에 譯載된 宣言과 憲章은 朝鮮이 正確한 進路를 確定하는 데 必要한 資料가 되며, 또 朝鮮問題를 處理하는 데 一種의 經驗이 될 것을 믿는다.

盟國 領袖들이 公認하고 主張하는 自由와 民主는 自由人이 되고 民主人의 生活을 하려는 우리 朝鮮사람에게 眞正한 自由와 民主의 槪念을 줄 것이다.

× × ×

日本帝國主義의 獨占的 統治 下에서 오랫동안 全世界와 孤立되었든 우리 朝鮮은 八.一五 解放의 날을 맞이하면서부터 世界上 地位를 얻게 되여 앞으로 國際의 一員으로서 世界 各國과 相處하고 共同生活할 機會를 가지게 되었다.

이번 大戰을 通하야 世界各國은 大小를 勿論하고 互相緊密히 聯結되여 世界의 未來의 安全과 平和는 不可離한 關係를 가지게 되였다. 特히 朝鮮, 波蘭, 伊太利, 奧地利 等 各國은 國際强國間 複雜한 關係 下에서 解放되였다. 그러므로 우리가 朝鮮의 政治, 經濟, 安全, 文化 等 그 어느 問題를 생각할 때나 또 그것을 處理할 때는 언제나 國際라는 觀念을 떠날 수 없을 것이다. 더구나 朝鮮을 直接 解放하여 준 美·蘇 兩國에 對한 考慮는 深切히 하여야 할 것이다.

美·蘇 兩强國 軍政 下에서 朝鮮 政治家들과 愛國人民들은 建國에 理想과 現實을 절實히 결付시키며 國際經驗을 深刻하게 硏究하야 民族의 完全獨立과 人民의 民主政府

樹立을 爲한 가장 理智的이고 彈力性이 있는 態度가 必要하다. 此時에 正確한 政策은 子子孫孫에게 自由와 幸福을 줄 것이고, 그와 反對로 錯誤된 政策의 結果는 永遠한 怨한과 悲哀를 齎來할 것이다.

× × ×

歷史의 發展 過程에는 許多한 國家와 民族이 興亡하였다. 二十世紀 初葉부터 五十年代까지 全世界 歷史와 人類의 經驗은 歷史發展의 眞理를 證明하고 있다.

第一次 世界大戰에는 俄羅斯帝國主義가 滅亡되고, 社會主義 쏘聯이 誕生되였다. 第二次 世界大戰에는 「反蘇反共」의 樞軸國 十字軍이 消滅되고, 나치스 獨逸, 파시스 伊太利, 파시스軍國主義 日本이 敗亡되였다. 그 反面에 各國의 人民의 勢力, 民主의 勢力은 空前으로 發展되며, 特히 各 解放國家의 民主人民은 各國 政治를 左右하고 있다. 第二次 世界大戰을 通하야 發生된 또 한 큰 變化는 社會主義國家 쏘聯과 資本主義國家 美國과 같이 全世界的 範圍에 巨大한 影響을 주고 있는 것이다. 第一次 世界大戰이 결속된 後에는 國際聯盟이 建立되였으나 이번 大戰을 通하야서는 大西洋憲章, 카이로, 테헤란, 모스코바, 크리미아, 산푸란시스코, 포스담의 各種 宣言과 聯合國 憲章이 産생되였다.

이 宣言과 憲章은 國際上 至高한 理想과 行動의 標準을, 各國 人民의 自由·平等의 基本人權을 尊重하는 原則 下에 國際合作, 平和, 進步를 明確히 指摘한 것이다. 이 方向과 標準에 順應하는 者는 興할 것이고, 逆하는 者는 亡할 것이다.

× × ×

勿論 今日의 모든 國際問題가 다 이 協定에 表現된 것은 안이다. 이것은 오직 各國이 共同 同意하며 共同 遵守할 것을 約속한 一般原則과 方法에 지나지 않은다. 事實上 各協定이 이러케 決定되는 過程에는 國際間 많은 紛岐가 있었고, 또 各國 內에서도 意見대立이 많었던 것이다. 그러나 作戰期 內에는 戰勝을 爲하야 互相讓步하고 團결하였으나 作戰이 결속된 後 各國間에 紛爭은 漸次 表面化하고 있다.

그러므로 우리는 此 協定에 表現된 平和世紀 一面만을 보고 全的으로 樂觀하여도 안

될 것이고, 그 反面에 目下 各國間에 衝突되고 있는 一面만을 보고 반다시 戰爭이 또 이러날 것이라고 速斷하하여서도 안될 것이다. 平和와 衝突, 그 兩面의 本質을 把握하며 그의 相互發展을 科學的으로 觀察하는 데서 眞相을 正確히 認識할 수 잇을 것이다.

解放된 歐洲와 遠東 各國을 볼 때 各 强國間에 勢力範圍의 擴大의 투爭이 再起되고 있으며, 東歐에 若干 國家를 除外하고 其他 各 解放國에는 파시스 殘재세力이 國際間 摩擦에 틈을 타서 擡頭되고 있으며, 그들은 若干의 反動的 財벌政客과 결托하야 第三次 世界大戰을 鼓動하며 死滅의 運命에서 脫出하려 하고 있다. 이것은 가장 不幸한 傾向이다. 平和와 自由와 民主와 進步를 愛護하는 사람은 이 傾向에 對하야 恒久한 驚覺과 鬪爭이 있어야 할 것이다.

× × ×

투루만 大統領이 산프란신스코 聯合國會議 閉幕에 際하야 말한 것과 같이 「聯合國憲章은 世계平和와 安전과 人類의 進步을 爲한 偉大한 機構이다.」 「萬若 우리가 몇해 前에 이 安全憲章을 가지였다면, 또 그것을 實現할 決心이 있었다면, 이번 戰爭에서 이미 死亡한 千萬 사람은 죽지 안코 사라있을 것이고, 萬若 우리가 今後 이 憲章을 決心하고 使用하지 안으면 現在 사라있는 千萬 사람도 앞으로 죽게 될 것이다.」

이와 같히 萬若 全世게 各國 人民이 共同努力하지 안으면 特히 今日 世게를 領導하고 있는 美·蘇·英 三强國이 互相協調하고 共同努力하지 안은다면 慘酷한 未來戰爭은 防止할 수 없을 것이다.

平和와 戰爭, 朝鮮人民은 兩者之中 그 어느 것을 擇할 것인가. 더 말할 것 없이 平和의 길을 擇하여야 할 것이다. 오직 國際的 平和가 維持되고 또 모스코바 三相會議의 決議에 依한 國內民主主義 建設이 速히 建立되는 데서 朝鮮의 政治上, 經濟上, 社會上 混亂과 困難을 解決할 수 있을 것이고, 따라서 朝鮮人民의 文化的, 物質的 水準도 世界的 水準으로 急速히 向上시키여서 自由·民主·獨立의 富强한 新朝鮮을 建立할 수 있을 것이다.

國際政治는 언제나 現實的이고, 또 오직 現實的 條件에서 具體的으로 解決되는 것이다. 美·쏘 兩軍이 南北을 分管하고 있는 今日 朝鮮人民은 美·쏘 兩國間에 紛爭을 激

化시키거나 或은 美·쏘 兩國 어느 一面의 工具가 되여서는 않이될 것이다. 우리는 民族 自身의 利益을 爲하야, 또 國際平和와 安全을 爲하야, 반다시 이미 公約된 카이로, 포스담, 모스코바會議 決議에 依하야 美·쏘 兩國間의 協助를 促成시키기 爲하야 努力하여야 할 것이며, 國內의 反民主·反盟國의 要素를 除去하여야 할 것이다. 이것이 目下 朝鮮人民이 民族獨立에 對하야 또 世계平和와 安全을 爲한 不可避的 義務이다.

× × ×

이 册에 譯載된 各 宣言과 憲章은 英文과 中文에서 飜譯한 것이다. 聯合國憲章은 이미 國文으로 飜譯된 것을 轉載한 것이다. 編譯에 있어서 粗率히 된 感이 적지 않다. 讀者 諸位의 親切한 校正이 있기를 希望합니다. 國際的 資料가 貧弱한 朝鮮에서 이 册으로서 國際問題를 理解하는 데 조고만한 參考라도 우리 人民에게 된다면 譯者는 多幸으로 생각하는 바이다. 끝으로 이 팜푸렛트의 出版을 爲하야 많은 便宜과 힘을 써주신 太平文化出版社 諸位에게 謝意를 드립니다.

編譯者 自序　　一九四六年 八月 一〇日

※ 편집자 주 : 글자 표기는 약간의 오자까지도 모두 원문 그대로이고, 띄어쓰기와 문장부호 붙이기만 현행 한글맞춤법을 준용하여 새로 한 것임.

머 리 말

이 미약한 팸플릿을 8.15 해방 1주년 기념 읽을거리로 제공하려 한다. 이 책은 제2차 세계대전 발생 이래의 동맹국 최고지도자들의 중요회의 결의문과 고(故) 루즈벨트[대통령], 스탈린[수상], 처칠[총리], 3씨의 중요연설을 수집해 번역하고 묶어내는 것이다.

이 책의 전 내용은 동맹국이 제2차 세계대전의 승리를 위하여 또 전후 정치상, 경제상의 국제상호간 복잡한 제반문제를 잘 처리하기 위하여 규정한 것이다. 또한 미래의 항구적 평화와 안전보장을 위하여 각국이 공동 준수할 것을 약속한 원칙과 방법이다.

이 책은 전세계 반(反)파쇼 민주국가와 민주인민이 전승을 쟁취한 피의 경험과 미래세계에 대한 희망과 요구를 지적한 것이다.

이 책에 우리말로 번역해 실는 선언과 헌장은 조선이 정확한 진로를 확정하는 데 필요한 자료가 되며, 또 조선문제를 처리하는 데 일종의 경험이 될 것을 믿는다.

동맹국 영수들이 공인하고 주장하는 자유와 민주는 자유인이 되고 민주인의 생활을 하려는 우리 조선사람에게 진정한 자유와 민주의 개념을 줄 것이다.

× × ×

일본제국주의의 독점적 통치 하에서 오랫동안 전세계와 고립되었던 우리 조선은 8.15 해방의 날을 맞이하면서부터 세계상 지위를 얻게 되어, 앞으로 국제의 일원으로서 세계 각국과 마주보며 공동생활 할 기회를 가지게 되었다.

이번 대전을 통하여 세계 각국은 대소를 물론하고 상호 긴밀히 연결되어 세계의 미래의 안전과 평화는 뗄 수 없는 관계를 갖게 되었다. 특히 조선, 폴란드, 이탈리아, 오스트리아 등 각국은 국제 강국간의 복잡한 관계로부터 해방되었다. 그러므로 우리가 조선의 정치, 경제, 안전, 문화 등 그 어느 문제를 생각할 때나 또 그것을 처리할 때는 언제나 국제라는 관념을 떠날 수 없을 것이다. 더구나 조선을 직접 해방시켜 준 미 · 소 양국에 대한 고려는 심절히 해야만 할 것이다.

미 · 소 두 강국의 군정 하에서 조선의 정치가들과 애국인민들은 건국의 이상과 현실을 절실히 결부시키며 국제경험을 심각하게 연구하여 민족의 완전독립과 인민의 민주정부 수립을 위한 가장 이지적이고 탄력성이 있는 태도가 필요하다. 이때 정확한 정책은 자자손손에게 자유와 행복을 줄 것이고, 그와 반대로 착오된 정책의 결과는 영원한 원한과 비애를 초래할 것이다.

× × ×

역사의 발전 과정에는 허다한 국가와 민족이 흥하고 망하였다. 20세기 초엽부터 50년대까지 전세계 역사와 인류의 경험은 역사발전의 진리를 증명하고 있다.

제1차 세계대전에서는 러시아 제국주의가 멸망되고, 사회주의 소련이 탄생되었다. 제2차 세계대전에서는 「반소반공」의 추축국 십자군이 소멸되고, 나치 독일, 파쇼 이탈리아, 파쇼군국주의 일본이 패망되었다. 그 반면에 각국의 인민세력, 민주세력은 공전으로 발전되며, 특히 각 해방국가의 민주인민은 각국 정치를 좌우하고 있다. 제2차 세계대전을 통하여 발생한 또 하나의 큰 변화는 사회주의국가 소련과 자본주의국가 미국이 함께 전세계적 범위에서 거대한 영향을 주고 있다는 점이다. 제1차 세계대전 이 끝난 후에는 국제연맹이 건립되었으나, 이번 대전을 통해서는 대서양헌장, 카이로, 테헤란, 모스크바, 크리미아[얄타], 샌프란시스코, 포츠담의 각종 선언과 연합국헌장이 생산되었다.

이들 선언과 헌장은 국제적으로 지고한 이상과 행동의 표준을, 각국 인민의 자유·평등의 기본인권을 존중하는 원칙하에 국제합작, 평화, 진보를 명확히 지적한 것이다. 이 방향과 표준에 순응하는 자는 흥할 것이고, 거스르는 자는 망할 것이다.

× × ×

물론 금일의 모든 국제문제가 다 이 협정에 표현된 것은 아니다. 이것은 오직 각국이 공동으로 동의하며 공동으로 준수할 것을 약속한 일반원칙과 방법에 지나지 않는다. 사실상 각 협정이 이렇게 결정되는 과정에는 국제간 많은 다툼이 있었고, 또 각국 내에서도 의견 대립이 많았던 것이다. 그러나 전시에는 전승을 위하여 서로양보하고 단결하였으나 전쟁이 끝나니 각국 간의 분쟁이 점차 표면화하고 있다.

그러므로 우리는 이들 협정에 표현된 평화시대 일면만을 보고 전적으로 낙관해서는 안 될 것이고, 그 반면에 목하 각국이 충돌하고 있는 일면만을 보고 반드시 전쟁이 또 일어날 것이라고 속단해서도 안 될 것이다. 평화와 충돌, 그 양면의 본질을 파악하며 그의 상호발전을 과학적으로 관찰하는 데서 진상을 정확히 인식할 수 있을 것이다.

해방된 유럽과 원동 각국을 볼 때 각 강국 간에 세력범위 확대의 투쟁이 다시 벌어지고 있으며, 동유럽의 약간의 국가를 제외하고 기타 각 해방국에는 파쇼 잔재세력이 국제간 마찰의 틈을 타 대두하고 있다. 그들은 약간의 반동적 재벌 · 정객과 결탁하여 제3차 세계대전을 부추기며 사멸의 운명에서 탈출하려 하고 있다. 이것은 가장 불행한 경향이다. 평화와 자유와 민주와 진보를 애호하는 사람은 이 경향에 대하여 항구적인 경각과 투쟁이 있어야 할 것이다.

× × ×

트루먼 대통령이 샌프란시스코 연합국회의 폐막에 즈음하여 말한 것과 같이 "연합국헌장은 세계평화와 안전과 인류의 진보를 위한 위대한 기구이다." "만약 우리가 몇 해 전에 이 안전헌장을 가졌다면, 또 그것을 실현할 결심이 있었다면, 이번 전쟁에서 이미 사망한 천만 사람은 죽지 않고 살아있을 것이고, 만약 우리가 금후 이 헌장을 결심하고 사용하지 않으면 현재 살아있는 천만 사람도 앞으로 죽게 될 것이다."

이와 같이 만약 전세계 각국 인민이 공동노력하지 않으면, 특히 금일 세계를 영도하고 있는 미 · 소 · 영 3강국이 상호협조하고 공동노력하지 않는다면, 참혹한 미래전쟁은 방지할 수 없을 것이다.

평화와 전쟁, 조선인민은 양자 중 그 어느 것을 택할 것인가? 더 말할 것 없이 평화의 길을 택해야 할 것이다. 오직 국제적 평화가 유지되고 또 모스크바 삼상회의의 결의에 의한 국내민주주의 건설이 속히 건립되는 데서 조선의 정치상, 경제상, 사회상 혼란과 곤란을 해결할 수 있을 것이고, 따라서 조선인민의 문화적 및 물질적 수준도 세계적 수준으로 급속히 향상시켜 자유 · 민주 · 독립의 부강한 신조선을 건립할 수 있을 것이다.

국제정치는 언제나 현실적이고, 또 오직 현실적 조건에서 구체적으로 해결되는 것이다. 미 · 소 양군이 남북을 나누어 관할하고 있는 금일, 조선인민은 미 · 소 양국 간의 분쟁을 격화시키거나 혹은 미 · 소 양국 어느 일면의 공구가 되어서는 아니 될 것이다. 우리는 민족 자신의 이익을 위하여 또 국제평화와 안전을 위하여, 반드시 이미 공약된 카이로, 포츠담, 모스크바회의 결의에 의하여, 미 · 소 양국 간의 협조를 촉성시키기 위하여 노력해야 할 것이며, 국내의 반민주적 · 반동맹적 요소를 제거해야 할 것이다. 이것이 목하 민족독립에 대한, 또 세계평화와 안전을 위한 조선인민의 불가피한 의무이다.

× × ×

이 책에 옮겨 싣는 각 선언과 헌장은 영문과 중문에서 번역한 것이다. 연합국헌장은 이미 국문으로 번역된 것을 옮겨 싣는 것이다. 편역이 좀 거칠게 된 감이 적지 않다. 독자 제위의 친절한 교정이 있기를 희망합니다. 국제적 자료가 빈약한 조선에서 이 책이 국제문제를 이해하는 데 조그마한 참고라도 우리 인민에게 된다면 역자는 다행으로 생각하는 바이다. 끝으로 이 팸플릿의 출판을 위하여 많은 편의와 힘을 써주신 태평문화출판사 여러분에게 사의를 드립니다.

편역자 씀

1946년 8월 10일

※ 편집자 주 : 앞의 서문을 읽기 쉽게 완전히 한글본으로 바꾼 것임. 최대한 원문 그대로 살리되 표기는 가급적 현행 한글맞춤법에 맞게끔 해놓았으며, 옛말 투이거나 어려운 한자어 표현을 현대어로 바꾸거나 풀어쓴 것도 일부 있음.

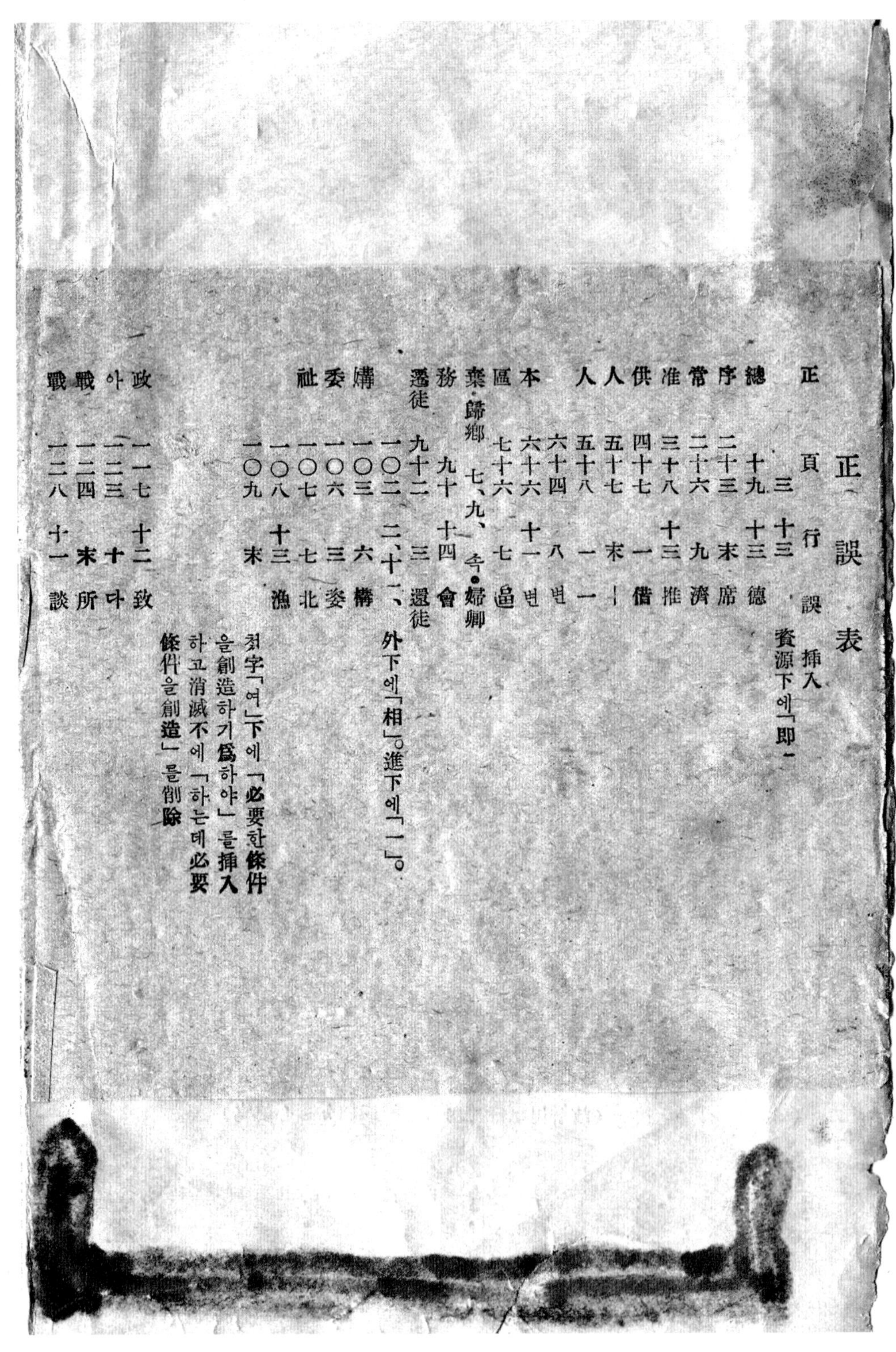

正誤表

頁	行	誤	正
三	十三	挿入	資源下에「即」
十九	十三	德	總
二十三	末	席	序
二十六	九	濟	常
三十八	十三	推	准
四十七	一	借	供
五十七	末	丨	人
五十八	一	一	人
六十四	八	변	
六十六	十一	변	本
七十六	七	邑	區
七、九、		속・婦卿	棄・歸鄉
九十	十四	會	務
九十二	三	還徒	遷徒
一〇二	二、十二、	外下에「相」。進下에「一」。	
一〇三	六	構	媾
一〇六	三	委	委
一〇七	七	北	社
一〇八	十三	漁	
一〇九	末	첫字「여」下에「必要한條件을創造하기爲하야」를挿入 하고消滅不에「하는데必要條件을創造」를削除	
一一七	十二	致	政
一二三	十	다	아
一二四	末	所	戰
一二八	十一	談	戰

序

이微弱한 팜푸렛트를 八、一五解放一週年紀念讀物로 提供하려한다 이冊은第二次世界大戰發生以來 盟國領袖들의重要한 會議의決議文과 故루-즈벨트 스타-린 처-칠三氏의 重要演說을收集하야編譯한것이다

이冊의 全內容은 盟國이 第二次世界大戰의勝利를爲하야 또戰後政治上 經濟上 國際相互間複雜한 諸般問題를 善處하기爲하야規定한것이며 또한 未來의持久한 平和와安全의保障을爲하야 各國이 共同遵守함을 約束한 原則과方法이다

이冊은 全世界反파기스트 民主國家와 民主人民이 戰勝을 爭取한바의經驗과未來世界에對한希望과要求를 指摘한것이다

이冊에 譯載된 宣言과憲章은 朝鮮이正確한進路를 確定하는데必要한資料가되며 또朝鮮問題를 處理하는데 一種의經驗이될것을믿는다

盟國領袖들이 共認하고 主張하는 自由와民主는 自由人이되고民主人의生活을하려는 우리朝鮮사람에게 眞正한自由와民主의槪念을줄것이다

× × ×

(1)

(2)

日本帝國主義의 獨占的統治下에서 오랫동안 全世界와孤立되였든 우리朝鮮은八一五解放의날을 맞이하면서부터 世界上地位를 얻게되여 앞으로國際의一員으로서 世界各國과相處하고 共同活動할機會를가지게되였다

이번大戰을通하야 世界各國은 大小를勿論하고 互相緊密히 聯結되여 世界의未來의安全과平和는 不可離한關係를가지게되였다 特히朝鮮 波蘭 伊太利 奧地利等各國은 國際强國間複雜한關係下에서 解放되였다 그러므로 우리가 朝鮮의政治經濟 安全 文化等그어느問題를 생각할때나 또그것을處理할때는 언제나 國際라는 觀念을 떠날수없을것이다 더구나 朝鮮을 直接解放하여준 美 蘇兩國에對한考慮는 深切히하여야할것이다

美蘇兩强國軍政下에 朝鮮政治家들과 愛國人民들은 建國에理想과現實을 절實히결付시키며 國際經驗을 深刻하게硏究하야 民族의完全獨立과 人民의民主政府樹立을爲한 가장理智的이고 彈力性이있는態度가必要하다 此時에 正確한政策은 子々孫々에게 自由와幸福을줄것이고 그와反對로 錯誤된政策의결과는 永遠한怨恨과悲哀를 齎來할것이다

× × ×

歷史의發展過程에는 許多한國家와民族이 興亡하였다 二十世紀初葉부터 五十年代까지의全世界歷史와人類의經驗은 歷史發展의眞理를證明하고있다

第一次世界大戰에는 俄羅斯帝國主義가滅亡되고 社會主義쏘聯이誕生되였다第二次世界大戰에는「反蘇反共」의樞軸國十字軍이消滅되고 나치스獨逸 파시스伊太리 파시스軍國主義日本이敗亡되였다그反面에 各國의人民의勢力 民主의勢力은空前으로發展되며 特히各解放國家의民主人民은 各國政治를左右하고있다 第二次世界大戰을通하야發生된또한큰變化는 社會主義國家쏘聯과資本主義國家美國과같이 全世界的範圍에巨大한影響을 주고있는것이다 第一次世계大戰이결속된後에는 國際聯盟이建立되였으나 이번大戰을 通하야서는 大西洋憲章 카이로 테헤란 모스코바 크리미아 산프란시스코 포스담의各種宣言과聯合國憲章이產생되였다

이宣言과憲章은 國際上至高한理想과行動의標準을 各國人民의自由 平等의基本人權을尊重하는原則下에 國際合作 平和 進步을明確히指摘한것이다 이方向과標準에順應하는者는 興할것이고 逆하는者는 亡할것이다

× × ×

勿論今日의모든國際問題가 다이協定에表現된것은안이다 이것은 오직各國이共同

(4)

同意하며 共同遵守할것을約속한 一般原則과方法에지나지않은다 事實上各協定이 이러케決定되는 過程에는 國際間많은紛岐가있었고 또各國內에서도 意見대立이많었던것이다 그러나作戰期內에는 戰勝을爲하야 互相讓步하고團결하였으나 作戰이 결속된後 各國間에 紛爭은漸次表面化하고있다

그러므로 우리는 此協定에表現된平和世紀一面만을보고 全的으로樂觀하여도안될것이고 그反面에 目下各國間에衝突되고있는 一面만을보고 반다시戰爭이또이러날것이라고 速斷하하여서도안될것이다 平和와衝突 그兩面의本質을把握하며 그의相互發展을 科學的으로觀察하는데서 眞相을正確히認識할수있을것이다

解放된歐洲와遠東各國을볼때 各强國間에 勢力範圍의擴大의투쟁이再起되고있으며 東歐에若干國家를除外하고 其他各解放國에는 파시스殘재세力이國際間 摩擦에틈을타서 擡頭되고있으며 그들은若干의反動的財벌政客과결託하야 第三次世界大戰을一煽動하며 死滅의運命에서 脫出하려하고있다 이것은가장不幸한傾向이다 平和와自由와民主와進步를愛護하는 자람은 이傾向에대하야 恒久한警覺과鬪爭이있어야할것이다

× × ×

투루만大統領이 산푸란신스코 聯合國會議閉幕에際하야 말한것과같히「聯合國憲章은 世界平和와安全과人類의 進步을爲한 偉大한機構이다」

「萬若우리가 몇해前에 이安全憲章을 가지엿다면 또그것을 實現할決心이있었다면 이번戰爭에서 이미死亡한 千萬사람은 죽지안코 사라있을것이고 萬若우리가 今後이 憲章을 決心하고使用하지안으면 現在사라있는 千萬사람도앞으로죽게될것이다」

이와같히 萬若全世界各國人民이 共同努力하지안으면 特히 今日世界를領導하고있는 美 蘇 英三强國이 互相協調하고 共同努力하지안는다면 慘酷한 未來戰爭은 防止할수없을것이다

平和와戰爭 朝鮮人民은兩者之中 그어느것을 擇할것인가 더말할것없이 平和의길을擇하여야할것이다 오직國際的平和가繼持되고 또모스코바三相會議의決議에依한國內民主主義建設이 速히建立되는데서 朝鮮의政治上 經濟上 社會上混亂과困難을解決할수있을것이고 따라서 朝鮮人民의文化的物質的水準도 世界的水準으로 急速向上시키여서 自由民主獨立의 富强한新朝鮮을 建立할수있을것이다

國際政治는 언제나現實的이고 또오직 現實的條件에서具体的으로解決되는것이다

美ソ兩軍이南北을分管하고있는今日 朝鮮人民은美ソ兩國間에紛爭을激化시키거나 或은 美ソ兩國어느一面의工具가되여서는않이될것이다 우리는民族自身의 利益을爲하야 또國際平和와安全을爲하야 반다시이미公約된 카이로 포스담모스코바會議의決議에依하야 美ソ兩國間의協助를促成시키기爲하야 努力하여야할것이며 國內의反民主反盟國의要素를除去하여야할것이다 이것이 目下朝鮮人民이 民族獨立에대하야또世계平和와 安全을爲한 不可避的義務이다

× × ×

이冊에 譯載된各宣言과憲章은 英文과中文에서飜譯한것이다 聯合國憲章은이미國文으로 飜譯된것을 轉載한것이다 編譯에있어서 粗率히된感이적지안다 讀者諸位의親절한校正이있기를希望합니다國際的資料가貧弱한 朝鮮에서 이冊으로서 國際問題를理解하는데 조고만한 參考라도 우리人民에게된다면 譯者는多幸으로생각하는바이다 끝으로 이팜푸렛트의出版을 爲하야 많은便宜과힘을써주신 太平文化出版社諸位에게 謝意를드립니다

一九四六年八月一〇日

編譯者自序

루-스벨트 故美大統領

스타-린 蘇委員長

처칠 前英首相

애트리 英首相

트루만 美大統領

蔣介石主席

第二次世界大戰「文献」

目 錄

序

(1)

(1)

大西洋憲章 (一九四一年八月一四日)

아메리카 合衆國大統領과 聯合王國首相 처ー칠氏와會合하야 兩國國策中 몇가지 共同한原則 그것이世界의 比較的良好한 未來에對한 希望의基礎가 될수있다고보는 바를 聯合宣布한다

第一 兩國은 領土或은 其他의擴大를 要求하지않은다

第二 兩國은 關係있는人民의 自由表示로된 願望이안이고는 領土變更이없을것을 希望한다

第三 兩國은 一切國家의人民이 自己가依據하야 生存할政府의 形式을 選擇할權利를 尊重한다 同시에 主權과 自治權이 强制的으로 剝奪되고있는 各國人民은 그것을恢復하는것을 希望한다

第四 兩國은現存한 責任과義務를 尊重할뿐아이라 앞으로 더우努力하야 一切國家는 大小와또 勝利者와被征服者를 不問하고貿易과世界原料에關하야 凡經濟上繁榮에 必要한것은 다 平等條件으로取得하도록할것

第五 兩國은 一切國家의 로工標準을 改善하고 經濟進步와 社會安全을 爲하야

一切國家間에 經濟上 가장圓滿한 合作이 있기를希望한다

第六 나치스暴徒가 最後로消滅될時 兩國은 平和가 建立되는것을 希望한다 그리하야 그것이 一切國家가 다 自己의 國境內에서 安居할 方法이되며 同時에 一切土地上一切人民은 恐怖와貧困을 免하는 自由中에서 生活할것을保證할것

第七 이러한平和는 一切人民이 公海와 大洋을 아무防疑없이 旅行할수잇게할것

第八 兩國政府가 밋는바는 一切國家의人民는 現實主義或精神上 理由를 不問하고 武力의 使用을 放棄할것

萬若 國境以外에서 侵略으로서他人을 威협하는者와或은 侵略으로서 他人을威협할可能性아이잇는國家가陸海空軍의 軍備를 維持한다면 未來平和는維持되지못할것이다 그럼으로 兩國이밋는바는 廣汎하고 永久的인 安全体制가 建立되기爲하야 이러한國家의 軍備해除는 至極히必要한것이다 兩國政府는 軍備를粉碎함으로서 平和를愛護하는 人民의負擔을減少할수잇는 其他實施할可能잇는 一切施措을 贊助하고 鼓勵할것이다

푸랑크링 루―쯔벨트

윈스돈 처―칠

聯合國宣言

二十六個國協定(一九四二年一月二日)

아메리가合衆國 大英聯合王國 쏘비엣트社會主義共和國聯盟 中國 오스토라리아 白耳其 카나다 규바 코스다리가 첵크스라브 두메니가共和國 살왓트 希臘 콰더마라 하이지 공드라스 印度 루크센부르그 和蘭 뉴―지렌드 니가라와 놀왜 이 파나마 波蘭 南아푸리가 南스라브의聯合宣言

本宣言에署名한國家에政府는

아메리가 合衆國大統領과 大英聯合王國首相이 一九四一年八月十四日 所謂大西洋憲章 中에具体的으로 表示된宗旨와原則인 共同綱領을 贊同한다 同시에 生命自由 獨立 宗敎 自由를爲하야 또 自國領土內와他國領土內에人權과 正義를 保護하기爲하야 徹底히戰勝하는것은 至極히 必要한것이라고 認定한다

同時에 各署名國은 目下全世界를 征服하라는 野蠻徵暴한武力에對抗하야 共同奮鬪를하고있다

左와갈이宣言한다

(3)

一 各國政府는 三國協約及加入國內 自政府가作戰하는者는 全部資源軍事上或經濟

上을使用할것을擔保할것

二 各國政府는 本宣言署名國政府와合作하며 敵과單獨으로 休戰或和平條約에關한것을 規定할수없음 目下或將次 히트러主義를 戰勝하는 鬪爭에物資援助와 共他各種貢獻이잇는國家는 모다 上述宣言에加入함을得함

(一九四二年一月一日)

(註) 一九四二年一月一日부터加入한者 멕키시코 菲律賓 에치오피아

一九四三年에加入者 이라크 뿌라질 보리비아 이란

一九四四年에加入者 코론비아 리비아

一九四五年에加入者 佛蘭西

페루 는 一九四三年二月에 大西洋憲章의 原則을 贊成한다고 表示하엿으나 크리미아會議에聯合國宣言에加入하엿다

카이로會議宣言 (一九四三年一二月一日)

루-즈벨트大統領 蔣介石委員長 처-칠首相은 各其國家의軍事外交顧問들과 같이 北非에서 會議를 完了하였다

此에下列聲明書를 發表한다

若干軍事使節들은 今後對日作戰計劃에關하야 意見이一致되였다 三大盟國은 野蠻한敵에게對하야 陸海空軍으로서 不斷한壓力을 加할決心을表명하며 이壓力은이미强大하게 增强되고있다 三大盟國이 今次對日作戰을進行하는目的은 日本의侵略을制止하며 懲罰하는데있다

三國은 決코自國을爲하야 利益을要求하거나 또는 領土擴大의 意思를 가지고잇는것은안이다

三國의目的은 日本이一九一四年第一次世界大戰以後 太平洋에서奪取하여가고或은占領한 一切島嶼를 日本으로서부터 奪還하야 中國으로부터盜取한 一切中國領土滿洲 臺灣 澎湖群島를 中華民國에게返還하매있다 또日本이 暴力과 慾心으로서取得한一切地域에서 日本을 驅逐할것이다

(5)

(6)

前述한 三大盟國은 朝鮮人民이밧고잇는 奴隷的待遇를 改慮하야 朝鮮은 相當
時期後 (IN DUE COURSE) 에 自由와獨立이될것을決定한다

以上各目標를 達成시키기爲하야 또對日作戰하는 其他聯合國의目標와 調合하기
爲하야 三盟國은 日本이 無條件投降할때까지 嚴重하고 또長期的인 戰爭을 堅
決히 進行할것이다

(1)

모스코바 四國宣言

(一九四三年一〇月三〇日)

아메리가 合衆國政府 聯合王國政府 及中國政府는 一九四二年一月一日聯合國宣言及其後에 各種宣言에依하야 各其目下作戰하고잇는 軸心國家에 對하야 作戰을 繼續할것이며 各國이無條件投降하는 條件下에武器를 放棄할때까처 徹底히 作戰할것을共同決心한다 四國은 本國人民과 盟國人民을 侵略의威협에서 해放시키는 責任을 完成하여야될것을 自覺하는바이다

戰爭에서부터 平和로過渡하는것을 迅速히 또秩序있게하며 國際平和와 安全을 建立維持하야 全世界人的 또 經濟的資源이極少部分 軍備에使用되여야한다

四國은 聯合宣言을 發表한다

一 그들은 各各 共敵을 對하야 作戰할때 約束한 一致行動을 遂行하기爲하야 또平和와 안全을 組織하고 維持하기爲하야 繼續努力할것

二 그들中共同한 敵과 作戰하는 者는共敵의投降 武裝해除게 關한一절事項에對하야반다시 共同行動을 取할것

三 그들은 敵이 投降條件을 違反하는것을 防止하기爲하야 必要로認定하는 一

(8)

절方策을 採取할것

四 그들은 國際平和와 안全을 維持하기爲하야 可及的最短期日內에一般的國際組織을 建立하여야할必要를認定한다 平和를 愛護하는 國家는 主權平等의原則에 依하야 大小를 不問하고 이國際組織의會員이됨을 得할것이다

五 國際平和와 안全을維持하는目的으로 法律과秩序가 再建되기前 또 普遍的安全体制가創立되기前에際하야 그들은 互相協議할것이며 또必要時에는 기他聯合國家와協同하야 各國家를代表하야 共同行動을 取하게할것이다

六 戰爭結束後 그들은 本宣言中에各項目的을 實現시키기爲한것과 또共同히協議한것을除한外에 他國領土內에서武力을 使用하지안을것

七 그들은 戰後軍備의統制에關하야 實行할可能잇는 一般協定을 作成하기爲하야 互相或은 聯合國中기他國家와協議하며 合作할것

모로토푸

흘

이ㅣ든

傳秉常

一九四三年十月三十日

모스코바會議公報

(三國外相會議 一九四三年一〇月三〇日)

아메리가 合衆國國務卿흘 聯合王國外相이―든 及 쏘聯人民外交委員長 모로토후는一九四三年十月十九日부터 三十日까지 모스코바에서 會議를擧行하엿다 共十一次會議를 擧行하엿는데 三國外相以外에 會議에參加한者는 다음과같다

一 아메리가合衆國方面 駐쏘大使하리만 더―안少將 하이크와서及專家

二 聯合王國方面 駐쏘大使칼 스트랑 이스마이中將及專家

三 쏘聯方面 보로시로푸 元帥 비스신커 리토비노푸兩副人民外交委員長副人民委員會貿易委員長세크에푸 參謀部官員그리스로푸少將 人民外交委員高級官員세크신及專家

此會議에서 討論한事項은 三國政府가提出한一절問題이다 其中반다시最後決定을하여야될 若干問題는 이미決定하였다 또若干問題는 討論後原則上決定만하야 特히此問題를 爲하야設입된 各種委員會에게 委任하야 詳細하게 研究하기로하며 或은 外交途徑을 通하야 해決하기로하엿다

또若干은 意見을交換하고말엇다 米國聯合王國及쏘聯三國政府는 共同戰爭을爲하

(9)

(10)

야努力하는 一절事項에關하야 本來密절히合作하는中이나 今次 三國外相이처음으로 한자리에서 會議하게되엿다

此會議中 가장重要한것은 獨逸及그의附屬國에對한戰爭을 短縮하는데採取할方策에關한것을 率直하게詳細하게 討論한데잇다

同時에 三國參謀部를代表하는 軍事顧問이會議에 參加하야 군事行動에關한計劃을 절實히討論하엿다 此點에關하야 이미決定한바잇으며 三國間에 最密절한 군事合作의基礎를準備하는中이다

그다음 重要한것은 三國政府가 本國의利益을爲하야 또平和를愛護하는 一절國家의利益을爲하야 目下戰爭遂行中 密절히合作할協力한그것을 對敵군事行動이停止된後期間에서도 더욱繼續할必要를 認定한다 오직 이렇게함으로서 비로소 平和를維持할수가잇고 또人民의政治上 經濟上 社會上에 福利를 增進시킬수있다고認定한다

이러한 信念을 此宣言中에表示한다 中國政부는 會議時에此宣言에加入하여 三國外相과 中國駐모스코바大使는 各各自己政부를代表하야 宣言에署名하엿다 此宣言中을 今日發表하며 作戰遂行에關한것과 目下四個國이作戰하고있 는敵의投降과

武裝解除에關한것을 一層더密接히協力할것을規定하엿다 同宣言은四個國政부가 一致同意라는廣汎한國際合作과 安全体制의基礎되는 各項原則을 表示하엿다 同時에 自由를 愛護하는 그他一절國家는 大小를 莫論하고 모다 此体制內에 包攝할것을規定하엿다

(歐洲當面問題를處理하는機構伊太利奧國 獨逸의罪惡에關한宣言은略함)

互相信賴하고 理해하는것은 今次會議全部工作에特徵이다 이相互間에 信賴하고 理해하는 態度로 기他若干의重要問題를 檢討하엿다 其中 目下流行되고잇는問題와히틀러 獨逸과其外 附屬國의處理問題와 經濟合作 普遍平和의 保証等諸般問題이다

(米 英 쏘 中 四國의聯合宣言은 달이發表함으로略함)

伊太利에關한 宣言

아메리가合衆國 聯合王國 쏘聯三國外相은 三國政府가 完全同意하는 政策을決定하엿다 卽 盟國의 對伊政策은 반다시 其本原則에 依據할것이다 파시스主義及그의要惡勢力이 產出한 形세를 完全히 消滅하고 伊太利人民에게 民主原則에 基礎한 政治制度와 기他제度를建立하는데一절機會를 賦與할것이다

(12)

米國과 聯合王國外相玆에聲明한다

兩國政府의行動은 伊太利領土를 進攻한後 重要한軍事上 必要가許諾하는 한 모든것을 此政策을基礎로할것

三國政府의 外相은 此種政策을 促成하기爲하야 下列各項重要한것을 實施할것을同意한다

一 伊太利政府는 始終 파시스主義를 反對한 若干部分의伊太利人民의代表를包攝하며 一層더民主化하는것이 必要하다고 認定한다

二 伊太利人民은 言論 宗敎 信仰 政治信仰 出版과 公共集會의自由를 完全히恢復할것 伊太利人民은反파시스政治團体를成立할수잇슴

三 파시스統治下에서作成된 一切制度와組織을 廢止할것

四 一切파시스或 親파시스分子를 行政及一切公共性質의制度와組織에서排除할것

五 파시스統治下의一切政治犯을 석放할것 同時에特赦를施行할것

오스트리아에關한 宣言

聯合王國 쏘聯 아메리가合衆國 三國政府는 히트러의侵略으로 因하야처음으로犧牲된 自由國오스트리아를 獨逸統治下에서 解放할것

三國은 一九三八年三月十五日獨逸의侵略으로서된 오스트리아 의合併으로 完全無效로認定한다 獨逸이 오스트리아를 合併한後 오스트리아에서 施行한 엇던變化에對하여서 든지 三國政府는 그의拘束을밧지안을것이다 三國政府는此에聲明한다 오스트리아國人民을爲하야 또 그와같은 運命에處하여있는 各鄰邦의進路를打開하기爲하야 永久平和의 唯一한基礎인政治上 經濟上의安全을求하기爲하야 自由獨립의 오스트리아가 再建되는것을 希望한다

但我等은 오스트리아를 注意시킨다 오스트리아 는 히트리獨逸便에서 戰爭하였다 그럼으로 避免할수없는 責任이있다 最後로淸算할時 오스트리아가解放에貢獻한것을 반다시 計算할것이다

(14)

데 허 란 宣言

(一九四三年一二月一日)

아메리카合衆國大統領 大英首相 쏘비엣트人民委員會主席은 過去四日동안 우리盟邦 이란國의 首都 데허란에서 會合하야 우리의 共同政策을 作定하고 그것을承認하였다 我等은 我等國家가 戰爭을爲하야 合作할뿐아니라 戰後平和를爲하야共同努力할 決心을 表명한다

作戰問題에關하야 우리의軍事參謀들은 우리의 圓卓會議에參加하야 獨逸의武力을 破滅할計劃을 作成하였다 我等은 將次 東 西 南三方面에서 進行할軍事行動의規模와時間을 作定하였다 그리고 勝利는반다시 우리의것이라는 共同한認識을가지게되엿다

平和問題에關하야 我三盟國間의 協和的精神은 永久平和를促進하는것으로 確認한다 我三國과 一절聯合國은 無上한 責任을가지고 平和를 創造하여야된다고認定하며 이로서 全世界各國人民의 絕大多數의 群衆의好感을 護得할것이며 또今後멧數代동안 戰爭으로因한 災難과 戰爭에對한 恐怖를排除할수있을것이다

우리들의 外交顧問과같이 將來에關한 許多한問題를 檢討하다 一절國家는大

小를莫論하고 其人民은 我三國의人民과같이 마음속에 또 其 머리속에는暴政과奴役을 掃除하고 壓迫者와 不寬大者를 淸算함을 願하여야할것이고 우리는 그들과 積極으로 合作할것이다 그들이 우리民主國의世界家庭으로 오는것을 自願한다면 우리는반다시歡迎할것이다

陸上에서 獨逸을 破滅하는우리陸군과 海上에서 獨逸의潛水艦 擊沉하는 우리의海군과空中에서 그들의 兵공장을被毁하는 이힘(量)을 阻禦할者는 天地之間에는 없을것이다 우리의進攻은 今後더욱 無慈悲할것이고 또有增無減할것이다

我等은 友誼的會議에서 滿腔의信心을가지고 來日을바라본다 그날에는 全世界各國人民은 모다自由生活을할것이고 暴政의 유린과壓迫을 밧지안을것이며 自己의各種願望과良心에依한 生活을할것이다

我等은 히望과 決心을가지고 이곳에왔읏다 우리가 相別하는今日우리는 事實上 또 志趣上힘잇는 동무가되엿다

루—즈벨트

스타—린

처—칠

一九四三年十二月一日테헤란

(16)

이란에關한宣言

아메리가合衆國大統領 쏘비엣트人民委員會主席과 聯合王國首相은 이란 總理와 協議한後 三國政府의 對 이란邦交上 互相同意한點을此에聲명한다

米國政府와 쏘聯政府와 英國政府는 共同한적을對하야 作戰하는데있어서 이란政府가준援助特히 供應品을海外에서 쏘聯으로運輸하는데 많은便利를준것을 承認한다 三國政府는 이란이 戰爭으로因하야當하고있는 經濟困難을認定한다 三國政府는 全世界普遍된 軍事行動이 三國에 要求하는바를考慮하는同時에 運輸原料와 一般人民의消費品이 全世界的으로缺乏되고있는것을 考慮하였다 그들은 이러한考慮下에이란政府에게可能한 經濟的援助를할것을 同意한다

戰後問題에關하야 아메리가合衆國政府 쏘聯政府 聯合王國政府는 이란政府와意見이一致된다 敵에對한行動이結束될時 이란國의經濟問題는 聯合國中 기他會員國의 經濟問題와같이 將次國際經濟問題를 處理하기爲하야 設립되는 各種會議혹은國際機關에서 充分히考慮할것

아메리가合衆國政府 쏘聯政府 聯合王國政府는 이란政府와같이 이란의獨립主權

(17)

과 領土完全을維持할것이 그들은 이란國은 平和를愛護하는 기他國家와갈히 四國
政府가贊同하는 大西洋憲章各原則에依하야 戰後國際平和에 安全과繁榮의建立工作
에 공同參加할것

처ㅣ칠

스타ㅣ린

루ㅣ스벨트

크리미야會議公報 얄타宣言 (一九四五年二月一一日)

지난八日間(一九四五年二月四日―十一日)三同盟强國의領首 大英首相처―칠 아메리가合衆國大統領루―즈벨트 쏘비엣트社會主義共和聯盟人民委員會主席스타―린外相 參謀長과其他顧問을帶同하고 크리미아에서會談하였다

三政府首相以外에또下列人員이參席하였다(略)

아메리가合衆國大統領 쏘비엣트社會主義共和國聯盟人民委員會主席과 大英首相은 크리미아會議의結果를 左와같이聲明하였다

一 獨逸을擊敗할것

我等은 我等三國同盟强國의 共同한敵을 徹底히消滅할 軍事計劃을檢討하고 또 決定하였다 三同盟强國의軍事參謀는 此會議全期間을通하야 每日協商하였다 今次會議는 各方面으로보아서 滿足을주었다 그結果三同盟國의 軍事上合作은 過去보담 一層 더密接하여졌다 同時에 우리는 가장充分한 情報를交換하였다 우리들陸軍 空軍은 東 西 南에서 獨逸의心臟을向하야 强有力한 새攻擊에着手할時間과規模와 및 그의合作에關하야協商하고 完全一致한 意見을獲得하여 벌서그의詳

細한計劃까지 作成하였다

聯合國의軍事計劃은 그計劃이實施될 그때 비로서 一般은알게될것이다 我等이 確信하는바는 三國參謀部가 今次會議를 通하야 親密하게合作한 그友誼關係는반다시 戰爭期間을 短縮할줄안다 三國參謀本部의會議는 今後必要할때 또繼續擧行할것이다

나치스獨逸의敗亡은 旣定한運命이다 獨逸人民이 萬若希望이업는이戰爭을 繼續한다면 그結果는 오직 敗戰의損失을 훨신더크게받을것이다

二 獨逸을占領 管理할것

我等은 獨逸의 武裝抵抗이 完全히崩潰된後 나치스獨逸로하여금 接受하여야될 無條件投降에關한 共同한政策과計劃을 協商하엿다 이러한條件은 獨逸이徹底히敗亡되기前까지 秘密히한다 이미協商된 計劃에依하야 三强國의 武力은 將次獨逸의一區域을 占領할것이다 中央管理委員會는 互相合作하야 管理할것이다 中央管理委員會는 三强國의 最高司令官으로서 組織하며 그德部는 伯林에設置할것이다 萬一佛蘭西가願한다면 三强國은 佛蘭西가 獨逸의 一區域을占領할것을 招請할것이고 佛蘭西은 管理委員會에 參加하야 第四委員이될것이다 佛蘭西가占領할

區域은 四國政府가 政府의代表를通하야 歐洲顧問委員會에서 共同히協定할것이다

我等이 堅持하는目的은 獨逸의軍國主義와 나치스主義를消滅하야서 獨逸이世界平和를 再次攪亂하지못하게하는것을 確保하는데있다 我等은 獨逸의所有武裝을解除하고 그力量을解散할決心을 表示한다 獨逸의 軍國主義를 復活시키기爲하야極力努力한 獨逸參謀本部를 永遠히解散할것獨逸의 所有軍備는 徹底히解除할것軍事生業에 使用되는 一切獨逸工業을 破壞或은 統制할것 獨逸戰爭犯은 迅速히 公正한懲罰을받을것 獨逸이 破壞한同等의 實物賠償을要할것 나치스黨 나치스法律 組織 制度를 共公機關으로부터肅淸하며 獨逸人民의文化生活 經濟生活中에서 나치스軍國主義一切를 消滅할것 獨逸에서 世界未來의平和와 安全을爲하야 必한其他各種施措를採取할것 我等의目的은 獨逸人民을 消滅하는대잇는것은 안이다 오직나치스主義와軍國主義가 完全히淸算될時 獨逸人民은 비로서 適當한生活을할수잇는 希望을 가질것이고 同時에 國際上 一席을獲得할것이다

三 獨逸의賠償

獨逸이 今次戰爭中 同盟國에加한 損害問題를 檢討하였다 獨逸은各種損失을最大限度로 實物로서賠償하여야될것이다 그려기爲하야損害賠償委員會를設置할것이다

同委員會는 戰爭中獨逸이 同盟國에加한 損害를賠償할程度와方法에關한 問題를硏究할것이다 同委員會는 모스코바에서 工作할것

四 聯合國會議

我等은 盟邦과같히 一般國際組織을 可急的速히建立하야 平和와安全을 維持하기로 決定한다 이것으로서 侵略을防止하며 또平和를愛護하는 各國人民이密切히繼續合作하야 政治上 經濟上 社會上 戰爭의原因을 消滅할것이다 이에關하야 돈바—튼橡園會議에서 基礎를 確立하였다 單表決手續만이 協商되지못하였든것이 今次會議에서는 此困難한問題를 解決하였다 一九四五年四月二十五日 아메리가合衆國산푸란시스코에서 聯合國會議를擧行하야 돈바—튼橡園非正式會議에서 建議한 組織에依하야 聯合國憲章을 制定할것을 同意한다

卽時에 中國政府와 佛蘭西臨時政府와協議하야 아메리가合衆國政府 大英政府쏘비엣트社會主義共和國聯盟政府는 共同히此會議를 發起할것이다 表決手續에關한建議全文에對하야 中國과佛國과의協議를完了하면 곳此를公佈할것이다

五 解放된歐洲에關한宣言

我等은 解放된 歐洲에關한宣言을作成하고 此에署名을하였다 此宣言은 三强國

(21)

의政策이 一致할것을規定하였고 또共同한行動을 採取할것을規定하였다 이것으로서 民主原則에依하야 解放된 歐洲의政治 經濟問題를 處理할것이다

左와같이宣言하다 쏘비에트社會主義共和國人民委員會主席 聯合王國首相 아메리가合衆國大統領은其本國人民의利益과 및解放된 歐洲各國人民의共同利益을爲하야 互相協議하였다 我等은 解放된 歐洲가 解放되기前暫時間 三國政府의政策이 一致되여 나치스獨逸統治下에서 解放된各國人民과歐洲前軸心國附屬國人民들을協助하야 民主方法으로스 그들自身의迫切한 諸般政治經濟問題를 解決할것을 共同聲明한다

歐洲秩序의確立 國民經濟生活의再建은 반다시 解放된各國人民이 能히 나치스主義와 파시스主義의 最後形跡을消滅하고 自己가 選擇한民主制度로서 그目的을達成할것이다 이것은 大西洋憲章의原則에 各國人民은 自己가依存하야生活할 그政府의形式을 自由로選擇할 權利가있다 依하야 侵略國의武力으로서 主權과自治를 强奪當한 各國人民으로하여금 그主權과自治의權利를 恢復하게하는것이다

解放된 各國人民이 이러한權利를 行使하게하는條件을 作成하기爲하야 三國政는 解放된國家의人民과 前軸心國附屬國의人民을 共同協助할것이다 이러한 地方에情形은 반다시 다음과같어야될것이다

一 內部에 平和狀態를 確立할것

二 緊急한對策으로 難民을救濟할것

三 臨時政府를成立하야 人民中民主分子의代表를 廣汎히參加시키고 可急的速히自由選擧를 施行하야서 人民의意思에對하야 負責하는 政府를建立할것

四 必要한時 이러한選擧를 促成하도록努力할것

三國政府가 其他聯合國或歐洲의臨時當局及其他政府의直接利益關係있는 問題를檢討할때에 關係國家政府와 互相協議할것이다

三國政府가 歐洲解放國家或前軸心의附屬國의情形이 이러한行動을 採取할必要가있다고 認定할時 三國政府는 此宣言中 列擧한 共同責任을 履行하기에必要한步隊에對하야 共同協議할것

我等은 此宣言우로서 大西洋憲章各原則에對한 信念을 再三聲明하는바이며 또聯合 宣言中에 提起한 保証을 再次約束한다 同時에 我等은 自由를愛護하는其他各國과合作하야 法律約束下에世界秩序를 建立하야서 全人類의平和 安全 自由와 普遍的福利를爲하야 共同努力할決心을 重複하야表示한다

此宣言을 發表하는 이때 三强國은 佛蘭西共和國臨時政府가提出한 程席案을協

議하야 處理할希望을 表示한다

六 波蘭

크리미아會議를 擧行하는我等은 波蘭에對한意見의不一致를 解決할決心을가지고 있다 我等은 此問題와關聯되는 各方問題를 充分히檢討하였다 强盛 自由 獨立 民主의 波蘭이 建立되는것을 希望하는 我等의態度를 再次表示한다 我等이討論한結果 全國的으로團結된 新波蘭臨時政府가 三大强國의承認을 獲得할수있는方式을 成立할條件에 對하야 協議하여同意된것은左와갈다

波蘭은 紅軍의힘으로 完全히解放되여 지금新形勢를産生하였다 波蘭臨時政府는 西部波蘭이解放되기前에建立될수있는 政府보담 一層더廣汎한 基礎우에서 建立되여야할것이다 그럼으로目下 波蘭에서 職權을執行하는 臨時政府는 廣汎한民主基礎에서改組되여 波蘭國內外民主領袖를 參加시켜야될것이다 此新政府는 全人民이團結된 波蘭臨時政府라고할것이다

모로토푸 훌만 칼은 委員會의委員資格으로서 먼저 모스코바에서 現政府委員과 波蘭國內의人民과 其他波蘭民主領袖들과 協議하야 上述方針에依據하야現政府를 改組할것이다 全國團結된 波蘭臨時政府는 普通選擧와 秘密投票方式으로 自

由無拘束인 選擧를 擧行할것을保証할것「所有民主」反나치스政黨은 此選擧에參加할權利와 候選人을、提出할權利가있음

全國團結된 波蘭臨時政府가 上述한 原則에依據하야 成立될時目下 臨時政府와外交關係를建立하고있는 쏘련政府와 聯合王國政府及아메리가合衆國政府는 새로成立된 全國團結된 臨時政府와 外交關係를建立하고 大使를交換하야 各國政府는大使의報告에依하야 波蘭情勢를 把握할것이다

三國政府首相은 波蘭東部國境이 칼손線에依據하되 若干區域에는 五英哩乃至八英哩超出할것을 承認하며 同時에北便과西便에서 領土上若干의利益이있을것을承認한다 波蘭의領土利益의範圍에關하야 適當한時機에 全國團結된 新波蘭臨時政府의意見을 徵取할것이다 舊波蘭西部國境의最後決定은 平和會議에서解決될것이다

七 南스라브

我等은 티토元帥와 스바스키博士 兩者間에協定을 卽時實施하는 同時에 그協定에依據하야 新政府를 建立하는것을建議한다

新政府가成立된後에는 如左한聲明을 가는것을建議한다

一 反파시스民族解放委員會를擴大하야 敵과合作하지않은것 南스라브最後一回國會議

員을容納할것 이것으로서 臨時國會라고稱할수있는 團体를成立할것

二 反나치스民族解放會議에서 通過된 立法案은 憲法會議에提出하야 許認을 要할것

其他빨간問題에關하야 一般的檢討를하였다

八 外相會議

會議全期間內에 各政府首相과外相이 每日協議한外에 또三國外相은 그들의顧問들과같이 달이會議를擧行하였다 이러한會議는 無比한價値가있는것을承認한다 此會議에서 永久的機構를 設置하야 三國外相이 經常的으로 協議하기에 同意하였다 여기에依하야 必要할時 經濟的으로 會議를 擧行한다 大概三、四個月에一次식 開會할것이다 此會議는輪流로 三國首都에서 擧行하되 第一次會議는 聯合國의世界保安組織會議後 런던 에서 擧行할것이다

九 戰爭을爲하야 團結한것과같이 平和를爲하야團結할것

我等은 크리미아會議에서 共同決心을 다시宣言한다 卽 은今後平和時期에도이번戰爭中에 聯合國이 可能하고 또確定的인勝利에對한야 信念上 行動上 一致團結한 그團結을더욱加强할것이다 我等은 이것이 各國政府와本國人民과 또全世界

諸國人民에 對한神聖한義務이라고 認定한다

오직 我等三國間과 또는 自由를愛護하는 其他諸國間에合作과 理解가繼續되고 또增加되여야만 人類의 最上의崇高한 志願 安定된持久的平和를 實現할수있을것이다 大西洋憲章의 말을引用한다면 「一切土地上의一切人民은 恐怖와貧困을免하는自由中에서 生活하는것을 保障할것이다」

이번 戰爭中에서 獲得한勝利와 및建議한國際組織의建立은 全歷史上 가장偉大한機會를 提供하고있음으로今後는 平和에必要한條件을 創造하여야될것이다

처-칠

루-즈벨트

스타-린

一九四五、二、二、

(23)

포쓰담宣言

(一九四五年七月二六日)

트루맨大統領 처ㅣ칠首相 스타ㅣ린人民委員會主席은 伯林郊外포쓰담에서 投降한獨逸의處理와 歐洲諸般問題와 對日戰爭遂行問題等東亞各問題를 討議하기爲하야 一九四五年七月十七日부터 會議를 擧行하였는데 同二十六日 트루맨大統領 처ㅣ칠首相 蔣介石主席은 日本에對하야 無條件投降을 要求하는 三國共同宣言을 發表하였다 宣言文은如左함

一 我等아메리가合衆國大統領 中華民國主席과 聯合王國首相은 我等의數億國民을代表하야 協議한結果 日本에게戰爭을 終結시킬 機會를주기로意見이一致되였다

二 아메리가合衆國 聯合王國과 中華民國의 巨大한陸海空軍은 벌서數倍가增强되며 西方에서부터調動하여온陸軍과空軍은 日本에게最後의 打擊을加할것이다 그들은 一切聯合國의支持와鼓勵를받어 日本이抵抗을停止할때까지 同國에對한 戰爭을徹底히進行할것이다

三 全世界의自由의 힘에對하야 獨逸의無益하고 또無意味한抵抗의結果는 日本國民에게 極히명白한선例로 提示되였다 나치스를對抗할때 不得已 全獨逸人民의

土地 產業과生活方式은 完全히破壞하였다 現在日本을對抗하야 集結되고있는軍力은 그것보다 推測할수없는程度로 强有力하다 我等의 軍力이我等의決心에依하야 全部使用될時 日本軍隊의完全한 破滅은 不可避的일것이며 同時에 日本本土도亦是完全히 破滅될것이다

四 日本이 不정確한打算에依하야 日本帝國을滅亡지境에 빠지게한軍人에게繼으로 統治되는가 或은 理智의길을밟을것인가 此를決定할時機는 到來하였다

五 我等의條件는다음과 같다 我等은此條件을 變更할수도없고 다른 方式도없고 또遲延되는것을 容認할수도없다

六 日本人民을 欺瞞하며錯誤的으로 領導하여 全世界를 征服하려는 過誤를犯케한權力과勢力이 永久히 排除되여야될것이다 軍國主義의責任者가 世界에서 驅逐되지않은限 平和와 完全과 정義의 新秩序가成立될수없음을 認定하는바이다

七 이와같은 新秩序가建立되고 日本의戰爭遂行能力이完全히 粉碎되기前까지聯盟國이指定한 日本領土는 我等이此에指示한 基本目的을 達成하기爲하야 占領될것이다

八 카이로宣言에條件은 履行될것이며 日本의主權은 本州 北海道 九州 四國과

我等이 決定한諸小島에 制限될것이다

九 日本軍隊는 完全히武裝解除된後 各自의 家庭에歸還하야 平和的이고또生產的인生活을할수있도록機會를 줄것이다

一〇 我等은 日本民族을奴隷化하거나 또그의國家를 滅亡시킬意思는없다 我等의俘虜를 虐待한者를 包含한 一切戰爭犯罪者을 嚴重히處罰할것이다 日本政府는日本人民의 民主主義的傾向과 復活强化에對한 一切障礙를 排除할것이며 言論宗敎 思想의自由와 基本的人權을 尊重하여야할것이다

一一 日本이 經濟를維持하는데必要하고 또實物賠償을하는데 必要한 工業機關을 保留하며容認한다 但作戰을爲하야 再軍備設置에可能있는 一切產業은此限에不在함 此目的을爲한 原料의護得「但又의支配와는區別할것」을許可하며 또日本은將來에世界貿易關係에 參加함을 承認한다

一二 上述目的이達成되고 또日本人民의自由意思에依하야 平和的傾向을갖인 責任있는 政府가樹立되면 盟國占領軍은 日本에서부터 撤退할것이다

一三 我等은 日本政府가 곳全日本軍隊의無條件投降을 宣言하고 또그行動에對한日本政府의誠意를보이기爲한 適切하고 充分한 保證을 提供하기를 日本政府에게

(31)

通知한다

이宣言以外에 日本이 選擇할바는 오직 迅速하고 도完全한 破滅뿐일것이다

(32)

聯合國憲章

序 文

우리聯合國人民은 우리生中에서 두번發生된 人類의慘酷한戰爭을 後世에다시이러나지안토록決心하며人間의尊嚴과價値를 尊重하며 男女와大小各國의 平等에依한基本的人權을保証하며 이에適當한條件을 創造하야 條約或은其他國際法에根源하야發生되는 正義와義務를 維持하게할것이며 自由롭게 社會의增進과 民生의水準을提高하는데힘쓰며 아울너 이目的을達成하기爲하야 彼此寬容에힘쓰고 彼此善鄰之道로서 和睦相處하며 力量을集中하야 國際平和 安全을 維持하며 共同利益이안이고는 武力을 使用하지않은 原則과機構을 建立하며 또各國人民의 經濟上社會上發展을 圖謀하는 國際機構를 建立하야 同心合力으로서 이目的을 完成할것이다 마침네 우리各國政府는 산푸란시스코 에 代表를 派遣하야 現聯合國憲章을制定하며 聯合國이라는 國際機關을 創設하였다

第一章 主旨及原則

第一條 聯合國의主旨는國際平和及安全의維持와그目的의達成에 有效한集体辦法을採擇

하야 平和에對한 威脅을防止除去하고侵略行爲 또는 其他平和의破壞를制止하는同時에 正義及國際法의原則에依하야 平和를破壞할만한 國際紛爭과情勢를調整또는解決함

二 人民의平等權利及自決原則에依하야 國際間友好關係를發展시키며 其他適當한辦法을 採擇하야 普遍的平和를增强함

三 國際間의 經濟問題社會文化及人類福利에關한 國際問題를國際間合作하야 解決하여또人類全體의人權과 種族과性別言語와宗敎를區別하지안고 國權과基本自由等을增進하며尊重할것

四 各國行動의中心이될 協調機構를結成하야 上述한共同目的을達成케함

第二條 第一條所述의各宗旨를 實現하기爲하야 本組織及其加入國 은應當下記原則을遵行할事

一 聯合國은 各加入國의主權平等을原則으로함

二 各加入國은 마당히 善意를가지고 本憲章에依하야 負擔된義務를履行할事 그리하야 全加入國은本組織에加入함으로서 權益의發生을保障함

三 各加入國은 應當平和的方法으로서 國際紛爭을解決하고 國際平和와安全 危

險을免케함

四 各加入國은 其國際關係에있서 加入國家의領土或은 政治獨主權에對하야 威협과武力使用을禁하며 또其他 聯合國宗旨에符合치안는 一切行動을禁함

五 各加入國은 聯合國이本憲章에基한行動을取하는데對한 協助에努力하며 어는國家에對하야서든지 行動拘束防止或은强要할때 各加入國은 當國 에對하야 協助하지안흠

六 本組織은 國際平和及安全을維持함에 必要한 範圍內에서 非聯合國加入國도 上述原則을遵行할것을保障함

七 本憲章은 聯合國의承認이없이는本質上 어느國家內管轄事件에도 干涉치못하며 또會員國이同項事件을 本憲章에依하처안코는 解決을提請하지못함

但此項原則은第七章內執行轉法適用을妨礙치안흠

第二章 會 員

第三條 前番「산푸란시스코」聯合國組織회議에參加하엿고 一九四二年一月一日 聯合國宣言에署名한國家로本憲章에署名名하는同時에 憲章第百十條規定에依하야미리 부准한者가모다 聯合國의創始加入國이된다

第四條 一 平和를愛護하는國家로서 本憲章所載의義務를受諾하고 本組織에서 確實하고 또眞心으로項義務를履行할수있고또 願하는者는 聯合國加入國이될수있다

二 上述한國家을聯合國加入國으로假定하고 總會에서 安全保障理事會의 推薦을經由하야 決議實行함

第五條 停權 聯合國加入國으로하야금 安全保障理事會를 經由하야採取 또는防止行動을 執行할수있슴 總會는 安全保障理事會의건議을經由하야 其加入國의 權利又特權의行使를停止식힘 此項의權利及特權의行使는 安全보障理事會에서 恢復식힐수있슴

第六條 聯合國加入國中屢次本憲章의 所載原則을 違犯하는者는 大會에서 安全보障理事會의 견議를거처本組織으로부터 除名할수있슴 슴

第三章 機 關

第七條 一 聯合國의主要機構를 下記와如히設置함 總會(大會 安全보障理事會 經濟社會理事會 信託理事會 國際法廷及秘書局

二 聯合國은本憲章에依하야 必要하다고 認定하는 補助機關을 設立할수있슴

第八條 男女 聯合國은 男女平等한條件下에 其主要及補助機構에 均衡的으로 如何한職務에라도 任命하여 制限은加하지못함

第四章 總 會(大會)

第九條 組織 一 總會는聯合國加入國으로組織함

二 各加入國이 總會에代表를보내되 五人을超過할수업슴

第十條 職權 總會는本憲章範圍內에서 如何한問題 如何한事項이든지 討論하며 本憲章所定의 如何한機關의職權에關하여서도 討論한다 또第十二條에規定한 條項을除한外에 聯合國加入國 或은安全보障理事會에向하야 또는兩者에向하야 同時에各問題와事件을 건議提出할수있다

第十一條 一 總會는 國際平和를維持하며 安全보障의 合作이普通原則과 軍縮及軍備를包括한管制의原則에關하야 考慮하며 聯合國加入國 或은安全보障理事會에向하야 또는 兩者에向하야 同時에該項原則의건議를 提出한다

二 總회는 聯合國의如何한加入國 或은安全보障理事회 或은非聯合國加入國에서 第三十五條第二項의規定에依하야 總회에向하야 제出한 國際平和及安全보障에關한問題도 討論한다 또第十二條規定을除한外加入國 或은安全保障理事회 혹

은兩者에서 提出한 各項問題에對하야 論議하며 모ㅡ든行物所要의 各該問題의對하야 總會에서 對論前보論後 安全보障理事會에제交함

三 總會는 國際平和及安全보障을 危殆케하는 情세에對하야는 安全保障理사會에게出하야 注意를喚起함

四 本條所載의總會權力은 第十條範圍에依遵함

第十二條 一 當安全保障理事會는 如何한紛爭事件 또는情勢에對하야서도 맏당히 本憲章에附與한 職務에依하야 執行하며 總會는安全保障理事會請求를 經由하지 안코는 該紛爭事件 各은情勢에對하야 如何한建議도 提出하지못함

二 秘書長은 安全保障理事會의 同意를어더 어느總會에든지 參與應需하며 安全장理事會가事件 을處理하는中에 國際平和及安全을爲한事件은 모다總會에通하려 安全보障理事會가 該項事件을 停止處理하는時에도 역시 即刻總會에通知하며 總會閉會期엔 聯合國加入國에通知함

第十三條 一 總會는 不斷히硏究하야 建議作成함

가 政治上의 國際合作을 促進하는同時에 國際法의逐次發展과 編纂을제唱함

나 經濟 社會 文化 敎育及衛生等 各部門의國際合作을 促進하고 種族 性別

言語 또는宗教에 分別없이 全人類의人權及基本自由의 實現을助成함

二 大會는 本條第一項 나 條所載事項에實任及職權에關하야는 第九章及第十章中에規定함

第十四條 總會는 國際間共公福利 또는友好關係를 妨害한다고認定하는 한情세에對하여서는 其起原의如何를不問하고 包括的으로 本憲章所載聯合國의 宗旨原則이違反으로불허 惹起된情세로 認證하고 平和調整辨法에 建議함但第十二條規定에 違反되지안는限度로함

第十五條 一 總會는安全보障理事會에서보내온 常年及特別報告를 接收審査함 또該項報告는 安全보障理事會가 國際平和及安全維持에對하야 決定된事實 또는採行할辨法을 陳述揭載함

二 總會는 應當聯合國其他機關으로불허 送致된 報告를接收審査함

第十六條 總會는 應當第十二章及第十三章에서附與된 國際信託管理制度의 職務를執行함은 勿論이고 非戰略防備區信託管理協定에關하야도 包括的비推함

第十七條 一 大會는 應當本組織의 豫算을審査함

二 本組織의經費는 총會分派에依하야 各加入國이負擔함

三 總會는 第五十二條에指定한 各種專門機關에서 規定한財政及豫算辦法에비추워 審査하고 또該項專門機關의行政豫算을 審査하야 關係機關에向하야 建議提出함

第十八條 投票 一 總會에서 一加入國은 當然히一個의 投票權을가지고있다

二 總會에서 重要問題를 決議할時는 總會에參席 또는投票하는 加入國의三分之二의 多數로決定함 此項問題는 國際平和及安全보障維持에關한建議 安全보障理事會 非常任理事國의選擧 經濟社會理事會 理事國選擧新加入國의 聯合國加入에對한 비准及許可 加入國權利及特權의停止 加入國의除名 信託管理制度施行에 關한 問題豫算問題에이르기까지 모다包括함

三 其他問題決議에關하야는 어떤種類의 事項이든지 包括的으로 三分之二의多數로써 決定할것이다 會議에參加한投票權을가진 加入國의過半數로도 決定한다

第十九條 本組織의 財政款項에對하야선 不參加한加入國의 其支拂치안흔會費가前兩年에 納入한會費額數와 對等한時는 總會에서 投票權을 喪失하고總會가不參加한原因이 確實히 該加入國으로하여금 不可抗力으로由因한 情形으로認할時는 該加入國으로하야금 投票를許可함

第二十條 總會는 每年반드시 常會를開催하다 또必要할때는 特別會議를 開催하나 特別會議는 秘書長이 安全보障理事會를經由하야 聯合國加入國의 過半數로召集請求가잇슬時에 召集開催함

第二十一條 總會는 맛당히 其議事規則을 스스로制定하고 總會는 會議마다 議長을選擧함

第二十二條 總會職務를行事하기에 必要하다고 認定하는 補助機關을設置함

第五章 安全보障理事會組織

第二十三條 一 安全보障理事會는 聯合國十一加入國으로써 組織하되 中國 佛蘭西 蘇聯 英國 美國은安全보障理事會常任理事會國이되며總會는이五個國外의 總會加入國及聯合國에서 安全보障理事會非常任理事國은 선擧하되 선擧時는 맛당히 聯合國加入國으로하야금 國際平和安全을 維持하며 本組織과 其他各宗旨上의 貢獻이잇도록 充分斟酌하는同時에 地域上公平히 分配되도록 充分斟酌할것

二 安全보障理事會非常任理事國任期는 二年으로함 但第一次로 非常任理사國선擧時엔 其中三者의任期는 一年으로함 任期滿了한理사國을 即時再선할수없음

三 安全보장理사會에 各理사國은 代表一人式派遣함

第二十四條 一 聯合國行動의 迅速의有効適切을 보障하기爲하야 各加入國은 國際平和及安全을維持할主要責任을 安全보障理事會에 委任하는同時에 安全보障理事會가 此項責任下의 職務履行時는 各加入國을 代表하는데 同意한다

二 安全보障理事會가 此項職務를 履行할時에는 맏당히 聯合國의宗旨及原則에 遵照하며 또此項職務履行을爲하야선 安全보장理事會에 特定權力을 授與하되 本憲章第六條 第七章 第八章及第十二章內에規定함

三 安全보장理事會는 每年定例報告를하며 必要에따라선 特別히總會에제送하야 審査케함

第二十五條 聯合國加入國은 憲章規定에依하야 安全보장理事會의 決議를履行함

第二十六條 安全보장理事會는 國際平和及安全의건立及維持를 促進하기爲하야 世界人力經濟資源의 消耗와軍備減少에 盡力하며 第四十條所指의 軍事參謀團의協助를바더 責任잇는具體方策을 研究作成하야 聯合國加入國에제示하야 軍備管理制度를건立함

第二十七條 投票 一· 安全보장理事會는 各理事國의 一個의投票權을 所有한다

二 安全보장理事會는 議事事項에關한 決議는七理事國의 可決票로써 表決함

三 安全보장理事會는 其他一切事項결議에對하야 七理事國의 可결票와 全體常任理事會의 同意票를 包括하야表결함 但第六章第二十三條第三項內 各事項에對하야 결議할배는 紛爭當事國은 投票할수없다

第二十八條 보장 一 安全보장理事會의組織은 恒常繼續하야 不斷한努力과 職務行使로써 要件을삼고 이目的을爲하야 安全보장理事會의 各理事國은 本組織事務所에 代表를 常駐식힘

二 安全보장理事會는 定期會議를 거行하고 各理事國은 必要하다고 認定할때는 政府大官혹은 其他特任의 代表를 派遣出席케함

三 本組織種務所以外에 安全보장理事會는 其工作最能便利하다고 認定하는地點에서會談을거行할수잇다

第二十九條 安全보장理事會 其職務行事에必要하다고 認定하는 補助機關을 設立할수있음

第三十條 安全보장理事會는 應當其議事規則을 스스로制定하며 主席推進方法도包括制定할것

第三十一條 安全보장理事會에 제出한問題가 非安全이사國인聯合國 또는 其他加

入國의 利益에特別한 關係가있슬때는 該加入國은 討論에參加한다 但投票權은
無함

第三十二條 安全보장理사會의 이사國이못되는 聯合國加入國 또는 非聯合國加入
國이라도 安全保障이사회가考慮中의 紛爭자件에 當사國이된者는 應當招請을받
더參加하야 該項紛爭사端討論에 參加할것이다 但投票權은無함 安全보장理사會
는 맏당히 規定에依하야 公平하다고 認定하는條件으로 應對하며 非聯合國加
入國의 國家參加에便케함

第六章 紛爭의平和解결

第三十三條 一 如何한紛爭의 當사國이든지 紛爭이繼續存在하야 國際平和及安全
及維持를 危殆케할時는 于先談判調査 調停和解 公判司法解결等順序로 解결에
努力하고 區域機關이나 區域辦法利用 또는各當該國이 스스로선擇할 平和方法
等으로 解결를求得케함

二 安全보장理사會가 必要하다고 認定할때는 應當各當사國을 促請하야 此條
方法으로써 其紛爭을解결함

第三十四條 安全보障理事會는 어떠한紛爭이든지 또는國際磨擦이나 紛爭을惹起한

만한 情세가繼續存在하야 國際平和及安全維持를 危殆케할만한사件이라고 斷定되는 사件을調査한다

第三十五條 一聯合國의 如何한加入國이든시 第三一四條에指定한 性質의粉爭 혹는情세가 생겻다면은 安全보장理사會 又는 총會에提請하야 注意를 喚起할수있다

二 非聯合加入國이어면粉爭當사國이될時는 該粉爭에對한 本憲章에規定한 平和解결義務를 接受식힌後 該項粉爭을聲明하고 총會혹은 安全보장理사會에 注意를 提請할수있다

三 총會는 本條에依하야 注의를招請된 사항의 進行에關하야 第十一條及第十二條의規定을遵守함

第三十六條 一 第三十三條에 指定한性質의粉爭 혹은相似한情勢에屬한것은 安全보장理사會가 如何한階級이있엇든지 適當한手續 혹은調整方法으로 건議할수있다

二 安全보장이사會가粉爭國당局에對한 粉爭解결을爲하야 먼저採擇한手續을거처 充分考慮에應함

三 安全보장이사會가 本條依準하야 건議를作成할때는 法律에性質를 其有한紛爭인가를 注의硏究하야 原則上에있어 當사國이이解한後 國際法院規約規定에依하야 國際法院에提訴함

第三十七條 一 第三十三條에 指示한性質에屬한 紛爭은 當사國의 萬若該條에指示한方法에依하야 解결케못할時는 宜當該항紛爭을 安全보장이사會에 提訴할것

二 安全보장이사會가 該항紛爭이 繼續存在하야 사實上에잇서 國際平和及安全維持를危殆한다고 認定할時는 應當第三十六條에採擇한行動 혹은건議 또는其他適當하다고 認定하는 解결條件으로 可否를결定함

第三十八條 一 紛爭當사國의 請求가있을때는 安全보장이사會가 各當사國에向하야 건議를作成식혀 紛爭의 平和解결를求함

但第三十三條를더히 第七十七條까지 規定을 妨害치않안때에限함

第七章 平和의威협平和의破壞와侵略行爲에

第三十九條 安全보장이사會는 엇던것이든지 平和의威협 平和의破壞 혹侵略行爲의是否存在를 斷行함에應하고 또第四十一條及第四十二條規定의 辦法에依한 건議作成과 摘發에應하야써 國際平和와安全國을維持 又는 恢復케함

第四十條 情센의惡化를 防止키爲하야 安全이사會는 第三十九條의 規定에依하야 건議를作成하거나辨法을 결定하기前에 關係當사國이 安全보장이사會의 認定하는바 必要혹은 合宜한臨時辨法을 遵行키를促請함을得하고 此항臨時辨法은 關係當사國의權利要請 又는 그立場을妨礙치아기함 安全이사會는 此항臨時辨法을 遵行치안는 情세에對하야는 適當한주이를與함

第四十一條 안전보장이사회는 武力을採用할以外의 辨법을결증하야 기결議를 實施하게되면 련合국회員국에게 此항辨법의執行을 促請함을得함 此항辨법은 經濟關係 鐵道 海運 航空郵편 電信 無線電信及기他交통工구의局部的 혹은 전部의停止로붙허 親交關係의斷絕에及함

第四十二條 안전보장아사회가 제四十一조의규定한바 辨법이不足하거나 不足이證명됨을 經驗하였다고 認定할時는 국際平和의 안全을維持 혹은 恢復키爲하야 必要한空海군의行動을 採用함을得함 此항行動은 련合국회員국의 空海陸군의示威 封鎖 그他군사行動을 包괄함을得함

第四十三條 一 련合국各회員국이 국際平和급안全을維持함에 貢獻할바를 求함에 對하야 안전보장이사회가 發令을擔任대에는 特別協定에依하야 국際平和와 안

(47)

전을維持하는데 必要한군隊의 協助와편利를借給하되 국境통過權까지 包含함

二 此항特別協定은 군隊의數目種類며 그準備程度급一般駐屯地點과 편利를供與하며·協助의性質等에이르기까지 규定함을要함

三 此항特別協定는 안전보장이사회의 主動에依하야 迅速議결함 此항協定은 안전보장이사회와 회員국間에 혹은 안전보장이사회와 수個회員국의集體에締結함 그리고署名국은 각현법上手續에依하야 차를비准함

第四十四條 안전보장이사회가 武力使用을결증하는時는 안전보장이사회員국이 第四十三條에依하야 군隊를供給함으로써 其義務의履行을 要求하기前에 該회員국의請求를經하야 그代表派遣의 要請에應하야 안전보장이사회가 그군사部隊의使用에關한 결議에參加케함

第四十五條 련合국이緊急군사措법을 採用케할趣旨로 회員국은 그本국空군部隊를 국際共同執行行動을爲하야隨시供給調遣에應함 此항部隊의實力과 밋準備程度와 그共同行동의計劃은 안전보장이사회가 군사參謀團의協助를어더 第四十三條의指示한바 特別協증範圍內에서 이를결증함

第四十六條 武力使用의計劃은 안전보장이사회가 군사參謀團의協助로 이를결증함

第四十七條 一 玆에군사參모團을 設立하야…… 안전보장이사회가 국際平和와 안전을維持할 군사需要問題와該회의支配하는 군隊使用급統率問題에對한바와 군備의관制 및可能한限의 군縮問題에편宜를주며 該회에向하야 意見을貢獻하며 따라서 協助를하게함

二 군사參모團은 안전이사회 各常任이사국의參모총長이나 그他代表로組織하되 련合국의 없던회員국이 該團에常任代表者를 가지지못한나라로 該團의責任履行의 效率上該국이 그工作에參加를必要로할시는 該국의邀請으로 參加에應함

三 국사參모團은 안전보장이사회의 權力下에 該회支配하는 어느군隊에對해서 戰略上指揮責任을負하고 該항군隊의 統率問題에관해서는 以後處리키로함

四 군사參모團은 안전이사회의 授權과區域內關聯잇는 機關과商議를經하야 區域分團을 設立함을得함

第四十八條 一 안전보장이사회가 국際平和급안전을 維持키爲하야 必要한行동의 결議을 執行함은 聯合국全體회員국 或若干의회員국으로 擔任케하되 一절안全보障이사會의 決증에依함

二 此항決議는 聯合국會員團이直接行동과 會員이加入한 국際機關에 關련잇는

經하야 履行함

第四十九條 련合국會員국은 안全보장이사會의결정한바 辦법을執行하는데 통力合作과 彼此協助에應함

第五十條 안全보장이사會가 어떤국家에對하야 防止或執行辦법을 採用할시는 或他국家는 련合국會員국이되고 안니됨을 勿論하고 此항辦법의執行으로因하야 생기는特殊經濟問題에 逢着하면 안全보장이사會로더부터 此항問題의해결을爲한 會의權을有함

第五十一條 련合국會員국의 어떤국家가 武力攻擊을바들시는 안全보장이사會가 국際平和급안全을維持할必要辦법을 採用하기前에있어서는 本헌장은 單獨혹集團으로 自衛의自然權利를 行使함을禁止함을不得함 會員국이 차항自衛權을 行使케되여採用한辦법은 안全보장의사會에對하야 報告를要함 此항辦法은 安全보장理事會가 本憲章에依據하야 國際平和나 安全을維持 혹恢復함에必要하다고 認증하는行動의權責을 隨時採用하는데 엇던方面이고 影響을不得함

第八章 區域辦法

第五十二條 一 本憲憲은 區域辦法이나 區域關係의排除를 認함을不得함 이것은

國際平和와 安全을維持하는데 區域行動이 適宜한事件에關하야 應用될 但此항辨法으로 엇던機關이나 其正作이 聯合國宗旨及原則에 符合되는때에限함

二 此항辨法을 締結하거나 혹此항機關을設立할 聯合國會員國은 地方爭端으로 安全보장理事會에交付되기前에는 該항區域辨法에依하거나 혹은 該항區域機關에依해서 極力平和解決을 圖할것임

三 安全보장理事會는 區域辨法依하거나 혹은 區域機關에依하야 地方爭端의 平和解결을求하면 關係國의 主動에係由햇거나 혹은 安全보장理事會의 제交에依햇거나를 不問하고 其發展을鼓勵함

四 本條는 絕對로 第三十四條及第三十五條의 適用을 妨害치아니함

第五十三條 一 安全보장理事會는 그職權內의 執行行動에對해서 適當한情세下에어서 此항區역辨法이나 혹區역機關의利用에應하나 安全보장理事會의 授권이無하면 區역辨法이나 혹區역機關에依하야 엇던執行行動을 채用함을得함 但第百七條規증에依하거나 本條第二항所記의 엇던敵國에關한手續이나 혹區역辨法內에서取한바 此等國家가 다시其侵略政策을取함을 防備할手續에있어서는 本組織이 各關係國政府의 請求를經하야 此等國家의 再次侵略에對하야 防止責任을

負擔함에 止한것은 此항에 不在함

二 本條第一항所稱의 敵國이라함은 第二次世界大戰中 本憲章을爲하야 署名한 國家의 敵國을指稱함

第五十四條 國際平和와安全은 維持할趣旨에關하야 區역辨法이나 혹區역機關에依하야 이미行動을取했거나 혹考慮中에있거나 何時를勿論하고 安全保장理사會에向하야 充分報告함을要함

第九章 國際經濟及社會合作

第五十五條 國際間에人民의 平等權利와 自決原則을 尊重함으로써 平和友好關係에根據하야 必要한安全及福利條件의趣意를造成함을 聯合國은促進할것

가 生活程度를높이고 全民衆의就業과 經濟와 社會進展을圖함

나 國際間經濟 社會 衛生과 此에關한問題의解결 國際間文化及敎育의合作

다 人類全體의人權과 基本自由의 普遍遵守와尊重 種族과性別言語와 宗敎의差別이無함

第五十六條 各會員國이 本組織과 合作하야 共同及個別行動을取함을 充하야써 第五十五條所載의 宗旨를達成함

第五十七條 一 各國政府間協定에依하야 成立한 各種專門機關은 其組織의鈞定한 規定에依하야 經濟 社會 文化 敎育과 其他關係있는 部門의擴大한 國際責任을負擔할者는 第六十三條規定에依하야 聯合國으로부터 關係를發生함

二 上述한聯合國과 關係를發生한 各種專門機關은 以下專門機關이라略稱함

第五十八條 本組織은 건議를作成하야 各專門機關의 政策과 工作을調整함

第五十九條 本組織은 適당한情세에應하야 各關係國間에 談判을發動하야 第五十五條規定의 宗旨을 達成키爲하야 必要한 新專門機關을創設함

第六十條 本章所載本組織의職務인 責任을履行함은 總會及總會權力下의 經濟及社會理사會로서 이目的을爲하야 該理사會는 第十章所載의 權力을有함

第十章 經濟及社會理事會

第六十一條 組織 一 經濟及社會理사會는 總會에서選出한 聯合國十八會員國으를組織함

二 本條第二항의 規定을除外하고는 經濟及社會理사會는 每年六個의 理사國을선擧하고 滿期된 理사國은 再선할수있음

三 經濟及社會理사會는 第一次선擧에는 十八個理사國을선擧하되 其中六個國은

任期一年이요 他六個國은 任期二年으로하되 全혀總會에서定한 辦法에依함

四 經濟及社會理사國은 各各代表一人을 派送함

職 權

第六十二條 一 經濟及社會理사會는 國際問題에關한 經濟 社會 文化 敎育 衛生及其他關係되는 사항의硏究와 報告를作成發動함을得하고 總會나 聯合國會員國이나 關係專門機關에對하야 此種사항에關한 건議案을 제出함을得함

二 本理사會는 人類全體의 人類及基本自由의尊重과 維持趣旨를爲하야 건議案의作成을得함

三 本이사會는 其職權範圍內의 사항에關한 協約草案을作成하야 總會에 제出함을得함

四 本이사會는 聯合國所定의 規定에依하야 本이사會職務範圍內사항의 國際會議를 召集함을得함

第六十三條 一 經濟及社會이사會는 第五十七條의指定하바이던 專門機關과의 協定作成 專門機關과聯合國間發生되는 關係條件을明定함 該항協定은 總會의調査許可를經함

二 本이사會는 各種專門機關의工作을 調整키爲하야 此種機關으로부터 會商을 하고 議案을제出하며 總會及聯合國會員國에對하야 건議함을得함

第六十四條 一 經濟及社會及이사會는 適당한手續으로 專門機關의平常報告를 取得함을得함

二 本이사會는 聯合國會員國 專關機關으로부터 本이사會의건議와 總會의本이사會職權範圍內의 사항의건議를 實施하는데對한 辨法은手續을밟버 商定하며 報告를取得함

三 本이사會는 此항報告에對한 이見을 總會에제出함을得함

第六十五條 經濟及社會이사會는 安全이사會에向하야 情報를供給하며 安全이사會의 邀請에依하야 協助를給與함

第六十六條 一 經濟及社會이사會는 其職權範圍內에서 총會건議를 執行하는 職務를履行함

二 총會의許可를經하야 本이사會는 其服務에供키爲하야 聯合國會員國이나 專門機關에 請求함을득함

三 本이사會는 本憲章의 他章에特定한 職務와 총會의授與한 職務를履行함

第六十七條 一 經濟及社會이사會는 한이사國이 一個의投票權을가짐
二 本이사會의결議는 出席及投票이사國의 過半數로써表결함

節 次

第六十八條 經濟及社會이사會는 經濟及社會部門과 人權제唱을目的한 各種委員會를設立하며 職務行使에必要한 其他委員會를 設立함을득함

第六十九條 經제及社會이사會는 聯合國會員國이 本이사會가該國에對하야 特別關係가있는 어면사件의討論에 參加함을聽許함 但投票權은無함

第七 十條 經제及社會이사會는 專門機關의代表로 無投票參加한 本이사及本이사會의設立한 各委員會의討論辨法을 商定함을득하고 本이사會代表로 此항專門關係의 討論에參加케함

第七十一條 經濟及社會이사會는 適당한변法으로써 各種非政府組織이 本이사會職權範圍內의사件에關한 會商에寄與함 此항변法은 國際組織의 商定을하며 適당한情세下에關係 聯合國會員國의 會商을經한後 該國國內組織과 商定을할수있음

第七十二條 一 經제及社會이사會는 其主席推薦의方法을包含한 其議사規則을 自行制定함

(55)

二 經제及社會이사會는 其規則에依하야 必要한會議를擧行함 此항規則은 이사會國過半數의 請求에依하야 會議를 召集할수있는 條目을包含함

第十一章 非自治領土에關한宣言

第七十三條 自治充分히 할수없는 人民에對하야 自治國家전立을爲할 聯合國會員國은 其領土居住民의福利를 至上原則으로함을 承認하고 本憲章이전立한 平和及安全制度下에領土居民의福利를 增進함을 神聖한信託으로함을承認함 此目的을爲하야

가 關係人民의文化를 充分尊重하는데서 政治 經濟 社會及敎育의 進展을保證하고 公平待遇를하고 其를虐待치못함을 보障함

나 各領土와 人民의特殊環境과 進步의段階에對하야 自治를發展시키고 該人民의政治願望에對하야適當한 注意를與하며 其自由政治制度의 逐次發展을助成함

다 國際平和及安全을促進함

라 建設計劃을제唱하야 進步를求하고 各國彼此合作을 奬勵硏究하며 適當한時期와 境遇에는 專門國際團體와合作하야 本條所載의社會 經濟及科學目的의實現을求함

마 安全及憲法의制限을 違反치안는限에있어서 各一員國이負責管理하는 領土內의經濟 社會及敎育形便의統計와 專門性質의情報를 時期를따라 秘書長에遞送하야 參考에供케함 本憲章第十二章及第十三章이規定한바 領土는 此限에不在함

第七十四條 聯合國各會員國은 本章一定의 領土에對하야 本國地方과가치對하고 其政策은반드시 善部의道를標準으로하고 아울러社會 經濟及商業上世界各國의利益과 協助에對하야 充分한注意를與함

第十二 章國際信託管理制度

第七十五條 聯合國은 其權力下에 國際信託管理制度를設立하야 該制度에置한領土는 此後의個別協定에 依하야 管理와監督을함 此項領土는 以下託管領土라略稱함

第七十六條 本憲章第一條所載의 聯合國宗旨에 依據하야 託管制度의基本目的은 下記와如함

가 國際平和와 安全을促進함

나 託管領土居民의政治 經濟 社會及敎育의 進展을增進하며 各領土及 그ㅣ民

의特殊形便과 關係一民의 自유表示의願望에 適合함을 原則으로하고 또各託管協定의 條項에依據하야 自治或은獨立으로 漸次發展하게할것

다 種族 性別 言語或宗敎의相異를 分間치안코 人種全體의人權과 基本自유의尊重을 제唱하고世界人民의 獨立의意識을激發케함

라 社會 經濟及商業上에서 聯合國全體會員國과 其國民의 平等待遇와 各該國民의 司法裁判上의平等待우를保證함 但上述目的達成을 防礙치않오며 또第八十一條의規定에 違反치않음에限함

第七十七條 一 託管制度는 信託管理協定에依하야두는 下記各種類의 領土에適用함

가 現在委任統治下의領土

나 第二次世界大戰의 結果로因하야 將次 敵國으로부터 分離된領土

다 管理責任을진 國家가 自願하야 該制下에둔領土

二 上記種類中 어면種類의領土든지 將次 託管制度下에두는 其條件에關해서規定할바 事項은此後協定함

第七十八條 一 聯合國會員國의 旣得領土로서 託管制度를 適用치안는者와 聯合國會

員國間의關係는 主權과平等을尊重하는 原則에基本함

第七十九條 託管制度下에두는 各個領土의 託管條項과 其改正或修正은 直接 關係各國과 聯合國會員國으로서 委任統治한時에는 委任統治國을包含하야 其調査許可는 第八十三條及第八十五條規定에依함

第八十條 一 第七十七條 第七十九條及第八十一條에依하여 定置한 各領土의託管制度下의 個別託管協定으로 따로議定이有한것을除外하고 또該項協定을 締結하기前에있는것은 本章의規定은 絶對로 엇던方式으로나 엇던國家 或人民의權利를 變更함을不得하며 或聯合國會員國이 個別條約한現有國際約章의 條項도亦同함

二 本條第一項은 第七十七條의 規定에依하야 이것은託管制에있는 委任統治地或은其他領土와의 交涉或은協定을 遷延하는理유로 解釋할수없음

第八十一條 託管協定은 언재나管理領土의條項과 託管領土를 管理하는當局을 指定할것을 包含할것 該項當局을以下부터 管理當局이라 畧稱하는데 一個國이나 數個國或은託管機關自體가 될수도있음

第八十二條 엇던託管協定內에서든지 該項協定의託管領土의一部 或全部를一個國

數個戰略防區로指定함을得함 但該項協定은 第四十三條에依하야約定된 엇떤特別
協定을 妨礙치아니함

第八十三條 一 聯合國은 此項託管協定條項의 調査許可와 其改正或修正을包含한
戰略防區의 各項職務에關하야는 安全理事會를通하야行使함

二 第七十六條의規定한바 基本目的은 各個戰略防區의 人民에適用함

三 安全保障理事會는 託管協定의 規定에違反치안코 또安全의考慮를 防礙치안
는限 託管理事會의協助를利用하야 聯合國託管制度下에 戰略防區內의 政治
經濟 社회及敎育事件에關한 職務를履行함

第八十四條 管理當局은 託管領土가 國際平和及安全을維持하는 그本分義務에對하
야 保證하며 該當局은 此目的을爲하야 託管領土의 志願軍의 便利及協助를利
用함을得하야 該當局이 安全理事國에對하야 負擔한此點의 義務를履行하며 地
方自衛를實行하고 託管領土內의 法律과秩序를維持함

第八十五條 一 此項託管協定條項의 許可及其改正을包含한 一切非戰略防區의 託
管協定에關한 聯合國의職務 總會에서 이를行使함

二 託管理사會는 總會의權力下에서總會가 上述의職務를 履行함을協助함

第十三條 託管理事會

組 織

第八十六條 一 託管리사會는 下記聯合國會員國으로組織함

가 託管領土를 管리하는會員國家

나 第二十三條에 列名한國家로 託管領土管리者가아닌會員國家

다 託管리사會리사의 總數로하여금 聯合國會員國中 管리領土者와 不管리者間에 平均配置를하기爲하야 總會는 任期三年으로 選擧된其他會員國家

二 託管리사會의 各리사國은 一人特別資格을가진 人員을派送하야써 代表로함

職 權

第八十七條 總會와 其權力下에있는 託管理事회의 職務履行件은

가 管理當局所送의報告를審査

나 管理當局을회同하야 請願書의接受와審査

다 管理當局의 商定時間을주며 時期를따라 各託管領土를視察함

라 託管協定의 條항에依하야 上述한바와 其他行動을取하는것

第八十八條 記管理事會은 各託管領土居民의 政治 經濟 社회及敎育進展問題에關

하야 總회職權範圍內에서 議定하며 各託管領土管理當局은 該항問題에根據하야
總회에向하야 經常報告를提出함

投 票

第八十九條 一 託管理事회는 各理事國이 一個의投票權을有함

二 託管理事회의決議는 出席及投票理事國의 過半數로表결함

節 次

第九十條 一 託管理事회는 主席推選의 方法을包含한 그議事規則을 自行制定
함

二 託管理事회는 其所定한規則에依하야 必要한회議를擧行함 此항規則은 該회
理事國過半數의 請求에應하야 회議를召集할수있는 規定에關한것을包含함

第九十一條 託管리事會는 適當한時期에는 經濟及社會리사會의 協助를利用하여
各關係사항에對하야 專門機關의協助를利用함

第十四章 國 際 法 庭

第九十二條 國際法庭을 職合國의主要司法機關으로하야 所定된規約에依하야 其職
務를執行함 該항規約은 國際常設法정의規約으로써 根據로하고 아울러本憲章의

構成部分으로함

第九十三條 一 聯合國各會員國은 國際法정規約의當然한 당사國이됨

二 聯合國會員國이아닌 國家가 國際法정規約의 당사國이되는條件은 安全리사會의 建議를經하야 總會各別情形을따라 결定함

第九十四條 一 聯合國各個會員國이 엇던案件의 당사國이된者는 國際法정의判결을 遵行할것을承認함

二 一方이法院判결에依하야 負責한義務를 履行치안을時는 他方은 安全리사會에向하야 申訴함을得함 安全리사會가 此에對하야 必要를認定할時는 辦法을採用할建議 혹결定을作成하야 判결을執行함을得함

第九十五條 本憲章은 聯合國會員國이 現在혹以後에 締結할協定에依하야 其爭端을 其他法정解결에付함을 禁止함을不得함

第九十六條 總會혹安全保장리사會는 엇던法律問題에對하야 國際法정의發展과 의見諮詢을 請함을得함

第十五章 秘 書 處

第九十七條 秘書處에는 秘書長一人과 本組織에必要한 辦사人員若干人을置함

(63)

秘書長은 安全保장리사회의 推薦을經하야 總회로부터委派함 秘書長은 本組織의行政의首長이됨

第九十八條 秘書長은총회 安全保장리사회 經濟及社會리사회의 一切회議에있어서 秘書長資格으로써 職務를行使하며 該機關의付託한바 其他職務의執行에應함 秘書長은 총회에向하야 本組織工作에關한 平常報告를提送함

第九十九條 秘書長은 엇던사件이 國際平和와安全을 威협하기可能하다고 認할時는 安全保장리사會의주의를提請함을得함

第 百 條 一 秘書長과 辨사人員이職務를 執行할時는 本組織以外의 엇던政府나 혹其他당局의訓示를請求혹변受함을不得함 秘書長及변사人員은 本組織에대하야 責任을負함

二 聯合國各회員國은 秘書長及변사人員의責任이 國際性이專屬되엿음을 尊重함을 承諾하고 결코其責任履行을影響될 設法을불行함

第百一條 一 변사人員은 총會의定한바 章程에依하야 비書長이委派함

二 適당한변사人員은 長期에亘하야 經濟及社會리사회 託管리사회 또必要時에는 聯合國其他機關에分置함 此항변사人員은 비書處의一部로構成함

三 변사人員의雇用과 其服務條件의결定에는 能率 才幹及忠誠의 最高標準을主要考慮로써要求하고 변사人員을 聘用時에는 可能한範圍內에서 充分히 地역上普遍에주의함

第十六章 雜 項 條 款

第百二條 一 本憲章이 效力을發生한後는聯合國 엇던會員國이든지 그締結한바一切條約과 國際協定은 迅速히 비書處에登記하고 비書處에서 이를公佈함

二 당사國이 本條第一항規定에依하야 條約혹은 國際協定의登記를 行하지안는데대해서는 聯合國의엇던機關이든지 이를引用함을부得함

第百三條 聯合國一員國이 本憲章下에있는義務와 其他엇던國際協定에依해서 負擔된義務와 衝突이生할때는 本憲章下에있는 義務가 優先에處함

第百四條 本組織은 各會員國의領土內에서 其執務를執行하고 其宗旨를達成하는데必要되는 法律行爲의能力을享受함

第百五條 一 本組織은 各會員國의領土內에서 其宗旨를 達成함에必要한 特權及免除를享受함

二 聯合國會員國의代表와 本組織의職員은 [illegible]依[illegible]樣으로 本組織의 職務에 必

되는 特權及免除에關한 獨立行使를享有

三 본條第一항及第二항의施行 細則의趣旨를 所定하기爲하야 총會는建議를作成함을得하고 혹此等目的을爲하야 聯合國會員國에向하야 協約을제議함

第十七章 過渡安全변法

第百六條 安全보장이사會가 第四十二條의規定한 責任履行을 開始함을불득한다고 認定함으로因하야 第四十三條所稱의 特別協定이 아직其效力을 發生하기前에있어서는 一九四三年十月三十日 莫斯科에서調印한 四國宣言의당사國과 佛蘭西는 該宣言第五항의規定에依하야 互相協議하며 또必要한時는聯合國의 其他會員國과도 協議하야써 변組織을代表하야 國際平和와 安全宗旨를 維持키爲한必要한聯合行動을採用함

第百七條 변憲章은 行動責任을負한政府가 第二次世界大戰中에있어서 변憲章에署名한國家의 敵國에對하야 該戰爭으로因하야 혹受權執行하는行動을 採用함을取消나 禁止치아니함

第十八章 修 正

第百八條 변憲章의修正案은 總會會員國의 三分의二의表결을經하되 聯合國會員國

의三分의二와 安全보장理사會全常任이사國을 包含한國家의 各기憲法에依하야비準手續을한後에야 聯合國所有會員國에對하야 効力을發生함

第百九條 一 聯合國會員國이 번憲章을 檢討키爲하여는 總會會員의三分之二의表결을득하고 安全보장이사會의 七이사國의 表결을經하야 期日과場所를確定한後 全體會議를 擧行하여야한다 聯合國各會員國은 全體會議에있어서 各一個의投票權을有함

二 全體會議는憲章의 엇떤改正에對한 건議를三分之二의表결로하되 安全보장이사會의全體常任이사國을包含한 聯合國會員國三分之二가 各기憲法에依하야 부準手續을經한後에야 効力을發生함

三 萬若本憲章이 効力을發生한後 總會가 第十年前에이르키기까지 此항全體會議가 아직거行되지안을時는 全體會議召集을 총會該年會에당하야 議사日程에 제議할수있음 이때는 총會會員國過半數와安全보장이사會七이사國의表결을득하야 此항會議는 即時거行할수있음

第十九章 비准及署名

第百十條 一 本憲章은 署名國家가 各기憲법에依하야 비準手續을함

二 비準書는 北米合衆國政府에 交付存置함 該政府는 每一비準書가到着때마다 各署名國에通知함번組織秘書長이 이미선定된때에는 秘書長에도通知함

三 아메리가合衆國政府가 中華民國 佛蘭西 쏘비엣트社會主義共和國聯邦大少列國及北아일랜드聯合王國외아메리가合衆國과 그他署名國의 過半數의부準書가交付存置됨을通知할때 번헌章은 卽時効力을發生함 北美合衆國政府는 此항交付된 비準議定書에關한 謄번을所有署名國에分送함

四 번헌章서名國으로 번헌章이 効力을發生한後에 비準한者는 그비準書가到着된時부터聯合國創始會員國이됨

第百十一條 本헌章은 아메리가合衆國政府의 文書庫에 이를存置하고 中國 佛蘭西 蘇聯 英國 西班牙文의各同一번을作成함 該國政府는 正式번을가지고 副번은 그他서名國政府에分送함 此聯合國政府의代表로삼가 번헌章에서名하고 信守를明約함

一九四五年六月二十六日

트루만大統領의 對中國政策聲明

(一九四五年十二月十五日)

모든것을 一新하야 未來를 開拓하라는此時에 世界平和와繁榮은 各主權國家가 聯合國組織內에서 集体安全을 圖하는 能力如何에있다고 美國政府는認定한다 强大한 統一的民主中國의 建立은 聯合國組織의成功과 世界平和를爲하야 무엇보담 重要한것으로 確信하는바이다 過去日本과같은 外來의侵略或은 强力的內戰으로因한 混亂과 分裂의中國은 今日과 未來世界에安全과 平和를 破壞하는 潛勢力이 될것이다 美國政府가 遵守하여오든唯一한原則은 各國內事件의處理는 各主權國家의 人民의責任이라는것이다 全世界였던一隅에서 平和가破壞될時 그것이 全世界의平和를 破壞한다는것을 本世紀末에 諸般事件이 證明하는바이다 그럼으로 美國과 聯合國의主要利益을爲하야 中國人民은 平和的協議方針으로 國內의紛爭事를 調停할機會를 失去하여서는안될것이다 美國이가장重要하게 認定할것은

一 中國國民政府及中國共產黨의 軍隊及其他異見을가진武裝部隊는 軍事衝突을停止하고 中國全國을 有効하게統治하는目的을 達成케할것 其中에 日軍의 卽時撤退도包含한다

二 各主要政治分子의代表들은 全國회議에共同參加하야 目前國內粉爭의 早日解決策을圖謀하며 中國統一의解決方策을保成할것이다美國及其他聯合國은 目前中國政府는 中國境內에서唯一한 合法政府로認定한다 그리고 中國國民政府는中國統一의目的을達成하는 適當한機構으로 認定한다 美國及聯合王國은 一九四三年카이로宣言에依하야 또쏘聯은 本年七月에 參加한포쓰담宣言及本年八月에中쏘條約과協定에依하야 모다 中國解放에對한 約束이있다 其中滿洲은中國에返還한다는것이다 上述諸協定은 國民政府와締結된것이다 美國은 中國國民政府와過去戰爭을通하야 건立한 密切한 合作을 繼續하기爲하야 또포쓰담宣言에依하야 日本재力이 中國에留存하는것을 肅清하기爲하야 日本의武裝解除와遣送工作에 一定한任務를負擔할것이다 그럼으로 美國政府는 國民政府를 協助하야 回復區內에日軍의武裝을 解除하고 그들을撤退시켰다 앞으로 이工作은繼續될것이다 美國海軍陸戰隊가 華北에駐屯하고있는것은 이러한理由이다 美國은 目前과將來에있어서 中國國民政府를 承認하며 國際事業方面特히 在中國日本재力을 肅清하는데中國國民政府와 合作할것이다 上述한目標를 達成하기爲하야서는 急速히 軍事衝突이 停止되여야된다는것을 確信하는同時에 美國의支持는中國左右內爭의 干

涉으로發展안이될것을 深信한다 美國은不得已하야 巨大한代價로서 日本이滿洲侵略으로서 破壞한 平和를恢復하였다

日本의在中國재力이 徹底하게淸算되지않은限 또中國의 統一民主 平和的國家가되지안은限 太平洋의平和는 水포로도라가지안으면 혹은 破壞를當할것이다 이것이또한 美海軍이 中國에 殘留하는 原因이다

美國은 目前中國政府가 一黨政府이라는것을안다 萬若에政府가 基礎를擴大하야國內기他政治分子를包含한다면 반다시 中國의統一과 民主改革을 促進시킬수있을것을 믿는바이다 그럼으로 美國政府는 中國國內各主要政治分子의代表가 全國會議를擧行하고 各政治分子를 國民政府에 公平하게 또有効하게 參加할수있는 方법을決定하는것을 極力主張한다 이와같이하자면 中國國父孫中山先生이 國家民主過程중에 臨時施措을 規定한 一黨訓政을 修正하는것이必要하다 自主軍隊의 存在는 例를들면 共產黨軍隊의存在는 중國의政治團結과 背馳되는것이며 實際上중國政治의團結을 實現못하게하는것이다 廣汎한 代議制의政府가 건立할時는 自主의軍隊는 廢止되여야될것이다 그리고 중國경內에 所有武裝部隊는 중國國군을有効하게 編成되여야될것이다 美國政府는 過去一貫하게 民族自決을主張한바와같이

政治團결을 促成하는 詳細한 方법은 중國人民自身들이 制定할것이며 엇던外國政府의干涉은 불當하다고 認定한다

중國은 聯合國에對하야 一種의責任이있다는것을 深信하여야한다 그것은 即領土內에武裝衝突을 停止하여야 할것이라는것이다 그理由는 중國內에 武裝衝突은 全世界의安全과平和를 威협하고있는까닭이다 此種責任은 國民政府와 중國各政治及군人集團이 共同負擔하여야될것이다 중國이上述한 途徑을 平和團결의大路로邁進할때 美國은 一切合理的方법으로 國民政府의 전國事業을 協助할것이다 그리하야 중國의 農業 工業 經濟를 改善하며 군事体制를전立하여 중國이 本國及國際平和秩序를 維持保護하는 그責任을 完成하도록 할것이다

美國은 上述援助를 促進시키기爲하야 중國으로하여금 合理的條件下에 信用貸金現金貸金을 要求하게하여 중國全國經濟体制의發展과 중美貿易의健全한 發展을 圖謀하게할것이다

中國中央政府와中國共產黨과의雙十節會談要記 (一九四五年十月十日)

中國國民政府 蔣主席은 抗戰勝利後에 中國共產黨中央委員會主席毛澤東先生 을招請하야 國家大計를相議하였다 毛主席은八月二十八日 重慶에와서 蔣主席과 數次會談하고 同時에兩方에서 代表를 派出하얐다 政府方面에는 王世杰 張羣張治中 邵力子四先生이고 中共方面에는 周恩來 王若飛兩先生이다 友好的이고平和的인態度로 會談을進行하야 左列結果를 獲得하였다 앞으로互相信賴하고 讓步하는 基礎우에서 討議를 繼續하여 圓滿한 結果를얻을것이다 玆에 會談紀錄의要點을發表한다

一 和平建國의基本方針에關한것

中國抗日戰爭은 이미勝利로結束되고 和平的建國의新段階를 當하며 共同努力하야 和平 民主 團결 統一을基礎로하야 蔣主席領導下에서 長期合作으로 內戰을避免하며 獨立自由富强의 新中國을 건設하야 三民主義를 徹底히 實行할것을共同이認定한다 兩方은 蔣主席이 主張하는 政治民主化 軍隊國家化 黨派의平等合法的存在가 和平건國의 自由途徑이라고認定한다

二 政治民主化問題에關한것

訓政을 迅速히결束하고 憲政을 實施할것을共認하며 爲先必要한步추로 國民政府에서 政治協商회議를召集하고 各黨派代表와 社회名士를 招請하야 國是를協議하며 和平건國方案과 國民大회召集關한것을 討論할것이다 目下兩方에서는 關係各方面과 政治協商회議의人數 組織 及그의職權問題를 協議하는 中이다 兩方은 이協議가끗나면 政治協商회議를 迅速히召集할것이다

三 國民大회에關한것

中共側에서는 國民大회의代表를 再選擧하는것을 提議하며 同時에 國民大회召集日期를延期하며 國民大회組織法 選擧法과 五五憲法草案을修正할것을 提議하였다 政府側에서는 이미選出된國民大회代表가 有効할것이며 人數를合理的으로 增加하며 合法的으로 解決하여야된다는것을 表示하였다 五五憲법草案은 原來 各界의 共同研究에부치여 修正意見을 貢献하었다는바 兩方의意見은 一致되지못하였다 但中共方面에서는 이同題로因하야 團결이分裂되는것을願하지않는다는것을 聲明하였다 同時에 兩方은 此問題를 政治協商회議에 提出하야 解決하기하는데 同意한다

四 人民의自由問題에關한것

政府는 반다시 人民이 一절民主國家의人民이 平時에享受하는 身体 信仰 言論 出版 集회 결社의自由를 享受할것을 보証하며 現行法令은 이原則에依하야 廢止혹은修正할것

五 黨派合法問題에關한것

中國共產黨側은 政府가 國民黨共產黨及그他一절黨派의 平等合법的地位를 承認할것을 提議하였다 政方側은 各黨派가 法律上完全平等하는것이 憲政의 常側인것임으로 即時로 實行할것을 表示하였다

六 特務機關問題에關한것

兩方은 政府는 司법과警察以外機關이 人民을拘禁 審問 處罰하는것을 嚴禁할것을 同意한다

七 政治犯의釋放問題에關한것

中共側은 政府가 漢간以外의 政治犯은 一律釋放할것을 提議하였다 政府側에서는 政府에서 自動으로實施할것을 表示하며 中共이釋放하여야할名單을 提出하는것을 要求하였다

(75)

八 地方自治問題에關한것

兩方은 各地方이 地方自治를 積極을 推進시키며 밑으로부터 울오의普選을實行할것을 同意한다 但政府方面에서는 이것으로因하야 國民大회의召集에 影響이 없기를希望하엿다

九 全國軍隊의整問題關한것

政府는 公平合理한 方법으로서 全國軍隊를 再編成하되 初期的으로實施할計劃을 確立하며 軍道를 다시劃分하며 徵兵과補充制度를 確定하며 軍令을 統一할것 이計劃下에 中國共產黨은 그의領導하는 抗日軍隊를 現在數目에서 二四個師至少로 二十個師로 編成하며 同時에그의領導下에 廣東 浙江 蘇南 皖南 皖중 湖南 湖北 河南 (河北은包含하지안음) 八個地域에 散在되여있는 抗日군隊를 復員에着手할것 同時에上述地域에서 漸次로 撤退할것 整理編成할部隊는 隴海路以北及蘇北 皖北解放區로 集중할것 政府方面에서 表示하기를 全國군隊의再編成計劃은 實施하는중인바 이번에 제出한各項問題가 全般的으로 解決되면 중共黨領導下에 抗日군隊를 二十個師로 縮編할것을 考慮하다고하엿다 駐屯地域問題에關하야 중共黨方面에서 方策을제出하야서 討論決定할것 중共黨側에서는 중

(77)

共及地方군事委員이 군事委員회와 그의各部工作에 參加할것을 제議하였다 또政府는 人事制度를 보障하며 原來部隊의人員을 再編成한後一部隊의 各級將官으로 할것이고 再編成後의官將은 分區訓練을 實施하며 公平合理的인 補給制度를 實施하는同時에 政治敎育을 實施할 計劃을 確定할것을 제議하였다 政府側에서는 제出한 各項에對하야 特別히 問題가없으며 詳細한方법을 討論하고저하는 希望을 表示하였다 중共黨側에서는 解放區의民兵을 一律히 地方自衛隊를 編成할것을 提議하였다 政府側에서는 此에對하야 地方情形과必要性과 可能性을 參酌하야 處理할것을表示하였다 本項에서 提出된 各問題를具體的으로 解決하기爲하야 兩方은 三人小組 군令部·군政部와 第十八集團군에서 各々代表一人員을派하야 를 組織하는데 同意하였다

十 解放區地方政府問題에關한것

중共側에서는政府가 解放區의各級民選政府의 合법的地位를承認할것을 提議하였다 此에對하야 政府側에서는 解放區라는名詞는 日本이 無條件投降한後에는 이미지내간것이다 全國政令은 반다시統一되여야 될것이라고表示하였다 중共產黨側은 現有한十八個解放區情形에依하야 省區와 行政區를 다시劃分할것과 原來 民

選으로된 各級地方政府의名單을 中央 報告하야 그대로 委任함으로서 政府命令을 統一할것을 提議하였다 政府側에서는此에對하야 省區를다시 劃分하는것은 變動이너무큼으로 반다시 全般的으로 計劃하여야 할것임으로 短時間內에 決定할수없다고表示하였다 同時에政府側은 蔣主席이 毛先生에게 表示한바와같이 全國의군令과政令이統一된後 중央은 중共에서 推薦한 行政人選을 考慮하며 收復區內 原任抗戰行政工作人員에對하야 政府는 工作能力과 成績에依하야 繼續的으로地方에服務케할것을생각하니 黨派關係로因하야 差別이없을것을 表示하였다

이에 중共側에서는 第二種의解決方案을제出하였다 即중央은 陝甘寧邊區 熱河 察哈爾 河北 山東 山西五省에서는중共에서 推薦한者를省主席과委員으로 委任할것이며 綏遠 河南 江蘇 安徽 湖北 廣東等以省에서는 중共에서 推薦하는者를 省副主席과委員으로委任할것을제議하였다 以上十一省에는 廣大한解放區혹은 部分的解放區가있는關係이다 그리고 北平 天津 靑島 上海 四特別市에서는 중共에서推薦한자를 副市長으로 東北各省에서는 中共에서 推薦하는者를 行政에參加게할것을 제議하였다

此에關하야數次討論한後 중共側에서는 上述한제안을修改하야 省政府主席과委員

의委任을 要求하는地方을 陝甘寧邊區 熱河察 哈爾 河北 山東四省으로하고 省政府副主席과 委員의委任을要求하는地方을 山西 수遠兩省을하며 北平 天津 青島三市에만副市長을 委任할것을 要求하였다

政府側은 이에對하야 表示하기를 중共이抗戰에特殊功勞가있고 政治上能力이있는 同志를推薦하면政府에서 決定하야任用할것이라고하였다 萬若중共에서 某某를某省主席과委員으로 또某某를 某省副主席과委員으로 推薦한다면 그것은곳군令政令의眞正한統一이안이다 이에 중共은또第二種主張을 放속하고 第三種解決方策을 제議하였다 그것은 解放區各級民선政府가 政治協商會議에서 派한人員의監督下에서 各黨派各界人士가婦卿하야 共同히다시 人民의普선을實施하여 一縣에過半數區향이 民선을實施하였을때 縣級民선을 實行하고 一省혹一行政區內에서 過半數의縣이民선을 實行하였슬때 省級혹行정遍級의民선을 擧行하고 被선된 省區縣級정府를 一律로 중央에報告하여委任케함으로서 정令의統一을求할것을제議하였다 정府側에서는此에對하야 다음과같이表示하였다 省區의人員을 이와같이 委任하는 方式은亦是정令의 統一을圖謀하은것이안이다 但 縣級民선을 委任하는것은 考慮할수있는것이나 省級民선은憲법을 頒布한後 省의地位가確定된

後비로소實施할수있는것임으로 目前에는 오직 中央에서任命한 省정府가各地에가서行정을接受하여 秩序을恢復하는것밖에 없다고하였다 중共側은 第四種解결方안을 다음과같이 제議하였다 各解放區는 暫時現狀을 維持하며 憲결이規定되고民선省級정府가 實施된後에 다시解결하기로하고 目前에는 臨時方법을 規定하야和平的인秩序만 恢復할것이고 同時에 이러한問題는정治協商會議에서提出하야 討論하는것이좋겠다고하였다 政府側은 主張하기를 政令統一은반다시 먼첨實施되여야될것임으로 이러한問題를解決하지않고 오래두면 和平건設에 障礙가될수가있음으로 具体的解決方안을 協議하는것을 希望한다고하였다 이에中共側도 亦是繼續하야協議하는글을同意하얐다

十一 漢奸과 僞군問題에關한것

中共側은 漢奸을徹底히 懲罰하고 僞군을 解散할것을 제出하였다 政府側은이에對하야 原則上別問題가없으나 漢奸處理는 法律에依하야 實行할것이고 僞군을解散하는것도亦是愼重히處理하야 地方治안에 影響이없도록할것이라고 表示하였다

十二 投降接受問題에關한것

中共側은 投降接受區域을 새로획分하야 投降接受工作에 參加할것을 要求하였

따 정府側에서는 表示하기를 이問題는中央命令을 接受한後에 考慮할問題이라고 하였다

政府側 王世杰 張治中

張羣 邵力子

中國共産黨側 周恩來 王若飛

中國政治協商會議의五項決議事項

一九四六年一月三一日

甲 政府改組에關한것

가 國民政府委員에關한것

中國國民黨은國民大會擧行以前에 憲政의實施를準備하기爲하야 國民政府組織法을修正하고國民政府委員會를充實히할것 修正의要点은左와如함

一 國民政府委員을四十人으로함五院長은當然委員으로四十人中에計算함

二 國民政府委員은 國民政府主席이 中國國民黨人과黨外人士로서選任함

三 國民政府委員會는 政府의最高國務機關임

四 國民政府委員會가討議決定할事項은左와如함

1 立法原則

2 施政方針

3 軍政大計

4 財政計획及預算

5 各部長會長官不管部會政務委員에任免과 立法委員及監察委員의任用에關한事宜

6 主席이 交付한 討議事項

7 委員三人以上의 連名으로 提出한 建議事項

五 國民政府主席이 國民政府委員會의 決議에 對하야 執行上困難이 있다고 認定할時는 委員會에 提出하야 覆議함을 得하며 覆議時 五分之三以上委員이 原案을 支持할때 其案는 當然執行될것

六 國民政府委員會의 一般議案은 出席委員의 過半數로 通過함

國民政府委員會에서 토議되는 案件의 性實이 施政綱領의 變更에 關한者는 出席委員三分之二의 通過로 決議할것

某一議案의 性質이 施政綱領의 變更與否에 關한것이 不確할時는 出席委員의 過半數로서 此를 解釋함

七 國民政府委員會는 每二週日一次定期로 開會하고 必要時에는 主席이 臨時會議를 召集함을 得함

나 行政院方面에 關한것

一 行政院各部會長官은 一律히 政務委員임 同時에 不管部會의 政務委員三人至五人을 設置함을 得함

二 行政院不管部會의政務委員及部會長官은各黨派와無黨派人士로서充任될것

다 其 他

一 憲法實施前에 國民參政會의人數의增加其職權의제高에關한것은 政府에서參酌實施할것

二 中央及地方行政機關에人事은黨派를超越하고人才本位로할것

附 註

1 國民政府主席이各黨派人士를國府委員으로選任할時 各黨派는各各名單을제出할것 主席이同意하지안을時에는 各黨派에서다시選擇하야제出할것

2 國民政府主席이無黨派人士를國府委員으로 選任할時에被選人의三分之一이此를反對할時主席은 再次考慮하야다시選任할것

3 國府委員人數의半은 國民黨人員으로充任하고 其餘半數는其他各黨派와社會名士로서充任하되其分配는달이相議함

4 行政院에現有存하고잇는部會와將次新設하는 部會政務委員總員數中七席혹八席은國民黨外人士로서充任할것

5 國民黨以外人士가擔當할部會數目은今後繼續相議할것

乙 施政綱領에關한것

가 和平建國綱領

國民政府는抗日戰爭을結束하였음으로 迅速히和平的건設에着手하여야할것이다 그럼으로此에各黨派代表와社會名士를請하야 政治協商會議를擧行하고 國是를共商하야 最短期內에訓政을결속하고憲政을開始하기爲하야 特히本綱領을制定하야 憲政實施前에있어서施政의準則으로한다 同時에 各黨派人사와社會名사를請하야 政府에參與시키여 國家의需要와人民의要求의依하야 本綱領의實시를爲하야一致努力할것 綱領은左와如함

一 總 則

1 三民主義를건國의最高原則으로함

2 蔣介石主席領導下에 全國力量을一致團결하야 統一自由民主의 新中國을건設할것

3 蔣主席이제唱하는 「政治民主化」「軍隊國家化」及「各黨의平等合法的存在」는和平的건國을完成하는데捷徑으로認定함

4 政治的手段으로서 政治의糾紛을解決함으로서 國家의平和的發展을確保할것

(85)

二 人民의權利

1 人民은 身体思想宗教信仰言論出版集會 結社居住修居通信의自由를亭受함을確
保할것

2 現行法令中 以上原則과違背되는部分은修正혹廢止할것

3 司法과警察以外에 엇던機關혹個人이 人民을檢擧審問處罰함을嚴禁함 此를犯
하는者는懲罰할것 政府에서 이미公佈한 審問法은 迅速히明旨으로서施할것

4 婦女는政治上 社會上 敎育上 經濟上 地位의平等을確保할것

다 政 治

1 當面國家시設은全國各地方 各階層 各職業人民의正當利益을顧慮하여야하고또
그의平衡的發展을보持할것

2 行政効能을增進시키기爲하야 各級行政機關을整理하고 職權을統一劃分하며一
切불必要한機關을取消하야 行政手續을簡單히하고分層負責制度를實行할것

3 健全한文官制度를建立하야職員를보障하고 用人은能力과資力을標準으로하야黨
派와私人關係로서人事登用과兼用과兼[illegible]을嚴禁함

4 司법權의統一과獨立을確보하야 政治의干涉을안이밧게하고 法院人員을充實히

하며 그들의待우와地位를제高하며訴訟手續을簡單하하여監獄을改良할것

5 監察制度를履行하야貪汚를嚴懲하고人民에게自由告發의便宜를줄것

6 地方自治를積極推行하야 다라서부터을노의普選을實行하여最短期內에 省縣市參議會를成立시키고縣長의民選을實行할것

邊강少수民族이있는省縣에서는 各民族의人口比例에依하야 省縣參議院員의人수를作定하고選擧를實行할것

7 自治縣政府는 其管轄區內에國家行政에關하야 中央의監督指導下에서執行할것

8 中央과地方의權限은 均權主義를採用하고 各地는各地에適應되는方策을實施함을得하되 省縣에서頒布하는法令은中央法令과 違背하지못함

라 軍 事

一 군대는國家에屬하고 군人의責任은國家를保衛하며 人民을愛護하는대있음으로군대編制의統一과軍令의統一을確保할것

二 군대建立은 國防의需要에依할것이며 民主政制와國情에依하야군制를改革하며軍黨分立과軍民分治를實行하며 軍事教育을改進하며 裝備를充實히하고 人事經理制度를健全히하야 現代化한國군을建立할것

三 徵兵制度를改善하야 公平하게普通的으로實施하며 一部分募兵制度를保留하되適當히改善하고 高度技術化한裝備군의需要에附合되도록할것

四 全國군대는군대整理計劃에依하야 切實히縮編할것

五 編除及退役官兵의復業及就業을周旋하야 殘廢官兵의生活을保障하며 死亡將士의遺族을救恤할것

六 期日를定하야投降한日군을遣送할것이며 僞군(註倭군下에잇는中國군)의解散과游擊대雜군部대의整理에關하야서는 달이辦法을制定하야迅速히實施할것

마 外 交

一 太西洋憲章 카이로會議宣言 모스코바四國宣言과聯合國憲章을遵守하며 聯合國組織에積極參加하야世界和平을確保할것

二 포쓰담宣言에依據하야 日本의在中國殘餘勢力을肅淸하고 同盟國과같이 日本問題의解法을爲하야共同努力하며 日本파시쓰군國主義勢力의再起를防止하야 東亞의安全을保障할것

三 美蘇英佛及其他各民主國과邦交를親密히하며 條約信義를遵守하여 經濟文化合作과世界의繁榮과進步를爲하야 共同努力할것

(69)

四 平等互惠의原則에依하야 迅速히有關各國과通商條約을締結하며 僑胞의地位을改善할것

바 經濟及財政

一 國父의實業計劃에依하야經濟建設計畫을制定하고 國際資本과技術의合作을歡迎할것

二 第一期의經濟建設原則을徹底히實시하여獨占性企業과 또私人資力으로經營하기不能한것은國營으로하고 其他企業은人民經營으려하는것을 奬勵協助할것 此原則에依하여現行시措을檢討하야 改善할것

三 中國의工業化促進을爲하야 政府는全國經濟會議를限期召集하고 經濟發展에關係된各方面社會人士를請하야 民間意見을聽取하여서政府의政策을決定할것

四 官료資本의發展을防止하고 官吏가其地位와權세를利用하야 投機壟斷事業에從事하는것을嚴禁하며 漏稅走私公金挪用非法으로交通工具使用하는것을禁할것

五 鐵路道路를積極으로 增設或은修理하며 港灣을開設하며 水利及其他工事를與修하며住宅學校及其他公共機關의建築을資助할것

六 減租減息을實行하야田畓小作權을保障하며 交租를보護하고農業貸金을擴大하며高利剝削을嚴禁하여 農民生活을改善하고 土地法을實行하야 耕作土地를가지게할거

(90)

을目的達成키할것

七 荒山에造林을實行하야 水土를보持하며 牧畜을發展시키고 農村의合作組織을整理發展시킬것 農事實驗 研究工作을加强하며 現有의設置及方法을利用하야 蝗虫을消滅하고 人民의生産을扶助할것

八 勞動法을實行하야 勞動條件을改善하며勞動者들의利윤配當制를試行하고 失業工人及殘廢보險事業을辨理하며 童工女工을切實히보護하는同時에 工人學校를廣汎히設立하야工人의文化水準을提高할것

九 迅速히工業法을制定하야 工業經營者로하야금單獨組織을가지게하며 勞資協調精神에依하야 工場管理法에關한法規를檢討하야 改進할것

十 財政은公開할것 預算決算制를實行하야支出의緊縮을圖하며 收支의平衡을보持하며 中央과地方財政을劃分하며 通貨의收縮과貨幣의安定을實行할것 內外公債의募集及其用途를公布하며 人民으로하여금 此를監察케할것

十一 稅制를改革하야 苛損雜稅와非法配當을根絶하고 徵收機關을併合하야 手續을簡單이하고資産과收入의累進稅則을實施할것 國家銀行事會辨法을規定하고施行하야工農事業의發展을扶助할것

十二 逃避한資産과凍結된資産을徵用하야預算의平衡을보持할것

사 敎育及文化

一 學術自由를보障하며 宗敎信仰과政治思想으로因하야 學校行政을干涉치않을것

二 科學硏究를積極奬勵推進하며 藝術創作을鼓勵하야 國家文化의水準을提高할것

三 國民敎育과社會敎育을普及하야 文盲을 積極退治할것 職業敎育을擴充하야 人民의職業能力을增進시키며 師範敎育을充實히하야 國民敎育의敎師를培養하고 民主와科學精神에依據하야 各級學校內容을改革할것

四 國家預算中에 敎育及文化事業의經費의比例를增加하야 各級學校敎師의待遇와養老金을合理的으로제高하고 貧苦한靑年의就學과 昇學을補助하며 科學硏究와文藝創作의奬金을設置할것

五 私立學校와民間文化事業을奬勵하며 其經費를補助할것

六 兒童의보育事業을奬勵援助하고 公共衛生設備를普及하며 國民体育을積極제唱하야國民의健康을增進시킬것

七 戰時新聞出版映畵演劇郵電檢査辦法을廢止하고 出版新聞通信社演劇映畵事業의發展을扶助할것 一切國營新聞機關及文化事業은 모다가全國人民을爲하야服務할것

아 戰後救濟

一 收復區의社會秩序를 迅速히恢復하야 人民이淪陷期內에받은壓迫과痛苦를徹底히解除하고 收復區內物價의暴騰을制止하며 接收人員의貪汚行爲를 嚴格히懲罰할것

二 鐵路道路를 迅速히修復하며 內河沿海航業을恢復하고 戰爭으로因하야遷徙한人民의歸향을協助하며 必要한時는 其들의住屋과職業을解決하야줄것

三 聯合國善後救濟物資를 適切히應用하야戰災民를救濟하고 醫藥을分配하야疾病을防止할것 種子 肥料를供給하야農耕을恢復할것 民意機關과人民團体에서 主管機關을協同하야其工作을推動할것

四 收復區內工場礦山을迅速히整理하며 原有產權을보障하여 繼續開業을하야失業工人으로하야금就職하게하고 同時에 敵產과反역者의財產을合理하게處理하야 後方에서 抗戰에有功한工廠主들노하여금 其經營에參與케할것

五 黃河를迅速히修築하며其外戰爭으로因하야破壞된水利를 修築할것

六 政府는兵役을停止하고 一年間田賦를免收할것을命令하고 各級政府는此를切實히執行하여變相的徵發의行爲를嚴禁할것

자 僑 務

(93)

一 敵의迫害로서 失業한 海外各地에 僑胞를 協助하야 復業케하며 國內에있는 그들의家族을 救濟할것

二 僑胞들의 原居住地에 歸還하는것을協助하며 復業에 便利를줄것

三 海外各地의僑胞들의 教育文化事業을 恢復하고원助하며 僑胞들의 歸國就學하는것을奬勵할것

附　記

一 收復區에서 爭抗이있는 地方政府는 暫時現狀을 維持하고 國民政府改組後에 施政綱領1項 第六 第七 第八 三條規定에依하야 解決할것

二 地方參議會 辯護士會 人民團体代表會와 人民自由保障委員會의 經費는 政府에서補助할것

三 公民宣誓과公務人員試驗에關한것을 民主國家의例에依하야 條正할것

四 行政院에서 設置하는最高經濟委員會는 民間經濟專家와 經驗있는企業家로 委員으로 參加시켜서 共同努力할것

五 政府가 稍積管理하는것을 廢止할것을 건議할것

六 1 抗戰期間揚子江下流에서 後方으로옴겨온 工場이 戰爭結속으로서 工作을

停止하게됨으로 發生한 失業工人을調査하야 政府에서 그들의解散費用을 適當히補助할것

2 戰時에兵工器方面에貢獻이있는 工場에게對하야서는 政府가 그產品을 繼續的으로 收買하며 될수있는데로 그器械까지도살것

七 出版法을修正하야 非常時期新聞紙 雜誌 通信登記管理辨法 收復區內新聞管理法 通信社 雜誌 映畵 放送事業暫定辨法 演劇映畵檢査辨法 郵政檢査辨法을廢止할것 그리고 映畵 演劇 音樂에對한 娛樂稅와 「印花稅」를 減할것

丙 군事問題에關한것

一 건군原則

一 군隊는 國家에屬한것이고군人의責任은 國家를保衛하고 人民을愛護하는데있음

二 군隊의건制는國防需要에依할것이고 國家一般敎育及科學과工業의進步를따라 그의素質과裝備를 改進할것

三 軍隊制度는 我國民主制度와國情에依하야 改革할것

四 徵兵制度를 改善한後公平하고 普遍的으로此를 實시하며 同時에一部分募兵制度는保留하고 改善하여 高度로裝備된 군隊의需要에符合되도록할것

五 军隊敎育은 전军原則에依하야 實시될것이며 黨派系統과私人關係를 永遠히超出할것

二 军隊를整編하는原則

A 黨军分立을 實行할것

一 一切黨派는 军隊內에서 公開的或秘密的黨派活動을 하지못할것军隊內에 一切個人關係의組織과地方性質의 系統이存在되는것을 嚴禁할것

二 军隊內에 이미黨籍을가진 現役军人은 在職期內에 그駐屯地에黨務活動에參加함을不許할것

三 一切黨派와個人은 军隊을 戰爭의工具로利用하지않을것

四 军隊內에 一切特殊組織과 活動을不許할것

B 军民分治를 實行할것

一 军隊에在職한現役军人은 行정官吏를 兼職함을不得함

二 军區를 획分하야 그區域의範圍는될수있는데로 行정範圍와달이할것

三 軍隊가정治를 干涉하는것을 嚴禁할것

三 정治와軍事를 다자리는 辦法

(95)

一 初步軍事計획을 完成할時 軍事委員會를國防部로改組하야 行정院에隷屬시킬것
二 國防部長은 軍人으로만 局限하지안을것
三 全國軍總數와軍備는 行政院의 決議로 立法院의通過를要할것
四 全國軍隊는國防部의 統一管轄下에置할것
五 國防部內建軍委員會를 設置하야 建軍計劃과考核의責任을질것(同委員會는 各方人士로서組織할것)

四 整編에關한辦法

一 軍事三人組는 原計획에依하야 中共군隊의整編辦法을速히協議하야 整編을 完成할것
二 中央군隊는 군政部의原計획에依하야 十個月以內에 九十個師로整編할것
三 上述兩項을 整編한後 一切군隊를 다시五十個師或六十個師로 統一的으로整編할것
四 군事委員會內에 整編計획考核委員會를 卽時設置할것 同委員會는 各方人士로組織할것

丁 國民大會에關한것

一 民國三十五年五月五日（譯者註 一九四六年五月五日） 國民大會를 召集할것

二 第一回國民大會의職權은 憲法을制定하는데있음

三 憲法은 出席代表의四分之三의同意로通過함

四 選擧法에依하야規定한 區域及職業代表一千二百名은舊代表로充任함

五 臺灣及東北等地에 增設한區域及職業代表는 共一百五十名으로定함

六 黨派와社會名士代表七百名을增加하되 그分配에關하야서는달이規定함

七 國民大會의代表總數는 二千五十名으로함

八 憲法規定에依하야 憲法을行使할機關은 憲法頒포後六個月以內에 憲법規定에依하야 선거하야 召集함

戊 憲法草案에關한것

一 審議委員會의組織

名稱 憲草審議會

組織 委員人數는二十五人 協商會議五方面에서 各方面에서五人을 推薦하는同時에달이專門家十人을 共同히推薦할것 （憲政期成會와 憲政實施協進會의名單을 參考할것）

職權 政治協商會는 憲草審議會를設置하야 協商會議에서 作成한修正原則에依하야 또憲政期成會의修正案과 憲政實시協進會의硏究結果와 各方面에서 제出한意見을參酌하야 五五憲章修正案을作成하야 國民大會에 제出하야 採納케할것 (必要時 修正案을協商會議에제出하야 討論할것)

時間 二個月로限定함

二 憲章修改原則

一 國民大會

1 全國選民이 國權을行使하는것을 國民大會라稱함

2 普選制를 實시하기前 大統領은 縣 省 及中央에서共同組織된 선擧機關에서 선擧할것

3 大統領의 罷免에關한것은 선擧와같은 方式으로함

4 創制 復決의兩權은 달이 法律도規定함

附註 (第一次國民大會의召集方法은 政治協商會議에서 協議할것)

二 立法院은 國家의最高立法機關임 선民의 直接선擧로組織되며 其職權은 普通國家의議會와相當함

三 監察院은國家의 最高監察機關임 各省級議會와各民族 自治議會에서 此를선擧함 그職權은同意 彈劾 監察權을行使함

四 司法院은 國家의最高法院임 但司법行政은管하지안음 大법官若干人으로組織되데 大법官은 大統領이推薦하야 監察院의同意를얻어서任命함 各급법官은반다시黨派를 超脫할것

五 考試院은 委員制를採用하되 委員은 大統領이추薦하야 監察院의同意를얻어서任命함 其職權은 公務人員과專業人員의考試에置重하고 考試院委員는 黨派에서超脫할것

六 行 정 院

1 行정院은 國家最高의行정機關임 行정院長은 大統領이推천하야 立법院의同意를얻어서 任命할것 行정院은 立법院에對하야負責할것

2 立법院이 行정院全体에對하야不信任할時 行정院은辭職或은大統領에게 立법院의解散을要請할것 但同行정院長이 立법院解散을두번要請할수없음

七 大 統 領

1 大統領은 行정院의決議를經하야 緊急命令을發함을得함 但一個月內立법院에

(99)

(100)

報告할것

2 大統領이 各院院長을召集하야 會談하는데對하야서는 明文을 規定하지안음

八 地方制度

1 省을地方自治의最高單位로 規定할것

2 省과中央사이에權限의劃分은 均權主義規定에依할것

3 省長은 民선으로할것

4 省은 省憲을 制定함을得하되 國憲과違背될수없음

九 人民의權利와義務

1 民主國家의人民이 享有하는 自由와權利는 憲법의보障을보받어며非法的 侵犯을받지안을것

2 人民의自由를 法律로規定할때 自由를보障하는精神에서依할것이고 限制를目的하여서는안될것

3 徵役은 自治법에規定할것이며 憲법에規定하지안음

4 一定한地方에居住하는 少數民族은 그의自治權을보障할것

十 선擧는 달이規定함 被선擧年齡은 二十三歲로定함

十一 憲章에規定하는 基本國策章에는 國防 外交 國民經濟 文化敎育各項을 반다시包含할것

1 國防의目的은 國家의安全을 護衛하며 世界平和를維持하는데있다 全國陸海空군은 國家에効忠하며人民을愛護하며 個人 地方及黨派關係에서 超脫할것

2 外交原則은 獨立自主精神에依하야 邦交를親密히하며 條約上義務를 履行하며 聯合國憲章을遵守하며 國際間合作을促進하야 世界平和를 確보하는것이다

3 國民經濟는 民主主義를 基本原則으로하야 國家는 耕者는耕田을가질 勞動者는職業을가지며 企業家는企業을 發展할수있는것을 보障하야서 民生의平均的滿足을 圖謀할것

4 文化敎育은 國民의民族精神과 民主精神及科學智識을發展시키는것을 基本原則으로하고 一般人民의文化水準을普及提高하며 敎育의機會均等을實시하며 學術의自由發展을보障하야 科學의發展에 致力할것

註以上四項에關한規定은 너무詳細하게하지말것

十二 憲법修改는 立법院과監察兩院聯席會議에서하되 修改後에條文은 大統領을선擧하는機關에 復決에부칠것

(101)

모스코바三國外相會議公報

(一九四五年十二月二八日)

쏘비엣트社會主義共和國 聯盟聯合王國及아메가合衆國外은 아래와같은諸問題에對하야 다음과같이協議하였다.

一 伊太利 羅馬尼亞 불가리아 항가리아及芬蘭과의媾和條約準備

一九四五年十二月二十四日에 이미 宣보한바와같이 쏘聯政府와聯合王國政府는 媾和條約準備에關한「下列手續」에對하야 協議하고 佛國政府와 中國政府의 同意를 獲得하였다

第一外相會議에서 伊太利 羅馬尼亞 불가리아 항가리아及芬蘭國과의 媾和第約을「起草」할때 外相會議中 投降協定에署名한 國家의會員或은 伯林會議에서 通過한 外相會議設置에關한 協定에依據하야 投降協定署名國을 認定되는國家의會議만이參與함을得하되 外相會議에서 進步한行動을 取하지않은限外相會議中 其他會員은 그들과直接有關한問題對議에 參與함을得함 上述한바는即

一 伊太利와의媾和條約은 英國 米國 쏘聯及佛國이起草할것

二 루-마니아 항가리아 불가리아 와의構和條約은 쏘聯 美國及英國外相이起

草할것

三 芬蘭과의構和條約은 쏘聯과英國外相이起草할것 各外相의代表들은 런던外相會議第一次全体會議에서討論하야 協議한데依據하야 即時 右런던工作을恢復할것

第二 上述諸般構和條約起草의 準備工作이完成될時에 即時로外相會議를 召集하여 伊太利 루ー마니아 항가리아 불가리아及芬蘭과의構和條約을 協議할것 此會議는外相會議의 五個國會員과 聯合國中에서 군事的으로 歐洲의敵에 對하야 積極作戰한 會員國의會員으로서組織함 即쏘비엣트社會主義共和國聯盟聯合王國 아메리가合衆國 中國 佛蘭西 오스트리아 白耳其 白俄라斯쏘비엣트社會主義共和國 부라질 카나다 체크스로바기아 애치오피아 印度 和蘭 뉴ー랜드 挪滅 波蘭 南아후리가聯邦 南스라브及우크렌쏘비엣트社會主義共和國이다

此會議는느저도 一九四六年五月一日前으로 擧行할것

第三 此會議에對한 審査를 完了한後는 同會議의建議事項을 考慮할것 伊太利 羅馬尼亞 불가리아 항가리아及芬蘭國에對한 各休戰協定에 署名한國家가 伊太利에對한 構和條約을 爲하야 佛國도上述한國家로認定되다 各構和條約의最後全文을

起草할것이다

第四 如斯히 起草된 構和條約의最後全文을 會員中問題로提出된 敵國과 交戰한國家의 代表에게提出하야 署名할것 其後 各構和條約의全文을 問題로提起된 敵國과交戰한 其他聯合國에게보낼것

第五 各構和條約은 이미 各其休戰協定에署名한國家가 伊太利와의構和條約은 佛國도이러한國家로認定됨 署名만하면即時로 効力을發生함 此構和條約은 問題로提出된 各敵國이許准할것

二 遠東委員會와同盟國日本管理委員會

第一 遠東委員會

遠東委員會를 認置하야 遠東고問委員會를代替하는데 關하야서는 이미協議하고 中國의同意도 獲得하였다 遠東委員會組織의成立에關한 參考條件는 如左함

一 委員會의設置

此委員會는 쏘비엣트社會主義共和國代表 聯合王國代表 아메리가合衆國代表 佛國代表 和蘭代表 카나다代表 오스트레리아代表 뉴지렌드代表 印度代表 비律賓代表로서 組織함

二 職 權

一 遠東委員會의職權는如左함

1 日本이 投降協定下에 實行할 義務를制定하며 그것을 實現시킬 政策 原則과標準을制定할것

2 었던一個회員의申請으로 同盟國最高司令官에게發給하는 一切指令을 審査하며 또最高司令官이取한行動과 同委員회權限內에서 政策決定과 關聯된一切行動을 審査함을得함

3 參加한 各政府間에서 下列(五)項中規定한決議程序에依하야 協議하야서 討議에부친 其他問題

1 委員회는 군事行動과 領土調停에有關한問題를 建議하지못할것

2 委員회에 活動方面에있어서 同盟國對日本管理委員회가 이미存在하고있는事實에서 出發할것이며 駐日本現在管理機構 美國政府로서부터 占領군最高司令部까지 一貫한管理를尊重할것

三 美國政府의職權

一 美國政府는 委員회의 政策決定에依하야 指令을作成하고 또美國政府의代理機

(106)

關을 經由하야 最高司令官에게 指令을 發給할것
最高司令官은 委員회의政策決定과 또그의表現인 諸指令을 負責辦理할것
2 委員회가 1 項 2 에依하야 審査한指令과行動을 變更할必要를 認定할때 그決定은 政策결定이됨
3 委員회政策中 規定되지안은 緊急事故가發生될時委員회에서 行動을取하기前 美國政府는 最高司令官에對하야 臨時指令을 發함을得함 日本憲政機構과管理方法의基本變更과 日本全政府의變更에 有關한것은 반다시事前에委員회에서 商議할것이며 協議가一致한後에서만 指令을發할수있슴
4 發布한 一切指令은 委員회에正式을提出할것

四 其他協議方式에關한것

委員회가 設置되여도 參加한各政府은 其他協議方式으로 遠東問題를 討議함을得함

五 構 成

遠東委員회는 本協議에列擧한 各國家가 代表一人式을派하야組織함 情形이許諾하면 委員회는各强國間에協議로서 회員을 增加함을 得하며 遠東에있는 或은遠

東에 領土를가진 其他聯合國會員을 加入시킬수있음 또委員會가 必要로認할時는 聯合國中 本會員非會員各國 代表와本會가 目下處理하는 同國과 關係있는 問題를 充分히 適當히 協議함을 得함

2 委員회는 全体一致의결議方式을取하지안고 行動함을得하되 至少로 總代表의 過半數의同意를要하며 其中에는 下列四强의代表가 包含됨을要함 아메리가合衆國聯合王國 쏘비엣트社회主義共和國及中國

一 會北 組織

1 遠東委員회의 總本部는 워신톤에 設치함 但必要할時는 他處 東京도包含함에서 開會함을 得함 必要時主席은 同盟國最高司令官과 相議하야 포署를 實施함

2 委員회의各代表는 相當한人數의民政과 군事隨員若干名을帶同함을得함

3 이員회은 秘書處를 設치하고 適當히小組이員회를組織하되 其組織과手續은 달이自体에서規定할것

七 結 束

至少로全体代表의 過半數代表의 下列四强을包含할것 即아메리가合衆國 聯合王國

(108)

쏘비엣트 社會主義共和國及中國代表同이로서 遠東이員會의 職權行使를停止하는것을결定함을得함 同이員會가 職權行使를停止하려면 職權停止以前에 應當이讓할職權을 臨時的或永久的安保組織에게 引繼시키며 美國政府는 四强을代表하야 參考條件을 一에列擧한 其他國家政府에 보내고修正한基礎에依하야 이員會에 參加할것을要請할것

第二 同盟國과日本管理이員會

同盟國과對日本管理이員會設치에關하야 協議하고 中國의同意를取得하였다

一 同盟國과日本管理이員會를成立하야 그의會場은 東京에設치함

同盟國最高司令官(或代理人)이此會를 負責하야 最高司令官에게 相議와諮問의便宜를주며 他面投降條件을執行하는데 方便을준다 日本을占領管理하는것과 其他補充指令과有關한 管理權力을行使할것

二 同盟國委員會의會員은 同會의主席을 擔任하는 美國會員의最高司令官(或그代理人)과쏘비엣트社會主義共和國聯盟의代表一人과 中國代表一人과 聯合王國 濠洲 뉴—지렌드의共同代表一人으로서됨

三 各代表는軍事와民政顧問隨員若干名을 帶同함을得함

四 同盟國委員會는 每二週一次式會議擧行할것

五 最高司令官은 投降條件을 執行하기爲하야 日本占領及管理에必要한命令과 附帶的指令을 發表함을得함 但엇던事情을莫論하고 同盟强國의唯一한行政當局의 最高司令官下에서 또最高司令官을 經由하야 行動을貫徹할것 最高司令官은命令을 發表하기前 問題의緊急性이 許諾하는限반다시 同委員會와協議하며 또後者의意見을徵求할것 問題의決定에對하야拘束力이 있을것

六 遠東委員會가 管理方法의變更 日本憲政機構의 根本變更及日本政府의全的變更과 有關한 諸問題에對한 政策決定을 實施하며際하야 同委員會의一個委員과最高司令官 (혹그代理人)이 同意하지안을時 最高司令官이 此問題에關하야 遠東委員會에서 協議하기前 此問題에關한命令을 發表함을 不得함

七 日本政府中大臣의個別的變動혹은個別的 辭職으로因한缺席閣員의 補選에關하야 最高司令官은同盟國委員회中 其他同盟强國의代表와相議한後決定할것

三 朝 鮮

一 朝鮮을 獨立國家로 再建하기爲하야 民主原則에依하야 國家를發展시키기爲하야 長久한日本統治下의不幸한惡果를 可急的速히 消滅하는데 必要條件을創造하

기爲하야 臨時朝鮮民主政府를樹立할것 同政府는朝鮮의 工業交通業 農業과 朝鮮民族文化의發展을爲하야 一切必要한 方策을 圖謀할것

二 臨時朝鮮政府의 樹립을 援助하기爲하야 同時에 아에對한 適當한方策을미리準備的으로作成하기爲한必要에依하야 南朝鮮에 駐屯하는 美軍司令部代表와 北朝鮮에 駐屯하는 쏘軍司令部代表는 共同委員회를 組織할것同委員회가 提案을準備할때에 朝鮮의 各民主黨派와 社회團体와相議할것 同委員회의 提案은 同회의代表를 派한兩國政府가 最後로결定하기前에 쏘비엣트政府와 아메리가合衆國政府와 聯合國政府와 中國政府에게 提出하야考慮케할것

三 共同委員회는 임時朝鮮民主政府와 朝鮮의各民主團體參席下에 方策을 作成하야 朝鮮人民의 政治上 經濟上 社회進步와民主自治政府의 發展과朝鮮民族獨립의完成을協力하고 援助할것이다이것 또共同委員회의任務이다 同委員회는 제案을임時朝鮮政府와協議한後 아메리가合衆國政府 쏘聯社회主義共和聯盟政府 聯合王國政府와中國政府에게 出하야서共同檢討하야 最高五個年까지의 四强國朝鮮信託(後見)에關한 協定을作成할것

四 南朝鮮과 北朝鮮과 密接히 關係있는 緊急한問題를 考慮하기爲하야 또는南

(111)

朝鮮의美군司令部와北朝鮮의쏘聯군司令部사이에 行政及經濟事務方面에 恒常的協調를建립하기爲하야 南朝鮮美군司令部代表와 北朝鮮쏘군司令部代表는 二週日內로 회議를召集할것

四 中 國

三國外相은 中國情勢에關하야 의見을交換하고 左와같이 一政한認識을가진다 國民政府領導下에 民主團結된 中國을 建設할것 國民政府의 一初部門에民主分子를 廣汎히 參加시킬것 內戰은반다시停止될것 我等은中國內政을 干涉하지안는다는것을 再三聲明한다

모로토푸氏와 번즈氏는 中國境內에있는 쏘聯武裝力量과 美國武裝力量에關하야 數次회談하였다 모로토푸氏의聲明의依하면 쏘군는 未久에滿洲경內에 日군의武裝을 完全히 解除하야 本國으로 輸送할것이다 쏘군의撤退는 中國政府의要請에依하야 二月一日까지延期하가되였다 번즈氏는聲明하였다 美군은 中國政府의要請에依하야 華北에駐屯하게된것은 美國이投降條件을實施하기爲하야 日군武장의解除와 그들을 本國으로 輸送하는데賦與된重要責任을 履行하는데있다 上述責任을 完成할時나혹은 中國政府가 美군의協助를받지안으로 能히 그工作을 完成할수있을때 美군은即

時中國에서부터 撤退할것이다

兩國外相은 쏘군과美군이 可能한대로 早日任務를 實行하고中國에서 撤退하야 義務와責任履行이 附合되도록할것을 共同히願한다

五 루마니아

三國政府의 루마니아政府擴大案에關하야 미카엘國王이 一九四五年八月二十一日 信에 제供한의見에對하야 同國王에제供할것 政府는 반다시 全國農民黨員과自由黨員을 政府에參加시키어된다는것을 루마니아國王에게제起할것 下述하는 委員회가 調査할事項은 그들은 아직도 政府에參加하지안코 있는各黨派의眞正한 代表이라는것 二그들은 適當하기또 政府工作에 충實할것을 願한다는것

三國政府는 如上과같이改組한 루마니아政府는 普遍的秘密投票에依據한 無拘속한自由選擧를 急速히擧行할것을 宣포하는것을必要로認定한다 一절反파시쓰民主政黨은 選擧에參加하며 보선人을 제出할수있음 改組後에政府는 出版言論宗敎와結社의自由를보障할것 비스신크 출만 칼은 委員會를 組織하야 卽時 부카레스트에가서 미카엘國王과 現政府委員들과 協議하야 上述한 任務를執行할것

上述한 任務를 完成하고必要한보障을讓得할때 目下쏘聯政府와 外交關係를가진

루마니아政府에對하야 아메리가合衆國政府와 聯合王國政府는 承認할것이다

六 불가리아

三國政府는 目下形成中에있는 祖國陣線의 불가리아政府에 其他民主集團의代表二人을 參加시키는것을 希望한다 쏘聯政府는 此의思를友好的으로 불가리아政府에게出할것 上述두代表는 一、政府에參加하지안코있는 各黨派의眞正한代表 二、適當한者이며 또政府工作에 効忠할것을 希望하는者일것 아메리가合衆國과聯合王國의友誼的의見이 불가리아政府로부터 確實히接受되어 上述兩代表가 政府機構에參加하였을때 아메리가合衆國과 聯合王國은 目下쏘聯政府와 外交關係를 건립하고있는 불가리아政府를 承認할것이다

七 聯合國이原子彈管理위員會를設置

原子能問題에關한 討論한결果는 聯合國大會에위員會를 設置하기로하다 쏘비엣트社會主義共和國聯盟 아메리가合衆國과 聯合王國의外相은 聯合國大會에서 聯合國이 위원會를設置하고 原子能發明으로因하야發生된 諸般問題를 討議하자는데 意見이一致되였다

我等은 此案을安全보障理事會中 其他常任理事인 佛國 中國 카나다와같이 共同

(113)

(114)

제議할것을同意한다 一九四六年一月 聯合國第一回大會에 下列決議案을 제出할것을同의한다

聯合國大會는 下列規定에依한 組織과 職權이賦與된 위원會를設置하야 原子能發明으로 因하야發生된 諸般問題와其他有關한事項을 토議할것을 決定함

第一 위원會의設置

위원會는 大會가 下列第五項에 列擧한 參考條件에依하야 設置됨

第二 위원會와 聯合國各機關과의關係

一 위원會는 安全보장理事會에 報告혹건議를제出함을得함 此項報告와건議는 安全보장理事會가 平和와安全의利益을爲하야 公포하지안을것을 指示하지안는限 一절報告를公포할것

適當한時機에安보理事會는 此項報告를 大會와聯合國各위원國에게 傳達하며 經濟社會理事會와 聯合國組織內其他各機構에게回覽할것

二 安보理事會는 聯合國憲章에依하야 國際平和와 安全을維持할 主要責任이있다 그럼으로 安보理事會는安全에影響이있는 事項에關하야 위원會에게 指示할것 此類事項에關하야 위원會는 安보理事會에對하야 工作上責任을가짐

第三 위원會의組織

위원會는 安全보장理事會에 參加하는 各國家의代表一人과 非安全보장理事會國인 카나다代表一人으로서組織됨 위원會의 各代表는 必要에依하야 助理원若干을帶同함을得함

第四 事務規則

위원會는 必要로認定되는 一절職원을가질것 同時에 事務規則에依하야 手續上安全보장理事會에제案할것 此제案에對하야 安全보장理事會는 그것을 認可할것

第五 위원會에 參考로供할條目

위원會는 急速히 處理에着手하며 各方面에問題를調査하야 有關各項제案을 可急的速히제出할것 위원會는 下列과같은 特殊건議案을 제出할것

一 平和의目的을爲하야 各國間 基本科學知職을廣汎히 交換할것

二 原子能이 平和目的으로使用되는것을 보장할수있도록管理할것

三 國家군備中에 原子武器의所有를 取締하며 또大規模의破滅性能을具備한 一절重要武器의 使用을取締할것

四 監視와其他方法을取하야 有効한防衛로서 條約을遵守하는國家는 보護하고

條約을違反하거나 또忌避함으로서發生될 危險을防止할것
위원會의工作은 各各分하야 階段的으로 進行하며 每階段의工作을 順序的으로
完成하고 다음階段工作을 着手하기前에 全世界에게必要한 自信을 表示할것 위
원會는 聯合國의었던機構를侵犯함을不得함 但그機構파聯合國憲章規定에依한任務를
執行하는데 參考로서 건議案을 제出함을得함

모로토푸
베—번
번즈

一九四五年十二月二十七日

처ー칠英首相七種目의自由論 (一九四四年月八二八日)

처ー칠英首相이 伊太利 라馬에서伊太利人民에게 發表한談話는 目前 伊太利는 파시스黨徒 手中에重入될可能性이充分히잇어보인다 萬若 한國家가專制政府下에빠진다면 그것은더 容恕할수없을것이다

무쏘리니가 우리의危機를 利用하야 佛蘭西와英國을 進攻한 그光景을忘却할수없는것이다 自由의代償은 恒久한警覺이라는것을 諸君은銘記하여야할것이다

무엇이 自由인가 이問題는 平和狀態에世界에서는 下列몇가지 簡單한 問題를答覆하는데있다

一 意見을自由로 表示하고 政府를 反對或은 비判할權利가있는가

二 人民들은 自己들이 贊成하지안은 政府를 顚覆할權利가있는가 憲法에人民이 自由意思를 表示할수있는가

三 人民은 行政干涉을받지안고 群衆暴力의 威협을받지안을수있으며 또某一致黨과結托되지안은 法庭을가지는가

四 이런法庭은 人類心中에 禮節과公正의兩大廣汎한 原則連결된 公開的鞏固한法

(117)

(118)

律을 執行하는가

五 貧者와 富者에對하야 또私人과 政府官吏에對하야 一律平等한機會와公正한待遇가있는가

六 個人의各種權利가 國家에對한 義務로서制限되는以外에모다 維持되고 主張되며 또發揚되고있은가

七 每日一家의生活을 維持하기爲하야 辛苦勞働하는 普通農民工人들이 一黨統制下에 殘酷한警察組織과 나치스黨과 파시스黨의「게스타푸」와같이 어게를혹룩치며 公平하고公開된 審判을하지안고 사람들은任意로 拘禁하거나 또는虛待하는데對한 恐怖를 免할수 있을가

스타—린의戰後世界和平과安全問題에關한演說

一九四四年十一月六日쏘聯第二十七週年革命紀念日의演說

同志들 오날쏘비엣트 人民은쏘비엣트 革命이 我國에서勝利한第二十七週年을祝賀한다 我國이獨逸파시스의侵略을對抗하야 愛國의戰爭을 遂行하는가운데서 쏘비엣트革命의紀念日을 慶祝한지 이것이 넷재분이다 (略)

外交問題

그다음 나는 外交問題를 말하려한다 過去一年은 獨逸을反對하는 盟國의共同勝利의一年이다 쏘聯人民은 英國人民과 아메리가合衆國人民과같이 이共同事業을爲하야 軍事同盟을 결成하였다 過去一年은 이三主要强國이 團결을 鞏固히하고히트러 獨逸에對한 戰鬪를 密切히合作한 一年이다

데헤란會議에서 獨逸에對하야共同一致한行動을 결定하였고 또그결議의 光휘있는實踐은 곳反히트러陣線의 鞏固하여가는것을 顯著히証明하는것이다

歷史上 共同敵을對付하기爲하야 一致한行動을 取한 大規模의戰役이 데헤란會議에서결定한 그것과같이 大規模的인充分하고 또精密히執行한것은 없는것이다

(120)

萬若三大强國間에 一致한見解와 行動上調和가없섯다면 대헤란會議에서 결定한 計劃이 이렇게 充分히精密히實施되지는안었을것이다

또다른方面에 대헤란 결議의順調로운實시는 聯合國의陣線을 더욱더 鞏固하게하는데 큰貢獻이되였다는것도 疑心할수없는바이다

덤반—돈橡園會議에서 戰後安全組織問題에關한 결議는 聯合國陣線의穩當을爲하야 重要한것이다

若干安全問題에關하야 三强사이에意見이不一致하다고 말하는사람이있다 事實上 意見이不一致한論은있다 이번週日에도 같은問題로因하야意見이다를수있다 한黨內에서도 意見이不一致할수있는것이다 같은國家와 같은政黨의代表사이에 意見은더욱 달을수있는것이다

驚嘆할만한것은 異見이있는것이안이라 異見이적은것이다 每番會議할때마다 三大强國은 團결하고和協한態度로 모든問題를解결하였다 重要한것은 異見이있는것이안이라 이러한意見은 三大强國의 團결의利益을떠난적이없읏고 그뿐만안이라 이러한意見은團결의利益을爲하야 모다順利로 解결되였다

여러분이다아다싶이 第二戰線을 여는問題에關하야 嚴重한意見對立이있자는것이

다 그러나 여러분이아다싶이 이러한意見은결局一致되였다 덤바—돈橡園會議에서 意見이있는것은 亦是이렇게달하고저한다

이번會議의特點은 若干의意見이있다는데있는것이안이다 安全問題에關하야十中九는 完全一致한精神으로 解決하였는데있다 그럼으로나는 덤바—돈橡園會議는 反獨逸聯盟의陣線을 더욱鞏固한 重要한것이란말하고저한다 最近모스코바에서 大부리톤政府領袖처—칠氏와 外務大臣이—든氏의會談한것도 亦是聯合國의陣線을鞏固히한顯著한것이다 웨그러야하면 이러한會談은언재나 友好的態度와一致한 精神으로서 進行되였다

戰爭期間에 히트러分子들은 聯合國을 分裂시키며 互相對立하게하며 또는 互相猜心하고誤解하야 우리의軍事力과互相信賴를弱化시키며 또可能하면 우리을互相間에 衝突을시키기爲하야 各種의의絕望的努力을 끗임없이하여왔다

히트러分子들이 이러한 野心을가지고 있는것은 잘알수있는것이다

그들에게는 聯合國이히트러帝國主義에對한 戰爭을爲한團結보담더 무서운것은없는것이다 그들의軍事上 政治上成功은 聯合强國이 共同敵을對抗하야作戰하다가 分裂되는것보담 偉大한것은없는것이다

그러나 여러분이아는바와같이 파시스政客이 强國間의굿은同盟을 破壞하려는것이 아무効果없이 失敗하였다

이것은 即쏘聯과 大부리튼과 아메리가合衆國사이에 同盟이暫時偶然한動機로서된것이안이고 共同生存과長久한利益을爲하야서 結成된것을 意味하는것이다 民主强國의戰鬪同盟이 三年間戰爭의經驗으로서支持된다면 또 自身의自由와榮譽를 保衛하기爲하야 이러난人民들의 피「血」의結晶으로서支持된다하면 앞으로또戰爭의결束段階까지 모든困難을克服할것이고 또維持될것이다

過去一年동안은 同盟强國의 反獨陣線이더鞏固하여진一年일뿐안이라 이陣線이더擴大된一年이다 그것은決코偶然한일이안이다 伊太利의뒤를딸아 獨逸의盟國芬蘭로馬니亞 불가리아는모다戰爭에서부터退出하얐다 이러한國家가非旦戰爭에서부터退出하였을뿐안이라 獨逸과絕交하고 또對獨宣戰을布告하였다 이것으로서 그들은聯合國陣線에 參加하였다 이것은 곳히트러獨逸에對하야作戰하는 聯合國의 陣線이擴大된것을意味하는것이다

獨逸의最後로남어있는盟國인 항가리아 도멀지않으서戰鬪行動을停止할것이다 이것은 히트러가歐洲에있어서 完全孤立을말하는것이며 그의敗亡이不可避的으로 急

速히닥처오고있는것을 意味하는것이다

聯合國은 히트러獨逸에對하야 勝利의戰爭을 進行하고있다 聯合國은반다시戰勝할것이다 이點은 오날세삼스럽게 疑心할必要가없다

獨逸에對한 戰爭에서勝利하는것은 偉大한歷史的任務를 完成하는것이다 그任務는戰爭에서 勝利하는것뿐안이라 새로운侵略戰爭이 今後 永遠이라고말 할수없으나 적으도 相當히긴期間內에 다시發生안이되도록하는데있다

獨逸은敗亡한後 經濟上 軍事上 또政治上의武裝이 完全히 解除될것이다 그러나 그것으로서 새侵略戰爭을發動안이할것이라고 斷言한다면 그것은너무도 天眞하기생각하는것이다獨逸의巨頭들은 벌서 새戰爭을準備하고있다 이것은 여러분이다는것이다 歷사가證明하는것은 二三十年의短時日을經過한後 獨逸은失敗를 恢復하고 軍事力을 再建하엿지안은가

언으한 方法으로 獨逸의 새侵略을 防止할수있을것인가 萬若戰爭이爆發하게될때 또언으한方法으로서 그것이 發動될때消滅하여 大戰으로까지 發展안이되도록할수있는가 다음에말하는 事實中에서 答覆을求할수있을것이다

侵略國은 언제나 먼즘달은 國家를攻擊함으로 平和를 愛護하는國家보담 언재

(123)

나 새戰爭에對한 準備가많을것이다 그反面에 平和를 愛護하는國家는 새戰爭에對하야 興味를가지지못함으로 언재나 準備가느절것이다

이번戰爭을보아도 侵略國은 戰爭爆發前에 完全히準備된 侵略軍이 있는것이고 平和를愛護하는 國家는 滿足할만한 數字의動員된 軍隊조차없는것이다

眞珠灣事件 比律賓 太平洋上의其他群島 香港 新嘉坡의陷落은決코偶然한일이안이다 그때侵略國日本은 和平政策을 實施하든大부리톤과 아메리가合衆國보담 더圓滿한準備를한것을 證明하는것이다

이번戰爭의첫해에 우크렌 白俄라斯와 빨다海區域을 빼앗긴듯기실흔 그事實亦是偶然한일이안이다

그때侵略國인 獨逸은平和를愛護하는 쏘聯보담 戰爭에對한準備를 더많이한것을證明하는것이다

日本人과獨逸人의品質이 英國人 美國人과 俄國人보담優越할 思想이豊富한것으로서 이러한事實을 說明한다면 그것은 너무도天眞한것이다 原因은個人의品質의優秀한데있는것이안이라 事實上侵略國은새戰爭에對하야 興味를가지고있으며 따라서長期的으로 戰爭을準備하는 國家는 너戰爭에對한準備가 所爭에對하야 興味를

가지지안은 平和를 사랑하는 各國보담 準備를낫기할것이다

이것은 當然한일 임으로 理由를 캘것도없는 것이다 이것도 歷사의 原則이다

이것을 打算못한다면퍽危險할것이다

그럼으로 平和를사랑하는國家가 講求하지안는다면萬若우리가 侵略戰爭을防止하는特別한方法을 또不知不覺中에 侵略될可能이있다 이것亦是否認할수없는것이다 연더한方法으로 獨逸의재侵略을防止할수있을가 萬若戰爭이 또發生된다면 언어한方法으로 戰爭이發動이될때에 그것을消滅하여서 大戰으로까지 發展안이되도록할수있을가

이것을爲하야서는 侵略國의武裝을討完全히 解除하는以外 唯一한方法이하나있다 그것은곳 平和를사랑하는 各國代表가 特別機構를 組織하야 그것으로서 平和와安全을保障하며 侵略을防止할수있는 最低限度의軍隊를 이러한機關에막이여 自由로調動케할것이며 또必要時는 이러한 侵略戰爭을防止하기爲하야 또는侵略의犯罪을懲罰하기爲하야 遲延없이自由로 이武裝力量을 調動하는것을 規定할것이다 이것은 이러한組織의職務이다

國際聯盟의覆轍을 다시밟으서는 안이될것이다 國際聯盟은權力도없고 또侵略을 防止할方法도없는것이다 그럼으로 이번에 이組織은반다시 새로운것이며 、全權을 가진國際組織이며 平和를護衛하고 새戰爭을 防止하는데 必要한 一切를다가지야 될것이다

이러한 國際組織의活動은 반다시 充分한効果가있을것인가? 나는 効果가있을것이라고생각한다 萬若히트러 獨逸을對抗하야 戰爭하는 各强國이繼續하야 一致한 또和協한 精神으로서 行動한다면 그것은반다시 効果가있을것이라고밋는다 그反面에萬若이必要한 條件이違背된다면 그것은 아무効果도 내지못할것이다

同志들 쏘聯人民과붉은 軍隊는 愛國戰爭을爲하야 擔負한 그任務를 順利롭게 遂行하고있다 붉은軍隊는 그들의愛國의天職을 光榮히執行하고있다 그리하야 우리이祖國을 敵의鐵蹄下에서 解放하였다

히트러暴徒를 우리國土에서 永遠히掃蕩하였다 붉은군隊는 남으있는 最後의使命 即 우리들의盟군과같이 獨逸파시스를 完全히殲滅시키는데있다 그리하야重傷한파시스의 野수를自己의 굴속에서 잡아죽이고 伯林城둑에 勝利의旗빨을 놉이시우자

루즈벨트大統領의크리미아會議에關한國會報告

一九四五年三月一日

내가집에 도라오니 참으로반갑다 이번旅行은 長距離의行程이다 나의旅行에결果가있다는것을 諸君은同意하여주기바란다 솔직하게말하면 이번旅行에對하야 完全한결果를 가지게하는가 그러치못하는가하는 그大部分의權利는 여러분에게있다

美國國會議事廳에 모인諸位—美國人民의支持下에있는諸位가얄타의決定을贊同하며積極支持하야주지안으면 이번會議는 永久한 결과를나타낼수가 없을것이다 이것이 卽내가 도라온後卽時로 諸君과會談하는理由이다 나는諸君과 全國人民에게이번行程에關한결과를 報告하랴한다 將次國際平和機構가完成될時 그것이美國全体人民들의穩當하고 私心없는態度로서 一致努力한 결과이라고 말하고저한다

이번에나는 白宮에서七千英里되는 遠距離를旅行하고 도라와서 유快하고 興奮된感을 禁할수없다 루—쯔벨트 는或時諸君이疑心할지모러나 旅行을 실혀하지안는다 우리의精神은 도려혀旅行으로서 喚發되고있다 내가國土를멀이떠나서도國內에對한情報를 어너時나밧고있었다 現在의 交通은 奇蹟的으로迅速하야 世界는非

常히縮少되였다 우리가國際關係를聯想할때나 또말할때는 반다시 이觀念을가지야 될것이다 내가 워신턴에서 오는消息을 어느時나 밧을뿐안이라 安全上關係로無線을停止하는以外에 나는全世界어느地方에對하야서든지 通信을發할수있다 그러나 非常히 緊急할때는 安全을不고하고冒險도하다

우리美國人民들 내가 크리미아會議에서 도라와서 나의마음속에 깊히느끼는바는 우리가이미平和世界를 向하는 大道上에서 前進하고있다는것이다

크리미아會議은 두가지重要한目的이있다 第一은 最大速度로 獨逸을擊敗시키며 盟國군隊로하여금 最少의損失를 보게할것이다 이問題에關하야 벌서最大의力量으로서 그것을實現하고있다 獨逸군隊나人民은 우리戰鬪人民과 盟國군隊의力量이日益加强되고있다는것을 認識한다盟군이獨逸境內에서 英勇히前進하야 英勇한쏘군과 會談할때 한時間한時間은 우리의光榮을 增加하고있다

第二의目的은 國際間和協의基礎를 繼續建立하야 戰時混亂狀態를 결속한後 秩序와安全을恢復하며 全世界各國의持久的平和를 保障하는것이다

上述目的을 爲하야 驚人的進展이있는것을안다 一年以前테헤란에서 三强國의군事參謀人員들은 長期的군事計劃을作成하였으나 三國領袖들은 오직 各自의見解를

交換하며 意見을表示하였을뿐이다 그리고 政治上協議는하지도안었고 또그게對한生覺도하지안었다 그러나 크리미아會議를擧行하는때는 政治方面에 特殊한問題를解決할時가到來하였다

今次會議에서 各方은 모다 協議의成功을爲하야 많이 努力하였다 데헤란會議부터 우리들은 彼此協議하는데많은 便利를만들었다 이것은 世界未來의平和에대하야참으로 좋은象徵이다 世界平和와安全을보証하는 一種의協定이締결된것을 나는確信한다 나의이러한信念은 始終秋毫도動搖됨이없다

데헤란부터 얄타까지經과한時間은 十四個月이다 이期間三大强國의 人民과政府의代表는 會議를擧行못하게된것에대하야 實로너무 오랜時日이지낫다는感을느낀다 이長期間中에 波蘭 希臘 伊太利 유－고스라브 等地의問題는 尖銳化되였다

그럼으로 얄타會議에서 우리는 이렇게決定하였다 說或環境上 三國政府의領袖가 자주會談하지못하게될境우에는 우리는 私人으로 接觸하야 意見을 交換할機會가있도록 보証할것이다 이에우리는 每三 四個月에 英 蘇 美 三國外相은定期的으로會談할것을 規定하였다 이러한規定이있으면 今般에發生한것과갖은 仝世계合作을攪亂하든 그親舊의같은事件은 再次發生안이될것이다 우리가 얄타에會

(130)

談하야 군事方面에 最後로 獨逸戰略과戰術를 完全히粉碎할것과 若干重大한政治問題에關한것을 결定하엿다

第一 勝利後에는 獨逸을占領혹은 統制하며 그의군事力量을 完全히壞裂하야 나치스主義혹普魯士군國主義가復活되여 全世게平和와文明을 威협하지안을것을 証할것

第二 돈바―든 橡園會議後 國際보安組織에 關한少數意見問題를 解결할것

第三 나치스統治下에 벌서解放된區域이나 혹將次解放된 區域에 있어서 共同한 一般政治와經濟問題에 關한것

第四 波蘭과 유고스라브 가引起한特殊問題 이러한 重大問題를 討論하는대 우리는 매問題에대하야 數日의時日을 써가면서 自由스럽고 率直한態度로相議하엿다 最後에우리는 매個爭議点에대한 意見이一致되엿다 言辭上에協議보담 더욱 重要한것은 우리들間에 思想上團결과 또和睦하게相處한것이다

히트러 가希望하는것은 우리들의 意見이不一致되는것이며 또한 盟國間團결의 鐵壁中에는 種種의결裂이나서 그들黨徒들이惡運의前途에서 최後로 脫出하게되는 것이다 이것은 그들의宣傳機關이 數個月동안 工作한目標이다 그러나 히트러는

이미失敗하였다

지금 主要盟國은 空前으로團결되였다 非旦作戰目적에있어서 前에없이 團결되였을뿐안이라 平和의目적을爲하야서 또前에없은團결이되였다 一層더 나아가서 우리들은 이려한團결을 繼續할것을 互相결心하였다 平和를 愛護하는一切國家와 團결하야 그리하야 世계平和를 維持하는理想을 實現하게할것이다

蘇 英 美三國參謀人員들은 매日會談하야 스타―린元帥와처―칠首相과또나와所有盟國部隊가聯合作戰하는 戰略戰術問題를討論하였다 그들은 최後로 獨逸을擊敗할計劃을 完成하였다

테허란 會議時에는 쏘聯戰線과 英美戰線間에 距離가머렀다 그럼으로 某種長距離에 戰略的合作은可能하였으나 每日每日戰術上連絡은 不能하였다 그러다 지금 쏘聯군隊은벌서 波蘭을너머서서 獨逸東區에서作戰하고있으며 英美군隊는 西戰場獨逸領土內에서 라인河에 迫頭하고있다 今日局세는 크게다려다 密切한 戰術上連絡이可能하다 이것은 크리미아會議에서 이미完成한것이다

아이젠、하워將군麾下에部隊와 東戰場쏘聯元帥가統率하는部隊와 伊太利境內에서作戰하는 우리部隊間 每日情報交換에關한것을規定하였다 過去 모양으로 워신톤

과 런던을經由할必要는없다

諸君들은 최近쏘聯군이 伯林을向하야 前進하는途上 直接關係있는 據點을 英美飛行機가爆擊하는것이 即그들이情報를 交換한 결과이라는것을 알수가있을것이다

今日부터 英美重爆機는 每日戰術中 쏘聯部隊와西戰場에 우리部대를 직接으로 援助할것이다 이飛機는目下爆擊을進行하고있다 그리하야獨逸혹其他地域及伊太利等地에서 東西兩戰場으로 獨逸의預備군과物資를 運輸하는것을 破壞한다 이外에 또規定한것은 할수있는 戰爭物品을최有効하게分配하야 美 英 쏘군의聯合作戰上 가장有力하게 利用될地點에 運輸할것이다

各種計劃과規定의細節은 모다 軍事秘密이다 이모든것은 獨逸의최後崩潰의日을 縮短시키고있다 나치스들도 지금차차 其中의一部를알게되는同時에 一大苦민을느끼고있다 그들은 來日혹모래每日 이에對하야 더만이仔細히알것이다 敵은休息할時間이 없을것이다 敵이無條件投降할때까지 우리는一刻이라도努力을 放棄하지안을것이다 獨逸人民과士兵들은 그들이集体的으로혹은個人的으로早日投降하면 할사록 日前에苦痛을早日淸算할수있다는것을 알으야될것이다 그들은 오직完全히投降

(133)

함으로서 世界에서 文明하고 禮儀있는 鄰邦의人民으로認定될것이라는것을切實히認識하여야할것이다

우리들이 얄타에서 이미再次表示한點을 이자리에서 다시한번말하는것은 卽無條件投降은 독일人民을消滅혹은奴役하라는것은 안이라는것이다

나치스領袖들은 얄타宣言中에言及된 이點을 獨逸新聞이나 라디오로發表하는것을故意로禁하고있다 그들은獨逸人民들이 얄타宣言의意思가 獨逸人民을殲滅혹은奴役하는데있다는것을믿도록陰謀하고있다 그리하야 그들이自己들의 生命을挽救하랴하며 그들의人民을欺瞞하며 無用한抵抗을 進行하고있다

그러나 우리는 今次會議에서 無條件投降이獨逸에對한 意義를完全히 明白히하였다 그것은 卽英 쏘 佛 美는暫時獨逸을管理할것이다 四個國中各國家는 一個의不同한獨逸地域을管理할것이다 四個區의行政은 伯林에있는 四個國代表로 組織된管理會議에서 聯絡할것이다

無條件投降의 意義는 卽나치스主義 나치스黨 及그들의一切野蠻的法律과制度를終結시키는것이다 다른말로하면 一切獨逸公私及文化生活에있어서 軍國主義의影響을 完全히消滅하는것이며 나치스戰爭犯罪에對하야 迅速히公正하고 嚴格한懲罰을

할것을 意味하는것이다 또 독逸武裝의完全한解除 軍國主義及軍事裝備의完全한淸掃 군火生産의停止 一절武裝部隊의解散 累次全世계平和를破壞한 독逸參謀本部를永遠히 解体하는것을 말하는것이다 독逸侵略下에犧생된損失을 實物로賠償할것이다 强迫賠償할實物은 工場 機械 機車 及原料이다 第一次世계大戰後 독逸이永遠히 償還할수없는 金錢賠償方式의 覆轍을발버서는안이될것이다 독逸人民이긔餓에빠지계됨으로因하야 世계其他國家의 負擔이되도록 하야서는안이된다 우리가 독逸을 處理하는目標는 簡單하다 그것은곳 未來世계의平和를保證하는대있는것이다 우리는 이미많은經驗이證明하고 있는것을본다 萬一독逸로하여금 侵畧戰爭을發動할可能性있는 엇던能力을 容認한다면 이目標는 達成할수업게된다 이目標는 독逸人民에게는 큰防害가없는것이다 그反面에 독逸人民을 保護하며 그들로하여금 독逸參謀本部及군國主義가 過去그들의게 加하였고 또目下 히트러主義가 加하고있는 그運命을 免하게하는데있다 이目標는 독逸에서 오래동안 全世계의悲哀를 專門으로製造한 그毒素를 肅淸하는대 不過한것이다

내가알타에 在留할때 독逸군國主義가狂嵐的으로 破壞한그光景을 目睹하였다 알타는 本來군事意義가있는곳은안이다 또아무防禦施設도 업논곳이다 第一次大戰

까지는 짤皇과俄國貴族들의 避著地이다 그後히트러가 쏘聯을 進攻하기前까지는 쏘聯人民들의休息과娛樂의中心地로使用되였다 히트러가쏘聯을 侵略한後 나치스군官은 이러한宮殿과別莊을 使用하고 쏘군이나치스의 크리미아撤退를强迫할때 그別莊들은 나치스에게약奪된後 거진全部가破毁되였다 심지어아주 簡陋한家屋까지 그運命을免할수없게되엿다 지금얄타는 廢墟와荒凉밧게는 아무것도남은것은없다

세바스토폴은亦是完全히 破壞된地方이다 全城內에 破壞되지안은建物은 열間도 안될것이다 나는 왈소 리더스 루트단 칼빈드리等地의情形을들었다 지금 내가 세바스도폴과얄타情形을 目睹한後 나는 독일의군國主義와 基督敎의禮儀가地球上에共存할餘地가없다는것을 一層더알게되였다

크리미은會議中 군事에關한것과같이 重要한것은 世界永久한平和를維持하기爲한 一般國際組織에關한協議이다 其基礎는 돈바ㅣ던橡園會議에서 建立하였다 單돈바ㅣ던 橡園會議에서 協議되지안은點은 安保理事會議中에 表결程序에關한것이다 크리미아會議에서 美國은 此問題에關하야建議하였다 此에對하야 細密히討論한後 其他兩國은 우리의建議를接收하였다 지금 그協議의條件을公布할수는없으나 最短期日內 宣布할수있을것이다 크리미아會議에서 決定된安보理事會의 決定手續에關

한것이 發表될때 諸君은그것이複雜하고 困難한問題의公平한 解決方案이라고認定할줄안다 이러한決定은 正義에立脚할것이고 平和를爲한 國際合作을보障할수있는것이다

世界各聯合國會議는 一九四五年四月二十日 산후란시스코에서 召集하기로하였다 그게서 決定的인 組織憲章이成立되여 世界平和를 維持하며 一切侵略勢力을 永久히根絶할것을渴望하며 또自信있게希望한다

戰爭이 결束되기前 平和機構를 建立할수없다는 錯誤觀念을가지여서는안된다 今次우리가 共同히作戰하야・戰爭을早日결束하든것과같이・또우리는 共同努力하야 戰爭이다시發生안되도록 하여야할것이다

나는一切聯合國家와같이 憲法에對하야 明白히안다 그것은 卽 이憲章은 美國參議院三分之二議員의 贊成을要한다 얄타會議에서 決定된其他若干問題도亦是그렇다 美國參議院은 그代表를通하야 本政府의國際安保組織에對한計策을 充實히 알고있다 參衆兩院代表는 산후란시스코會議에出席할것이다 산후란시스코會議에 出席할美國代表中 共和黨과民主黨은同等한人員이다 美國代表團은 兩黨으로서되였다 「兩」字의 意思를 얼는말하면 世界의平和는 軍事勝利와같이 一個黨의問題가안이

(137)

다

우리美國共和國이威협을밧을때 最初一九四〇年 나치스가全世界를征服하랴할때 그다음에 一九四一年 日本이배信的奇襲을 敢行할때 그진美國人은 모다 黨의界線과政爭을 한편에제처두고 所有의資源과力量을傾注하야 우리들의共同安全에貢獻하였다 各個愛國的美國人民과每個精神있는 海外人士들은 平和를爲하야 또貢獻하여주기바란다

世界平和의機構는 一人 一黨或一國에工作으로서되는것이안이다 또美國 英國 쏘聯 佛國或中國이라든지 어느一個國의平和도안이다 또한各大國或小國의平和도안이다 그것은반다시 全世界의一致한合作과努力으로서되는平和이다

그機構에對하야始初부터 眞善眞美를求할수없다 그러나 그것은반다시 大西洋憲章이健全하고 公平한原則에依據하고 人類尊嚴의觀念에立脚하고 또寬容과宗敎信仰의自由를 保證하는 平和의依할것이다

盟國은 軍事勝利를 向하야邁進하여 四年間 自由는 나치스의게 蹂躪되고 經濟는나치스의게 약탈되엿든 各國人民을 解放하이다

解放된區域中에는 벌서政治的混亂과 不安에빠저있는대가있다 即希臘波蘭 유고

스라브及其他地方이다 이것보담 더좋치못한 若干區域에서는 벌서 含糊한勢力範圍의觀念이事實上發生되고있다 이것은 國際合作의 基本原則과는相反되는것이다 이러한發展이蔓延되는것을 放任한다면 悲慘한결과를 나타낼수있을것이다 이러한局세를 產出케한責任으로 엇더한一國家를 責妄하야서는 아무所用이없다 世界各大强國이繼續不斷히共同努力하며 또世界平和를 威협할可能性이있는 若干問題에대한 責任을 一共同히負擔하지안으면 그의發展은 到底히 避免할수없을것이다

우리는 크리미아會議에서 解放區에關한 各種問題를 解決하기로 決心하였다 우리가이미 그의解決에대하야 一致同意하는 方案을作成하였다는것을 國會에 證明하는 나는無限히기뿌다

世계三大强國은 나치스에서부터 解放된一切區域과 一切前축心附屬國의政治 經濟問題를解決하는것은 三國政府全体가共同負責한다는대 同意하였다 三國政府는 戰後 安定되지안은過渡期에있어서 一切解放區域과 一切前추心의附屬國家의人民을 共同協助하야 一定한民主過程을 通하야 그들本身의諸問題를 解決할것이다 三國政府는 過渡期內에 各國當局으로하여금 全國人民을代表하는 一切民主分子를 包攝케하며 自由選擧를早速히擧行하도록 共同努力할것이다

우리의偉大한國家는 數千英里海外 政治情形에대한 責任을避免할수없을것이다 내가 이미말한바와같이 現在世계는縮小되였다 美國은全世계平和에대하야 巨大한 影響을주고있다 오직美國이平和를維持하고 保護하는責任을 繼續負擔하기를願하면 美國은繼續的으로 그影響을發生시킬것이다 萬一우리가이러한 責任을 逃避한다면 그것은 우리自身의 悲痛한損失로도라갈뿐이다

解放區域에關한最後決定은 共同이한다 그럼으로 最後결定은恒常 彼此讓步하고 妥協한결과이다 美國이 百分之百自己意思대로하지못하는것이고 쏘聯이나 英國도 亦是그렇다 오직 우리는 理想을向하야 繼續努力할뿐이다 往往複雜한 國際問題에대한 理想的方案을 못가지게 되는것이다 그러나 우리가 此에 確信하는것은 얄타會議에서一致한 協議에依하야今後歐洲의政治는 空前으로 安定될것이다 엇던 國家이든지 民意를自由로表示하게될時는 우리의直接責任은 결속될것이다 但國際安保組織에서 同意하는 行動은 例外가될것이다

聯合國은 未久에반다시 이러한 解放區經濟의再建事業을 適切히協助하야 그들이 世계上地位를 恢復하는데 準備하도록할것이다 나치스作戰機構는 此區域에原料 機械工具와機車等을 奪取하여갓다 그럼으로 工業은 停頓되고 大部分農業은

生産能力을 喪失하였다 機械를運轉하기爲하야서는 救濟問題뿐안이라 解放區에 生産의恢復을 協助하야 自給自足케함으로서 우리가 繼續的으로救濟할 必要를없게할것이다 이것은 우리全國에도有利한것이다

三大强國이 解放區問題에關하야 共同一致한行動을 採取한顯著한 例는 波蘭問題에대한解決이다 全体波蘭問題는 戰後歐洲에서 複雜하고 困難한問題를 引起시킬可能性있는根源이다 우리가 크리미아에서會議할때 波蘭問題를解決하는 共同根據를發見할決心을가젔다 그리하야 우리는벌서 此工作을 完成하였다 우리의目的은 健全한獨立과 繁榮의波蘭을創立하며 最後로는 波蘭人民自身들이 選擧한政府가樹立되게하는데있다 此目標를 完成하기爲하야 波蘭은獨逸에게 奴役되였을그때보담 民意를代表하는 新政府를 樹立할準備를 하여야할것이다 그럼으로 우리는 얄타에서 方策을결定하였다 그것은 卽現在波蘭國內에 波蘭臨時政府를 改組하야 廣범한 民主基礎에서 目下 波蘭 國內外에民主領袖들을 包攝하는것이다 우리들全体는 이改組된新政府를 波蘭臨時政府로 承認할것이다 全國統一된 新波蘭臨時政府는 最短期日內에 普遍選거와 無記名投票原則에依據한 自由選거를거行할것을保證하여야된다

有史以來 波蘭은 俄國을 攻擊하는 工具가되였다 三十年동안 獨逸은 二次나 波蘭을 經過하야 소聯을侵略하였다 歐洲의安全과 平和를保障하기爲하야 强盛한 獨立의波蘭이 必要하다 波蘭邊界에關한결議는 一種의妥協이다 但이妥協에依據하야 波란은 西北兩쪽에서領土를補償하야서 칼손線으로因하야 받은損失을 補充할것이다 西部邊계에關하야서는 最後로 和平會議에서 永久한規定을 할것이다 同時에우리는 波蘭이 相當히 海岸線을 가지는것을 同意하였다

諸君이 잘아는바와같이 칼손線以東에大部分人民은 白俄라斯人과 우크렌人이고 同線以西는 大部分이波란人이다 벌서一九一九年 協約國代表들은 칼손線이 兩國人民間에公正한國境이라는것을同意하였다 波란問題에關한協議는 目前情形下에서 自由 獨立 繁榮의波란國을 建立하는데 가장希望있는 協議라고본다

크리미아會議는 作戰上主要責任을負擔한 三大軍事强國의會議이다 單然이理由로서 佛蘭西는 今次會議에參加못되였다 그러나 누구든지 此會議에서 承認한 佛國의未來歐洲와 世界上地位를 無視할수는없을것이다 佛蘭西는 獨일의一個管理區역을 接收하게되여 盟國의 독일管理委員會에第四委員이되였다 佛蘭西는 산프란시스코 會議의共同發起人이다 佛國은 其他四大强國과같이 國際保安理事會의常任

委員을 被選되였다 마지막으로우리는 佛國이 우리와같이 歐洲解放區에對한 共同責任을 負擔할것을 要求하였다

公報에發表한바와같이 유―고스라브問題에關하여도 協議를하여 目下 그것을履行하는中이다

크리미아會議에서는 歐洲問題와歐洲에關한 政治問題만을 討論하고 太平洋戰爭과는 無關하였다 이것은 極히當然한일이다

但우리英美聯合參謀本部는 말다島에서 對日攻擊을 加强할 計획을作成하였다 日本군벌은 그들이 또亦是自己들을注意할것을알게되며 B―29飛行機와 우리의艦隊의威力을 感得할것이다 따라서 우리의海군을迎戰하며 自巳들과比較하야보겟다는 焦急한마음을가지지안는다 日本人들이 「美國海군上陸部隊의上陸」하였다는消息을들을때 어떠케生覺하는가 우리는硫황島에가고싶다 한말더보태여말하면 「局세는 十分의把握이있다」

그들은 日本本土에 닥쳐오는運命을잘알것이다 웨 매카더將軍 이마니라에歸還하는偉大한進군을完成하였고 니미쯔將군은目下 日本本土의後園인 硫황島에다 空군根據地를 建立하였다

東京에가는길은 아직도艱難하고또遙遠하다 독일의敗亡이곳 對日전장의결束이라고불수없다 그와反對로 美國은반다시太平洋에서 長期전쟁을 準備하여야할것이다 世계平和에關한 우리의計획을 完成하랴면 日本의無條件投降은 독일의敗亡과같이 必要한것이다 日本군國主義도 독일군國主義와같이 徹底히 消滅되여야할것이다

내가 크리미아에서 歸國하는途中 에지푸드國王부로크 애치오피아皇帝 시라셀사漢아라비아國王 이번파會談하였다 우리의談話는 모다共同利益問題와關係있는것이다 이談話는兩方에 다莫大한利益이있다 우리가 形式的 書信或은電信을使用하지않고 서로面談하야 親히 意見을交換하게된것은 퍽有利한일이다

내가도라오는途中에 또作전中에있는 陸군海군과航空隊를視察하였다 모든 美國사람들이 모다내自身이目睹하고 또그들은一切를親히体驗한다면 우리陸海군에對하야 나와같이光榮한感을 느낄것이다 我군은 有사以來 가장 能率있는 職業的군人을대抗하여전鬪하고 또勝利하였다

우리의 英勇한전士들의 子子孫孫이 未久에또한번 전장을하지안토록하는것은지금우리가 할수있는 機會를가지였다

크리미아會議는 美國有史以來劃時的 轉變點이다 未久에 美國參議院과 人民에게 偉大한決定을提出할것이다 이決定은반다시 未久의 美國과世界의運命을 決定하는 것으다 此時에中立은 있을수가없다 우리는반다시 世界上合作하는責任을 負擔하여야할것이다 그러치않으면 世계衝突의責任을 負擔하여야할것이다

若干方面에서는「計劃」두字에對하야 好感을가지지못하고있다 內政問題를두고 말하면 計劃의缺乏으로因하야 悲慘한錯誤를産出하였다 換言하면 生活上의大改善과 人類에有利한 許多한事業은 모다充分한 智慧로운計劃의結果로서 完成될것이다 即荒막한地域의開發 運河의開發 適當한住宅의供給等이例이다

國家間 關係도 마창가지다 우리當代에 二次나戰爭을防止할目標를當面하였다 世계各國은 이目標를 達成하기爲하야서는 計劃이없이는達成할수없을것이다 計劃의 基礎는 이미制定하였다 同時에全人類의 共同討論에부치고있다

勿論眞善眞美의 計획은 없을것이다 산푸란시스코에서 如何한計획을通過하였다 하여도 우리의憲法과 마창가지로 앞오로 隨時로 修改될것이다 一種의計획이 얼마나長久히 經續될것인지 그것은 누구도確實히 말할수없는것이다 全人類이平和를爲하야 그것을眞正으로堅持하고 또그것을爲하야 工作하고 犧성한다면 그計

획은 비로서 持久的으로維持될것이다

二十五年前 美國의戰士들은 全世界政治家가任務를 完成하야戰爭으로犧생된 平和의工作을 完成할것을 要求하였다 그때우리는 그들의 希望에서 어그러젓다 우리가 또다시그들의 願望을忽視하고 過去의世界가 再繼續되는것을 希望할수는 없다

크리미아會議는 三國政府가 非常히成功한工作으로서 平和을爲한共同根據를 確立하였다 過去數世紀동안 試驗하야失敗한片面行動 排外性同盟勢力範圍 세力均衡及其他一절策略과그러한 体制는이로부터 반다시 清算되고結속이되여야할것이다 우리는 普遍的組織으로서 上述한一절方法을代替할것을 建議한다 이組織에는 平和를愛護하는 一절國家는 모다參加할機會가있다

國會와美國人民은 今次會議의結과가 永久的平和機構의開始인것을 承認할줄믿는다 오직 이機構를 基礎로하야서만 比較的 良好한 世界를 建立할수가있고 또 그것은 우리 諸君과나의—子子孫孫과 全世계의子子孫孫이 다갈히生活하여야할 그런世계를 建立하는 開始이다

第二次世界大戰要記

一九三七年－一九四五年八月一五日

一九三七年 ○七月七日 中日蘆溝橋 戰爭爆發

八月十三日 上海戰爭爆發

○十二月十日 南京陷落

一九三八年 ○三月十三日 獨逸오스트리아를合併

○九月二十九日 뮤니히協定成立

十月二十五日 漢口陷落

一九三九年 二月二十七日 英 佛 西班牙프랑크政權承認

○三月十四日 捷克스로바기아滅亡

○八月二十三日 蘇獨相互不侵犯協定締결

○九月一日 獨逸波蘭을侵略

○ 二日 英國과佛國對독宣戰

九日 波蘭首都왈소爭奪戰開始

○十七日 蘇聯軍隊波蘭에入國

○ 二十七日 波蘭首都왈소陷落

○ 十月十六日 독逸空軍數次로英國島서爆擊

○ 十一月四日 美國中立法案通過

十三日 英國本土數次爆擊

二十八日 蘇聯芬蘭과의不侵犯條約廢止

三十日 蘇군芬난에入國

一九四〇年

三月十二日 芬난蘇聯과媾和

○ 四月九日 독逸군丁抹방威를侵入

十一日 英군방威에上陸

○ 五月十日 독逸落下산部隊 和난 白耳其 룩셈불그 侵入 英군白耳其에侵入

英챔바렌首相辭職 윈스톤 처ー칠英首相으로繼任

十一日 英空군數次로 독逸本土爆擊

○ 十五日 和난投降 독군佛난西防線을 突破 불國 기로ー더將군에게被捕

○ 二十八日 白耳其投降

六月 三 日 盟군당카ー크에서 完全撤退 數次로巴里爆擊

九日 백威對독戰鬪停止

○ 十日 伊太利 十一日부터 對英 佛作戰을宣布

○ 十四日 巴黎 독군에게陷落

○ 十六日 독군 佛의마지노 防線突破 英國은英佛聯合政府建立
案提議 佛은拒絶

○ 十七日 패땅元帥政府를組織 對獨媾和條件을提出 英군佛國에
서完全撤退

○ 二十二日 불國獨逸과媾和

○ 二十四日 불國伊太利와구와

二十七日 獨군 西班牙邊境에到達

○ 二十八日 英國은 더골將군을 自由불國人民의代表로認定

七月 三 日 英군불國首都를攻擊

四日 伊군 수단邊境을突破

○ 五日 英國 佛과망政府와國交斷절

八月 四日 英군 伊太利 소마리렌도를侵入

八日 英國本土防衛戰開始

○ 二十五日 英空군數次로 伯林爆擊

二十六日 런던에 數次終夜爆擊

九月 七日 三個月間 런던爆擊이開始

十一日 런던 바킹캄宮殿爆擊으로損毁

○ 十三日 伊군 埃及侵略開始

十五日 獨飛機一八五台 英上空에서墜墜

○ 二十七日 獨 伊 日의軸心條約成立

○十月二十八日 伊軍 希臘에侵入

二十九日 英군 希랍에上陸

○十一月十一日 伊空군 數次로 英國爆擊

二十九日 獨空군 大量燃燒彈을 런던에投下

(149)

一九四一年

一月 十日 蘇獨條約修正

○ 十九日 英군 수단을再占領

○ 三月 九日 伊군 알바니아 攻擊開始

○ 十一日 美루ー즈벨트大統領군大租借法案에 署名

二十七日 南스라브暴動

○ 四月 三日 이라크 親軸心政變

○ 六日 독군 希랍 南스라브 侵入

十二日 英군 希랍에서作전

○ 十三日 독군 南스라브首都벨그레ー드 侵占

二十七日 독군 希랍수都 雅典侵占

五月 一日 英군 希랍에서 完全撤退

D 十日 독國社黨副領袖루돌푸허스 스곳트렌드에降落

十九日三十一日 크레트島전開始

○ 二十四日 독비스마ー크號군艦 英國후ー드艦을擊沈

○ 二十七日 英空군 독비스마ー크號군艦擊沈

○ 六月 六日 英希군 크레트島에서 撤退

八日 英불軍 시리야에入國

○ 二十二日 독히트러軍 蘇聯軍을攻격

七月十二日 英 쏘互助協定成立

十四日 盟軍 시리아占領

二十一日 독空軍수次로 모스코바爆격

八月七日 쏘空軍수次로 伯林폭격

十一日 英수相처―칠 美루―즈벨트 오가스타艦에서會談

十四日 大西洋憲章發表

二十五日 英 소軍波斯에進駐

十九日 독군 러시아 우크렌의수都 키에프占領

○ 二十五日 불난西民族解放委員會成立 독크리미아島를攻격

十月五日 모스코전開始

二十四日 독군 카―고푸占領

二十九日 독군 크리미아에侵入

十一月十四日 美國中立法案修正

二十二日 독군 로수토푸占領
二十五日 獨군 모스코바再攻격
二十八日 소軍 로스토푸를奪還
十二月 六日 獨軍 모스코바 三十里外까지前進
○ 七日 日本宣戰없이 眞珠港을襲격
○ 八日 英 美對日宣전을布告
十日 日空군 英國의웰스皇后主力艦을격沈
○ 十一日 獨 伊對美전쟁을宣布
十八日 日군九龍 香港侵占
二十一日 大量日軍 比島민다나오에上陸
二十二日 日군웨크島占領
二十五日 香港投降

一九四二年

一月 一日 二十六個國 聯合協定 워싱톤에서署名
二十日 東部緬甸에서激전
二十三日 日군 뉴지렌드 라불占領

二十六日 美군 北氷洋에到着

○二月十五日 新嘉波陷落

十六日 日군 수마토라 油田파렘방占領

三月 一 日 日군 쟈바폭격

七日 日군 緬甸首都 렝궁占領

八日 日군 살아보아 뉴―지니아에上陸

二十六日 日軍印度 뱅골灣 안다만島에上陸

○ 十八日 두리트將군領率下에 美空軍 東京 橫濱 神戶 名古屋폭격

三十日 라쇼 日軍에게陷落

五月 三 日 日軍 緬甸 만다레占領

○ 二十六日 英 쏘二十五年友好條約署名

六月二十一日 獨군 두벌크占領

七月 一 日 獨군 세바스트폴占領

八月 五 日 獨군 보로시로프스크占領

二十四日 독군 돈河를 渡河

二十八日 쏘군 레닌그레드 地域에서 反攻開始

○ 九月 五 日 스타린—그레드 市街전開始

十月 七 日 日군 아투島를 放棄

十一月三日 영 美군 北非불난西에 上陸

十 一 日 軸心國 불난비이키에 侵入
모로고 아르제리아에불군 영美군에게 被捕

十三日 盟군두불크占領

○ 二十七日 독군 두룬港에侵入 佛난西艦隊分散

一九四三年

○ 一月 三 日 蘇軍 모즈토크奪還

十四日 美루—즈벨트大統領과 처—칠 카사부랑에서會談 軸
心國의 無條件投降을要求

十八日 레닌그레드 包圍開始

二十日 蘇軍 보로시로프 스크奪還

二十三日 盟軍트리포리에進入

二十九日 第八軍 두니시아 邊境에突入

三十日 英空軍 수次伯林을白晝폭격

○二月二日 스타린그레드 獨軍 蘇軍에게降服

十四日 蘇軍 로스드프奪還

十六日 蘇軍 카고프奪還

○三月二日 盟國空軍 비스마―크海에서日本의運輸艦隊를完全消滅

五日 蘇軍 카푸를再撤退

四月七日 北部두니시아에서 第一軍攻격開始

○五月七日 盟軍두니스를占領

○十三日 軸心國軍隊는 두니시아에서投降

三十日 美軍은 앗투島를占領

六月十一日 관데래리아아投항

三十日 美軍, 뮤죠지아에 렌도바上陸

七月二日 美軍 뉴―지니아 나소―灣에上陸

六日 獨일軍 러시아에서攻격開始

○ 十日 盟軍은 伊太利 시시리島侵入

十二日 蘇軍의 反攻開始

○ 十九日 盟國空軍第一次로 로馬폭격

○ 二十五日 뭇소리니 辭職하고 逮捕됨

○ 二十六日 파시스트黨解散

八月 四日 蘇軍 오렬占領

五日 美軍 쇼로몬에서 문다占領

十五日 美軍 아류산의 기스가에上陸

十七日 軸心軍 시시리島에서抵抗停止

二十三日 蘇軍 카—고푸奪還

二十四日 美軍과카나다軍 기사가占領

二十八日 美軍 뉴—쬬지아群島完全占領

○ 九月 三日 伊太利休전에署名 英軍及카나다軍 伊太利에上陸

○ 八日 伊太利 盟國에게投항

十日 伊太利海軍 말다島港에到着 獨일軍로馬占領

十六日 蘇軍 노보로시스크占領

十七日 蘇軍 부리안시스크占領

十九日 獨軍 伊太利 살디니아 에서撤退

○二十五日 蘇軍 스모렌스크奪還

○二十九日 伊太利 全面的休전協定에署名

十月四日 콜시가島解放

七日 蘇軍 드니파渡河

○十三日 伊太利對獨宣戰布告

十四日 伊太利는 對獨交戰團体로 됨으로接受

二十三日 蘇軍 메리토포奪還

十一月四日 第八軍과 五軍은 伊太利카스뒬패트소에서會戰

○六日 蘇軍 키이에프奪還

○二十二日—二十六日 루—즈벨트 처—칠蔣介石 카이로에서會談

○二十八日 데헤란會談擧行 (스타—린 루—즈벨트 처—칠)

○十二月四日—六日 카이로會議開始

一九四四年

十五日 美軍 뉴—부리든에登陸 아라웨占領

二十四日 蘇軍 키이에프西部에서 攻세開始

一月 二日 美軍 마당 밑에있는 사이돌을占領

四日 伊太利 카시노전투開始

八日 蘇軍 키로볼그레드占領

二十日 쏘군 노보고로드점領

二十二日 盟軍 라馬南方에上陸

○ 二十七日 레—닌그레드의 完全解圍

○ 三十一日 美軍 마—살群島에侵入을開始

二月 三日 獨軍 伊太利 안지오海岸에서猛反攻開始

八日 쏘군 니코폴占領

十四日 美군 그린렌드占領

○ 三月 一日 美군 아드마어르리島에上陸

○ 六日 美空군 수次 大規模로伯林폭격

十三日 쏘軍 카—손占領

二十八日 쏘군 니꼬라이에푸占領

○ 三十一日 日군 印度마니폴侵入

○ 四月十日 쏘군 오뎃사占領

十二日 英군 緬甸에서 티딤放棄

○ 十五日 쏘군탈還 크리미아수都

五月八日 日군 印度 고히마에서反攻開始

○ 九日 쏘군 세바스도폴占領

十八日 영군 伊太利에서 카시노占領

○ 六月四日 盟군 라馬占領

五―六日 盟國落下傘部隊 佛난西 놀만다 독일前線後方에 항落

○ 六日 同盟군 佛난西 놀만디에上陸

八日 佛난西都市 배이유解放

十三日 독일의飛彈 英國폭격

十五日 美군 사이판上陸 B―29수次로日本폭격

十九日 佛군엘바島점領
○七月八日 美군 사이판점領
九日 英카나다군 가엔점領
十三日 쏘군 비르나점領
○二十日 獨逸軍官·히트러暗殺未遂
○二十一日 美군 구암에上登
二十四日 쏘군 루부린점領
二十八日 쏘군 부레스트리토프스크점領
八月一日 波蘭國內군 왈소에서擧義
美군 부리단이侵入
三日 美군 렌네점領
四日 盟군 면甸 미치키나점領
八日 日군 中國衡陽을점領
十一日 獨군 푸로텐스 에서撤退
十二日 獨군 놀만디 에서撤退始作

○ 十五日 盟군 地中海에서 佛蘭西에上陸

二十日 佛군두룬 두ー룬에 侵入

○ 二十五日 巴里解放

○ 로馬尼亞對獨宣전

二十九日 蘇군 콘스탄자점領

三十一日 소軍 부카레스트에侵入

九月 一日 카나다軍 디ー페점領

○ 二日 英軍 白耳其부랏셀 해放 佛蘭西리온해放

○ 八日 불가리아 對獨宣戰

○ 十日 蘇聯對불가리아 戰투停止

○ 十一日 美군 獨逸國경을突破

○ 十三日 로馬尼亞對 소 英 美休戰 協定에署名

○ 十五日 美군 지게푸리防線突破

○ 十七日 英國 落下傘部隊 和蘭에항落

○ 十九日 美군 부레스트점領

○ 二十二日 쏘軍 에스토니아수都 타—린점領
十月 四日 盟군 希람에上陸
○ 九日—十日 처—칠英수相 모스코바訪問 스타—린委員長과
會談
○ 十二日 美國 니미즈元帥는 台灣폭격에 日本飛三九六台 船
舶百隻 격沈하였다고宣布
○ 十三日 쏘軍 라도비아수都 리가점領 日軍中國神州를점領
○ 十四日 英군 雅典侵入
○ 十八日 蘇군 東푸로시야 國경突破
○ 二十日 蘇군 한가리아수都 벨그레드점領
美군 比律賓 리테에上陸
○ 二十一日 盟國東艦隊 안다만 스마트라 大폭격
獨逸 아센區군司令官 無條件投항協定에署名
○ 二十二日 蘇군 芬蘭에서 놀웨이邊경에到達
○ 二十八日 불가리아對盟軍 休戰協定에署名

十一月二日 白耳其경內에 獨군肅淸

六日 南스라부군 모나스다解放

二十二日 美군 佛蘭西 메즈점領

二十三日 中國군 면甸 바―무점領

二十四日 B―29수次로 東京폭擊

十二月三日 東아푸리가군 가래와점領

九日 蘇군 부다패어스트 北部다뉴부江邊에到着

十五日 美군 比律賓 민도로에上陸

○ 二十五日 比律賓 리태戰役完了

○ 三十日 匈牙이 대獨宣戰

一九四五年

一月五日 英印군 아키야푸에上陸

○ 九日 美군 比律賓 루총에上陸

十四日 쏘군 中部波蘭에있는 란놈점領

十七日 쏘軍 波蘭首都 왈소에侵入

十八日 쏘군 크라코―점領

○二十日 匈牙이 대소軍休戰協定에署名

○二十七日 소군 리도와니아首都 메멜점領 리도와니아解放

三十一日 소군 獨逸우란든불그 地方侵入

○二月一日 소軍 伯林에서 五十리되는곳까지前進

○四日 白耳其解放

美군 比律賓首都 마니라侵入

○六日 소軍 부레에로 西南北部를攻격

八日 영加軍 니지메―근 西南을攻擊

○十一日 소軍 부레스로 西北을攻격

○廿二日 차―칠 루즈벨트 스타―린의크리미아 會議결속

○十三日 蘇軍 부다페스트점領

○十九日 美軍 硫황島에上陸

○二十三日 土耳其 대獨日宣戰

○二十五日 埃及 대軸心宣戰

○二十六日 메가리 比律賓民政을 比大統領오스메나에게讓渡

二十八日 쏘軍 뉴―스테탄占領

三月 七日 美軍 라인河渡河

八日 英印軍 면甸 만다레侵入

十二日 쏘軍 伯林대面에 구에스트린占領

○ 十六日 美軍 硫항島完全占領

十七日 蘇軍 부란든불그占領

十八日 盟國空軍 最大規模로伯林폭擊

十九日 美軍 워온스占領

二十日 英印軍 면甸만다레이占領

二十八日 런던의 最後空襲

三十日 美군 쿠에스트린점領

○ 四月 一日 美군 沖繩島上登

루고地方의獨군慘敗

三日 美군 하―ㅁ점領

四日 쏘軍 스로바기아수都 부리디스라바점領

○ 六日 蘇聯 蘇日中立協約期滿을宣布

○ 七日 美空군 日本의最大戰艦四萬五千噸級「大和」격沈

○ 九日 蘇軍 東푸스사수도 고엔스바ー그占領

○ 十日 美군 하노바점領

十一日 西班아대일絕交

美군에쓴점領

○ 十二日 루ー즈벨트大統領 腦의血로温泉休養中逝世

十三日 蘇군 奧地이수도 비에나점領

十四日 카나다군 和蘭北海에到達

十六日 마지막하나 나모었든 獨逸戰艦LUTZOW擊沈

二十日 盟軍 뉴ー룬불그점領

○ 二十一日 蘇軍 伯林郊外에進迫

○ 二十四日 獨히트러 英美政에게 投항을提出

○ 二十五日 산푸란시스코 聯合國會議開會

二十六日 蘇美兩軍 엘버에서會師

(161)

런던區市民의死傷 總數八萬三百七名

○二十七日 美군 제네바점領

○二十八日 미란遊격隊人民 무쏘리니銃殺

○二十九日 伊경內獨逸군 無條件投항

美군 뮤니허 에侵入 英베니스에侵入

英군 함불크西南에서 엘브渡河

三十日 美군 뉴린市에侵入

○五月一日 獨逸側은 히트러의死亡을宣布

돈이쯔大元帥 히트러의繼承者로被任

뉴ー지렌드군과 南스라브리ー토元帥군會師

濠洲군 브르네오에上陸

○二日 伯林은 午後三時 쏘군에게投항

英쏘양군 위스마區에서會師

뉴지렌드군 토리에스트를占領

○三日 英군 함불그占領

○ 四日 英印군 면甸련군占領

獨逸第一 十九양군 美군에게投항

○ 五日 和蘭 獨逸 西北區 丁株에 全獨逸군 午前八時부터

投항

○ 七日 全獨逸 無條件投降

○ 十日 四百台B—29日本本土폭격

○ 十四日 五百台B—29三千三百噸 燃燒彈을名古屋에投下

○ 二十四日 五百五十台B—29東京大폭격

三十一日 蔣介石氏行政院長을辭職 宋子文氏繼任

六月十二日 日本議會에서鈴木內閣에게 特權을賦與

十四—十五 영太平洋함隊 양日間 두르구공격

○ 二十日 니미쯔元帥 沖繩島戰이八●十二日만에結속함을宣布

○ 二十八日 美군 루—종解放

七月一日 濠州군 분네오에上陸

○ 二日 B—29六百台 日本本土大爆격

○ 五日 메카—더將軍 比島戰役의 完結을宣布

○ 十日 美國 第三艦隊空군 東京區를 爆격

○ 十四日 美國 第三艦隊 戰爭以來數次로 日本本土를砲격

○ 十七日 포스담會議閉시

二十一日 日군 南部면甸에潰滅

二十四日 美英航空母艦遠東空軍部隊로聯合 日本內海에潛入한
日本艦隊를 搜索격沈

○ 二十六日 처—칠辭職 애트리英수相으로繼任
미 영 中三國은포스담最後通牒을 日本에보내며
日本의 無條件降伏을 要求하다

○ 二十八日 美國 蘇議院聯合國憲章을通過

三十日 美英聯合空軍 西部日本을爆격 戰艦日本本土를砲격

八月 一日 美國 太平洋함隊 웨크島공격

○ 二日 B—29八八二臺 日本本土를大폭격
美英蘇三强國 對獨協定을發表

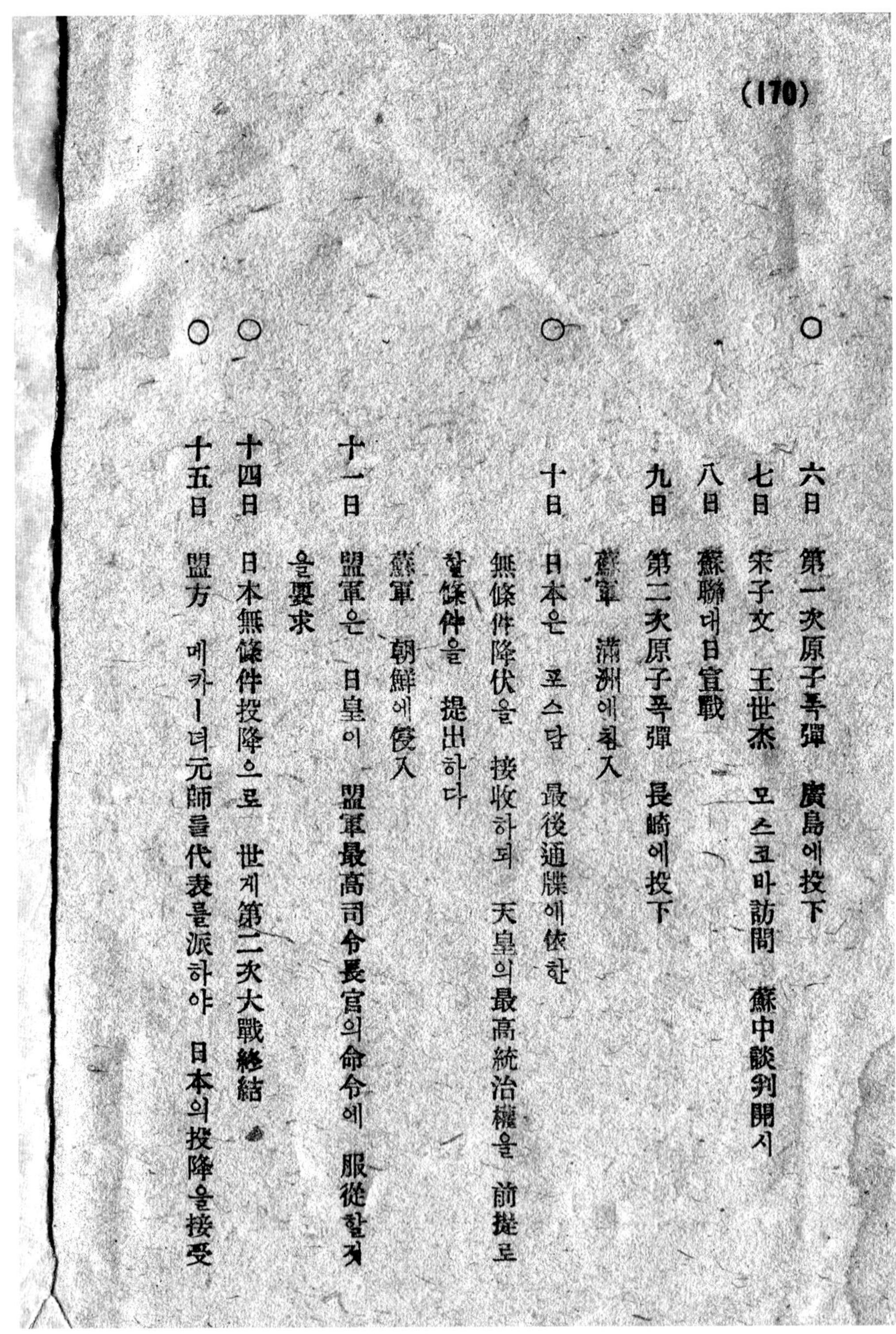

(170)

○ 六日 第一次原子폭彈 廣島에投下
○ 七日 宋子文 王世杰 모스크바訪問 蘇中談判開시
八日 蘇聯대日宣戰
九日 第二次原子폭彈 長崎에投下
蘇軍 滿洲에침入
○ 十日 日本은 포스담 最後通牒에依한
無條件降伏을 接收하되 天皇의最高統治權을 前提로
할條件을 提出하다
蘇軍 朝鮮에侵入
十一日 盟軍은 日皇이 盟軍最高司令長官의命令에 服從할것
을要求
○ 十四日 日本無條件投降으로 世계第二次大戰終結
○ 十五日 盟方 메카ㅣ더元師를代表를派하야 日本의投降을接受

西紀一九四六年八月十日印刷
西紀一九四六年八月三十日發行

版權所有

第二次世界大戰文献

定價 四拾圓

編譯者 서울市黃金町三丁目三三七番地 韓志成

發行者 서울市黃金町六丁目 ○의三 呂文淵

印刷人 서울市黃金町六丁目一○의三 梁定鎬

印刷所 서울市黃金町六丁目二○의三 太平文化出版社印刷部

發行所 서울市黃金町六丁目二○의三 太平文化出版社
電話東局一三六四番

자료편

Ⅳ

한지성의 독립운동 관계 기사

1. 조선의용대 본부요원 및 간부

① 조선의용대 총무조원 겸 정치조원 (1938.10)

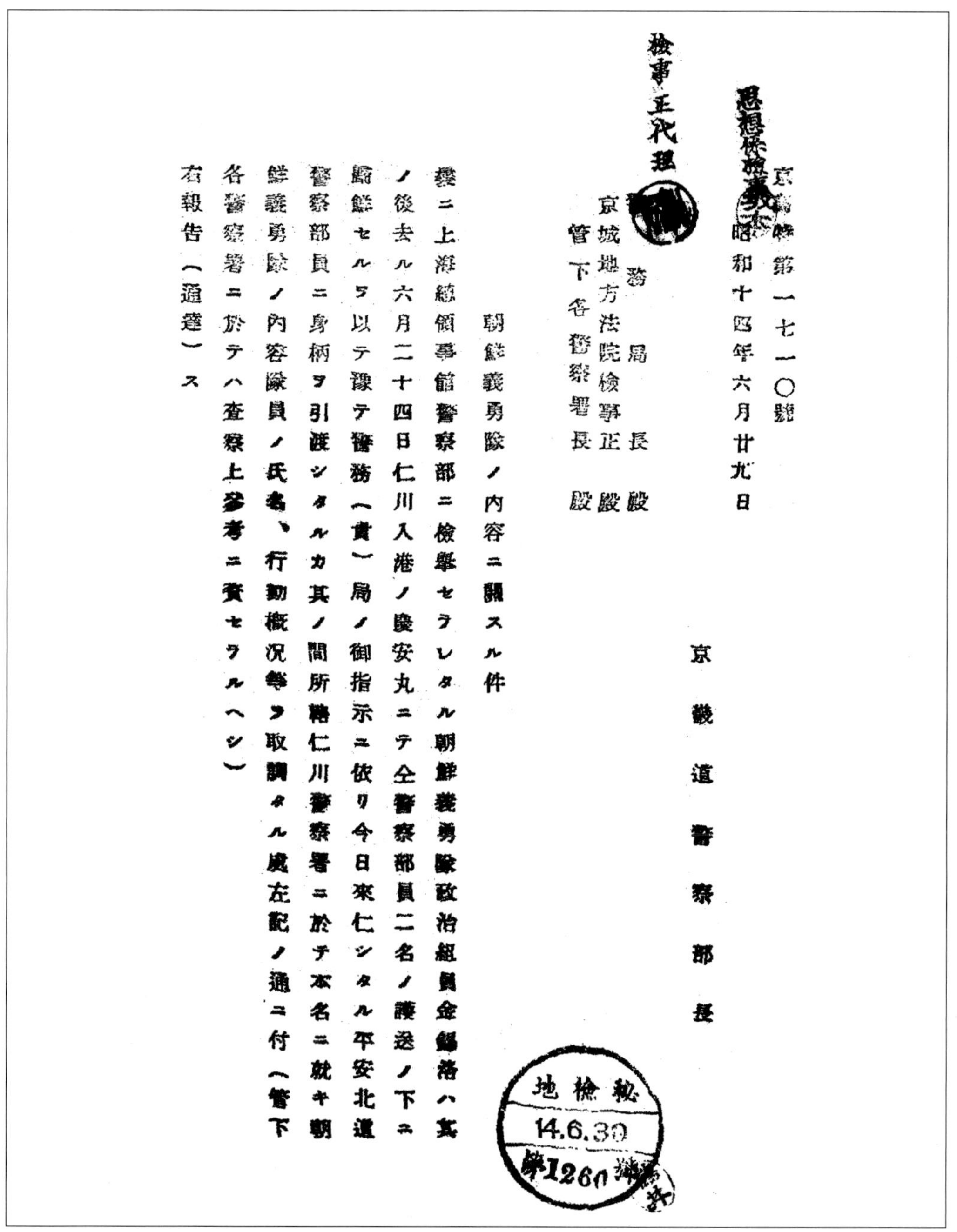

京畿警秘第一七一〇號

昭和十四年六月廿九日

京畿道警察部長

務局長殿

京城地方法院檢事正殿

管下各警察署長殿

朝鮮義勇隊ノ内容ニ關スル件

曩ニ上海總領事館警察部ニ檢擧セラレタル朝鮮義勇隊政治組員金錫洛ハ其ノ後去ル六月二十四日仁川入港ノ慶安丸ニテ仝警察部員二名ノ護送ノ下ニ歸鮮セルヲ以テ豫テ警務（貴）局ノ御指示ニ依リ今日來仁シタル平安北道警察部員ニ身柄ヲ引渡シタルカ其ノ間所轄仁川警察署ニ於テ本名ニ就キ朝鮮義勇隊ノ内容隊員ノ氏名、行動概況等ヲ取調タル處左記ノ通ニ付（管下各警察署ニ於テハ査察上參考ニ資セラルヘシ）

右報告（通達）ス

機要室主任　申　岳

〃　部員　李潼來　全南寶城郡兼白面南陽里　二六歲

〃　〃　周世敏

總務組組長　李集中

〃　組員　李春岩

〃　〃　石成才　新義州?　當三十七歲

〃　〃　金仁哲　慶南　別名金剛一　當二十九歲

〃　〃　韓志成

政治組々長　金奎光

〃　組員　石　正

〃　〃　陳一平

〃　〃　金錫洛（逮捕）

〃　彙　韓志成

3. 第一區隊（民族革命黨員）

區隊長　朴考三

隊附　金世日

政治工作員　王　通

조선의용대의 내용에 관한 건

앞서 상해총영사관 경찰부에 검거된 조선의용대 정치조원 김석락(金錫洛)은 지난 6월 24일 인천에 입항한 경안환(慶安丸) 편으로 동(同) 경찰부원 2명의 호송 하에 귀선(歸鮮)되어, 앞서 경무국의 지시로 오늘 인천에 온 평안북도 경찰부원에 신병을 인도하였음. 그간 관할 인천경찰서에서 이 자에게 조선의용대의 내용, 대원의 씨명, 행동 개황 등을 취조한바 다음과 같으므로(관하 각 경찰서에서는 사찰상 참고에 활용하시기 바람) 보고(통지)함.

1. 조선의용대의 내용 [생략]

2. 의용대 본부 직원
   총무조 조장 이집중(李集中) [중략] 조원 한지성
   정치조 조장 김규광(金奎光) [중략] 조원 겸 한지성
   [하략]

※ 원문 출처: 「조선의용대의 내용에 관한 건」(경기도경찰부, 1939.6.29), 3쪽

② **조선의용대 전지특파원** (1939.1)

本隊消息

一、本隊隊長已由重慶回到桂林。

二、本隊王志延、金學武、周世敏、韓志成四同志，於十五日被邀參加新聞記者交誼會，與中國同志互相歡樂，足以增進中韓兩民族之感情。

三、本隊定於每逢星期一，舉行週會，報告政治情勢，工作情形，並檢討生活情形，藉以訓練。

四、本隊韓志成同志，不日赴江南各戰綫及××區域考察抗戰情形，特別研究對敵宣傳工作並廣搜集這一工作的種種資料。

五、本隊宣傳隊將在桂公演「朝鮮之女兒」，此劇本係本隊金昌滿同志的朝鮮文所作，現已譯成中文。劇情爲描寫在農村破產下之朝鮮人農家女兒悲慘生活及其反日革命鬥爭之史實。

본대(本隊) 소식

二. 우리 대의 왕지연(王志延), 김학무(金學武), 주세민(周世敏), 한지성 4동지가 15일에 신문기자교의회(新聞記者交誼會)에 초대되어 참가하고 중국동지들과 환락하면서 중·한 양 민족의 우의감정을 족히 증진시켰다.

四. 우리 대의 한지성 동지는 근일 내로 강남 각 전선 및 ××구역으로 가서 항전정형을 고찰하고 특별히 대적 선전공작을 연구함과 아울러 그 공작 관련 여러 자료를 수집할 것이다.

※ 원문 출처: 「본대(本隊) 소식」, 『조선의용대통신』 제2호(1939.1.25), 2쪽

③ 화중지역에서 조선의용대 전지통신원으로 활동

本隊消息

一、本隊戰地通訊員韓志成同志在金華工作已告一段落即將赴皖南工作云

二、本隊政治組於四月十二日招待桂市藝術界到二十餘人席間討論本隊擬出刊街頭畫報問題當蒙在座藝術界人士熱烈贊助云

본대 소식

一. 우리 대의 전지통신원 한지성 동지가 금화(金華)에서의 공작에 일단락을 고하고 곧 환남(皖南)으로 가서 공작할 것이라 한다.

※ 원문 출처: 「본대 소식」, 『조선의용대통신』 제10기(1939.4.21), 9쪽

④ 전방에서 조선의용대 본부로 귀환하고 보고 (1938.8)

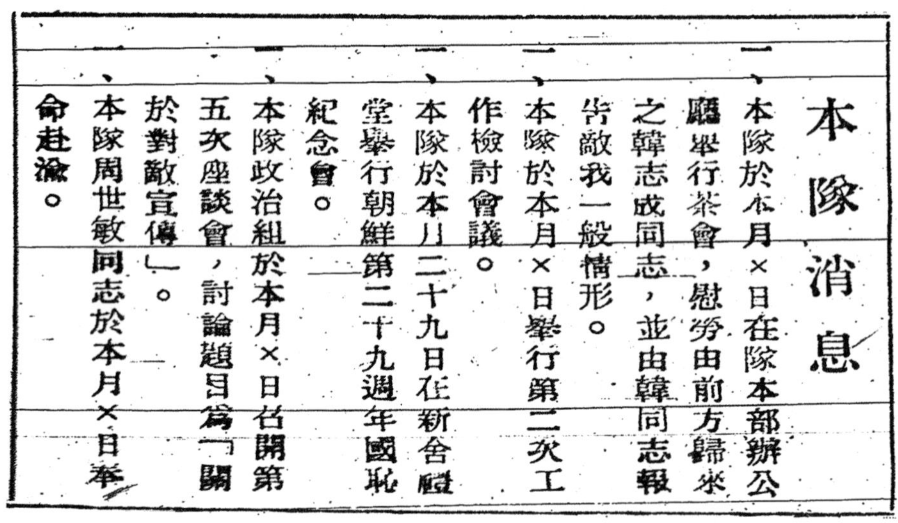

本隊消息

一、本隊於本月×日在隊本部辦公廳舉行茶會，慰勞由前方歸來之韓志成同志，並由韓同志報告敵我一般情形。

一、本隊於本月×日舉行第二次工作檢討會議。

一、本隊於本月二十九日在新舍禮堂舉行朝鮮第二十九週年國恥紀念會。

一、本隊政治組於本月×日召開第五次座談會，討論題目為「關於對敵宣傳」。

一、本隊周世敏同志於本月×日奉命赴渝。

본대 소식

一. 우리 대는 이 달 ×일에 대 본부 판공청에서 다과회를 열어, 전방에서 돌아온 한지성 동지를 위로하고 한동지로부터 적군과 아군의 일반정형 보고를 들었다.

※ 원문 출처: 「본대 소식」, 『조선의용대통신』 제23기(1939.9.1), 3쪽

⑤ 정치조 업무차 일선 전구 출장(1939.12)

本隊消息

本隊南路工作隊，已安抵××地方，蒙白將軍崇禧，行營政治部梁主任寒操召見，備得贊許，詳賜指示，併發給無線電放送機二架，現該工作隊已經赴火線工作云。

東路工作隊安抵××地方，已開展工作，羅總司令曾親自迎見，並允在工作上給予各種便利云。

本隊本部最近曾舉行四次座談會第七次由本隊隊長金若山同志主講「朝鮮義勇隊的任務與今後工作方向」；第八次由王繼賢同志主講「最近日本政治動態」；第九次由李達同志主講「日美關係」；第十次由李貞浩同志主講「敵國阿部內閣倒台之原因及新內閣的前途」，結果頗爲圓滿。

隊本部工作人員曾參加中國民族復興節遊行大會與歡送負傷將士重上前線大會。

本隊政治組長金學武，政治組主任宣傳員韓志成兩同志，於本月十六日，因公赴第×戰區；政治組長職已暫由李達同志代理云。

본대 소식

우리 대의 정치조장 김학무(金學武), 정치조 주임선전원 한지성 동지는 이 달 16일에 공무차 제×전구로 갔고, 정치조장 직은 잠시 이달(李達) 동지가 대리한다고 한다.

※ 원문 출처: 「본대 소식」, 『조선의용대통신』 제31기(1940.1.1), 12쪽

⑥ 조선의용대의 활동상에 관해 중국인 기자와 담화 (1940.1)

皇軍の占領地域內に在る內鮮人及び軍人に對する反戰宣傳並に後方攪亂に努め、又五月一日附「中華民國江蘇省抗戰支隊」名義の反戰ビラを撒布する等中國側指導の下に抗日不逞運動を繼續中なるが、義勇隊通訊並に支那側新聞紙等の報道に依る義勇隊の活動狀況左の如し。

1 上海に於て發行の「譯報周刊」は三月九日、十六日、二十三日の三回に亘り「在支作戰の朝鮮義勇隊」と題し、中國人谷斯範が本年一月二十四日桂林義勇隊を訪問せる記事を連載し、義勇隊の活動狀況並に金國斌(金元鳳)申岳、韓志成、王志延、金學武、金奎光等の談話(鬪爭經歷)を記載せるが、滿洲に於ける中韓抗日聯軍の朝鮮內進擊可能を力說し居れるは注目に値す。

2 四月五日附文匯報は長沙四日電として「中國側第〇戰區政治部に從軍中の朝鮮義勇隊は命令を奉じて前線に赴き、日本軍後方に對する宣傳工作を擔任中なるが、最近日本軍後方に在る某支隊長の來電によれば、三月二十四日〇〇湖北方に於て日本軍タンク二臺、自動車八輛の步兵隊を攻擊して死者三四十名の損害を與へたり」と報道せり。

3 四月廿一日附義勇隊通訊第九號に李達の「台兒莊大勝二周年を迎へて」及び「前線同志に與ふる公開

(163)

1. 상해에서 발행되는 『역보주간(譯報周刊)』은 3월 9일, 16일, 23일자의 3회에 걸쳐 「중국에서 작전 중인 조선의용대」라는 제목으로 중국인 곡사범(谷斯範)이 올해 1월 24일 계림의 의용대를 방문했던 기사를 연재하고, 의용대의 활동상황과 김국빈(金國斌[김원봉]), 신악(申岳), 한지성, 왕지연(王志延), 김학무, 김규광(金奎光) 등의 담화(투쟁경력)를 써서 실었는데, 만주에서 중한항일연군의 조선 내 진격 가능을 역설하고 있음이 주목에 값한다.

※ 원문 출처: 「재지(在支) 조선의용대의 정세」, 조선총독부 고등법원 검사국 사상부, 『사상휘보』 제22호(1940.3), 163쪽

⑦ 조선의용대 본부 정치조 선전주임 겸 편집위원회 중문간 주편위원

經て益々强大なものとなり敵軍より奪取した武器を以て自己を武裝し各地に鞏固な抗日根據地を持つに至った蘇聯は終始朝鮮民衆の最も良き友であり朝鮮革命の有力なる援助者である滿洲に於ける朝鮮革命の發展は偉大なる蘇聯の友誼と不可分のものである蘇聯內の國際士官學校內では多くの朝鮮革命幹部を養成し朝鮮革命の完成に協力しつゝある。

(三)　朝鮮義勇隊 覽表　朝鮮義勇隊は在支不逞鮮人中最も活潑なる策動をなしつゝありて、左記 覽表は本年一月同隊本部が桂林に於て作成發表したるものにして、之に依れば同隊の組織編成は總人員三 四名とあり、從來の情報に依り傳へられたる 五 名並前記投降者朝鮮義勇隊員劉文 及咸德伸の供述に比較し 倍乃至三倍に達し居れるは彼等が中國軍事委員會に對する報告書として幾分誇大的に作成したるものと想像せらるゝも、諸種の情報を綜合してその勢力は相當擴充され居る模樣なり。

朝鮮義勇隊各單位人事統計表　九四〇年一月現在)

(一)　隊本部

職別		姓名	性別	年齡	出身	備考
總隊長		金若山	男	四一	中國黃埔軍校四期步科	朝鮮民族革命黨總書記
機要組	組長	申岳	〃	五〇	〃 五期〃〃	〃 中央檢查委員
	文書主任	荀季昭	〃	六	中國中央軍校特別訓練班	
	人事主任	藩海亮	〃	三五	中國黃埔軍校六期步科	〃 革命黨中央委員
	調查主任	李貞培	〃	三〇	廣東中山大學卒業	〃 中央候補委員
	設計主任	金俊	〃	四	中國軍校(黃埔)四期步科	〃 檢查委員
	組員	四員	〃			
	共	九員				
政治組	組長	金學武	男	一八	中國北平々民大學卒業	朝鮮青年前衛同盟中央委員
	訓練主任	石正	〃	三八	日本慶應大學卒業	朝鮮民族革命黨中央委員
	宣傳主任	韓志成	〃	二八	中國中央政治學校卒業	朝鮮青年前衛同盟中央幹部
	資料室主任	李達	〃	三	中國北平平民大學卒業	朝鮮革命者聯盟中央委員
	組員	六員				

部門	職務	姓名	性別	年齢	學歷	兼職
組	活動宣傳主任	金昌濟	男	三〇	中山大學卒業	朝鮮青年前衞同盟中央幹部
	隊員	十二員				
	共	二十三員				
總務組	組長	李集中	男	四七	中國黃埔軍校四期步科	朝鮮民族革命黨中央檢査委員
	庶務主任	李海鳴	〃	四〇	中國中央軍校特訓班六期	
	會計主任	陳德心	女	二三	廣東順農中學卒業	
	組員	二員				
	共	五員				
編輯	主任	李斗山	男	四七		
	韓文刊主編	石正				
	委員	金科奉	男	五〇	朝鮮培材中學卒業	朝鮮民族革命黨中央委員
	〃	李英駿	〃	四〇	廣東中山大學卒業	〃
	〃	金南德	〃	四五	日本早稻田大學卒業	〃
委員會	中文刊主編	韓志成				兼職
	委員	柳子明	男	四六	朝鮮水原高農卒業	朝鮮革命黨聯盟中央委員
	〃	金奎光	〃	四二	廣東中山大學卒業	朝鮮解放同盟中央委員
	〃	李達				兼職
	〃	韓一來	男	四六	中國厦門大學卒業	朝鮮解放同盟幹部
	〃	荀季昭	〃	四一		兼職
	〃	王繼賢	〃	二三	中國中央軍校特訓班九十	
	〃	尹爲和	〃	二三	〃	
	共	九員				
訓練所	主任	金若山				兼職

조선의용대 각 단위 인사통계표 (1940년 1월 현재)

(1) 대 본부

직 별	성명	성별	연령	출신	비고
총대장	김약산	남	42	중국 황포군관학교 4기 보과	조선민족혁명당 총서기
기요조 (생략)					
정치조					
조 장	김학무	남	28	중국 북평 평민대학 졸업	조선청년전위동맹 중앙위원
훈련주임	석정	남	38	일본 경응대학 졸업	조선민족혁명당 중앙위원
선전주임	한지성	남	28	중국 중앙정치학교 졸업	조선청년전위동맹 중앙간부
자료실주임	이달	남	31	중국 북평 평민대학 졸업	조선혁명자연맹 중앙위원
조원	6인				
(중략)					
편집위원회					
중문간 주편	한지성				겸직

※ 원문 출처: 金正明 編,『朝鮮獨立運動』 II(東京: 原書房, 1967), 685~686쪽

⑧ 조선의용대 본부의 중경 이전 환영회에서 연설 (1940.4.12)

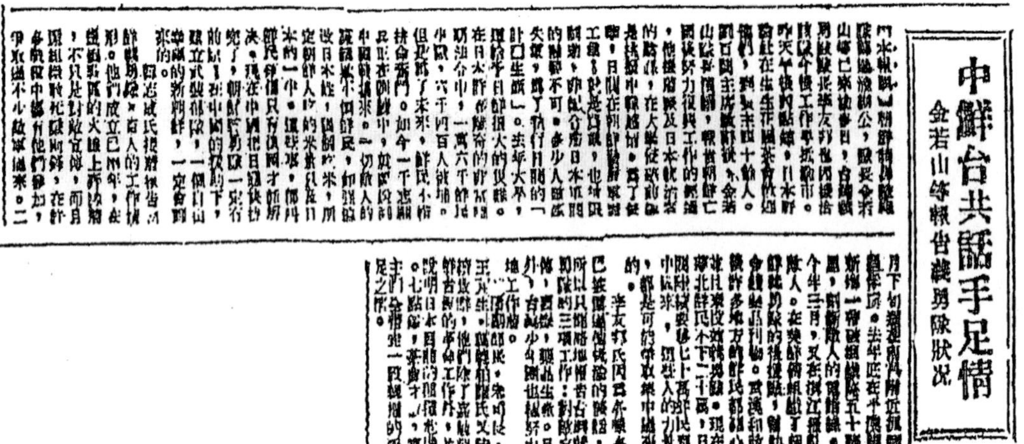

中鮮台共話手足情

金若山等報告義勇隊狀況

중국 · 조선 · 대만은 팔 · 다리 같은 사이라고들 입 모아 말해

김약산(金若山) 등이 의용대 상황을 보고

[본보 소식] 조선의용대가 계림에서 중경으로 본부를 옮기자, 대장 김약산도 대원들을 이끌고 중경에서 활동을 시작하였다. 대만의용대장 이우방(李友邦)도 대만의용대의 향후 공작문제를 논의하기 위해 일전 중경에 도착하였다. 이에 『일본평론』사(日本評論社)는 어제 오후 4시 생생화원(生生花園)에서 조선의용대와 대만의용대를 위해 조촐한 환영회를 마련하였다. 모임을 주관한 유(劉) 주석의 환영사가 있은 뒤 연단에 오른 김약산 대장은 먼저 조선망국 후 전개된 국권회복운동의 경과를 간략하게 소개하였다. 이어 김 대장은 일본의 음모를 낱낱이 폭로하는 한편, 일본이 도발한 대규모 침략전쟁은 중 · 한 두 민족의 감정을 이간질하려는 술책임을 강조하였다.

아울러 김 대장은 "대중국 침략전쟁을 수행하기 위해 일본 군벌은 조선에 대규모 군수공장을 건설하였다. 또한 일본 군벌의 전쟁수요에 부응하기 위해 농업생산에도 박차를 가하고 있다. 일본 군벌이 전쟁수행에 우선적으로 필요한 공업을 중시하면서 수많은 조선인이 실업자로 전락하고 말았다. 작년에 발생한 대재난은 일본과 조선에 커다란 피해를 안겨주었다. 그런 와중에도 일본은 기괴한 비상시기 법령을 반포하여 1만 6천 명의 조선인을 투옥시키고, 6천4백여 명을 체포하였다.

일본의 압박과 착취에도 불구하고 조선 민족은 자손만대의 행복을 위해 목숨을 건 투쟁을 계속하였다. 지금 1천 명의 지원병이 모처에서 훈련을 진행하고 있다. 이들은 조만간 중국전장에 투입될 것이다. 적들이 아무리 간교한 수단으로 압박한다 해도, 조선 민족은 절대 굴복하지 않을 것이다. 일본은 조선인에게 창씨개명을 강요하고, 조선인에게 배급되는 쌀은 일본인의 절반에 불과하다. 국권이 회복되어야만 비로소 조선인들은 자신들에게 가해지는 수많은 압박에서 벗어날 수 있다. 이제 중국항전의 승리, 일본제국주의의 패망이 멀지 않았다. 조선의용대는 중국의 원조 하에 반드시 전선에 무장부대를 투입하여 자유·행복의 신조선 건설에 일조할 것이다"며 조선의용대의 향후 계획을 밝혔다.

김 대장에 이어 <u>한지성</u> 씨가 "성립 후 지난 2년간 조선의용대원들은 각 전선에 투입되어 선전공작을 진행하였을 뿐만 아니라 결사대를 조직하여 선봉에 서기도 하였다. 또한 적군에 끌려온 조선 청년들의 귀순을 유도하여 적지 않은 성과를 거두었다. 2월 하순에는 다수의 적군을 생포하는 전과를 올렸고, 작년 말에는 평한철도가 지나는 신향(新鄕) 일대에서 적의 군수물자를 실은 열차 50량을 파괴하였다. 또한 적의 통신망을 두절시키기 위해 곳곳의 전화선을 절단하였다. 금년 3월에는 절강성 일대의 적 후방을 교란하는 작전을 수행하였다. 한편으로 조선의용대 후방지원대를 조직하여 의약품을 모으고 선전책자를 발행하는 등 활발한 활동을 전개하였다. 무한을 비롯하여 곳곳의 적 점령지에 산재한 조선인들이 의용대에 가담하기 위해 속속 탈출을 감행하고 있다. 현재 화북지역에는 20만 명 이상의 조선인이 거주하고 있다. 일본은 앞으로 70만 명의 조선인을 중국으로 이주시키려는 계획을 갖고 있다. 우리는 이들 모두를 항일진영에 가담시키기 위해 노력할 것이다"고, 그간 조선의용대의 활동상과 앞으로의 포부를 밝혔다. (하략)

※ 원문 출처 : 『天津 大公報』, 1940.4.13; 국사편찬위원회, 『대한민국임시정부 자료집』 40, 원문편 30쪽

⑨ 조선의용대 본부 외교주임 (1941.5 현재)

鮮、內地等にも手を伸して各地に武裝政治工作隊員を派遣し、專ら日本及新政權側の建設工作破壞に乘出すこととなり、中國側より相當多數の軍資金を供與され、更にソ聯側とも密接なる了解成立し居れるが如き模樣なるを以て、將來各方面に一層活潑なる不逞策動を見るべしと傳へらる。

客年三月二十八日江西省新建縣の我が軍に投降し來りたる朝鮮義勇隊員劉文一及成德坤の供述に依れば本隊は隊本部及婦女工作隊を除く大部分は第五、第九戰區（河南、江西、山東各省）の第一線配屬部隊となり不逞工作に從事しつゝあり。その主なる活動は

(イ) 日本軍情を偵知し並に占領地域內の情報蒐集
(ロ) 日本人俘虜の取調並に思想工作
(ハ) 日本軍隊に對する反日宣傳工作

等にして宣傳工作の實例として隊員なる陳一路、周成民等が、在華日本人民反戰革命同盟會の鹿地亘等と共に、重慶桂林よりラジオ放送し、反戰、反軍的傳單パンフレットを作成して日本軍陣地に撒布し、日本軍と近く對峙する場合は夜間メガホンにて反戰的放送をなしたることもあり。又義勇隊に對しては重慶政府より食費二、二六〇元、工作費として一、一三〇元を支給され、隊員は上下を問はず食費として二〇元、工作費として一〇元を支給されつゝある模樣なり。

5　朝鮮義勇隊員一覽表　朝鮮義勇隊內には從來より出身道別派閥抗爭並に幹部內の軋轢等により事毎に意見の對立ありて內部的紛糾を續けつゝありしを以て、一部には之より脫退せんとする者ありたるが、客年九月金九の主宰する韓國光復軍の成立に伴ひ之等隊員は同軍に參加し、義勇隊の勢力は稍々衰頹の過程にありしが、其後俘虜並に拉致者を入隊せしめ、極力勢力の挽回に努めたる結果、漸次回復の狀勢にあるも、內部的には尙分裂の兆を內包するものと推測さる。

本年五月現在の朝鮮義勇隊の編成表別記の如し。

朝鮮義勇隊編成表

一、隊本部　重慶政府政治部所屬

職	氏名	年齡	學歷	所屬
總隊長	金元鳳	四四	黃埔軍官學校四期步科	民族革民黨
副隊長	申岳	五一	〃　五期步科	〃
政治組々長	金學武	二九	南京中央大學中退	前衛同盟幹部
組員	李達	三二	北京平民大學卒	朝鮮革命者聯盟中央委員
宣傳隊長	金昌濟	三〇	廣東中山大學卒	前衛同盟中央幹部
總務部長	李集中	四八	黃埔軍官學校四期步科	民族革命黨中央檢查委員
庶務主任	李樹鳴	四一	中央軍校特訓班六期	〃

外交主任	韓志成	二九	中央政治學校大學部	前衛同盟中央幹部

一、婦女服務團

團長	林哲愛	三一	金元鳳妻 東京市女子中學卒	民族革命黨
副團長	張委近	二三位	楊民山妻	民族革命黨
團員	林萃林	四二	李集中と同棲せることあり	〃
〃	韓泰思	二三位	李貞浩の妻	〃

一、第一支隊　第一戰區司令部所屬

支隊長	王子仁	三〇	南京中央軍校第十期	前衛同盟
副支隊長	張重光	二六	洛陽軍校廣東分校星子分校卒	民族革命黨
政治指導員	胡一萃	二九	星子校卒	前衛同盟
〃助理員	胡哲明	二七	〃	〃
隊員	王志鋌	四四	ロシヤ歸り出獄後直ちに渡支せる共產主義者	民族革命黨
〃	李貞浩	二九	六東中山大學卒	〃
〃	金仁哲	三二	星子分校卒	前衛同盟
〃	林平	〃	中央軍第六期	〃
〃	張軍緝	二七	星子分校卒	〃
〃	楊高峯	二六	〃	〃
〃	陳貴中	二七	〃	民族革命黨
〃	金學鉉	〃	〃	〃
〃	楊中天	三〇	〃	〃
〃	陳敬誠	二八	廣東軍校卒	〃
〃	趙少冠	二五	第三期卒特別訓練班星子分校卒	〃

조선의용대 편성표

一. 대 본부	중경정부 정치부 소속			
총대장	김원봉	44	황포군관학교 4기 보과	민족혁명당
부대장	신 악	51	황포군관학교 5기 보과	민족혁명당
정치조 조장	김학무	29	남경 중앙대학 중퇴	전위동맹 간부
조원	이 달	32	북평 평민대학 졸	조선혁명자연맹 중앙위원
선전대장	김창제	30	광동 중산대학 졸	전위동맹 중앙간부
총무부장	이집중	48	황포군관학교 4기 보과	민족혁명당 중앙검사위원
서무주임	이해명	41	중앙군교 특훈반 6기	민족혁명당 중앙검사위원
외교주임	한지성	29	중앙정치학교 대학부	전위동맹 중앙간부

[하략]

※ 원문 출처: 金正明 編, 『朝鮮獨立運動』 II(東京: 原書房, 1967), 716~717쪽

⑩ 조선의용대 지도위원 겸 편신조장(1941.5.14 현재)

[illegible]

渝朝公[illegible]第九十

敬啟者 敝隊於一九三八年成立在漢口參加中國各戰線作戰兩年半來深受中國最高當局及各界人士之深切同情與熱烈援助朝鮮同胞亦聞風而蹶起響應共同參加光復祖國之事業茲 敝隊特派本隊指導委員兼編訊組組長韓志成同志前往香港新加坡馬尼剌等地宣傳及介紹 敝隊工作情形朝鮮之國情及日寇統治下之實情加強南洋各民族之反日運動以促成東方被壓迫民族之團結抗日專此函請

貴部准予分別電飭駐香港代表駐菲律賓新加坡緬甸

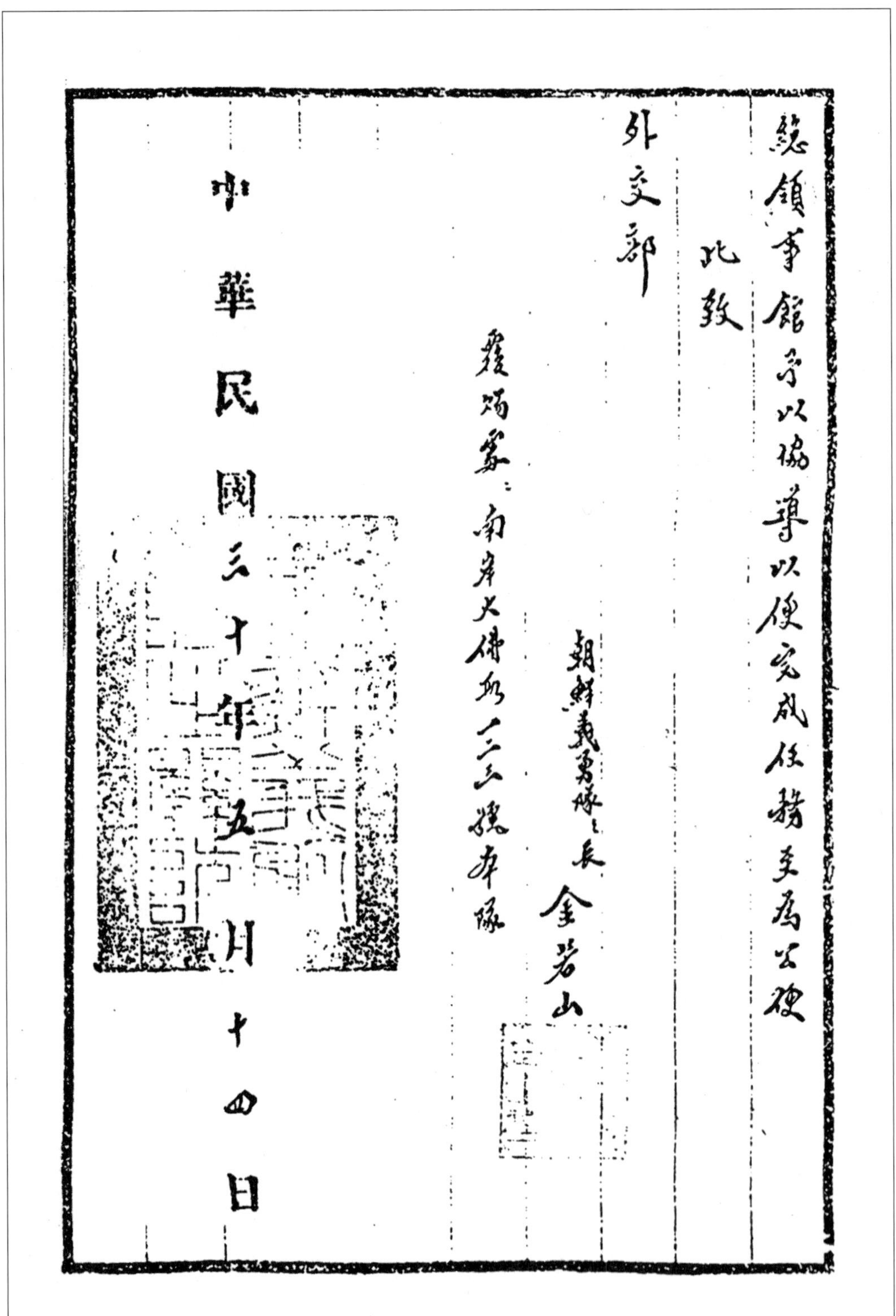

總領事館予以協導以便完成任務是為公便

此致

外交部

朝鮮義勇隊隊長 金若山

覆函寄：南岸大佛段一三三號本隊

中華民國三十年五月十四日

투조공자(渝朝公字) 第90호

국민정부 군사위원회 정치부 조선의용대 본부 공함

외교부에 드립니다.

저희 부대는 1938년 한구(漢口)에서 성립하여 중국 각 전선의 작전에 참가한지 2년 반 동안 중국 최고당국 및 각계 인사의 깊고 절실한 동정과 뜨거운 원조를 받았습니다. 조선동포들도 소문 듣고는 궐기하고 호응하여 조국광복 사업에 동참하고 있습니다. 이에 우리 부대는 특별히 본대 지도위원 겸 편신조(編訊組) 조장인 한지성 동지를 홍콩, 싱가포르, 마닐라 등지로 보내서 우리 조선의용대의 공작 정형과 조선의 국정(國情) 및 일구(日寇) 통치하의 실정을 선전하고 소개하며 남양 각 민족의 반일운동도 강화하여 동방 피압박민족의 단결과 항일을 촉성하려고 합니다. 이에 서신으로 귀부(貴部)에 특별히 청하오니, 주(駐)홍콩 대표부와 주필리핀 · 싱가포르 · 버마 총영사관에 전보로 지시하여, 임무를 완성할 수 있도록 협조와 지도 있길 간절히 바랍니다.

조선의용대 대장 김약산

통신처: 남안 대불단 123호 본대

중화민국 30년 5월 14일

※ 원문 출처: 『대한민국임시정부 자료집』 12, 원문편 18~20쪽

⑪ 한지성의 남양 파견에 대한 군사위 정치부의 의견 회신 (1941.5)

國民政府軍事委員會政治部 公函[illegible]

字第 3585[illegible] 號

案准

貴部本年五月二十一日東[illegible]字第三〇七五號公函、為朝鮮義勇隊擬派員赴南洋一帶宣傳、擬請貴部分別電飭駐香港代表及駐菲律賓等地之總領館、予以協導等情、囑將本部對此事意見若何、查照見復等由、查本部曾另據朝鮮義勇隊指導委員會呈以南洋各地韓僑甚多、擬積極予以指導、並派員前往視察、俾發動南洋各地之韓僑一致奮起抗日及加强關内之朝鮮復國運動等情、經核與我抗戰國策尚無不合、相應函復、即希

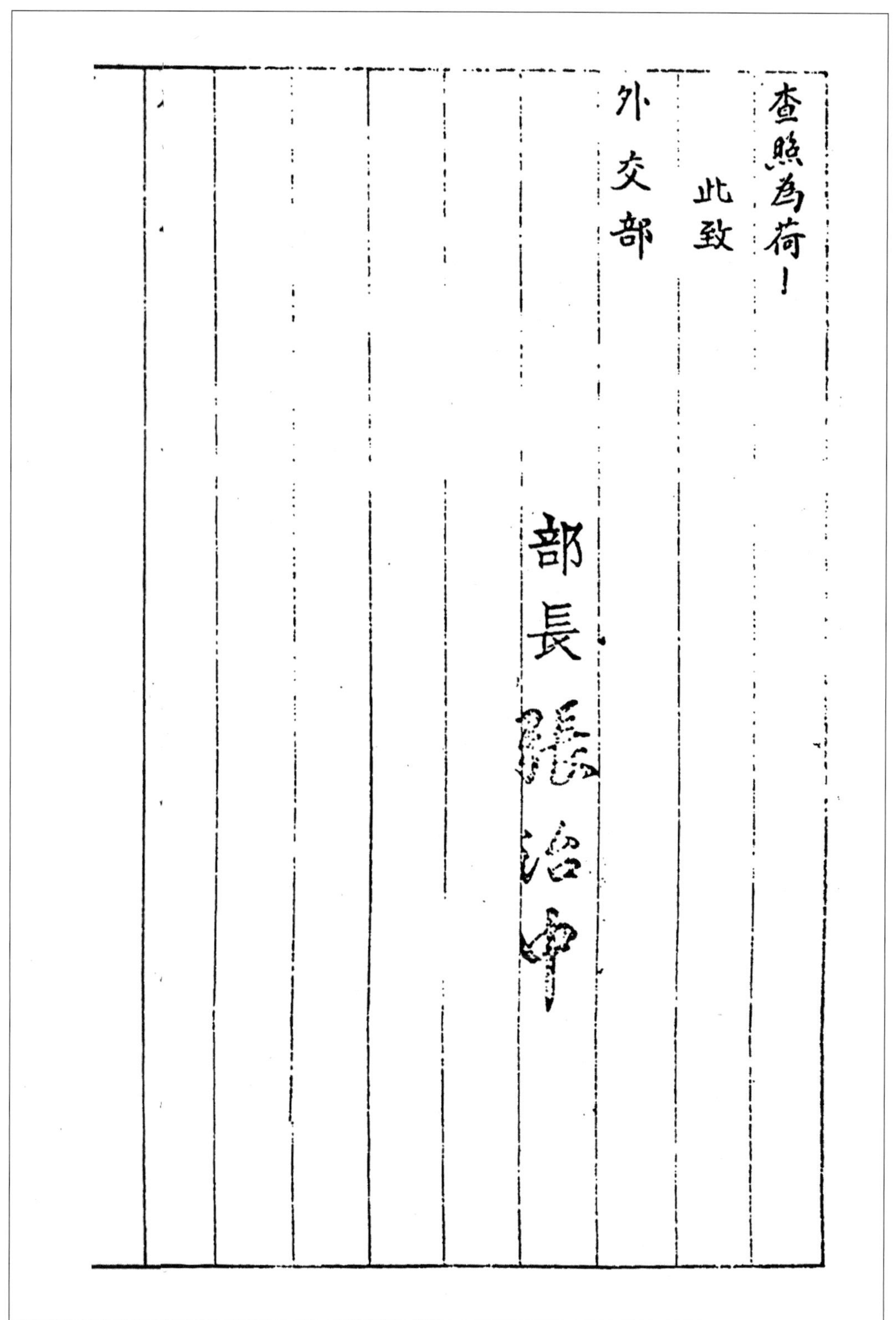

查照為荷！

此致

外交部

部長 張治中

□□字 제3585호

국민정부 군사위원회 정치부 공함

외교부에 드립니다.

조선의용대에서 남양 일대로 대원을 파견하여 선전을 하겠다고 청한다는 귀부의 금년 5월 21일자 東30字 제3075호 공문 관련입니다.

귀부에서 주홍콩 대표부 및 주필리핀 등지의 총영사관에 명령하여 협조와 지도 있도록 해달라고 조선의용대에서 청하는데 우리 부의 의견은 어떠한지 살펴보고 회신해 달라고 하셨지요. 앞서 우리 부에서는 "남양 각지에 한교(韓僑)가 매우 많은데 적극 지도하고 대원을 파견해 시찰토록 함으로써 남양 각지의 한교가 일치해 떨쳐 일어나 항일을 하고 관내(關內)의 조선독립운동도 더욱 강화되기를 바랍니다."는 조선의용대 지도위원회의 별도 청원에 의거하여 일차 조사한 바 있는데, 우리의 항전 국책과 합치하지 않음이 없었습니다. 이에 답신하오니 살펴보시기 바랍니다.

부장 장치중(張治中)

※ 원문 출처: 『대한민국임시정부 자료집』 12, 원문편 24~25쪽

⑫ 중국 외교부에서 한지성의 남양 선전공작에 협조키로 했음을 조선의용대에 통지 (1941.6.26)

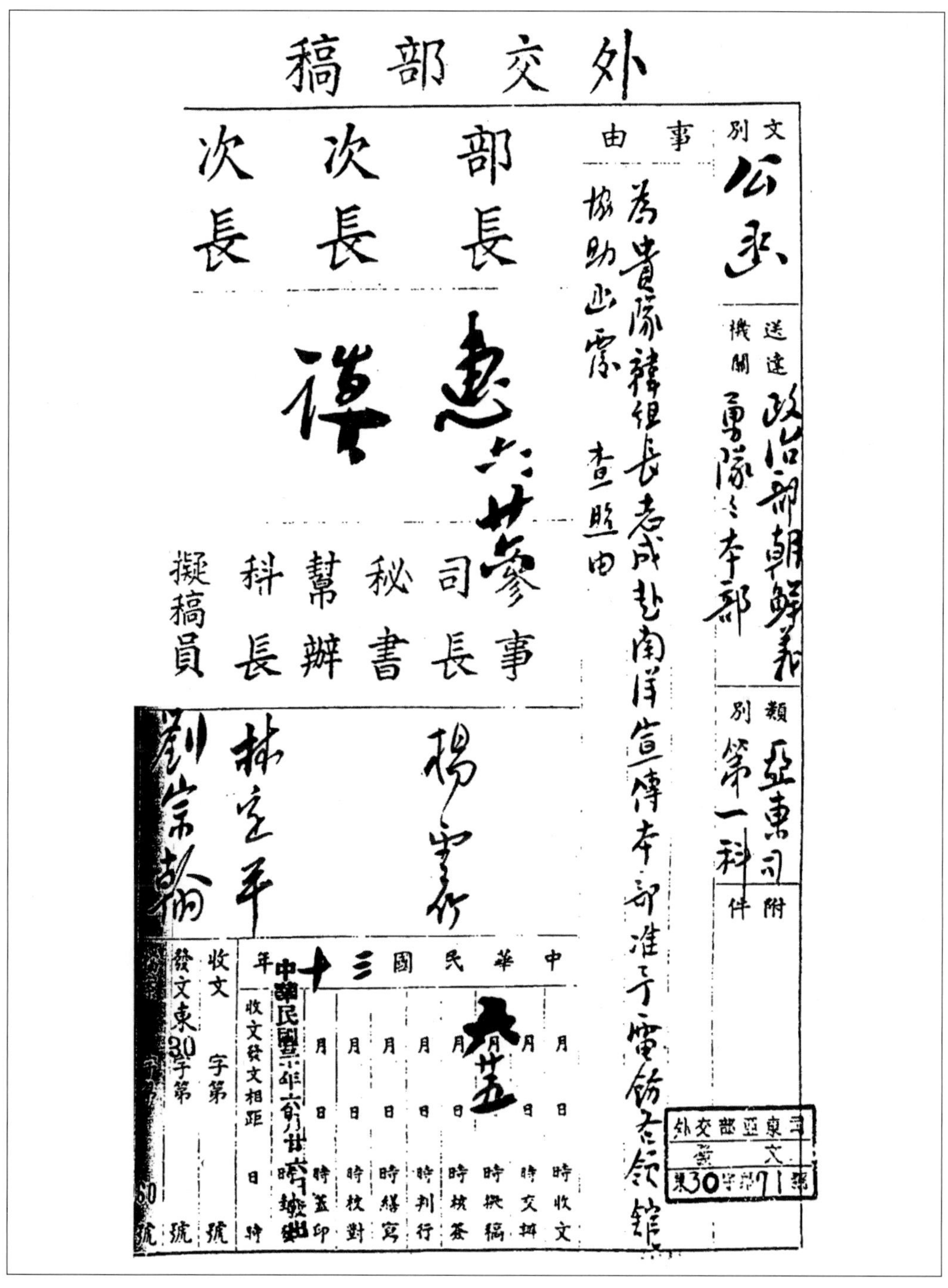

外交部稿

文別：公函

事由：為貴隊韓組長志成赴南洋宣傳本部准予電飭各領館協助辦理查照由

送達機關：政治部朝鮮義勇隊々本部

類別：亞東司第一科

附件

部長 次長 次長

參事 司長 楊雲竹

秘書 幫辦 科長 林定平

擬稿員 劉崇翰

中華民國三十年 月 日

收文 字第 號

發文東30字第 號

外交部亞東司 發文 東30字第71號

極准

貴隊渝朝公字第九十號函悉。略以：
貴隊鑒於朝鮮同胞皆瞰起響應光
復祖國之事業，特派
貴隊指導委員兼編訊組組長韓志成前
往香港新嘉坡馬尼剌等地宣傳及介紹
貴隊工作情形、朝鮮之國情及日寇統治
下之實情，加強南洋各民族之反日運動
并擬請本部准予分別電飭駐香港代表
駐菲律賓新嘉坡緬甸總領事館予以協

算，以便完成任務等由。自應照辦。茲已

分别電飭各該總領館知照矣。相應函復，

即希

查照爲荷。　此致

軍事委員会政治部朝鮮義勇隊々本部

東30字 第71호

발신: 중국 외교부 아동사(亞東司) 제1과

군사위원회 정치부 조선의용대 본부에 알립니다.

귀대(貴隊)에서 보냈던 투조공자(渝朝公字) 제90호 공함의 내용은 이러했습니다. 즉, 조선동포가 조국광복 사업에 모두 궐기해 호응토록 귀대의 지도위원 겸 편신조 조장 한지성을 홍콩, 싱가포르, 마닐라 등지로 보내 귀대의 공작 상황을(조선의 국정 및 일구통치 하의 실정도) 선전 소개하고 이를 근거로 남양 각 민족의 반일운동을 강화하겠으니, 우리 부에서 주홍콩 대표, 주필리핀 · 싱가포르 · 미얀마 총영사관에 각각 지시하여 협조와 지도로써 임무를 완성케 해달라고 청한다는 것이었습니다.

청하신 그대로 당연히 처리할 것이오며, 이미 해당 각 총영사관에 통지도 했습니다. 이에 답신하오니 살펴보시기 바랍니다.

※ 원문 출처: 『대한민국임시정부 자료집』 12, 원문편 26~28쪽

⑬ **한지성의 남양 선전공작에 협조해주도록 중국 외교부에서 예하 공관에 통보** (1941.6.27)

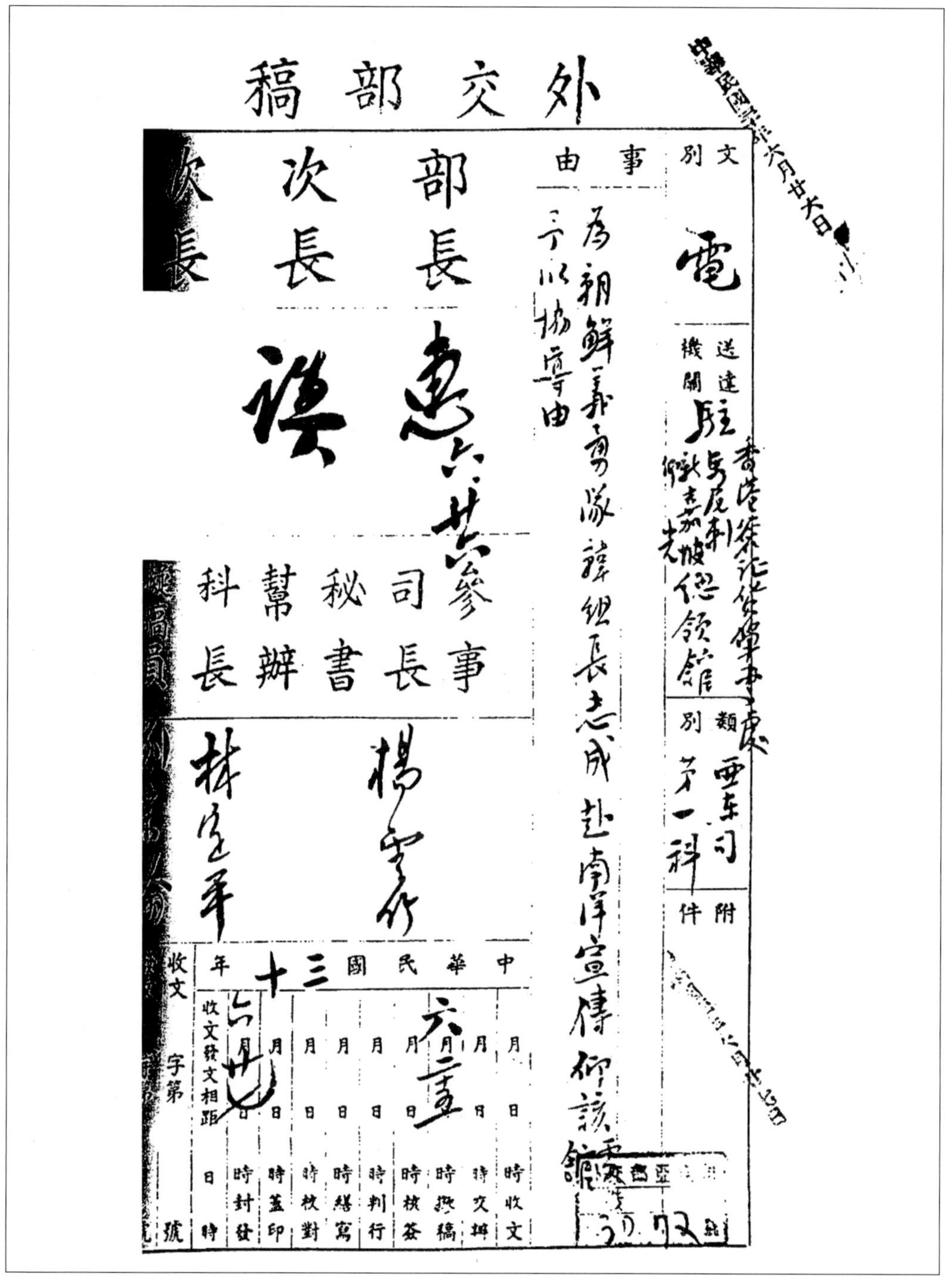

外交部稿

中華民國三十年六月廿六日

文別	電
送達機關	駐香港…、馬尼剌、新嘉坡總領館、仰光…
類別	亞東司第一科
附件	

事由：為朝鮮義勇隊韓組長志成赴南洋宣傳仰該館予以協助由

部長 次長 次長

參事 司長 秘書 幫辦 科長

楊雲竹 林定平

中華民國三十年 六月廿六日

收文 字第 號

收文	撰稿	核簽	判行	繕寫	校對	蓋印	封發	收文發文相距
月 日 時	月 日 時	六月二十五日 時	月 日 時	月 日 時	月 日 時	月 日 時	六月廿七日 時	日 時

香港、簽証貨單一辦事處
駐馬尼剌
新嘉坡總領館
仰光
覽 准軍委：
會政治部朝鮮義勇隊隊本部函以該
隊擬派其指導委員兼編訓組組長韓
志成前往南洋宣傳并介紹該隊日工作及
朝鮮國情，以便聯絡南洋各民族之反日
運動[illegible]、仰該館處、就近予以協導為
要。外交部○

東30字 제72호

발신: 외교부 아동사 제1과

주홍콩 영사사무소, 주마닐라 · 싱가포르 · 랑군 총영사관에 알립니다.

군사위원회 정치부 조선의용대 본부에서 지도위원 겸 편신조 조장 한지성을 남양으로 파견하여 선전을 하고 그 부대의 공작 및 조선의 국정을 선전, 소개하여 남양 각 민족의 반일운동을 강화하려 하니 해당 사무소와 영사관에서는 기꺼이 협조와 지도를 해주시기 바랍니다.

※ 원문 출처: 『대한민국임시정부 자료집』 12, 원문편 29~30쪽

2. 대한민국 임시의정원 의원 및 임시정부 요원

① 第34회 임시의정원 회의에서 신임의원으로 보선 (1942.10.20)

의원당선증서

대한민국 24년 10월 20일 경상도구 의원선거회에서 귀하가 경상도구 의원에 당선되엿기 자에 차(此) 증서를 교부함

대한민국 24년 10월 24일

구 의원선거회장 김상덕 (서명)

한지성 귀하

※ 원문 출처: 『대한민국임시정부 자료집』 5, 원문편 519쪽
(원본 이미지는 이 자료집 100쪽에 실려 있음)

大韓民國臨時政府公報

第七十六號

大韓民國二十四年十二月三十日
臨時政府秘書處發行

臨時議政院紀事

● 開院式擧行

大韓民國卄四年十月卄五日上午八時에 重慶吳師爺巷一號에서 新旧議員四十餘人이 會集하야 副議長崔東旿의 司會로써 臨時議政院第卅四回開院式은 隆重히 擧行하였는데 愛國歌의 合唱과 國旗에 向한 最敬禮와 先烈을 爲한 默想이 있은後 副議長의 簡單한 式辭와 政府主席의 懇摯한 致辭와 議員趙素昂의 意味深長한 答辭가 있고 閉式하다.

新舊議員의 出席狀況

今番議會에는 原任舊議員廿三人과 새로 補選된 議員廿三人 全數四十六人中 遠地西北方에 在한 舊議員金學奎一人을 除한 以外에 四十五人이 出席하였는데 新旧議員의 姓名은 左와 如하다.

京畿道：李[illegible]　趙琬九　趙素昂　嚴恒燮
　　　　趙時元
忠淸道：洪　震　李象萬　申　極　安　勳
　　　　柳子明　沈光植
全羅道：李仁洪　宋旭東　金在浩
慶尙道：李然晧　金尙德　金若山　柳　林
　　　　李貞浩　韓志成
黃海道：金玄九　孫斗煥　金鐵男
江原道：李海鳴　金冠五
平安道：柳東說　車利錫　崔東旿　李光濟
　　　　崔錫淳　白樂三
咸鏡道：李復源　方順熙　公震遠　李英宮
　　　　姜弘周　王　通
中　領：李靑天　朴贊翊　楊　墨　文逸民
　　　　金宗奎　朴建雄
美　洲：金　九　曺成煥　劉振東

● 議員資格審査員指定

大韓民國卄四年 十月卄六日會議에서 新到議員資格審査員三人은 議長이 指定하기로 決定하고 副議長이 趙琬九, 李象萬, 安光濟三議員을 新到議員資格審査委員으로 指定하다.

新到議員常任委員指定

大韓民國卄四年十月卄六日과 卄七日會議에서 新到議員資格審査委員이 新到議員柳子明, 沈光植, 李仁洪, 宋旭東, 金在浩, 金尙德, 金若山, 李然晧, 柳林, 李貞浩, 韓志成, 李海鳴, 金冠五, 金玄九, 孫斗煥, 金鐵男, 崔錫淳, 申榮三, 姜弘周, 王通, 朴建雄, 曺成煥, 閔弼鎬(辭免하고 代에 補選된)諸人의 資格이

◈ 임시의정원 기사

개원식 거행

대한민국 24년 10월 25일 상오 8시에 중경 오사야항 1호에서 신구 의원 40여 인이 회집하야 부의장 최동오의 사회로써 임시의정원 제34회 개원식을 정중히 거행하였는데, 애국가 합창과 국기에 향한 최경례와 선렬을 위한 묵상이 있은 후 부의장의 정중한 식사와 정부 주석의 성지(誠摯)한 치사와 의원 조소앙의 간곡한 답사가 있고 폐식하다.

신구 의원의 출석상황

금번 의회에는 원재적 의원 23인과 새로 보선된 의원 23인, 전체 46인 중 원지(遠地) 전방에 재한 의원 김학규 1인을 제한 이외에 45인이 출석하였는데, 신구 의원의 성명은 좌와 여하다.

경기도 : 이시영, 조완구, 조소앙, 엄항섭, 조시원
충청도 : 홍진, 이상만, 신환, 안훈, 류자명, 심광식
전라도 : 이인홍, 송욱동, 김재호
경상도 : 이연호, 김상덕, 김약산, 유림, 이정호, 한지성
황해도 : 김현구, 손두환, 김철남
평안도 : 유동열, 차리석, 최동오, 이광제, 최석순, 신영삼
함경도 : 이복원, 방순희, 공진원, 이흥관, 강홍주, 왕통
중　령 : 이청천, 박찬익, 양묵, 문일민, 김학규, 박건웅
미　령 : 김구, 조성환, 유진동

※ 원문 출처: 「대한민국임시정부 공보」 제76호(1942.11.30);
『대한민국임시정부 자료집』 1, 원문편 261쪽

② 제34회 임시의정원 회의에 출석하여 발언 (1942.10.27~11.4)

第三十四回議会速記録　大韓民國二十四年十月二十五日

時日　大韓民國二十四年十月二十五日（第一日）上午八時

場所　重慶市吳師爺巷一号

出席　十九人　缺席四人（安勳、李復源、公震遠、金学奎）

在籍議員名單

京畿道　李始榮、趙素昂、趙琬九、嚴恒燮、趙時元

忠清道　洪震、李象萬、安勳、申桓

平安道　柳東説、車利錫、崔東旿、李光濟

咸鏡道　李復源、方順熙、公震遠、李興官

中領　李青天、楊墨、朴賛翊、金学奎、文逸民、

大韓民國臨時政府議政院議長閣下

新到委員資格審査報告件

改定臨時議政院法 第四條, 第五條에 依하야 右記 新到議員 二十名의 資格 審査한 結果 全部 合格됨을 玆에 認함. 但 黃海道選擧 已選出議員 孫斗煥, 金鍾男 二人은 院에 當選證書를 提出치 아니하였음으로 審査치 아니하였음

新到議員名單

柳子明, 沈光植, 金玄九, 金冠五, 李海鳴, 申榮三, 崔錫淳, 姜弘周

金尙德, 韓志成, 李貞浩, 金若山, 柳林, 李然皓, 朴建雄, 曺成煥

閔弼鎬, 金在浩, 宋旭東, 李仁洪, 王通

李議員青天: 本議政院全体名義로 할수 잇슴니다、

議長: 再三請을 經過하야 滿場一致로 通過되엿슴니다、

韓議員志成: 電文內容은 應當이 臨時政府彈劾案을 加強

의 要求하는 內外에 議長으로 [illegible]에 親히 草案作

成人 二三人을 指定하는 것이 좋겟슴니다、

議長: 韓志成、趙素昂 二人을 指定함니다

蔣議員大衛: 提出案件 某日字를 定하여주시오、

議長: 三日內로 案件을 提出할 것、시오

議長이 二日休会를 宣布함 下午四時半이다

議長이 失言이라고 決定하니 本員은 取消하는바입니다.

朴健雄: 光復軍內에 獨立黨 活動 特許함은 何故요?

趙素昂(外務部長): 光復軍이 國軍이니만큼, 治軍之道는 統一的이니만큼, 光復軍內에 韓獨은 韓独党員과 政治的 工作이 必要하며 運動에 比較的 有效 韓獨党員이 全物力 人力을 다하며, 光軍을 支持하다고 決議가 있는만큼, 政府와 同意合作下에서, 党部를 軍內에 設하였읍니다. 政府는 特別党部 組織条例를 公佈했소.

韓志成: 昨年 十月中 (國民政府)文件에 中央党部 朱部長이 韓國光復軍을 准許하였음은 東方被壓迫民族解放必要上이라고 했다니 이와 交涉은 韓獨이 專任이요 또는 政府에서 專任이요?

軍務部長

曹成煥: 光復軍에 對하야서 昨日로 말하였거니와 이것은 우리의 侮辱的으로 된 것이고

그 理由는 昨日 報告되었습니다.

韓志成 議員: 錯誤가 있습니다. 政府代表로 말하십시오.

政府委員 趙素昻: 韓議員의 問議에 對하야 答하겠습니다. 저는 그 文字는 처음 봅니다.

韓國臨時政府가 國際承認이 있다면 對立的으로 될 수 있는데, 아즉 承認이 無한대로 對外交涉이 進行되고 있으니 不得不 個人으로 即, 首領資格上으로 來往되여 왔습니다. 團体的으로는 獨立党이 單位로, 來往이 있었습니다. 그러니 二重的 個人行使로 되게 되었다. 앞으로는 非個人이나 非團体的으로 外交를 하게 되었는데, 過去는 不得已 暗默的이었었습니다. 現在는 臨時政府가, 光軍에게 對하야서, 外交로는 할

게되엿오. 對外[illegible] 個人. 團体. 國民党. 政府. 입니다.

韓志成: 이 文件은 何人에게 責任이 있읍니가?

議長: 이것은 將來問題입니다.

李超皓: 臨時約憲에 對하야 묻습니다.

李肅: 約憲 第七條에 國務委員會 外國使節派遣은 如何히 解釋합니가?

李英: 西安事變이 中國事變없으니가, 光復軍第五支隊事變 없읍니가?

但判決者는 臨時政府이오, 中國政府오, 何某는 下手者로 死刑,

主犯某는 無期徒刑. 이 法律은 何方에서 適用합니가? 그리고

玄以平事件은 如何히 되엿읍니가?

軍務部長 曹成煥: 말슴하기에 좀 困難합니다. 第五支隊事變에 있어서는, [illegible] 때에는,

政府委員 趙素昻: 議会通過가 없읍니다.

李光濟: 建國大綱을 國会를 通過해야 되겠지오. 政府自身이 宣佈할 수 있읍니까?

政府委員 趙素昻: 이것은 約憲 第五十八条에 依하야서 國務委員会 自建國方略을 主行할 수 있읍니다. 特히 絶對로 [illegible] 議会權力을 侵害하는 것이 아니고 [illegible] 할 수 있읍니다.

合해 주시오.

李光濟: 大合執은 不滿한데, 법이 政府公佈가 有하니 議会의 通過한 것이라는 吾不合한 것이 있지 않습니다.

政府委員 趙素昻: 議会權利侵害는 前條에 없읍니다.

韓志成: 憲法上으로 보아 抵觸有無를 말씀해 주시오.

柳林議員 曰 安第二支隊에 李海平의 妻 金剛의 妻의 事件은 政府當局에서 如何히 處理합니까.

曹成煥部長: 此事는 不能由軍務部負責이오니 시자

韓志成議員은 此個條件을 接受한 動機가 何在인지요.

趙部長素昻 曰 軍은 成立해야 하겠는데 辦法이 별無함으로 此를 接受하였습니다.

議長은 이 下午에 繼續會한다고 말하고 곧 散會를 宣佈하다

散會時間 上午十二時.

項에對하야는 아모 革命도할수업슴니다 또他
政府가 將來時局을 延長備抱(할지라도)今日에 提出하엿다
하드래도 리는 政府와 共同進行하야 此案을 解
決할이 잇겟소
趙議員 妻子 歸節은 議會와 討議하여서 對外交涉할
은 時局上 不可能합니다 各自의 意見따따하
곳 변리하게 하겟소
韓議員 志成은 九个項이 條約이 되면 追認案이 잇
[illegible]
崔議員 東曄은 本案의 解決할 方法은 무

많은 줄 압니다 우리는 運動者 觀點인 우에서 實行케 하여 政治 한 하기 하겠소. 在席한 때 여러분 中에도 研究을 잘 한 사람이 많을 것이나 그리 困難할 것도 없었겠소. 必要를 느끼면서 時間 延長식히는 것은 不合理한다고 봅니다. 其座本席 퇴을 動하라는 것도 아닙니다.

韓議員 志成은 約憲修正을 本議會에서 하자 聲明하였고 其外 風說로 말하여서 誤解中傷이 不少했다고 봅니다. 本員도 本議會에 修改하는 것이 良方이라고 生覺합니다. 何必今

準비해야할일을明確히하엿스나 이것은現狀
問題입니다 卽 國家의憲法은其國家의
基本精神인대 建國方略도憲法의修
正이업쓰는政府公佈로만은困難할것입니
다 最善不美한点은만습니다 이런것을참작해
서 發表上더욱困難이不無했슴니다
今般의事件은今後로解決함이좋겟소
會談의結果는 今後議會에는各黨各派가參加
하니만큼 더욱實行하고싶고 또一定時期
에해야할것으로 卽時修正케할要이잇겟슴니다

니다.

審議員事時에 本案은 提案者中 一人 있읍니다 確實

無疑하겠으나 本議會로써 改正은 困難합니다

此約憲을 ~~對外的으로~~ 對外的으로 發表할 것을

드를 때 時間이 더 延長될 것을 알었소 우리 憲

法을 合理化할나면 此議席서는 할 수 없다 봅니다

우리는 議會外에도 만흔 部門運動이 만흔데 現

再修改를 하면 損失이 不無할 것이라고 봅니다

因日會議에서 當時 使用하던 約憲을 修改할

有는 말은 또 革與合理化할 만한 約憲으로 作

成할내면 相當한 時日을 要할 것이 본 憲法修
改提案은 今日부터 着手하여가지고 次期議
會에 結束할 것이 본 改正의 修改着手
로할수 업스나 議會에서 于先 決議하야가지고
已生覺됨니다 其反的 多數의 合理化할 重要
로서 時間上 餘裕는 잇사이아니햇슴니다

韓議員 志成: 우리 現用 憲法은 確實히 國際上
發表된 것이 中英文으로 되어 잇슴니다

王議員 遵: 今次 議會中 的 憲法問題는 重大한 關係
나라 革命的 憲法으로 民族基礎上에 세워 新的 對外

제34회 의회 의사일정

◇ 제3일([1942년] 10월 27일)

이의원 청천 : 임시정부 승인과 광복군 문제에 있어서 즉시로 중국참정의회에 제출하여야 하겠습니다.

차의원 리석 : 원칙상 우리 의회에서 공문하는 것이 불가능합니다.

이의원 청천 : 본 의정원 전체 명의로 할 수 있습니다.

의장 : 재·삼청을 경과한 후 만장일치로 통과되(었음을 선포하)다

한의원 지성 : 전문(電文) 내용은 응당히 임시정부승인 안을 가강(加强)히 요구하는 동시에 의장으로부터 친히 초안 작성인 2·3인을 지정하는 것이 좋겠습니다.

의장 : 한지성, 조소앙 2인을 지정합니다.

엄의원 대위 : 안건제출 일자를 정하여 주시오.

의장 : 3일 내로 안건을 제출하시오.

의장이 2일 휴회를 선포하니 하오 4시 반이다.

◇ 제7일(10월 31일)

한지성 : 작년 11월 중국국민당 문건에 중앙당부 주(朱)부장이 한국광복군을 준허한 취지는 동방피압박민족 해방 필요상이라고 했다. 이의 교섭은 한독[한국독립당]의 책임이요 또는 정부의 책임이요?

군무부장 조성환 : 광군[광복군]에 대하여 어제도 말하였거니와 이것은 우리에게 모욕적으로 된 것이고 그 이유는 어제 보고되었습니다.

한지성 : 착오가 있습니다. 정부대표가 말하십시오.

정부위원 조소앙 : 한의원의 문의에 대하야 답하겠습니다. 저는 그 문자는 처음 봅니다. 한국임시정부가 국제승인이 있다면 대립적으로 될 수 있는데 아직 승인이 없는 채로 대외교섭이 진행되고 있습니다. 인하여 부득불 개인으로 즉 수령 자격으로 내왕되어 졌습니다. 단체적으로는 독립당이 단위로 내왕이 있었습니다. 그러니 이중적 개인 행사(行使)로 되게 되었습니다. 앞으로는 비(非)개인이나 비단체적으로 외교를 해야 되겠는데 과거도 부득이 기형적이었습니다. 현재는 임시정부가 광군에게 대하여 외교를 하게 되었소. 과거에는 대외교섭이 개인, 단체, 국민당정부입니다

한지성 : 이 문건은 누구에게 책임이 있습니까?

의장 : 이것은 장래 문제입니다.

(중략)

신영삼 질문 : 건국강령에 대하여 말씀드립니다. 이것이 의회를 통과한 것입니까?

정부위원 조소앙 : 의회통과가 없었습니다.

이광제 : 건국대강은 국회를 통과해야 하겠소. 정부 자신이 선포할 수 있소? 답해 주시요.

정부위원 조소앙 : 이것은 약헌 제36조에 의하여 국무위원회에서 건국방략으로서 할 수 있습니다. 절대로 의회권력을 침해하는 것이 아니고, 또 내용이 잘못되었으면 교정할 수 있습니다.

이광제 : 답변은 불만인데, 벌써 정부공포가 있었던 이상에는 의회에서 재통과한다는 것이 좀 불합법적인 것 같습니다.

정부위원 조소앙 : 의회권리 침해는 전후에 없습니다.

한지성 : 헌법상으로 보아 저촉 유무를 말씀해 주십시오.

정부위원 조소앙 : 이것을 잘 이해하려면, 전문연구위원회가 필요하고 또한 자구 문제입니다. 정부는 건국방안을 운용할 수 있습니다. 건국방략은 시간과 공간에 배합시켜 운동에 한 질서로 한 데 불과합니다. 우리의 운동은 각자의 관점이 다르나 정부에서 발표된 방안이 적합하다고 자연인들이 파악하게 된 것입니다. 이는 헌장을 위반한 것이 아닌 것입니다.

◇ 제9일(11월 2일)

한지성 의원 : 9개 조건을 접수한 동기가 어디에 있었는지요?

조부장 소앙 : 군은 성립하여야 하겠는데 판법(辦法)이 없으므로 이를 접수하였소.

의장이 하오에 정회한다고 말하고 곧 산회를 선포하다.

◇ 제11일(11월 4일)

의장 : 약헌수개 제의안을 낭독한 후 이 문제는 상당한 시일을 요하며 전문위원을 설치하여 진행할 것임을 선포하다. (상세 문안과 심사안이 아직 준비되지 않음)

안의원 훈 : 제안자로서 말합니다. 현행 약헌이 현실에 상부치 못함이 많습니다. 이 중대한 약헌을 일시에 개정하기는 곤란함을 아니 만치 우선 기초(起草) 인원을 내어 차기 의회서 결정케 함이 가하다는 것입니다.

조의원 소앙 : 의장께서 먼저 제안상정(을) 예고(해 주시기)를 원합니다. 우리의 약헌은 행사상 체제상 문제가 있습니다. 그 형체는 7차나 변개하였는데 현재 지금 적당한 헌법이 생겨야 할 터이니 연구가 많이 되어야 하겠소. 또 선거법에 대해서도 개정되어 적당한 선거와 의원임기, 또 회계검사 문제, 또 건국강령과 헌법과의 관계 이런 것을 1인으로서는 다 말할 수 없다고 생각됩니다. 헌법의 요령미득 문구도 많이 있습니다. 여하간 개정할 필요는 있는데 명년으로 미루는 것은 시간상 여유를 두어서 좀더 잘하자는 것입니다. 이 시간을 사용하야 구체적으로 출현시키자는 것입니다. 금일 신문을 보니 중국 宋(송) 외교부장이 말하기를 일본이 전패한 후 한국의 독립을 완전히 승인한다고

말하였으니 우리 운동이 제고됨을 따라서 헌법도 여기에 배합시키게 하면 완전무결할 것입니다.

조의원 완구 : 약헌개정 건은 벌서 약헌 제출 당시부터 있었습니다. 벌써 7차의 변개가 있었소. 본래 중요하니만큼 마음대로 고치질 못하고 15년을 지냈습니다. 그러나 현재 사업을 위하여 대부분을 고치자고 함은 찬동하오만 방금 즉각으로는 할 수 없다고 봅니다. 비교적 완전히 하자면 9인 연구위원을 두어서 장구한 시간을 요하여 수정하면 좋겠소.

김의원 약산 : 헌법수개 안은 완전히 일치합니다. 헌법은 정부를 운전하는 데 지고(至高)의 권리가 있느니만큼 지금 시간을 연장시켜 개정할 필요는 없다고 봅니다. 헌법을 개정함에 있어서 대외·대내로 1년을 더 둘 필요가 없다면 즉각 고치면 좋겠다고 봅니다. 확실히 헌법은 일국의 생명으로 봅니다. 이것이 확실·정당해야 대내 민중, 대외 국제상 운동을 전개하기 용이하다고 생각됩니다. 제일, 대의사의 무기(無期) 임기라든지 대행선거를 하는 등, 불합리가 많은 줄 봅니다. 우리는 운동을 군중의 토대 위에서 실행케 하며 개정해야 하겠소. 재석한 여러분 중에도 연구를 가진 사람이 많은 것이니 그리 곤란할 것도 없겠소. 필요를 느끼면서 시간 연장시키는 것은 불합리하다고 봅니다. 기본원칙을 바꾸자는 것도 아닙니다.

한의원 지성 : 약헌 수정을 금번 의회에서 하자, 명년에 하자, 그 외 풍설도 많아서 오해·중상이 없지 않았다고 봅니다. 본 의원도 이번 의회에서 수개하는 것이 좋다고 생각됩니다. 하필 금년에 해야 할 일을 명년에 하겠느냐, 이것은 현실문제입니다. 즉, 1국가의 헌법은 그 국가의 기본정신인데, 건국방략도 헌법의 수정이 없이는 정부공포로만은 곤란할 것입니다. 선거에 불미(不美)한 점도 많습니다. 이런 것을 대외로 발표함에는 더욱 곤란이 없지 않다고 봅니다. 이번의 안건은 이번에 해결함이 좋겠소.

최의원 동오 : 본 의원은 제안자 중 1인입니다. 이제 확실히 알겠소. 이번 의회에서 개정은 곤란합니다. 이 약헌이 대외적으로 발표될 것임을 들으니 시간이 더 연장되어야 함을 알았소. 우리 헌법을 합리화하려면 이번 의회에서는 할 수 없다고 봅니다. 우리는 의회 외에도 부문운동이 많은데, 현재 수개를 하면 손실이 불무할 것이라고 봅니다. 동

일 회의에서 당시 사용하던 약헌을 수개할 수는 없소. 또 사실 합리화할 만한 약헌을 작성하려면 상당한 시일을 요할 것이요. 헌법수개 안은 금일부터 착수되어 차기 의회에 결속될 것이요. 정부로서는 수개 착수도 할 수 없으니, 의회에서 우선 결의해야 하겠다고 생각됩니다. 가급적 합리화할 필요에서 시간상 여유는 있어야 하겠습니다.

한의원 지성 : 우리 현용 헌법은 확실히 국제상 발표된 것이 중·영문으로 되어 있습니다.

왕의원 통 : 금차 의회 중의 약헌 문제는 중대한 것입니다. 제일, 약헌을 민중기초 상에 세워 대내·대외..... [이하 결락]

※ 옛말 투의 어구나 어색한 표현들은 현행 국어정서법대로 다듬어 고치고, 오기였음이 확실해 보이는 글자는 바로잡았음 [편자]

※ 원문 출처: 『대한민국임시정부 자료집』 3, 원문편 44·58·72·95·96·97·108·139·147·204·205·206·207쪽

③ 임시정부 승인을 연합국 정부들에 요구하자는 제안에 참여(1942.10.28)

提議案 (臨時政府承認에關한件)

主文

我大韓民國臨時政府는最短期間內에中、美、英、蘇、等聯合國政府에向하야正式으로我大韓民國臨時政府承認을要求할것

理由

我臨時政府는風磨雨洗와驚濤駭浪의險惡한環境을甘當하면서孤忠耿々이廿四年의歲月을經하엿스니質로써東西古今에稀有한精神을堅持하엿고量으로써如若第한三千萬의同族을가지엿다 列祖列宗이子々孫々으로나려

傳하매 주시든 우리 錦繡山河를 一朝에 倭敵의 劍戟馬蹄에
짓밟히매서 天日을 보지 못한지 [illegible]한 卅年 임에 우리의 怨恨은
橫으로 三千萬의 心腸을 뀌뚫고 縱으로 九天八地에 龍소심치서
그분한의 몸보람은 數多의 志士仁人을 産生하야 눈물얽힌
事實과 니빨 갈니는 歷史는 우리民族의 光復事業에 만흔 肥
料가 되매서 民族의 굿센 精神과 祖宗의 燦爛한 文化는 世界 任何
의 民族에 損色이 업거늘 今日 歐洲新成國家의 小數民族或은 綜合
民族과 國有文化업는 族屬들이 보다 獨立과 自由를 獲得함은 勿
論그 因素와 環境이 我國과 不一하다 할지나 正義와 公道의 巨眼
으로 公正이 觀察한다면 우리의 獨立自由는 今日 本議員의 提案、

을待치안코我　政府를承認하엿슬것이다. 이에自反하야我
政府過去의一切活動을顧察하면그모든行動이自然人의活動
뿐이엿고法人의活動은輕視한感이不無함으로茲에我　政府
는自縮多慮할것업시坦々大道에當々然히法的으로各同盟國
政府에對하야正式으로我　大韓民國臨時政府承認要求를提
出하기는臨時約憲第十六條와臨時議政院法第五十八條에依하
야本案을提出함

大韓民國臨時議政院議長　閣下

大韓民國廿四年十月廿八日

提案者　議員　李然晧

崔東旿

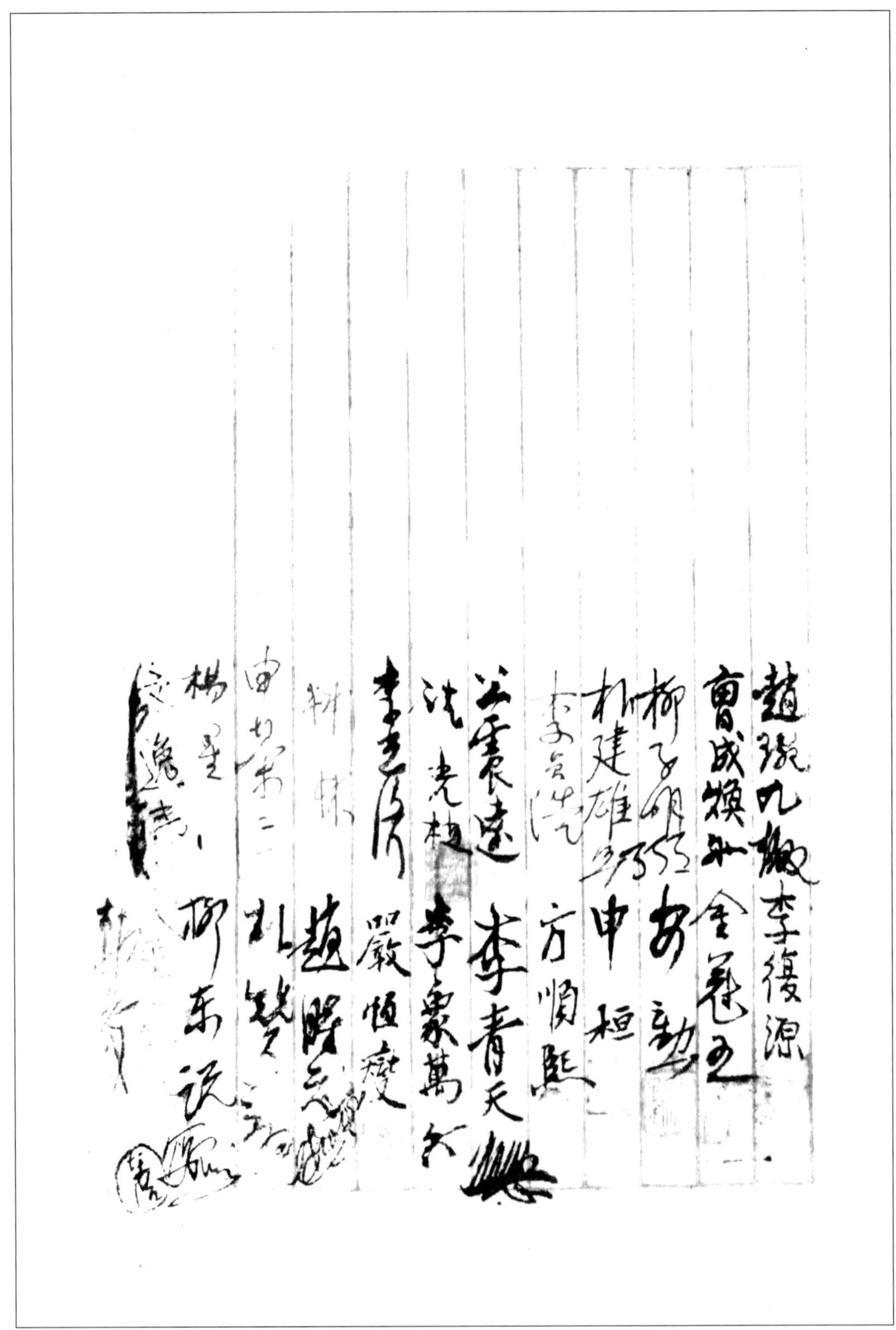

趙琬九 李復源
曹成煥
柳子明 安勳
朴建雄 申桓
方順熙
公震遠 李青天
沈光植 李象萬
嚴恒燮
趙時元
朴贊翊
柳東說

提議案 (臨時政府 承認에 關한 件)

主文

我 大韓民國臨時政府는 最短期間 內에 中·美·英·蘇 等 聯合各國 政府에 向하야 正式으로 我 大韓民國臨時政府 承認을 要求할 것

理由

我 臨時政府는 風碎雨洗와 驚濤駭浪의 險惡한 環境을 甘嘗하면셔 孤忠耿耿이 二十餘年의 歲月을 經하엿스니 質로써 東西古今에 稀有한 精神을 堅持하엿고 量으로셔 如兄若第한 三千萬의 同族을 가지엿다. 列祖列宗이 子子孫孫으로 나려 傳하여쥬시든 우리 錦繡山河를 一朝에 倭敵의 劍戟馬蹄에 짓밟히여셔 天日을 보지 못한지 또한 三十年임에 우리의 怨恨은 橫으로 三千萬의 心腸을 뀌뚤고 縱으로 九天八地에 龍소심쳐셔 그 분한의 몸보림은 數多의 志士仁人을 產生하야 눈물 얽힌 事實과 니빨 갈니는 歷史는 우리 民族의 光復事業에 만흔 肥料가 되여셔 民族의 굿센 精神과 祖宗의 燦爛한 文化는 世界任何의 民族에 損色이 업거늘, 今日 歐洲 新成國家의 小數民族 或은 綜合民族과 固有文化 업슨 族屬들이 모다 獨立과 自由를 獲得함은 勿論 그 因素와 環境이 我國과 不一하다 할지나 正義와 公道의 巨眼으로 公正이 觀察한다면 우리의 獨立自由는 今日 本 議員의 提案을 待치 안코 我 政府를 承認하엿실 것이다. 이에 自反하야 我政府 過去의 一切活動을 顧察하면 그 모든 行動이 自然人의 活動뿐이엿고 法人의 活動을 輕視한 感이 不無함으로 玆에 我 政府는 自縮多慮할 것 업시 坦坦大道에 當當然히 法的으로 各 同盟國政府에 對하야 正式으로 我 大韓民國臨時政府 承認 要求를 提出하기를 臨時約憲 第十七條와 臨時議政院法 第五十八條에 依하야 本案을 提出함

大韓民國臨時議政院 議長 閣下

大韓民國 二十四年 十月 二十八日

提案者 議員

李然皓	崔東旿	趙琬九	李復源	曹成煥	金冠五	柳子明
安勳	朴建雄	申桓	李貞浩	方順熙	公震遠	李靑天
沈光植	李象萬	李光濟	嚴恒燮	柳林	趙時元	申榮三
朴贊翊	楊墨	柳東說	文逸民	金在浩	韓志成	

※ 원문 그대로 옮겨 적되, 띄어쓰기만 현행 맞춤법대로 고침

※ 원문 출처: 『대한민국임시정부 자료집』 5, 원문편 18~21쪽

④ 의원선거법 제정 결의를 제안함에 참여 (1942.10.29)

提議案

主文

本院은議員選擧法을制定하기로決議함

理由

議員의選擧는人民의基本權利의發動이므로

此에關한規定은法律로定할必要가有하다고認함

大韓民國二十四年十月二十九日

臨時議政院議長 閣下

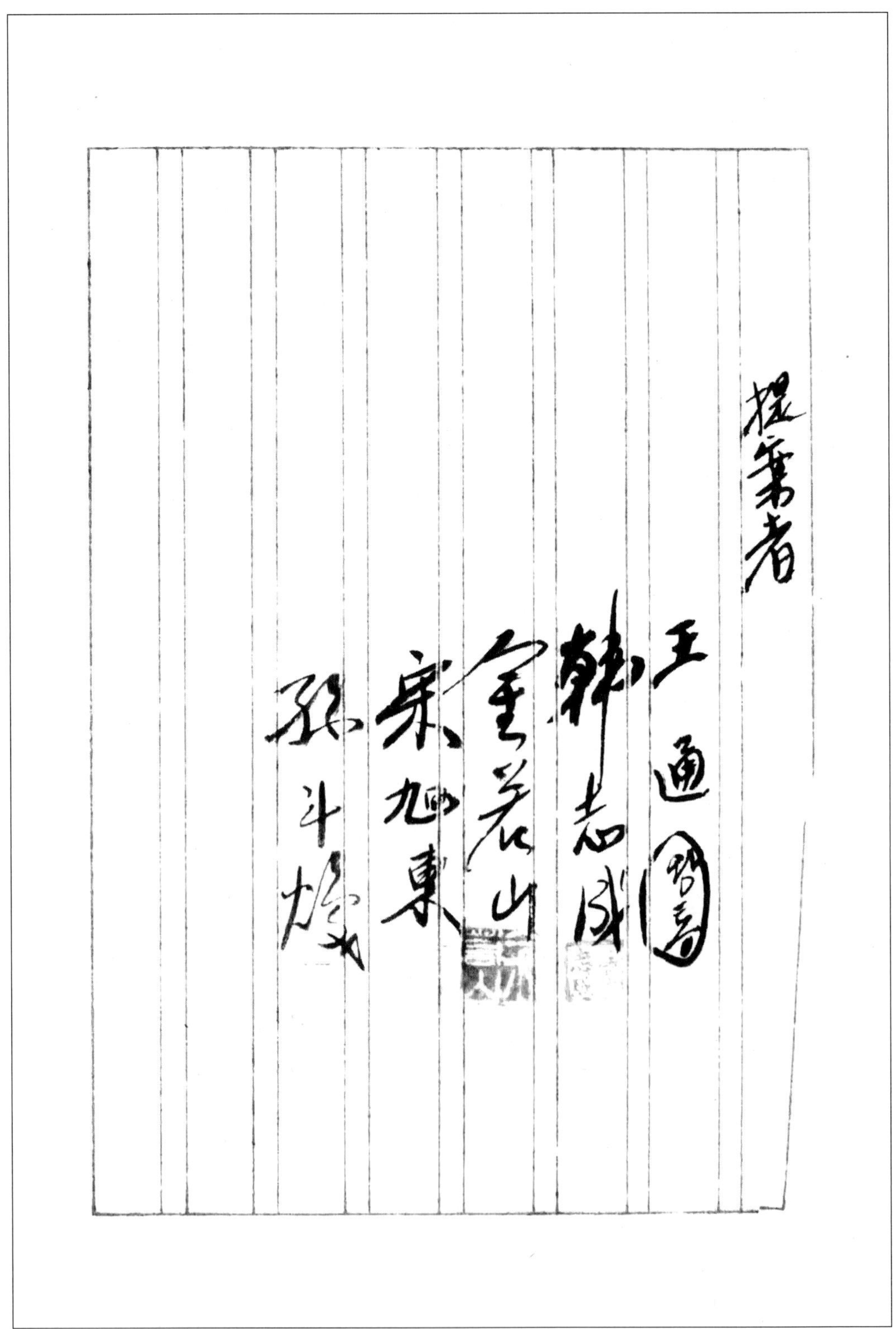

提案者

王通

韓志成

金若山

宋旭東

孫斗煥

提議案

主文

本院은 議員選擧法을 制定하기로 決議함

理由

議員의 選擧는 人民의 基本權利의 發動임으로 此에 關한 規定은 法律로 定할 必要가 有하다고 認함

大韓民國 二十四年 十月 二十九日

臨時議政院 議長 閣下

提案者 王通 韓志成 金若山 宋旭東 孫斗煥

※ 원문 출처: 『대한민국임시정부 자료집』 5, 원문편 24~25쪽

⑤ 국가(國歌) 및 군가 제정 결의를 제안함에 참여 (1942.10.29)

通过

提議案

主文

本院은 國歌와 軍歌를 制定하기로 決議함

理由

國家의 立國精神을 소리로 表現하는 것은 國歌며, 軍의 精神을 소리로 表現하는 것은 軍歌임으로 本院에서 制定할 必要가 有하다고 認함

提案者

申榮三 [signature]

臨時議政院議長 閣下

大韓民國二十四年十月二十九日

王通 (印)

文逸民 (印)

韓志成 (印)

提議案

主文

本院은 國歌와 軍歌를 制定하기로 決議함

理由

國家의 立國精神을 소리로 表現하는 것은 國歌며 軍의 精神을 소리로 表現하는 것은 軍歌임으로 本院에서 制定할 必要가 有하다고 認함

大韓民國 二十四年 十月 二十九日

臨時議政院 議長 閣下

提案者 申榮三 王通 文逸民 韓志成

※ 원문 출처: 『대한민국임시정부 자료집』 5, 원문편 26~27쪽

⑥ 임시의정원 의원의 교제비 · 여비 지급 결의를 제안함에 참여

(1942.10.29)

提議案

主文

本院은 院法第百五條에 規定한 議員의 歲給, 交際費, 旅費를 規定發給하기로 決議함

理由

政府나 軍에 服務하는 公務員은 모다 月給이 있는 이때에 議員만이 薪金이 無한 것은 公平를 欠한 嫌이 有할 뿐만 안이라 議員의 體面과 威信에 影響되는 바 적지 안다고 보는 까닭에 議員費를 規定

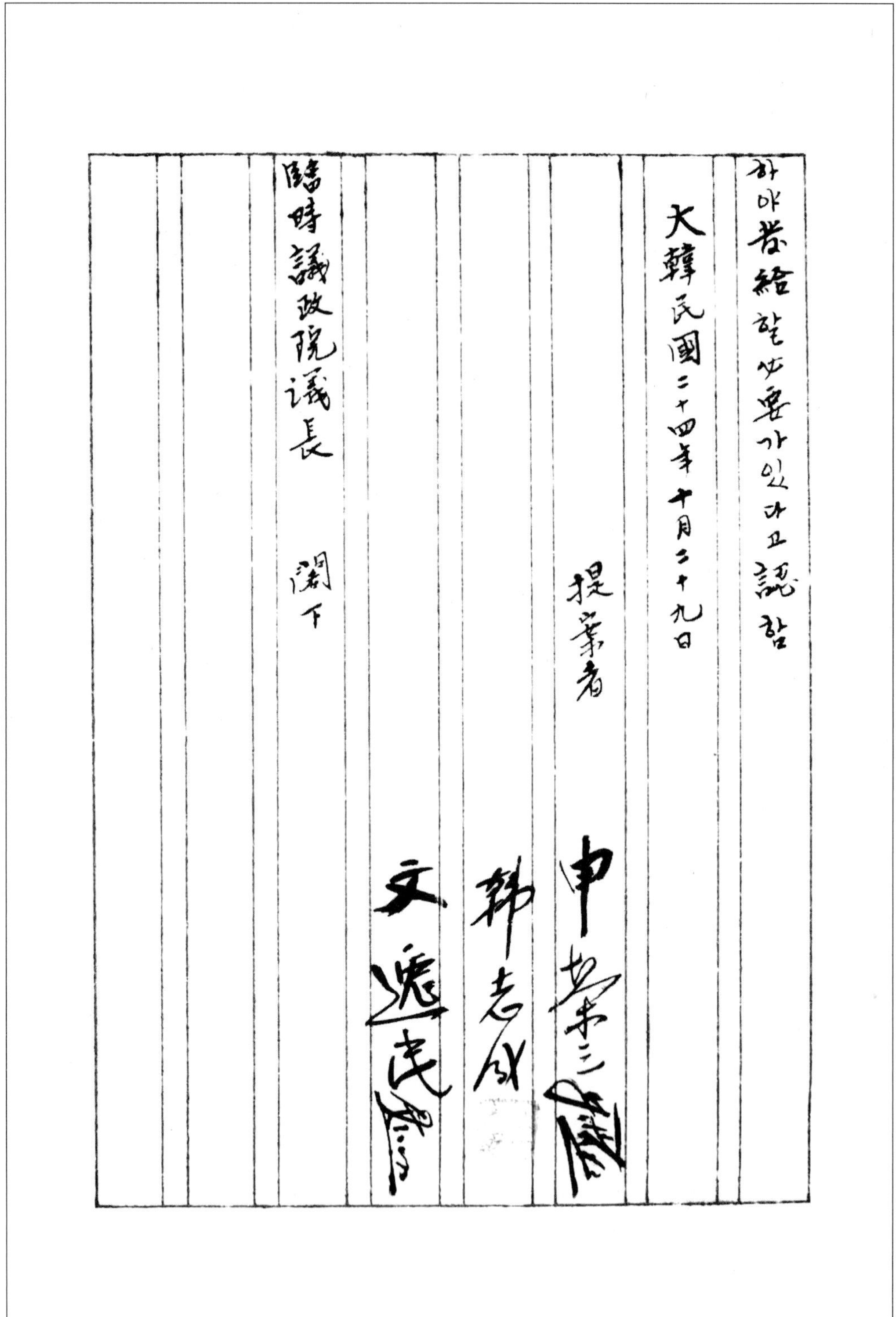
하야 供給할 必要가 있다고 認함

大韓民國 二十四年 十月 二十九日

提案者

申榮三

韓志成

文逸民

臨時議政院議長 閣下

提議案

主文

本院은 院法 第百五條에 規定한 議員의 歲給, 交際費, 旅費를 規定發給하기로 決議함

理由

政府나 軍에 服務하는 公務員은 모다 月給이 있는 이때에 議員만이 薪金이 無한 것은 公平을 缺한 嫌이 有할 뿐만 안이라 議員의 體面과 威信에 影响되는 바 적지안타고 보는 까닭에 議員費를 規定하야 發給할 必要가 있다고 認함

大韓民國 二十四年 十月 二十九日

提案者 申榮三 韓志成 文逸民

臨時議政院 議長 閣下

※ 원문 출처: 『대한민국임시정부 자료집』 5, 원문편 22~23쪽

⑦ 임시의정원 의원들이 국내외 동포들에게 보내는 글에 서명 (1942.11)

고 국내외동포 서(告國內外同胞書)

친애하는 동포들!

인류의 명운을 결정하는 전세계 민주진선 대 침략진선과 동선(同線)의 전쟁은 이미 장기적으로 격렬히 전개되고 있는 중 민주진선(民主陣線)의 승리의 파악은 점차로 명백하여 가고 있으니 곳 침략죄괴(侵略罪魁)인 「희특랍」[히틀러]의 수백만 군대가 이미 소련전선의 엄혹한 제2 동기(冬期)를 봉(逢)하였을 뿐 아니라 아울러 사성(斯城)[모스크바] 쟁탈전에서 참중(慘重)한 실패를 당한 것이며 소라문도(所羅門島)[솔로몬섬]를 중심으로 미 해·공군의 영용한 진격과 중국 각 전구의 더욱 견강(堅強)한 항전은 벌서 정개(整個)의 太平洋 형세를 개관(改觀)식힌 것이며 북비주(北菲洲)[북아프리카] 미군의 공연 등륙(登陸)과 영군의 대승리는 침략진선의 치명상을 줄 제2 전장의 개벽이 불원함을 예시하는 것이며 이와 동시에 일본강도의 인력·물력의 결핍과 전선 병사와 국내 인민의 반전운동이 맹렬히 대두하고 있으며 우리 3천만 민족의 복국노조(復國怒潮)는 정히 적의 아성을 진감(震撼)식히고 있는 것이다

이와 같은 세계 국세(局勢)는 본년 동기가 민주진선의 최후 승리의 전환적 시기를 보이는 것이다. 이러한 객관적 혁명정세 하에서 중대한 역사적 의의를 가진 본원(本院) 제三34차 의회가 원만히 폐원된 것은 우리로 하여금 더욱 민주진선의 일환으로서 승리를 확신하고 또 자유 신한국의 광명을 첨망(瞻望)하면서 우리 민족 전도에 대하야 무한한 희망과 자신을 가진다.

본원은 3·1 대혁명의 정신을 계승하여 조직 발전한 것으로서 그동안 우리 민족사상의 근대적 민주정치의 신기원을 지어온 것이다. 3·1운동 이후에 세계적으로 혁명의 저조기(低潮期)를 처할 때에도 본원과 임시정부는 해외에서 꾸준히 국내외 동포들을 직접 련락 령도하여 오면서 내부 외부의 제종(諸種) 간난을 비상(備嘗)한 것도 사실이다. 그러나 지금 흑암과 형극은 차제로 제거되고 있으며 광명한 대로는 안전(眼前)에 전개되고 있다. 위대한 중국 대일항전의 폭발과 그 후 소덕전쟁·태평양전쟁의 발생은 우리

대한민국임시정부의 기치로 하여금 더욱 유리한 세계정세에 배합하여 새로운 자세로써 우리 전체민족의 면전에 출현케 된 것이다.

현금 중·미 각지에 있는 각 혁명단체는 임시정부 옹호 지지를 성명하는 동시 이에 확대강화로써 우리 민족의 유일무이한 최고 통일기구가 됨을 공동 노력하여 온 것이며 금번 34차 의회야말로 각 당파 및 각 개인까지라도 일당에 단취(團聚)하여 화혜(和惠) 공제와 정성 단결로써 조국광복의 대계(大計)를 토의 결정하게 된 것이다. 그럼으로 금번 의회는 과거 역차(歷次) 의회에 비하여 보다 더 그 의의가 더욱 중대한 것이다. 우리가 과거 어느 때부터 절규하던 통일·단결 이것이 우리 민족국가의 생존발전상 최대 요소가 됨은 물론이어니와 더욱 전 세계 민주진선의 승리가 점점 박근(迫近)하고 있는 이 때에서 우리가 내부의 미단결(未團結)로 인하여 민족적 국제지위를 제고식히지 못한다면 따라서 응당히 획득할 수 있는 국제적 원조도 내림하지 않을 것이다

그럼으로 오랜 동안 혁명적 실천에 의거한 경험과 교훈에서 우리 각 혁명당파 및 각 개인은 각자의 성견을 희생하고 의회로 집결하여 우리 자신의 요구와 우방 인사의 기대와 상부(相符)되는 우리 민족적 통일국면을 형성한 것이다. 여기에서 비로소 국가의 기구로서 의회는 강화되었고 정책은 수립되었나니 즉,

첫째로, 임시정부의 국제적 승인을 획득하도록 노력할 일

둘째로, 한국광복군 9개 행동준승을 폐기하고 국제적 절대평등 입장에서 출발한 군사협정을 체결할 일

셋째로, 현행 약헌(約憲)을 개정하되 금후 반년 내에 초안을 작성하여 임시의회를 소집 통과할 일 등등, 이것은 몇 가지의 큰 것이다.

친애하는 국내외 동포들!

우리 임시정부의 국제승인을 얻을 문제는 당초의 기정방침이며 역차 정부당국자가 분투 노력한 것도 사실이다. 그러나 객관적 정세가 아직 완전히 성숙되지 못한 점도 있지만 더욱 주관적 조건의 불완비 즉 우리 내부의 불통일과 이로 인하여 일체 역량이 정부로 집중되지 못한 것이 큰 원인이였든 것이다. 그래서 금번 의회에 우리가 다시 이 문제를 제기 결정한 것이니 그 의의는 금번 의회를 통하여 통일형성의 주관적 조건이 구비된 것으로써 정부승인의 획득을 최촉하자는 것이다. 그럼으로 우리는 이 문제의 해결의 가능성을 파악하는 동시에 이 문제의 해결을 위하여 최선의 노력 분투가 있어야

할 것이다.

한국광복군은 중경에서 성립된 이래로 이미 많은 발전이 있었고 더욱 조선의용대와 합편한 이후로는 중국본부[중국본토 즉 관내]에 있는 우리 무장역량은 다 통일집중된 것으로서 중국 각 전구에서 우군과 배합하여 기다차(幾多次)의 영용한 전적과 함께 장렬한 희생도 있는 것이다. 이것은 우리가 중국과 함께 공동 적국을 타도하기 위한 당연한 일이다. 그런데 희생은 보충이 있어야 하고 보충은 발전 계속을 뜻하는 것이니 발전 계속은 현 광복군의 필요불가무수요(必要不可無需要)이다. 그럼으로 진실로 광복군 발전상 저애될 임하(任何)의 군사조건을 우리는 접수하지 못할 뿐 아니라 우리는 견결히 거부하여 반만년 우리 조종(祖宗) 전통의 민족적 정기를 보유하여야 하고 각 우방의 국제적 화평 원칙을 유호(維護)하여야 한다.

현행 약헌은 과거에 있어서도 이미 7·8차를 개정하여 그 시대 그 시대에 적합하도록 하여 온 것이다. 금(今) 우리 조국의 해방이 목전에 임한 이때 가장 적의(適宜)한 약헌 개정은 또한 시대적 요구이다. 그럼으로 현행약헌의 수정은 금번 본원 전체 전인의 일치한 의지로써 반년이란 단시일 내에 개정 수속을 완료할 것을 결심한 것이다.

친애하는 국내외 동포들!

전세계 민주진선의 승리가 불원(不遠)한 이때, 우리의 구적(仇敵)－일본강도의 총붕궤가 임박한 이때, 우리는 혁명의 중요한 역사적 사명을 담부(擔負)한 해외 각 혁명집단이다. 본원에 집중하여 공전의 대단결을 형성한 이때, 우리의 조국광복운동은 과연 획시기적(劃時期的)으로 중대한 발전이 있을 것을 명백히 예측한다. 그럼으로 우리는 국제적 독립지위를 획득하며 광복군을 확대 강화하여 국외에서 우리 우방(友邦)—중 소 영 미 등 민주국가와 병견(并肩) 작전하는 데 노력하는 동시에 진일보하여 적극적으로 국내와 및 만주 등지의 광범한 민중의 반일반전 전투와 혁명적 무장폭동을 준비하여 우리의 자유독립을 쟁취하는 동시에 전세계 민주진선의 승리를 촉성하여야 할 것이다.

이와 같은 중대한 임무는 목전 우리 혁명의 특수 정형이 우리 임시정부와 본원으로 하여금 담당하여 집행할 수 있게 한 것이다. 금일로부터 우리의 일체 혁명역량은 임시정부에로 총집중하여야 할 것이며 우리의 일체 무장대오는 임시정부의 지휘를 절대 복종하여야 할 것이며 우리의 일체 인력 물력은 임시정부의 명령에서 총동원하여야 할 것이다. 국내외에 있는 동지 동포들은 모다 일심일덕으로 통일 단결하여 전세계 민주국의 승리와 배합하여 우리의 적과 결사적 전투를 진행하자! 자유행복인 신대한 신세계의 광명은 우리의 안전에 조약(照耀)하고 있다!

대한민국 24년 11월

대한민국 임시의정원 의장 홍진

부의장 최동오

의원

이시영 조소앙 엄항섭

조시원 조완구 이상만

신 환 류자명 심광식

손두환 김철남 김현구

김관오 이해명 류동열

차리석 이광제 신영삼

최석순 이복원 방순희

공진원 이흥관 강굉주

왕 통 김상덕 한지성

이정호 김약산 유 림

이연호 양 묵 이청천

박찬익 문일민 박건웅

김 구 조성환 안 훈

김재호 송욱동 이인홍

김학규 유진동

※ 원문의 한자를 필요한 곳에서만 괄호 안에 넣고 전문을 최대한 한글로 바꾸어 적음. 단, 원문의 글자나 어구 표현을 현대어로 바꾸지는 않고 전부 그대로 두었음 [편자].

※ 출처: 국사편찬위원회, 『한국독립운동사 자료』 Ⅲ(임정편 3), 149~152쪽

⑧ 임시정부 선전부 총무과장 겸 선전위원 (1943.4.10~9.20)

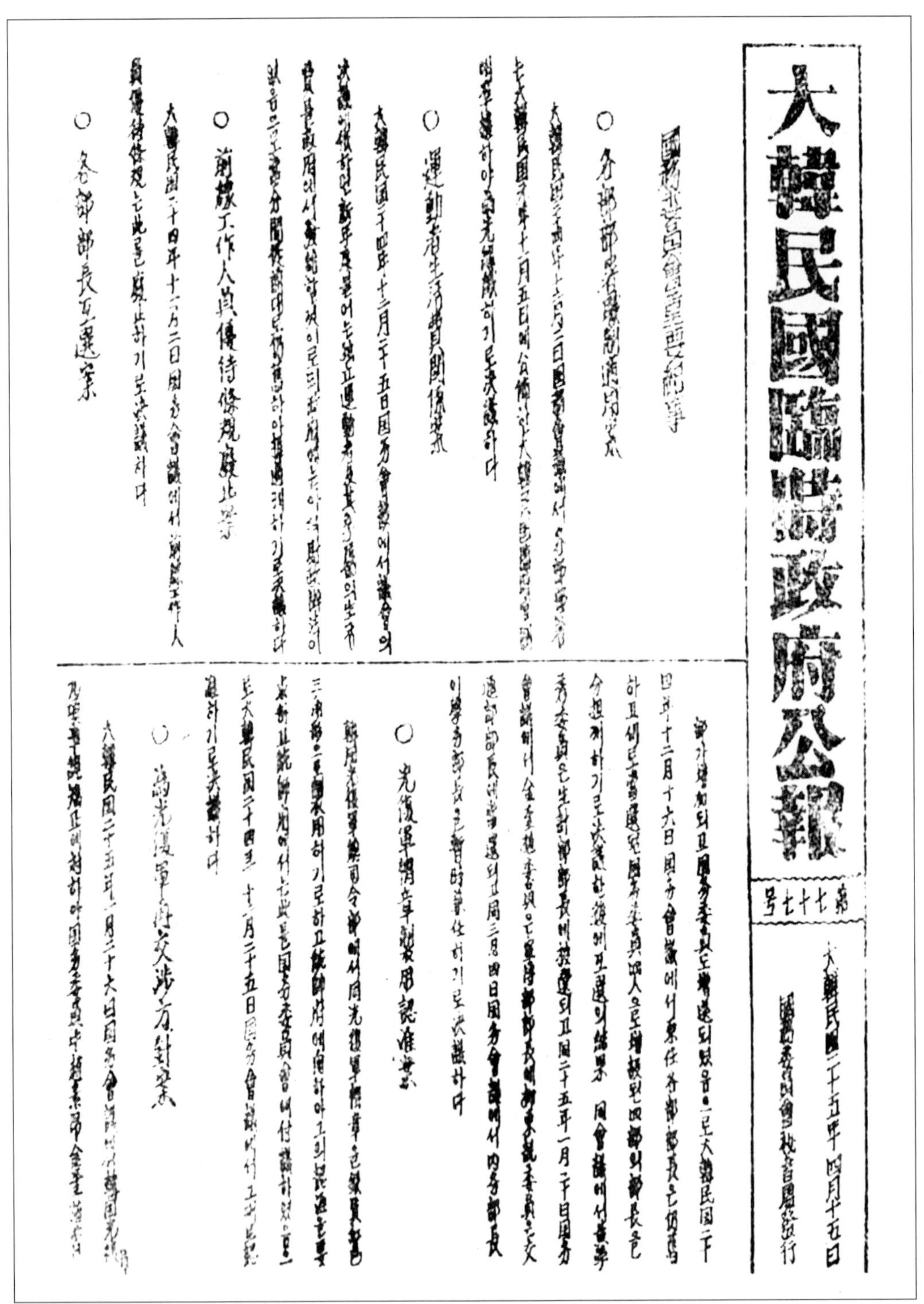

大韓民國臨時政府公報

第七十七號

大韓民國二十五年 四月十五日

國務委員會秘書處發行

國務委員會 重要 議決事

○ 分部部長改選案

[illegible]

○ 運動者生活費關係案

[illegible]

○ 前線工作人員優待條規廢止案

[illegible]

○ 各部部長互選案

[illegible]

○ 光復軍 … 認准案

[illegible]

○ 對光復軍 … 交涉方針案

[illegible]

國務部秘書、[illegible]를 [illegible]科科長으로、[illegible]로

[illegible]科科長으로 兼任하다

○ 財務部職員選任案

大韓民國二十五年三月二十日國務會議에서 財務部次長 [illegible]으로 財務部理財科科長을 [illegible] 兼任하고 [illegible]으로

[illegible]科科員으로 選任하다

○ 生計部職員選任案

大韓民國二十五年三月三十日國務會議에서 生計部次長 [illegible]

[illegible]로 選任하다

○ 交通部職員選任案

大韓民國二十五年四月二日國務會議에서 交通部次長 [illegible]를 交通部總務科科長으로、[illegible]를 交通[illegible]科科長으로 兼任하다

○ 法務部職員選任案

大韓民國二十五年四月二日國務會議에서 閔泳[illegible]으로 法務部總務科科員으로 選任하다

○ 宣傳部職員選任案

大韓民國二十五年四月十日國務會議에서 [illegible] 宣傳部次長으로、外務部[illegible]을 宣傳部[illegible]兼任으로、韓志成으로 宣傳部總務科科長으로、宣傳部次長 尹琦燮을 宣傳部編輯科科長으로、金仁哲으로 同發行科科長으로 選任하다

大韓民國二十五年四月十日 宣傳部에서 主席辦公室 [illegible] 同部總務科科員 韓志成을 宣傳部編輯科科員兼任으로 選任하다

○ 宣傳部宣傳委員選任案

大韓民國二十五年四月十日國務會議에서 趙素昂、嚴恒燮、金尙德、孫斗煥、金[illegible]、柳林、申基彦、韓志成、李貞浩、朴建雄、金仁哲、[illegible]、金在浩、金文을 宣傳部宣傳委員으로 選任하다

○ 各部職員補充案

大韓民國二十五年四月十三日國務會議에서 外務部總務科科長 李貞浩를 同部[illegible]科科長兼任으로、金良淑으로 [illegible]任으로 選任하다

([illegible]第十八號)

○ 선전부 직원 선임안

대한민국 25년 4월 10일 국무회의에서 윤징우를 선전부 차장으로, 외무부 외사과 과장 안원생을 선전부 비서 겸임으로, **한지성을 선전부 총무과 과장으로**, 선전부 차장 윤징우를 동부 편집과 과장으로, 김인철을 동 발행과 과장으로 선임하다.

대한민국 25년 4월 10일 선전부에서 주석 판공실 비서 안우생과 **선전부 총무과 과장 한지성을 선전부 편집과 과원 겸임으로 선임**하다.

○ 선전부 선전위원 선임안

대한민국 25년 4월 10일 국무회의에서 조소앙 신익희 엄항섭 김상덕 손두환 김성숙 유림 신기언 **한지성** 이정호 박건웅 김인철 안우생 김재호 김문을 선전부 선전위원으로 선임하다.

※ 원문 출처: 「대한민국임시정부 공보」 제77호(1943.4.15);
『대한민국임시정부 자료집』 1, 원문편 265·268쪽

大韓民國臨時政府公報

號外 第七十九號

大韓民國二十五年九月八日

國務委員會秘書處發行

國務委員會重要紀事

○對朝鮮民族革命黨決議案

本年七月十二日朝鮮民族革命黨中央執行委員會에서 所謂「公金橫領及捏造한臨時政府問題件의眞相」이란 文書를 發佈하였는데 이에 對하야 多方面으로 調査한 結果 此는 全然 事實이 없음으로 大韓民國二十五年八月十七日國務會議에서 左와 如히 決議하다

朝鮮民族革命黨에서 發佈한 文書는 그 內容이 史實과 不然할 뿐만 아니라 그 文書를 發佈한 結果에 있어서는 우리 獨立運動에는 損害를 주었으며 目前 우리 獨立運動의 中心機關인 臨時政府에 莫大한 損害를 주는 것임으로 此 運動 線上 內部의 情形과 國際的 事情을 考慮하야 이 問題를 更擴大하지 않기 위하여 朝鮮民族革命黨으로 하여금 自行取消케 하기로 함

○生活費臨時補助案

大韓民國二十五年八月十七日國務委員會에서 生活委員會의 決定에 依한 生計部長의 提議로서 九月份부터 生活費를 完全히 調整하야 發給하기 되기까지의 臨時補助로 大小人員을 不分하고 每人에게 二百元式 補發하기로 決議하다

○空軍設計委員會條例通過案

大韓民國二十五年八月十九日國務會議에서 軍務部長이 提出한 空軍設計委員會條例를 若干 修改하야 原案대로 通過하다(公佈事項參照)

○團體經費補助案

大韓民國二十五年八月二十六日國務會議에서 中國方面으로부터 特別히 補助된 交際及活動費 中에서 各 團體에 經費를 左와 如히 補助하여 주기로 決議하다

一, 朝鮮民族革命黨(中央)에는 每月 五千元式 發給할 것

二, 韓國獨立黨에는 從前 發給하던 壹萬元 外에 每月 一萬五千元式 더 發給할 것

三, 朝鮮民族解放同盟에는 每月 五百元式 發給하던 外에 五百元을 增加하야 每月 一千元式 發給할 것

四, 中韓文化協會에 每月 一千元式 發給할 것

○在渝僑民生活費調整案

大韓民國二十五年八月二十八日國務會議에서 生計部長이 生活委員會의 意見으로 提出한 것을 採擇하야 該金으로 大小勿論하고 三百元씩, 合하여 滿四十歲 以上은 二百元, 滿四十歲 以下 一歲 以上은 一百元씩 發給하고 自由職業者와 其他 公家 外 因機關에 在職한 人員은 除外하되 此에 依하여 發給하는 額數에 比하야

生活委員會委員의辭職請願은照准하고生計部生計科長、金
主任委員으로韓[illegible]部濟民科長의職務를兼攝케하고方順熙로生計
部生活委員으로選任하고大韓民國二十五年九月二十日國務會議에
서[illegible]生計部生活委員의辭職請願을照准하고同月二十
八日國務會議에서[illegible]生計部生活委員으로選任하다

○對美外交委員選任案

大韓民國二十六年八月十二日國務會議에서鄭翰景、李元淳으로駐
美外交委員部委員으로選任하다

○外務部職員選辭任案

大韓民國二十五年九月二十八日國務會議에서外務部外事科長安
原生의辭職請願을照准하고[illegible] 林[illegible]外務部外事研究
委員會委員[illegible]外事科長으로[illegible]
으로選任하고外務部[illegible]
[illegible]接受하다

○空軍設計委員選任案

大韓民國二十五年八月十九日國務會議에서崔用德、尹琦燮、金
信、[illegible]
[illegible]
[illegible]二十八日國務會議에서[illegible]空軍設計委員으로選任하다

○宣傳部職員選辭任案

大韓民國二十五年十月二十日國務會議에서宣傳部秘書科長韓
志成의辭職請願은照准하고[illegible]
의職務를[illegible]
任하고[illegible]二十八日國務會議에서金恩成、朴建雄、
楊林、金奎光[illegible]

○軍務部職員辭任案

大韓民國二十五年九月二十八日國務會議에서軍務部次長[illegible]辭職請願을照准하다

重要紀事

○議員補缺選擧

本月二日[illegible]

○金主席以下辭職에對한慰留

[illegible]

○ 선전부 직원 선 · 해임안

대한민국 25년 9월 20일 국무회의에서 선전부 총무과장 **한지성의 사직청원은 조준(照準)**하고 해부(該部) 차장 윤징우로 동부 총무과장의 직무를 겸섭케 하고… (하략)

※ 원문 출처: 「대한민국임시정부 공보」 제79호(1943.10.8);
『대한민국임시정부 자료집』 1, 원문편 281·283쪽

⑨ 임시의정원 임시회의 소집 요구서에 서명 날인 (1943.6.28)

臨時議政院臨時會議召集要求書

主文

光復軍問題·國際護衛說의對策, 臨時政府承認獲得의問題, 財政問題를討議決定하기爲하야約憲第八條但項에依하야 玆에臨時議會召集要求를提出함

理由

主文에記한諸問題는모다緊急히解決할國家의大事임으로速히臨時議政院臨時會議를召集하는것이妥當하다認함

臨時議政院議長 洪震 閣下

大韓民國二十五年六月二十八日

提案議員

李然皓

李海鳴

韓志成

宋旭東

孫斗煥

金喜山

金尚德

王通

臨時議政院 臨時會議 召集要求書

主文

光復軍問題, 國際護衛說의 對策, 臨時政府 承認 獲得의 問題, 財政問題를 討議 決定하기 爲하야 約憲 第八條 但項에 依하야 玆에 臨時議會 召集 要求를 提出함

理由

主文에 記한 諸問題는 모다 緊急히 解決할 國家의 大事임으로 速히 臨時議政院 臨時會議를 召集하는 것이 妥當하다 認함

臨時議政院 議長 洪震 閣下

大韓民國 二十五年 六月 二十八日

提案議員
李然皓 李海鳴 韓志成 宋旭東 孫斗煥 金若山
金尙德 王 通 李光濟 李仁洪 崔錫淳 姜弘周
金鐵男 申榮三 李興官 文逸民

※ 원문 출처:『대한민국임시정부 자료집』5, 원문편 30~31쪽

⑩ 임시의정원 의원직을 사임 (1943.10)

大韓民國臨時政府公報

第八十號

大韓民國二十六年四月十五日 國務委員會秘書處發行

臨時議政院紀事

● 開院及閉院

臨時議政院第三十五回議會는 大韓民國二十五年十月二十五日에 臨時首都重慶에서 開院하였고 同廿六年四月廿一日에 閉院하니 全期가 凡 日이요 會議는 共五十次이였다

● 出席議員及缺席議員

議政院議員 五十七人中 須命氏 ... 選出되지못한 議員一人을 除한 現在議員 五十八人內에 遠方에 있어서 出席치못한 議員二人外에 四十八人이 出席되였는데 議員選出區域別로 表示하면 左와如하다

京畿道: 趙琬九 李始榮 趙素昂 嚴恒燮
忠淸道: 閔弼鎬
慶尙道: 李象大 安勳 申榮三
全羅道: 張元培
全羅道: 金仁洪 宋進元 金在浩 文德洪
平安道: 安恭根
咸鏡道: 八牙山 金尙德 李然浩 柳林
俄領: 俞 崔相

江原道: 金宗立 李海鳴
咸鏡道: 李復源 李與字 方順熙 姜弘周
王通 池憲模
黃海道: 孫斗煥 金鐵男 安原生
平安道: 車利錫 柳東說 崔東旿 李光濟
崔錫淳 申榮三
中領僑民: 楊宇朝 文逸民 李奎九 朴贊翊
金學奎 朴建雄
美領僑民: 金九 曹成煥 柳振東

● 新到議員資格審定

大韓民國廿五年十月九日會議에서 新到議員資格審査委員 ... 金尙德, 安勳 三議員의 審査報告에 依하야 京畿道選出議員 閔弼鎬, 全羅道選出議員 申榮三, 文德洪, 安恭根, 咸鏡道選出議員 池憲模等 五人의 議員資格이 合格됨을 可決하다

黃海道選出議員 安原生은 追後에 到院하였음으로 同月十三日會議에서 通過되고 忠淸道選出議員 ... 辭職하였으므로 補選된 ... 十一月卅日會議에서 通過되였음

● 分科委員會組織

大韓民國廿五年十月九日會議에서 今番에도 昨年例에 依하야 四科만 設하되 各科에 五人

● 개원 및 폐원

임시의정원 제35회 의회는 대한민국 25년 10월 9일에 정부소재지 중국 중경에서 개원하야 동 26년 4월 15일에 폐원하니 회기가 범(凡)ㅁㅁ일이요 회의 차수가 공(共) 56차이었다.

● 신도의원(新到議員) 자격 심정(審定)

(전략) 경상도 선출의원 <u>한지성</u>의 사면(辭免)한 대(代)로 보선된 장건상 의원은 11월 30일 회의에서 통과되었음.

※ 원문 출처: 「대한민국임시정부 공보」 제80호(1944.4.15); 『대한민국임시정부 자료집』 1, 원문편 287쪽

① 중한문화협회 조직조 부주임으로 선임 (1942.10.17)

反侵略的一支生力軍

中韓文協昨成立

蔣委員長頒詞嘉勉

（中央社訊）中韓文化協會成立大會，十一日上午九時在廣播大廈舉行，由孫院長科主席，到吳秘書長鐵城、白副總長崇禧（安代）、王秘書長寵惠、馮委員玉祥、鄒委員魯（丘式如代）、張委員道藩、王委員世杰、董部長顯光、黃副部長少谷、于主任，及韓國臨時政府主席金九、外交部長趙素昂、光復軍總司令李青天、副總司令金若山等四百餘人，蔣委員長對該會，特頒訓詞（見另條）。大會於中韓兩國國歌聲中揭幕，由主席孫院長領導全體與會者肅立，為中國抗戰陣亡將士及韓國烈士默念致敬後，孫院長致開會詞，略稱：今天是中韓文化協會成立大會的日子，經過幾個月的籌備，今天得以正式成立，大家同志們是非常興奮，昨天是中國雙十節國慶，今天又得到了在重慶的中韓兩國同志們召開此次盛會，意義是何等重大，幾年來旅渝的韓國同志，團結一致的支持中國抗戰，從而協助同盟國從事於反侵略的世界戰爭，此種努力，世界共見。現在東亞各國家民族中，韓國同志首先與我國共同努力於抵抗日本帝國主義侵略與光復國運動，時至今日，侵略的必然崩潰，已為期不遠，將來此次同盟國最後勝利的獲得，第一個復國的在東亞當然是韓國。幾十年來韓國同志積極不斷共反帝工作，已得到各國人士的同情與援助，此次共同參加世界反侵略的偉大工作，相信同盟國勝利之日，即為韓國獨立自由之時，而韓國復國運動，亦必於此時獲得真正實現。希該會目前的工作，孫氏認為加強中韓兩國已有的關係，加強兩民族更大的團結，以貫徹目前的工作

中韓文協

理監事會議

（中央社訊）中韓文化協會十七日舉行第一次理監事會議。孫科主席，討論要案如下（一）推孫科、吳鐵城、朱家驊、趙素昂（韓）、金奎植（韓）五人為常務理事，孫科為理事長。（二）推王世杰、馬超俊、徐恩曾、梁寒操、潘公展、崔東旿（韓）五人為常務監事。（三）推司徒德為秘書長，安原生（韓）為副秘書長。（四）推王崑崙、謝仁釗、吳[illegible]為總務組正副主任，委員。[illegible]泉、[illegible]柏、謝廷式為研究委員會正副主任委員。推王芸生、許孝炎、陳正[illegible]為宣傳委員會正副主任委員。（五）推洪[illegible]為組織組主任。韓志成（韓）為副主任。胡秋原為宣傳組主任、金奎光（韓）為副主任。郭沫若為研究組主任，柳子明（韓）為副主任。汪竹一為聯絡組主任、金光（韓）為副主任。會所暫設五四路[illegible]家巷九號。

중한문협 이 · 감사회의

[기사 요약]

17일 중경에서 열린 중앙문화협회 제1차 이 · 감사회의에서 손과(孫科) 주석의 추천안에 의해 한지성이 조직조 부주임으로 선임됨.

이 회의에서 추천 선임된 다른 한국인 간부로는 부이사장 김규식, 상무이사 박순(박찬익), 상무감사 최동오, 부비서장 안원생, 선전조 부주임 김규광, 연구조 부주임 류자명, 연락조 부주임 김광이 있었음.

※원문 출처: 『新華日報』 1942년 10월 12일자 및 18일자

② 4당 통일회의에 조선민족해방투쟁동맹 대표로 참가 (1942.12)

摘由

蔣渝特區原報人 王明哲

直屬處原報時間與地點 元月二日 於渝

建卡

中華民國卅二年一月廿一日發出

政情 一類 114號

韓國各黨派與朝鮮民族革命黨合併

查朝鮮民族革命黨首領金若山於三十一年十二月間召集各小黨派開統一會議參加者計有金若山王通(朝鮮民族革命黨)金仁哲韓志成(朝鮮民族解放鬪爭同盟)孫斗煥金明濬(朝鮮獨立黨革新同志會)李光濟(朝鮮民族黨海外全權委員會)等前後開會七次最後決議各小黨以朝鮮民族革命黨改組之方式拼合入朝鮮民族革命黨並訂本月(元月)二十二日下午二時在南岸大佛段五號舉行參加儀式同時並聚餐以示慶祝云

來源:親查

意見:供參考

政情字 제118호(1943.1.21)

보고자: 王明哲

한국 군소정당들 곧 조선민족혁명당으로 합병

조선민족혁명당 수령 김약산은 민국 31년[1942년] 12월에 각 군소정당을 소집하여 통일회의를 열었다. 참가자는 김약산 · 王通(조선민족혁명당), 金仁哲 · 韓志成(조선민족해방투쟁동맹), 孫斗煥 · 金朋濬(한국독립당혁신동지회), 李光濟(조선민족당해외전권위원회) 등이었다. 이들은 전후 7차의 회의를 열어 각 군소정당이 조선민족혁명당의 개편에 참여하는 방식으로 조선민족혁명당에 가입하기로 결정하였다. 아울러 본월[1월] 22일 오후 2시에 남안 대불단 150호에서 조선민족혁명당이 주최하는 연회를 열어 통합을 경축하기로 하였다 한다.

※ 출처: 『대한민국임시정부 자료집』 37, 원문편 93쪽

③ 조선민족혁명당에 합류하고 중앙집행위원으로 피선 (1943.1)

擬辦

政情字第52號

[illegible]

來源：親得

意見：供參考

財務部長	成玄園	五二	忠清南道	漢城普成法律專門學校畢業	曾任新興軍學校學生團團長韓國臨時政府國務委員
統計部長	申榮三	四八	平安南道	漢城醫學專門學校畢業	曾任航空署及重慶警備司令部醫務主任現任韓國臨時議政院議員
美洲總支部主席	金剛	四二	咸鏡北道	鑛學士	前朝鮮義勇隊美洲後援會長
總書記	李慶善	四三	江原道	法學碩士	前朝鮮義勇隊美洲通訊處主任

朝鮮民族革命黨中央委員名單

職別	姓名	別字	年齡	籍貫	學歷	經歷
中央執行委員兼常務委員	金若山	元鳳	四六	慶尙北道	黃埔軍校第四期畢業	曾任前朝鮮義烈團團長朝鮮革命幹部學校校長朝鮮義勇隊隊長現任韓國光復軍副司令
	成玄園		五二	忠清南道	漢城普成法律專門學校畢業	曾任新興軍事學校學生團團長韓國臨時政府國務委員等職
	孫斗煥		四九	黃海道	日本明治大學法科畢業	曾任黃埔軍官學校第四期校長室副官中央軍校教官、韓國獨立黨統一同志會中央幹部
	申榮三		四八	平安南道	漢城醫學專門學校畢業	曾任航空署及重慶警備司令部醫務主任現在韓國臨時議政院議員
	金仁哲		三五	忠清南道	東京日本大學社會學系畢業	曾任朝鮮青年前衛同盟書記長朝鮮義勇副隊長現任韓國臨時政府宣傳委員
中央執行委員	金奎植	尤史	六四	漢城	美國普林斯頓大學法學博士	曾任巴黎媾和會議朝鮮民族代表韓國臨時政府外務總長現任韓國臨時政府國務委員兼宣傳部長
	張建相	宵海	六一	慶尙南道	美國芝加哥大學法學碩士	曾任韓國臨時政府外務次長北平中國大學華北大學教授現任韓國臨時政府國務委員兼學務部長

候補中央執行委員

姓名	號	年齡	本籍	學歷	經歷
尹琦燮	虬雲	五六	京畿道	漢城普成法律專門學校畢業	曾任新興軍事學校教務長韓國臨時議政院議長臨時政府委員現任軍務次長
金鵬濬	起元	五六	平安北道	漢城普成法律專門學校畢業	曾任韓國臨時議政院議長韓國獨立黨統一同志會中央幹部
金尙德	會州	五〇	慶尙南道	日本早稻田大學政經科畢業	曾任朝鮮革命幹部學校教官現任韓國臨時議政院議員
李集中		四九	全羅北道	黃埔軍校第四期畢業	曾任朝鮮義烈團中央幹部現任韓國臨時議政院議員
金鐵男		四九	黃海道	漢城敬新學校畢業	曾任防空總監部科長韓國獨立黨統一同志會中央幹部現任韓國臨時議政院議員兼交通部次長
姜昌濟		四六	平安北道	東京商業大學畢業	曾任韓國臨時議政院議員朝鮮民族黨海外全權委員會中央幹部
曺斌		四四	慶尙南道	日本早稻田大學政經科畢業	曾任朝鮮義烈團中央幹部朝鮮革命幹部學校教官本黨秘書主任
申基彥		三六	慶尙北道	中央政治學校大學部第三期外交系畢業	曾任朝鮮民族黨海外全權委員會中央幹部現任韓國臨時政府宣傳委員
尹澄宇		三三	慶尙南道	北平華北大學畢業	曾任山西民族大學教授現任韓國臨時議政院秘書臨時政府宣傳部次長
韓志成		三一	慶尙北道	中央政治學校大學部第五期教育系畢業	曾任朝鮮義勇隊指導委員現任臨時議政院議員臨時政府宣傳委員
金鍵厚		四〇	平安南道	美國鑛學士	曾任蘇聯鑛山工程師現任蘭州甘肅省政府鑛山總工程師
李海鳴		四九	江原道	中央軍校特訓班畢業	現任韓國臨時議政院議員
周世敏		二八	咸鏡北道	仝右	曾任中央軍校特訓班組訓員
崔省吾		三二	平安北道	上海東南醫學院畢業	曾任萬縣醫院院長現任韓國臨時議政院秘書

政情字 제152호(1943.1.25)

보고자: 王明哲

조선민족혁명당 개조 후의 새 임원 명단

조선민족해방투쟁동맹, 한국독립당혁신동지회, 조선민족당해외전권위원회 등 3개 단체가 조선민족혁명당과 통합한 후에 임원을 개선한 결과 결정된 인사는 다음과 같다.

총서기 김약산, 집행위원장 김규식(현 임시정부 각료), 집행위원 김인철 · 한지성 · 成宣[玄]園 · 이광제 · 왕통 · 손두환 · 김붕준 등 7인이라 함.

※ 출처: 『대한민국임시정부 자료집』 37, 원문편 95쪽

조선민족혁명당 중앙위원 명단(1943.2)

직별	성명	연령	본적	학력
중앙집행위원	韓志成	31	경상북도	중앙정치학교 대학부 제5기 교육학과 졸업

경력

조선의용대 지도위원 역임. 현 한국임시정부 의정원 의원, 임시정부 선전위원

※ 출처: 추헌수 편, 『자료 한국독립운동』 I (연세대학교 출판부, 1972), 323쪽

④ 한국청년회 창립에 참여하고 부총간사로 선임 (1943.1.20)

重要紀事

韓國靑年會를 創立

重慶에 있는 在留韓國同志들이 靑年間의 互相親睦과 修養을 目的으로 一月二十日에 在渝 靑年들과 함께 韓國靑年會를 創立하였는데 幹部의 分擔은 如下하다:

總幹事 安原生, 副總幹事 韓志成, 總務 李志一, 組織 胡建, 學術 李英秀, 藝術 朴英俊, 體育 李一峰.

愛國婦人會의 再建

大韓愛國婦女會는 一九一九年에 上海에서 組織되어 한동안은 獨立運動의 빛나는 貢獻이 있었으나 그後 모든 事情으로 因하여 [illegible] 中停頓狀態가 되었었는데 [illegible] 運動의 發展을 따라 [illegible] 女性團體의 組織을 要求케 되어 二月二十三日에 在渝愛國婦女五十餘名이 臨時政府集會室에서 婦女會再建設大會를 擧行하였는데 選出된 幹部는 如下하다:

主席 金淳愛, 副主席 方順熙, 組織部 延薇堂, 宣傳部 金允澤, 社交部 權基玉, 訓練部 鄭靖和, 財務部 崔善嬅, 調査部 姜映波.

한국청년회를 창립

중경에 있는 본당 청년동지들이 청년간의 호상친목과 수양을 목표로 하고 1월 20일에 각 당 청년들과 함께 한국청년회를 창립하였는데 간부와 부서분담은 여하하다.

총간사 안원생, 부총간사 한지성, 총무 이지일, 조직 호건, 학술 이정호, 예술 박영준, 체육 고일명.

※ 원문 출처: 『한국독립당 당보』 제4호(1943년 3월); 『대한민국임시정부 자료집』 34, 원문편 363쪽

⑤ 재중국자유한인대회 주석단의 일원으로 선언문 등을 발표 (1943.5)

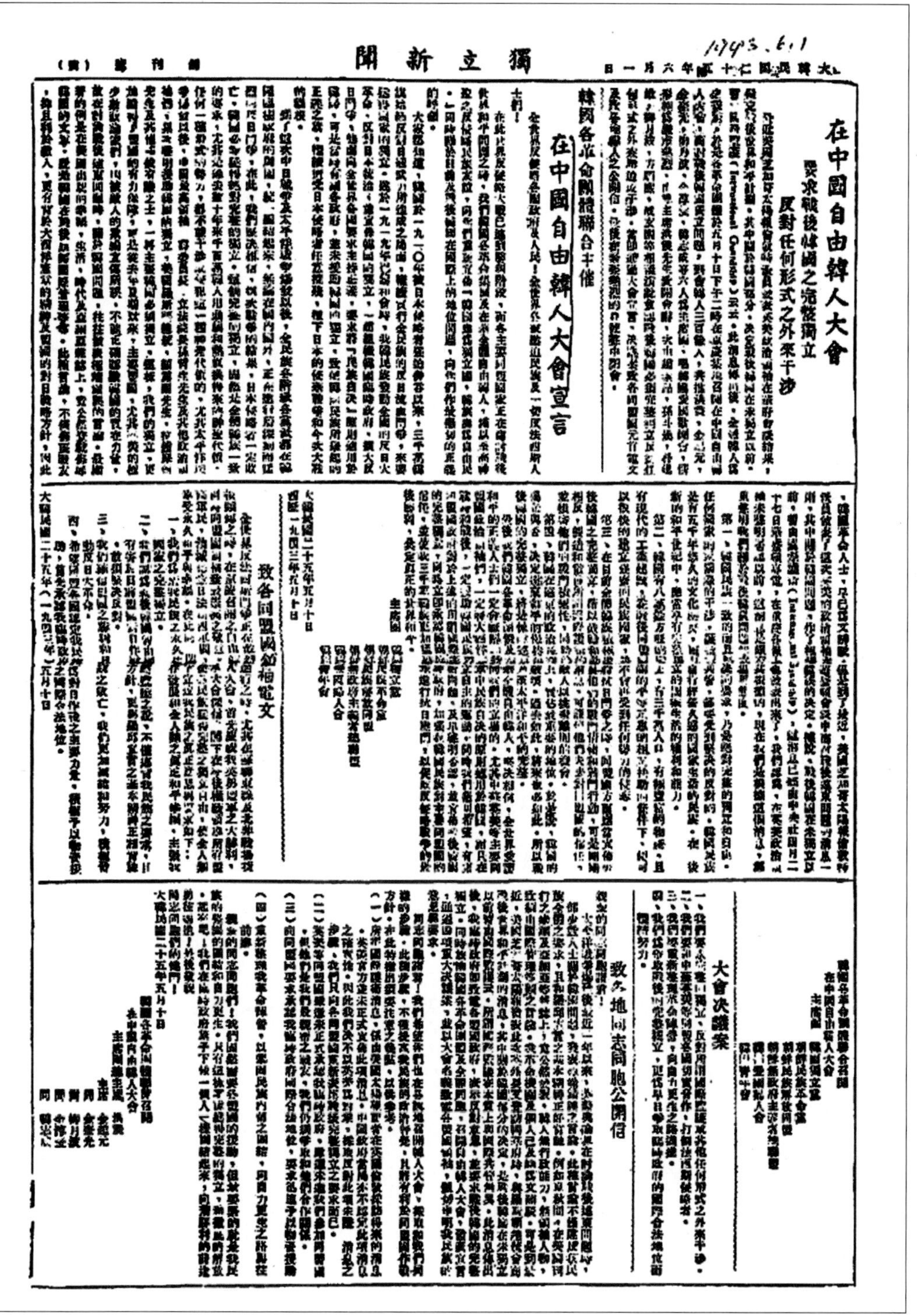

獨立新聞

大韓民國二十五年六月一日　創刊號（四）

在中國自由韓人大會

要求戰後韓國之完整獨立

反對任何形式之外來干涉

韓國各革命團體聯合主催

在中國自由韓人大會宣言

致各同盟國領袖電文

大會決議案

致各地同志同胞公開信

중국에 있는 자유한인 대회

- 전후 한국의 완전독립을 요구하고 어떤 형식이든 외래간섭을 반대

최근 미국 시카고 ≪선(Sun)≫지(紙)의 런던특파원은 영·미 정치영수의 워싱턴회의 결과를 발표했다. 거기에는 전쟁 후의 세계의 평화 계획이 들어있다. 그리고 그 속에는 한국에 관계되는 부분이 있는데, 그것은 전쟁 후에 있어서 한국을 독립시키기 이전에 잠시 국제감시 하에 두자는 것이다.

이 소식이 전해지자 전체 한국인들은 모두 놀라서, 이에 각 혁명단체가 5월 10일 하오 2시에 중경 모처에서 중국에 있는 자유한인 대회를 개최했다. 그리하여 전쟁 후의 한국독립 문제를 토의했다. 여기에 모인 한국사람은 모두 3백여 명이었다. 이들은 모두 홍진(洪震)·김기원(金起元)·김규광(金奎光)·유월파(柳月波)·김순섭(金淳燮)·한지성(韓志成) 등 6인을 추대하여 주석단을 조직했다.

한국 애국가를 봉창하고 개회를 선언했다. 장내 분위기는 장엄하고도 열의에 찼다. 총주석 홍진 선생이 개회사를 한 다음, 조소앙(趙素昂)·손두환(孫斗煥)·박건웅(朴建雄)·유월파·방순희(方順熙)·성현원(成玄園) 등이 계속하여 연설을 했다. 그들은 하나 같이 모두 전쟁 후의 한국은 반드시 완전히 독립시켜야 한다고 주장하고 임전(任甸) 형식의 외래 압박이나 간섭은 반대한다고 했다.

계속하여 대회의 선언문을 통과시키고, 또 이 대회의 결의문을 각 동맹국 원수에게 보냈다. 그리고 또 각지에 있는 한국사람들의 공개서신도 각각 보냈다. 최후로 긴장하고도 열렬한 구호를 외치고 나서 폐회했다.

ㄱ. 한국 각 혁명단체가 공동주최한 재중국자유한인대회의 선언문

전 세계의 반침략 각국 정부 및 인민 여러분! 그리고 전 세계 각 피압박 민족 및 일체 반파시스트 인사 여러분!

이 세계의 반침략전쟁은 이미 승리의 단계에 도달했다. 각 중요 동맹국가들은 이제 바야흐로 전쟁 후에 있어서의 세계평화 문제를 토의할 때가 된 것이다. 우리들 한국 각 혁명단체들과 중국에 있는 자유한국인들은 삼가 그 지극히 고상하고 신성한 반침략 민족의 우의를 가지고, 저들을 향하여 거듭 “한국은 마땅히 독립이 되어야 한다. 한국 민족은 마땅히 자유민이 되어야 한다.”고 재차 선포하는 바이다.

이와 동시에 현재와 또 전쟁 후에 있어서의 한국의 국제적인 지위 문제에 관해서도 저들을 향하여 가장 간절한 정의의 호소를 보내는 바이다.

여러분들은 이미 알 것이다. 한국이 1910년에 일본침략자의 강박으로 병탄된 이래 3천만 한국 민족은 한결같이 일구(日寇)의 무력적 침략을 반대해왔다. 그리고 계속해서 전 민족의 일본에 반대하는 유혈투쟁을 실행해왔다. 그리하여 국가의 독립을 획득하기 위하여 노력해왔다.

그리하여 드디어 1919년 파리회의 무렵 우리 한국 민족은 전국적인 반일 대혁명을 일으켜 일본의 통치를 반대했다. 이와 동시에 또 한국의 독립을 선포하여 한편으로는 전 세계 각국을 향하여 정의의 편에 서주기를 요구했다. 그리하여 장차 「민족자결」의 원칙을 우리 한국에 적용해 줄 것을 요망했다.

그러나 당시 유관 각국 정부는 모두 우리 한국의 독립을 원조해 주지 않았다. 그리하여 한국민족이 쳐든 정의의 깃발은 계속해서 일본침략자들의 유린을 당하고 말았었다. 이것이 마침내는 일본이 중국을 침략하는 전쟁과 이번 대전의 화근을 만들어내고 말았던 것이다.

그러나 그 후 중일전쟁 및 태평양전쟁이 폭발한 이후로는 전 민족과 각 계급과 각 당파들은 모두 한국 임시정부의 주위에 모여서 통일과 단결을 이루었다. 국내나 국외를 논할 것 없이 바야흐로 치열하고 또 맹렬하게 반일투쟁을 진행해왔다. 우리는 이번 전쟁의 결과는 일본침략자가 반드시 패망하고 한국이 반드시 절대 완전한 독립을 획득할 것이라 굳게 믿고 있다. 이는 전체 한국민족의 일치한 요구인 것이다.

더구나 지난 수십 년 동안 천만 명의 한국인은 모든 두뇌와 성의를 써서 그 신성한 대가를 얻게 되었다. 이것은 어떠한 일종의 형식적인 세력에 일임할 일이 아니다. 이러한 신성한 대가는 아무도 간섭할 수도 없고 침범할 수도 없는 것이다.

더구나 태평양전쟁이 폭발한 이후로 중국 최고 영수인 장(蔣)위원장과 입법원장 손청생(孫哲生) 선생 및 그 밖의 정계의 영수들이 여러 번 한국의 독립을 원조하는 설명을 발표했다. 미국의 루즈벨트 대통령과 안로이 선생, 라티모어 선생 및 그 밖의 식견 있는 인사들은 거듭 한국이 반드시 독립되어야 한다고 주장했다.

이렇게 우리들의 독립은 다시 동맹국들의 유력한 보장을 받게 되었다. 그러나 지난 여름 이후로 주요한 동맹국들 중에 영국과 미국의 극소수 정론가들은 적들의 기만적인 선전에 속아서 한국이 실제 가지고 있는 역량을 정확히 파악하지 못했다. 때문에 전후 원동 문제를 토론할 때에 한국문제에 관해서 이따금 극단의 잘못된 언론을 발표한 일이 있었다.

그 중에서 가장 현저한 예로는 미국에서 출판되는 ≪해피(Happy)≫ · ≪라이프(Life)≫ · ≪타임(Time)≫과 ≪아시아(Asia)≫라는 잡지에서 마침내 한국을 모욕하는 문장을 공공연하게 실었었다. 그들은 한국이 전후 마땅히 국제관리 하에 두어져야 한다고 주장하였다.

이러한 언론은 비단 전우를 모욕하는 것이 될 뿐만 아니라 적을 유리하게 하는 말이며, 대서양헌장의 정신과 동맹국들의 일본에 대한 전략방침에 위배되는 것이다.

이에 한국의 혁명인사들은 오래 전 이를 반박하는 문장을 발표하였다. 그러나 최근에 이르러서는 미국 시카고 ≪선(Sun)≫의 런던특파원이 영국과 미국의 정치 영수들이 워싱턴 회담 중에 전쟁 후의 원동 문제를 의논했다는 소식을 보도했다. 거기에 보면 한국문제에 관해서 극단으로 잘못된 결정을 했다.

그 말에 의하면, 전쟁 후의 한국은 독립되기 전에 잠시 국제호위(International Guard-Ship)를 거쳐야 한다는 것이다. 이러한 소식은 이미 중앙사(中央社)의 4월 27일 워싱턴발 전보로 중경의 각 신문 지상에 발표되었다. 영국과 미국의 정치영수들이 이 소식에 대해 부인성명을 내기 전까지는 우리들은 이 소식을 매우 근거 있는 것으로 간주할 것이다. 이제 우리들은 이 소식에 근거하여 정중하게 성명을 발표하여 전후의 한국문제에 대한 입장과 태도를 밝히는 바이다.

첫째, 한국 민족이 일치하고 또 굳세게 요구하는 것은 바로 절대 완전한 독립과 자유다. 어떠한 국가나 국제적인 간섭이나 호위나 공동관리도 모두 절대 반대한다. 한국민족은 5천년의 오랜 문화와 역사를 가지고 있다. 우리는 과거 오랫동안 자주적으로 국가생활을 경영해 온 민족이다. 때문에 전후 새로운 화평세기에 있어서 응당 완전 독립한

국가생활을 누릴 권리와 능력이 있는 것이다.

둘째, 한국은 22만 평방킬로미터의 국토와 3천만의 인구를 가지고 있다. 한국에는 지극히 풍부한 물산이 있고, 또 현대적인 공업건설이 있다. 전후 동맹 국가들의 평등·호혜의 상호부조하는 조건 밑에서 급속히 강대한 민족 국가를 건설할 수 있다. 결코 우리는 두 번 다시 어떠한 세력의 침탈도 받지 않을 것이다.

셋째, 우리 전체 한민족이 적극적으로 항일투쟁을 전개하고 있는 지금 동맹국들은 마땅히 전후 한국의 완전독립을 선포해야 한다. 그리하여 한민족의 전투의욕과 전투행동을 고무시켜 주어야 한다. 그런데 이와는 반대로 동맹국들은 소위 국제적 호위를 한다는 소식을 만들어 전파시키고 있다. 이는 동맹국에 대한 한민족의 신임을 저버리게 할 수 있다. 또 우리의 전투적 적극성을 깎아내리는 동시에 적에게 이간의 기회를 제공하게 될 것이다.

넷째, 한국은 원동의 정치·지리상 실로 가장 중요한 위치를 차지하고 있다. 즉 한국의 독립 여부가 극동의 평화를 유지하느냐 파괴하느냐 하는 것을 결정짓게 된다. 과거에도 그랬거니와 장래에 있어서도 반드시 그렇다. 전후의 한국의 완전 독립은 장차 원동 내지 태평양지역의 완전평화를 보장하는 것이다.

마지막으로, 우리들 한국 각 혁명단체 및 중국에 있는 전체 자유한국인은 전 세계의 평화를 애호하는 정의의 인사들이 한결같이 우리들의 입장을 이해하고 찬성해 줄 것을 확실히 믿는 바이다. 그중에서도 중국·소련·영국·미국 등 주요 동맹국의 정치 영수들은 반드시 대서양헌장 속의 민족자결 원칙을 한국에 적용하기 바란다.

또 전쟁 중에 있어서나 전쟁 후에 있어서 한결같이 한국민족의 독립과 자주적인 운동을 원조해 주기 바란다. 이와 동시에 우리들이 간절히 바라는 것은 모든 동맹국 정부들은 위에서 말한 소위 국제호위 문제에 대하여 속히 성명을 발표하여 이를 부인해주기 바란다. 아울러 전후 한국의 완전독립을 선포하고, 이와 동시에 즉시 한국임시정부를 승인해 주기 바란다.

이로 인해서 우리 한국민족이 주요한 동맹국에 대한 신임을 더욱 공고히 하고, 또 우리 한국 3천만 민족으로 하여금 더욱 항일전투를 맹렬히 진행하도록 하여 반침략전쟁의 최후 승리를 촉성하여 진정한 세계평화를 이룩하도록 해주어야 할 것이다.

주석단 :
한국독립당
조선민족혁명당
조선민족해방동맹
조선무정부주의자총연맹
한국애국부인회
한국청년회

대한민국 25년 5월 10일
서기 1943년 5월 10일

ㄴ. 각 동맹국 영수(領袖)들에게 보내는 전문(電文)

전 세계 반(反)파시스트 투쟁이 격렬하게 진행되는 이때, 특히 소련 동부전선과 북아프리카 전장에서 전승의 보도가 빈번히 전해지는 때에 중경에서 소집된 자유한인대회는 먼저 우리 영웅적이고 용맹스러운 동맹군의 대승리를 경축하는 바이다. 이와 동시에 동맹국 영수들에게 가장 숭고한 경의를 표하는 바이다.

본 대회는 각하들이 금후에도 계속하여 동맹국 군민을 영도하여 독일 · 이태리 · 일본의 파시스트 군벌을 소멸시켜 각 민족으로 하여금 완전한 독립과 자유를 획득하게 하는 동시에 전체 인류로 하여금 영구한 평화와 행복을 누리게 해주리라 믿는다.

이에 각하들을 향하여 우리 민족의 진정한 의사를 전달하고 아래와 같이 요구하는 바이다.

① 우리들은 우리 민족의 영구한 생존 발전과 전 인류의 진정한 평화와 행복을 위하여 우리 국가의 완전독립을 주장한다.
② 우리들은 전후 한국을 잠시 국제감호해야 한다는 말을 들었다. 이것은 비단 우리 민족의 요구에 위배될 뿐만 아니라, 또 현재 동맹국의 일본에 대한 작전 방침에 해로운 것이며, 더우기 루즈벨트 · 처칠 선언의 기본 정신에도 서로 배치되는 것이다. 그런 때문에 이것을 절대로 반대하는 바이다.
③ 우리들은 동맹국의 승리와 일구의 멸망을 확신한다. 우리는 더욱 단결하고 노력해서 적극적으로 반일 대혁명을 일으키려 한다.
④ 바라건대 동맹 각국들은 우리나라 민족의 대일 작전의 주요한 역량을 인정해서 적극적으로 물자를 원조하고, 우선적으로 우리 임시정부의 국제적 합법 지위를 승인해 주기 바란다.

대한민국 25년(1943년) 5월 10일

한국각혁명단체연합회 소개(召開) 재중국자유한인대회
주석단
한국독립당
조선민족혁명당
조선민족해방동맹
조선무정부주의자총연맹
한국애국부인회
한국청년회

ㄷ. 대회 결의안

① 우리들은 완전독립을 요구한다. 소위 국제감호나 혹은 그 밖의 어떠한 형식의 외래 간섭도 반대한다.

② 우리들은 중 · 소 · 영 · 미 등 동맹 각국의 절실한 합작을 요망한다. 그리고 파시스트 침략자를 타도하자.

③ 우리들은 혁명진영을 새롭게 정리하여 자력갱생의 길을 향해서 매진하자 !

④ 우리들은 전후의 완전독립을 쟁취하기 위하여, 또한 조속히 임시정부의 국제적 합법지위를 쟁취하기 위하여 계속 노력한다.

ㄹ. 각 지방 동지와 동포들에게 보내는 공개신(公開信)

친애하는 동지 · 동포 여러분 !

태평양전쟁이 폭발한 이후 최근 1년 이래로 영국 · 미국의 여론계가 전후 원동문제를 토론할 때, 일부 소수 인사들은 한국문제에 관해서 극단적으로 잘못된 언론을 발표한 바 있었다.

이러한 언론은 비단 우리 민족 전체의 요구에 위반될 뿐만 아니라, 루즈벨트 · 처칠이 선언한 기본정신과도 배치되는 것이다. 예를 들면 올 여름으로부터 가을에 이르는 동안 미국에서 간행된 ≪해피(Happy)≫ · ≪아시아(Asia)≫ 등 잡지에는 한국 사람은 행정능력이 없고 영수가 될 인물이 없다고 공공연하게 보도했다. 그리하여 한국을 국제관리하자는 말까지 나오게 되었다.

우리 혁명기관 및 개인들은 이미 그 때에 글을 발표하여 이를 반박했다. 그럼에도 최근에 이르러서는 미국 시카고에서 발행하는 ≪선(Sun)≫지에, 영국 외무장관 이든이 워싱턴을 방문했을 때 루즈벨트 대통령과 전쟁 후의 세계평화계획을 상의했다는 소식을 보도한 바 있었다. 거기에는 한국에 관한 결정이 있었다. 이것은 전쟁 이후 한국이 독립되기 전에 잠시 국제감호를 경유하자고 했다. 소위 국제감호라는 것은 그 본질에 있어서는 국제공동관리와 다름없는 것이다.

이 소식이 전해진 뒤에 우리 임시정부는 즉시 각 동맹국 정부에 전문을 쳐서 반대하는 의사를 표시했다. 이와 함께 우리는 또 전쟁 후에 있어서의 한국의 완전한 독립을 요구했다. 동시에 중경에 있는 우리 한국 각 혁명단체 및 전체 동포들은 자유한인대회를 개최하여 선언문을 발표하고, 4개 조항의 중대 결의안을 통과시켰다. 그리고 이 대회의 명의로 각 동맹국 영수들에게 전문을 쳐서 간절하게 우리 민족의 의사와 요구를 밝혔다.

동지 · 동포 여러분!

우리가 바라는 바는 여러분이 소재하고 있는 각 지방마다 한인대회를 개최하여 우리들과 보조를 맞춰 달라는 것이다. 이러한 절차는 비단 우리 민족의 정치적 경각을 높여줄 뿐만 아니라, 동맹국들의 작전 방침에도 유리한 것이다. 이에 특별히 주의할 몇 가지 점을 적시하여 참고에 이바지하고자 한다.

① 소위 국제호위라는 소식은 미국 ≪선(Sun)≫지 기자가 영국 런던에서 취재한 소식이다. 영국과 미국 정부는 아직 정식으로 이 소식을 선포하지는 않았다. 중국 정부 당국에서도 역시 이 소식이 확실한 것이라는 것을 인정하지 않았다. 그러므로 우리는 결코 영국이나 미국을 대상으로 아직 확실치 않은 이 소식에 반대하자는 것이 아니다. 우리들은 다만 각 동맹국을 향하여 전후 완전독립을 요구할 뿐이다.

② 영국 · 미국 등 동맹국들이 아직 정식으로 우리 임시정부를 승인하지는 않았고, 또 비록 우리들이 동맹국에 참가하지는 못했다 하지만, 그들은 우리의 가장 친밀한 전우인 것이다. 우리들은 모름지기 그들과 합작할 수 있는 관계를 쟁취해야 할 것이다.

③ 동맹국을 향해서 우리 임시정부에게 국제적인 합법적 지위를 승인해 줄 것을 요구해야 한다. 또 급속히 물자 원조를 해주도록 요구해야 한다.

④ 우리 혁명 진영을 새롭게 하여 민족 내부의 단결을 공고히 해야 한다. 자력갱생의 길을 향해서 용감히 전진하자.

친애하는 동지 · 동포들 !

우리들은 분명 각 동맹국의 원조를 필요로 하지만 가장 시급한 것은 우리 민족의 공고한 단결과 자력갱생이다. 이러한 역량을 가져야만 비로소 완전 독립과 철저한 해방을 획득할 수 있는 것이다.

일어서라 ! 임시정부의 깃발 아래로 한 사람이 행동하듯 단결하여 모두 모이라 ! 그리하여 승리의 앞날을 향하여 용감히 전진하자 !

마지막으로, 여러 동지 · 동포들의 건투를 빈다 !

대한민국 25년 5월 10일

한국각혁명단체연합회 소개 재중국자유한인대회

주석단 총주석 홍진

주석 김기원

同 김규광

동 유월파

동 김순애

동 <u>한지성</u>

※ 출처: 『독립신문』(중경판) 창간호(1943.6.1);

『대한민국임시정부 자료집』 별책 1, 857쪽 및 같은 책, 〈번역문〉 편, 44~47쪽

⑥ 조선민족혁명당 중앙집행위원으로 재선임 (1944.4.14)

一九四四年七月二十六日

제八차조선민족혁명당대표대회

중국정부의 실정과 중경현상

도덕적 정신 운동을 일으키자

중경 소식

인사 소식

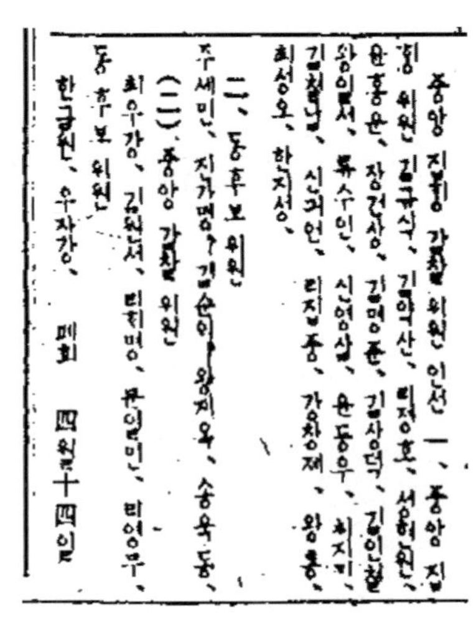

중앙 집행 감찰 위원 인선 一、중앙 집행 위원 김규식、김약산、리정호、성현원、윤홍운、장건상、김명준、김상덕、김인철、왕일서、류수인、신영삼、윤동우、채지개、김철남、신기언、리집중、강창제、왕통、최성오、한지성、

二、동후보위원 주세민、진가명、김순애、왕제옥、송욱동、

(三)、중앙 감찰 위원 최우강、김원서、리해명、문일민、리영무、

동 후보 위원 한금원、우자강、 폐회 四월十四일

제8차 조선민족혁명당 대표대회

당 중앙비서처 발표

(상략)

중앙집행 · 감찰위원 인선

1\. 중앙집행위원 김규식, 김약산, 이정호, 성현원, 윤홍운, 장건상, 김명[붕]준, 김상덕, 김인철, 왕일서, 류수인, 신영삼, 윤동[징]우, 채지[원]개, 김철남, 신기언, 이집중, 강창제, 왕통, 최성오, 한지성

동 후보위원 주세민, 진가명, 김순애, 왕제옥, 송욱동

2\. 중앙감찰위원 최우강, 김원서, 이해명, 문일민, 리영무

동 후보위원 한금원, 우자강

폐회 4월 14일

※ [ ] 안은 편집자가 바로잡은 것임

※ 원문 출처: 『독립』(*Korean Independence*) 제1권 31호(1944.7.26), 2면

⑦ 조선민족혁명당 인도특구부를 조직 (1944.5)

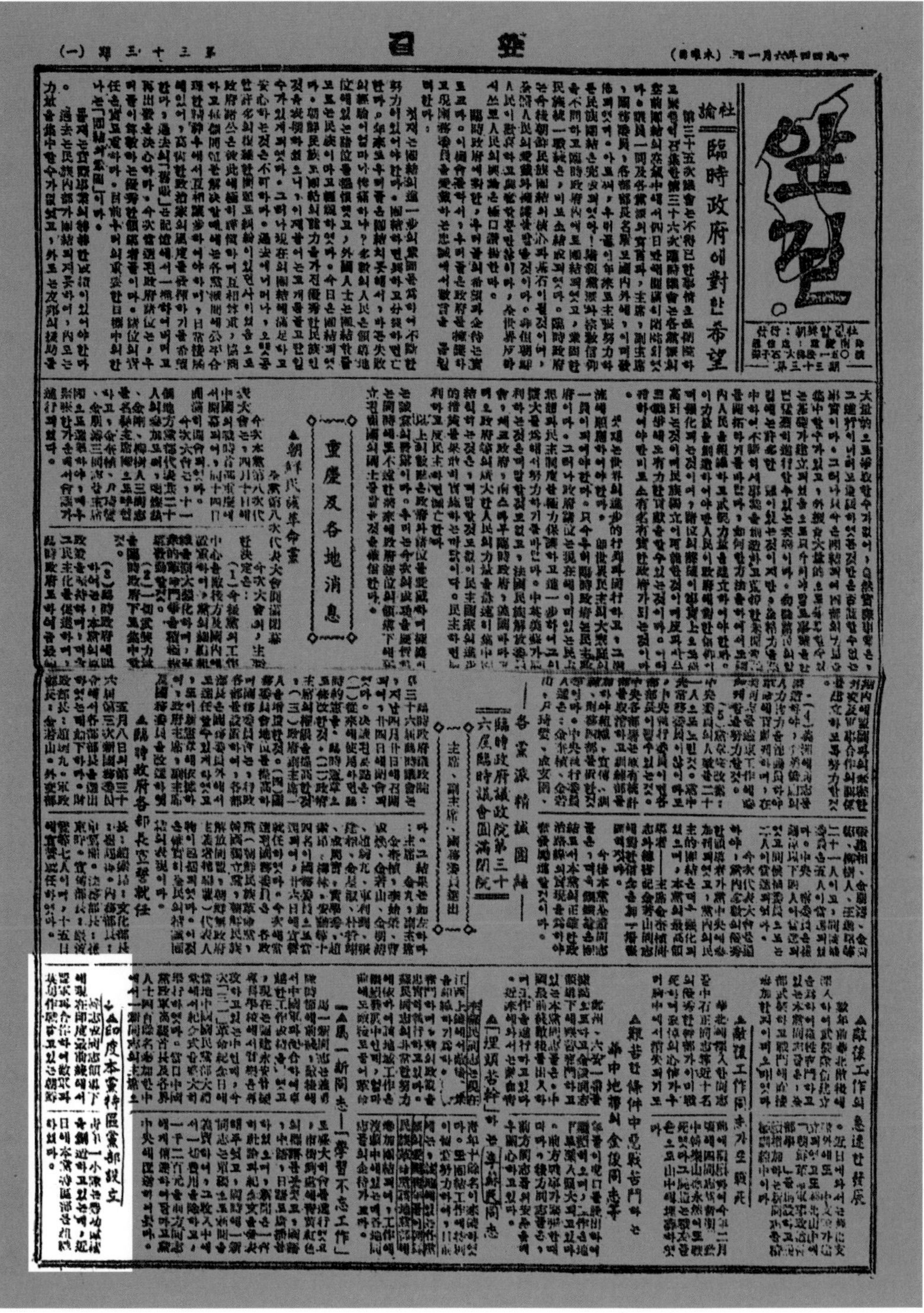

앞길

社論 臨時政府에 對한 希望

重慶及各地消息

▲朝鮮民族革命黨

各黨派精誠團結

臨時政府議政院第三十六屆臨時議會圓滿閉院

▲臨時政府各部長官就任

▲敵後工作의 急速한 發展

▲印度本黨特區黨部設立

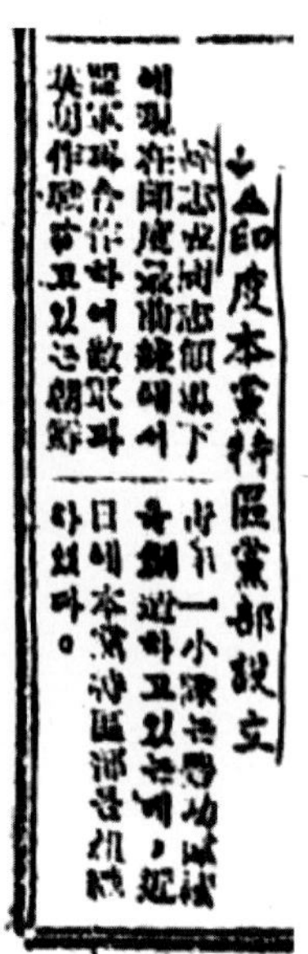

◇印度本黨特區黨部設立

韓志成同志領導下에現在印度最前線에서盟軍과合作하여敵軍과英勇作戰하고있는朝鮮靑年一小隊는豐功偉績을創造하고있는데、近日에本黨特區黨部를組織하였다。

인도[에] 본당[조선민족혁명당] 특구당부[를] 설립

한지성 동지 영도 하에 현재 인도 최전선에서 맹군(盟軍)과 합작하여 적군과 영용작전하고 있는 조선청년 1소대는 많은 공훈과 빛나는 업적[豐功偉績]을 창조하고 있는데 근일에 본 당 특구부를 조직하였다.

※ 원문 출처: 『앞길』 제33기(1944.6.1), 1면; 『대한민국임시정부 자료집』 44, 253쪽

4. 한국광복군 인면전구공작대장

① 제1지대 정훈조 중위 조원으로 한국광복군에 편입되다 (1942.7)

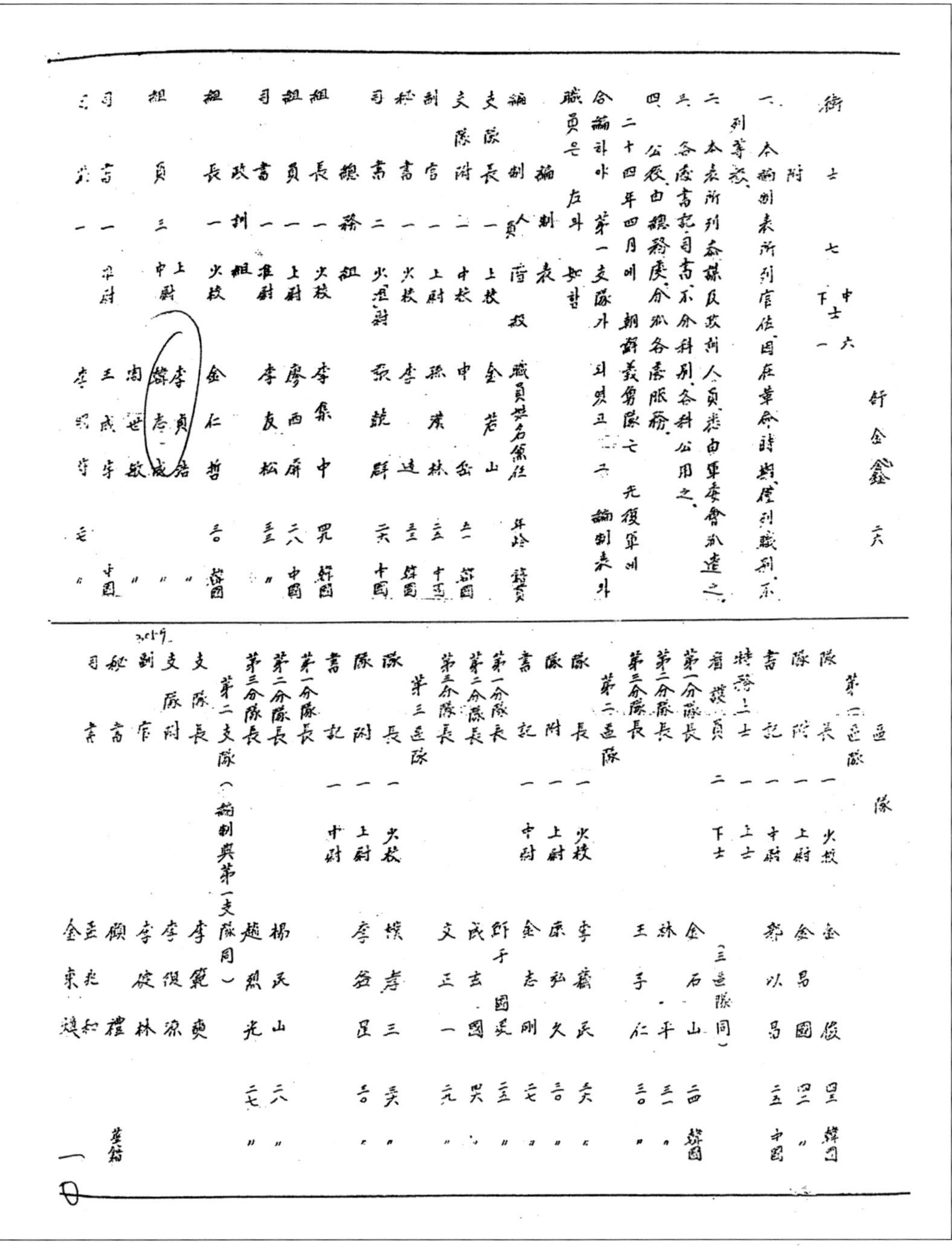

衛士 七
中士 六
下士 一

計 [illegible] 六

附
一、本編制表所列官佐因在革命時期，僅列職別，不列等級。
二、本表所列參謀及政訓人員，悉由軍委會派遣之。
三、各處書記、司書，不分科別，各科公用之。
四、公役由總務處派各處服務。

二十四年四月에 朝鮮義勇隊는 光復軍에 合編하야 第一支隊가 되였고 二 編制表外 職員은 左와 如함

編制	人員	階級	職員姓名	年齡	籍貫
支隊長	一	上校	金若山		
支隊附	二	中校	申岳	[illegible]	韓國
副官	一	上尉	孫棣林	三三	中國
秘書	一	少校	李達	三三	韓國
司書	二	少准尉	張毓麟	二六	中國
總務組 組長	一	少校	李集中	四九	韓國
組員	一	上尉	廖西屏	二八	中國
司書	一	准尉	李友松	三三	〃
政訓組 組長	一	少校	金仁哲	三〇	韓國
組員	三	上尉	李貞浩		〃
		中尉	韓志成		〃
			周世敏		〃
司書	一	准尉	王成宇		中國
[illegible]	一		李明守	二七	〃

2019

編制	人員	階級	職員姓名	年齡	籍貫
第一區隊					
隊長	一	少校	金俊	[illegible]	韓國
隊附	一	上尉	金昌國	四二	〃
書記	一	中尉	鄭以昌	二五	中國
特務上士	一	上士			
看護員	二	下士			
第一分隊長			金石山	二四	韓國
第二分隊長			林平	三一	〃
第三分隊長			王子仁	三〇	〃
（三區隊同）					
第二區隊					
隊長	一	少校	李鑫民	二六	〃
隊附	一	上尉	康弘久	三〇	〃
書記	一	中尉	金志剛	二七	〃
第一分隊長			許子國昊	三五	〃
第二分隊長			武玄國	四六	〃
第三分隊長			文正一	二九	〃
第三區隊					
隊長	一	少校	楊孝三	三六	〃
隊附	一	上尉	李益星	三〇	〃
書記	一	中尉			
第一分隊長					
第二分隊長			楊民山	二六	〃
第三分隊長			趙烈光	二七	〃
第二支隊（編制與第一支隊同）					
支隊長			李範奭		
支隊附			李俊源		
副官			李侯林		
秘書			顧禮		
司書			孟兆和		
			金東揚		

華籍

一〇

[대한민국] 24년[1942년] 8월에 조선의용대는 광복군에 합편하야 제1지대가 되었고, 그 편제표와 직원은 다음과 같음.

(중략)

정훈조

직별	인원	계급	성명
조장	1	소교	김인철
조원	3	상위	이정호
		중위	한지성
			주세민
사서	1	준위	왕성우 (중국인)
사약	1		이명수 (중국인)

(하략)

※ 출처: 국사편찬위원회, 『대한민국임시정부 자료집』 9(군무부), 65쪽

② 조선민족혁명당의 조선민족군 선전연락단위 파견협정 계획서 (1943.5)

朝鮮民族革命黨에서派遣하는

朝鮮民族軍宣傳聯絡單位에關한協定의計劃

朝鮮民族革命黨代表金若山將軍과在印英軍總司令部代表맥켄지先生君은朝鮮民族의獨立을爭取하고英軍의完全戰勝을促進하기爲하야朝鮮民族革命黨은在印英軍의對日作戰을協助하고英軍은朝鮮民族革命黨의對日鬪爭을援助하는原則下에서아래와갓치

이協定을訂함

一、朝鮮民族革命黨은英軍의對日作戰을協助하기爲하야「朝鮮民族軍宣傳聯絡隊」를派遣함

二、聯絡隊는十人至二十五人으로서隊長一人을두되英軍의制服을입고朝鮮民族革命黨의聯絡隊라는鮮明한徽章을佩帶할事

三、聯絡隊의主要宣傳工作은英軍의對日作戰에有利한對敵宣傳과可能한때에朝鮮革命運動에有利한宣傳과戰獲한文件을翻譯하는것임

四、聯絡隊의服務期限은六個月을第一期로하되兩方의協議에依하야延期할수있음

五、前條期滿前에朝鮮民族革命黨이必要로認할時나英方의要求가있을때에는一部分或은全部의人員을調換할수있음

六、隊長은在印英軍上尉와同等의待遇를받고隊員은在印英軍中尉와同等한待遇를받으되工作上優秀한功績이있는者는特別奬勵를받음

七、聯絡隊의工作은有効히進展시키기爲하야朝鮮民族革命黨은常駐代表一人을印度에派遣하야全般動作에잇서서密切히合作케함

八、英軍이捕獲한朝鮮人俘虜에게工作隊人員이自由로接觸케[聯絡隊]해서可能하면그들을訓練하야服務케함

九、上述人員의派遣調換或은回國撤回에需要되는一切經費는英方에서負担함

十、聯絡隊人員은英軍軍官과同一한旅行上便利를待遇로享受함

十一、隊의人員이대리에서工作할때는無料로居住의便宜를[illegible]주되그밖은帳幕生活이되기쉬움、萬若旅館에

조선민족혁명당에서 파견하는 조선민족군 선전연락 단위에 관한 협정의 계획

조선민족혁명당 대표 김약산 장군과 재인영군총사령부 대표 멕켄지 선생은 조선민족의 독립을 쟁취하고 영군의 완전전승을 촉진하기 위하야 조선민족혁명당은 재인영군의 대일작전을 협조하고 영군은 조선민족혁명당의 대일투쟁을 원조하는 원칙 하에서 아래와 갓히 협정함

(1) 조선민족혁명당은 영군의 대일작전을 협조하기 위하여 '조선민족군 선전연락대'를 파견함

(2) 연락대는 10인 지(至) 25인으로써 대장 1인을 두되 영군의 제복을 입고 조선민족혁명당의 연락대라는 현명(顯明)한 휘장을 패대(佩帶)함

(3) 연락대의 주요공작은 영군의 대일작전에 유리한 대적선전과 가능할 때에 조선혁명운동에 유리한 선전과 전획(戰獲)한 문건을 번역하는 것임

(4) 연락대의 복무 기한은 6개월을 제1기로 하되 양방의 협의에 의하야 연기할 수 있슴

(5) 전조(前條) 기만(期滿) 전에 조선민족혁명당이 필요로 인(認)할 시나 영방의 요구가 있을 때에는 일부분 혹은 전부의 인원을 조환(調換)할 수 있음

(6) 대장은 재인영군 상위(上尉)와 동등한 대우를 받고 대원은 재인영군 중위와 동등한 대우를 받으되 공작상 우수한 공적이 있는 자는 특별장려를 받음

(7) 연락대의 공작을 유효히 진전시키기 위하야 조선민족혁명당은 상주대표 1인을 인도에 파견하여 전반동작에 있어서 밀절히 합작케 함

(8) 영군이 포획한 조선인 부로(俘虜)에게 공작대 인원이 자주로 접촉케 해서 가능하면 그들을 훈련하여 복무케 함

(9) 상술 연락대 인원의 파견 · 조환 혹은 철회에 수요되는 일체 경비는 영방에서 부담함

(10) 연락대 인원은 영군 군관과 동일한 여행상 편리와 대우를 향수함

(11) 대의 인원이 대리[델리]에서 공작할 때는 무료로 거주의 편의를 주되 그것은 장막생활이 되기 쉬움. 만약 여관에 거주할 수 있을 때에는 신금(薪金) 중에서 100루비를 파제(把除)해서 그 식숙비에 충용함

(12) 조선민족혁명당 대표는 주로 대리에 거주하고 그의 판공 생활여행 등 비용은 상당한 대우로 영방에서 부담함.

인도영군총사령부 코린 맥켄지

조선민족혁명당 총서기 김약산

1943년 5월

※ 원문 출처: 『대한민국임시정부 자료집』 12, 원문편 3~5쪽.
이 계획서의 제4쪽은 위 자료집의 원문편에 수록되지 않았고
그 부분의 번역문은 같은 자료집의 3~4쪽에서 옮겨옴.

③ 한국광복군 주인(駐印)연락대의 파견에 관한 협정 초안 (1943)

第五八號

韓国光復軍派印聯絡隊에関한協定草案

韓国光復軍代表와在印英軍代表는韓国의独立과英国対日作戰의徹底한勝利를爲하야韓国光復軍은在印英軍의対日作戰을合作協助하고英軍은韓国光復軍의対日戰爭을援助하는原則下에서左와같이協定함

一、韓国光復軍은韓国光復軍駐印聯絡隊를派遣하야英国軍의対日作戰을協助함

二、駐印聯絡隊의主要工作은戰地或戰後方에서英軍을協助하야対日放送、傳單製作、戰地日文新聞出版、俘獲한文件의翻譯、俘虜審問、俘虜訓練等임

三、英軍은駐印聯絡隊의擴大発展、軍事技術訓練、韓国問題의宣傳、各地

韓國運動과의 聯絡에 關한 工作을 協助함

四、韓國光復軍은 駐印聯絡隊의 工作을 有效하게 推動하는 英方과 緊密히 合作을 取하기 爲하야 印度聯絡隊辦事處를 公開的으로 設置하고 聯絡隊長이 此를 負責함

五、駐印聯絡隊의 組織、人事、訓練、制服、徽章、晉級、賞罰等은 韓國光復軍의 規定에 依하야 辦理하되 但英方의 同意를 要함

六、東南亞盟國全戰區內에서 英方의 管轄下에 있는 韓籍俘虜는 敵僞據點을 除外하고 모다 解放하야 駐印聯絡隊에 引渡하야 訓練、使用、管理케함

七、駐印聯絡隊의 工作期間은 六個月을 一期로 定하되 必要한 時에는 兩方의 協議에 依하야 延期함을 得함

八、乘期間内에 韓国光復軍이 必要로 認할 時나 또는 美方이 必要로 認할 時는
一部或全部의 人員을 召還或은 調換할 수 있음
九、駐印聯絡隊及辦事處人員은 美国軍官同階級의 薪金、津貼、旅行、
医藥上 其他全部의 同等한 待遇를 享受함
十、聯絡隊及辦事處의 經費、人員의 派遣、調換及撤回에 需要되는 一切經
費는 美方에서 負責함
十一、此協定中 各條項에 對한 具體的 實施에 関한 것은 駐印聯絡隊之長과 美方當
局者와 另外로 協定實施함
十二、此協定은 韓国光復軍代表와 在印美軍代表가 簽字換交한 時부터 有效
함

한국광복군 주인(駐印)연락대의 파견에 관한 협정 초안

한국광복군 대표와 재인영군(在印英軍) 대표는 한국의 독립과 영국 대일작전의 철저한 승리를 위하야 한국광복군은 재인영군의 대일작전을 합작협조하고 영군은 한국광복군의 대일전쟁을 원조하는 원칙 하에서 좌와 같이 협정함

一. 한국광복군은 한국광복군 주인연락대(駐印聯絡隊)를 파견하야 영군의 대일작전을 협조함

二. 주인연락대의 주요 공작은 전지 혹 전후방에서 영군을 협조하야 대일방송, 전단제작, 전지 일문신문 출판, 부획(俘獲)한 문건의 번역, 부로(俘虜) 심문, 부로 훈련 등임

三. 영군은 주인연락대의 확대발전, 군사기술 훈련, 한국문제의 선전, 각지 한국운동과의 연락에 관한 것을 협조함

四. 한국광복군은 주인연락대의 공작을 유효하게 추동하고 영방(英方)과 긴밀한 합작을 취하기 위하야 인도연락대 판사처를 공개적으로 설치하고 연락대 대장이 차(此)를 부책(負責)함

五. 주인연락대의 조직 인사 훈련 제복 휘장 진급 상벌 등은 한국광복군의 규정에 의하야 판리하되 단 영방의 동의를 요함

六. 동남아총사령 전구 내에서 영방의 관할 하에 잇는 한적(韓籍) 부로는 적 정탐을 제외하고 모다 해방하야 주인연락대에 인도하야 훈련·사용·관리케 함

七. 주인연락대의 공작기간은 6개월을 1기로 정하되 필요한 시에는 양방의 협의에 의하야 연기함을 득함

八. 공작기 만전(滿前)에 한국광복군이 필요로 인할 시나 또는 영방이 필요로 인할 시는 일부 혹은 전부의 인원을 소환 혹은 조환할 수 잇음

九. 주인연락대 및 판사처 인원은 영국 군관 동(同)계급의 신금(薪金)·율첩(律帖)·여행·의약 상 완전히 동등한 대우를 향수함

十. 연락대 및 판사처의 경비, 인원의 파견·조환 및 철회에 수요되는 일체 경비는 영

방에서 부책함

十一. 차(此) 협정 중 각조 원칙의 구체적 실시에 관한 것은 주인연락대 대장과 영방 당국자와 지외(另外)로[따로] 상정(商定) 실시함

十二. 차 협정은 한국광복군 대표와 재인영군 대표가 개자환문(蓋字換文)한 시붙어[때부터] 유효함

※ 원문 출처: 『대한민국임시정부 자료집』 12, 원문편 8~10쪽

④ 한국광복군의 재인도 선전공작에 대한 중국 외교부 내부보고 (1943.9)

駐加爾各答總領館卅二年九月上旬報，原件存情報司。

韓國光復軍應印度政府之召來印度作宣傳工作。

今年春間，韓國光復軍曾派崔某偕另外一朱姓者來印，在加城及阿拉甘前方做对敵方宣傳工作，成績尚佳，崔某等已於三月間返渝，最近印度政府又與韓國光復軍接洽，結果再派韓志成君偕八位韓國志來印，另有十六人聞亦將來印，韓君已於本月九日前往新德里接洽，期在印工作半載，再視成效而決定，是否延長留印期限。

115

주캘커타 총영사관에서 9월 상순에 보낸 것이며, 원본은 [외교부] 정보사(情報司)에서 보관 중임.

한국광복군이 인도정부의 부름에 응하여 인도로 와서 선전공작을 하고 있음

금년 봄에 한국광복군이 증파한 崔아무개[최성오]가 朱씨 姓을 가진 자[주세민]와 함께 인도에 와서 캘커타 및 아라칸 전방에서 적측에 대한 선전공작을 하였는데, 성적이 매우 좋았습니다. 최아무개 등은 3월경에 중경으로 돌아갔는데, 최근 인도정부에서 다시금 한국광복군에 교섭한 결과 한지성 군과 8명의 한국인 지사가 인도에 왔으며, 별도로 16인이 또 온다고 합니다. 한군은 이 달 9일에 델리로 가서 인도 당국과 협의했는데, 반년 동안 재인공작을 하고 그 성과를 보아 인도체류 기한의 연장 여부를 결정키로 했다고 합니다.

※ 원문 출처: 『대한민국임시정부 자료집』 12, 원문편 33쪽

⑤ 한국광복군 인도공작대 대원 9인의 명단 통보 (1943.10.19)

國民政府軍事委員會辦公廳用箋

竹雲司長吾兄勛鑒前蒙
枉駕晤談甚快茲遵
囑檢抄前次派印之韓國光復軍
隊員韓志成等九人名單一份隨函
奉上并請
轉飭加爾各答總領事注意其行動隨
時電告為盼需此敬頌
勛祺 弟侯成 拜啓 十、十九

附名單一紙

閱

韓國光復軍派赴印度工作人員名單

韓志成

宋哲

崔相哲

朴永再

文應國

金尚俊

金成浩

羅東奎

王現德

據韓參謀談話人告備

卅三年九月 閔石麟

附件 [illegible] 照 [illegible]

발신: 중국 군사위원회 판공청 군사처장 후성(侯成)

수신: 외교부 아동사장 양죽운(楊竹雲)['양운죽'의 오기]

죽운 사장님 보십시오.

일전에 왕림하시어 회담하니 매우 유쾌했습니다. 부탁하신대로 지난번 인도에 파견된 한국광복군 대원 한지성 등 9인의 명단을 적어 1부 동봉해 올립니다. 캘커타 총영사에게 지시 내려 주의하게끔 하시고, 그 행동을 수시로 전보로 알려주시기 바랍니다.

평안하시기를 송축합니다.

제(弟) 후성 올림

부(附) 명단 1매

한국광복군이 인도로 파견하는 공작원 명단

한지성 송철 최상철 박영진 문응국 김상준 김성호 나동규 왕현덕

※ 원문 출처: 『대한민국임시정부 자료집』 12, 원문편 39~40쪽

⑥ 한지성 등의 동향 보고에 관하여 (1943.10.20)

編字第234號

1138 外交部稿

部長 次長 次長

司長函

軍事委員會辦公廳

軍事處候處長天士

事由 略

亞東司第一科

參事

司長 楊雲竹 十、廿八

秘書

科長 林定平

擬稿員 陸松年

中華民國三十二年十月

天木處長我兄勛鑒：十九日大函祗悉。關於
軍事委員會派韓光復軍韓志成等九人
赴印戰地工作事，已遵囑電飭駐印專員
公署及駐加尔各答總領館注意其行動
隨時電告。相應復請
查照為荷！祗頌
公綏

楊○○謹啟

편자(編字) 제234호

발신: 중국 외교부 아동사장 양운죽

천사(天士) 처장[군사위 판공청 군사처장 후성]님께.

형께서 주신 19일자 편지는 잘 받았습니다. 군사위원회가 인도에 파견하여 공작을 진행 중인 한국광복군 한지성 등 9인과 관련하여, 부탁하신대로 그들의 행동을 주의하여 살피고 수시로 보고토록 주인도 전원공서와 캘커타 총영사관에 전보를 보냈습니다. 이에 알려드리니 그리 아시기 바랍니다.

편안하시기 바랍니다.

양○○ 올림

※ 원문 출처: 『대한민국임시정부 자료집』 12, 원문편 41~42쪽

⑦ 한지성 등 파인공작대원 9명의 행동을 탐지 보고하라는 밀전 (1943.10.21)

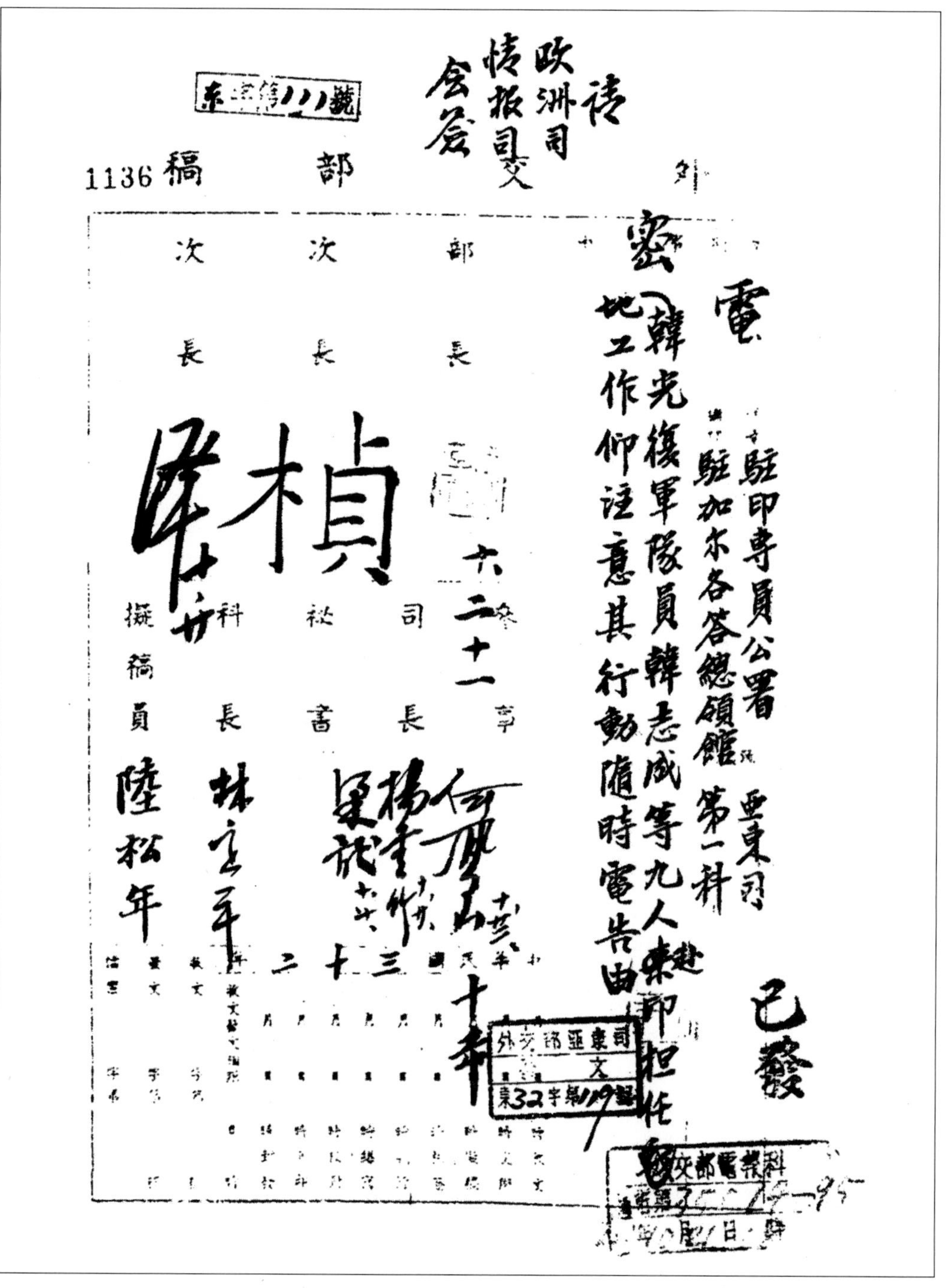

東字第111號

歐洲司 情報司 會簽 請

1136 稿 部 交 外

次長 次長 部長

密電

駐印專員公署
駐加尔各答總領館

韓光復軍隊員韓志成等九人來印担任敵地工作仰注意其行動隨時電告由

亞東司第一科

六 二十一

擬稿員 陸松年
科長 林定平
秘書 吴 楊雲竹
司長

已發

外交部亞東司 發文 東32字第119號

外交部電報科

駐印專員公署
駐加尔各答總領館
軍事委員會應 英駐印軍副司令哈萊氏
之請 已派韓光復軍隊員韓志成等九人
赴來印担任戰地工作仰注意其行動隨時
電告 宗。。

동자(東字) 제111호

발신: 외교부 아동사(亞東司) 제1과

주인도 전원공서(專員公署[공사관과 같음])와 주캘커타 총영사관에 알립니다.

군사위원회는 인도주둔 영국군 부사령관 하틀리의 요청에 따라 한국광복군 대원인 한지성 등 9명을 인도에 파견하여 전지공작을 담당토록 한 바 있습니다. 하오니 그들의 행동을 주의하여 살피고 수시로 보고해주기 바랍니다.

송○○

※ 원문 출처: 『대한민국임시정부 자료집』 12, 원문편 31~32쪽

⑧ 한지성 일행 8인의 인도에서의 동향에 대하여 (1943.10.23)

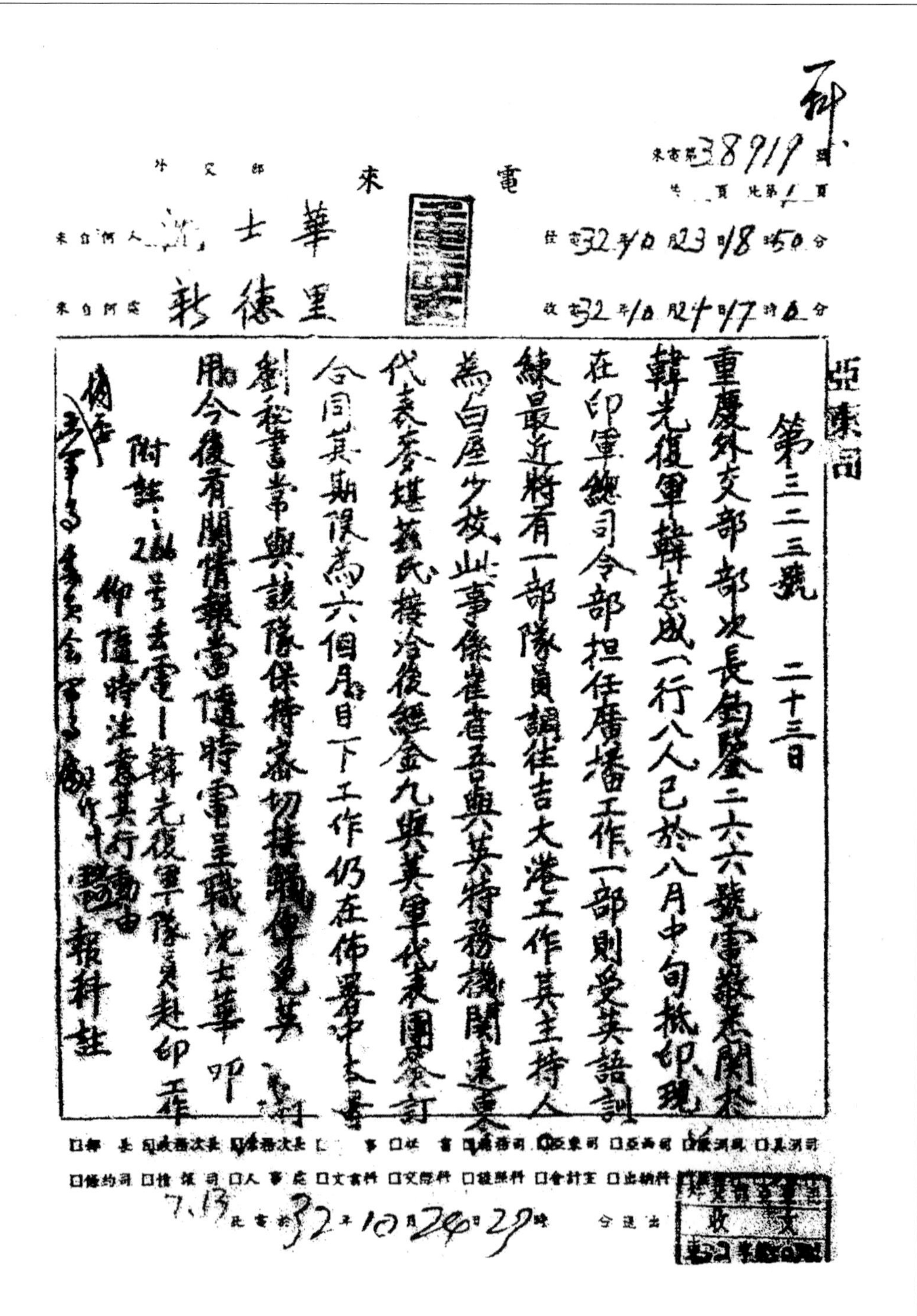

外交部 來電

來電第38919號

來自何人 沈士華

來自何處 新德里

發電 32年10月23日18時50分

收電 32年10月24日17時0分

第三三三號 二十三日

重慶外交部部次長鈞鑒二六六號電敬悉關於韓光復軍韓志成一行八人已於八月中旬抵印現在印軍總司令部担任廣播工作一部則受英語訓練最近將有一部隊員調往吉大港工作其主持人爲白屋少校此事係崔嵩吾與英特務機關遠東代表麥堪茲氏接洽後經金九與英軍代表團簽訂合同其期限爲六個月目下工作仍在佈署中文書劉毅書常與該隊保持密切接觸俾明其用今後有關情報當隨時電呈職沈士華叩

附註 266號去電—韓光復軍隊員赴印工作

동전(東電) 제323호

발신: 주인도 중국 전원공서 심사화(沈士華)

第323호, 23일.

중경 외교부 부장님과 차장님 보십시오.

한국광복군에 관한 266호 전보는 잘 받아보았습니다. 한지성 일행 8인은 8월 중순에 인도로 와서 현재 영국군 총사령부에서 방송공작을 담당하고 있습니다. 일부는 영어훈련을 받았고, 최근 일부 대원이 치타공(吉大港)으로 이동하여 공작을 하는데 그 주관자는 화이트하우스 소령입니다. 이 일은 최성오와 영국 특무기관 원동대표 맥켄지와의 협의가 있은 뒤에 김구와 영국군 대표단과의 협정 회동을 거친 것으로, 현재 6개월 기한으로 공작이 진행되고 있습니다. 우리 전원공서의 유(劉) 비서가 항상 그 공작대와 밀접한 접촉을 유지하면서 영국군에 이용당하지 않도록 하고 있습니다. 금후 관련 정보가 있으면 응당 수시로 전보하겠습니다.

소직 심사화 아룀

※ 원문 출처: 『대한민국임시정부 자료집』 12, 원문편 43쪽

⑨ 한지성 등 한적 복무단의 재인도 동향에 관한 보고 (1943.11.2)

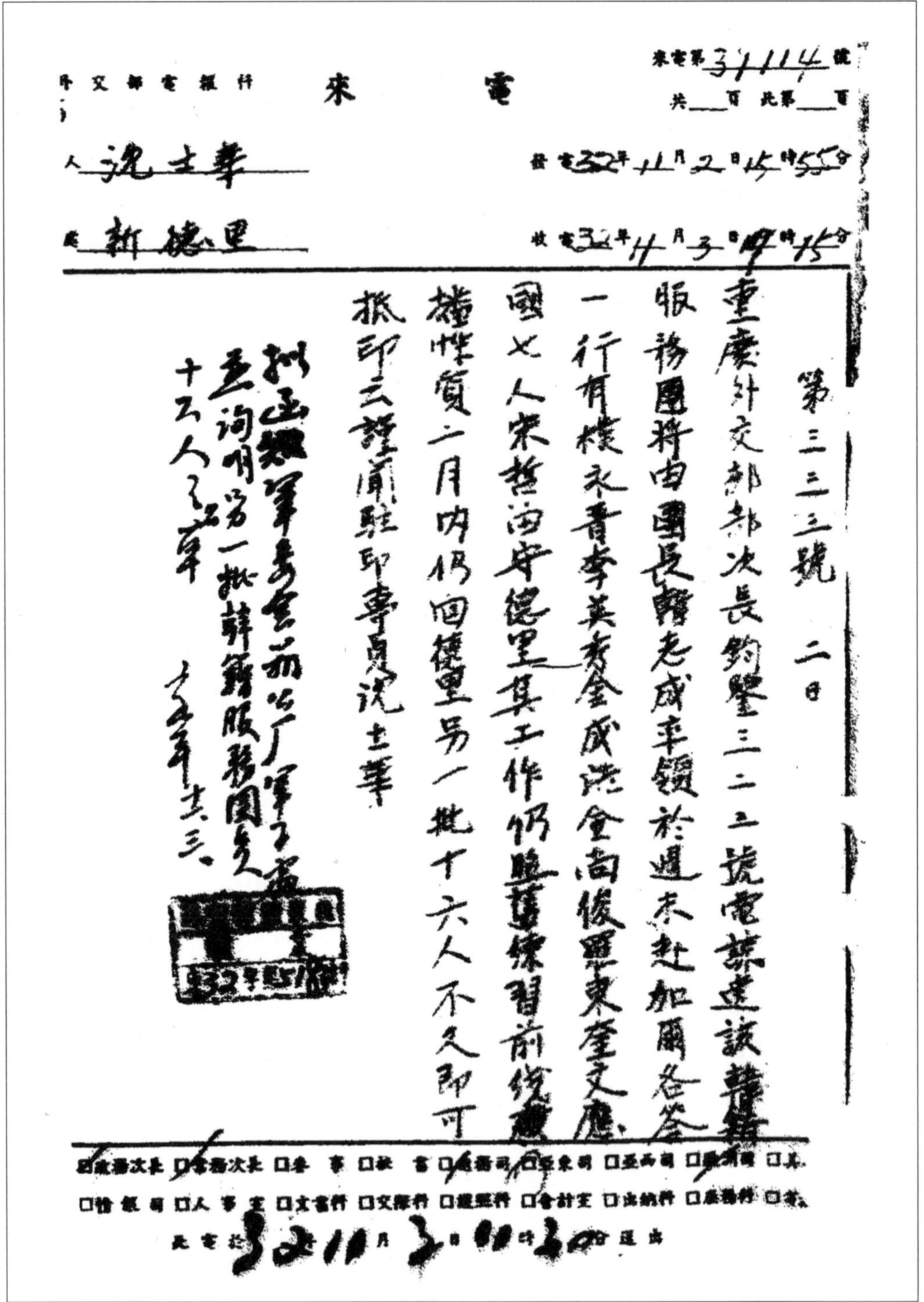

外交部電報紙　來電

來電第 31114 號

共＿頁 此第＿頁

人 沈士華

處 新德里

發電 32年11月2日15時55分

收電 32年11月3日[illegible]時15分

第三三三號 二日

重慶外交部部次長鈞鑒三二三號電諒達該韓籍
服務團將由團長韓志成率領於週末赴加爾各答
一行有楼永青李英秀金成洪金尚俊羅東奎文應
國七人宋哲尚安德里其工作仍照舊練習前從德
權惟貿二月內仍回德里另一批十六人不久即可
抵印云謹聞駐印專員沈士華

抄函軍委會[illegible]軍[illegible]
並詢明另一批韓籍服務團員之
十六人之名單

[illegible] 11.3

32年11月3日[illegible]

□政務次長 □常務次長 □參事 □秘書 □總務司 □亞東司 □亞西司 □歐洲司 □美[illegible]
□情報司 □人事室 □文書科 □文牘科 □[illegible] □會計室 □出納科 □[illegible] □[illegible]

此電於 32年11月3日11時30分送出

東電 제31114호

발신: 주인도 중국 전원공서 심사화

제333호, 2일

중경 외교부 부장님과 차장님 보십시오.

지난 번의 323호 전문은 잘 받아보셨을 줄 압니다. 이곳의 한적(韓籍) 복무단은 단장 한지성의 인솔 하에 이번 주말에 캘커타로 이동할 것입니다. 일행은 박영진 · 이영수 · 김성호 · 김상준 · 나동규 · 문응국 등 7명이고, 송철은 델리에 남아있으면서 공작하고 전선방송의 성질을 연구해 익힐 모양입니다. 한지성 등은 2개월 후 델리로 돌아올 것이며, 또 다른 16명의 대원이 머지않아 인도에 도착할 것이라고도 합니다.

주인도 전원 심사화가 들은 대로 삼가 적음

※ 원문 출처: 『대한민국임시정부 자료집』 12, 원문편 46쪽

⑩ 한인 16명의 인도행 추가파견을 중국 군사위에서 승인하지 않음에 대하여 (1943.11.11)

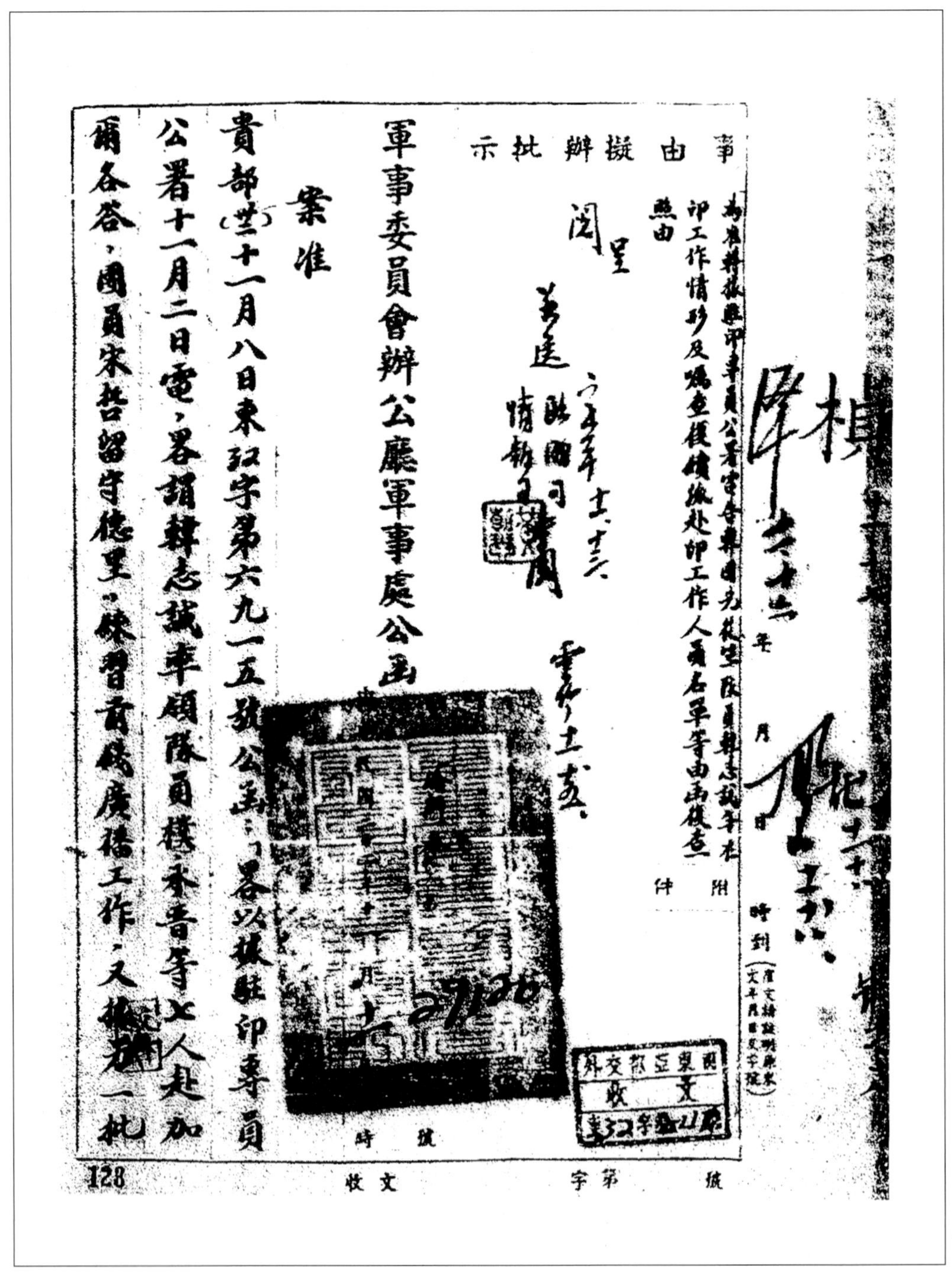

事由　擬辦　批示

為據辦據駐印專員公署……韓志誠等在印工作情形及……續派赴印工作人員名單等由函復查照由

閱呈

軍事委員會辦公廳軍事處公函

案准

貴部(卅二)十一月八日東(32)字第六九一五號公函,略以據駐印專員公署十一月二日電,略請韓志誠率領隊員楊秀喬等人赴加爾各答,國員宋哲留守德里,俾習前線廣播工作,又擬加一批

附件

外交部亞東司 收文

128　收文　字第　號

團員十六人，不日即將赴印，請將該員等名單開示見復，等由
，准此，查韓志誠等到印後，英印軍副總司令哈特萊曾函
請續派該部懷德好施少校來渝時洽妥之韓人十六名赴印工
作，奉
諭暫不派遣，至韓志誠等在印工作情形，承隨時函示，至為
感激，以後續獲情報，仍祈見告，以資參考，准函前由相應復請
查照為荷，

此致

外交部亞東司

투판참자(渝辦參字) 제29120호

발신: 중국 군사위원회 판공청 군사처

외교부 아동사에 드립니다.

귀부(貴部)에서 금년 11월 8일자의 동(東)32자(字) 제6915호 공문으로 "주인도 전원공서의 11월 2일자 보고에 의하면 한지성이 대원 박영진 등 7명을 인솔하고 캘커타로 이동할 것이며, 단원 송철은 그대로 델리에 남아서 전선 방송공작을 연습할 것임"이라고 알려주셨고, 그 얼마 후 "16명의 새 단원들이 머지않아 인도로 갈 것이라는데, 이들의 명단을 보내주기 바란다."고도 하셨습니다.

이에 알려드립니다. 한지성 등이 인도에 도착한 후 인도주둔 영국군 부사령관 하틀리가 편지를 보내와, 휘하 화이트하우스 소령이 앞서 중경에서 접촉을 벌여 파견키로 되어 있던 한인 16명을 인도로 파견해 줄 것을 부탁하였습니다. 그러나 우리 쪽에서는 이들을 파견하지 않기로 결정했습니다. 외교부가 한지성 등의 공작상황을 수시로 전해주심에 감사합니다. 이후에도 새로운 정보가 있으면 참고할 수 있도록 저희에게 전해주셨으면 합니다. 귀부의 편지에 이렇게 답신하오니 살펴보시기 바랍니다.

※ 원문 출처: 『대한민국임시정부 자료집』 12, 원문편 49~50쪽

⑪ 파견기한 만료에 따른 한지성 등의 귀환 문제에 관하여 (1944.2.4)

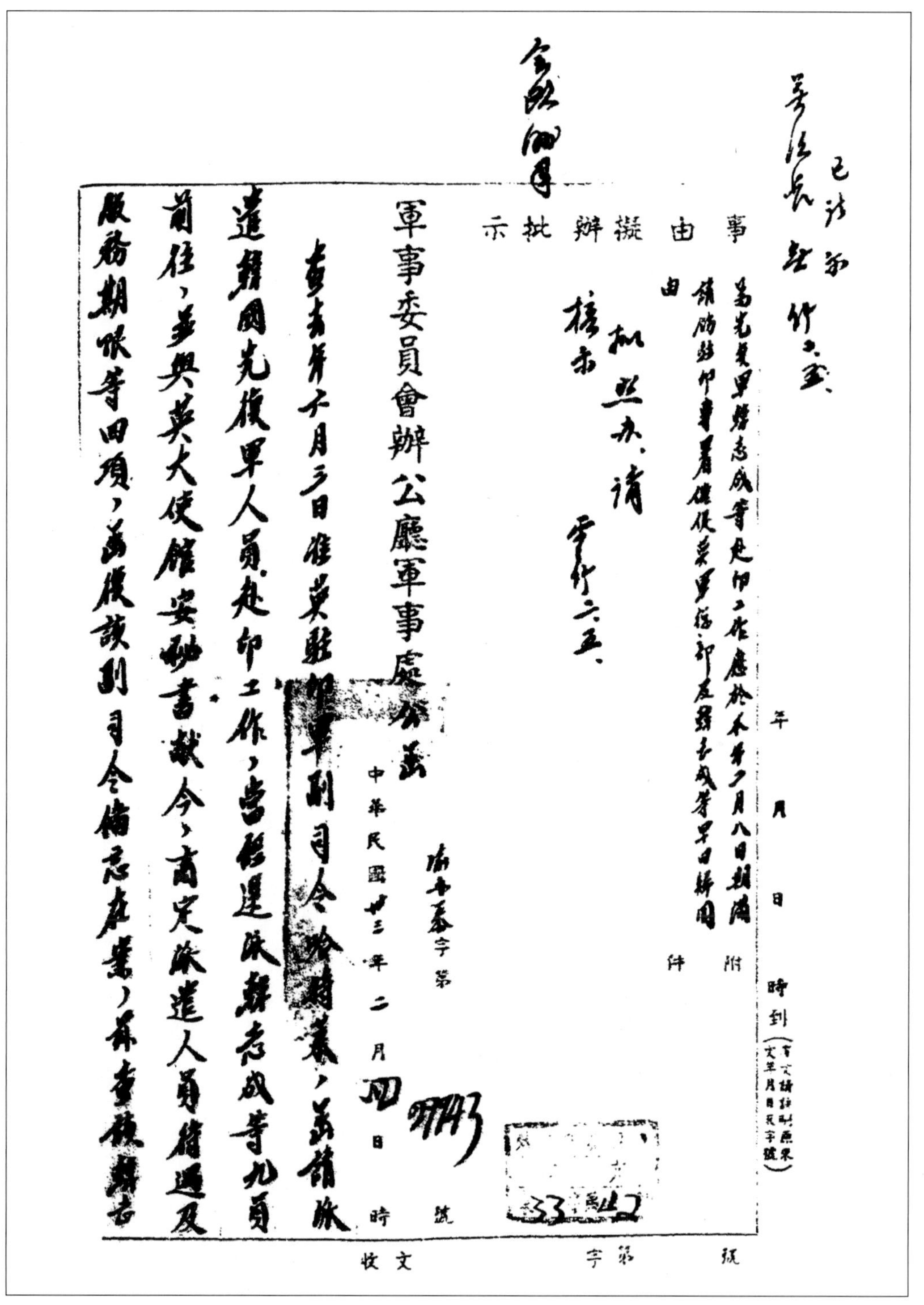

事由 爲光復軍韓志成等赴印工作應於本年八月八日期滿，請飭駐印專員督促光復軍總部及韓志成等屆時歸國由

擬辦 擬照辦，請核示

批示

附件

年 月 日 時到

軍事委員會辦公廳軍事處公函

查本年十月三日准英駐印軍副司令哈特萊函請派遣韓國光復軍人員赴印工作，當經選派韓志成等九員前往，並與英大使館安秘書獻今，商定派遣人員待遇及服務期限等四項，……

中華民國卅三年二月四日

辦四泰字第 號

收文 字第 號

成等，應於本年二月八日期滿，而該照原約期滿調回，除函請哈特萊將軍查照辦理外，請飭我駐印專員公署，催促韓志成等早日歸國為荷。
此致
外交部亞東司

투판참자(渝辦參字) 제29943호

발신: 중국 군사위 판공청 군사처

외교부 아동사에 드립니다.

작년 6월 3일에 주인도 영국군 부사령관 하틀리가 편지로 한국광복군 인원을 파견하여 부인공작(赴印工作)을 하게끔 해달라고 청했으므로 한지성 등 9인을 선발 파견한 바 있습니다. 아울러 파견인원의 대우 및 복무기한 등 4개 항을 주중 영국대사관의 앤드류 비서와 상의해 정하고 전기 부사령관에게 답신했던 내용이 비망록 문건으로 남아있습니다. 한지성 등은 금년 2월 8일에 임기가 만료되고 한국광복군의 집체훈련도 곧 있으니 귀환시키려 합니다. 원래의 약정기일이 만료됨에 비추어 적절히 처리해줄 것을 하틀리장군에게 알려 청함과 아울러, 주인도 전원공서도 한지성 등에게 빠른 시일 내의 귀국을 재촉하도록 명해주시기 바랍니다.

※ 원문 출처: 『대한민국임시정부 자료집』 12, 원문편 85~86쪽

⑫ 한지성 등이 조속히 귀국하도록 전하여 알림에 대하여 (1944.2.18)

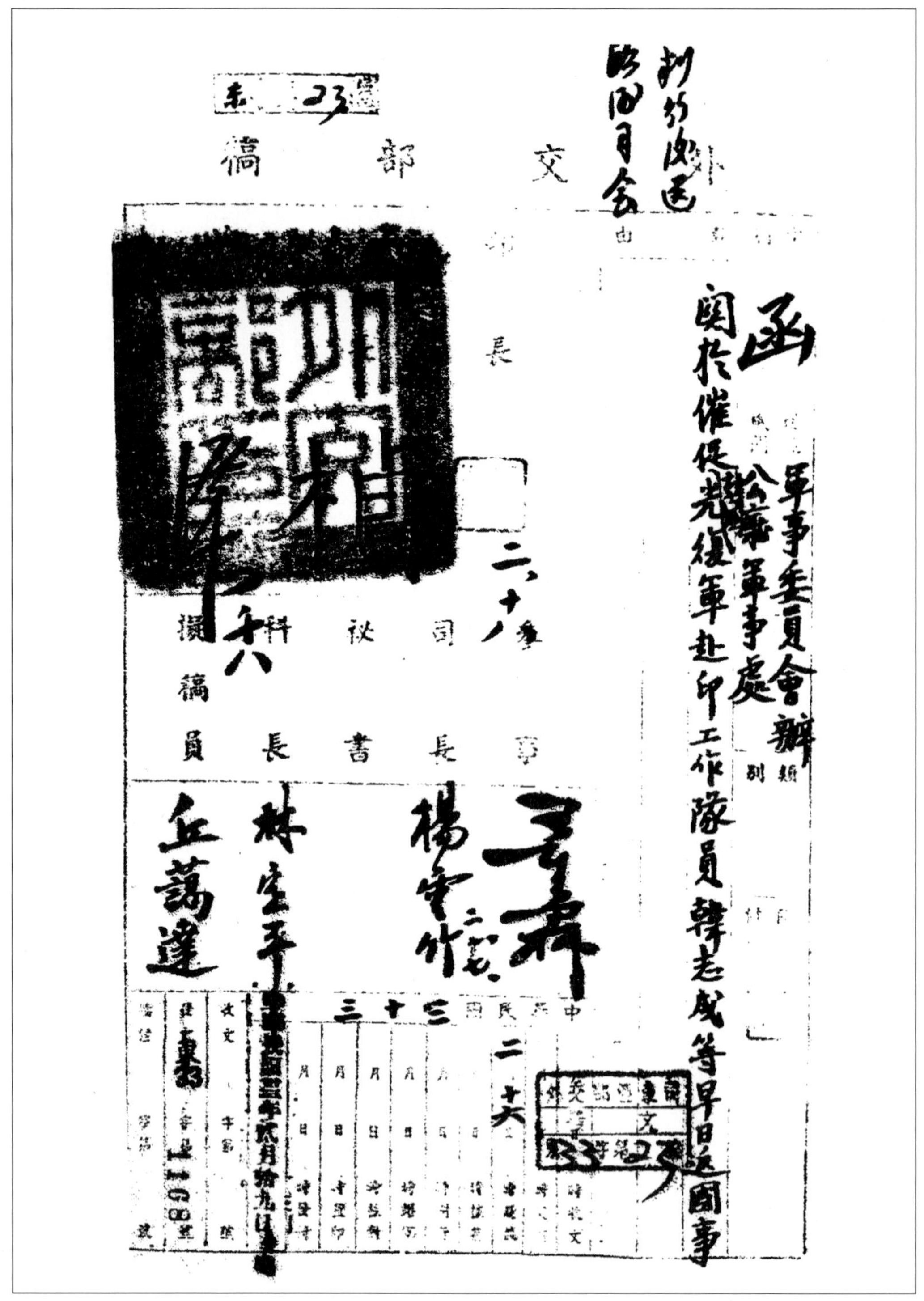

案查本年二月五日接准

貴處本年二月四日渝辦叅字第二九九四三號函略以：本部

轉飭駐印專員公署催促赴印工作光復軍韓志成

等早日歸國等由；當即電飭駐印專員公署遵

辦在案。頃據駐印專員公署復電稱：「查韓志成等業已

離此（按指新德里）赴加爾各答等地工作，當由電飭駐

加爾各答總領館設法轉知該員等從速返國」等由；

相應函達，即希

查照為荷。此致

軍事委員會辦公廳軍事處

동33자 第23호

발신: 중국 외교부 아동사

군사위원회 판공청 군사처에 드립니다.

금년 2월 5일에 받은 공문 건 관련입니다.

금년 2월 4일자의 투판참자 第29943호 공문으로 귀처에서 우리 부에 요청하기를, 부인공작을 하는 한국광복군 대원 한지성 등의 조속한 시일 내 귀국을 재촉토록 주인도 전원공서로 전하여 명해 달라 하셨습니다. 우리 부에서는 그 즉시 명령대로 처리토록 주인도 전원공서에 전보를 보냈고 귀처에도 통지문을 드린 바 있습니다. 조금 전 주인도 전원공서의 심전원이 보낸 복명 전보에 따르면, "한지성 등은 벌써 이곳(뉴델리로 사료됨)을 떠나 캘커타 등지로 가서 공작하고 있습니다. 하오니 그 대원들이 조속히 귀국토록 주캘커타 총영사관이 전하여 알리게끔 마땅히 전보로 명할 것입니다."고 했습니다.

이렇게 편지 드리오니 살펴보시기 바랍니다.

※ 원문 출처: 『대한민국임시정부 자료집』 12, 원문편 93~94쪽

⑬ 한지성 등의 파견공작 기간 만료에 따른 군사위원회 조치에 대하여

(1944.7.12)

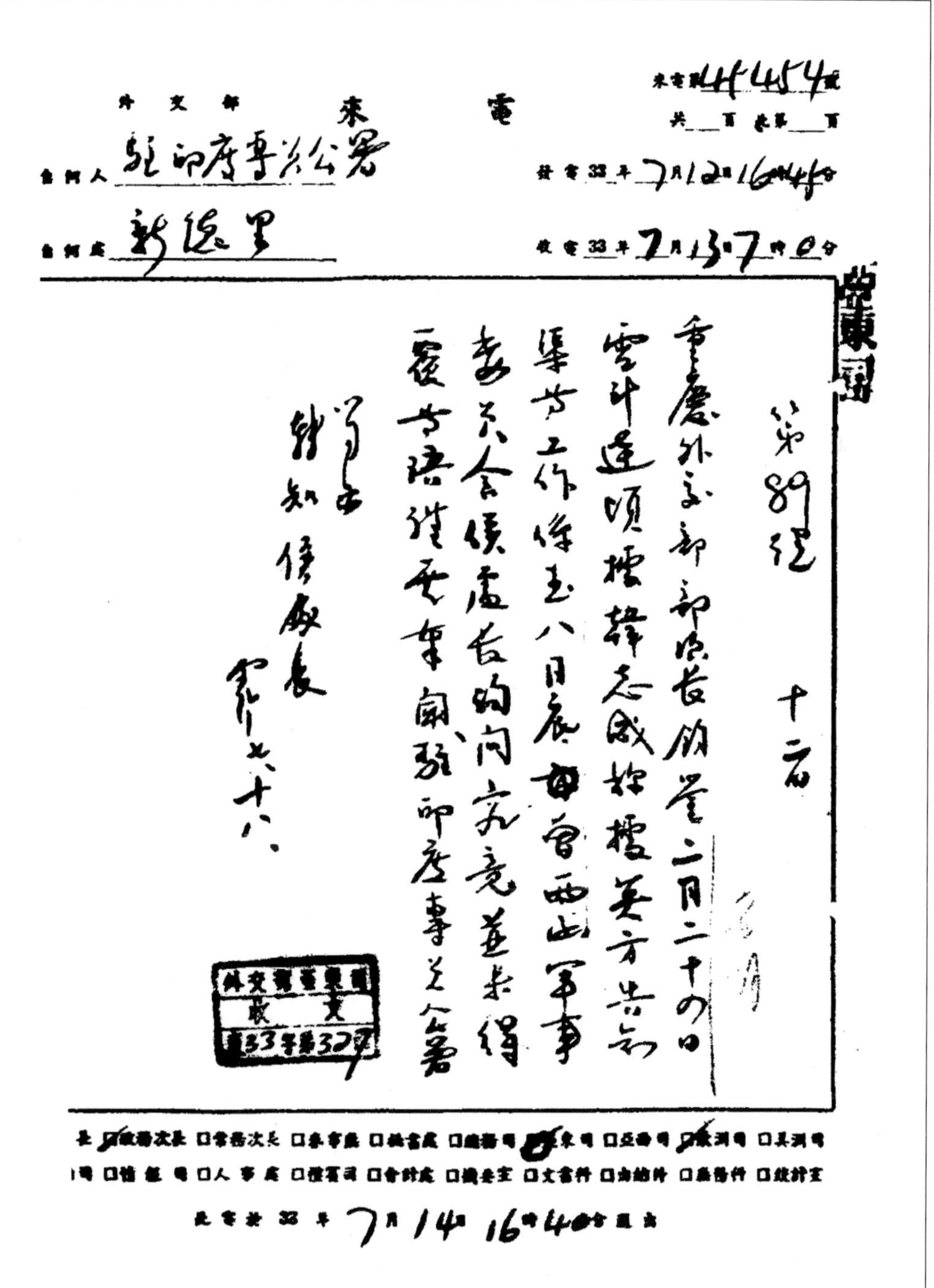

外交部 來電

來電第44454號

發報人 駐印度專員公署

發報處 新德里

發電33年7月12日16時40分

收電33年7月13日7時0分

第89號 十二日

重慶外交部部次長鈞鑒：二月二十四日電計達。頃據韓志成報稱英方告知渠等工作係至八月底[illegible]西山軍事委員會侯處長詢問究竟並未得覆等語。韓[illegible]等聞、駐印度專員公署

有電 鈞知 侯處長 寒 七.十八.

外交部檔案室 收文 33年第32號

收電於33年7月14日16時40分送出

내전(來電) 제45454호

발신: 주인도 중국 전원공서

제89호, 12일

중경 외교부 부·차장님 보십시오.

2월 24일자 전보는 받으셨으리라 생각합니다. 조금 전 들은 한지성의 말에 의하면, 영국 측의 고지에 따라 그들의 공작이 8월말에 끝나도록 되어 있는데 일찍이 두 통의 편지로 군사위원회 후처장께 이 건에 관한 최종결정을 문의했으나 답장을 받지 못했다고 합니다. 들은 대로 이렇게 인도 전원공서에서 알려드리는 바입니다.

후처장께 전하여 알리시오.

[외교부 동아사장] 운죽 7.18

※ 원문출처: 『대한민국임시정부 자료집』 12, 원문편 95쪽

⑭ 파견공작 기간 만료에 따른 군사위원회의 조치에 대해 문의(1944.7.22)

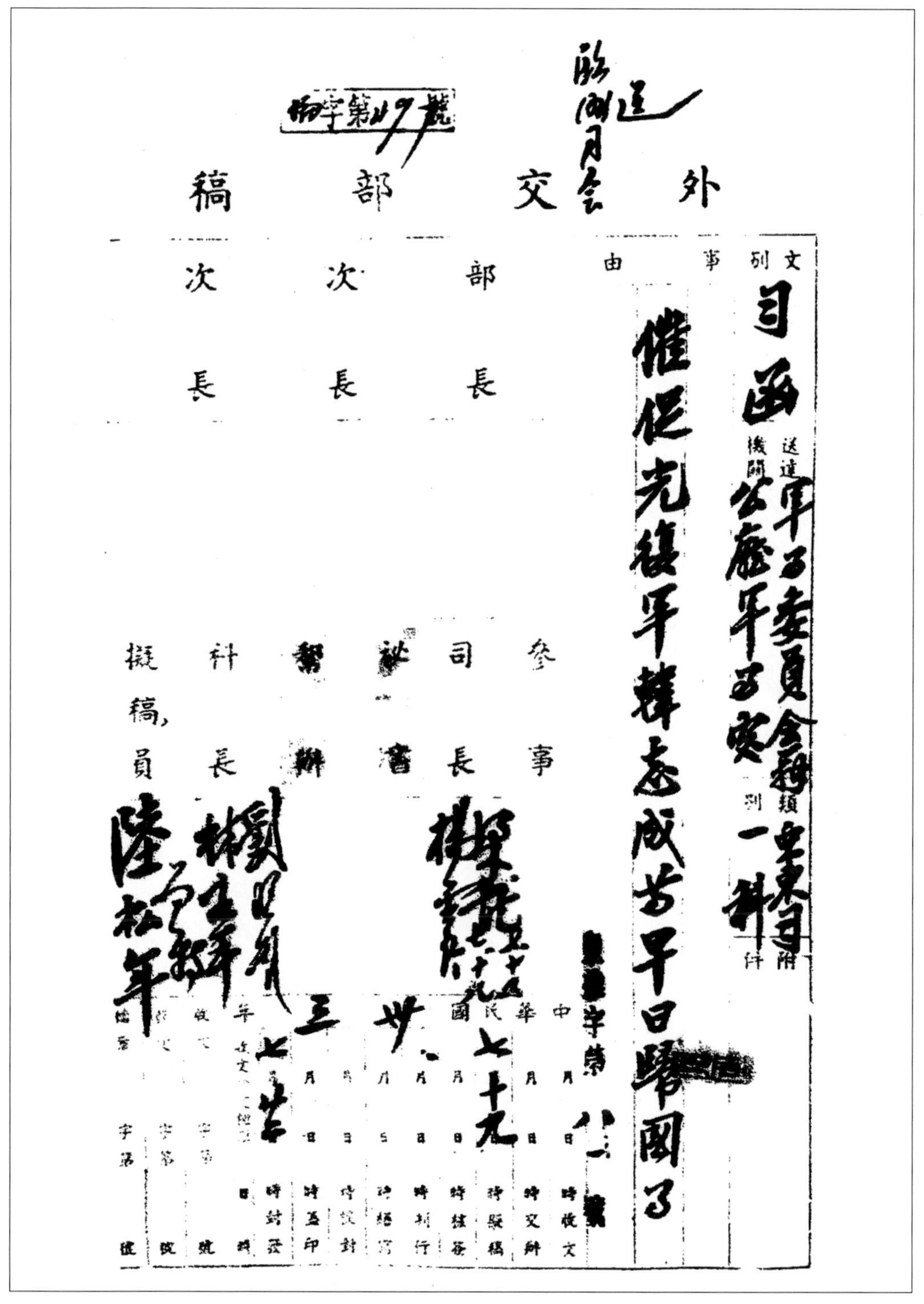

外交部稿

文別 函

事由

送達機關

附件

部長

次長

次長

參事

司長

秘書

幫辦

科長

科員

擬稿

中華民國 年 月 日

國於催促韓國光復軍韓志成等早日歸國事，已由本部駐印专員公署電飭駐加尔各答總領館設法轉知該員等從速返國，業由本部函達貴處在案。茲續接駐印专員公署電稱：以接韓志成稱：接英方告知，渠等工作係至八月底止，曾兩函軍事委員會侯處長詢問究竟，並未得覆等語，相應函達，即希查照核辦為荷。此致
軍事委員會辦公廳軍事處

동잡자(東雜字) 제81호

발신: 외교부 아동사 제1과

군사위원회 판공청 군사처에 드립니다.

한국광복군 한지성 등의 조속한 시일 내 귀국을 재촉함에 관하여, 우리 부의 캘커타 총영사관이 그 대원들에게 전해 알리도록 주인도 전원공서가 전보로 명했으며, 관련하여 우리 부에서 귀처에 통지해 드린 바 있습니다. 지금 다시 주인도 전원공서에서 보내온 전보에 따르면, "한지성의 말로는 영국 측의 고지에 따라 그들의 공작이 8월말에 끝난다고 하며, 일찍이 두 통의 편지로 군사위원회 후처장께 이 건에 관한 최종결정을 문의했는데 답장을 받지 못했다고 함"이라는 것입니다. 이에 알려드리오니, 살펴보고 잘 처리해주시기 바랍니다.

※ 원문 출처: 『대한민국임시정부 자료집』 12, 원문편 96~97쪽

⑮ 인도공작대의 활약상에 대한 김약산의 소개 (1944.6.21)

韓光復軍
參加印緬前線

【中央社訊】韓國臨時政府軍務部長金若山二十一日對記者談：韓國光復軍現有九人在印緬前線與英軍協同作戰，擔任對敵廣播及翻譯文件之工作，均能稱職任務。在某一戰役中，且使英人驚異以口舌之功，俘獲敵人，獲其對敵情判斷之正確，尤著成績頗偉大。金氏謂：此九人由韓志成隊長率領，曾受命由渝出發，目前韓國臨時政府並準備擴充軍隊，以增強推毁敵人之力，並策動國內志士起而抗敵。在東北之韓國義勇軍動力已日益雄厚。

한국광복군, 인도·미얀마 전선에서 활약 중

[中央社 통신] 한국임시정부 군무부장 김약산은 21일 기자들에게 말하기를, “한국광복군 대원 9명이 지금 인도·미얀마 전선에서 영국군과 협동작전을 수행 중입니다. 그들은 전방에서 대적방송 및 노획문건 번역 공작을 맡고 있는데, 유능하고 성실하게 임무를 수행하여 좋은 성과를 거두고 있습니다. 모처에서 벌어진 어느 전투에서는 영국군

의 앞쪽으로 나가서 일장 연설로 적을 물리치기도 했지요. 우리 대원들이 해내는 적정 판단도 정확하여 영국군이 칭찬해마지 않는답니다."면서 한국광복군의 활약상을 전하였다. 아울러 그는 "이들 9인 대원은 한지성 대장의 영솔 하에 작년 중경을 출발하여 인도로 갔습니다. 지금 우리 임시정부는 군대를 준비해놓고 정돈 중이며, 그래서 적을 압도하고 패배시킬 역량이 증강되고 있습니다. 한국 국내의 지사들로 하여금 떨쳐 일어나 적에게 저항하도록 책동 중이기도 하고요. 동북지역에서 활동 중인 한국의용군도 세력이 날로 확대되고 탄탄해지고 있습니다."고 덧붙여 말했다.

※ 원문 출처: 『重慶 大公報』·『天津 大公報』(1944.6.22); 『대한민국임시정부 자료집』 40, 원문편 246쪽

⑯ 파인공작대의 활동에 대해 한지성이 인도에서 보내온 소식(1944.8)

韓國健兒活躍印度前線

「爲打倒共同敵人——日本帝國主義不應估計任何的犧牲和代價」

去秋間韓國光復軍總司令部，應駐印英軍總部軍之請求。會派該軍工作人員韓志成以下××人，赴印度前線參加對敵宣傳工作，頗獲成績，深得英軍當局之獎譽。茲節錄韓志成同志最近來訊如下：

「文應國同志敵情判斷很有功勞，所以英××師長非常歡喜他。」……我們於三月末參加×××公路工作。向敵人宣傳的結果，敵人舉起白旗，表示投降，這是印度前線第一次有的現像。不幸我們的作戰部隊，因聯絡不足，由砲手之射擊，而不能使他們投降。後來我軍佔領此陣地，俘虜五人。我從他們的口供，知道這個事實，現在在印度前線的、英印軍人，上至軍團長，下至士兵都知道這事實。對處都特別歡迎韓國光復軍。韓軍英軍的火力，比敵人倍絕對優勢。我們危險的情形也是一言難盡，我們經過好幾次的死境。我們韓國民族的出路，只有以死求生。我們要打倒共同的敵人——日本帝國主義，我們不應估計任何的犧牲與代價。我們的各同志都和我一樣抱着這樣的決心，這是民族的榮譽而奮鬥了。

文派光復軍派印工作人員殊勇奮闘，於上月卅一日[illegible]，向臨時政府及光復軍總司令部有所報告。並要求韓國青年，赴印度前線參加盟國作戰云。

한국의 건아 印度前線에서 활약

-공동의 적인 일본제국주의를 타도하기 위하여
어떠한 희생과 대가도 마다하지 않고-

지난 가을 한국광복군 총사령부는 인도 영군 멍파턴장군[Louis Mountbatten 해군대장]의 요청으로 광복군 공작대원 한지성 이하 ○○명을 파견하였다. 그들은 전선에서 대적선전 공작에 참가하여 자못 많은 성과를 거두어 영국군 당국으로부터 장려와 칭찬을 들었다.

여기에 한지성 동지가 최근 보내온 소식을 간추려 실으면 다음과 같다.

문응국(文應國) 동지는 적정 판단에 대단한 공로가 있어 영국 ○○사단장은 그를 대단히 좋아하였다.

우리들은 3월말 공로(公路) 공작에 참가하였다. 적에게 선전한 결과 적은 백기를 들고 투항을 표시하였다. 이것은 인도전선에서 맨 처음 나타난 현상이다. 불행히도 우리들의 작전부대는 연락부족으로 말미암아 포수의 사격으로 그들을 투항하게 할 수 없었다. 뒤에 우리들은 그 진지를 점령하고 적 5명을 사로잡았다. 나는 그들의 진술에 따라 그러한 사실을 알았다.

현재 인도전선에 있는 영·인 군인들은 위로는 군단장으로부터 아래로는 사병에 이르기까지 모두 이 사실을 알고 있기 때문에 가는 곳마다 한국광복군을 특별히 환영하고 있다. 이곳의 영국군의 화력은 적보다 월등히 우세하다. 우리의 위험한 정형은 또한 한마디로 다 말하기는 어렵다. 우리는 수없이 사경을 겪었다.

우리 한국민족의 나아갈 길은 다만 죽음으로써 삶을 찾는 것이다. 우리들의 공동의 적인 일본제국주의를 타도하기 위해서라면 어떠한 희생과 대가도 마다해서 안 된다. 우리 동지도 나도 모두 그런 결심 아래 민족의 영예를 위하여 분투하고 있다.

또 하나의 소식: 광복군 부인(赴印) 공작대원 나동규(羅東奎) 동지는 지난달 31일 중경으로 돌아와서 임시정부 및 광복군 총사령부에 보고하고, 한국청년들에게 인도전선에 나아가 동맹국작전에 참가할 것을 요구하였다고 한다.

※ 출처: 『독립신문』(중경판) 제2호(1944.8.15);
국사편찬위원회, 『대한민국임시정부 자료집』 12(한국광복군 Ⅲ), 10~11쪽

⑰ 파인공작대의 근황 (1944.8)

중경 소식

[전략]

一. 인도에 파견되어 작년 9월에 영군을 협조해서 대적선전 공작을 하던 공작대는 그동안 많은 성적을 내었고 특히 대장 한지성씨의 노력이 많았으며, 문응국·송철 등 동지도 특수한 조건이 있었으므로 원래 6개월로 작정하였던 공작기간을 여러 번 연장하였던 바, 6월 초순까지에 공작을 결속(結束)하게 되었다고 한다. 그러나 영국 당국은 계속해서 공작대를 파견해달라는 것을 희망하였고 목하 교섭이 진행되고 있다.

[중략]

중경특파원 신기언

※ 원문 출처: 『독립』(*Korean Independence*) 제1권 제35호(1944.8.26)

⑱ 파인공작대 대장 한지성, 중경으로 일시 귀환 (1944.12)

印度工作隊隊長
韓志成返渝述職

韓國光復軍印度工作隊，曾於一九四三年秋赴印前綫協助英軍，進行對敵宣傳工作，頗獲成績，深得英軍讚譽。茲悉該隊隊長韓志成同志，於去十二月末，自印返渝，向臨時政府當局有所報告。并於臨時政府週會時，報告印度工作情形。略謂：印度工作隊，自赴印參加工作以來，每個隊員，皆為爭取民族光榮，而以犧牲大無畏之精神，艱苦奮鬥於砲火彈雨之下，協助英軍作戰。在戰地對敵喊話，廣播，散傳單，訊問俘虜，偵察敵情，與訓練俘虜等工作中，已有相當寶貴的成績。因此英軍當局不僅對我印度工作隊，深加信任，且對韓國獨立亦深表同情。希望在渝韓國青年同志，多多動員起來，參加印度工作云。

印度工作隊 대장 韓志成 업무보고차 重慶에

한국광복군 인도공작대는 1943년 가을 인도전선에 파견된 이래 대적선전 공작에서 상당한 성과를 거둬 영국군으로부터 많은 찬사를 받아왔다. 알려진 바에 의하면 공작대 대장 한지성 동지가 지난 12월 말 임시정부 당국에 보고 차 인도로부터 중경에 도착하였다 한다. 다음은 임시정부 주회(週會)에서 한지성 동지가 보고한 인도에서의 활동 상황의 대강이다.

"인도 전선에서 공작대가 활동에 나선 이래로 각 대원들은 민족의 영광을 위해 빗발치는 탄환도 두려워하지 않고 온갖 고초를 겪으며 영국군의 작전에 협조를 다하였다. 공작대는 적을 향한 육성선전, 방송, 전단 살포, 포로 심문, 적정 정찰, 포로 훈련 등 여러 부분에서 이미 상당한 성과를 거두었다. 그 결과 영국군 당국은 우리 인도공작대를 깊이 신임하고 있으며, 한국독립에 대해서도 동정을 아끼지 않고 있다. 중경에 거주하고 있는 한국청년동지들이 인도에서의 공작에 다수 참여하기를 희망한다."

※ 출처: 『독립신문』(중경판) 제5호(1945.1.10);
국사편찬위원회, 『대한민국임시정부 자료집』 12(한국광복군 Ⅲ), 19쪽

⑲ 파인공작대 문제에 대한 협조 요청(1945.1.4)과 오철성의 회신(1945.1.13)

光復同志會等團體代表柳東說、崔東旿、金斗峯、李裕弼、申翼熙、成周寶、李振善、韋思源、金奎植等九人會集上海、組織「韓國對日戰線統一同盟」、並派該同盟常委金奎植赴美宣傳、結果、美洲國民會、夏威夷同志會等韓僑團體、先後參加、於是「韓國對日戰線統一同盟」、成爲唯一大黨。一九三四年、該同盟二次大會時、決議由「同盟」進爲「統一組織」、並分函海外各革命團體、邀請參加。一九三五年春、各革命團體代表大會、在南京擧行、至七月四日上午、圓滿結束。是日下午、召開新黨創立代表大會、出席代表計有金斗峯、金奎植等十三人根據抗日獨立建設民主國家的原則、製定黨義黨綱政策、並審定黨員爲六百七十六人。同時、發表聯合宣言、取消朝鮮革命黨、韓國獨立黨、新韓獨立黨、大韓獨立黨、朝鮮義烈團等五團體。宣言中並鄭重聲明一以鐵的團結與誓約、結成民族革命的最高組織體「民族革命黨」。

朝鮮民族革命黨創立伊始、注重革命幹部之培養及國內外革命民衆之組織。先在南京創辦「朝鮮革命幹部學校、訓練幹部。後在廬山江陵等處、集中多數朝鮮青年、實施軍事教育、並於一九三七年組織「朝鮮義勇隊」、直接參加中國抗戰、歷時四載、建樹頗多。至一九四二年、爲統一軍隊指揮、集中革命力量、將朝鮮義勇隊合倂於韓國光復軍、民族革命黨則參加韓國臨時政府、該黨再經去年(一九四三年)的擴大改組、其政治主張、綱領與政策、更有明確的規定。即朝鮮民族革命黨、並非崇奉某一主義、或代表某一階級的政黨、而是朝鮮民族中一切主張抗日獨立者融合而成之政黨。因此該黨綱領、並非代表某一主義或某一階級、而爲全民族團結一致之綱領。

朝鮮民族革命黨之性質、已如上述、故該黨一貫主張在「抗日獨立」之基本原則下、力求行動之統一、並不以黨派組織之統一爲團結之前提。爲此、我們對於臨時政府、始終主張在各革命政黨精誠團結之原則下、共同參加臨時政府領導機構、並使臨時政府確立於國內外革命集團及革命民衆基礎上、發揮其領導民族獨立運動的機能、以達到抗日建國之歷史使命。

(一九四四年七月五日爲朝鮮民族革命黨創立 第九週年紀念而作。)

一六八、工作隊印度派遣에 對한 協助要請

〔發 信〕金若山
〔受 信〕吳鐵城
〔年月日〕一九四五年一月四日

鐵公秘書長惠鑒

來示敬悉本擬 遵命如約晋拜第因本月四日下午二時適値弟擧行結婚、或時期故未克如誠至深歉仄茲特託韓志成同志前來請

示對於派印工作隊問題與敝國國內工作問題儘可與韓同志接談并賜

指教毋任感禱之至肅此奉覆順頌

新禧

弟 金若山 謹啓 元月四日

一六九、派印工作隊問題에 關한 回信

〔發 信〕 吳鐵城
〔受 信〕 金若山
〔年月日〕 一九四五年一月一三日

元鳳先生部長勛鑒：接誦本月四日

大函、始悉閣下擧行婚禮、未及趨賀、良用歉然、關於派印工作隊問題、請飭韓志成同志、與軍令部鄭廳長介民洽辦、至 貴國國內工作及匯兌問題、擬請由 執事逕與中央調査統計局徐代局長恩曾洽商、茲並檢同介紹函二件函覆、即祈

詧照爲荷、順頌

勛綏

弟 吳鐵城 謹啓

附函二件

一七〇、金若山과 延安과의 關係

〔發 信〕 未詳
〔受 信〕 中國國民黨・中央執行委員會
〔年月日〕 一九四五年一月一五日

「朝鮮民族革命黨」總書記金若山近曾密函延安該黨前中央委員金白淵要求渠等將現在之「華北朝鮮獨立同盟」改爲「朝鮮民族革命黨華北支部」但遭延安及華北各地韓人拒絶奸僞第一八集團軍韓籍團長 武亭曾函金若山稱「如彼(指金若山)願領導革命可即到延安來否則當無人接受領導」金若山現在正致力於韓國臨時政府之活動似無意去延安據韓人消息現在十八集團軍領導下之韓籍工作人員已達二千餘人按「華北朝鮮獨立同盟」之幹部皆爲「朝鮮民族革命黨員」即前軍委員政治部指導下之「朝鮮義勇隊員」。

一七一、抗日工作에 對한 積極協助要請

〔發 信〕 金奎植
〔受 信〕 中國國民黨
〔年月日〕 ？年

공작대 인도 파견에 대한 협조 요청

발신: 김약산(金若山)

수신: 중국국민당 주석판공실 비서장 오철성(吳鐵城)

철공(鐵公) 비서장님 보십시오.

보내주신 교시는 삼가 잘 알았습니다. 정해주신 시간에 가서 뵈어야 할 텐데, 하필 이달 4일 오후 2시에 제 결혼식이 있습니다. 그로 인해 약속을 지키지 못할 것 같아 매우 송구합니다. 이에 특별히 한지성 동지에게 부탁하여 파인공작대 문제와 우리의 국내공작 문제에 대한 교시를 청하오니, 한동지와 면담하고 가르침을 주시면 깊이 감사하겠습니다.

삼가 회답 올리오며, 신년 축하도 드립니다.

제 김약산 올림. 1월 4일

파인공작대 문제에 관한 회신

발신: 오철성

수신: 김약산

김원봉 부장님 보십시오.

이달 4일의 편지를 받아 읽고서야 각하께서 혼례 올리심을 알았습니다. 달려가 축하드리질 못하여 참으로 송구합니다. 파인공작대 문제에 관해서는 한지성 동지에게 명하여, 군령부(軍令部)의 정개민(鄭介民) 청장과 교섭해 처리토록 하십시오. 귀국의 국내공작 및 환어음 문제에 대해서는 집사를 경유하여 중앙조사통계국 서은증(徐恩曾) 국장대리와 협의하시기 바랍니다. 이에 소개편지 2건을 첨부하여 회답 드리니 살펴보십시오.

건안하시기 바랍니다.

편지 2건 첨부

제 오철성 올림

※ 원문 출처: 추헌수 편, 『자료 한국독립운동』 II, 연세대출판부, 238~239쪽

⑳ 한국광복군 관련 사안들에 대한 중국 군사위원회의 입장과 대책(1945)

關於韓國光復軍各項亟待商洽之問題

一、關於中韓双方有關问題接洽負責人之商洽

查有關韓國光復軍各項問題之接洽，本會前曾表示由光復軍總司令部與本会辦公廳主任直接洽商為宜，蓋光復軍總部現駐重慶，凡有關該軍各項问題，如指由韓國臨時政府軍務部長接洽辦理，似覺多費周折，故在該軍總司令部未離重慶以前，仍以維持本會原議，指由光復軍總司令與本會辦公廳主任直接商洽為宜。

二、關於派任華籍參謀長问題之商洽

查該軍參謀長一職，原係由本会直接派往服務，冀可實際予該軍以必要之協助，現韓國臨時政府方面對華籍參謀長既不贊

同意、本會亦無成見、自當秉承　領袖意旨及既定國策、竭盡可能對
該軍予以一切之協助與扶植、唯本會若僅派連絡參謀、實感協助力
量太小、於事無補、故必須派一健全之參謀團參加該軍工作、俾對
於該軍目前之教育訓練指導、未來之協同作戰指揮、作一有力之協助、
而便連繫該軍敵後運用、以免其投入野心國家之懷抱、
三、關於續派韓人赴印工作問題之商洽、
查派遣韓人赴印工作一案、係本會前循英方之請、與英方訂約辦理
當時曾將經過情形簽報　委座旋奉　委座親批：「此最不妥、
何如此不明政治環境耶？」等因、後蒙巴頓將軍復來函要求續派
亦經本會遵照　委座指示婉詞拒絕、函復在案、此次韓國光復

軍駐印工作隊隊長韓志成返渝後竟利用我党軍政未能相互聯繫之缺點各處請求續派韓人赴印本會爲仰符 領袖意旨維持我國政府既定立場計自不便予以照准故對韓方請求續派韓人赴印工作一節中央党部与本會似宜密切联繫取得一致爲妥

四關於處理韓國各項問題對联繫上之商洽

查韓方近多利用我政府各機關未能密切联繫之弱點提出請求分途活動冀圖僥倖獲得成功如韓志成各處請求准許續派韓人赴印即其一例是以擧凡我政府或中央党部對於有關韓方之決定事項似宜定期會談或相互通報以期切取連絡確保联繫冀收意見一致步調相同而免分歧矛盾之弊

한국광복군에 관한 각항들을 시급히 협의해야 하는 문제

1. 중 · 한 쌍방이 유관한 문제를 교섭할 책임자에 관한 협의 [생략]
2. 중국인 참모장을 파견 임용하는 문제에 관한 협의 [생략]
3. 계속해서 한인을 인도로 파견하여 공작케 하는 문제에 관한 협의

한인을 인도로 파견하여 공작케 하는 사안은 본회[중국 군사위원회]가 전에 영국의 요청에 따라 영국과 협정하여 처리하였는데, 당시의 경과 상황을 위원장님께 보고 올렸더니 바로 "이것은 매우 타당하지 않다. 어찌 이처럼 정치환경에 밝지를 못하단 말인가?"라는 위원장님의 1질책을 받았다. 그 뒤 마운트바튼(巴頓) 장군이 다시 편지를 보내 계속 파견을 요구하였지만, 본회에서는 위원장님의 지시에 따라 완곡하게 거절하는 편지를 다시 보냈다. 이번에 한국광복군의 주인공작대 대장 **한지성**이 중경에 돌아온 뒤, 우리 쪽의 군 · 정 간에 상호연계가 잘 안되고 있다는 결점을 이용하여 각처에 한인을 인도에 계속 파견해달라는 요청을 했다. 본회는 영수(領袖)의 의도에 부합되게 우리 정부의 엄정한 입장을 유지한다는 견지에 서고 보니, 그 요청을 허하기가 스스로 편치 않다. 그러므로 한국 쪽에서 계속하여 한인을 인도에 파견하여 공작토록 하기를 요청함에 대해 중앙당부와 본회가 긴밀 · 절실하게 연계하여 일치점을 얻어야 할 것이다.

4. 한국의 여러 문제를 연계시켜 처리함에 대한 협의

한국 쪽에서는 우리정부 각 기관이 밀접하게 연계되어 있지 못하다는 약점을 근래 들어 종종 이용하여 청구를 제출하고 활동의 갈래를 나누어 요행히 성공을 얻기를 기도한다. 예컨대, **한지성**이 한인을 계속 인도에 파견하는 것을 허락해달라고 각처에 청구하는 것이 일례이다. 이 때문에 우리정부나 중앙당부는 한국 측과 관련되는 결정사항에 대해서는 정기 회담이나 상호통보를 하고 밀접하게 연락을 취하여 연계를 확보하면서 의견일치를 보고 보조를 맞추어, 모순이 툭툭 튀어나오는 폐단을 면해야 한다.

5. 한국광복군의 경비를 한국임시정부가 불하 받아 내주는 것이 타당한가 하는 문제에 관한 협의 [생략]

6. 한국광복군에 파견되어 복무하는 중국적 인원의 조정과 한국광복군의 현재 상황에 주의함에 대하여 [생략]

※ 원문 출처: 『대한민국임시정부 자료집』 10, 원문편 492~494쪽

㉑ 군무부 공작보고서 속의 인도공작대 (1945.4.1)

軍務部工作報告書 自大韓民國廿六年四月一日 至大韓民國廿七年三月卅一日

本部에서는 別紙第一號와 같은 工作計劃大綱을 作
成하고 過去一年間 그 大綱에 依하여 工作을 進行한바
그 實施된 情況은 左와 如함。

一、韓國光復軍九個行動準繩取消及新軍事協
定締結에 關한 事項。

韓國光復軍九項行動準繩의 廢棄와 韓中平等
의 軍事協定締結에 關한 事宜를 我政府에서 中國
有關當局者와 數次交涉한 結果 同年八月二十三日에
이르러 中國軍事委員會參謀長何應欽氏로부

九、韓國光復軍印度聯絡隊工作에関한事項

过去朝鮮民族革命党과英國印度軍事当局과의協定締結에依하야印度에서工作을進行하던印度工作隊의一切関係는이미臨時政府에서接受辦理케하엿고目前工作을좀더擴大發展시키기為하여政府에서는英國軍事当局과다시新協定締結의交涉을進行하고잇음。印度工作은主로英軍과配合하여対敵宣傳、俘虜審問、敵文件翻訳、宣傳비라作成、戰地放送等인데目下工作上必要로因하여政府로서는人員을增派하기로決定하였음。

光復軍現勢

一、總司令部 重慶

二、實到分佈地点

1、第一支隊 重慶

a、第一區隊 老河口

b、第二區隊 鉛山

2、第二支隊 西安

金文鎬分隊 建陽

3、第三支隊 阜陽

4、駐印工作隊 加爾加答

3. 老河口金鍾部分에서는最前線에二十餘名이同志가出張하야招募宣傳等工作에積極努力中임

4. 韓志成씨部下駐印工作隊八人은英軍과合作하야對敵宣傳俘虜審問敵情判斷等等工作에莫大한效力을發生하야其成績이頗히良好하야英方의稱譽가자자함

5. 第二支隊第二區隊長盧泰俊은宝鷄收容所附設韓僑招待所에派遣하야三十六名韓僑를訓練하고있음

끝

군무부 공작보고서

대한민국 26년 4월 1일부터 대한민국 27년 3월 31일까지

우리 부에서는 별지 제1호와 같은 공작계획 대강을 작성하고 과거 1년간 그 대강에 의하여 공작을 진행한 바 그 실시된 정황은 아래와 같음.

(중략)

九. 한국광복군 인도연락대 공작에 관한 사항

과거 조선민족혁명당과 영국 인도군사당국과의 협정 체결에 의하야 인도에서 공작을 진행하던 인도공작대의 일체 관계는 이미 임시정부에서 접수 판리케 하였고 목전공작을 좀 더 확대발전시키기 위하여 정부에서는 영국 군사당국과 다시 신협정 체결의 교섭을 진행하고 있음. 인도공작은 주로 영군과 배합하여 대적선전, 부로심문, 적문건 번역, 선전삐라작전, 전지방송 등인데 목하 공작상 필요로 인하여 정부로서는 5명을 증파하기로 결정하였음.

광복군 현세(現勢)

(중략)

六. 공작정형

(중략)

4. 한지성 이하 주인공작대 8인은 영군과 합작하여 대적선전, 부로심문, 적정판단 등등 공작에 막대한 효력을 발생하여 그 성적이 매우 양호하며 영방(英方)의 칭예가 자자함

(하략)

※ 원문 출처: 『대한민국임시정부 자료집』 9, 원문편 200·207·212·217쪽

㉒ 한지성 등 파인공작대의 활약상

독립

THE KOREAN INDEPENDENCE

Published Every Wednesday

조선의완전독립 독립 련합국최후승리

一九四五年六月二十日

그루씨의성명과우리의생각할것

일본은 언제 곡구라긴가

인도에서활약하는조선용사들

태평양전선

인도에서 활약하는 조선용사들

一、준비 공작

인도에 도착한후 九월 十五일 인도군 총사령부에서 「스피하스」 소교를 맛나 상의한 결과 전체 동지들은 우선 영문과 방송 기술을 학습하기로하고 「델리」에서 약 十七 공리되는 곳에 잇는 인도 학교에 가서 그학교 교장 「해리안」 씨에게서 영문을 학습 하엿는대, 이는 예전에 미국 선교사로 조선 공주에서 三十五년 동안이나 잇든이로 조선어가 매우 능창하다. 오후에는 영문을 비우고 오전에는 총사령부에 가서 방송을 련습 하엿다. 이러케 련시히 학습하고 잇든중 이러 동지들은 풍토 관계가 마지안어 학질을 알이 건강이 문제가되자 송철 동지가 비입 용사령부에 가서 방송과 번역을 히조하엿고 그외동지는 모다 한지성 동지가 잉솔하고 전문으로 영문만 학습하고, 방송 련습을 정지 하엿다. 건강이 차차 회복 되자 다시 오로한 결과 송철동지 한사람만을 「델리」에 남겨두어 번역과 방송을 히조하게하고 그남어지 동지들은 한지성 동지가 잉솔하고 十五일에 「칼카타」에 도착 하엿다. 이곳에 도착한후 부터 다시 전문으로 방송을 련습하고 인문을 학습하이, 十二월 十일 방송학과를 ?과히 맛 하엿다. 본래는 방송 련습을 맛 마치되에는 「델리」로 돌아가려 하엿섯는대 그후 계획이 변경 되엿다. 즉, 전체 동지들은 이르라는 지방에 가서 전지 방송대 조직이 되자 ◆◆씨는 적을 대상하야 수리할 선전문대를 조직하라는것이다. 이리하여 제一기 공작시간은 단지히 훈련에다 보니게 되엿다.

一월 七일— 리영수, 최상철 두 동지는 칼카타에서 방송국의 방송을 히도하기로하고 그남어지 동지들은 八일 오후 네시에 「푸나」에 무사히 도착 하엿다. 선전대 총본부는 자파기를 리용하여 이곳에서 관원을 훈련하기도 되엿슴으로 한지성 동지도 적을 대항할 수 잇게 할 선전문제에 관하야 강연 하엿는대 진세 장교들이 모다 출석하여 듯고 또 오분에 일해히 참가하엿다. 오분 문제는 적을 대하하야 수히할 선전의 원속, 기술, 경험, 적의 정세, 스버마 정세등으로 미일 평균 三、四시간을 제속 하는데 비하 오분은 미우 긴장하고 영국 측은 미우 만족하여 한다. 오분이 뭇난되는 인습을 또하여 본다.

一월 二十三일— 영국 총부에서 잇든 선전문을 어던장을 가지고와서 우리 동지들의 의견을 물어보므로 그들이 발견하지 못한, 밋가지 점을 보충히 비판을 써서 보니엇다. 한지성 동지는 공작문제를 토론하기 위하야 二월 一일 「구아」를 나서 四일에 「델리」에 와서 ◆◆씨를 맛나고 九일 칼카타로 돌아가 참지 ?루하고 잇섯다. 이때에 「구아」에 잇는 동지들은 제一분대 문응국, 김상준, 라동규 동지는 전지 선전대 二〇一 대와 「이팔」 ◆◆부에고 제二분대 부영진, 김성호 동지는 二〇四 전지 선전대와 「아랑킨」 ◆◆부로 출발 하엿다. 이소식을 들은 한지성 동지는 이래 동지들과 공작 문제를 토의하기 위하야 二월 十七일 급하게 「아랑킨」으로 달녀갓다. 한지성으로 나아갓스나 세방참 전우가 동편 상뒤로 돌어가자 ◆◆부는 전지 공작을 히막되 안줍으로 하는수없이 기우 적의 문건을 번역 하는대 못치고 말이엇다.

三월 七일— 아라칸의 二〇四 선전대가 「이팔」 전선으로 이동되자 우리 공작대도 ◆◆부에서 공작을 정지하고 十三일 남전선을 떠나 十四일 「수타항」에 도착하여 十七일 기차로 「씨마풀」로 향하엿다. 기차는 이랑우 제한 오아와 수비리로 「스버치」 쉬이지 삼림을 지나고 히발 三천이척의 산곡을 넘어 十九일 「씨마풀」에 도착하엿다.

二十일— 이곳서 다시 자동차를 타고 一빅 三十 마일이나되는 「바니풀」 인도 왕국의 수도 「이팔」에 도착 하엿다. 한지성 동지등 일행이 온는 동안 이팔의 전우는 시히 급하아젓다. 十리하이 문, 김, 라 세 동지는 「티이무」 까지 나가서 가 그뒷기이 안리지게되이 수작을 ?로게 되엿슴니. 그나머지 동지들은 방차를 자지 못하며 그 안보를 비상히 관심 하엿다. 그리다가 四월 二일이되이 세 동지는 사단 본부를 따라 二十여일의 격전을 하면서 적의 포위선을 돌파하고 무사히 다시 돌아오게 되엿다.

二、「이팔」의 전화와 본대의 공작

「이팔」 전의 서악은 엄히엇다. 적은 三월 九일 항공을 개시하야 十五일 「친우인」 강을 건너 三월 말에는 인팔 국 三十五 마일에는 곳 가지 왓다. 우리 공작대는 전우할수 잇도록 무장하고 적과 가장 갓가운 진지에서 적을 향하야 방송을 하엿고, 선전문을 제작하여 산포 하엿스며, 문건을 번역 하엿스며, 포로도 심문 하엿다. 인도, 영국, 영사들과 가치 참열한우 중에서, 전보 수여자, 혹은, 적이잇는 압 수십여리 까지 유파하여 돌어가는 동견대를 엽어서 우리의 우력한 무기— 선전 공작을 하엿다.

三、「임팔」 정외시의 적외 정세 판단

문, 김, 라— 세 동지는 三월 五일 「부이큰」을 떠나 二월 七일 「부파한이만」 강을 건너 十二일 임팔에 도착 하엿다.

三월 一일— 세 동지는 「三一」 혁명기념을 거냐하고, 「인딘」 가장 암해잇는 전선으로 출발하엿다. 十一일 이바에 ◆사에 도착 하엿는대, 전국은 위인 긴장 하이저서 十二일 오후 부어는 대포소는 소리와 기관총 소리를 듯게 되엿다. 그러지 이아되지 안이시 사단 본부의 긴급 빙령에 의하야 전부 이되은 기디도 무리 산수로 살외 하엿다.

十三일— 각 동지들은 인도 영국, 뵈사 들과 가치 진흔을 파고 밤에는 교수도 보며 경사 적 삭전외 준비를 하엿다.

十四일 정오— 긴급 병령에 의하야 소유 관원은 다시 진지로 ... 진지 공의를 시작 하엿다.

十六일— 적의 포위선을 돌파하기 위해서 본 용국 동지는 적의 관찰통에서 적외 배치를 발견하엿는대, 우리의 판단과 ◆사 본부의 판단이 서로 회외가 이섯스나, 그후 사단장은 문동지의 판단에 근거하야 적을 진격하고 이외식을 돌파 하엿다. 이에 사단장은 치히 문동지와 우리대에 감사외 뜻을 표하여 금후 참모로서 참가하여 공동 행동하자고 요구 하기까지 하엿다.

「알—」 「이팔」 국도 우에서 적을 향하야 방송

三월 二十九일— 한지성, 부영진, 김성호— 세 동지는 「이팔」에서 三十 마일이나 되는 편지로 나갓다. 우리의 임무는 작편부대와 협력하여 적을 격퇴, 혹은, 우항케 하는것이다.

三월 三十一일— 제一차로 우리들은 적과 불과 二백 며터되는 곳에서 일어 방송을 하엿다.

四월 一일 오전에— 제二차로 방송 하엿는대 우리 쪽 포대는 우리를 적으로 잘못알고 우리를 향하야 발포 하엿는대 우리 쪽 병사는 무사하이나 부상 되엿다. 방송을 맛치고 돌아와서 중대장의 말을 들으니 「작병 한사람이 빙거를 들고 적진앞에 나아왓는대, 우리외 포수가 사격하엿고, 또 五、六분 지나서 빙거가 나와나는대, 이것은 인도— 스버마 작전상에 잇서 처음으로 보는 놀나운한 일이다」 라고 한다. 중대장이 이사실을 련단 본부에 보고 하엿스니 전체 관병대가되어 오후 에서시 후이면 모든 행동을 다정은 미우 흥분하고 긴장 되엿다. 이곳은 ?되지 지하는것이지만 전체가 ... 에 비가 쏘하는것도 도라보지 아니하고 제三차의 방송 영어을 하엿다. 방송을 맛 갓수자 파인 적병 한사람이 우리를 향하여 서서히 걸어온다. 선련대 중대장 ◆써가 일어로 「이리 오너라」 하고 불넛스니 그만 돌아가고 말엇다.

四월 十二일, 十三일— 전후 시에 전보 중에서 환강하게 제항하엿는 적을 자리 말하면서 일어외 방법으로 적병 한사람이 빙거를 들고 적으로 우항하게 하엿는대, 간단한 교육을 식히 후, 전지에 사용 하엿도니, 그결과 성적이 탕효하다. 포로를 전지에 사용 한것은 영국 작전이래 처음으로 새로운 사실인것이다. 이곳에서 방송을 전후 三十여차 하엿고 포로도 심문 한것이 十여명, 또 문건을 만히 번역 하엿는대, 四월 十七일 군단 부외 청에 의하야 「이팔」로 가게 되엿다.

인도에서 활약하는 조선용사들

(제一전선서 계속)

五월 十三일 — 군단부의 청에 의하여 한용국, 김성호 — 두 동지는 다시 그런 진지에 나아가서 문건을 번역하고 포로를 심문하고 선전문 세가지 종류를 작성하야 주고, 五월 十八일 또 부영진, 나동규 두 동지는 다시 그곳에 가서 공작하기 위하야 떠낫다. 그때에 二十四인 아참 적은 이때 가장 압 전진 부대 동가는 표웅선을 단절하여 버렷다. 우리와 그나머지의 부대가 봉쇄선을 돌파하고 지나며 할때 적은 좌우에서 집중 사격을 하엿다. 이 한우 속에서 천행으로 빠져 나아와서 곳 적에게 향하야 도중에서 방송을 두차례나 하엿다. 이번 전투에 잇서 적의 사상은 비우 만흔데 그중 적군의 시체 중에서 우리가 부린 선전문을 발견하엿으며 우리는 참으로 깃버 하엿다. 이번 적의 무선 전화를 뜻고 적의 작전 계획을 알게 되엿스며 문건도 번역하여 주엇다.

五、「비쎈풀」의 전우

「비쎈풀」은 「인팔」 「디마풀」 국도 우에 잇스며, 인팔에서 十七 마일 떨어저 잇는 곳이며, 전면의 요새로 이지방을 수비하여야 인팔을 안전히 시수할수 잇는것이다. 그럼으로 적은 결사적으로 이지점을 공격하기 시작 하엿다.

四월 二十一일 — ◆◆의 청에 의하야 한, 파 — 두 동지는 이곳에서 활동하기 시작 하엿다. 제一차 방송시 적 三인이 나와 놀엇으며, 제二차 방송시는 적 二〇 때대 六백五十명이 일제히 놀엇다. 이방송을 듯고 가지고 적병들은 영국측과 교전 할것을 포기 하엿다 하는데, 이것은 포로의 입으로 진술 한대서부터 나온 소식인 것이다. 이번 문건과 포로 신문중에서 적 五二 연대가 우리 진지를 진공할 계획을 발견 하엿다.

五월 十三일 — ◆사의 청에 의하야 부, 타 두 동지는 비쎈풀 전선에 가서 제一차 방송시작, 五인이 나와 놀엇으며, 제二차 방송시는 적 十二인이 우리편을 향하야 걸어오며서 투항할 의사를 보히드니, [illegible] 돌아가고 말엇다. 이소식은 ◆군단부 작전 공보상에 발표 되엇다.

五월 二十四일 — 한지성 동지는 ◆서 군◆◆와 비쎈풀에 가서 한송국 동지들의 공작을 시찰 하엿으며, 또로 [illegible] 중에서 적의 진공 계획을 [illegible] 하엿고, 김성호 동지는 또로 신문 중에서 [illegible] 발견 하엿다.

二十六일 — 二十七일에는 문건을 번역하고, 二十八일에는 전부에 참가하야 방송을 하엿드니 이날 적 二인이 자동적으로 투항 하엿다. 아 방송을 듯고 투항 한것이라 생각한다.

六、「탕, 트파우드」 에서 적과 대담

「탕, 트파우드」 이란 곳은 [illegible] 三천척 내지 五천척 이상의 산악 지대이다. 적 十五과 五十 [illegible] 六〇 [illegible] 이곳을 근거로 하여 인팔을 위협하고 [illegible] 하엿다.

五월 十九일 — 제◆사의 청에 의하야 [illegible]

五월 二十二일 — 또 제◆사의 청에 의하야 [illegible]

지하고 말엇다.

六월 一일 — 김상훈 동지는 이진지에 나가서 방송을 하엿는데 서로 二十 야드는 거리에서 적병와 담화를 하엿스며 담화를 때 몰로 건져주엇노니 바다가지고 가면서 「아리가도 — 고맙슴니다 — 」를 부르더라.

六월 四일 — 또 ◆사 ◆◆ 퇴단 방어지에 가서 일인 방송을 하엿다. 한번은 적과 불과 二十 야드 거리한 곳에서 방송을 할때에 적은 거관총으로 우리를 향하야 사격 함으로 ◆◆ 동지가 적에게 사격 함으로 ◆◆ 동지가 적에게 사격하지 말라고 권하엿스나 파인 적은 사격을 정지 하엿다.

七、「비쎈풀」의 반공전

「비쎈풀」은 인팔로 통하는 주요 국도상의 중심지이며 四월에 적은 성이를 점령 하엿다.

四월 二十二일 — 영군의 반공을 비하하기 위하야 ◆◆와 ◆◆ 방 동지는 ◆● 퇴단을 협조하야 적을 대하야 공작을 수행 하엿다. 우리들은 이진지에 입에 二, 三차 방송하고, 부은, 전지 하엿다. 선전문 단위동을 보내주엇다. 이때부터 적과 불과 五十 야드 되는곳에 잇는 우리에게는 적의 웃음과 이야기 소리가 들녀 왓엇다.

五월 六일 — 적 수인이 빗거를 들고 진지 우에 나와나 보니, 그것은 바로 七인연 퀸인인 지원강한 적은 자동적으로 철퇴 하엿다. 인도 사와 작전상에 잇서 적이 건가한 진지를 자동

적으로 비관[illegible] 이번이 처음되는 일이다. 영국군 사단장 ◆◆에는 [illegible] 의 뜻을 표 하엿[illegible] 숭 저항을 [illegible] 전화에 잇서 영[illegible] 거하야 일본 포[illegible] 대, 이것은 영국 작전 이래 제一차의 사화이며, 그것은 비우 추앗다. 전지 간판 사진반이 욱히 와서 공작 정형을 사진을 박이엿는데, 그곳에 선전을 쓰기를 「한국 광복군은 중국 경내에서 성립 하엿고 그중의 간을 인도에 파견 하여 영국군과 합작하야 적을 치고 잇다」고 하엿다. 이간한 사진은 본동에 보내어 전세계에 발표 한다고 한다.

八、인팔의 공작

四월부터 五월十一일 사가지 ◆◆ 동지는 선전대 송부에 잇스면서 포로를 신문하고 번역을 힘드조 하엿다.

五월 十一일 六월 十일 사가지는 ◆◆ 동지가 이곳에 잇스면서 문건 번역, 적의 정세 판단, 포로 심문을 하고 또 三일 마다 발행하는 일문 신문 「동우」를 포로 시험표를 만들어 十회 발행 하엿다. 이를 시작하여 六十二개 답안을 엇엇다.

六월 十일 — 정찰공작을 필수하고 十八일 ◆평 동지는 칼카타 성을 돌아왓다.

九、「칼카타」에서 방송

「칼카타」의 방송국에서 ●● 동지들은 비일 七차 적을 향하야 방송 하엿고 또 출연하여 문건 번역 공작도 하엿는데, 비일 평균 十여 시간의 공작을 하엿다. 우리 동지 수명의 초인적 정신으로 이대적 방송의 공작을 전담 하야 시행 하엿다.

十、「델리」의 공작

◆◆ 동지는 「델리」에서 송사령부 대적 방송부를 협조하야 비일 일정하게 번역 공작을 하엿에 비주 二차 일문 방송을 하엿다. 그리대 ●● 동지의 일한 송더과 방송 귀술은 전송 사령부내에서 가장 우수한 지위를 점하게 수가지 되엿다.

숑, 긴, 동지와 도대잇는 부단의 곳, 한나라 사와 스티화는 관중 하엿다고 한다. 인도 [illegible] 에잇는 [illegible] 부우 부부는 져희를 [illegible] 조선의 [illegible] 봉진 중수, 봉중 사진을 [illegible] 하고 [illegible] 인도 인사에게 봉진을 [illegible] 봉진의 부한 우정을 [illegible] 하엿다고 한다.

인도에서 활약하는 조선용사들

1. 준비공작

인도에 도착한 후 9월 15일 인도군 총사령부에서 피터하스 소교['소령'에 해당: 편집자]를 만나 상의한 결과, 전체 동지들은 우선 영문과 방송기술을 학습하기로 하고 델리[Dehli]에서 약 17Km 되는 곳에 있는 인도학교로 가서 교장 윌리엄[Frank E. C. Williams] 씨에게서 영문을 학습하였다. 이 분은 예전에 미국 선교사로 조선 공주[公州]에서 35년 동안이나 있던 이로 조선어가 매우 유창하다. 오후에는 영문을 배우고 오전에는 총사령부에 가서 방송을 연습하였다.

이렇게 열심히 학습하고 있던 중, 여러 동지들이 물과 기후가 맞지 않아 학질을 앓아 건강이 문제 되자 송철 동지가 매일 총사령부에 가서 방송과 번역을 협조하는 외에 그 외의 동지들은 모두 한지성 동지가 영솔하여 전문으로 영문만 학습하고 방송연습을 정지하였다. 건강이 차차 회복되자 다시 토론한 결과, 송철 동지 한 사람만을 델리에 남겨두어 번역과 방송에 협조하게 하고, 그 나머지 동지들은 한지성 동지가 영솔하여 15일에 캘커타[Calcutta]에 도착하였다. 이곳에 도착한 후부터 다시 전문으로 방송을 연습하고 영문을 학습하여, 12월 10일 방송 학과를 원만히 끝마쳤다. 본래는 방송 연습을 끝마친 뒤에는 델리로 돌아가려 했었는데 그 후 계획이 변경되었다. 즉, 전체 동지들은 '부야크'[Fagu를 말함인 듯]라는 지방에 가서 전지방송대 총책임자 ××씨와 적에 대항하여 수행할 선전 문제를 토론하라는 것이다. 이리하야 제1기 공작시간은 완전히 훈련에 다 보내게 되었다.

1월 7일, 이영수 · 최상철 두 동지는 캘커타에서 방송국의 방송을 협조하기로 하고, 그 나머지 동지들은 8일 오후 4시에 부야크에 무사히 도착하였다. 선전대 총본부는 장마기를 이용하여 이곳의 관원을 훈련시키기로 되었으므로, 한지성 동지가 적에 대항하여 수행할 선전 문제에 관하야 강연하였다. 전체 장교들이 모두 출석하여 듣고, 또 토론에 열렬히 참가하였다. 토론 문제는 적에 대항하여 수행할 선전의 원칙, 기술, 경험, 적의 정세, 버마 정세 등으로, 매일 평균 3 · 4시간을 계속하는데 매차 토론은 매우 긴장되고 영국 측은 매우 만족해한다. 토론이 끝난 뒤는 연습을 또 해본다.

1월 23일, 영국 총부에서 일본문 선전문 여덟 장을 가지고 와서 우리 동지들의 의견을 물어보므로, 그들이 발견하지 못한 몇 가지 점을 보충한 비판문을 써서 보냈다. 한지성 동지는 공작문제를 토론하기 위하야 2월 1일 부야크를 떠나 4일에 델리에 와서 ××씨를 만나고 9일 캘커타로 돌아가 잠시 주류하고 있었다. 이때 부야크에 있는 동지들은 제1분대 문응국 · 김상준 · 라동규 동지는 젼지선전대 201대와 임팔 ××부로 가고, 제2분대 박영진 · 김성호 동지는 204 전지선전대와 아라칸[Arakan] ××부로 출발하였다. 이 소식을 들은 한지성 동지는 여러 동지들과 공작 문제를 토의하기 위하여 2월 17일 급하게 아라칸으로 달려갔다. 전선으로 나아갔으나 때마침 전투가 혼전상태로 들어가자 ××부는 전지공작을 허락하지 않으므로 하는 수 없이 겨우 적의 문건을 번역하는 데 그치고 말았다.

3월 7일, 아라칸의 204 선전대가 임팔전선으로 이동하자 우리 공작대도 ××부에서의 공작을 정지하고 13일 남[南]전선을 떠나 14일 호라[Haora] 항에 도착하여 17일 기차로 띠마풀[Dimapur]로 향하였다. 기차는 일망무제[一望無際]의 옥야와 수백 리로 뻗친 원시적 산림을 지나고 해발 3천여 척의 산곡을 넘어 19일 띠마풀에 도착하였다.

30일, 이곳서 다시 자동차를 타고 130마일이나 되는 마니푸르[Manipur] 인도왕국의 수도 임팔에 도착하였다. 한지성 동지 등 일행이 오는 동안 임팔의 전투는 심히 급해졌다. 그리하여 문 · 김 · 라 세 동지가 티딤[Tiddim]까지 나갔다가 그 뒷길이 끊어지게 되어 소식을 모르게 되었으므로 그 나머지 동지들은 밤잠을 자지 못하며 그 안부를 비상히 관심하였다. 그러다가 4월 2일이 되어 세 동지는 사단 본부를 따라 20여 일의 격전을 하면서 적의 포위선을 돌파하고 무사히 다시 돌아오게 되었다.

2. 임팔의 전쟁과 본대의 공작

임팔전쟁의 서막이 열렸다. 적은 3월 9일 행동을 개시하여 15일 친두이강[江]을 건너 3월 말에는 임팔 교외 35마일 되는 곳까지 왔다. 우리 공작대는 전투할 수 있도록 무장하고 적과 가장 가까운 전지에서 적을 향하여 일어방송을 하였고, 선전문을 제작하여 산포하였으며 문건을 번역하였고 포로도 심문하였다. 인도 · 영국 병사들과 같이 창림한우[蒼林汗雨: 울창한 수풀과 비 오듯 흐르는 땀: 편집자] 중에서, 전호[戰濠] 속에서, 혹은 적이 있는 앞 수십 미터까지 육박하여 들어가는 돌격대를 따라서, 우리의 유력한 무기—선전공작을 하였다.

3. 티딤 철퇴 시 적의 정세판단

문·김·라 세 동지는 3월 5일 부야크를 떠나 2월 7일 부라한터래[브라마푸트라(Brahmaputra)]강을 건너 12일 임팔에 도착하였다.

3월 1일, 세 동지는 3.1혁명절을 기념하고, 티딤 가장 앞에 있는 전선으로 출발하였다. 11일 야반에 ×사에 도착하였는데, 전국[戰局]은 돌연 긴장해져 12일 오후부터는 대포 놓는 소리와 기관총 소리를 듣게 되었다. 그리고 얼마 되지 않아 사단본부의 긴급명령에 의하여 전부 인원은 거리로부터 산 위로 철퇴하였다.

13일, 각 동지들은 인도·영국 병사들과 같이 전호를 파고 밤에는 파수도 보며 결사적 작전의 준비를 하였다.

14일 정오, 긴급명령에 의하여 소유의 관원은 다시 전부 철퇴를 시작하였다.

16일, 적의 봉쇄선을 돌파하려 할 때 문응국 동지가 적의 문건 중에서 적의 병력을 발견하였다. 우리의 판단과 ×사 본부의 판단은 서로 차이가 있었으나, 그 후 사단장은 문동지의 판단에 근거하여 적을 진격하고 이 요새를 돌파하였다. 이에 사단장은 친히 문동지와 우리 대에 감사의 뜻을 표하며, 금후 참모부에 참가하여 공동행동하자고 하는 요구까지 해왔다.

4. 탑-임팔 국도 위에서 적을 향하여 방송

3월 29일, 한지성·박영진·김성호 세 동지는 임팔에서 30마일이나 되는 전지로 나갔다. 우리의 임무는 작전부대와 합하여 적을 격퇴, 혹은 투항하게 하는 것이다.

3월 31일, 제1차로 우리들은 적과 불과 200미터 되는 곳에서 일어방송을 하였다.

4월 1일 오전에 제2차로 방송하였는데, 우리 쪽 포대는 우리를 적으로 잘못 알고 우리를 향해 발포하였고 우리 쪽 병사가 두 사람이나 부상당했다. 방송을 마치고 돌아와 중대장의 말을 들으니, "적병 한 사람이 백기를 들고 적진 앞에 나왔는데 우리의 포수가 사격하였고, 또 5~6분 지나서 백기가 나타났는데, 이것은 인도-버마 작전에서 처음으로 보는 놀랄 만한 일이다."라고 한다. 중대장이 이 사실을 여단본부에 보고하였더니, 전체 관병대가 오후 여섯시 후이면 모든 행동을 다 접게 되어 매우 흥분하고 긴장되었다. 이곳은 총립 지지하는 것이지만, 전체가 너무도 흥분된 나머지 비가 쏟아지는 것도 돌아보지 않고 제3차의 방송연설을 하였다. 방송을 끝마치자 과연 적병 한 사람이 우리를 향하여 서서히 걸어온다. 선전대 총대장 ××씨가 영어로 "이리 오너라"하고 부르니 그만 돌아가고 말았다.

4월 12일 · 13일, 전투 시에 전호 중에서 완강하게 저항하고 있는 적을 잔멸[殘滅; 원고의 '殲滅'(섬멸)을 신문사에서 잘못 옮긴 것인 듯]하면서 일어회화의 방법으로 적병 한 사람을 자동적으로 투항하게 하였는데, 간단한 교육을 시킨 후 전지에 사용하였더니, 그 결과 성적이 양호하다. 포로를 전지에 사용한 것은 영국 작전 이래 처음 하는 새로운 사실인 것이다. 이곳에서 방송을 전후 30여 차례 하였고, 포로 심문한 것이 10명, 또 문건을 많이 번역하였는데, 4월 17일 군단부의 청에 의하여 임팔로 가게 되었다.

5월 13일, 군단부의 청에 의하여 문응국 · 김성호 두 동지는 다시 그 전 진지로 나아가서 문건을 번역하고 포로를 심문하고 선전문 세 가지 종류를 작성하여 주고, 5월 18일 또 박영진 · 라동규 두 동지가 다시 그곳에 가서 공작하기 위하여 떠났다. 그런데 24일 아침 적은 티딤의 가장 앞전선 부대로 가는 교통선을 단절하여버렸다. 우리와 그 나머지 부대가 봉쇄선을 돌파하고 지나려고 할 때 적은 좌우에서 집중사격을 하였다. 이 탄우 속에서 천행으로 빠져나오자 곧 적에게 향하여 도중에서 방송을 두 차례나 하였다. 이번 전투에서 적의 사상은 매우 많은데 그 중 적 군조[軍曹]의 시체 중에서 우리가 뿌린 선전문을 발견하고 우리는 참으로 기뻐하였다. 일면 적의 무선전화를 듣고 적의 작전계획을 알게 되었으며, 문건도 번역하여 주었다.

5. 비세풀의 전투

비세풀['비센푸르'(Bishenpur)의 오기일 것임: 편집자]은 임팔－티딤 국도 위에 있고 임팔에서 17마일 떨어져 있는 곳인데, 천연의 요새로 이곳을 빼앗으면 임팔을 문제없이 빼앗을 것이다. 그러므로 적은 결사적으로 이 진지를 공격하기 시작하였다.

4월 21일, ××의 청에 의하여 문응국 · 라동규 두 동지는 이 전쟁에 참가하였다. 제1차 방송시 적 3인이 나와 들었고, 제2차 방송시는 적 2개 대대 650명이 일제히 들었다. 이 방송을 듣고 심지어 적병들은 영국 측과 교섭할 것을 토론까지 하였다고 하는데, 이것은 포로의 입으로 진술한 데서부터 나온 소식인 것이다. 이번 문건과 포로 심문 중에서 적 5개 중대가 우리 진지를 진공할 계획을 발견하였다.

5월 13일, ×사의 청에 의하여 박영진·라동규 두 동지가 비센풀 진지에 가서 제1차 방송시 적 5인이 나와 들었고, 제2차 방송시는 적 12인이 우리 편을 향하여 걸어오면서 투항할 의사를 보이더니 어찌된 일인지 그만 중도에 돌아가고 말았다. 이 소식은 ×군단부 작전 공보에 발표된 것이다.

5월 24일, 한지성 동지가 ×씨 및 ×씨와 비센풀에 가서 문응국 동지 등의 공작을 시찰하였는데, 포로심문과 문건번역 중에서 적의 진공계획을 발견하였고, 김성호 동지는 포로 심문 중에서 적의 새 병력과 무기, 무선전신 비밀암호를 발견하였다.

26일~27일에는 문건을 번역하고, 28일에는 전투에 참가하여 방송을 하였더니, 이날 적 2인이 자동적으로 투항하였다. 아마 방송을 듣고 투항한 것이라 생각한다.

6. 캉크라통비에서 적과 담화

캉크라통비[Kanglatongbi]는 임팔평원의 서방에 있는 해발 3천 척 내지 5천 척 이상의 산악지대이다. 적 15사 51연대, 60연대는 이곳을 근거로 하여 임팔을 위협하고 국도에 출몰하고 있다.

5월 19일, 제×사의 청에 의하여 박영진 동지는 그곳 동북에 있는 높은 곳에서 방송을 한 결과 적 2인이 나와서 들었다. 그 이튿날에 비로소 알게 된 것인데, 우리의 방송을 듣고 적은 완전히 철퇴하였다. 군단부 작전공보에 선전대가 '적 진지를 점령하였다'고 발표하였으며, 사람을 파견하여 우리에게 감사의 뜻을 표해왔다.

5월 22일, 또 제×사의 청에 의하여 한지성 동지가 여단부 대위 한 사람과 같이 진지를 시찰하였다. 진지를 시찰하고 이곳에서 방송을 하려 했으나, 소나기가 쏟아지는 까닭에 중지하고 말았다.

6월 1일, 김상준 동지가 일 진지에 나가서 방송을 하였는데, 서로 20미터 되는 거리에서 적병과 담화를 하였고, 과자와 담배를 뇌물로 던져주었더니 받아가지고 가면서 '아리가또'(고맙습니다)를 부르더라.

6월 4일, 또 ×사 ××여단 방어지에 가서 매일 방송하였다. 한 번은 적과 불과 20미터 격한 곳에서 방송을 할 때에, 적이 기관총으로 우리를 향하여 사격하므로 ××동지가 적에게 사격하지 말라고 권하였더니 과연 적은 사격을 정지하였다.

7. 위클의 반공전

위클[우크룰(Ukhrul)을 말하는 것일 터: 편집자]은 임팔로 통하는 주요 국도상의 중심점인데, 4월 초에 적이 도시를 점령하였다.

4월 22일, 영국군의 반공[反攻]과 배합하기 위하여 ××와 ×× 양 동지는 ××여단에 협조하여 적에 대항하는 공작을 수행하였다. 우리들은 이 진지에서 매일 2, 3차 방송하고 혹은 편지 하였다. 선전문 담배 등도 보내주었다. 이럴 때마다 적과 불과 50미터 되는 곳에 있는 우리에게는 적의 웃음 섞인 이야기 소리가 들려왔다.

5월 6일, 적 수 명이 백기를 들고 진지 위에 나타나더니, 그 이튿날인 7일엔 웬일인지 완강한 적이 자동적으로 철퇴하였다. 인도 버마 작전상에 있어 적이 건강한 진지를 자동적으로 버린 것은 이번이 처음 있는 일이다. 영국군 사단장 ××씨는 친히 우리에게 찾아와 감사의 뜻을 표하였다. 적의 문건 중에서 우리의 방송 정형을 기록한 것을 발견하였고, 또 이번 전쟁에서 영국 당국은 우리들의 제의에 근거하여 일본 포로를 전지방송에 사용하였는데, 이것은 영국 작전 이래 제1차의 시험이며 그 결과는 매우 좋았다. 전지신문 사진반이 특히 와서 공작정형을 사진 박았는데 그곳에 설명하기를, "한국광복군은 중국 경내에서 성립하였고, 그 중 약간을 인도에 파견하여 연합국과 어깨를 견주어 작전하며 공동의 적을 치고 있다."고 하였다. 이 신문사진은 런던에 보내어 검열 후 전 세계에 방영한다고 한다.

8. 임팔의 공작

4월부터 5월 1일까지 ××동지는 선전대 총부에 있으면서 포로를 심문하고 번역에 협조하였다.

5월 11일~6월 10일까지는 ××동지가 이곳에 있으면서 문건 번역, 적의 정세 판단, 포로 심문을 하고, 또 2일마다 발행하는 일본어신문 ≪병대 동무≫를 10회 발행하였다. 이뿐만 아니라 포로시험표를 만들어 15명 포로를 시험하여 62개 답안을 얻었다.

6월 10일, 선전공작을 마치고 18일 ×명 동지가 캘커타시로 돌아왔다.

9. 캘커타 방송국

캘커타의 방송국에서 ×× 등 동지들은 매일 7차 적을 향하여 방송하였고, 또 틈을 타서 문건 번역 공작도 하였는데, 매일 평균 10여 시간의 공작을 하였다. 우리 동지 수명의 초인적 정신으로 이 대적방송의 공작을 전담하다시피 하였다.

10. 델리의 공작

××[송철]동지는 델리에서 총사령부 대적방송부에 협조하여 매일 일정하게 번역공작을 하는 외에 매주 2차 일어방송을 하였다. 그런데 ××동지의 일문 능력과 방송 기술은 전 총사령부 내에서 가장 우수한 지위를 점하게까지 되었다.

송·김 동지와 같이 있던 조선의 벗, 캐나다인 상위[上尉] 뻬든['베이컨'의 오기]씨가 전망[戰亡]하였다고 한다. 인도 델리에 있는 윌리엄목사 부부는 정월 초하룻날 '조선의 밤'을 열고 조선 풍속·풍경 사진을 방연하고 영·미 및 인도 인사에게 조선을 소개하며 조선의 독립 후원을 선전하였다고 한다.

※ 기사 원문을 그대로 옮겨 활자화하면서 가독성을 높이기 위해 일부 표현은 현대어로 바꾸었음.
※ 본문 속의 [ ]은 모두 편자가 삽입한 것임.

※ 원문 출처: 『독립』(*Korean Independence*) 제3권 제75호(1945.6.13)

㉓ 광복군 인도공작대의 근황 (1945.3)

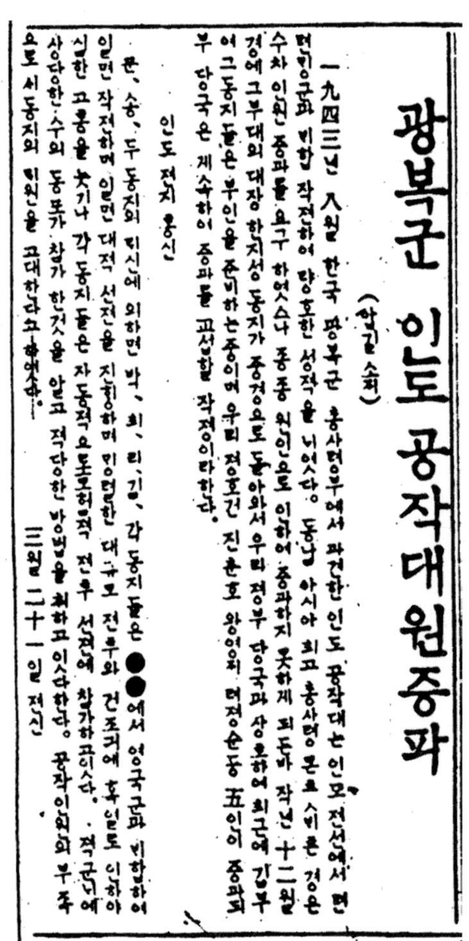

광복군 인도공작대원증파

(앞길 소재)

一九四三년 八월 한국 광복군 총사령부에서 파견한 인도 공작대는 인도 전선에서 련밍군과 배합 작전하여 량호한 성적을 나었다. 동남 아시아 최고 총사령 몬트빠튼 경은 수차 인원 증파를 요구 하엿스나 종종 원인으로 인하여 증파하지 못하게 되든바 작년 十二월경에 그부대의 대장 한지성 동지가 중경으로 돌아와서 우리 정부 당국과 상호하여 최근에 김부어그동지들은 부인을 준비하는중이며 우리 정호건 진춘호 왕어취 려정순동 五인이 증파되부 당국은 계속하여 증파를 교섭할 작정이라한다.

인도 전지 통신

문, 송, 두 동지의 티신에 의하면 박, 최, 리, 김, 각 동지들은 ●●에서 영국군과 배합하여 일면 작전하며 일면 대적 선전을 진행하며 밍렬한 대규모 전투와 건조기에 혹일로 인하야 심한 고통을 낫기나 각 동지들은 자동적으로 모험적 전후 선전에 참가하고잇다. ·적군니에 상당한 수의 동포가 참가 한것을 알고 적당한 방법을 취하고 잇다한다. 공작인원의 부족으로 시동지의 림원을 고대하다고 하엿다.

三월 二十一일 전신

광복군 인도공작대원 증파

(『앞길』 소재)

1943년 8월 한국광복군 총사령부에서 파견한 인도공작대는 인도전선에서 전연맹군[全聯盟軍]과 배합 작전하여 양호한 성적을 냈다. 동남아시아 최고 총사령 몬트빼튼[마운트바튼]경[卿]은 수차 인원 증파를 요구하였으나 종종[種種] 원인으로 인하여 증파하지 못하게 되던 바, 작년 12월경에 그 부대의 대장 한지성 동지가 중경으로 돌아와서 우리 정부당국과 상호하여 최근에 기쁘게 그 동지들은 부인[赴印]을 준비하는 중이며, 우리 정호건 · 진춘호 · 왕영재 · 여정순 등 5인이 증파되게 당국은 계속하여 증파를 교섭할 작정이라 한다.

인도 전지통신

문 · 송 두 동지의 내신[來信]에 의하면, 박 · 최 · 이 · 김 각 동지들은 ××에서 영국군과 배합하여 일면 작전하며 일면 대적선전을 진행하며 맹렬한 대규모 전투와 건조기에 혹열로 인하여 심한 고통을 느끼나, 각 동지들은 자동적으로 모험적 전투선전에 참가하고 있다. 적군 내에 상당한 수의 동포가 참가한 것을 알고 적당한 방법을 취하고 있다 한다. 공작인원의 부족으로 새 동지의 내원[來援]을 고대한다고 하였다. 3월 21일 전신

※ 기사 원문을 그대로 옮겨 활자화하면서 가독성을 높이기 위해 일부 표현은 현대어로 바꾼 것임

※ 출처: 『독립』(*Korean Independence*) 제3권 제75호(1945.6.13)

㉔ 한지성이 부인을 인도로 데리고 가는 문제에 대하여(1945.2.8)

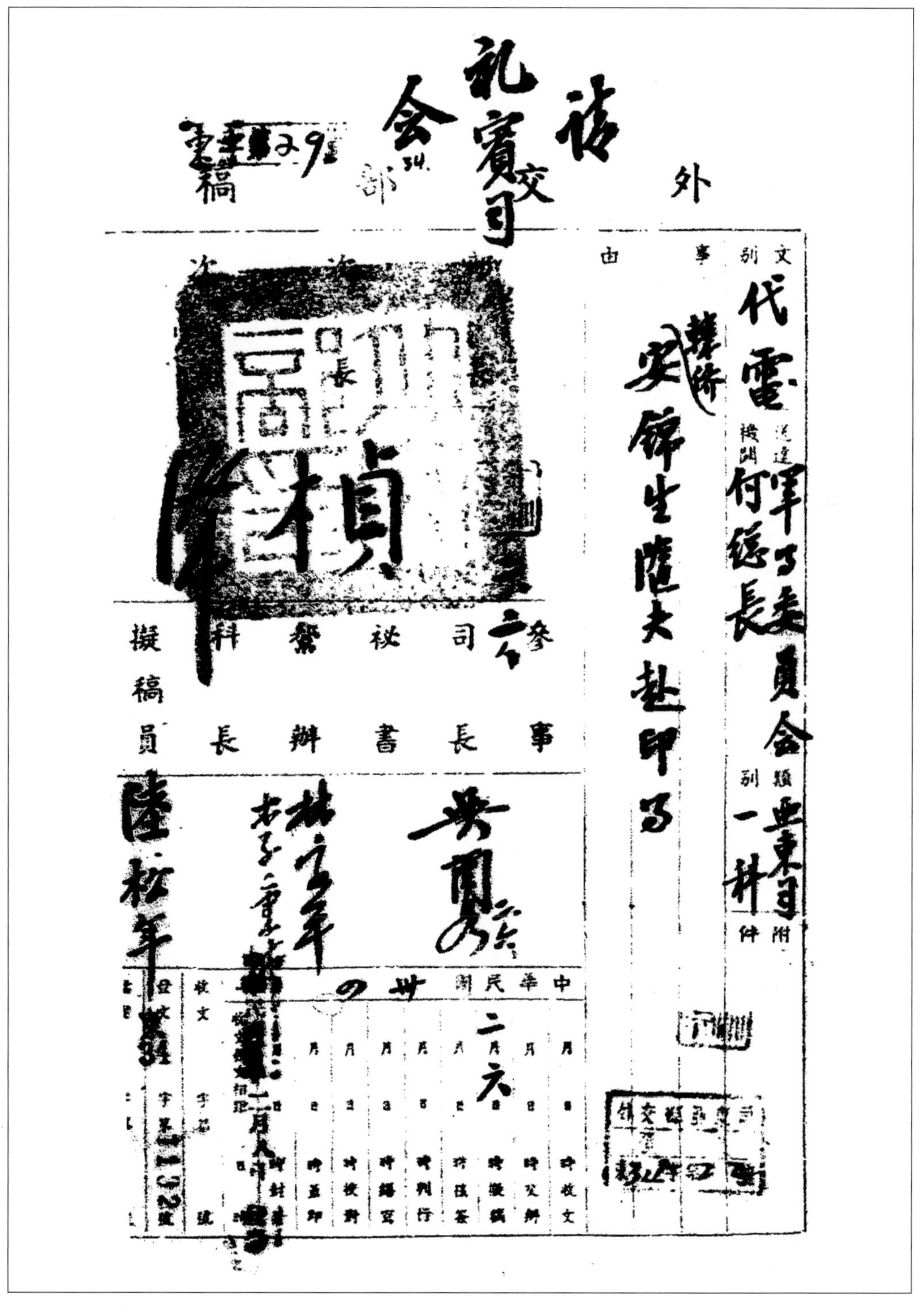

外交部 稿

禮賓司

文別 代電

送達機關 軍事委員會 付委員長

事由 韓僑安錦生隨夫赴印由

類別 亞東司

附件 一件

參事 司長 秘書 幫辦 科長 擬稿員

中華民國卅四年 月 日

收文 月 日 時

核稿 月 日 時

判行 月 日 時

繕寫 月 日 時

校對 月 日 時

蓋印 月 日 時

封發 月 日 時

收文 字第 號

發文 字第 號

何總長勛鑒：一月十九日接韓國光復軍駐印度工作隊隊長韓志成函稱：三十二年八月奉軍委会命派赴印度工作，十二月十六日返渝述職，擬於最短期內攜妻安錦生返印工作，已呈請軍委会辦公廳第一組，奉批：希迅速返印工作，至其妻赴印工作，可屬普通外僑出國範圍，可令逕請中國外交部[illegible]護照，[illegible]發給普通外僑出國護照或使用往。

等語，附英國大使館証明英國

政府雇用安錦生在印工作証明

書一件，查我駐外僑行動，多影

響军工，應否准其赴印，請電

復為荷！外交部啓

呈奉委座侍電已准該韓僑出國

來電及該韓僑生証件請查照

此件三九

동자 제29호

발신: 외교부 아동사 제1과

군사위원회 하(何)총장님 보십시오.

1월 19일 한국광복군 인도주둔 공작대 대장 한지성의 편지를 받았습니다. 이 편지는 "저는 32년[1943년] 8월 군사위원회의 명을 받들어 인도에 파견되어 공작을 진행하다 12월 16일 공무차 중경에 돌아와 있습니다. 바라건대 최단기간 내로 아내 안금생을 인도로 데리고 돌아가 공작을 진행했으면 합니다. 이 문제에 관해 군사위원회 판공청 제1조(組)에 협조요청 서신을 드렸더니, '신속하게 인도로 돌아가 공작에 임하라. 처를 인도로 데리고 가는 문제는 일반 외국인 교포의 출국 범위에 속하는 문제이니 외교부에 협조를 요청해보겠다.'고 답해왔습니다. 이에 보통 외국인의 출국 여권 발급을 요청합니다."는 내용입니다. 한지성은 영국정부가 안금생을 고용하여 인도에서 공작에 임하게 한다는 영국대사관 발행 증명서를 함께 제출했습니다. 살피건대 전시 외국인 교포의 행동은 군사에 미치는 영향이 매우 큽니다. 안금생의 출국을 허락해야 할지 말지, 의견을 청하오니 답전 주셨으면 합니다.

※ 원문 출처: 『대한민국임시정부 자료집』 12, 원문편 108~110쪽

㉕ 파인공작대원 송철 대위가 전사한 Bacon 대위의 부인께 보낸 편지 (1945.4.20)

FROM. CAPT. SONG.
K. N. A. L. U.

ON ACTIVE SERVICE

MRS. P. BACON.
c/o MAJOR. A. GREAVE.
COSY NOOK COTTAGE.
LANDOUR. MUSSOORIE.
U.P. INDIA.

ENGLISH

CAPT. SONG.
K. N. A. L. U.
c/o CAPT. COOPER
I. F. B. U.
33 CORPS. S. E. A. C.
20TH. APR.

Dear Mrs Bacon

I hope you have received two of my previouse letters. It must be terrible for you and your children in this hot weather. I have always in mind the welfare of you and your children.

Here is some interasting news for you. Major Han and Mrs Han accompanied by their friend Mr Ahn have arrived in Calcutta on 5th April. Major Han wrotes to saying that he is expecting five Koreans. to arrive in Cal, round about 15th of this month, to work in field-broadcasting and plopaganda work.

The above news gave me great happiness, since they can look after your welfare in my absence. I have already written a letter to Major Han in which

베이컨 부인께,

(중략) 홍미로우실 소식이 하나 있어 전합니다. 한[지성] 소령과 그 부인이 친구 안[원생]군을 대동하고 4월 5일 캘커타에 도착했습니다. 한소령은 다섯 명의 한국인이 이 달 15일경 캘커타에 도착해 전지방송대에서 선전 일을 하게 되길 기대하고 있다고 편지해 왔습니다.

이 소식이 아주 기쁩니다. 제가 거기 없더라도 그 양반들이 대신해 부인의 후생 문제를 돌봐드릴 수 있을 테니까요. 한소령에게 답신을 써 보내면서 저는 그가 부인을 위해 할 수 있는 모든 걸 해드리도록 요청해놨습니다. (하략)

※ 원문 출처: 국가보훈처 수집 사료

① 1946.3.21, 민주주의민족전선('민전') 중앙위원

民戰中央委員補選

지난十七日 民戰常任委員會에서는 在日本朝鮮人聯盟을 中心으로 中央委員을 補選하기로 決定하고 詮衡委員九氏에게 詮衡을 一任하였든바 二十一日同詮衡委員會에서는 愼重詮衡한結果 左記二十氏를補選하였다한다

金天海 金正洪 金斗鎔 李秉哲 李鍾泰 宋性徹 李命八 白候男 韓宇濟 姜鎬哲 夫允信(以上在日朝鮮人聯盟)文楯 閔鑽鎬 韓志成 李貞浩(以上朝鮮民族革命黨)劉金鳳 金澔 黃庚任(以上婦總)朴璘愚(全評)朴景洙(協組)

『한성일보』 1946.3.23, 「민전 중앙위원 보선」

② 1946.5월초, 민전 상임위원

民戰議長副議長補選

民戰常任委員會에서는臨時民主主義政府樹立에關한美蘇共委의試問에對한對策을時急決定키爲하야그동안各專門對策委員會에서 作成한案을最終審議하기爲하야小委員會를두기로하엿으며새로히白南雲氏를 議長에鄭魯湜尹琦燮兩氏를副議長에韓志成 尹澄宇·周世敏金正洪 李秉哲 李鍾泰裵哲 車相詰諸氏를常任委員으로補選하엿다

『한성일보』 1946.5.7, 「민전 의장·부의장 보선」

民戰美蘇共委試問에對處

民戰常任委員會에서는臨時民主主義政府樹立에對한 美蘇共同委員會의試問에對한對策을 時急決定키爲하야 그동안專門委員會에서 成案된것을最終審議할 小委員會를두기로하엿는데 前番中央委員會에서 一任된 常任委員增選의件을 愼重討議한結果 白南雲氏를議長에 鄭魯湜 尹琦燮兩氏를副議長에 韓志成尹澄宇 周世敏 金正洪李秉哲 李鍾泰 裵哲 車相詰諸氏를 常任委員으로補選하엿다

『현대일보』 1946.5.7, 「민전 미소공위 試問에 대처」

③ 1946.5.13, 조선민족혁명당('민혁당') 인천지부 결성식 참석

民革黨仁川支部

조선 민족혁명당 인천
지부 결성식은 지난十三
일 인천금룡조합 강당에
서 成周寔 韓志成양씨외
인천각단체 대표자다수
참석한가운데 성대히 거
행되엿다

『자유신문』 1946.5.23, 「민혁당 인천지부」

④ 1946.11.30, 민혁당 서울시당부 결성식 사회

民族革命黨市黨部結成式

과거十수년 조국광복
을위한 해외의혁명단체
로써 혁혁한 전력을가
진 朝鮮民族革命黨 서
울市黨部결성식은 三十
일오후一시 천도교강당
에서 거행되였는데 래
빈 당원다수참석하에 韓
志成씨사회로 각계축사
에이어당수金元鳳씨의훈
사가있어자못성대하였다

『독립신보』 1946.12.1, 「민족혁명당 시당부 결성식」

⑤ 1947.1, 민혁당 중앙상무위원 겸 민전 상임위원

▲徐相天氏(現代日報社長)朴世東氏(同總務部長)宋漢容氏(同業務部長)新任人事次來社 ▲張鳳鎬氏(殖銀副頭取)新任人事次來社 ▲李錫保氏(天道敎靑友黨總務部長)宋重坤氏(全弼會)人事次來社 ▲崔永在氏(醫博 서울市立市民病院長)新任人事次來社 ▲白麟濟氏(財團法人白病院長)同院設立人事次來社 ▲金熙甲氏(同副院長)同上 ▲尹澄宇氏(民革黨宣傳部長)韓志成氏(同組織部長)人事次來社

『자유신문』 1947.1.8, 「인사」

人事

▲韓志成氏(民革黨中央常委兼)新任人事次來社 ▲尹澄宇氏(同上)同 ▲李道氏(婦人社編輯部長)同上

『독립신보』 1947.1.9, 「인사」

民戰擴大中央委員會第二日

民戰擴大中央委員會第二日은 三十日午前十一時二十分부터 天道敎大講堂에서 續開되었다 처음 朴文圭氏의 民戰任員整備案의 發表가 있고 白斗鉉氏로부터 地方選擧綱則의 發表가 있은다음 豫定대로 討議에 들어가 各中央地方代表들의 時局問題에 對한 討議와 또 緊急動議가 있은後 昨日의 李康國報告와 政治報告를 議題로 各議員의 意見을 들어 結論을 作成하였다 이 結論을 中心으로 本擴大委員會의 決定書를 作成하여 이를 具在洙氏가 朗讀하고 同會는 午後五時頃에 閉會하였다

陣容을 整備强化

二十九、三十兩日의 民戰擴大中央委員會에서는 今番 다음과같이 常任委員과 議長團을 整備强化하였는데 注目되는것은 宗敎界로부터 金昌俊 金起田氏等이 새로 參加한것이며 今番 擴大委員會의 成果라하겠다

◇常任委員

▲(南勞黨)許憲 朴憲永 洪南杓 [illegible] 李承燁 朴文圭 安基成 金光洙 成有慶 [illegible] 金午星 [illegible] ▲(民革黨)金元鳳 尹澄宇 韓志成 [illegible] ▲(靑友黨)金起田 [illegible] 金鎭國 ▲(天道敎)金昌俊 [illegible] ▲(反日)[illegible] ▲(全農)[illegible] ▲(全評)許成澤 ▲(總聯)劉英俊 ▲(婦女界)許河伯 ▲(文聯)[illegible] ▲(民靑)[illegible] ▲(協組)朴[illegible] ▲(在日朝聯)[illegible] ▲(學者)金[illegible] ▲(法曹)[illegible] ▲(言論界)[illegible] ▲(敎育界)[illegible] ▲(圭刀界)李[illegible] ▲(個人)呂運亨 [illegible] 金星淑 李如星 [illegible]

◇議長團 以上五十一名

◇議長團 一九名

▲議長 六名

許憲(南勞)朴憲永(南勞)呂運亨(個人)金元鳳(民革)金起田(靑友黨)金昌俊(天道敎)

▲副議長 一三名

洪南杓(南勞)劉英俊(總聯)許成澤(全評)[illegible](全農)成周寔(反日)[illegible](民靑)張[illegible](個人)朴[illegible](協組)[illegible](個人)尹[illegible](在日朝聯)李如星(個人)[illegible](文聯)

『경향신문』 1947.1.31, 「민전 확대중앙위원회, 제2일」

⑥ 1947.2.17, 민전의 '지방선거 민전강령실천대책위원회' 연락책임위원

民戰選擧對策委員 各位

來十六日午後一時부터民戰會館에서 第一回委員會를開催하오니 無漏參加하옵기務望하나이다

民戰事務局 白

(南勞黨) 許 憲 朴憲永 李基錫 李承燁 洪南杓 金光洙 金三龍 李鉉相 金桂林 安基成 金龍巖 金占權 朴文圭 李重業 李泰鎭 趙斗元 具在洙 金午星 姜文錫 鄭魯湜 高贊輔 崔元澤 李錫玖 金炯善 洪璿植 洪惠裕 玄又玄 吳 英 金相赫 成有慶 潘相圭 金應彬 閔革朝 李勢洙 韓寬洙 安秉烈
(民革黨) 金元鳳 尹琦宇 韓志成 趙誠植 金德漢 周世敏 黃龍岩 尹奎燮 金南天
(天道敎) 金起田 金鉉國 羅相信 吳知泳
(基督敎) 金昌俊 金美理士 盧大都 劉 德
(民主女性同盟) 劉英俊 李順今 朴鎭洪 丁七星 趙元淑 金命時 金源珠 劉金鳳
(全 評) 許成澤 朴世榮 文殷鍾 玄 勳 文斗載 李仁同 韓 哲 朱炳郁 金譜永
(全 農) 白南照 宋乙秀 陳炳鍊 [illegible] 文東旭 金鎭周
(民 靑) 趙僖英 李勇濟 吳實濟 朴世熙 吳基珏 李載協
(文 聯) 金台俊 林 和 [illegible] 朴贊模 文藝峰 金紫英 崔成世
(法曹界) 韓永[illegible] 金 [illegible] 白錫悅 趙平載 尹學起 姜 仁
(反 日) 成周寔 鄭洪錫
(協 組) 朴景洙 安喜永 張一民
(學界敎育界) 尹行重 白南雲 李萬珪 申南澈 崔宗煥 金世鍊
(言論界) 張河明 尹亨植 吳快一 李광 李相昊 李鍾模 鄭和濬
(刀圭界) [illegible] 李炳南 [illegible] [illegible] 吳利錫
(在日聯盟) [illegible] 哲 金正洪 [illegible]
(實業界) 李鍾萬 金益均 金昌俊
(個 人) 呂運亨 張建相 金星淑 李如星 金振宇 趙奎用 李貞求 李永善 [illegible] 一 趙東祜 [illegible] 朴致祐 李[illegible] 金喜綏 金 [illegible] 金萬[illegible] 朴[illegible] 姜[illegible] 李 英 崔益翰 金綴洙 徐重錫 李友狄 申用雨 朴容善 河[illegible] 金[illegible]圭 金應[illegible] 李丙學 李仁德 丁[illegible] 安俊植 成仁[illegible]

(以上一五七名)

『중외경제신보』 1947.2.15, 「[광고] 민전 선거대책위원 각위」

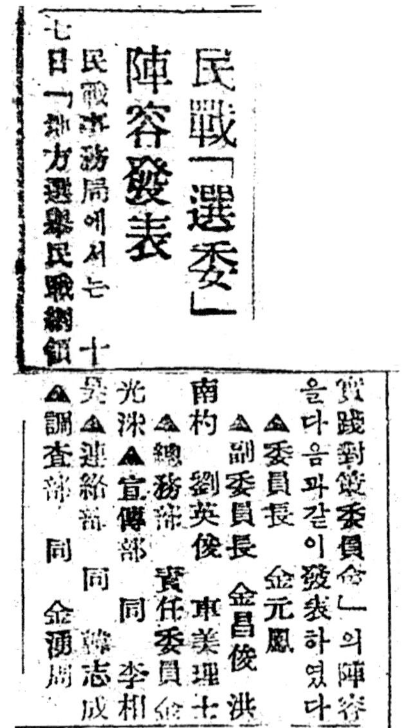

民戰「選委」陣容發表

民戰事務局에서는 十七日「地方選擧民戰綱領實踐對策委員會」의陣容을다음과같이發表하였다

▲委員長 金元鳳 ▲副委員長 金昌俊 洪南杓 劉英俊 車美理士 ▲總務部 責任委員 金光洙 ▲宣傳部 同 李相昊 ▲連絡部 同 韓志成 ▲調査部 同 金演周

『독립신보』 1947.2.18, 「민전 '선위' 진용 발표」

⑦ 1947.5.18, '미소공위 속개 축하 및 민주주의임시정부 수립 촉진 시민대회' 준비위원회 총무부 위원

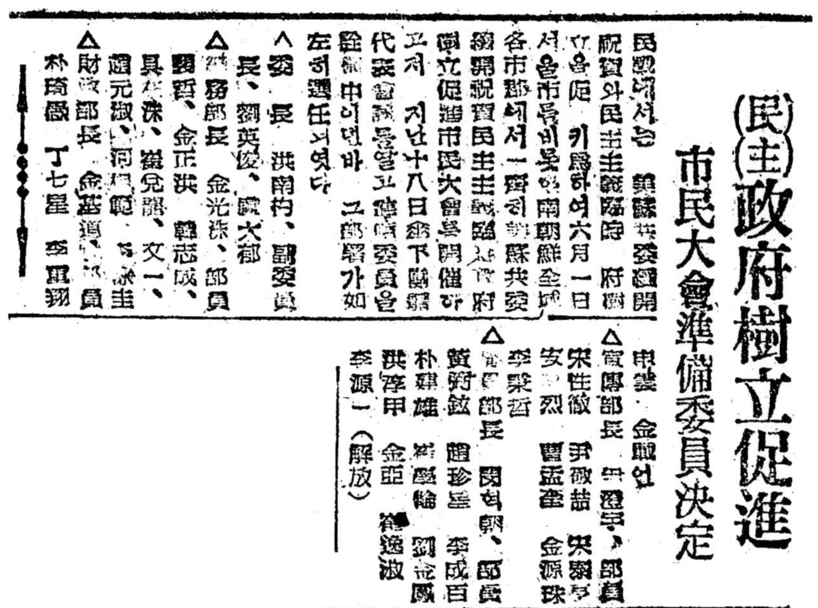

(民主)政府樹立促進

市民大會準備委員決定

民戰에서는 美蘇共委再開祝賀와 民主主義臨時政府樹立을 促進하기 爲하여 六月一日 서울市를 비롯한 南朝鮮全域 各市郡에서 一齊히 美蘇共委再開祝賀民主主義臨時政府樹立促進市民大會를 開催하기로 되어 지난 十八日 [illegible]下 [illegible]代表會議를 열고 準備委員을 詮衡中이던바 그 部署가 如左히 選任되었다

△委員長 洪南杓、副委員長 劉英俊、[illegible]大都

△總務部長 金光洙、部員 [illegible]國賢、金正洪 韓志成、具[illegible]洙、崔兌[illegible]、文一、趙元淑、河[illegible]、[illegible]主

△財政部長 金[illegible]、部員 朴[illegible]國 丁七星 李[illegible]翊 申[illegible]・金[illegible]

△宣傳部長 [illegible]、部員 宋性徹 尹[illegible]喆 宋[illegible] 安[illegible]烈 曹[illegible] 金源珠 李[illegible]哲

△[illegible]部長 閔[illegible]、部員 黃[illegible]鉉 趙珍[illegible] 李成百 朴建雄 [illegible]崙 劉[illegible] 洪[illegible]用 金[illegible] [illegible]波 李源一 (解放)

『민주중보』 1947.5.24, 「(민주)정부수립 촉진 시민대회 준비위원 결정」

⑧ 1947.6.2, 민혁당의 인민공화당으로의 개조 때 중앙위원 겸 조직부장 직 수임

人民共和黨으로改稱

民革全黨大會大盛況

朝鮮民族革命黨第十次全國代表大會의第二日은今二日上午九時半부터天道敎堂에서金若山氏司會로開會되여다 昨日에繼續하여綱領規約等을修正通過시키고中央委員及監察委員改選에잇서五名[illegible]員으로金元鳳、[illegible]、李[illegible]、尹[illegible]、韓志成、金[illegible]山等六氏를選出하여이에一任하고다음順序인討議事項으로드러가다 처음[illegible]問題에關하여熱烈한討議를거듭하여黨名을決定에이어서人民共和黨으로할것을滿場一致로決定하고昨日政治報告와土地問題等[illegible]한다음中央委員에金元鳳、成周寔、尹[illegible]、金南天外五十九名과候補委員[illegible]外九名을選定하여다른提案가잇서여[illegible]拍手로써[illegible] 다음宣傳[illegible]民族戰線綱領及[illegible]에對論으로드러가大會는盛況裡에進行되고잇다

『민주중보』 1947.6.4, 「인민공화당으로 개칭, 민혁 전당대회 대성황」

仁川人共黨部 議長團等改選

【仁川支局發】人共黨仁川市黨部창립 一주년기념대회는 지난四日 오후一시부터 인천제二공회당에서 중앙조직부장 韓志成씨 참仁 尹[illegible]씨사회하에시작하야 의장단과역원을 개선하고 성대하게오후五시에끝마추었는데 새 의장단에는 南基穆、金容圭張永合三씨가피선되고집행위원에는鄭寅玉씨 이하十九명이피선되였다

『국제일보』 1947.7.6, 「인천 인공당부 의장단 등 改選」

⑨ 1947.7.29, 민전이 주최할 '8.15 해방 2주년 기념 시민대회' 준비위원

民戰解放記念大會

委員을決定

(서울三十日發朝鮮通信) 民主主義民族戰線에서는二十九日午後二時全傘下政黨團體代表者會議를開催하고八、一五解放記念大會에關하여討議하였는데同大會名稱은八、一五解放二週年記念市民大會로決定하였다하며準備委員은다음과같이選出하였다한다

◇會長 許憲 朴憲永 金元鳳 金昌俊 成周植

◇副會長 金應燮 李基錫外五名

◇委員長 李承화

◇副委員長 金光수 尹增雨

◇委員 具載수 洪增植 宋成徹 韓지성 外二十四名

『영남일보』 1947.8.1, 「민전 해방기념대회」

解放紀念大會委員決定

民戰(서울發朝鮮) 民戰에서는二十九日午後二時全傘下政黨團體代表者會議를開催하고八・一五解放紀念大會에關하여討議하였는데同大會名稱은八、一五解放二週年紀念市民大會로決定하였다하며準備委員은다음과같이選出되였다한다

▽會長 許憲 朴憲永 金元鳳 金昌俊

▽副會長 成周植 李基錫 金應燮 外五名

▽委員長 李承엽 金光엽

▽副委員長 尹增雨

▽委員 具載洙 洪增植 宋成徹 韓지성 外廿四名

『부녀일보』 1947.8.1, 「민전, 해방기념대회 위원 결정」

⑩ 1947.8.9, 소련대일선전일 기념식에서 기념사

쏘對日宣戰日

民戰記念式盛大

작九일상오十一시民戰회관에서 民戰각산하단체의 主임아래 쏘련대일개전일기념식을거행하였는데먼저宋[illegible]徵씨 개회사로부터 묵상을 올린다음 음화가동맹서울지부에서애국가쏘련국가의주악이있었고이어서南勞黨李基錫씨의 재二차세계대전의주동적역할을한동시에조선인민을해방시킨위대한붉은군대와찬란한승리를축하하는 식사가 있은다음 [illegible]聯金[illegible]씨와人共黨韓志成 양씨의 기념사가있었다 끝으로李基錫씨선창으로世界弱少民族解放쏘련군만세쏘미공동위원회성공 만세 조선인민공화국수립만세삼창으로正午성대히기념식을끝마치였다

『국제일보』 1947.8.10, 「쏘對日宣戰日, 민전기념식 성대」

⑪ 1947.8.중순, '미군정 파괴를 위한 폭동음모'를 이유로 수도경찰청이 수백 명의 좌익인사를 검거해갈 때 같이 피검 구속

左翼要人에檢擧旋風

十二日現在로 三二七名 被檢

【서울十三日發朝鮮】十一日부터 始作된左翼陣營大量檢擧理由에對하야 當局은一切言明을回避하고잇는데 警務部次長崔慶進氏의말에依하면 十二日午前十一時現在로서울市內에서檢擧된사람의總數는三二七名에達하엿다고하다

檢擧理由는 말할수없다

安在鴻民政長官談

『대구시보』 1947.8.14, 「좌익요인에 검거 선풍, 검거 이유는 말할 수 없다」

左翼檢擧五百名

全部布告令二號違反

벽보첩부 군정비방기타파괴를계획하엿다는혐의로 八월十二일이래서울市내에서 검거된좌익인물중 죄상이가벼운약五百명은 시내각경찰서에배치되여잇는 서울치방심리원치안관계 포고령二호위반으로 송치되엿다한다 그中二十一일까지치안관이 즉결처분한것은五十명에 달한다하며 최고형은 만원벌금에二九일간 구류처분이고 최하는十일간구류처분에처하고있다한다

『수산경제신문』 1947.8.22, 「좌익 검거 5백 명, 전부 포고령 2호 위반」

⑫ 1947.11.20, 검찰에 송치되어 있던 중 불기소 결정으로 석방

劉英俊氏外十名

八·一五事件不起訴釋放

八·一五폭동 음모사건 재二차송청자洪중植씨외 二十七(十八명은 미체포)명은 내란(內亂)죄혐의로 그간서울地檢 姜錫福檢察官의취조조를받고있었는데 지난二十일 불기소처분을 받고각々석방되있다 그런데 불기소석방된사람과소재불명으로 기소중지처분을받은사람의 씨명은 다음과같다

▲洪중植(五二)(民戰事務局長代理)宋性徹(三四)(民戰 宣傳部長代理)韓志成(三六)(八民共和黨組織部長)尹澄宇(三八)(八共黨宣傳部長)崔元澤(五三)(民戰 中央委員)、金基道(五二)(서울市 民戰書記長)河相鎬(四十)(民戰中央委員)劉英俊(五八)(女性同盟委員長)宋準東(四四)(民戰中委)吳英(五五)(民戰調査部長)이상불기소

▲金元鳳 金昌俊 金應燮 洪南杓 成周寔 金命時 金正洪 兪今鳳 尹相烈 文一 張基郁 朴哲 李元一 吳快一 丁七星 金溫 배哲이상 소재불명으로 기소중지

『독립신보』 1947.11.22, 「유영준씨 외 10명, 8.15사건 불기소 석방」

八·一五暴動被疑者釋放

지난번首都廳으로부터 제二차로 송청된八、一五폭동음모혐의자전에관하여는 그간姜錫福검찰관이 취조중이든바 지난二十일전부불기소로 석방되엿고 미체포자는 기소중지가되엿는데 불기소와기중지 처분을 바든사람은다음과갓다

▲不起訴

洪중植 宋性徹 韓志成 尹澄宇 崔元澤 金基道 何相鎬 劉英俊 宋準東 吳英

▲起訴中止

金元鳳·洪南杓 金應燮 金昌俊 成周寔 金命時 金正洪 兪今鳳 尹相烈 文一 張期郁 朴哲 李元一 吳快一 丁七星 李桂順 金溫 裵哲

『자유신문』 1947.11.22, 「8.15폭동 피의자 석방」

八·一五陰謀關係 二十餘名釋放

八·一五음모사건관계자로서 제二차로 서울지방검찰청에 송청되여 강석각([illegible]) 검찰관의 취조를 받고있든 洪[illegible] 植 宋[illegible]哲 [illegible]志成 [illegible] [illegible]元澤 金基道 [illegible] 劉英俊 宋學東 吳[illegible]외 계씨는 작二十일 불기소로 되고 金元鳳 金昌[illegible] 洪[illegible] 成周[illegible] 金[illegible] 金命時 金正[illegible] 劉今臨, 尹相烈 文一 [illegible] 朴哲 李元一 吳[illegible]一 [illegible] 順 金[illegible] 丁七星 [illegible]제씨는각각기소중지처분을당하였다한다.

『한성일보』 1947.11.22, 「8.15음모 관계 20여 명 석방」

劉英俊氏不起訴

여맹위원장 劉英俊 민전 사무국장 홍증식 양씨를 비롯하여 宋性徹 韓志成 尹[illegible]宇 崔元澤 金[illegible] 河相[illegible] 宋學東 吳[illegible] 동은 그동안 내란죄혐의로 서울지방검찰청에 송청되여 姜錫[illegible] 점찰관담당으로 취조를 바[illegible]오든중 작二十일 불기소처분을 바덧다 그리고 金元鳳 홍남표 金[illegible] 金[illegible]俊 成周식 金命時 金正홍 [illegible]今臨 尹相烈 文一 張[illegible]유 朴哲 李元一 吳[illegible] [illegible] 제씨등 十八명은 기 [illegible]一 丁七星 李[illegible] 金 소중지처분을바덧다한다

『수산경제신문』 1947.11.23, 「유영준씨 불기소」

⑬ 1948.2.18, 민전이 주최할 '3.1운동 제29주년 기념대회' 준비위원

三・一運動29周年記念

民戰傘下團體中心으로 大會準備

우리민족이 대대손손 영원히 잊을수 없는 三月一日이 열흘앞에 닥쳐왔다. 지금으로부터 二十九년전 악독한 日本帝국주의에 항거하야 전민족이 자유의 횃불을 들고 일어선 이 운동은 우리민족해방사상에 찬연히 빛나는 「금자탑」을 이루고 있는 것이다. 그러나 日帝의 사슬로부터 풀려난지 三개성상이 흘러간 오늘 우리 민족은 의연 격렬한 해방투쟁의 동안이 속에・빠저있으니 이는 三・一운동당시의 친일파반역자들의 후예들의 조망으로 말미암은 것이 역역하며 三・一운동의 과업이 아직 완수되지 못한것을 말하는 동시에 완전해방을 위한 전민족적투쟁에 한층더 노력할것을 촉타는바 크다 금가야 三・一이해연면부철한 민족해방의 혁명정신을 계승한 민주진영에서는 單選單政으로 인한 국토양단을 막기위하여 피투성이투쟁이 전개되고있는 것이다. 이위기를 당하야 마지하는 이해방투쟁의 날을 성대히 기념함은 우리민족에 부과된 임무라하야・民戰에서는 지난 十八日 산하단체대표자를 소집하야 三・一運動第二十九周年記念大會準備委員會를 조직하고 그준비위원을 다음과같이 결정하야 준비에착수하였다한다

許憲 金元鳳 劉英俊
金昌俊 成周寔 金應燮
洪南杓 崔元澤 尹澄宇
洪增植 許成澤 金光根
朴世榮 宋性徹 吳英
金正洪 丁七星 鄭魯식
李舟河 林和 許河伯
車美理士 高贊輔 韓永옥 李承燁 金龍岩
李鉉相 趙斗元 金琪鎔
徐僖源 玄東旭 鄭洪錫
文藝峰 金基道 李成伯
金命時 崔兌龍 韓志成
外十二名 計五十名

『조선중앙일보』 1948.2.20, 「3.1운동 29주년 기념」

⑭ 1948.4.19, 민전이 개최할 '단선 · 단정반대 통일정부수립촉진 인민대회' 준비위원

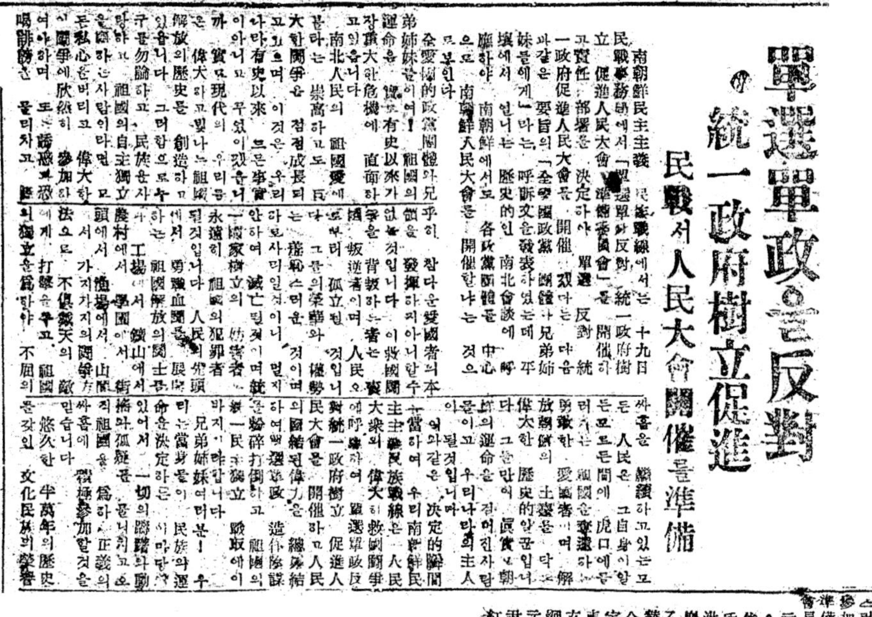

單選單政을反對 統一政府樹立促進

民戰서人民大會開催를準備

南朝鮮民主主義民族戰線에서는 十九日 民戰常務局에서 「單選單政反對 統一政府樹立促進人民大會 準備委員會」를 開催하고 責任部署를 決定하야 單選反對 統一政府促進人民大會를 開催하겠다는 다음과 같은 要旨의 「全愛國政黨團體와 兄弟姉妹들에게」라는 呼訴文을 發表하였는데 平壤에서 열니는 歷史的인 南北會談에 呼應하야 南朝鮮에서도 各政黨團體를 中心으로 南朝鮮人民大會를 開催하는 것으로 본인다

『독립신보』 1948.4.21, 「단선단정을 반대, 통일정부 수립 촉진」

회억편

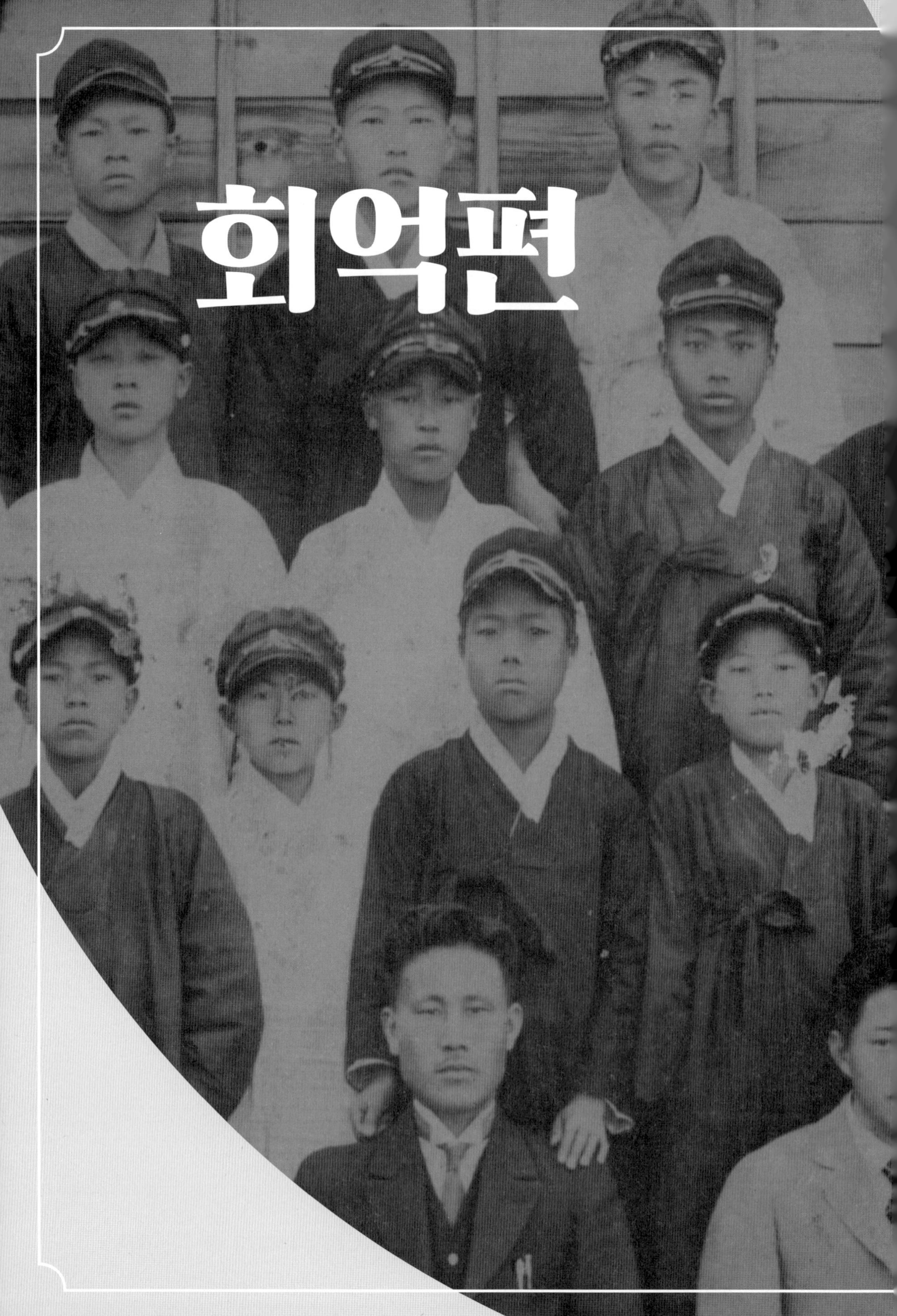

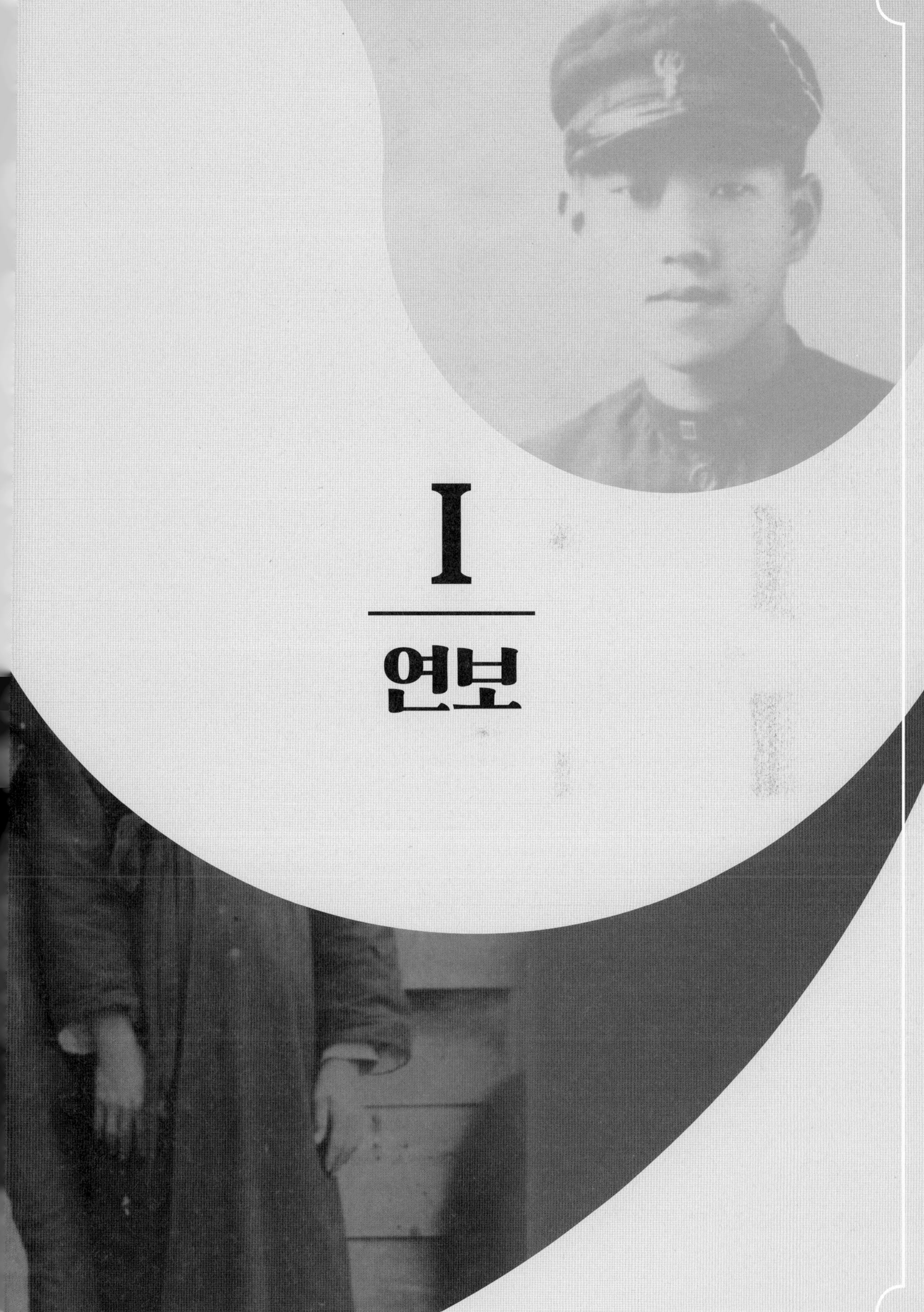

I

연보

1. 한지성의 성장기와 독립운동기 연보

1912.7.17	경상북도 성주군 가천면 창천리 509번지에서 (청주)한호석(韓灝錫) 선생과 (경주)이연심(李淵深) 여사의 2남 중 차남으로 출생. 중시조 한만손(韓萬孫) 병마절도사의 17세 손이고, 원명은 한재수(韓再洙)
1920.5.25	가천공립보통학교[현 가천초등학교] 입학
1924.3.21	가천공립보통학교(4년제) 졸업
1926.3.24	가천공립보통학교(6년제) 졸업(제1회)
1926.4.1	대구공립상업학교[후일 대구상업고등학교, 현 대구상원고등학교] 입학
1931.3.7	대구공립상업학교 졸업(제4회)
1932.9.1	난징(南京)의 중국국민당 중앙정치학교[현 대만국립정치대학] 입학
1936.8.24	중앙정치학교 대학부 제5기 교육계 교육학과 교육행정조 졸업
1938.6	우창(武昌)에서 조선청년전위동맹이 조직 공개시 6인 집행위원 중 1인
1938.10.10	한커우(漢口)에서 조선민족전선연맹 산하 무장대오인 조선의용대 창설에 참여하고 본부 총무조 조원 겸 정치조 조원
1938.10.23	조선의용대 본부가 호남성 형산(衡山)으로 후퇴할 때 동행
1939.1	조선의용대 본부가 광서성 구이린(桂林)으로 이동할 때 동행
1939.1.15	구이린에서 중 · 한 신문기자 교의회(交誼會)에 참석
1939.2~1939.8	조선의용대 전지통신원을 수임하고 악북 · 강남전선으로 특파되어 대적선전공작을 연구하고 자료수집을 겸한 포로면접 활동. 일본군 점령지인 강소성 전장(鎮江)에 잠입하여 정세 관측. 절강성 진화(金華)에서 대만의용대 창설 작업을 도와주고 안휘성으로 가서 활동
1939.11	조선의용대 본부 정치조 선전주임 겸 편집위원회 중문간 주편위원
1941.5 현재	조선의용대 지도위원 겸 본부 외교주임 겸 편신조장
1941.10	조선의용대를 대표하여 '남양'(동남아) 각지 선전순방을 개시하고 홍콩에서 한국독립운동에 관해 강연
1942.8	조선의용대가 한국광복군으로 합편됨에 따라 제1지대 본부 정훈조

	조원으로 배치(계급: 중위)
1942.10.17	충칭(重慶)에서 막 성립한 중한문화협회의 조직조 부주임으로 선임
1942.10.20	대한민국 임시의정원 제34차 회의에서 이상정 · 김상덕 · 김원봉 · 유림 · 이정호와 함께 신임 경상도의원으로 당선. 10.25 등원
1942.10.27	임시정부 승인 및 광복군 문제에 관하여 임시의정원이 중국참정의회로 보낼 전문(電文)의 초안을 조소앙과 함께 작성토록 지명됨
1942.10.28	미 · 영 · 소 · 중 4대국에 임시정부 승인을 요구하자는 제안 의원으로 서명
1942.10.29	임시의정원 의원선거법 제정 제안과 국가(國歌) · 군가 제정 제안에 참여
1942.12	충칭의 야권 4개 정당 · 단체 통합 협의에 조선민족해방투쟁동맹 대표로 참여
1943.1.20	충칭에서 한국청년회 창립에 참여하고 부(副)총간사로 피선 (총간사 안원생)
1943.1.25	조선민족혁명당 제7차 대표대회('개조대회')를 기하여 입당하고 중앙집행위원(7인)으로 피선
1943.4.10	대한민국 임시정부 선전부 총무과 과장 겸 편집과 과원으로 발령. 선전위원도 겸임
1943.5.10	전후 한국의 '국제공동관리' 안에 반대하여 충칭에서 열린 재중국자유한인대회에서 한국혁명단체연합회 6인 주석단의 일원으로 피선
1943.6.28	임시의회 소집을 임시의정원 의장에게 요구
1943.8	조선민족혁명당과 영국 원동군총사령부와의 협정에 의해 파견되는 한국광복군 선전연락대('인면전구공작대')의 대장으로 임명받아 8명 대원을 이끌고 인도로 출발하여 8.29 캘커타 기착
1943.9.15~12.10	델리로 이동하여 근교 가지아바드의 인그라함학교에서 영어 및 대적 선전 공작방법 위주의 교육훈련을 3개월간 이수
1943.9.21	임시정부 선전부 총무과장 사직원 수리
1943.10	임시의정원 의원 자동 면직(후임자 장건상)
1944.2.5~3.19	델리에서 파구로 가서 영국군 특수전대(SOE) 인도반 휘하 204 전지선전대에 배속되어 박영진 · 김성호 대원과 함께 아라칸 전지로 이

	동. 일본군의 총공세로 전황이 불리해져 캘커타로 철수했다가 미얀마 접경지대인 임팔 전지로 이동
1944.3.29~1944.7	4개월간 계속된 임팔 대회전에 참가. 최전방에서 선무방송, 투항권유 전단 작성의 대적심리전을 기획하고, 포로 심문, 노획문서 분석 등을 지휘하여 큰 성과 거둠
1944.12.16	인면전구공작대 증파 교섭 겸 결혼을 위해 충칭으로 일시 귀환
1945.1.7	충칭에서 임시정부 선전부 총무과원 안금생(安錦生; 안공근의 차녀이고 안중근의 조카)과의 결혼식 올림
1945.2	인도로 귀임 후 소령으로 진급하고 5월 초까지 전개된 영국군의 총반격전에 동참하여 미얀마 중북부에서 만달레이로 남진하는 부대와 함께 행동
1945.4.5	부인(안금생)이 인도행에 성공하여 안원생과 동행하고 캘커타에 안착
1945.5~1945.8.15	미얀마탈환작전 종료 후 캘커타로 돌아가 대기 중에 태평양전쟁 종결
1945.9.12	인도에서 충칭의 광복군총사령부로 복귀
1946.2.2~5.3	명에 따라 임시정부 직원 및 그 권속 68명을 인솔하고 충칭 떠나 상하이를 거쳐 귀국
1946.3.21	민주주의민족전선 중앙위원 보선자 20인 명단에 포함
1946.5	민주주의민족전선 상임위원으로 보선
1946.8.31	편역서 『제2차 세계대전 문헌』을 서울 태평문화출판사에서 출간
1946.8 현재	조선민족혁명당 중앙집행위원 겸 조직부장
1946.11	조선민족혁명당 중앙상무위원
1947.1	민주주의민족전선 중앙상무위원(민혁당 몫 4인 중 1인)
1947.6.2	조선민족혁명당이 인민공화당으로 개편됨과 더불어 중앙조직부장
1947.8	민주주의민족전선의 '8.15 해방 2주년 기념 시민대회' 준비 활동이 미군정 포고령 2호 위반('폭동 음모')이라 하여 수도경찰청에 피검
1947.11.20	검찰의 불기소 결정으로 석방
1948.4	'통일정부 수립을 위한 남북한 제정당·사회단체 연석회의' 참석차 평양행

(편자 작성)

회억편

光復軍 印緬戰區工作隊
隊長 韓志成 生家터

(1912. 7. 17 ~ ?)

:경상북도 성주군가천면 창천리 509

Ⅱ

회고와 추모

1. 조카들이 어렸을 적 들었던 이야기들

○ 회고구술 현장 : 2022년 4월 10일(일), 성주군 가천면 창천리 생가 터의 가옥에서

○ 참여자 : 한춘영(독일 거주, 전화 구술), 한석동, 한춘희, 한옥동, 한창동

○ 정리 : 한옥동

》》 조부님 이야기

○ 조부님은 어렸을 적에 열 살이나 위인 백농(白儂) 최규동 박사님과 함께 서당에서 공부하셨고, 최선생이 서울로 공부하러 가실 때 우리 國字敎字 증조부님이 당나귀 한 마리 값을 마련해 주셨다고 합니다. 14세 때 증조부님께서 돌연 별세하시니 조부님은 16세에 장가들어 공부를 중단하게 되었습니다. 하지만 신문물을 받아들이고 신문을 구독하시는 등, 상당히 개화된 분이셨다고 합니다. 또한 매우 유식하시어, 향리와 인근에서 벌어지는 소송, 탄원서 작성, 토지 매매계약 등에 관여하며 여러모로 돌봐주셨다고 합니다. 그 후에도 조부님은 고향에 상주하면서 신작로 개설, 앞들 대가천 제방축조 사업의 위원장으로 일하셨으며, 노후에는 지역 내 진사 어른 및 유식자들과 어울려 향리 용두산에서 시를 읊고 한약 짓는 일로 소일하셨다고 합니다. (어머니 김순례 여사의 생전 말씀; 조카 한춘영, 한석동, 한춘희, 친척 한상분 여사의 기억)

○ 조부님은 의협심이 워낙 강하여 불의를 보면 참지 못하는 분이셨습니다. 1960년대에 한번은 대구 다녀오시던 길에 대구 원대동 시외버스정류장에서 상이군인이 아녀자를 괴롭히는 것을 목격하곤 지팡이로 혼내주었다고 합니다. 그리고 가끔 성주읍내로 나들이 가셨을 적에도 부랑배나 걸인들이 행패를 부리고 소란을 피우면 노구를 무릅쓰고 그냥 지나침이 없이 혼내주었다고 합니다. 그리고 저녁에는 손주들에게 낮의 일을 말씀하시고는 “나쁜 짓 하지 마라. 정의로워야 한다.”고 가르치셨습니다. 숙부님도 이러한

조부님의 성격을 빼닮으셨던 것 같습니다. (조카 한석동, 한창동)

》》 성장과정과 학창시절

○ 부친(갑수)과 숙부님(재수)은 어릴 때 총명하셨고 조부님 밑에서 천자문 등 한자를 배웠다고 어머님께 들었습니다. 손자들인 저희뿐만 아니라 향리의 여러 청소년들이 조부님 사랑방에서 같이 천자문을 배웠습니다. (조카 한춘영, 한석동, 한춘희, 한옥동, 한창동)

○ 숙부님은 형님이신 아버님보다 두 살 아래셨는데, 가천공립보통학교 개교(1920년) 때 같이 입학하시더니 1등으로 졸업하시고 대구공립상업학교에 진학하셨습니다. 조부님께서 나라가 일본에게 망했으니 실업으로 힘을 기르기 위해 장남은 농업학교에, 차남은 상업학교에 가라고 하셔서, 저희 아버님은 대구공립농림학교에, 숙부님은 대구공립상업학교에 입학하셨다고 합니다. 시골 가천의 보통학교 1회 졸업생으로서 졸업 당년에 대구로 유학 간 학생은 두 분이 처음이셨다고 합니다. (어머님; 조카 한석동, 한춘희)

○ 택호가 '소야댁'(경주 이씨, 현 성주군 초전면 소성리 태생)이던 조모님은 체구가 작지만 근검절약하시며 강단 있는 여장부로 알려져 있었는데, 아들 둘이 대구에서 유학하고 있으니 대구 남문시장 근처 남산동에서 하숙을 치면서 뒷바라지 하셨답니다. 대구역에서 왜관역까지 기차로 오셔도 되는데, 한 푼이라도 절약해야 한다는 생각으로 대구에서 하빈을 거쳐 낙동강을 건너 고향 가천까지 걸어오셨다가 음식을 준비해 다시 대구까지 걸어가셨다고 하지요. 어떤 때는 하숙집에 아들의 고향친구 여럿이 한꺼번에 찾아왔다가 자고 가게 되면 모친은 부엌에서 돗자리를 깔고 주무셨다고 합니다. (어머님; 조카 한춘영, 한춘희, 한옥동)

○ 숙부님께서 대구공립상업학교 다닐 적에 시골에서 2명이나 대구로 유학을 보냈다고 교장선생님이 조모님을 오시게끔 해 치하했다고 합니다. 숙부님은 멋도 안 내고 아

주 근검절약하면서 저축한 돈을 모친께 전부 드렸다고 합니다. (어머님; 조카 한춘희, 한옥동)

○ 숙부님은 대구상업학교 재학 시 유도와 럭비 선수였을 정도로 체격과 체력이 아주 좋았으며, 영어실력도 뛰어났다고 합니다. 게다가 조부님을 닮아 의협심이 강했다고 합니다. (어머님; 조카 한석동)

○ 한번은 숙부님이 대구공립상업학교 재학 시 방학 때 가천 집으로 오면서 대가면의 지서를 지나올 때 일본 순사가 한국인 부녀자를 희롱하는 것을 보고 울분을 참지 못해 일본 순사에게 대들어 혼내주었다고 합니다. 이 일로 일본 순사가 가천 집으로 들이닥쳤을 때 숙부님은 마을 뒤쪽의 용두산으로 빠져나가 독용산성으로 피신하셨는데, 어찌나 빨랐던지 축지법을 쓴다는 말도 돌았다고 합니다. 럭비선수였으니 오죽 빠르셨을까 짐작이 갑니다. (어머님; 조카 한석동, 한춘희, 한옥동)

○ 또한 숙부님은 방학이 되면 고향 가천에서 후배들이나 집안 동생들에게 공부를 가르쳐주었다고 하며, 집안 제사나 관동의 문중 시제에 가면 새로운 지식이나 학업, 신문물, 독립사상 등에 관한 이야기를 해서 모두 경청하며 무척 자랑스러워했다고 합니다. 지금도 벽진 소바우(성주군 벽진면 관동) 어른들께서 그 일을 기억하고 있습니다. (조카 한석동, 한춘희, 벽진면 소바우 어르신)

○ 부친(갑수)은 대구농림학교 재학 중에 학교 우물에서 물을 긷다 도르래 줄이 끊어지는 바람에 머리를 크게 다쳤고, 그 후유증으로 학업을 제대로 잇지 못할 정도로 오랫동안 고생하셨다고 합니다. 숙부님도 럭비운동을 하다가 발목을 크게 다쳐(1929년 아버님의 일기에 기록) 고통을 많이 당하셨고, 그로 인해 조모님께서 걱정을 많이 하셨다고 합니다. (어머님; 조카 한춘희, 한옥동)

○ 한번은 숙부님이 서울 다녀오시는데 밤에 김천역에서 내려 성주 집까지 70여 리를 염속산을 관통해 산길로 걸어오셨다고 합니다. 요즘도 낮이라 해도 다니기가 무섭고 힘

이 부치는 길인데, 그 당시 한밤중에 산길을 혼자 걸어오셨으니 담력이 대단하다고들 했습니다. 물론 체력이 좋으니 걸어오셨을 수 있지만, 근본적으로 조모님의 근검절약 정신을 물려받으신 때문이었다고도 합니다. (어머님; 조카 한옥동)

》》 독립운동 관련

○ 숙부님은 대구상업학교 재학 시 유난히 반일정신이 강한데다 광주학생의거의 영향을 받아 일제 식민치하에서의 굴욕적인 삶은 진정한 자유의 삶이 아니란 것을 깨닫고, 졸업(1931년, 제4회) 후 안정된 직장을 구할 수도 있었는데도 마다하고 졸업과 동시에 중국으로 가서 공부를 더하고 조국이 해방될 때까지 독립운동을 하겠다고 조부모님께 말씀 올리고는 바로 중국으로 가셨다고 합니다. (어머님; 조카 한석동, 한춘희)

○ 조부님은 둘째 아들이 중국에 가서 독립운동을 하고 있는 때문에 가천지서 순사는 물론 성주경찰서 고등계 형사도 수시로 집에 와서, 아들 내놓으라고, 중국 어디에 있냐고, 편지 온 것 없냐고 괴롭히고 심지어 구타까지 했다고 합니다. 한번은 일본 형사가 와서 하도 괴롭히고 협박하니, 조모님께서 "찾아보고 있으면 내 목을 자르고, 없으면 너희 목을 내놓으라."면서 작두를 꺼내놓자 형사들이 돌아갔다고 합니다. (어머님, 조카 한석동, 한춘희)

○ 부친과 숙부님 두 분은 1929년도부터 하루도 거르지 않고 일기를 쓰셨는데, 부친의 1929년도 일기장은 보관되어 있으나 숙부님의 일기장은 그 분이 중국으로 가신 후에 조부님께서 일본 순사들의 감시와 가택수사를 염려해 없애버렸다고 합니다. (어머님, 조카 한석동, 한춘희)

○ 부친(갑수)은 대구공립농림학교 졸업(1931년, 19회) 후 대구에서 직장을 잡거나 공부를 계속할 수 있었는데도 혹시라도 동생(재수)과의 연락이 닿을 수 있지 않겠나 하여 첫 임지를 중국 국경과 가까운 평안북도 철산으로 지원해 근무하셨다고 합니다. (어머

님; 조카 한춘희, 한옥동)

○ 숙부님이 중국으로 가신 후 보내온 엽서도 있었는데, 조부님(1966년)과 아버님(1967년)이 연이어 돌아가시면서 집안이 풍비박산 나고 갖은 어려움과 고난이 닥쳐온 가운데 세상물정을 몰랐던 저희들은 생활고로 인해 학업을 중단해야 할 지경에 이르자 집안 대대의 가보이던 고서들과 그림들을 주변의 권고로 헐값에 처분하였고, 아버님과 숙부님이 공부하던 책과 많은 자료와 편지들도 그때 모두 처분하고 말았습니다. 숙부님은 이국땅에서, 적지에서, 전선에서 목숨을 걸고 오직 조국광복과 독립을 위해 싸우셨고 조부님께서도 목숨만큼 귀하게 보관해 오셨던 자료들이 조부님과 아버님이 갑자기 돌아가시자 경제적 어려움만을 의식한 저희들의 불찰로 전부 없어져버리게 되었으니, 조상님과 숙부님께 면목 없고 부끄러울 따름입니다. 어머님께서도 집안 가보와 자료들의 유실에 대하여 작고하실 때까지 두고두고 후회하셨습니다. (어머님; 조카 한춘영, 한춘희, 한옥동)

○ 숙부님이 해방 후 1945년 11월 중국 중경에서 고향에 계시는 부친께 쓴 편지 내용을 보면, 사형(갑수 형님)께서 서울 계시는 최규동선생을 찾아가 그간의 모든 이야기를 말씀드리라고 하셨으니, 짐작컨대 제 부친(갑수 형님)께서는 동생의 독립운동 내역을 어느 정도는 알고 계셨다고 할 수 있겠습니다. (조카 한옥동)

○ 일찍 서울로 가서 공부를 계속하신 최규동 선생은 중동학교를 설립하여 교장이 되셨고, 해방 후에는 국립서울대학교 총장도 지냈습니다. 저희가 어렸을 때 어머님께서 하시는 말씀이 최규동 박사가 왜정시대에 이불을 덮는 일이 없을 정도로 밤잠 안자고 열심히 공부해 이불이 다 썩었다면서 저희도 모범으로 삼아 열심히 하라고 매양 타이르셨지요. (어머님; 조카 한옥동)

〉〉〉 해방 후

○ 숙부님이 해방 후 1946년 봄에 중국에서 환국하시어 고향에 돌아오셨을 때 성주군과 가천면에서 독립투사가 돌아왔다면서 솔가지로 큰 아치를 만들어 성대한 환영식과 잔치를 벌였다고 합니다. 숙부님은 안금생 숙모님과 함께 고향에 오셨으며, 한 달 정도 머무르면서 농사일을 도우시고, 친지들과 어른들, 대구상고와 여러 지인들을 찾아보셨다고 합니다. 그리고 고향과 인근 지역에서 독립투사 숙부님과 안중근 의사님의 조카(안공근지사의 차녀)라는 안금생 숙모님을 본다고 많은 사람들이 찾아왔다고 하며, 숙모님은 자그마한 체구에 상당히 미인이셨다고 합니다. (어머님; 조카 한춘영, 한석동, 한춘희)

○ 숙모님이 시댁에 와 계실 때 저희 어머님과 동서지간이지만 대화는 별로 없었으며, 숙부님과 숙모님 두 분이 얘기하실 때는 주로 중국말로 하셨답니다. 아버님께서 동생(지성)에게 "왜 자식이 없냐?"고 묻자 숙부님은 "독립운동 하느라 결혼은 생각할 수도 없었다."고 하셨습니다. 숙모님은 "독립운동을 하는 데 지장이 있을까 봐 아이를 낳지 않았다."고 이야기했다 하며, 숙부님은 형님에게 "좋은 시절이 오면 형님 자식 부탁합니다."라고 말하고 서울로 가셨다고 합니다. 이런 연유로 집안 막내(창동)가 매년 숙부님과 숙모님의 제사를 모시고 있습니다. (조카 한석동, 한춘희, 한창동)

○ 대구의 당숙모(한지성 숙부님의 사촌동생 부인 되는 선산댁)께서는 생전에 시아주버니 되는 숙부님의 꾹 다문 입술과 형형한 눈빛에 압도되었다고 하셨고, 오직 독립, 독립운동 이야기만 하시고 6개 국어도 능통하셨다며, 참 대단한 분으로 존경했다고 하셨습니다. (당숙모; 조카 한춘희)

○ 숙부님이 해방 후 『정치』(?)라는 책을 쓰셨다는데 전해지지 않으며, 1946년도 8월 해방 1주년을 기념하여 『제2차 세계대전 문헌』(태평문화출판사)을 저술하셨습니다. 숙부님은 일어, 중국어, 영어 등 6개 국어에 능통하셨다고 하며, 후손으로서 『정치』라는 책을 구하기 위해 노력 중에 있습니다. (조카 한춘자의 생전 이야기; 한옥동)

○ 아버님(갑수)은 해방 전에는 동생 때문에 일부러 이북(평북 철산 · 정주 · 희천 · 선천 등지)에 계시다가 해방 후 고향으로 내려오시어 앞들의 제방사업과 개간사업 등에 힘쓰셨고, 대가천 다리를 놓는 데 큰 몫을 하시어 경상북도 및 성주군으로부터 여러 차례 상을 받으셨습니다. (조카 한춘영, 한석동, 한춘희)

○ 특히 아버님은 평소 나라의 장래가 교육에 있다면서 성주군의 서부지역 4개 면(가천 · 금수 · 대가 · 수륜면)에 중등학교가 없는 것을 안타깝게 여기고, 6.25 전쟁 후 가천중 · 고등학교 설립추진위원회 위원장을 맡아 학교부지 물색과 구입, 도 교육청 및 문교부 방문 교섭 등으로 중 · 고등학교 설립(1953년 개교)에 혼신의 힘을 쏟으셨습니다. 학교 교사를 짓는 데 쓰라고 전답과 가산을 팔아 기부하셨으며, 재제소를 운영하면서 목재를 전부 무상으로 기부하셨다고도 합니다. 개교 후에도 기성회장 직을 오랫동안 맡아 계시면서 육영사업에 줄곧 힘을 쏟으셨습니다. (어머님; 조카 한춘영, 한석동, 한춘희)

○ 아버님과 숙부님의 생가는 안타깝게도 유실되고 말았는데, 그 경위는 이렇습니다. 본래 생가 터에는 본채, 사랑채, 별채, 작은집, 머슴집 등 7채가 있었는데, 1988년에 도시계획이 수립될 때 지적도상 임야로 되어 있던 저희 집터가 용두산 공원 부지로 편입시켜지는 바람에 그 후로는 집을 개축하거나 증축할 수가 없었습니다. 비가 새니 기와를 걷어내고 임시방편으로 슬레이트를 올리기도 했지만 오랫동안 보수를 하지 못하여 폐허가 되다시피 하니 여분의 땅에 새로 집을 지으려 했습니다. 그러나 공원부지 내이고 동일 지목에 새로 집을 건축하는 것은 불가하다 하므로, 기존 생가 터의 여러 집을 철거하는 조건으로 건축허가를 받아 불가피하게 생가를 허물게 된 것입니다. 하지만 못내 아쉽고 후회막심입니다. (조카 한석동)

2. 인터뷰를 통해 말하다

韓 大
立 獨
영웅
2017. 08
Vol.22
이달의 영웅
광복군 인면전구공작대
한지성 대장
세종파라미타청소년협회
한지성의 생애와 민족운동
류동연 연구원 국가보훈처 공훈관리과
한국광복군 인면전구공작대 연구
독립기념관 한국독립운동연구소
박민영 선임연구원
한지성 대장 유족
한석동 · 한창동 · 한춘희 님
세종인문학
세종, 수학으로 문화 · 과학
강국의 초석을 놓다
김슬옹 템플턴대 인문대학원 교수
영웅 탐구
이순신의 승리를 가능케 했던
총통과 거북선
제장명 해군사관학교 교수
영웅 논단
중국동북공정의
한국사 침탈 문제
유영렬 전 국사편찬위원회 위원장
탐방기
군함도 탄광과 아리랑고개
기미양 아리랑학회 연구이사
이승만 박사의 독립정신(9)
청 · 일전쟁 직전의
조선, 일본, 청나라 간의 관계
신교육운동
만화 – 북한 더 알기 7
북한의 음식문화
정가 15,000원
Koreaura
도서출판 꼬레아우라

Interview

왼쪽부터 한석동, 손영희, 한창동, 한춘희, 안기영 님.

한지성 대장 유족 한석동·한창동·한춘희 님

1943년 연합군 측에서 "2차대전 이후 한국의 독립을 유보하고 '국제공동관리'에 둔다."는 소식을 듣고, 연합국에 반대의사를 천명하기 위해 임시정부를 비롯한 많은 재중在中 한인 독립운동가들이 일어났다. 한지성(韓志成)은 당시 재중국자유한인대회의 최연소 주석단이었다. 본명은 한재수(韓再洙), 조국의 독립을 위해 조국 산천을 떠나 중국으로 망명하면서 '뜻을 이룬다'는 마음으로 지성(志成)으로 이름도 바꾸었다.

인면전구공작대 印緬戰區工作隊,

광복직전 우리 민족의 대표적인 해외 독립활동 사례로, 한국광복군에서 영국군의 요청을 받아들여 인도 · 버마 지역에 파견하여 연합군과 합작, 대일 항전을 벌였다.

그러나 왠지 그 이름이 낯설기만 하다. 낯선 만큼 설레임도 크다. 안중근 의사의 후손 안기영 님의 안내를 받아 설레임으로 도착한 경상북도 성주군 가천면 가천로 69-38 한석동 님의 집. 한석동님의 작은 아버지가 바로 한지성 인면전구공작대 대장이다.

한지성 님은 여기에서 태어나셨습니까?

(한석동 님이 손으로 바깥쪽을 가리키며)이 집은 아니고 바로 저 아래 집터만 남아있는 저곳에서 태어나셨죠. 그 집은 저희 증조부님께서 지었습니다. 그 당시에는 목조건물로 잘 진다고 지었는데… 할아버지께서는 저희 아버지와 작은아버지 형제 두 분만 낳으셨습니다. 할머니가 2살 많으시고, 14살에 장가를 드셨지요. 할머니가 지극정성으로 잘하셨어요. 할머니가 아들들 잘 크라고 기도도 많이 하셨다고 합니다. 할머니는 큰아들보다는 타국에서 독립활동을 하고 있는 둘째 아들을 늘 보고 싶어 하셨습니다. 그래서 술도 많이 드시고 한이 많으셨습니다. 할아버지는 한학을 하셨는데 주역, 음양오행설 등에 대해 많이 아시고 한약방을 하셨습니다.

할아버지는 동학을 하셨는데 저한테 늘 말씀하시기를 "너희 아버지(한갑수)한테는 공부하라는 말 안했다." 그런데 당시 아버지가 대구농림에 들어가고, 작은아버지(한지성)가 대구상업에 들어가니 성주군에 경사가 난거에요. 대구상업 200명 정원이면 150명은 일본인이고 50명은 팔도 각 군郡에서

한지성 대장 생가 모습.

뽑는거라서 고등고시 패스랑 같은 건데, 아들 둘이 모두 성주군 대표로 들어가니까 할머니는 노란 비단 저고리를 입고 다니셨다고 합니다. 작은 아버지는 그 당시 대구상업 나오면 좋은 직장이 얼마든지 많은데 독립운동 하신다고 중국으로 가셨습니다.

학창시절의 한지성 님은 어떤 분이셨습니까?

두분이 대구에서 공부를 하게 되니 성주에서는 거의 최초의 유학생인 셈이지요. 아버지는 방학 때 오시면 친구들과 놀러 다니시고 하였는데, 작은 아버지는 동네 가난한 애들 몇십명을 불러서 공부를 내 가르쳤어요. "너희들 나라가 이러한데 공부를 열심히 해야한다." 고 하시면서 공부를 안하면 혼내기도 했다고 합니다. 아들 둘이 방학이 되어 집에 오면, 애들 데려와서 공부를 시키니까 할머님이 밥을 지으시느라 많이 힘들으셨다고 합니다.

아버지 일기장에 보면 아버지는 대구 어느 유명 양복점에 다녀오고, 스케이트 타고, 목욕했고… 라고 적혀있는데. 삼촌은 절대 그런 일이 없고 6개월 동안 하숙비 아껴서 방학때 집에 오면 100원인가를 "엄마" 하고 준대요. 할머니가 부엌에서 밥을 하면 삼촌은 어디 가지 않고 옆에서 대구에서 있었던 얘기를 내 한답니다. 그리고 대구에서 버스타고 오다 보면 대서라는 지역에 경찰서가 있었는데, 그때 일본 경찰관이 한국 여자에게 요즘말로 성희롱을 하면, 삼촌이 버스에서 내려 그 순사를 요절을 냈다고 합니다.

대구상고 다닐 때에는 유도, 럭비 선수도 하고, 특히 어학 분야, 영어에 뛰어났다고 합니다. 작은 아버지가 대구상업 4회이시고, 저희 아버지는 대구농림 18회 졸업하셨습니다. 아버지는 졸업하고 세무서에 근무하게 되었는데, 대구로 발령이 난 것을 동생이 독립운동 한다고 중국으로 갔으니 동생 독립자금 보내야 한다고 황해도로 자리를 바꿔서 가셨다고 합니다. 동생을 만나려고도 하셨는데 아마 만나지는 못한 것 같습니다. 아버지가 많이 외로우셨어요. 동생보고 싶어서... 혼자잖아요. 그래서 아버지는 아버지대로,

할머니는 할머니대로 자식이 보고 싶으셔서 그저 작은 아들만 생각하셨다고 합니다.

아버지 형제분은 자라면서 말할 수 없는 효자였다고 합니다. 밤 3시에 들어와도 할아버지에게는 "아버지 다녀왔습니다." 라고 방문 앞에서 인사를 하고, 일절 대꾸하는 법이 없고, 정직하고, 담배를 피우면 사랑채에 아버지 계신다고 연기 안보이게 피고...

대구상고를 졸업하고 19세 젊은 나이였던 삼촌은 어느날 시골 집에 들러 부모님께 "아버지 저는 김구 선생 양아들로 들어갑니다. 이제 저를 찾지 마십시오. 저는 중국에 가서 공부도 하고 독립운동을 하겠습니다"하고 절하고 갔다고 합니다. 그렇게 고향을 떠난 후, 35세까지 집에 한번도 오지 않으셨습니다. 안중근의사의 질녀인 안금생님과 결혼하고 왔었죠. 부모님은 그게 한이 맺혀서 매일 새벽에 정화수 떠놓고 기도하셨습니다. 자식을 못 보니까. 작은 아버지는 인간적인 면에서는 정말 독하신 분입니다. 부모형제, 가정보다는 나라를 더 생각하셨으니까요.

오래된 편지를 펴보이는 유족 한석동 님, 한춘희 님.

한지성 님은 안중근의사와도 특별한 인연이 있다고 알고 있습니다. 한춘희 님께서 자세히 들려주시면 감사하겠습니다.

(한춘희님이 오래된 낡은 편지 용지를 보여주며) 작은 아버지께서 편지를 보내셨는데 안중근의사 질녀와 결혼한다는 내용입니다. 그 내용이 여기 있습니다. 중국 중경에서 보내신 거에요. "금년(1945년) 1월 7일에 안중근님의 질녀 안공근 님의 딸, 안금생씨와 결혼합니다." 당시 숙모님께서는 임시정부 선전부에

같이 근무하셨고, 안중근 의사님 가문은 정말 훌륭한데, 삼촌도 당시 조선의 용대통신 선전주임과 중문간 주편직을 맡고 계셨기 때문에 크게 흠결사항은 없는 분이라고 여겨져서 결혼을 하게 된 것으로 보입니다.

그리고 저희 어머니께서 여기 시골로 이사 오셔서, 어머니 성함은 김순례 알로이시아 이신데 어머니 말씀을 들어보면, 너희 삼촌(한지성)이 여기 고향에 오셨을 때 숙모님(안금생)도 같이 오셨는데 원피스 입고, 구두 딱 신고 와서 어른에게 인사를 하고는 안 보이신데요. 그리고 엄마는 밥하고 바빠 죽겠는데 뒷동산에서 삼촌이랑 애기만 하고 있고, 맨날 책만 보고, 한번은 왜 애기를 안낳는가 하니까. "형님, 독립지사들은 아이를 낳으면 순사에게 잡혀가서 몰살 당해요." 그래서 저희 어머니는 참 희한하다고 생각했답니다. 삼촌은 독립군으로 홍콩, 로마, 버마 뛰어다니면서 국제 정세에 밝으시고 독립운동을 하시는데 자손이 없으면 어쩌나 하고요. 저희 어머니는 시골에서 밥하면서 한 차원이 낮은 거에요.(웃음) 저희 엄마는 삼촌이 6개 국어를 유창하게 한다. 숙모도 6개 국어를 유창하게 한다. 또 예쁘다는 애기도 많이 했어요. 그 두분은 같이 오고, 독립운동에 대해서 물어보면 입이 무거워서 한마디 말을 안 하셨다고 합니다.

한지성 대장의 부모님에 대해서도 들려주시면 감사하겠습니다.

할아버지는 굉장히 온당하셨습니다. 한번은 동네사람들이 도둑질한 사람을 퇴출하자고 했는데도 절대로 도장을 안 찍으시고 동네에서 잘 살 수 있도록 해주셨고, 집에서 동네 분들 한문을 가르치셨습니다. 그래서 지금도 동네 분들 중에는 저에게 "너희 할아버지에게서 한자를 배웠다"고 고마워하시는 분들도 계십니다. 할아버지 성함은 한호석입니다. 할아버지 성격은 굉장히 강직한 분입니다. 74세에 작고를 하셨는데, 그 당시까지 치아도 깨끗하시고, 지팡이도 안 짚으셨어요.

할아버지가 대구에 다녀오시면 화목정정자이름에 가셔서 훌륭한 분들과 만

한지성 대장 유족 한석동 님.

나서 한시漢詩를 짓곤 하셨는데, 그 한시를 읽어보면 정신이 참 맑으셨어요. 윷놀이, 화투놀이는 절대 하면 안된다 하셨고, 언제나 새벽 4시에 일어나셔서 씻고, 당신을 가다듬으셨지요. 할아버지께서는 젊은 사람들을 보면 늘 "젊은이들이 이 나라를 구해야 한다"고 하시고, 이 나라는 동방예의지국이니 서로 사랑해야 한다고 하셨습니다.

또 저희 당숙모님이 항상 하시는 소리가 "너희 삼촌은 참 대단하다. 나라밖에 몰라. 오로지 독립이야. 일본순사 때문에 우리는 무서워서 숨도 못 쉬었어. 이야 대단했다. 한번은 삼촌이 집에 왔다는 정보를 알고 일본 고등계 경찰이 집에 왔는데, 삼촌은 농 뒤에 숨고, 우리 할머니가 담력이 커서 장죽 담배를 피며 경찰에게 '뒤져 봐라 만약 나오면 내가 오늘 죽고, 안 나오면 니가 죽는다.' 하니 순사가 그냥 갔답니다, 삼촌은 그 사이 뒷문을 통해 뒷동산으로 도망갔는데 어찌나 빠른지 축지법을 쓴다."는 얘기도 하였습니다.

네, 한지성 님은 특히 부모님의 애국심과 기개를 그대로 물려받으신 것 같습니다. 인면전구에서 활약하신 내용은 여러 논문, 학술자료 등에서 잘 보았습니다. 광복이 되고 나서는 한국으로 돌아 오셨나요?

광복이 되자 작은아버지도 귀국하여 성주 고향집에 들리셨습니다. 그때 대단한 환영식을 했습니다. 성주 일원에서는 한지성 장군이 왔다고 하며 플랜카드 걸고, 온 동네 사람들이 나와 태극기를 들고 흔들었습니다. 초등학교 정문은 소나무로 아치를 해놓았다고 합니다. 그 때 자료가 경찰서에 남아 있을텐데...

이후 유족들의 삶은 어떠한가요?

한지성 대장 유족 한춘희 님.

아버지께서는 대구에서 낙향하여 고향을 발전시키야겠다고 생각하셨습니다. 가천 중고등학교를 설립하고자 하셨지요. 당시에는 시골에서 초등학교를 졸업하면 끝인데 도道에 가셔서 설립 인가를 받아냈습니다. 고등학교는 안되고, 중학교로 학년별 2클라스, 여섯반이 있었어요. 일부러 학교를 지으려고 제재소를 사서 학교를 지으셨습니다. 아버지가 임업과를 나오셨어요. 그래서 목재로 지었지요. 그래서 여기서 20리, 30리 떨어져 사는 사시람들이 다 공부를 하게 된 것입니다. 그래서 지금까지 약 2500 여명이 배출되었는데, 장군도 나오고 사단장도 나오고, 교사도 나오고, 어쨌건 중학교를 거쳐야 대구상고라도 부고라도 진출이 되는 거 아니겠습니까? 그렇게 진출되면 대학교도 가는 것이죠. 그렇게 기초를 놓은 사람이 저희 아버님입니다. 그렇게 사재를 털어 가천중고등학교를 지으시고, 제방도 쌓다보니 가세가 기울어지기 시작했습니다. 66년도에는 하천에 다리도 놓으셨습니다.

우리 남은 가족들은 오직 할아버지, 할머니, 우리 부모님의 삶을 보며 자라왔고 그를 닮기 위한 삶을 살기 위해 노력하고 있습니다. 나라가 있어야 하고, 국민들은 나라에 충성해야 합니다. 그리고 우리나라는 동방예의지국이니 서로 사랑하며 살아야 합니다.

유족으로서 한지성 대장에 대한 평가가 제대로 이루어지기를 바라는 마음이 크실 줄 압니다.

저희는 작고하신 저희 어머니로부터 자자손손 계속하여 보훈처에 한지성 대장에 대한 건국훈장 청원을 계속 할 것입니다. 왜 어머니께서 이 시골에 계셨는지... 우리 할아버지의 유언 때문에, 그리고 시동생의 한을 풀어주기 위해 여기를 지키고 있었던 것입니다. 5년 전 어머니가 돌아가시면서 시동생의 한을 꼭 풀어 달라고 하셨습니다. 정말 이분께서는 오로지 대한민국의 광복만을 위해 꽃다운 젊은 청춘을 다 바쳤다는 명예를 꼭 인정받고 싶은 마음에서 입니다.

돌아오는 길, 발걸음이 무겁다. 고등학교를 막 졸업한 19살 젊은 나이에 한지성은 일신의 편한 길을 찾지 않고, 빼앗긴 조국을 되찾기 위해 험난한 독립운동에 뛰어들었다. 낯설은 이국 땅에서 오직 구국의 일념으로 젊음을 조국에 바친 한지성 인면전구공작대 대장. 그는 대원들과 함께 일본군 암호문서를 해독하여 고립된 영국군 350명을 탈출시키는 혁혁한 공을 세워 영국군 사단장이 직접 찾아와 감사를 표했다. 바로 이러한 연합군과의 합동작전이 대한의 독립의지를 세계 만방에 표출 시켰고, 1945년 대한은 광복을 이루어 오늘날 세계 속의 대한민국을 이루었다. 그 희생과 은덕에 보답하는 길이 바로 오늘 우리의 책무임을 되새겨 본다.

한지성 대장 생가터 기념식수 (2017. 6)

조국의 별 한지성

겨레시인 성재경

일본에게 나라 빼앗겨 캄캄한 세상
달구벌에서 솟아오른 샛별 하나가
조국의 밤하늘을 지키는 고운별들 속에서
지금은 광복되어 축복이 머무는 곳
경북 성주군 가천면 창천동 509번지
젊은 영웅이 살던 옛집을 비추고 있습니다

우리 귀에 조금은 생소한 인면전구공작대
일본의 침략 야욕이 하늘을 찌르던
하여 찔린 하늘이 괘씸한 일본을 노려보던 때
빼앗긴 나라 30년을 울부짖는 조국울 위하여
특별한 사명을 띠고 파견된 최초의 해외파병
한지성 대장이 이끄는 특수공작대였습니다

인도 미얀마 접경 임팔 죽음의 전선에서
대한광복군 소속 아홉 영재 투사들은
능숙한 영어 일본어 외에 굳건한 신념으로
연합군의 일원인 영국군과 연합하여
정보수집 선무방송 포로심문 문서해독
일본의 2차대전 무력화에 앞장섰습니다

열대우림 험준한 산악 늪지대를 누비며
위기에 처한 영국군 17사단을 구출하고
고지대 대적방송으로 일본군 완전 철수
사전 정보분석으로 적군을 궤멸시키며
2년 동안 숱한 전장을 넘나든 것은
독립을 향한 뜨거운 눈물이었습니다

소년시절부터 나라사랑 꿈을 키워
대구공립상업학교를 졸업하고 중국 망명
중국국민당 중앙정치학교 난문을 통과하여
조선의용대 대한민국임시정부 중견간부
마침내 선전부대 대장으로 아시아 전투에서
자유와 평화 위해 빛나는 별이 되었습니다

훤칠한 용모와 다정다감한 인간성으로
안금생과 결혼하여 안중근의사 조카사위
김구선생과도 혼인의 인맥이 형성되고
세계평화를 위해 용감하게 싸운 공로로
영국 국왕으로부터 훈장도 수여받아
독립운동 푸른 역사에 숨 쉬고 있습니다

별의 눈물

-조국을 위해 싸운 한지성대장에 부쳐

겨레시인 성재경

조국의 밤하늘이 왜 빛나는지 아는가
애국선열들이 등불을 켜기 때문인데
크고 작게 점등하는 오색 별들 중에서
은하수 강가 바람 부는 북쪽 언덕 아래
큰 별 하나가 눈물 호롱을 켜고 있다

독립운동사에서 유일하고 특별하게
해외에 파병되어 빛나는 전과를 올리고도
건국훈장 896명에 들지도 못하고
공훈마저 빼앗긴 허깨비 취급 받는
인면전구공작대를 이끌었던 한지성 대장

고향 땅 성주군 가천면 창천동 509번지
태어난 집도 송두리째 무너져내리고
어릴 적 할아버지 말씀에 귀 기울이던
모진 세월 한쪽으로만 가지가 휘어진
늙어버린 소나무들은 아직 기억하고 있을까

광복군 추상같은 명령을 받들어
열대우림 죽음의 전선을 넘나든 것은
피 끓는 나라사랑 뜨거운 님의 노래여

그에겐 목숨도 청춘도 아깝지 않았고
인생의 목표는 오직 조국의 독립이었는데

책상머리 사무적 붓끝에서 되돌아온
독립훈장 청원서를 부여잡고 오열하는
기동 춘영 석동 춘희 옥동 창동 조카를 보며
울지 않으려고 참았던 영웅의 눈물이
이웃한 별들의 눈시울까지 적시고 있다

OREAN VOLUNTEERS

회억편

III

연구 논고

韓志成의 생애와 민족운동

-1930·1940년대 中國·印緬 지역활동을 중심으로-

柳東宴 ㅣ 서울시립대학교 국사학과 박사과정

1. 머리말

1943년 8월 한국광복군에서는 제2차 세계대전의 연합국이었던 영국군의 요청에 의해 인도－버마전선으로 印緬戰區工作隊[1])를 파견했다. 인면전구공작대는 영국군을 보조하여 일본군에 대한 대적선전 · 포로심문 · 문건번역과 같은 작전을 수행했다. 이들의 활동은 미국 OSS와의 합작과 더불어 광복군이 연합국과 함께 대일작전을 펼친 대표적인 사례로 꼽힌다. 또한 인면전구공작대는 제2차 세계대전 중에 在中한인들이 중국 이외의 지역에서 연합국과 공동으로 펼친 군사행동이었다는 점에서 중요한 의미를 가진다.

인면전구공작대는 9명으로 구성되었고, 대장은 韓志成이었다. 한지성은 인도－버마전선으로 파견되기 이전부터 조선의용대와 대한민국임시정부에서 선전과 '외교'[2]) 분야

1) '印緬戰區工作隊'의 '印'은 인도(印度), '緬'은 버마[緬甸], 즉 지금의 미얀마를 말한다. 인면전구공작대는 '파인공작대' · '인도공작대' 등으로 불리기도 한다. 현재 학계에서 통용되는 명칭은 인면전구공작대이므로 이 글에서도 기존 연구에 따라 공작대의 명칭을 인면전구공작대로 칭한다.

2) 외교의 사전적 의미는 "자기 나라의 대외정책을 실현하고 나라 사이에 생기는 일을 처리하기 위하여 다른 나라와 관계를 맺는 일"을 뜻한다. 당시 국가가 설립되어 있는 상황이 아니었으므로 엄밀히 말

에서 핵심적인 역할을 한 인물이었다. 이 시기의 선전과 외교활동은 在中한인독립운동의 주요한 활동이었다. 따라서 한지성이 선전과 외교분야에서 핵심적인 역할을 하고, 인면전구공작대의 대장을 역임했다는 점을 통해서 그가 1930 · 1940년대 在中한인독립운동의 특징을 단적으로 보여주는 인물이자 독립운동사에서 중요한 위치를 점하고 있는 사람이었다는 것을 알 수 있다.

이처럼 한지성은 독립운동사에서 중요한 위치를 점하고 있는 인물이지만 그의 생애와 활동에 관한 연구는 전무했다. 그 이유는 첫째, 한지성의 일생을 다룬 전기나 회고록 같은 개인기록이 없었기 때문이다. 그는 『朝鮮義勇隊(通迅)』[3]을 비롯한 여러 곳에 글을 남겼지만 정작 자신과 관련한 개인 기록은 남기지 않았다. 때문에 그동안 한지성에 관한 연구를 진행하기 어려웠다.

두 번째 이유는 해방 후 한지성의 행적과 그에 따른 적은 관심, 그리고 산재된 자료 때문이었다고 생각한다. 해방 후에 한지성은 남한으로 귀환하여 민족혁명당과 민주주의민족전선에서 활동했다. 그리고 1948년 제1차 남북협상 때 김원봉 등과 이북으로 간 이후 줄곧 그곳에서 활동했으며, 한국전쟁 당시 북한인민군 치하 서울에서 서울시인민위원회 부위원장을 맡기도 했다. 이후 한지성은 1958년 말에 정치적으로 '숙청'[4] 당한 것으로 알려진다.[5] 때문에 한지성은 남과 북에서 모두 관심을 갖지 않은 존재가 되었다. 또한 한지성을 기록한 자료들이 산재되어 있었고, 이를 하나로 수합하지 못한 점도 그의 연구를 진행할 수 없었던 이유가 된다.

그동안 한지성 개인을 다룬 연구는 없었지만 그가 활동했던 조선의용대와 한국광복군에 관한 연구는 많이 진행되었다. 이 중 조선의용대에 관한 연구는 조선의용대의 창

하면 '외교'라는 단어의 사용이 알맞은 용법은 아니다. 때문에 이 글에서는 '외교'라는 단어를 在中한인독립운동 단체가 외국으로부터 원조 혹은 승인을 받거나 협력하기 위해 펼친 여러 활동이라는 의미로 쓰겠다.

3) 『朝鮮義勇隊(通迅)』은 1939년부터 1942년까지 조선의용대본부에서 발간한 기관지로 처음에는 『朝鮮義勇隊通迅』으로 불리다가 34기 때부터 『朝鮮義勇隊』(1940년5월)로 개칭됐다. 따라서 이 글에서는 1939년부터 1942년에 이르는 시기에 발간된 1기부터 42기를 의미하는 단어로 '『朝鮮義勇隊(通迅)』'이라는 용어를 쓰겠다. 그리고 본래대로 34기 이전의 것을 칭할 때는 『朝鮮義勇隊通迅』, 34기 이후의 것을 칭할 때는『朝鮮義勇隊』로 사용하겠다.

4) 한지성이 1958년에 처형 당했는지는 불분명하다. 하지만 이때 정치권력에서 사라진 것은 분명하기 때문에 '정치적인 숙청'이라는 의미로서 이 단어를 사용한다.

5) 강만길 · 성대경 엮음, 『한국 사회주의운동 인명사전』, 1996, 530쪽.

립과 화북으로 이동 후에 조선의용'군'으로서의 활동을 규명한 염인호의 연구[6]와 조선의용대의 창설부터 광복군으로 편입되기까지의 활동을 살핀 김영범의 연구,[7] 그리고 조선의용대의 국제연대의식과 조선의용대와 대만·베트남과의 연대를 밝힌 한상도의 연구[8]가 대표적이다. 또한 한국광복군에 관한 연구는 한국광복군의 '자주성'에 초점을 맞추어 창립부터 해방 때까지의 광복군 全史를 밝힌 한시준의 연구[9]와 미국OSS와의 합작에 초점을 맞춘 김광재의 연구[10]가 있다. 이외에도 한국광복군 인면전구공작대를 다룬 연구[11]와 한지성의 고향인 경북지역[12]과 성주지역의 독립운동을 다룬 연구[13]가 있다. 그러나 위의 연구들은 각 단체들의 활동과 성격을 규명하거나 경북지역과 성주지역의 독립운동에 관한 내용을 다룬 연구들로서 한지성에 관한 언급은 거의 없다.

따라서 이 글에서는 기존의 선행연구를 계승·보완하면서 한지성의 생애와 활동을 살펴보고자 한다. 한지성은 조선의용대와 대한민국임시정부에서 선전과 외교를 중심으로 활동한 인물이었다. 때문에 그를 통해 1930·1940년대 在中한인독립운동세력의 외교노력을 살펴볼 수 있을 것이다. 특히 이 글에서는 인면전구공작대의 파견과정과 그 배경, 더 나아가 중국 관내 지역 좌파세력과 영국과의 외교노력을 확인할 수 있다.

이렇듯 한지성을 살핀다는 것은 그동안 주목받지 못했던 '독립운동가'의 행적을 찾는데 그치지 않고 선전과 외교활동이라는 측면에서 중국 관내지역 좌파세력의 독립운동

---

6) 廉仁鎬, 「朝鮮義勇軍硏究-民族運動을中心으로」, 국민대학교 국사학과 박사학위 논문, 1995. 이 외에도 염인호는 조선의용대와 관련한 많은 연구를 진행했는데, 그 연구들은 대표적으로 염인호, 『김원봉연구』, 창작과비평사, 1993; 『조선의용군의 독립운동』, 나남, 2001; 「조선의용대의 창설과 한·중연대」, 『한국근현대사연구』 11, 1999; 「中國 桂林에서 전개한 朝鮮義勇隊 隊本部의항일운동(1938.11~1940.3)」4, 『한국사학보』 35, 2009 등이 있다.

7) 金榮範, 「朝鮮義勇隊 硏究」, 『한국독립운동사연구』 2, 1988.

8) 韓想禱, 「조선의용대의 국제연대 의식과 대만의용대」, 『한국근현대사연구』 11, 1999; 「조선의용대와 재중일본인 반전운동 집단의 연대」, 『한국민족운동사연구』 38, 2004; 「국제적 반제국주의 연대투쟁으로서의 한국독립운동-중일전쟁전후 중국지역을중심으로」, 『한국독립운동사연구』 26, 2006; 「일제 침략기 한국인의 베트남 인식과 연대의식-식민지 상황인식과 반일의식을 중심으로」, 『역사학보』 201, 2009.

9) 韓詩俊, 『韓國光復軍 硏究』, 一潮閣, 1993.

10) 김광재, 「韓國光復軍의 活動 硏究-美 戰略諜報局(OSS)과의 合作訓練을 中心으로」, 동국대학교 사학과 박사학위논문, 1999.

11) 박민영, 「한국광복군 印緬戰區工作隊 연구」, 『한국독립운동사연구』 33, 2009, 143~184쪽.

12) 안동대학교 안동문화연구소, 『경북독립운동사』, 경상북도, 2012.

13) 김희곤, 「성주지역의 독립운동과 성격」, 『한국독립운동사연구』 46, 2013, 219~256쪽.

을 살핀다는 의의를 가진다. 그리고 한지성이 1930년을 전후한 시기에 국내에서 중국으로 망명하여 독립운동을 이어간 '망명 제2세대'[14] 중 한 명으로서 그 세대의 '지도'적 위치에 있었고, 독립운동 진영 내에서 젊은 나이에도 중요 직책을 맡아 활동했음을 확인할 수 있을 것이다. 이를 위해 이 글의 본문은 한지성의 생애를 시기별로 나누어 밝히고 그 속에서 在中한인독립운동의 모습과 의미를 들여다보고자 한다.

이 논문에서 사용할 주 사료는 크게 세 가지이다. 첫째는 『思想彙報』·『思想月報』·『特高月報』·『軍官學校事件の眞相』 등과 같이 일제가 남긴 정보문서이고, 두 번째는 국가보훈처, 국사편찬위원회, 독립기념관, 한국학중앙연구원(舊 한국정신문화연구원)등에서 발간한 자료집이다. 그리고 마지막 세 번째 자료는 한지성 유족들이 필자에게 제공한 기증자료 및 구술자료이다. 한지성의 유족들이 제공한 자료들은 그동안 잘 알려지지 않았던 한지성의 초기 생애를 밝히는 데 매우 중요한 자료가 될 것이다.[15]

2. 한지성의 출생과 성장

1) 출생과 성주지역의 항일 기운

한지성은 1912년 7월 17일 경상북도 성주군 가천면 창천동 509번지에서 아버지 韓灝錫과 어머니 李淵深 사이의 두 형제 중 막내로 태어났다.[16] 한지성의 본관은 淸州로 시조 威襄公 韓蘭의 30세손이며 본명은韓再洙이다. 그는 중국에서 활동할 당시에 '뜻을 이룬다'라는 의미로 '志成'이라는 가명을 사용했고, 韓志成 이외에 韓在洙, 高再洙라는 이명을 사용했던 것으로 확인되지만[17] 1938년 조선의용대가 창립된 이후에는 줄곧 '韓

14) '망명 제2세대'라는 용어는 강만길이 사용한 용어이다. 강만길은 1910·1920년대 중국으로 건너간 세대들과 1930·1940년에 중국으로 건너간 세대들 간에 차이가 있음을 밝히면서, 전자를 '망명 제1세대'로 후자를 '망명 제2세대'로 구분했다. 한지성은 '망명 제2세대' 중 1930년대에 건너간 인물에 해당한다(강만길, 「'망명 제2세대'의 자서전이 가지는 의미」, 『창작과 비평』 23-4, 1995, 377쪽).

15) 필자는 경북 성주지역을 답사하며 한지성의 유족들을 만나 자료를 기증 받을 수 있었다. 자료 기증과 증언을 해주신 한석동·한옥동 선생님께 감사의 뜻을 표한다.

16) 「한지성의 호적등본」, 한옥동(한지성의 일곱째 조카) 기증자료.

17) 국사편찬위원회, 『韓國獨立運動史資料集』 別集9, 1993, 215쪽.

志成'이라는 이름으로 활동했다.

한지성은 보통학교에 진학하기 이전에 그의 아버지로부터 한학을 배웠고,[18] 1920년 5월 가천공립보통학교에 입학했다. 가천공립보통학교는 현재 성주 가천초등학교로 1919년에 설립인가를 받아 1920년 5월에 개교했다. 이 학교는 개교 당시에 4년제 학교로 인가를 받았지만 1회 입학생이 졸업하던 1923년에 6년제 학교로 재인가를 받았다.[19] 가천공립보통학교 학적부에는 韓再洙가 1920년 5월 25일 입학하여 1924년 3월 21일 졸업한 것으로 나온다.[20] 하지만 졸업대장에는 1924년과 1926년 모두 韓再洙가 졸업했고,[21] 그의 졸업장과 정근상장에는 졸업연도가 1926년으로 되어있다.[22] 따라서 한지성은 1920년 가천공립보통학교에 입학하여, 학교가 4년제에서 6년제로 재인가를 받음에 따라 학교를 추가로 다녔던 것으로 생각된다.

한지성이 태어나고 자란 경상북도 지역은 전국에서도 항일기운이 높은 지역이었다. 때문에 1934년에 조선총독부 경상북도 경찰부에서는 경상북도 사람들의 항일투쟁이 유달리 강한 이유를 역사적으로 정리하여 이해시키고, 탄압책을 마련하기 위해 『高等警察要史』를 발간하기도 했다.[23] 이 책에서는 경북지역을 "조선유교의 祖"라고 표현하며 "유학 계통을 갖는 문중과 양반 유생의 사상적 영향과 환경에 자극을 받은 일반국민들이 일련의 불령사건을 일으켰다"고 분석하고 있다.[24]

한지성의 고향인 성주지역에서도 각계의 인사들이 일제에 대항했는데, 지역 유림이었던 '한주학파'의 활동이 두드러진다. 寒洲 이진상의 학맥을 잇는 한주학파는 서양의 사상을 인식하는데 융통성을 발휘했고,[25] 신식교육과 민족자본육성에도 힘썼다. 그리고 1919년에 제1차 유림단사건, 즉 파리장서운동을 주도한 인물이 한주학맥을 잇는 곽종석과 김창숙이었고, 파리장서에 서명한 인사 137명 중 성주출신이 15명[26]으로 가장

---

18) 한석동 구술자료(한지성의 다섯째 조카, 2014. 7. 8, 경북 성주군 창천리 자택).

19) 성주가천초등학교 연보(성주가천초등학교 홈페이지: http://gacheones.school.gyo6.net/schoolContent/schoolHistory.do).

20) 「한재수 가천공립보통학교 학적부」, 한옥동 기증자료.

21) 「가천공립보통학교 졸업대장(1924~1926)」, 한옥동 기증자료.

22) 「한재수의 정근상장」, 「한재수가 천공립보통학교 졸업장」, 한옥동 기증자료.

23) 류시중 · 박병원 · 김희곤 역주, 『국역 고등경찰요사』, 선인, 2010, 7쪽.

24) 류시중 · 박병원 · 김희곤 역주, 『국역 고등경찰요사』, 23~24쪽.

25) 김도형, 「한말 · 일제 초기의 변혁운동과 성주지방 지배층의 동향」, 『한국학 논집』 18, 1991, 11쪽.

많은 사람들이 서명했다는 점을 통해서도 성주지역 유림들이 높은 항일 의식을 가지고 있었음을 알 수 있다.

성주지역 출신인사들의 사회활동은 한주학파로 대표되는 유림들만 했던 것이 아니었다. 성주 출신 부호였던 정순영은 1915년 대구에서 조직된 조선국권회복단과 그 해 여름 조직된 대한광복회에서 남만주 연락책을 맡아 활동했다.[27] 또한 한지성과 같은 마을 출신이었던 최규동은 민족교육에 힘썼다. 특히 그는 한지성의 아버지인 한호석과 어릴 때 한학공부를 같이 했다고 한다.[28] 최규동은 서울에서 數學을 전공한 후에 중동학교를 인수하여 민족교육에 헌신했고, 현재는 그 공로를 인정받아 건국훈장 독립장에 추서되었다.

1945년 11월, 한지성은 중경에서 아버지에게 보낸 편지에 "서울에 최규동선생을 만나 모든 이야기를 드리시길 바란다"고 적었다.[29] 구체적으로 한지성이 최규동과 어떠한 관계였는지는 편지의 내용이 소략하여 파악할 수 없지만 한지성이 동향 출신이었던 최규동과 교류가 있었다는 것을 알 수 있다. 이를 통해 성주출신이었던 한지성이 어린 시절부터 지역인사들의 항일의식을 자연스럽게 받아들였던 것으로 생각된다.

2) 대구공립상업학교 시절

가천공립보통학교를 졸업한 한지성은 1926년 4월1일 대구공립상업학교에 입학하여 1931 3월 7일 학교를 졸업했다.[30] 대구공립상업학교 시절 한지성은 성질이 온순하고, 동작은 활발하며, 언어는 명료한 학생이었다. 특히 학적부 '嗜好'란에 영어 · 정구 · 유도 · 럭비 등이 기재되어있는 점을 통해 그가 운동을 좋아하는 학생이었다는 것을 알 수 있다.[31] 한지성이 운동에 소질이 있는 학생이었다는 것은 유도 1급을 획득한 증서[32]와

---

26) 임경석, 「파리장서서명자연구」, 『大東文化硏究』 38, 2001, 436쪽.

27) 김희곤, 「성주지역의 독립운동과 성격」, 232쪽.

28) 한석동 구술자료.

29) 「한지성이 아버님께 보낸 편지(1945.11)」, 한옥동 기증자료.

30) 「한재수의 대구공립상업학교 학적부」, 한옥동 기증자료.

31) 「한재수의 대구공립상업학교 학적부」, 한옥동 기증자료.

32) 「한재수의 유도 1급 증서」, 한옥동 기증자료.

"구기부에서 盡瘁"하여 받은 상장[33]을 통해서도 확인할 수 있다.

당시 대구공립상업학교를 졸업한 학생들은 금융계나 공직에 진출하는 경우가 많았다. 하지만 한지성은 학교를 졸업한 이후 중국으로 망명을 했고, 그 곳에서 독립운동에 헌신했다. 한지성이 독립운동에 헌신하게 된 이유는 당시의 상황과 몇 가지 증거를 통해 확인할 수 있다. 인면전구공작대 부대장이었던 문응국은 "한지성이 광주학생운동에 관계가 있다"라고 증언한다.[34]

광주학생운동은 1929년 11월 3일 광주에서의 학생시위를 시작으로 1930년 3월까지 전국적으로 전개되었던 학생운동을 말한다.[35] 당시 경북지역은 대구를 중심으로 광주학생운동의 영향이 미치고 있었다. 대구에서는 1930년 1월 14~15일 허동훈이 대구사범고보 · 대구농림학교 · 대구상업학교 · 대구여자고보 등 다섯 학교에 격문을 보내 검거되었고,[36] 이 사건의 영향으로 대구 지역 학생들은 시위를 계획하다가 검거되기도 했다.[37] 하지만 경북지역은 상대적으로 다른 지역에 비해 광주학생운동의 영향이 적은 지역이었다. 그리고 한지성의 광주학생운동 참가 여부도 확인되지 않는다.

다만 한지성이 재학할 당시 대구공립상업학교에서도 동맹휴학이 일어났다는 점을 주목할 필요가 있다. 1931년 1월 대구공립상업학교에서는 4학년생이던 권모군을 일본 5학년 학생들이 상급 학생에 대해 규정된 예를 하지 않았다는 이유로 폭행을 한 사건이 발생했고, 이 사건으로 인해 한인학생들의 동맹휴학이 일어났다.[38] 이를 통해 당시 대구공립상업학교에서 한 · 일학생 간에 대립 관계가 형성되어 있었음을 확인할 수 있다. 때문에 한지성의 광주학생운동 참여 여부를 떠나 그가 광주학생운동 이후 형성된 항일적인 분위기 속에서 학창 시절을 보냈음을 알 수 있다.

한편 광주학생운동 이후 중국 국민당 정부와 공산당은 한국학생운동에 지지를 보냈으며, 중국 언론 역시 한국독립운동에 지지를 천명했다.[39] 그리고 중국의 대학에서는

33) 「한재수의 상장」, 한옥동 기증자료.

34) 李炫熙, 『韓國獨立運動證言資料集』, 한국정신문화연구원, 1986, 111쪽.

35) 김성민, 「光州學生運動研究」, 국민대학교 국사학과 박사학위논문, 2006, 1쪽.

36) 『중외일보』, 1930년 2월 24일자, 「大邱 檄文事件, 主謀에 一年 求刑」.

37) 김성민, 「光州學生運動研究」, 218~219쪽.

38) 『每日申報』, 1931년 1월 28일 자, 「上下級生의 衝突로 大邱商校動搖－오년생이 사년생 때린 까닭 二百五十餘名盟休」.

39) 김성민, 「光州學生運動研究」, 279쪽.

한인 학생에 대해 특별대우를 했으며,[40] 이로 인해 중국으로 건너간 한인청년들이 있었다. 이러한 중국의 지원은 만주사변과 윤봉길 의거가 일어나자 더욱 강화되었으며, 의열단을 비롯한 在中한인독립운동가들은 국내에서 청년들을 모집하기도 했다.

이처럼 광주학생운동과 만주사변, 그리고 윤봉길 의거가 연이어 발생한 시기에 중국의 지원이 확대되었고, 많은 한인청년들이 중국으로 건너갔다.[41] 물론 이 시기에 중국으로 건너간 청년들 중에는 단순한 유학을 목적으로 중국 유학을 택한 이들도 있었을 것이다. 하지만 1930년을 전후하여 중국 관내지역에서 활동한 젊은 청년들의 상당수는 국내에서 광주학생운동이나 독서회와 같은 반일 학생활동에 참여하고 망명한 학생들이었다.[42] 따라서 한지성 역시 광주학생운동 이후 형성된 항일적인 분위기와 많은 청년들이 중국으로 망명하는 사회 분위기에 영향을 받았을 것으로 생각된다.

3. 중국 망명과 중앙정치학교 생활

1) 중국 망명

한지성은 1932년 9월 중국 남경에 있는 중앙정치학교에 입학했다. 한지성의 중국 망명에 관한 정확한 배경과 과정은 아직 확인되지 않았다. 다만 몇 가지 정황을 통해 그 배경과 과정을 생각해볼 수 있는데, 첫 번째는 광주학생운동과 그 이후의 사회분위기이다. 위에서 살펴본 바와 같이 1930년을 전후한 시기는 광주학생운동과 만주사변의 발발 등으로 반일 의식이 높아지던 때였다. 이때는 국내의 많은 청년들이 중국으로 건너가 독립운동을 이어갔는데, 한지성 역시 사회분위기에 영향을 받았을 것으로 생각된다.

그리고 두 번째 배경은 의열단이다. 의열단이 중국 국민정부에 보고한 자료를 보면

---

40) 『동아일보』, 1929년 12월 18일자, 「朝鮮人學生에게 教育上特典賦與, 구차한 사람에겐 학비면제, 國民政府의 通告」.

41) 당시 중국으로 건너가 독립운동에 헌신했던 인물은 신기언 · 주세민 · 신한청 · 안병무 · 진광화 등을 꼽을 수 있는데, 이들은 한지성과 비슷한 시기에 중국으로 건너가 독립운동을 이어나갔다.

42) 최기영, 「1930년대 中山大學과 한국독립운동」, 『震檀學報』 99, 2005, 88쪽.

의열단은 국내활동을 강화하기 위해 농민운동 · 노동운동 · 학생운동과 관련한 지부를 설치했다. 특히 학생운동과 관련된 지부는 경성제1여자고등보통학교에 2지부(책임자 王士源), 경성의학전문학교 1지부(책임자 郭憲), 대구고등보통학교 2지부(책임자 李弼浩), 평양여자고등보통학교 1지부(책임자 盧一平), 그리고 한지성이 다닌 대구상업학교에 1지부(책임자 張雋永)가 있었던 것으로 전해진다.[43)]

의열단의 보고서는 의열단이 자신들의 활동 상황을 중국 측에 과시함으로써 더 많은 지원을 얻으려는 목적이 개입되어 있다고 추측할 수 있으므로 비판적 시각이 필요하다.[44)] 하지만 농민운동 조직 중의 하나였던 강릉지회의 활동이 일제에 발각되어 세상에 알려진 점을 통해 의열단 보고서가 어느 정도의 과장이 있을 수 있지만 완전한 허구가 아니었음을 알 수 있다. 그리고 의열단이 운영한 朝鮮革命軍事政治幹部學校 제1기생들의 본적지가 대체로 서울 · 경기지역과 평안도지역, 그리고 경북지역[45)]이었다는 점을 통해서도 의열단이 이 지역을 중심으로 국내활동을 펼쳤음을 짐작할 수 있다.

그렇기 때문에 의열단의 보고서에 기록된 대구상업학교의 학생지부도 의열단이지도 했거나 혹은 의열단과 관계를 가지고 있었던 학생지부로 봐야할 것이다. 그리고 이것은 한지성이 의열단과 관계했을 가능성을 보여준다. 또한 한지성이 『軍官學校事件の眞相』에서 의열단 관련자라는 혐의[46)]를 받고 있었다는 점과 당시 의열단을 통해 국내에서 중국으로 건너간 한인 청년이 많았다는 점[47)]을 통해서도 의열단과 관련된 한지성의 중국행을 유추해볼 수 있다.

위에서 살펴본 바와 같이 한지성의 중국 유학 배경에는 당시의 광주학생운동과 그 이후의 사회분위기, 그리고 의열단과의 관계를 생각해볼 수 있다. 한편 한지성이 대구공립상업학교를 졸업한 후에 중국으로 건너갔다는 점을 통해 그가 광주학생운동 이후 1930년을 전후한 시기에 중국으로 건너가 독립운동에 헌신한 많은 한인청년들 중 한 명

---

43) 秋憲樹 編, 『資料 韓國獨立運動』 3, 연세대학교출판부, 1973, 25쪽.

44) 염인호, 『김원봉 연구』, 137쪽.

45) 김영범, 『한국 근대민족운동과 의열단』, 창작과비평사, 1997, 310~311쪽.

46) 朝鮮總督府 警務局, 『軍官學校事件の眞相』, 1934, 104쪽(한홍구 · 이재화 編, 『한국민족해방운동사자료총서』 3, 경원문화사).

47) 의열단은 1932년 남경에서 조선혁명군사정치간부학교를 설립했다. 간부학교의 주요 임무중의 하나는 국내의 청년들을 모집하는 것이었는데, 간부학교의 모집책들은 국내로 잠입하여 청년들을 모집했다. 의열단을 통해 중국으로 건너간 인물은 정율성, 김승곤, 이육사 등을 꼽을 수 있다.

이었다는 점을 알 수 있다. 이 시기 중국으로 건너간 한인청년들은 1910년을 전후로 태어나 식민지교육을 받고 1930년을 전후로 하여 중국으로 건너간 '망명 제2세대'라고 할 수 있는데, 한지성 역시 망명 제2세대 중 한 명이었다.

2) 중앙정치학교 생활

중국 국민당은 1927년 당무인재가 부족한 어려움을 해결하고 정권을 공고히 하기 위해 武校로써 존재하던 황포군관학교 이외에 '文校'로써 당무와 정치인재의 요람인 중앙당무학교를 설립했다.[48] 그리고 1929년 8월 중국 국민당은 학교의 조직을 확대하여 중앙당무학교의 이름을 중앙정치학교로 바꾸고[49] 1931년 가을 정치 · 법률 · 재정 · 사회경제 · 외교 · 교육의 6개학과를 설치하여 대학부로 만들었다. 중앙정치학교 대학부의 수업연한은 4년이었으며,[50] 신학기가 시작하기 전인 매년 여름에 학생을 모집했다.[51] 한지성은 1932년 9월 중앙정치학교 대학부에 입학하여 1936년 8월에 제5기 교육학과 교육행정조를 졸업한 것으로 확인된다.[52] 따라서 한지성은 늦어도 1932년 여름 이전에 남경에 도착했을 것으로 생각된다.

당시 중앙정치학교의 교장은 蔣介石이었다. 그는 국민당 중앙집행위원회에서 교장으로 임명되어 학교의 전체 교무를 관리할 수 있었다.[53] 그리고 중앙정치학교의 학생들은 4년 동안 학비와 생활비 등을 지원받았고, 국민당에 입당해야 했으며, 졸업 후에는 능력에 따라 중앙 당부 혹은 국민정부로 파견되었다.[54] 한지성의 중국 국민당 입당 여부와 국민당 기관 근무 여부는 파악되지 않지만 중앙정치학교 학생들이 학비와 생활비 지원을 받을 수 있었다는 점을 통해 한지성이 금전적인 어려움 없이 학업을 진행할 수 있었다는 것을 알 수 있다.

---

48) 朱燕平, 『中国国民党中央政治学校文献类编(1927-1949)』, 江苏人民出版社, 南京, 2014, 1쪽.
49) 朱燕平, 『中国国民党中央政治学校文献类编(1927-1949)』, 2쪽.
50) 朱燕平, 『中国国民党中央政治学校文献类编(1927-1949)』, 11쪽.
51) 朱燕平, 『中国国民党中央政治学校文献类编(1927-1949)』, 23쪽.
52) 「한재수의 중앙정치학교 졸업에 관한 대만국립정치대학의 확인 공문」, 한옥동 기증자료.
53) 朱燕平, 『中国国民党中央政治学校文献类编(1927-1949)』, 7쪽.
54) 朱燕平, 『中国国民党中央政治学校文献类编(1927-1949)』, 24쪽.

중앙정치학교는 중국 국민당의 文校로써 설립되었지만 군사훈련도 비중있게 실시했다. 이 학교의 성적은 크게 학과성적, 조행 및 체육성적, 군사훈련 및 군사관리 성적으로 나뉘었다. 그리고 세 가지 성적 중 하나라도 자격에 미치지 못하는 학생은 졸업을 할 수 없었다.[55] 특히 군사훈련은 집중군훈과 군사관리의 두 단계로 진행되었고,[56] 군사훈련 성적이 평균에 미치지 못하는 학생은 바로 퇴학통보를 받았다.[57] 한지성은 군사훈련을 중시하는 중앙정치학교의 수업을 통해 군인으로서의 면모도 키울 수 있었다.

한편 한지성은 누군가의 추천 혹은 보증을 통해 중앙정치학교에 입학했던 것으로 생각된다. 중앙정치학교 신입생들은 입학 등록을 할 때 지원서 · 보증서 · 졸업증서 · 보증금을 제출해야 했다.[58] 보증서와 보증금을 제출해야 한다는 것은 중앙정치학교로의 입학이 한지성 개인 혼자만의 노력이 아닌 누군가의 협조가 있어야 가능했다는 것을 의미한다. 위에서 언급한 대로 한지성의 중국 망명에 의열단이 작용한 것으로 보이고 중앙정치학교를 다니던 신기언[59] · 한지성과 입학 예정이던 박성로[60]가 『軍官學校事件の眞相』에 의열단 관련자 혐의를 받았던 점을 통해서도 한지성의 중앙정치학교 입학배경에 의열단이 있음을 생각해볼 수 있다. 하지만 사료의 부족으로 인해 현재로서는 한지성의 입학에 협조한 인물 혹은 단체를 밝히기가 어렵다.

다만 중앙정치학교에 퍼진 배일의식과 한인독립운동과 관련된 인물들이 학교에 관계하고 있었던 점이 한지성과 같은 외국인의 입교에 긍정적인 영향을 끼쳤던 것으로 판단된다. 중앙정치학교 국민당 지부는 광주학생운동 이후에 한국의 혁명을 지지하는 성명을 발표했다.[61] 만주사변이 발발한 이후에는 중앙정치학교 학생들이 항일구국회 선전부대를 조직하고 선전 삐라 3만 매를 살포하여 농촌지역의 배일감정을 높였다.[62] 또한 중앙정치학교는 일본의 문화 침략에 대항하기 위해 변경분교를 설립하고 몽골 · 서장 · 청해 등지에서 학생을 모집했다.[63] 그리고 이 시기 김규식은 중앙정치학교에서 교직원

55) 朱燕平, 『中国国民党中央政治学校文献类编(1927-1949)』, 79쪽.
56) 朱燕平, 『中国国民党中央政治学校文献类编(1927-1949)』, 75쪽.
57) 朱燕平, 『中国国民党中央政治学校文献类编(1927-1949)』, 81쪽.
58) 朱燕平, 『中国国民党中央政治学校文献类编(1927-1949)』, 23~24쪽.
59) 朝鮮總督府 警務局, 『軍官學校事件の眞相』, 112쪽.
60) 朝鮮總督府 警務局, 『軍官學校事件の眞相』, 114쪽.
61) 『中央日報』, 1930년 3월 15일자, 「중앙정치학교 국민당지부, 한국혁명 성원을 청하는 선언 발표」.
62) 『東京朝日新聞』, 1931년 10월 6일자, 「南京の排日惡化」.

으로 재직하고 있었고,[64] 한국독립운동을 지원했던 陳果夫나 胡漢民 같은 중국 국민당 인사들도 학교의 교무위원으로 활동하고 있었다.[65]

한지성은 1936년 8월 중앙정치학교를 졸업했고, 이후에 朝鮮青年前衛同盟(이하 '전위동맹')의 지도위원[66] 혹은 중앙간부[67]로 활동한 것이 확인된다. 전위동맹은 1935년 8월 초에 김학무·정성언 등이 조직한 10월회의 성원들과 국내에서 활동하다가 망명한 최창익·허정숙 등이 1937년 초에 결성한 단체로써 이들은 민족혁명당에 소속되어 있었다.[68] 그러나 한지성의 전위동맹 가입시점은 명확하지 않다. 다만 한지성이 조선의용대가 건립되기 이전부터 전위동맹의 간부로 활동했다는 점을 통해서 한지성이 중앙정치학교를 졸업할 무렵 남경지역의 진보적 청년들과 교류를 맺고 있었고, 졸업 후에는 이들 사이에서 '지도'적 위치에 있었다는 것을 알 수 있다. 이처럼 한지성은 중국 국민당의 중앙정치학교에서 4년간 수학하며 독립운동가로서의 면모를 키울 수 있었던 것이다.

4. 조선의용대 참여와 활동

1) 의용대 참여와 선전활동

1937년 7월 중일전쟁이 발발하자 장개석은 김구·김원봉·유자명과 회담하여 中韓연합전선 건립을 결의했고, 9월 하순에는 중국 국민당 중앙당부 군사기관 별동대장 康澤이 조선민족혁명당 및 한국광복운동단체연합회에 조선인 청년을 선발하여 특별공작 훈련을 시킬 것을 교섭해왔다. 이에 민족혁명당 측의 청년 83명이 남경에 모였고, 12월 1일

---

63) 王冬梅, 「中央政治学校边疆分校研究」, 四川师范大学 硕士学位论文, 2012, 11~12쪽.

64) 김규식은 1933년경에 韓再剛이라는 가명으로 중앙정치학교에서 근무했다(『自由新聞』, 1945년 11월 26일자, 「生活全部가 讀書와 硏究」).

65) 朱燕平, 『中国国民党中央政治学校文献类编(1927-1949)』, 2쪽.

66) 楊昭全 等 編, 『關內地區朝鮮人反日獨立運動資料滙編』 上册, 遼宁民族出版社, 1987, 249쪽.

67) 金正明 編, 『朝鮮獨立運動』 2, 原書房, 東京, 1967, 685쪽, 717쪽; 內務省 警保局 保安課, 『特高外事月報』, 昭和16년(1941) 11월, 101쪽.

68) 김광재, 「朝鮮青年前衛同盟의 결성과 변천」, 『한국민족운동사연구』 21, 1999, 213쪽.

中國 中央軍官學校 星子分校 特別訓練班(이하 '성자분교')에 편입되었다.[69] 하지만 12월 12일에 남경이 함락됨에 따라 학생들은 호북성 강릉으로 이동하여 훈련을 받은 후 1938년 5월 졸업을 하게 된다.

졸업 후 이들은 漢口로 이동하여, 1938년 6월 3일부터 大公中學校에서 대기했다.[70] 그러던 중 민족혁명당의 지도부에 불만을 품은 성자분교 출신 35명을 포함한 전위동맹 계열 49명이 6월 10일 민족혁명당을 이탈하여 在漢口朝鮮青年戰時服務團을 조직하게 된다.[71] 전시복무단은 무한의 시민구국운동에 뛰어들어 中韓人의 단결과 동북진출을 꾀했지만 뜻을 이루지 못하고 곧 내분과 경제난에 빠지게 된다. 이에 전시복무단을 결성했던 사람들은 1938년 9월에 朝鮮青年前衛同盟의 이름으로 조선민족전선연맹에 참가하게 된다.[72]

그리고 1938년 10월 10일 무한에서 조선의용대가 창립되었다. 창립 당시 조선의용대의 인원은 100여 명 정도로 추산되는데, 조선의용대의 근간은 성자분교에 편입된 한인 청년들이었다고 할 수 있다. 하지만 조선의용대에는 성자분교를 거치지 않고 참여한 인물도 있었다. 한지성 역시 非성자분교 출신으로서 조선의용대에 참여했다.[73] 성자분교는 단기과정이었기 때문에 이미 중앙정치학교에서 4년간 수학한 한지성은 성자분교를 거치지 않고 전위동맹의 간부로서 조선의용대에 참가했던 것으로 생각된다.

조선의용대는 창립 직후 무한방어전에 투입되었지만 무한은 곧 일본군에 점령당했다. 이때 한지성은 조선의용대 총대부원으로서 계림으로 이동했다. 계림으로 이동한 후에 그는 대본부 전지통신원으로서 계림의 대본부뿐만 아니라 각 전구를 왕래하며 선전활동과 포로교육 등을 했다. 그리고 각 전구의 소식을 『朝鮮義勇隊(通迅)』에 기고했다. 한지성은 호북성 북부의 번성에서 포로로 잡힌 일본군 3명을 교도한 경과[74]와 1939년 2월에 포로가 된 일본군 牧本·貴夫에 관한 이야기[75]를 『朝鮮義勇隊通迅』에 기고했다.

---

69) 朝鮮總督府 高等法院 檢事局 思想部, 「在支朝鮮義勇隊の情勢」, 『思想彙報』 22, 1940(3월), 158쪽.

70) 朝鮮總督府 高等法院 檢事局 思想部, 「在支朝鮮義勇隊の情勢」, 159쪽.

71) 朝鮮總督府 高等法院 檢事局 思想部, 「在支朝鮮義勇隊の情勢」, 161~162쪽.

72) 염인호, 『조선의용군의 독립운동』, 66~67쪽.

73) 성자분교 명단은 廉仁鎬, 「朝鮮義勇軍 研究－民族運動을 中心으로」, 21~22쪽. 참조.

74) 志成, 「一個日本俘虜的告白」, 『朝鮮義勇隊通迅』 3, 1939(2월5일), 6~7쪽.

75) 志成, 「俘虜牧本君訪問經過」, 『朝鮮義勇隊通迅』 7, 1939(3월21일), 10~11쪽.

이들 중 伊藤進은『朝鮮義勇隊通迅』에 '전쟁은 인류 최대의 적이고, 지금의 전쟁이 군벌과 재벌 때문에 일어난 것'이라고 주장했으며,[76] 조선의용대원으로도 활동했다. 당시 한지성의 선전활동은 일본군의 모순을 알려 아군의 사기를 높이고, 조선의용대의 외연을 확장시키려고 했던 것이었다. 이후 한지성은 전지통신원으로서의 임무를 마치고 1939년 9월에 대본부로 복귀했다.[77]

조선의용대는 1939년말 무렵 한 차례 조직개편을 단행한다. 이때 한지성은 정치조 선전주임과 대본부 편집위원회 中文刊 主編을 맡게 된다.[78] 한지성이 선전주임을 맡았다는 것은 선전공작의 주요 책임자가 되었다는 뜻이었고 중문간 주편이 되었다는 것은『朝鮮義勇隊(通迅)』이나 의용대의 중국어본 선전물 발간을 주관했다는 것을 의미한다. 특히 편집위원회 韓文刊 主編이 윤세주였고, 中文刊 위원이었던 유자명 · 김규광 등이 민족전선연맹의 지도자였던 점을 감안한 다면 당시 한지성의 위상이 조선의용대와 같은 세대의 청년들 사이에서 높아졌다는 것을 알 수 있다. 이때부터 한지성은『朝鮮義勇隊(通迅)』에 주로 조선의용대의 현재와 미래, 그리고 전략과 관련한 글을 기고한다.

정치조 선전주임이 되었을 무렵 한지성은『朝鮮義勇隊通迅』에「目前朝鮮義勇隊的動態」[79]라는 글을 실었다. 한지성은 조선의용대가 만들어 진후 1년 동안 적군을 와해하는 공작을 달성했지만 여러 곤란한 문제를 겪었고 교훈을 얻었다고 말했다.[80] 그리고 조선의용대의 전투 부대를 확대시키고, 기존의 대적선전 · 포로교육 · 대적간부양성 · 국제선전집행 및 동방 각 민족의 반일제국주의 역량을 통일할 것을 주장했다. 그는 기본적인 공작을 발전시키고 공고히 한다면 중한민족의 연합을 강화할 수 있고, 조선민족의 해방운동을 추동할 수 있다고 본 것이다.[81]

그리고 한지성은 조선의용대 창립 2주년 기념으로 발간된『朝鮮義勇隊』에 지난 2년간의 교훈과 앞으로의 활동에 대해서도 글을 썼다. 그는 조선의용대가 활동한 2년 동안 중국 군대, 민중과 완전한 협력을 이루지 못했다는 점과 선전활동이 비무장인 상태로

76) 伊藤進,「我的新生」,『朝鮮義勇隊通迅』 9, 1939(4월11일), 6~7쪽.

77)「本隊消息」,『朝鮮義勇隊通迅』 23, 1939(9월1일), 3쪽.

78) 金正明 編,『朝鮮獨立運動』 2, 685~688쪽.

79) 韓志成,「目前朝鮮義勇隊的動態」,『朝鮮義勇隊通迅』 30, 1939(12월25일), 1~3쪽.

80) 韓志成,「目前朝鮮義勇隊的動態」, 1쪽.

81) 韓志成,「目前朝鮮義勇隊的動態」, 2쪽.

이루어져 비효율적이었다는 점, 그리고 조선의용대의 활동이 지나치게 분산적이었다는 것을 지적했다. 따라서 대적선전활동은 군사정치 및 민중활동이 협력하여 반드시 무장화를 이루고, 대적선전의 근거지를 건립할 것을 주장하며 조선의용대가 민족적 입장에서 조선동포들을 핍박하는 적군들을 무찌르는 선봉대가 되어야할 것을 주문했다.[82]

한지성은 『朝鮮義勇隊』에 대적선전 방법에 관한 글을 싣기도 했다. 그는 항전 3년 반 동안의 대적공작을 통해 일반군민을 깨닫게 했고 적군에 대해 엄중한 타격을 주었지만 구체적이고 정확한 방법이 없었던 문제점을 지적했다. 그리고 적에 대한 객관적인 정세파악을 바탕으로 아군과 피선전대상의 객관적인 정세파악을 주문했다.[83] 또한 일본군에 함락 당한 진강의 모습을 전하기도 했는데, "진강에는 암흑과 참혹, 그리고 비애가 충만하며 이것이 중일친선 아래의 진강"이라며 일본군이 주장하는 중일친선을 비꼬았다.[84]

조선의용대는 창립 이후 선전활동을 통해 중국 군민과 한인동포들의 항일의식을 고취시켜서 외연을 확장시키고 대원들의 결속을 다지려고 노력했다. 이처럼 조선의용대에서 선전활동은 중요한 활동 중 하나였다. 한지성은 조선의용대 설립 초기부터 대본부의 전지통신원으로서, 이후에는 정치조 선전주임과 中文刊 主編으로서 조선의용대의 중요한 활동 중 하나였던 선전활동을 이끌었던 것이다.

2) 외교주임으로서 외교활동

1941년 5월에 한지성은 조선의용대 외교주임의 직책을 맡았다.[85] 그 이전 조선의용대와 관련된 자료에는 외교주임이라는 직제가 보이지 않는다. 따라서 1941년 즈음에 조선의용대는 외교주임이라는 직책을 두고 '외교'업무를 강화하려고 했다는 점을 유추해볼 수 있다. 조선의용대는 창립 초부터 중국 국민당을 비롯하여 주변 민족들과의 연대를 중요하게 생각했었다. 실제로 1939년 이후 일본이 동남아지역으로 진출을 하게 되자 조선의용대는 동남아 약소민족과의 연대를 강화하여 일본에 대항하려고 했으며,[86] 중국

---

82) 韓志成, 「兩年來的教訓與今後工作」, 『朝鮮義勇隊』 37, 1940(9월13일), 14~17쪽.

83) 志成, 「對敵工作研究綱要」, 『朝鮮義勇隊』 39, 1941(1월1일), 12~14쪽.

84) 志成, 「'中日親善'下的鎭江」, 『朝鮮義勇隊』 28, 1939(11월1일), 14~15쪽

85) 金正明 編, 『朝鮮獨立運動』 2, 716~720쪽.

86) 조은경, 2010, 「『동방전우』를 통해 본 李斗山의 동방 반파시스트 국제연대론(1939~1942)」, 서울시립

과 소련·영국·미국을 비롯한 전 세계 모든 反침략 反파쇼를 주장하는 국가들이 한무리가 되어 파시스트 폭도들과 전면적으로 투쟁을 전개할 때 조선민족의 앞길이 희망적이라고 믿었다.[87]

1940년 7월 프랑스에 비시정권이 들어서게 되고 일본은 중국을 견제하기 위해 비시정부로부터 프랑스령 인도차이나반도로의 진출을 인정받았다. 이후 1941년 6월에는 독소전쟁이, 그리고 12월에는 태평양전쟁이 연이어 발발하게 된다. 이러한 상황 속에서 조선의용대는 연합국과의 연대를 통해 일본에 맞서려고 했다. 1942년에 조선민족전선연맹은 한길수를 미국전권대표로 임명하여 워싱턴을 중심으로 반일선전과 중국 내 한인운동세력, 특히 민족혁명당을 비롯한 좌파세력에 대한 지지를 호소했는데,[88] 이는 조선의용대가 연합국과의 관계를 강화하기 위한 일종의 외교활동이라고 볼 수 있다.

국공합작의 분위기가 어긋나기 시작한 상황과 한국광복군의 창립 역시 조선의용대가 외교에 치중할 수밖에 없도록 했다. 특히 1941년 1월에 발생한 皖南事変은 중국 국민당의 군대가 신사군을 습격한 사건으로 국민당 내 보수파들의 득세를 의미하는 것이었고, 보수적 공세는 중공뿐만 아니라 국민당 지구에 있었던 외국인 좌파세력에게도 가해졌다.[89] 조선의용대원이였던 한청도 “환남사변이 발생한 이후 국민당 지구에서의 국공관계가 긴장해짐에 따라 조선의용대에 대한 감시도 더욱 엄해졌다”고 회고한다.[90]

이러한 외교노선의 강화는 조선의용대를 중심으로 하는 중국 관내지역 좌파세력들만의 문제가 아니었다. 중국 관내지역의 우파세력들 역시 1940년대에 들어와 연합국들과의 연대를 강화하기 위해 노력했다. 1941년 4월 임시정부는 해외한족대회에서 이승만을 주미외교위원부 위원장으로 추천하자 이를 승인했다. 1930년대 후반 김구는 군사적인 측면에서 대미외교·선전활동이 필요하다고 판단[91]했고, 이승만을 중심으로 이를 해결하려고 했던 것이다.

대학교 국사학과 석사학위논문, 43~47쪽.

87) 韓志成, 「朝鮮義勇隊年來工作的總結」, 『朝鮮義勇隊』 41, 1941(9월29일), 11~14쪽.

88) 정병준, 『우남 이승만 연구』, 역사비평사, 2005, 226쪽.

89) 염인호, 「1940년대 재중국 한인 좌파의 임시정부 참여」, 『대한민국임시정부수립80주년기념논문집』, 1999, 547쪽.

90) 신한청, 『한청항일혁명회상록』, 연변인민출판사, 2011, 88쪽.

91) 정병준, 「태평양전쟁기 이승만-중경임시정부의 관계와 연대 강화」, 『한국사연구』 137, 한국근현대사학회, 2007, 302쪽.

외교를 통해 안정된 지위를 얻으려고 했던 조선의용대의 노력은 외교주임으로 임명된 한지성의 활동을 통해서 살펴볼 수 있다. 조선의용대는 1941년 5월에 한지성을 조선의용대 외교주임으로 선임했고, 그를 홍콩·싱가포르·마닐라 등지로 보내 조선의용대의 공작정형과 조선의 국정 및 日寇 통치하의 실정을 선전하여 남양 각 민족의 반일운동을 강화하여 동방피압박민족의 단결과 항일을 촉성하려고 시도했다.[92] 이에 중국 국민당 측에서도 홍콩·마닐라·싱가포르·앙곤 총영사관에 공문을 보내 한지성의 활동에 협조해달라고 요청하기도 했다.[93] 이러한 사실들을 통해 조선의용대가 동남아 각 민족과 연대를 위해 많은 노력을 기울였다는 것을 알 수 있다.

조선의용대가 한지성을 파견하려고 했던 지역은 당시 영국을 비롯한 연합국들이 통치하고 있던 지역들이었다. 조선의용대에서 한지성을 파견하려고 했던 것은 각 민족들과의 연대를 모색하고, 더 나아가서는 연합국 측과의 연대를 추진하고자 한 것이다. 한지성은 앞에서 언급된 지역들 중 홍콩에서 활동한 것이 확인된다.[94] 비록 한지성이 홍콩 이외의 지역에서 활동한 내용을 자세히 확인할 수 없지만 훗날 인면전구공작대 파견의 시작이 민족혁명당과 영국군과의 관계에서 비롯된 점을 생각한다면 조선의용대와 한지성의 외교활동은 어느 정도 성과가 있었다고 할 수 있을 것이다.

이처럼 한지성의 해외 파견을 통해 당시 조선의용대가 외교를 중요하게 생각하고 해외의 여러 민족과 연합국과 합작을 하려고 했다는 것을 알 수 있었다. 당시 외교활동은 조선의용대뿐만 아니라 임시정부에서도 중요한 활동으로써 항일게릴라전을 중심으로 펼쳐진 만주지역의 한인독립운동과는 다른 모습이었다. 그리고 연합국 중의 하나인 영국을 대상으로 외교활동을 펼치려고 했던 점은 조선의용대가 중국과 미국 이외에 영국도 중요한 외교의 대상으로 생각하고 있었다는 것을 말해준다.

---

92) 대한민국임시정부자료집편찬위원회, 「韓志成을 南陽에 파견하여 반일선전운동을 하게 하는데 대한 공함(1941. 5. 14)」, 『대한민국임시정부자료집』 12, 국사편찬위원회, 2006, 20쪽.

93) 대한민국임시정부자료집편찬위원회, 「韓志成의 남양 宣傳활동에 협조해주기를 청하는 전보」, 『대한민국임시정부자료집』 12, 20쪽.

94) 『신한민보』, 1941년 12월 4일자, 「조선의용대 지도위원 한지성의 거짓선전」.

5. 대한민국임시정부 참여와 활동

1) 임정참여와 在中國自由韓人大會

1942년 10월, 민족혁명당을 비롯한 중국 관내지역 좌파들은 제34차 임시의정원의 의원으로 당선되어 본격적으로 대한민국임시정부에 참여하게 된다. 한지성은 김원봉·김상덕·이정호 등과 함께 경상도 지역 임시의정원의원으로 선출되었다.[95] 새로 선출된 임시의정원 의원들은 대부분이 40대 이상의 중진들이었고, 의원들 중 30대 초반의 나이로 당선된 인물은 한지성과 이정호 두 명이었다. 그리고 한지성은 1943년 4월 임시정부의 선전부 총무과 과장, 선전부 편집과 과원, 선전부 선전위원을 겸임하게 되었다.[96] 또한 조선의용대가 광복군 제1지대로 편입됨에 따라 광복군 제1지대 정훈조에 소속되어 활동을 했다.[97]

한편 1943년 1월 한지성은 민족혁명당이 군소정당을 흡수하게 됨에 따라 민족혁명당원으로서 활동하게 된다. 민족혁명당에 참여하기 이전에 그는 조선민족해방투쟁동맹의 일원이었던 것으로 나온다.[98] 조선민족해방투쟁동맹은 1940년 12월에는 민족혁명당에서 탈당한 세력과 조선청년전위동맹 등을 규합하여 조직된 단체로 전위동맹 계열의 화북지역 이동에 따라 조선민족해방동맹으로 재건되어 있었다. 그는 전위동맹의 간부였기 때문에 조선민족해방투쟁동맹 소속으로 기록된 것으로 보이며, 이때부터 민족혁명당 중앙집행위원에 임명[99]되어 활동했다.

한지성은 임시정부의 청년들을 규합하여 만든 한국청년회에서 부총간사를 맡기도 했

---

95) 대한민국임시정부자료집편찬위원회, 「遺缺議員 補選의 件」, 『대한민국임시정부자료집』 6, 국사편찬위원회, 2005, 45쪽.

96) 대한민국임시정부자료집편찬위원회, 「大韓民國臨時政府公報 第77號(1943. 4. 15)」, 『대한민국임시정부자료집』 1, 국사편찬위원회, 2005, 275쪽.

97) 대한민국임시정부자료집편찬위원회, 「군사행동에 관한 군무부 군사보고(1942. 10. 27)」, 『대한민국임시정부자료집』 9, 국사편찬위원회, 2006, 61~67쪽

98) 대한민국임시정부자료집편찬위원회, 「한국 군소정당 조선민족혁명당에 합병(1943. 1. 21)」, 『대한민국임시정부자료집』 37, 국사편찬위원회, 2009, 57쪽.

99) 대한민국임시정부자료집편찬위원회, 「조선민족혁명당 간부 명단 및 매월 임시정부로부터 받는 금액(1944. 2)」, 『대한민국임시정부자료집』 37, 86쪽.

다. 한국청년회는 한국독립당을 비롯한 중경에 있던 각 당파소속 청년들이 서로 간의 친목과 수양을 목표로 1943년 1월 20일에 조직한 단체였다.[100] 당시 한국청년회의 총간사는 우측 대표로서 안원생이 맡았고, 한지성은 좌측대표로서 부총간사장을 맡았다.[101] 비록 한국청년회가 청년들의 친목을 위해 조직된 단체였지만 친목을 위한 활동 이외에 주목되는 것이 있다.

1943년 5월 연합국 측에서 2차 대전 이후 한국을 '국제공동관리'에 둔다는 소식이 들려오자 임시정부를 비롯한 많은 在中한인독립운동가들은 연합국의 결정에 반대의사를 표시했다. 그리고 중경에 있던 여러 독립운동가들은 국제공동관리안에 대해 반대의사를 천명하기 위해 1943년 5월 10일 在中國自由韓人大會를 개최했다. 재중국자유한인대회에 참여한 정당과 단체들은 정치적 이념의 차이와 이해관계에 따라 갈등을 겪기도 했지만 전후 한국의 독립을 유보한다는 국제공동관리안에 반대하는 데는 뜻을 같이 했던 것이다.[102] 그리고 한지성은 재중국자유한인대회에 한국청년회의 대표로 참여하여 주석단에 최연소로 선출되었다.[103]

대회에 참석한 각 대표들은 대회결의안을 채택하고 어떠한 형식의 외래 간섭도 반대했다.[104] 그리고 '각 동맹국 영수들에게 보내는 전문'을 준비하여 한국인의 독립의지와 요구사항을 밝히고, 전문을 번역하여 중경주재 미국대사관을 통해 루스벨트 대통령에게 전달하도록 조처했다.[105] 국제공동관리안에 대한 반대 움직임과 전문 전달시도는 임정을 위시한 在중경 독립운동가들의 외교활동이었다. 이러한 외교활동에 한지성이 최연소로 주석단에 선출되었다는 점은 그가 임시정부에 참여한 이후에도 외교활동에서 중심적인 역할을 했다는 것을 의미하는 것으로 그가 조선의용대 시절부터 이어온 경험

---

100) 대한민국임시정부자료집편찬위원회, 「『韓國獨立黨 黨報』 제4호(1943. 3.)」, 『대한민국임시정부자료집』 34, 국사편찬위원회, 2009, 225쪽.

101) 김자동, 『상하이 일기－임정의 품안에서』, 두꺼비, 2012, 211쪽.

102) 이재호, 「대한민국임시정부의 국제공동관리안 반대운동(1942~1943)」, 『한국독립운동사연구』 48, 2014, 88쪽.

103) 재중국자유한인대회에는 한국독립당 · 조선민족혁명당 · 조선민족해방동맹 · 조선무정부주의자총연맹 · 한국애국부인회 · 한국청년회가 참여했다. 이때 주석단에는 홍진(66세) · 김기원(55세) · 김규광(45세) · 유월파(49세) · 김순애(54세) · 한지성(31세)이 선출되었다(대한민국임시정부자료집편찬위원회, 「독립신문(중경판－창간호)」, 『대한민국임시정부자료집』 별책1, 2009, 37쪽).

104) 이재호, 「대한민국임시정부의 국제공동관리안 반대운동(1942~1943)」, 88~89쪽.

105) 이재호, 「대한민국임시정부의 국제공동관리안 반대운동(1942~1943)」, 90쪽.

을 바탕으로 임시정부에서 활동했음을 확인할 수 있다.

2) 인면전구공작대 활동과 그 의의

1941년 12월 진주만을 공습한 일본군은 곧바로 필리핀과 말레이반도를 공격하고, 버마로 진격했다. 당시 버마는 연합국의 전쟁물자를 중국으로 보내는 통로로서 전략적으로 중요한 지역이었다. 일본군이 버마지역을 점령하자 영국군 측에서는 일본군에 대한 대적선전 활동과 첩보수집, 포로심문 등을 수행할 공작원이 필요하게 되었다. 결국 공작대원들의 필요성을 느낀 영국군의 요청이 광복군 인면전구공작대가 파견될 수 있었던 첫 번째 배경이 될 것이다.

인면전구공작대의 또 다른 파견 배경은 조선의용대를 중심으로 하는 중국 관내지역 좌파세력들의 외교노력에서 찾을 수 있다. 앞에서 언급했듯이 조선의용대는 한지성을 외교주임으로 선임하고, 1941년 5월에 홍콩 · 싱가포르 · 마닐라 · 미얀마 등지로 보내 남양 각 민족의 반일운동을 강화하여 동방피압박민족의 단결하고 항일을 촉구하려고 했다.[106] 한지성을 파견하려고 했던 장소는 연합국의 영향 아래 있던 지역으로 조선의용대는 동방피압박민족뿐만 아니라 연합국과 연결하려고 시도했던 것이다.

1942년 민족혁명당은 영국군으로부터 인도 戰區에 공작원 파견요청을 받게 된다. 사실 영국군의 요청은 중국 관내지역에 있던 일본인 반전주의자들이 먼저 받았다. 鹿地亘의 회고에 따르면 1941년 12월 중엽에 영국군은 일본인 반전주의자들에게 싱가포르 防衛戰에 파견대를 보내줄 것을 요청했다고 한다.[107] 하지만 반전동맹의 파견은 이루어지지 못했고, 중국 국민당에서는 반전동맹을 대신하여 조선의용대를 추천했다고 한다.[108] 鹿地는 "조선의용대의 비서 주세민 등의 일행이 뉴델리로 출발했고, 그 후 버마 남부의 작전에 들어갔다"[109]고 회고한다.

이때 조선의용대를 추천한 인물은 王芃生으로 추정된다. 그는 조선의용대 창설에도

106) 대한민국임시정부자료집편찬위원회, 「한지성을 남양에 파견하여 반일선전운동을 하게 하는데 대한 공함」, 『대한민국임시정부자료집』 12, 2006, 20쪽.

107) 鹿地 亘, 『日本兵士の反戰運動』, 東城社, 東京, 1982, 270~271쪽.

108) 鹿地 亘, 『日本兵士の反戰運動』, 277~278쪽.

109) 鹿地 亘, 『日本兵士の反戰運動』, 281쪽.

관여한 인물이었는데, "1942년 10월 중순 국제문제연구소의 소개를 통해 한인 2인의 赴印을 허가하고 이미 侍從室의 양해를얻었다"는 기록[110]과 "국제문제연구소 주임 王芃生이 한국광복군대원 주세민의 인도파견공작을 허가했다"는 기록[111]을 통해 주세민 일행의 인도파견에 王芃生이 관련되어 있음을 알 수 있다. 비록 일본 반전주의자들이 파견되지 못해 조선의용대가 영국군의 요청을 받을 수 있었지만 조선의용대와 한지성의 노력이 없었다면 영국군의 요청도 없었을 것이다.

주세민 일행은 1943년 2월초에 인도에 도착하여 약 두 달 간 머물렀고, 같은 해 4월에 중경으로 귀환했다. 이들은 짧은 기간 인도에 머물며 영국군과 협정을 조율하고 선전공작에 관한 제반사항을 논의했던 것으로 보인다. 그리고 1943년 5월 조선민족혁명당 총서기 김원봉과 주인도영국군총사령부를 대표한 맥켄지(Mackenzie) 사이에 '朝鮮民族軍宣傳聯絡隊' 파견에 관한 협정이 체결되었다.[112] 하지만 중국군사위원회와 한국독립당의 반대가 있었기 때문에 민족혁명당의 명의로 공작대를 파견할 수 없었다. 결국 영국대사관의 1등서기관, 한국 측 대표, 중국 何應欽 등은 우선 광복군에서 9명을 선발하고, 이후 민간인 16명을 추가로 파견하기로 합의를 봤다.[113] 한지성은 인면전구공작대를 파견하게 된 경위를 "한 · 중 · 영 간에 복잡한 관계로 인하여 광복군 총사령부에서 공작대를 파견하게 되었다"고 밝힌다.[114]

당시 영국은 임시정부를 승인한 상황이 아니었으므로 직접 임정을 통하는 것이 부담스러웠을 것이다. 만약 직접 임정을 통해 공작대 파견을 진행한다면 이는 임정승인 문제로 연결될 수 있기 때문에 다른 연합국들이 아직 임정을 승인하지 않은 상황에서 영국은 직접 임정과 통하려고 하지 않았던 것이다. 또한 민족혁명당의 경우 자신들의 외교노력으로 성사된 영국과의 합작 기회를 黨勢 강화를 위한 발판으로 삼으려 했을 것이다. 반면에 임정과 한국독립당의 경우 민족혁명당이 임정에 참여한 이상 '일개당'의 명

110) 대한민국임시정부자료집편찬위원회, 「英軍의 요청에 응하여 赴印 공작하는 일에 관한 회담기록」, 『대한민국임시정부자료집』 12, 24쪽.

111) 대한민국임시정부자료집편찬위원회, 「周世敏의 출국 경위를 조사해 달라는 公函」, 『대한민국임시정부자료집』 12, 31~32쪽.

112) 박민영, 「한국광복군 印緬戰區工作隊 연구」, 149쪽; 韓詩俊, 『韓國光復軍 硏究』, 261쪽.

113) 김광재, 「韓國光復軍의 活動 硏究-美 戰略諜報局(OSS)과의 合作訓練을 中心으로」, 127쪽.

114) 한지성, 「인도 공작대에 관하야」, 『독립』 제3권 75호, 1945년 6월 13일자(대한민국임시정부자료집편찬위원회, 『대한민국임시정부자료집』 12, 11~19쪽).

의가 아닌 한국광복군 명의로 공작대가 파견되기를 원했던 것으로 민혁당의 당세확장을 견제하려는 의도가 있었음을 생각해볼 수 있다. 중국 국민당 군사위원회 역시 자신들이 직접 통제할 수 있는 한국광복군명의로 공작대를 파견할 것을 주장했던 것으로 생각된다. 이처럼 복잡한 관계 속에서 파견되었던 인면전구공작대에 한지성이 대장으로 선발될 수 있었던 것은 어학을 비롯한 한지성 개인의 능력과 조선의용대에서의 선전과 외교활동경험이 있었기 때문에 가능했던 것으로 보인다.

대장 한지성을 비롯하여 선발된 9명의 인면전구공작대원들은 중국 군사위원회에서 3주간 교육을 받았고,[115] 인도 캘커타로 파견되었다. 인면전구공작대는 제2차 세계대전 당시 영국의 비정규전 특수공작 임무를 수행하기 위해 창설된 부대인 'SOE'(Special Operaitions Executive)에 소속되어 있었던 것으로 추정된다.[116] 인면전구공작대는 주로 일어방송과 선전문을 산포하고, 문건번역과 포로심문을 하는 임무를 수행했다.[117]

인면전구공작대에서 한지성의 주요임무는 대원들을 통솔하는 것과 인도군 총사령부와의 협의를 통해 선전전술을 기획하는 것이었다. 한지성은 영국군 장교들을 상대로 일본에 대항하여 수행할 선전문제에 관해 강연을 했고, 강연이 끝난 후에 장교들은 선전의 원칙·기술·경험·적의정세·버마정세 등에 관해 매일 3~4시간을 토론한 후에 연습을 했다고 한다. 영국 측은 이러한 토론에 만족했다고 한다.[118] 그리고 한지성은 인면전구공작대의 소식을 중경에 알리는 역할을 수행했는데, 이것은 조선의용대 시절 선전활동을 위해 『朝鮮義勇隊(通迅)』에 글을 기고한 일과 맥을 같이 한다.

한편 인면전구공작대의 파견 배경이 조선의용대의 외교활동에서 비롯되었다는 점에서 공작대가 단순한 선전부대가 아닌 영국 측에 在中한인독립운동을 알리는 일종의 외교역할을 위한 부대였다고도 볼 수 있을 것이다. 이는 인면전구공작대에 대한 한지성의 인식에서도 드러나는데, 공작대의 외교역할을 강조한 한지성의 글은 아래와 같다.

> 한-영 국교 관계는 망국 후 지금까지 근 四十년간 중단 되어왔다. 인도 공작대를 통하야 량 민족의 관계를 다시 새로히 건립한 것은 한-영 국교상에 의미 깁흔 사실이다.

---

115) 李炫熙, 『韓國獨立運動證言資料集』, 111쪽.

116) 박민영, 「한국광복군 印緬戰區工作隊 연구」, 154~155쪽.

117) 대한민국임시정부자료집편찬위원회, 『대한민국임시정부자료집』 12, 15쪽.

118) 대한민국임시정부자료집편찬위원회, 『대한민국임시정부자료집』 12, 14쪽.

국제관계는 가장 현실적이다. 호상 의존하는 조건 하에서 국제적 관계가 존직하고 또 의존하는 정도 여하에서 관계여하도 규정되는 것이다. 특히, 전쟁이 계속하는 그간 동안에는 공동한 적을 타도하는 것과 공동한 세계를 건립하는데 호상간 력량의 대비와 의존성 여하에서 합작관계가 건립되고 또 그 관계가 발젼하는 것이다. 이러한 현실적 합작조건을 부인하고서는 엇더한 유력한 합작관계가 존직할 수업는 것은 사실이 증명하는 것이다. 그졈에 잇서서 인도 공작대는 영국과 우리와의 합작에 현실적 존직이고, 또한, 목적 존직이다.[119]

이 글에서 우리는 40년간 단절되었던 한－영 간의 국교관계를 인면전구공작대의 활동을 통해 관계를 복원하고자 했던 한지성의 인식을 읽을 수 있다. 한지성은 '가장 현실적인' 국제관계 속에서 인면전구공작대의 활동 성과에 따라 영국과의 관계가 발전할 수 있다고 보았던 것이다. 그리고 그가 공작대의 대장이었다는 점에서 이것은 한지성 개인의 인식이 아닌 공작대 파견에 관계된 在中한인독립운동진영의 인식이었다고도 할 수 있을 것이다. 다시 말해 당시 在中한인독립운동 세력은 영국과의 관계를 중시하고 있었고, 인면전구공작대의 성과에 따라 그 관계가 더욱 발전할 것이라는 기대를 가졌던 것이다. 이처럼 인면전구공작대는 단순한 선전부대가 아닌 외교역할을 위한 부대였다고 할 수 있다.

인면전구공작대가 파견된 직후인 1943년 10월 민족혁명당에서는 사전합의에 따라 당원 16명을 인도에 파견하기 위해 중국 국민정부에 승인을 요청했다.[120] 영국군 측에서도 중경의 한국광복군 총사령부에 수차에 걸쳐 인원증파를 요구하기도 했다.[121] 그리고 한지성은 인원증파에 관한 문제를 협의하기 위해 1944년 12월 중경으로 일시 귀국하여 중국 측과 교섭을 벌였다.[122] 그러나 인면전구공작대의 인원증파는 이루어지지 않고, 인원의 교체만 이루어졌다.[123]

1944년 12월 중경으로 잠시 돌아온 한지성은 중국 측과 교섭을 벌이는 일 이외에

119) 대한민국임시정부자료집편찬위원회, 『대한민국임시정부자료집』 12, 12~13쪽.

120) 박민영, 「한국광복군 印緬戰區工作隊 연구」, 156쪽.

121) 박민영, 「한국광복군 印緬戰區工作隊 연구」, 157쪽; 대한민국임시정부자료집편찬위원회, 「외교부가 인도 파견 공작인원의 명단문의에 대한 군위외의 公函」, 『대한민국임시정부자료집』 12, 28쪽.

122) 대한민국임시정부자료집편찬위원회, 「工作隊 印度 파견에 대한 협조요청과 관련한 공함」, 『대한민국임시정부자료집』 12, 42~43쪽.

123) 韓詩俊, 『韓國光復軍 硏究』, 271쪽.

1945년 1월 안금생과 중경에서 결혼했다.[124] 안금생은 안중근의 둘째 동생인 안공근의 차녀로 그녀는 안중근의 姪女였다. 한지성은 안중근의 姪壻가 되었고, 안중근의 첫째 동생인 안정근의 장녀 안미생이 김구의 첫째 아들 김인과 혼인을 했기 때문에 그는 김구와도 혼맥으로 연결되었다. 이후 한지성은 1945년 3월 즈음에 인도로 돌아갔을 것으로 생각되며, 전쟁이 끝난 1945년 9월에 중경으로 귀환했다.

1943년 8월부터 1945년 해방 때까지 인도-버마전선에서 활약한 인면전구공작대는 영국군과의 합작으로 최전방전선에서 활동했으며, 광복군의 활동공간을 넓혔다는 의의를 가진다. 인면전구공작대의 임무는 주로 영국군을 보조하는 역할이었다. 그리고 공작대는 영국에 在中한인독립운동을 알리고 합작과 지원을 얻기 위한 외교임무도 가지고 있었던 것으로 생각되는데, 지금까지 在中한인독립운동 세력과 영국과의 관계는 크게 주목받지 못했다. 하지만 한지성의 활동을 통해 조선의용대 시절부터 在中한인독립운동세력이 중국이나 미국뿐만 아니라 영국과의 외교도 시도하여 독립을 이루고자 했고, 그 대표적인 사례가 인면전구공작대였음을 확인할 수 있었다.

6. 맺음말

한지성은 1930·1940년대 중국 관내지역에서 활동한 독립운동가다. 그는 조선의용대와 대한민국임시정부에서 선전과 외교를 중심으로 활동했지만 그동안 인면전구공작대 대장이었다는 사실 이외에는 다른 행적들이 알려져 있지 않았다. 따라서 이 글은 한지성의 생애와 활동을 밝히고 그를 통해 1930·1940년대 在中한인독립운동의 모습을 살펴보고자 했다.

한지성은 1912년생으로 경상북도 성주출신이며, 본명은 '韓再洙'이다. 성주지역은 유림세력을 비롯한 지역인사들의 항일의식이 강한 곳으로 성주를 포함한 경상북도 지역의 항일기운은 다른 지역에 비해 상당히 높은 편이었다. 때문에 한지성은 지역의 항일기운에 간접적인 영향을 받았을 것으로 생각된다. 그리고 대구공립상업학교 재학 시절

124) 「한지성이 아버님께 보낸 편지(1945.11)」, 한옥동 기증자료.

일어난 광주학생운동과 그 이후에 형성된 반일분위기에 영향을 받았고, 의열단과의 관계를 통해 중국으로 건너간 것으로 판단된다. 중국으로 건너간 이후에 한지성은 중앙정치학교 대학부에서 수학했고, 이후에 在中한인독립운동진영의 '중견간부'로 빠르게 성장할 수 있었다.

한편 중앙정치학교를 졸업한 후 독립운동에 헌신한 한지성의 활동을 통해 당시 在中한인독립운동진영의 선전과 외교활동을 확인할 수 있었다. 한지성은 1938년 창립된 조선의용대에서 대원들을 교육하고 일본인 포로들을 심문·교도했고, 조선의용대의 정치조 선전주임과 中文刊 主編을 맡아 조선의용대의 선전활동에 핵심적인 역할을 했다. 당시 선전은 조선의용대의 중요한 활동으로써 한지성이 정치조 선전주임과 中文刊 主編을 맡았다는 점은 의용대 내에서 그의 위상이 높아졌다는 것을 의미한다.

조선의용대는 1941년 외교주임의 직책을 두고 외교업무를 강화했다. 이때 한지성은 외교주임으로서 홍콩·마닐라·버마 등지에서 활동하고자 했다. 당시 이 지역은 연합국이 통치하던 지역으로 의용대가 자신들의 입지를 강화하기 위해 연합국들과의 외교를 펼치려고 했던 것으로 조선의용대의 외교활동은 훗날 인면전구공작대를 파견하는 시발점이 되었다. 이러한 외교활동은 조선의용대와 민족혁명당으로 대표되는 在中한인독립운동의 좌파세력들뿐만 아니라 우파세력들 역시 중요하게 여긴 활동이었다.

한지성은 대한민국임시정부에 참여한 이후에도 선전과 외교를 중심으로 활동했다. 특히 1943년에 좌우를 망라한 在中한인독립운동가들이 모여 在中國自由韓人大會를 개최하게 되는데 한지성은 대회의 주석단으로 선출되었다. 재중국자유한인대회는 세계열강에 한국의 독립의지를 알리고자 했던 것으로 일종의 외교활동이었고, 한지성은 주석단의 일원으로서 열강에 대한 외교를 펼쳤던 것이다.

그리고 한지성은 1943년 8월에 인면전구공작대의 대장으로서 인도-버마 전선에 파견된다. 인면전구공작대의 주요임무는 연합군 측에 군사활동을 지원하는 것이었지만 '외교'의 임무도 가지고 있었던 것으로 보인다. 이는 한-영 간의관계에 인면전구공작대의 중요성을 강조한 한지성의 인식을 통해서도 확인할 수 있으며, 인면전구공작대를 통해 영국과의 관계를 발전시키고자 했던 在中한인독립운동가들의 의도를 엿볼 수 있었다.

당시 在中한인독립운동가들은 외교를 중요한 독립운동의 수단으로 생각하고 꾸준히 외교를 통해 조국의 독립을 쟁취하려고 했다. 특히 이 글에서는 한지성의 활동을 통해 조선의용대와 민족혁명당을 중심으로 하는 중국 관내지역 좌파세력의 외교노력, 在中한인독립운동 진영과 영국과의 외교를 살필 수 있었다. 제2차 세계대전의 연합국들과 외교를 통해 독립을 쟁취하고자 했던 在中한인독립운동가들의 활동은 같은 시기 만주지역에 있던 항일세력의 무장투쟁과는 다른 모습으로 在中한인독립운동 진영의 특징적인 모습이었다고 볼 수 있다. 따라서 미국과 중국뿐만 아니라 영국과의 외교를 통해 독립을 쟁취하고자 했던 중국 관내지역 독립운동 세력의 '외교' 활동은 在中한인독립운동의 특징으로 규정지을 수 있을 것이고, 한지성은 그 외교활동의 한축을 담당했던 인물이었다고 할 수 있을 것이다.

【참고문헌】

『동아일보』, 『중외일보』, 『每日申報』, 『自由新聞』, 『東京朝日新聞』

『朝鮮義勇隊(通迅)』(國家報勳處, 『海外의 韓國獨立運動史料Ⅷ－中國篇④』, 1994)

朝鮮總督府 警務局, 『軍官學校事件の眞相』, 1934.(한홍구 · 이재화 編, 『한국민족해방운동사자료총서』 3, 경원문화사)

內務省 警保局 保安課, 『特高外事月報』.

朝鮮總督府 高等法院 檢事局 思想部, 『思想彙報』 22, 1940(3월).

한석동 증언(한지성의 다섯째 조카, 2014년 7월 8일 경북 성주군 창천리 자택에서 인터뷰, 녹취)

한옥동 증언(한지성의 일곱째 조카, 2014년 6월 17일 서울시립대학교 염인호 교수 연구실에서 인터뷰, 녹취)

「한재수의 호적등본」, 「한재수 가천공립보통학교 졸업장」, 「한재수 가천공립보통학교 학적부」, 「한재수의 가천공립보통학교 정근상장(1926.3)」, 「한재수의 개근상장(1929.3)」, 「한재수 대구공립상업학교 학적부」, 「한재수의 유도 1급 증서」, 「한재수의 상장」, 「한재수의 중앙정치학교 졸업에 관한 대만국립정치대학의 확인 공문」, 「한지성이 아버님께 보낸 편지(1945.11)」 (이상 한옥동 기증자료)

국사편찬위원회, 『한국독립운동사자료집』 별집9, 1993.

국사편찬위원회, 『대한민국임시정부자료집』 12, 2006.

국사편찬위원회, 『대한민국임시정부자료집』 37, 2009.

김광재, 「朝鮮青年前衛同盟의 결성과 변천」, 『한국민족운동사연구』 21, 1999.

鹿地 亘, 『日本兵士の反戦運動』, 東城社, 東京, 1982.

金榮範, 「朝鮮義勇隊 研究」, 『한국독립운동사연구』 2, 1988.

김영범, 『한국 근대민족운동과 의열단』, 창작과비평사, 1997.

金正明 編, 『朝鮮獨立運動』 2, 原書房, 東京, 1967.

김희곤, 「성주지역의 독립운동과 성격」, 『한국독립운동사연구』 46, 2013.

박민영, 「한국광복군 印緬戰區工作隊 연구」, 『한국독립운동사연구』 33, 2009.

신한청, 『한청항일혁명회상록』, 연변인민출판사, 2011.

염인호, 『김원봉 연구』, 창작과 비평사, 1993.

廉仁鎬, 「朝鮮義勇軍研究－民族運動을 中心으로」, 국민대학교 국사학과 박사학위논문, 1995.

李炫熙, 『韓國獨立運動證言資料集』, 한국정신문화연구원, 1986.

朱燕平, 『中国国民党中央政治学校文献类编(1927-1949)』, 江苏人民出版社, 南京, 2014.

秋憲樹 編, 『資料 韓國獨立運動』 3, 연세대학교출판부, 1973.

한상도, 「조선의용대와 재중 일본인 반전운동집단의 연대」, 『한국민족운동사연구』 38, 2004.

한상도, 「국제적 반제국주의 연대투쟁으로서의 한국독립운동－중일전쟁 전후 중국지역을 중심으로」, 『한국독립운동사연구』 26, 2006.

韓詩俊, 『韓國光復軍 研究』, 一潮閣, 1993.

※ 출처: 『한국근현대사연구』 제74집, 한국근현대사학회, 2015.

한국광복군 印緬戰區工作隊 연구

박민영 | 한국독립운동사연구소 선임연구위원

1. 머리말

대한민국임시정부는 1940년 9월 중국 重慶에서 한국광복군을 창설하였다. 임시정부가 한국광복군을 편성한 궁극적 목적은 미국, 영국, 중국 등과 함께 2차 대전에 연합국의 일원으로 참전하여 일제를 상대로 전쟁을 벌여 승리함으로써 당당한 전승국의 자격으로 한국독립을 쟁취하는 것이었다. 한국광복군은 이러한 목적을 달성하기 위해 안팎의 여러 가지 제약 조건을 무릅쓰고 다양한 군사활동을 전개하게 되었다. 미국의 전략사무국(OSS)과 공동작전을 구상한 일과, 인도 · 미얀마전선(印緬戰線)에 한국광복군 인면전구공작대를 파견하여 영국군과 공동으로 군사작전을 전개한 것이 그 대표적인 사례라 할 수 있다.

인면전구공작대는 1943년 중경에서 현지로 파견되었고, 1945년 해방 직후 중경으로 귀환하였다. 파견 기간은 2년이었고 대원은 모두 9명에 지나지 않았다. 그럼에도 불구하고, 이들의 활동이 갖는 역사적 의의는 결코 적지 않으며, 한국독립운동사에서 뚜렷한 위상을 가지고 있다고 생각한다. 무엇보다 인면전구공작대는 대한민국임시정부가 연합국의 일원으로 2차 대전에 참전하기 위해 편성한 한국광복군의 소임을 최일선에서 구현했던 '유일한' 부대였기 때문이다. 이 부대는 영국군과 공동으로 대일전을 벌여 임팔 등지에서 특수 공작전으로 상당한 전과를 올리며 커다란 활약을 하였던 것이다.

그럼에도 불구하고, 인면전구공작대의 활동전모에 대해서는 여전히 잘 알려져 있지 않은 실정이다. 1970년대에 들어와 생존 대원들의 증언과 단편적인 자료들을 토대로 인면전구공작대의 파견 및 활동과정을 정리해 놓은 것[1]을 비롯하여 인면전구공작대와 관련하여 산견되는 자료들을 중심으로 임시정부의 공작대 파견노력과 시도를 정리해 놓은 논고[2] 등이 발표되었다. 이러한 선행연구는 자료 부족과 사실적 오류로 인해 여러 가지 한계를 노정하였다. 그 뒤 한국광복군 연구의 일환으로 인면공작대에 대한 연구[3]가 이루어지고, 나아가 조선민족혁명당의 공작대 파견경위를 중심으로 한 연구[4]도 진행됨으로써 이 분야 연구를 한층 심화시켰다. 하지만, 연구 시각과 주제의 제약으로 인해 인면공작대의 활동 전모를 밝히는 데는 이르지 못하였다.

필자는 2005년 가을 인면전구공작대가 활동한 인도, 미얀마의 전적지를 답사할 기회가 있었다.[5] 인면전구공작대가 1945년 해방과 더불어 철수한 이래 60년 만에 최초로 이루어진 유적지 답사과정에서 필자는 신선한 충격을 받았다. 임팔을 비롯하여 인면공작대가 참전해 활동한 戰場이 그동안 피상적으로 알고 있던 정도의 수준이 아니라 참혹하고도 치열한 전투가 벌어졌던 대일 격전지의 가장 중심에 들어 있었기 때문이었다. 즉 인면전구공작대는 2차 대전 중 영일 간에 벌어진 격전의 가장 중심부에서 활동했던 부대라는 사실을 새삼 깨달았던 것이다. 본 연구를 수행한 동기도 여기에 있다.

본고에서는 가능한 한 한국광복군 인면전구공작대와 관련된 제반 문제를 다루고자 하였다. 먼저 인면전구공작대의 파견과정에 대해서는 조선민족혁명당과 대한민국임시정부의 공작대 파견 노력과 시도를 중심으로 고찰하였다. 이어 인면전구공작대가 현지

1) 독립운동사편찬위원회, 『독립운동사』 6, 1975, 476~484쪽.

2) 李鉉淙, 「光復軍聯絡隊의 印度派遣과 活動狀況」, 『亞細亞學報』 11, 1975.

3) 韓詩俊, 『韓國光復軍硏究』, 一潮閣, 1993, 260~271쪽.

4) 金光載, 「조선민족혁명당의 연합국과의 합작활동」, 『홍경만교수정년기념 한국사학논총』, 경인문화사, 2002.

5) 한국광복군 인면전구공작대 유적지 조사는 독립기념관 한국독립운동사연구소에서 해외독립운동사적지 조사사업의 일환으로 2005년 10월 15일부터 31일까지 실시되었으며, 필자와 함께 인도근대사를 전공하는 이옥순 교수, 김형목 선임연구위원, 그리고 국가보훈처 김홍남 사무관이 동참하였다. 본고 작성과정에서도 이들의 조력이 컸음을 미리 밝혀둔다. 조사보고서는 2006년 1월 한국독립운동사연구소에서 펴낸 『국외독립운동사적지 실태조사보고서』 Ⅳ에 실려 있다.

에 파견되어 활동한 전모에 대해서는 공작전 훈련과정, 임팔전투에서의 활약, 그리고 미얀마 탈환전 참전 등으로 나누어 살펴보았다. 그 가운데서도 특히 인면공작대의 현지 활동 전모를 사실적으로 구명하는 데 주안점을 두고자 하였다. 그동안 인면공작대가 인도, 미얀마전선에서 전개한 활동양상과 그 성격을 피상적으로 이해해 왔던 경향을 환기하고 싶은 의도에서였다.

본 연구에는 특히 전술한 현지 답사과정에서 얻은 경험이 큰 자산이 되었다. 그리고 최근에 국사편찬위원회에서 2006년에 발간한 『대한민국임시정부자료집』 제12권에 所載한 인면전구공작대 관련 자료들은 본고 작성에 커다란 도움을 주었다. 그밖에도 신문자료와 공작대원의 회고록, 증언집 등도 활용하였다.

그럼에도 불구하고, 본고는 인면전구공작대에 관한 시론적 연구에 지나지 않음을 자인하지 않을 수 없다. 무엇보다 현지활동의 구체적인 내용과 양상을 밝혀줄 자료가 제한되어 있다는 점에 특히 여운이 남는다. 대원들이 남긴 자료 외에는 영국을 비롯해 일본, 인도 등 관련국의 자료를 확보하지 못했기 때문에 사실 방증에 한계가 있는 것이다. 인면전구공작대와 관련된 영국 측 문서 · 신문 자료를 비롯해 일본포로 심문기록, 대원들이 발간한 것으로 전해지는 진중신문 『병대동무』 등은 향후 발굴해야 할 과제로 남긴다.

2. 인면전구공작대의 파견경위

1) 조선민족혁명당의 해외공작원 파견시도

한국광복군 인면전구공작대는 그 연원이 조선민족혁명당의 공작원 해외파견 시도와 노력에서부터 비롯되었다고 할 수 있다.[6] 김원봉이 이끌던 조선민족혁명당은 1941년 뒷날 인면전구공작대장이 되는 韓志成을 홍콩, 싱가포르, 필리핀 등지로 파견하여 공작활동을 전개할 계획을 갖고 이를 추진하고자 하였다. 김원봉은 조선의용대 대장의 명의로 1941년 5월 14일자로 중국 국민당 외교부에 조선의용대 지도위원 겸 編訊組 조장 韓

6) 金光載, 「조선민족혁명당의 연합국과의 합작활동」, 『홍경만교수정년기념 한국사학논총』, 경인문화사, 2002, 446쪽; 반병률, 「해제 – 인면전구공작대」, 『대한민국임시정부자료집』 12, 3~4쪽 참조.

志成의 동남아 파견계획을 알리고 협조를 요청한 것이 이를 잘 보여주고 있다.

> 우리 부대는 특별히 본대 지도위원 겸 편신조 조장인 한지성 동지를 홍콩, 싱가포르, 마닐라 등지로 보내 우리 조선의용대의 공작 情形과 조선의 國情 및 日寇 통치하의 실정을 선전하고 소개하며, 남양 각 민족의 반일운동을 강화하여 동방 피압박민족의 단결과 항일을 촉성하려고 합니다. 이에 특별히 편지로 貴部에 청하니, 駐홍콩대표, 駐필리핀·싱가포르·버마 총영사관에 분별하여 電飭하여서 협조와 지도를 하여 임무를 완성하게 해주시기를 간절히 바랍니다.[7]

즉 김원봉은 이 공함을 통해 한지성을 동남아 각지로 파견하여 조선의용대의 활동상황, 일제통치하의 국내상황과 탄압실상을 선전·소개하고, 동남아 각 민족의 반일운동을 강화함으로써 동방피압박민족의 단결과 항일을 촉진할 계획을 갖고 있다는 사실을 통보하고, 중국 외교부가 홍콩, 필리핀, 싱가포르, 버마 등지에 주재한 각 공관에 지시를 내려 협조와 지도를 하게 하여 임무를 완성할 수 있도록 해달라고 요청하였던 것이다.[8]

김원봉의 요청에 대하여 중국 외교부는 5월 21일자로 공문을 보내어 중국군사위원회 정치부에 이 문제에 대한 의견을 물었다.[9] 이에 대해 중국군사위원회 정치부에서는 이미 조선의용대 지도위원회가 보내온 "남양 각지에 韓僑가 매우 많은데, 적극적으로 지도하고 아울러 대원을 파견하여 가서 시찰을 하게 해서 남양 각지의 韓僑가 일치하여 떨쳐 일어나 抗日을 하고 關內의 조선의 국권회복운동을 한층 강화하기를 바란다"라는 청원에 의거해 그 타당성에 대한 조사를 마쳤으며, 그 결과 중국의 抗戰國策과 일치하는 것으로 판단한다고 긍정적으로 회신하였다.[10]

이러한 회신에 따라 중국 외교부는 6월 26일자로 조선의용대 본부에 답신을 보내 홍콩, 필리핀, 싱가포르, 버마 총영사관에 한지성의 파견계획을 알리고 이 사업에 협조해

---

7) 「渝朝公字 제90호」(김약산이 중국 외교부에 보낸 공함, 1941년 5월 14일)(『대한민국임시정부자료집』 12, 국사편찬위원회, 2006, 20쪽).

8) 반병률, 「해제－인면전구공작대」, 『대한민국임시정부자료집』 12, 3쪽.

9) 「東30字 제3075호」(중국 외교부에서 군사위원회 정치부에 보낸 공함, 1941년 5월 21일)(『대한민국임시정부자료집』 12, 국사편찬위원회, 2006, 20~21쪽).

10) 「□□字 제3585호」(군사위원회 정치부장 張治中이 외교부에 보낸 공함, 연월일미상)(『대한민국임시정부자료집』 12, 국사편찬위원회, 21쪽).

줄 것을 지시했다고 하였다. 이로써 조선의용대에서 한지성을 동남아 각지로 파견하려던 계획은 중국군사위원회와 외교부의 협조와 승인을 얻어 실행될 수 있는 조건을 모두 갖추었다.

그럼에도 불구하고 한지성을 동남아 공작원으로 파견하려던 조선의용대의 계획은 실행되지 못한 것으로 보이며, 현재로서는 그 이유를 알 수 없는 실정이다. 하지만, 이러한 계획을 통해서 조선의용대가 동남아로 활동영역을 확대해 선무공작을 강화하면서 항일역량을 제고하려던 강한 의지를 감지할 수 있다. 결국 이 시기 한지성의 동남아 파견 시도는 곧이어 조선민족혁명당의 인도공작대 파견으로 연결되는 역사적 인과관계를 설정하고 있는 것으로 볼 수 있기도 하다.

그 뒤 인도 주둔 영국군사령부의 요청에 응하여 1943년 2월경 조선민족혁명당은 조선의용대원 周世敏과 崔省吾 2인을 印度戰區에 공작원으로 파견하였다. 이들의 파견은 복잡한 과정과 절차를 거쳐 이루어졌다. 한인 공작원의 투입 필요성을 인식한 영국 측에서는 1942년 10월 조선민족혁명당에 대원 파견을 요청하였으며, 그 과정에서 영국 측은 또한 중국군사위원회 국제문제연구소에도 이 문제를 의뢰한 것으로 보인다. 영국군사령부의 요청에 따라 조선민족혁명당은 이들의 파견을 위해 중국군사위원회의 위원장 侍從室과 軍事處에 협조와 승인을 요청하였다. 이에 따라 시종실에서는 1942년 10월 24일 외교부에 서신을 보내 영국 원동정보국 직원 명의로 증명서를 발급해 주도록 하였으며, 군사위원회 군사처에서도 정치부와 협의한 결과 대원 파견을 승인하기로 하고, 국제문제연구소 주임 王芃生이 10월 26일 그 결과를 외교부에 통보하였다. 이에 외교부에서는 이들이 한인인 관계로 여권을 발급하지 않고 대신 출국증명서를 발급하여 출국을 허가하였던 것이다.[11]

그러나 주세민과 최성오의 활동기간은 매우 짧았던 것으로 보인다. 10월 하순 출국승인을 받았음에도 불구하고 이들이 실제로 인도에 파견된 것은 1943년 2월로 추정된다. 그리고 귀환 시기는 3월로 불과 한 달 정도 전지공작에 투입되었던 것으로 보인다.[12]

---

11) 「渝辦一參字 제29240호」(중국군사위원회 판공청 군사처에서 외교부에 보낸 공함, 1943년 11월 25일) 및 「渝辦一參字 제29299호」(1943년 12월 3일)(『대한민국임시정부자료집』 12, 국사편찬위원회, 2006, 31쪽).

12) 이들의 파견 및 귀환 시기를 명확히 알려주는 자료는 확인되지 않지만, 캘커타 주재 중국총영사관에서 중국 국민당 집행위원회 앞으로 보낸 1943년 9월 12일자 전보에서 "금년 봄에 한국광복군이 증파

이들은 현지 기후와 풍토에 적응하지 못해 생활이 艱苦하여 오래 활동할 수 없었던 것이다.

그럼에도 불구하고 주세민과 최성오의 印度戰區 공작활동은 매우 두드러져, 영국군은 이들의 활동에 크게 만족해하였다. 영국군은 이를 계기로 총사령부 안에 대적선전대를 특설하였다고 한다. 당시 이들이 전개한 공작전의 실상은 명확하지 않지만, 주로 대적선무방송 임무를 맡았던 것으로 보인다. 이들이 활동했던 곳은 인도의 콜카타(Kolkata, 구 Calcutta)와 미얀마 서북부 해안의 국경지대인 아라칸(Arakan) 전선으로, 곧 이들은 콜카타에서 훈련을 받은 후 아라칸 전선에 투입되었던 것으로 보인다.[13)]

조선민족혁명당 공작원의 활동에 크게 고무된 영국군 총사령부에서는 더 많은 인원을 증파해 줄 것을 재차 요청하였다.[14)] 이에 공작대를 파견하기 위한 근거와 원칙을 마련하기 위해 주인도영국군총사령부를 대표하여 영국 특수공작부대인 'SOE'의 동남아 담당 책임자였던 맥켄지(C. H. Mackenzie)와 조선민족혁명당 총서기 김원봉 사이에 1943년 5월 다음과 같은 '朝鮮民族軍宣傳聯絡隊' 파견에 관한 협정이 체결되었다.

조선민족혁명당에서 파견하는 조선민족군선전연락단위에 관한 협정의 계획

조선민족혁명당 대표 金若山 장군과 在印英軍總司令部 대표 멕켄지 선생은 조선민족의 독립을 쟁취하고 영군의 완전 戰勝을 촉진하기 위하여 조선민족혁명당은 재인영군의 대일작전을 협조하고 영군은 조선민족혁명당의 대일투쟁을 원조하는 원칙하에서 아래와 같이 협정함.

1. 조선민족혁명당은 영군의 대일작전을 협조하기 위하여 '朝鮮民族軍宣傳聯絡隊'를 파견함.
2. 연락대는 十人至二十五人으로써 隊長 一人을 두되 영군의 제복을 입고 조선민족혁

한 최아무개가 朱姓을 가진 자와 함께 인도에 와서 (중략) 최아무개 등은 이미 3월경에 중경으로 되돌아왔는데"(『대한민국임시정부자료집』 12, 23쪽)라고 되어 있고, 중국군사위원회 군사처에서 외교부로 보낸 1943년 11월 25일자 공함에서 주세민이 2월에 출국하였다고 한 사실로 미루어, 1943년 2월에 파견되어 한 달 동안 활동하다가 3월에 귀환한 것으로 보인다.

13) 한지성, 「인도공작대에 관하여」, 『독립』 제3권 제75호, 1945년 6월 13일자; 캘커타 총영사관에서 1943년 9월 12일 중국 국민당 중앙집행위원회에 보낸 전보(『대한민국임시정부자료집』 12, 국사편찬위원회, 31쪽).

14) 인도 영국군의 부사령관인 하틀리가 중국군사위원회의 何應欽에게 직접 편지를 보내 김원봉의 조선의용대원 가운데 20명의 공작대를 추가로 파견해 줄 것을 요청했다고 한다(『대한민국임시정부자료집』 12, 24쪽).

명당의 연락대라는 顯明한 徽章을 佩帶함.

3. 연락대의 주요 공작은 영군의 대일작전에 유리한 對敵宣傳과 가능할 때에 조선혁명운동에 유리한 宣傳과 戰獲한 문건을 번역하는 것임.
4. 연락대의 복무기한은 六개월을 제1기로 하되 양방의 협의에 의하여 연기할 수 있음.
5. 前條 期滿前에 조선민족혁명당이 필요로 認할 時나 英方의 요구가 있을 때에는 일부분 혹은 전부의 인원을 調換할 수 있음.
6. 대장은 在印英軍 上尉와 동등한 대우를 받고 대원은 재인영군 中尉와 동등한 대우를 받되 공작상 우수한 공적이 있는 자는 특별 장려를 받음.
7. 연락대의 공작을 有效히 전진시키기 위하여 조선민족혁명당은 상주대표 1인을 인도에 파견하여 全般動作에 있어서 密切히 합작케 함.
8. 영군이 捕獲한 朝鮮人俘虜에게 공작대 인원이 자유로 접촉케 해서 가능하면 그들을 훈련하여 복무케 함.
9. 上述 연락대 인원의 派遣調換 혹은 撤回에 需要되는 일체 경비는 英方에서 부담함.
10. 연락대 인원은 영군 군관과 동일한 여행상 편리와 대우를 享受함.
11. 隊의 인원이 델리에서 공작할 때는 무료로 거주의 편의를 주되 그것은 帳幕生活이 되기 쉬움. 만약 여관에 거주할 수 있을 때에는 薪金 중에서 百루피를 把除해서 그 食宿費에 充用함.
12. 조선민족혁명당 대표는 주로 델리에 거주하고 그의 판공 생활여비 등 비용은 상당한 대우로 영방에서 부담함.[15]

위의 협정서 초안을 통해 인면공작대가 파견되던 당시 정황과 조건들을 여러 각도로 이해할 수 있다. 여기에 따르면 조선민족혁명당과 영국군은 대일전에서 공동으로 연합전선을 구축한다는 명분과 원칙에 입각해 공작대가 파견되었음을 알 수 있다. 즉 선전연락대의 구성, 임무, 복무기한 및 조건, 대원들의 대우 등을 구체적으로 규정한 이 협정은 위 내용에서도 언급하였지만, 원칙적으로 상호간에 호혜 평등한 입장에서 체결된 것이었다.

한편, 영국 측의 요구를 수용한 조선민족혁명당은 파견 예정인원을 선발하고 출국을 위한 여권 발급을 중국 당국에 신청하였다. 하지만, 중국군사위원회의 何應欽 장군은

15) 韓國精神文化硏究院, 『韓國獨立運動史資料集－趙素昻篇(四)』, 182~185쪽; 『대한민국임시정부자료집』 12, 국사편찬위원회, 3~4쪽. 이 자료집에는 협정서의 영역문도 함께 실려 있다.

파견대상을 광복군에서 선발하라고 지시하였다. 그러나 조선민족혁명당 측은 영국 측에서 필요로 하는 인원은 군사요원이 아니라 민간인들이라고 주장하였다. 하응흠은 비록 민간인들이라 하더라도 광복군 자격으로 파견해야 한다는 입장을 고수하였다. 이에 영국대사관의 1등 서기관, 한국 측 대표, 중국 측 하응흠 등은 우선 광복군 가운데 9명을 선발하여 보내고, 영국 측이 요청한 나머지 16명은 나중에 광복군과 관련 없는 한국 민간인을 파견하는 것으로 합의하였다. 중국 측이 광복군 소속 인원의 파견을 고집한 것은 민간인의 경우 관리 통제가 용이하지 않았기 때문이었다.[16)]

2) 대한민국임시정부의 인면전구공작대 파견

조선민족혁명당이 총서기 김원봉의 명의로 영국군 SOE의 동남아 담당 책임자인 맥켄지와 '朝鮮民族軍宣傳聯絡隊' 파견을 위한 협정을 체결했음에도 불구하고 독자적으로 대원을 파견하지 못하였다. 대신에 대한민국임시정부 한국광복군총사령부에서 인면전구공작대를 파견하게 되었다. 그 이유는 당시 조선민족혁명당은 임시정부에 참여하여 그 소속 정당 가운데 하나가 되어 있었고, 조선민족혁명당의 무장조직이었던 조선의용대는 1942년 7월 개편선언을 발표하고 광복군 제1지대로 편입되어 있었기 때문이다. 그러므로 조선민족혁명당이 임시정부나 한국광복군총사령부를 무시하고 독자적으로 군사행동을 결정할 수는 없었을 것이다. 더욱이 광복군은 '九個準繩'으로 인해 중국군사위원회로부터 작전권 및 기타 행동에 대해 통제와 간섭을 받고 있는 실정에 있었다. 당시 중국군사위원회에서는 인면공작대 파견문제는 한국광복군총사령부가 주도해야 한다는 입장을 견지하고 있었다.[17)]

조선민족혁명당이 아닌 한국광복군총사령부에서 인면전구공작대를 파견하게 된 경위에 대해 공작대장 한지성이 "한·중·영 간에 복잡한 관계로 인하여 그 협정이 실현되지 못하고 중국군사위원회는(광복군 9항준승이 취소되기 전) 광복군총사령부에서 인도공작대를 파견할 것을 주장하였다"[18)]라고 밝힌 대목을 통해서도 파견 당시의 그러한

16) 김광재, 『한국광복군』, 독립기념관 한국독립운동사연구소, 2007, 216쪽.

17) 한시준, 『한국광복군연구』, 일조각, 262~263쪽.

18) 한지성, 「인도공작대에 관하여」, 『독립』 제3권 제75호, 1945년 6월 13일자.

정황을 짐작할 수 있다.

파견 당시 인면공작대는 그러므로 명의는 한국광복군에 소속되어 있었지만, 9개준승에 의거해 실제로는 중국군사위원회의 통제하에 놓여 있었다. 공작대의 파견 · 소환 · 지도 등 공작대의 활동과 관련한 일체의 내용이 모두 중국군사위원회의 소관하에 있었던 셈이다. 그 뒤 1944년 8월 23일 9개준승이 취소됨에 따라 인면공작대는 임시정부와 한국광복군총사령부의 소관하에 들어오게 되었고, 이후에는 독자적으로 공작대를 운용하게 되었다. 한지성은 이에 대해 "작년(1944년-필자주) 8월 23일 광복군 구항준승이 취소되고 광복군이 임시정부에 직접으로 부속되게 됨을 따라서 인도공작대도 법적으로나 또 사실상으로나 광복군의 일종 특수대오로 총사령에 부속되는 동시에 또 임시정부에 부속되었다"[19]라고 하였다. 그럼에도 불구하고 한국광복군이 중국 영토 안에서 활동하고 있었고, 또 중국정부의 승인과 허가를 얻어야만 현지 戰區로 출국할 수 있었기 때문에 중국 정부로부터 자유로울 수가 없던 실정이었다.

한국광복군총사령부에서는 각 지대에서 인면전구에 파견할 대원들을 선발하였다. 선발기준은 신체조건과 어학이 중시되었다. 인면전구의 험난한 자연적, 지형적 조건을 극복할 수 있는 강인한 체력이 요구되었고, 일본군을 상대로 특수공작 선전전을 수행할 수 있는 능숙한 일본어 실력과 영국군과 연합작전을 수행하기 위한 영어 구사능력 등이 우선적으로 고려되었던 것이다. 그리하여 제1지대에서 2명, 제2지대에서 7명 등 모두 9명을 선발, 다음과 같이 인면전구공작대를 편성하였다.[20]

대 장 韓志成(1지대)
부대장 文應國(2지대)
대 원 崔俸鎭[崔相哲] 金尙俊 羅東奎 朴永晋 宋哲 金成浩(이상 2지대)
李英秀(1지대)

---

19) 한지성, 「인도공작대에 관하여」, 『독립』 제3권 제75호, 1945년 6월 13일자.

20) 文應國, 「第二次世界大戰秘話-韓國光復軍派遣 印度工作隊 活躍史-」, 『光復軍同志會報』 5, 3쪽. 문응국의 증언 및 후술할 베어컨 대위 관련 기록에 의하면, 한국광복군 인면전구공작대의 영문표기는 KNALU(Korean National Army Liaison Unit)였다(『韓國獨立運動證言資料集』, 韓國精神文化研究院, 1986, 113쪽). 문응국의 증언에 나오는 'Legion'은 'Liaison'의 오류로 인정된다.

현지 파견에 앞서 기초적인 적응훈련을 받기 위해 대원들은 중국군사위원회에서 3주간 교육을 받았다. 당시 중국군사위원회에서는 미얀마에 주둔하고 있는 중국군에 추가 병력을 파견하기 위한 교육을 실시하고 있었기 때문에 공작대원도 여기에 합류하였던 것이다. 중국 新一軍의 新 38사단의 대대장·사령부참모 등의 직책으로 미얀마에 파견되었던 崔德新도 이때 광복군 공작대원과 함께 교육을 받았다고 한다.[21] 교육을 마친 9명의 대원은 1943년 8월 29일 인도 콜카타로 파견되었다.

이상에서 보았듯이 인면전구에 파견된 한국광복군 공작대는 시종일관 영국군에 편제되어 활동하였다. 그런데 인면전구공작대가 소속되어 있던 영국군 부대의 정확한 명칭과 그 실체가 잘 드러나 있지 않다. 공작대가 소속되어 있던 영국군 부대에 대해서는 다음 세 가지 내용으로 미루어 그 윤곽을 파악할 수 있다. 앞에서도 보았지만, 김원봉이 1943년 5월 공작대(연락대) 파견협정을 체결할 때 영국군 측 대표가 맥켄지(Colin Hercules Mackenzie, 1898~1986)[22]였다는 사실과, 또 후술하겠지만, 공작대가 인도, 미얀마 현지에서 활동할 때 영국군 201 혹은 204 '전지선전대'와 함께 활동하였다는 공작대원들의 증언, 그리고 인면전구공작대와의 연락을 담당하였던 영국군의 연락장교 베어컨 대위의 소속부대로 나오는 'Indian Field Broadcasting Unit' 등이 그것이다.

위 세 가지 관련 내용으로 미루어, 인면전구공작대는 제2차 대전 당시 영국의 비정규전 특수공작임무를 수행하기 위해 창설된 부대인 'SOE'(Special Operations Executive)에 소속되어 있었던 것으로 추정된다.[23] 앞서 언급하였지만, 맥켄지는 SOE의 동남아전구 최고 책임자였기 때문이다. 인면전구공작대가 SOE에 소속되어 있었을 것으로 인정되는 또 다른 정황은 SOE가 인도전구에서는 일명 GSIK라고 불리다가 이것이 1944년 3월 이후부터는 136부대('Force 136')로 불리게 되었다는 사실이다.[24] 그리고, 한지성의 기록에

21) 文應國, 「第二次世界大戰秘話－韓國光復軍派遣 印度工作隊 活躍史－」, 3쪽.

22) 아버지는 중장인 Colin John Mackenzie 경이며, 이튼스쿨 및 캠브리지대학을 졸업하였다. 2차 대전 당시 비정규전 임무를 수행하던 영국의 특수공작부대인 'Special Operations Executive'(SOE, 동남아전구에서는 일명 136부대로 불림)의 동남아전구 책임자로 있었다. 그러므로 인면전구공작대는 이 부대와 어떤 형태로든지 일정한 관계를 맺고 있었을 것으로 생각된다.

23) 이하 논급하는 인면전구공작대 소속 영국군 부대(SOE, IFBU) 관련내용은 뉴욕거주 재미한인 유대혁(필명 迪倫, dylanzhai.egloos.com)의 도움(자료소개, 아이디어 제공)으로 작성하였기에 사의를 표한다.

24) http://en.wikipedia.org/wiki/Force_136 참조.

인면전구공작대가 실제 함께 활동한 것으로 나오는 영국군 전지선전대의 실체는 명확히 확인되지 않는다. 다만 이 부대는 GSIK의 대적 심리전 부대의 일부로 판단될 따름이다. 한편, 일본군을 탈출한 인도군을 주축으로 1943년 말에 5개의 분대로 'IFBU'(Indian Field Broadcasting Unit)를 구성하게 되는데, '전지선전대'라는 語義로 보아 상당한 관련이 있다고 생각된다. 문응국의 증언에 '영국군 전지선전대(GSIK)의 구성원이 장교를 제외한 대부분이 인도의 구르카족이었다'는 증언과도 어느 정도 부합되기도 하기 때문이다. IFBU 부대도 인면전구공작대와 마찬가지로 전단살포와 선무방송을 주요임무를 수행하고 있었다. 더욱이 인면전구공작대의 연락장교였던 베어컨 대위가 'IFBU'에 소속되어 있었다는 공식기록은 공작대원들이 이 부대와 함께 활동했던 정황을 충분히 입증해준다고 할 것이다.[25)]

이렇게 볼 때, 인면전구공작대는 영국의 SOE에 소속되어 있었던 것으로 인정되며, 다만 실제 전선에 투입될 때 함께 활동했던 영국군 부대인 '전지선전대'는 SOE의 특수 심리전 예하부대인 것으로 짐작되지만, 그 실체가 명확하게 드러나지 않는다. 현재로서는 이 부대가 인도군을 주축으로 편성되었던 IFBU와 깊은 연관을 갖고 있었을 것으로 추정될 따름이다.

한편, 인면전구공작대와 영국군간의 연락업무는 영국군 소속의 베어컨 대위가 담당하고 있었다. 캐나다 출신인 베어컨은 한국에서 10년간 감리교회 선교사로 활동한 경력이 있었기 때문에 한국어가 유창했고, 인면공작대의 활동에 큰 도움을 준 인물이었다.[26)] 캐나다 보훈처의 공식기록(Service Number: EC/9466)에 따르면, 베어컨 대위는 1904년 캐나다 노바스코샤(Nova Scotia)주 암허스트(Amherst)에서 태어나 1943년 10월 26일부터 전사할 때까지 SOE의 136부대에서 근무한 것으로 확인된다. 그는 또 1943년 10월 26일부터 1944년 9월 15일까지 한국광복군 연락장교(Liaison Officer)를 맡았고, 전지선전대(IFBU)에 소속되어 있었다. 그는 구르카 지원부대 및 'IFBU'와 함께 최전방에서 작전수행 중 1945년 3월 13일 부상을 입고 당일 모니와(Monywa)에 있는 병원에서 서거하였다. 그의 유해는 양곤 부근의 턱잔(Taukkyan) 영국군 묘역에 안장되어 있다.[27)] 그리고

25) 캐나다 보훈처 공식기록(http://www.vac-acc.gc.ca/remembers/sub.cfm?source=collections/virtualmem/photos&casualty=2084115).

26) 文應國, 「第二次世界大戰秘話－韓國光復軍派遣 印度工作隊 活躍史－」, 3쪽; 독립운동사편찬위원회, 『독립운동사』 6, 483~484쪽.

베어컨 대위 전사 후에는 역시 선교사 출신이었던 아내 엘리자베스(Elizabeth Pearl Bacon)가 남편을 대신하여 인면전구공작대와의 연락을 맡았다고 한다.[28]

3) 공작대원 증파 노력

조선민족혁명당에서는 인면전구공작대가 파견된 직후 사전 합의에 따라 당원 16명을 인도에 파견하기 위해 중국 국민당정부에 승인을 요청하였다. 9명의 대원 파견 직후에 인도 영국군 부사령관 하틀리는 중국 외교부에 대원 16명을 추가 파견하기로 한 합의를 이행해 줄 것을 요청하는 서신을 보내오기도 했었다. 16명의 명단은 아래와 같다.[29]

張建相 申基彦 李貞浩 趙重哲 姜昌濟 崔省吾 曹 斌 趙志英
文靖珍 金佐卿 李秉勳 馬一新 陳嘉明 金仁哲 金有哲 李孝淂

조선민족혁명당이 인도에 파견하려던 16명 가운데는 張建相과 같은 당내 원로, 申基彦, 李貞浩, 金仁哲 등 소장 실력파도 다수 포함되어 있었다. 이는 조선민족혁명당이 영국군과의 합작을 얼마나 중시했던가를 단적으로 보여준다고 하겠다.[30]

조선민족혁명당에서는 主席 金奎植, 總書記 金元鳳의 명의로 이들이 인도에 파견된 후 이탈된 행동이나 정도에 벗어나는 언동이 없었을 것임을 특별히 보증하기도 하였다.[31] 그러나 중국군사위원회 何應欽 총장은 16명이 모두 김원봉의 계열이므로 그 가운데 반수는 김구 계열 인물들을 포함시켜야 한다고 하고, 나아가 이들은 모두 한국광복군의 자격으로 파견하여야 한다고 주장하였다.[32] 이에 중국 외교부에서는 군사위원회

27) 캐나다 보훈처 공식기록(http://www.vac-acc.gc.ca/remembers/sub.cfm?source=collections/virtualmem/photos&casualty=2084115).

28) 유대혁(필명 迪倫, dylanzhai.egloos.com), Korean National Army Liaison Unit(5) - 열전, 2009.2.17. 한편, 베어컨 대위의 딸인 엘자 딕슨(Elsa Dickson)이 부친이 인도와 버마에서 1941~1945년간에 보내온 편지(Letters of Captain Roland Clinton Bacon, 1941~1945, India and Burma)를 모아 출간할 계획으로 있으며, 그 편지 중 일부가 Robert H. Farquharson, For Your Tomorrow; Canadians And the Burma Campaign 1941~1945, Trafford Publishing, 2004에 인용, 소개되었다고 한다.

29) 秋憲樹, 『資料韓國獨立運動』 3, 延世大出版部, 224쪽.

30) 金光載, 「朝鮮民族革命黨의 연합국과의 합작활동」, 『洪景萬敎授停年紀念 韓國史學論叢』, 449쪽.

31) 秋憲樹, 『資料韓國獨立運動』 3, 延世大出版部, 224쪽.

에 공함을 보내 이들의 인도 파견을 불허하기로 한 사실을 통보하였으며,[33] 결국 추가 파견은 이루어지지 않았다.

1944년에 들어와 임팔대회전 등에 투입된 한국광복군 인면전구공작대원들의 현지활동이 큰 성과를 거두게 되자, 영국군 동남아전구사령관 마운트배턴 경(Lord Louis Mountbatten)은 중경의 한국광복군총사령부에 수차에 걸쳐 인원증파를 요구해 왔다. 1944년 12월 16일 대원 증원요청 건으로 대장 한지성이 중경으로 일시 귀환하여 임시정부와 교섭을 벌이기도 하였다.[34] 한지성은 현지 파견 이래 그동안 인면공작대가 벌여온 활약상과 영국군과의 우호적 관계에 대해 다음과 같이 임시정부에 보고하였다고 한다.

> 인도 전선에서 공작대가 활동에 나선이래, 각 대원은 민족의 영광을 위해 빗발치는 탄환도 두려워하지 않고 온갖 고초를 겪으며 영국군의 작전에 협조를 다하였다. 공작대는 적을 향한 肉聲宣傳, 방송, 전단살포, 포로심문, 적정정찰, 포로훈련 등 여러 부분에서 이미 상당한 성과를 거두었다. 그 결과 영국군 당국은 우리 인도공작대를 깊이 신임하고 있으며, 한국독립에 대해서도 동정을 아끼지 않고 있다. 중경에 거주하고 있는 한국 청년 동지들이 인도에서의 공작에 다수 참여하기를 희망한다.[35]

한편 1944년 4월부터 1945년 3월까지 이루어진 임시정부 군무부의 공작보고서에는 이 정황에 대해 다음과 같이 기록되어 있다.

> 과거 조선민족혁명당과 영국 印度軍事當局과의 協定締結에 의하여 인도에서 공작을 진행하던 印度工作隊의 일체 관계는 이미 림시정부에서 接受辦理케 하였고 목전 공작을 좀더 확대발전시키기 위하여 정부에서는 영국 군사당국과 다시 新協定締結의 교섭을 진

---

32) 金光載, 「朝鮮民族革命黨의 연합국과의 합작활동」, 449쪽; 국사편찬위원회, 『대한민국임시정부자료집』 12, 24쪽.

33) 국사편찬위원회, 『대한민국임시정부자료집』 12, 28쪽.

34) 「東34字 제1132호」(중국 외교부 亞東司 제1과에서 하응흠에게 보낸 代戰, 1945년 2월 8일)(국사편찬위원회, 『대한민국임시정부자료집』 12, 43쪽).

35) 『독립신문』(중경판) 제5호, 1945년 1월 10일자, 「印度工作隊隊長韓志成返渝述職」. "印度工作隊 自赴印參加工作以來 每個隊員 皆爲爭取民族光榮 而以犧牲大無畏之精神 艱苦奮鬬於砲煙彈雨之下 協助英軍作戰 在戰地對敵喊話 廣播 散傳單 訊問俘虜 偵察敵情 與訓練俘虜等工作等中 已有相當寶貴的成績 因此英軍當局不僅對我印度工作隊 深加信任 且對韓國獨立亦深表同情 希望在渝韓國青年同志 多多動員起來 參加印度工作云."

행하고 있음. 인도공작은 주로 英軍과 配合하여 對敵宣傳 俘虜審問 敵文件繙譯 선전삐라 작성 戰地放送 등인데 목하 공작상 필요로 인하여 정부로서는 5명을 증파하기로 결정하였음.[36]

즉, 위 인용문은 조선민족혁명당에서 주관하던 공작대 파견업무를 임시정부에서 주재하게 된 사실을 명확히 규정하였으며, 나아가 추가 증파에 따른 새로운 협정을 체결하기 위해 영국군 당국과 교섭을 진행 중이며, 곧 공작대원 5명을 추가로 파견할 것을 결정하였다는 것이다.

대한민국임시정부에서는 원래 1945년 3월 인면전구공작대원 9명을 추가로 파견하기 위해 김구 주석 명의로 여권 발급을 중국군사위원회에 요구하였다. 그러나 중국군사위원회에서는 趙志英, 李秉勳, 陳嘉明, 黃民(金勝坤) 등 4명은 불허하고 王英哉, 陳春浩, 呂正淳, 胡建, 金斌 등 5명의 증파를 승인하였던 것이다.[37] 이로써 9명의 증파 계획은 곧 다시 5명으로 축소되었다. 인도, 미얀마 현지 전선에서 활동 중인 대원들도 공작인원의 부족으로 애로가 많았던 관계로 대원의 추가 증파를 고대하고 있었다.[38]

이와 같은 한국광복군 인면전구공작대원의 추가증파 계획에 따라 대한민국임시정부는 영국군사 당국과 새로운 협정을 공식적으로 체결할 필요성이 대두되었고, 그 결과 협정안을 마련하게 되었던 것이다. 그리고 1945년 3월 25일 대한민국임시정부 국무회의에서는 12개 조로 된 이 협정 草案을 통과시켰다.

韓國光復軍派印連絡隊에 관한 協定草案

한국광복군 대표와 在印英軍 대표는 한국의 독립과 영국대일작전의 철저한 승리를 위

36) 國史編纂委員會 編, 『韓國獨立運動史－資料 1』, 이 자료에는 나아가 광복군의 병력 규모를 총괄해 놓은 '光復軍 現勢'에서 '駐印工作隊 대장 한지성 이하 13인'이라고 명기하여 놓은 것으로 보아 5명의 추가파병은 기정사실로 인정하고 있었음을 알 수 있다. 이때는 나동규가 중경으로 귀환한 상태였기 때문에 현지 공작대원은 8명이었다.

37) 吳鐵城이 1945년 3월 28일 賀國光에게 보낸 공함(국사편찬위원회, 『대한민국임시정부자료집』 12, 44쪽); 독립운동사편찬위원회, 『독립운동사』 6, 484쪽.

38) 『독립』 제3권 제75호, 1945년 6월 13일자, 「광복군 인도공작대 증파」; 『대한민국임시정부자료집』 12, 19쪽. 그러나 한지성이 1945년 6월에 "금차 9인을 더 파견하는 것도 임시정부 주석 김구 선생이 정부를 대표하여 중국정부 관계당국과 교섭한 것"이라고 언급한 대목을 보면, 추가파병 인원을 9명으로 인정하고 있었음을 알 수 있다(한지성, 「인도공작대에 관하여」, 『독립』 제3권 제75호, 1945년 6월 13일자).

하여 한국광복군은 재인영군의 대일작전을 합작협조하고 영군은 한국광복군의 대일전쟁을 원조하는 원칙하에서 左와 같이 협정함.

1. 한국광복군은 韓國光復軍駐印聯絡隊를 파견하여 영군의 대일작전을 협조함.
2. 駐印聯絡隊의 주요공작은 戰地 혹 戰後方에서 영군을 협조하여 對日放送 傳單製作, 戰地日文新聞出版, 俘獲한 문건의 번역, 俘虜審問, 俘虜訓聯 등임.
3. 영군은 주인연락대의 확대발전, 군사기술 훈련, 한국문제의 선전, 각지 韓國運動과의 연락에 관한 것을 협조함.
4. 한국광복군은 주인연락대의 공작을 유효하게 推動하고 英邦과 긴밀한 합작을 취하기 위하여 印度聯絡隊辦事處를 공개적으로 설치하고 연락대 隊長이 此로 負責함.
5. 駐印聯絡隊의 組織·人事·訓練·制服·徵章·徽章·進級·賞罰 등은 한국광복군의 규정에 의하여 辦理하되 단 英方의 동의를 요함.
6. 東南亞總司令戰區內에서 英方의 관할하에 있는 韓籍俘虜는 敵偵探을 제외하고 모두 해방하여 주인연락대에 인도하여 훈련·사용·관리케 함.
7. 주인연락대의 공작기간은 六個月을 一期로 정하되 필요한 時에는 양방의 협의에 의하여 연기함을 得함.
8. 工作滿期前에 한국광복군이 필요로 認할 時나 또는 英方이 필요로 認할 時는 일부 혹은 전부의 인원을 소환 혹은 調換할 수 있음.
9. 駐印聯絡隊 及 辦事處 인원은 영국군관 同階級의 薪金·律帖·旅行·醫藥上 완전히 동등한 대우를 享受함.
10. 聯絡隊 及 辦事處의 경비, 인원의 파견·調換 及 철회에 수요되는 일체 경비는 영방에서 負責함.
11. 此 협정 중 各條 원칙의 구체적 실시에 관한 것은 주인연락대 隊長과 英方 당국자와 另外로 商定實施함.
12. 此 협정은 한국광복군 대표와 在印英軍 대표가 盖字換文한 時부터 유효함.[39]

위의 협정 초안은 1943년 5월 조선민족혁명당에서 체결한 협정서를 토대로 작성한 것으로 보인다. 그러므로 내용상 크게 달라진 것은 없으며, 다만 대한민국임시정부에서 영국 당국과 공작대 파견과 관련되어 공식적으로 세부사항을 규정하여 협정을 맺으려 하였던 것이다. 이 협정안이 실제로 체결되었는지는 명확히 드러나지 않지만, 대원 5명

39) 국사편찬위원회, 『대한민국임시정부자료집』 12, 9~10쪽; 『대한민국임시정부자료집』 6, 임시의정원 5; 大韓民國臨時政府議政院文書, 859~860쪽.

의 추가 파견이 이루지지 않은 사실로 미루어 이 협정도 미처 체결될 겨를도 없이 일제가 패망한 것으로 생각된다.[40)]

한편, 구체적인 경위와 원인은 확인하기 어렵지만, 1943년 8월 파견된 9명의 인면전구공작대원 가운데 나동규는 1944년 7월 31일 중경으로 복귀하였다.[41)] 그 뒤 1945년 3월 나동규를 대신하여 한국광복군총사령부 소속의 安原生이 추가로 파견되었다.[42)] 안원생은 훈련 중 부상을 입어 실전에는 투입되지 못하고 영국군 동남아전구사령부에 배속되어, 행정사무와 연락을 담당했던 것으로 보인다.[43)]

3. 인면전구공작대의 현지활동

1) 특수공작전 훈련

한국광복군 인면전구공작대원 9명은 1943년 8월 29일 항공기편으로 인도 콜카타에 도착하였다.[44)] 콜카타는 인도 제2의 도시로 1911년 델리로 이전하기 전의 수도였다. 또한 인면전선으로 투입되는 영국군의 근거지이기도 하였다. 공작대가 콜카타로 직행하였던

40) 愛國同志援護會에서 펴낸『韓國獨立運動史』(1956)에서 "4277년 甲申(1944) 5월 한, 미연합항일 목적으로 비루마 戰區 영군 총지휘부와 조약을 체결하고 1지대 별동대를 비루마에 파견 참전하였는데, 隊의 주요간부는 隊長 崔錫鏞, 韓志成, 宋哲, 文炯燮, 崔徹, 羅東奎 등이었으며"(358쪽)라고 한 대목은 1943년에 조선민족혁명당에서 주도해 체결한 협정을 지칭하는 것 같고, 9명의 공작대 파견 사실을 기록한 것으로 보이는데, 대장을 최석용으로 오기하고 있는 점과 공작원으로 파견되지 않았던 문형섭, 최철 등의 성명이 기록된 점은 특기할 만하다.

41)『독립신문』(중경판) 제2호, 1944년 8월 15일자,「韓國健兒活躍印度前線」. 나동규의 중경 복귀시기에 대해서는 1944년 가을로 기록한 자료도 있지만, 위 신문의 기사가 더 구체적이어서 신빙성이 크다.

42) 문응국의 증언에 의하면 안정근의 장자인 안원생은 김구가 직접 파견한 인물이라고 하였다(『韓國獨立運動證言資料集』, 韓國精神文化硏究院, 110~111쪽).

43) 文應國,「第二次世界大戰秘話－韓國光復軍派遣 印度工作隊 活躍史－」,『光復軍同志會報』5, 3쪽.

44)『신한민보』1943년 9월 2일자.
인면공작대의 發程日에 대해 "8월 30일 중경－1대의 광복군 사관들은 작일 비행기로 인도에 갔다"라고 하여 8월 29일 출발한 것으로 기록되어 있어 이 기록을 기준으로 삼았다. 한편, 문응국은 공작대의 파견일자를 1943년 9월 하순으로 기술하고 있으나, 이는 착오로 보인다. 공작대장 한지성의 1945년 기록(한지성,「인도공작대에 대하여」및「인도에서 활약하는 조선용사들」)에 이들의 파견시기를 1943년 8월로 밝히고, 9월 15일부터 본격적인 공작훈련에 돌입했다고 밝힌 것으로 보아 인면공작대는 1943년 8월 하순 출발하였음에 틀림없다(韓詩俊,『韓國光復軍硏究』, 264쪽 참조).

이유도 여기에 있었던 것으로 추정된다.

인도에 도착한 대원들은 콜카타와 델리 두 도시의 영국군 기지에서 한동안 특수공작전과 대적선전방송에 필요한 훈련을 받았다.

한국인 대원들은 대일 특수전을 수행하는 데 가장 적합한 인력이었다. 이들이 보유한 대적능력에 대해 『신한민보』에서 "금일 인도를 향하고 출발한 광복군 사관 1대는 그 사명이 시험적에 있다고는 생각지 않는다. 그 이유를 들면 일본을 대항하는 데는 우리 한인보다 더 적당한 사람이 없는 까닭이다. 한인은 누구보다도 일어에 능하며 일본 풍속을 잘 알며 또 일인의 심리를 이해하며 그 습성을 잘 아는 까닭이다."[45]라고 논평한 대목이 이를 잘 말해준다.

인면공작대원들은 날짜와 교통편은 확인되지 않지만, 첫 도착지 콜카타에서 델리로 이동하였다. 델리에서는 영어학습과 일어방송, 전단작성, 문서번역 등의 훈련을 받았다. 영어는 '델리에서 17Km 떨어진' 가지아바드(Ghaziabad)의 '인그라함학교'에서 학습하였다. 대원들에게 영어를 가르친 이 학교의 교장 윌리엄(Frank E. C. Williams)은 충청남도 공주에서 35년간 선교사로 활동하면서 1906년 永明學校를 세워 경영하던 인물로 한국말이 유창한 미국인이었다.[46]

윌리엄은 일제 말기인 1940년 11월 한국에서 강제 추방되어 일본 고베를 거쳐 인도로 갔었다. 인도에 도착한 그는 남쪽으로 뉴델리와 접해 있는 가지아바드에 머물렀다. 여기서 그는 공주에서 학교를 세워 경영한 경험을 바탕으로 농업 기술과 자력갱생을 가르치던 '인그라함학교'를 설립하였던 것이다.[47] 대원들이 윌리엄으로부터 영어를 배우던 장소는 바로 이 학교였던 것이다.

그리고 일어방송과 전단작성, 문서번역 등의 훈련은 델리의 영국군 기지인 레드 포트(Red Fort)에서 받았을 것으로 추정된다.[48] 델리에 있던 영국군 관련 시설들은 모두 이곳에 있었기 때문이다. 특수전 수행을 위해 실시된 공작대의 교육은 1943년 9월 15일부터 12월 10일까지 3개월간 이루어졌다.[49]

---

45) 『신한민보』 1943년 8월 19일자, 「광복군 사관 1대는 어떤 공작을 위하여 인도에 갔다」.

46) 한지성, 「인도에서 활약하는 조선용사들」.

47) 영명100년사편찬위원회, 『永明100年史』, 2006, 321~324쪽.

48) 과거 영국군 기지였던 레드 포트(Red Fort)는 1948년 인도 독립 후에는 한때 인도군 기지로 사용되다가 현재는 델리의 대표적인 관광명소로 변모하였다.

2) 임팔대회전에서의 활약

(1) 임팔전선으로의 이동과정

델리에서 훈련을 마친 대원들은 1944년 2월경 영국군에 분산 배치되어 활동에 들어갔다. 델리의 영국군사령부에 남았던 송철과, 콜카타 방송국에 남았던 이영수·최봉진을 제외한 6명의 대원은 대장 한지성의 인솔하에 '부야크'[50]로 이동한 후 이곳에서 다시 2개의 분대로 나뉘어 영국군에 배속되었다.

우선, 문응국, 김상준, 나동규 등 3인은 영국군 201 전지선전대(IFBU)[51]로 배치되어 임팔전선으로 투입되었다. 이들은 2월[52] 5일 부야크를 떠나 7일경 부라마푸트라(Brahmaputra) 강[53]을 건넌 뒤 12일 드디어 목적지 임팔에 도착하였다.

다음으로 박영진과 김성호 2인은 204 전지선전대로 배치되어 아라칸(Arakan) 전선으로 투입되었다. 그동안 대장 한지성은 향후 공작문제를 협의하기 위해 부야크를 떠나 델리로 갔다가 다시 콜카타로 돌아와 잠시 머물고 있었다. 그는 이곳에서 대원들이 2개 분대로 나뉘어 전선으로 투입되었다는 소식을 듣고 2월 17일 아라칸으로 갔다. 하지만 아라칸의 전황이 극도로 불리해져 전지선전대의 활동이 불가능한 상황에 봉착하였다. 이에 한지성을 비롯하여 박영진, 김성호 등 세 대원은 204 전지선전대와 함께 아라칸에서 선편을 이용하여 콜카타의 호라(Haora)항으로 철수하게 되었다. 이들은 다시 임팔전선으로 이동하기 위해 콜카타에서 기차를 타고 디마푸르(Dimapur)에 도착한 뒤 육로로 3월 19일경 임팔에 도착하였다. 그리하여 콜카타와 델리에 남아 후방 공작을 벌이고 있

---

49) 한지성, 「인도에서 활약하는 조선용사들」.

50) 영국군 전지선전대 본부가 있었고 전선에 투입되기 직전 공작대원들의 집결지였다고 하는 '부야크'는 현재 그 위치가 확인되지 않는다. 인면전구공작대의 활동 지명 가운데 유일하게 그 구체적인 지명이 확인되지 않는 곳이기도 하다. 대원들이 부야크에서 부라마푸트라(Brahmaputra) 강을 건너 임팔로 갔다는 사실로 미루어 콜카타 서북방에 위치해 있다고 생각된다.

51) 대대급의 이 부대는 장교를 제외한 사병 전원이 전투에 매우 능한 인도의 구르카족으로 구성되어 있었다고 한다(文應國, 「第二次世界大戰秘話－韓國光復軍派遣 印度工作隊 活躍史－」, 3쪽). 영국의 특수공작부대인 SOE의 예하부대로 짐작되는데, 구체적으로 그 실체는 확인되지 않고 있다. 앞에서 논급하였듯이 이 '전지선전대'는 SOE에서 편성한 IFBU(Indian Field Broadcasting Units)를 지칭하는 것으로 인정된다.

52) 전후 문맥으로 보아 원자료에 나오는 '3월'은 2월의 오기이다.

53) 히말라야산맥 남쪽에서 발원하여 인도의 아샘지방을 지나 뱅글라데시를 관통해 흐르는 큰 강이다.

던 이영수, 최봉진, 송철 등 3인을 제외한 6명이 임팔전선에 투입되었던 것이다.54)

(2) 임팔대회전의 시작과 티딤(Tiddim) 철수작전

영국군에 배속된 후 인면전구공작대원들은 임팔전선에 투입되었다. 임팔은 미얀마와 접경한 마니푸르(Manipur) 주의 州都로 영국군 제4군단(군단장 G. Scoones 중장) 사령부가 있던 곳으로, 이곳을 중심으로 영국군과 일본군 간에 2차 대전 전사 가운데 태평양 전쟁의 분수령이 될 정도의 대격전이 벌어졌다.

미얀마를 침공한 일본군은 1942년 3월 수도 양곤(구 랭군)을 함락한 뒤 영국군을 북쪽으로 밀어내어 인도로 퇴각시키고 미얀마 전역을 장악하였다. 임팔을 중심으로 한 인도, 미얀마 국경지대는 1943년 3월 9일 일본군의 대공세로 시작되어 7월 15일 일본군이 총퇴각할 때까지 4개월 넘게 영국군과 일본군이 대접전을 벌였던 전선이었다. 임팔대회전으로 불리는 이 전투에 투입된 일본군은 牟田口廉也 중장이 지휘하는 미얀마 주둔 제15군 휘하의 15, 31, 33사단 등 3개 사단을 비롯해 인도국민군 1개 사단 등 총 10만 명에 달했으며, 영국군도 슬림(W. Slim) 중장이 지휘하는 제14군 예하의 제4군단 소속의 제17, 20, 23사단 등 3개 사단이 동원되었다. 영국과 일본 양군은 인도, 미얀마 국경의 중남부지역에 걸친 코히마, 임팔, 비센푸르, 티딤 등지에서 치열한 격전을 벌여 피아간에 엄청난 사상자가 발생하였고, 특히 군수물자가 고갈되어 참패한 일본군 측의 사상자는 무려 6만 5천 명에 달하였다. 그리고 우기를 맞아 양군은 소강상태에 들어갔다. 1945년 1월부터 공세를 취한 영국군은 미얀마 중부 내륙 깊숙이 진격하여 4월 초 중부에 있는 미얀마 제2의 도시 만달래이를 점령하고 5월 2일 드디어 수도 양곤까지 점령할 수 있었다. 이로써 영국군의 인도, 미얀마에서의 대일전은 종결되었다. 한편, 같은 시기에 중국과 미얀마의 국경에서는 미군과 중국군이 일본군을 압박하여 미얀마 중북부 국경 전역에서 입체작전으로 일본군을 격멸하면서 영국군과 공동전선을 형성하여 승세를 굳히고 있었다(〈인면전구 상황도〉 참조).

---

54) 한지성, 「인도에서 활약하는 조선용사들」.

인면전구 상황도55)

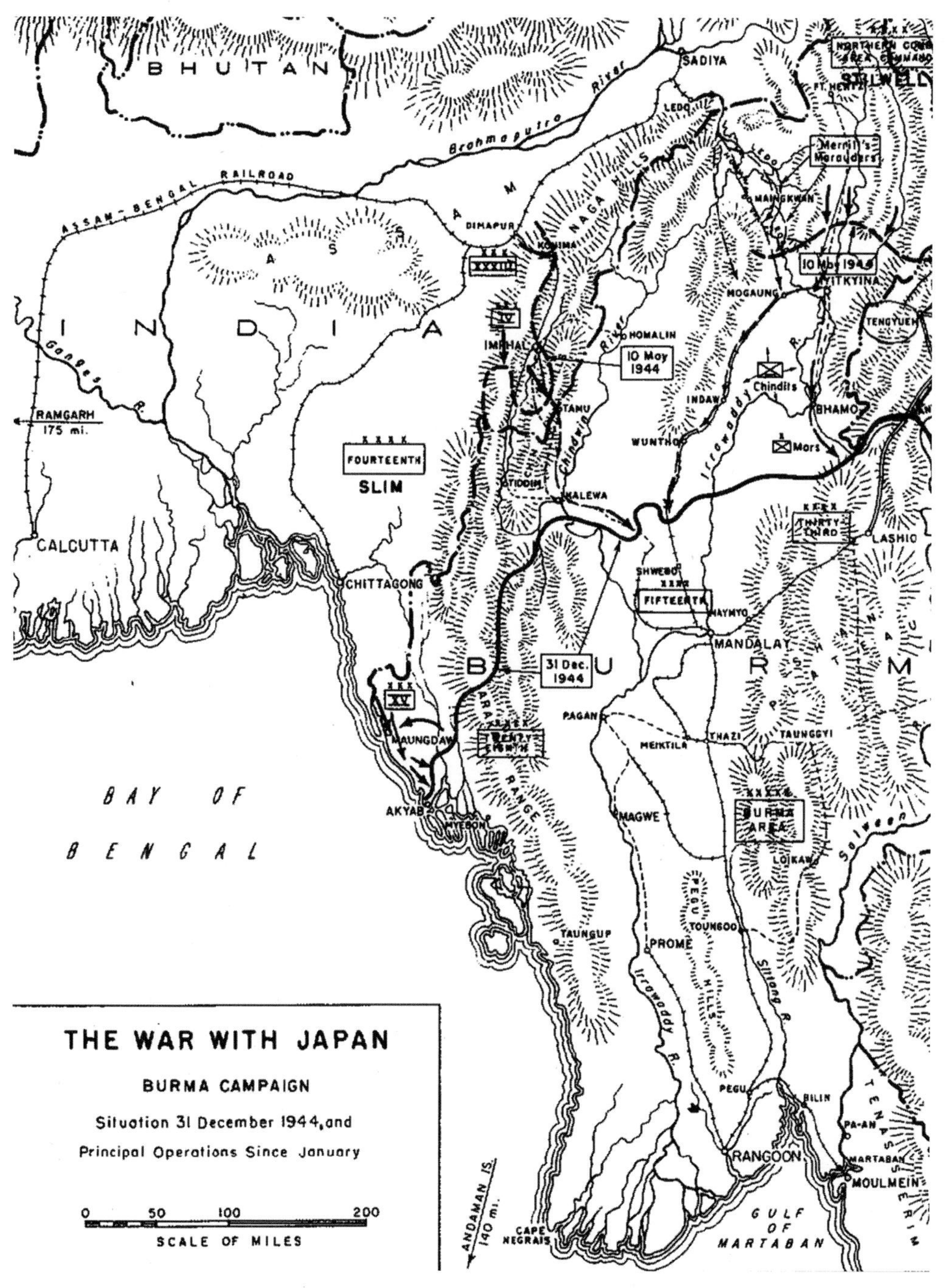

55) *The West Point Atlas of War – World War 2: The Pacific*, Tess Press, p.67.

한국광복군 인면전구공작대는 임팔대회전 당시 최전선에 투입되어 활약하였다. 이들은 격전이 벌어지던 곳곳에서 대적선무방송, 투항권유 전단작성, 노획문서 해독, 포로심문 등 다양한 공작전을 수행하여 큰 전과를 올렸다.

임팔대회전 시기에 인면공작대가 활동했던 지역으로는 현재 자료상 임팔을 비롯하여 디마푸르(Dimapur), 캉글라통비(Kanglatongbi), 우크룰(Ukhrul), 비센푸르(Bishenpur), 티딤(Tiddim) 등지가 확인된다. 디마푸르는 콜카타, '부야크'로부터 연결되는 철도의 종착지로, 인면공작대원들은 이곳에서 하차한 뒤 임팔전선으로 이동하였다. 임팔로부터 북쪽으로 210Km 상거해 있는 이곳은 코히마로 옮기기 이전의 나갈랜드(Nagaland) 주도(州都)였고, 2차 대전 당시에는 콜카타지방에서 임팔 방면으로 수송되는 인력과 물자의 보급기지였다. 캉글라통비는 임팔 북방 외곽에 위치해 있고, 우크룰은 임팔 북동쪽의 미얀마와의 국경지대에 위치해 있다. 그리고 비센푸르는 임팔 정남방에 근접해 있고, 티딤은 다시 비센푸르 정남쪽의 미얀마 영내에 있다. 이들 지역은 모두 2차 대전 당시 격전지였다(〈한국광복군 인면전구공작대 임팔전구 활동지〉 참조).

영국군 201 전지선전대에 배속되어 2월 12일 임팔에 도착한 문응국, 김상준, 나동규 등 세 대원은 곧 전선에 배치되었다. 대원들은 임팔 현지에서 3·1절을 기념하고 이어 영국군 제17사단(사단장 D. T. Cowan 소장)을 따라 미얀마 영내의 티딤을 향해 깊숙이 진격해 들어가 11일경 목적지에 도달하였다. 그러나 티딤 도착 직후 일본군의 포위공격을 받아 수세에 몰려 수일간 악전고투를 치렀으며, 3월 14일에는 전원 철수명령이 하달되어 임팔을 향해 퇴각을 개시하였다.

이와 같은 악조건하에서 퇴로를 뚫어가며 임팔로 철수하던 과정에서 인면전구공작대는 큰 전공을 세웠다. 즉 대원들이 일본군으로부터 노획한 작전문서를 세밀하게 분석하여 일본군의 병력배치 상황에 관한 정확한 정보를 확보할 수 있었고, 이 정보는 영국군 제17사단 전원이 임팔로 무사히 귀환하는 데 결정적 기여를 한 것이다.

이때 영국군 제17사단을 포위한 것은 일본군 제33사단(사단장 柳田元三 중장)이었다. 그리고 구체적인 포위 지점은 티딤 북방 외곽에 있는 통장(Tungzang, Tongzang)이라는 곳이었다. 이러한 사실은 당시 전투에 참가했던 일본군 측 기록을 통해서 확인할 수 있다. 일본군 제33사단 제214연대에서 소대장으로 있으면서 영국군 17사단 포위작전에 참가했던 鹽坪辰實이 당시 전황을 정리한 기록을 보면 다음과 같다.

한국광복군 인면전구공작대 임팔전구 활동지

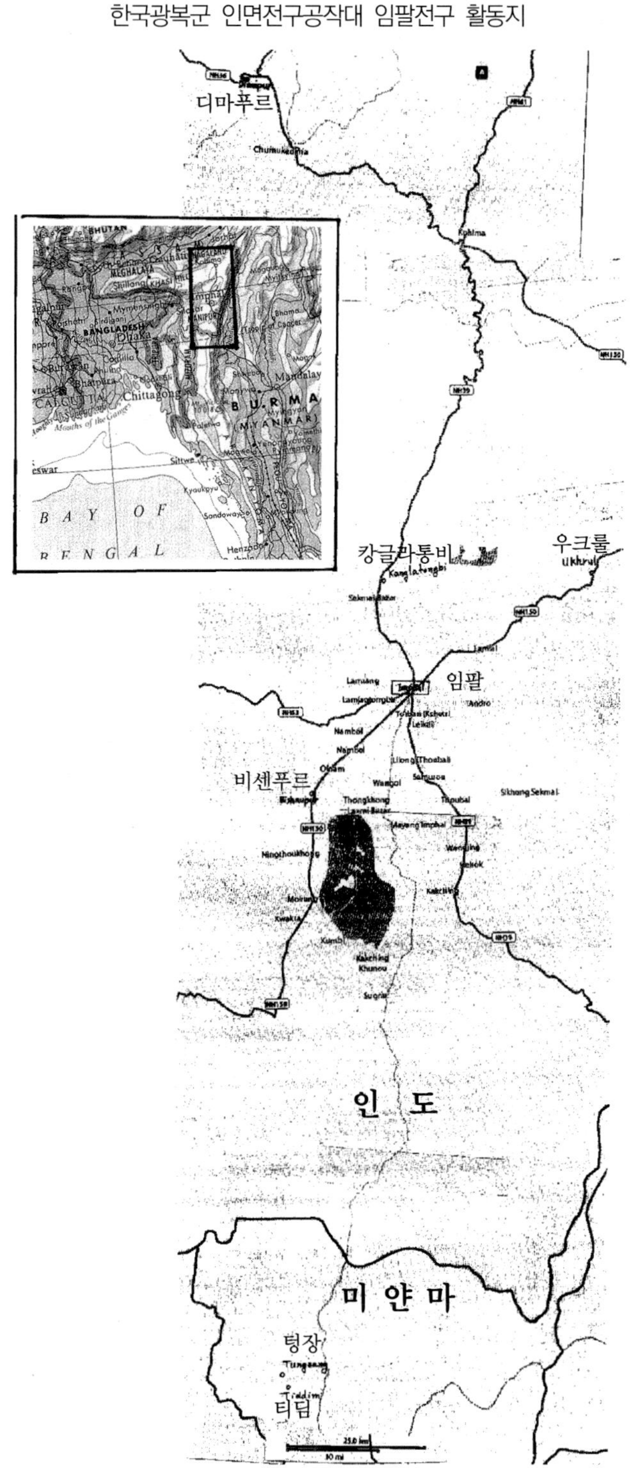

33사단의 통장(Tungzang, 티딤 서북방 지명－필자주) 공략전을 개관하면 다음과 같다. 柳田元三 중장의 지휘하에 제33사단은 통장을 공격하였는데, 우선 수중에 있던 2개 연대를 左突進隊와 中突進隊로 나누고, 그 좌돌진대(보병 제215연대 주력, 연대장 笹原政彦 대좌)를 마니푸르강을 도하하여 크게 우회해 적의 배후로 나와 공격하도록 하였다.

중돌진대(보병 제214연대, 연대장 作間喬宜 대좌)는 통장을 橫에서 공격하여 통장에 있는 英印軍 제17사단을 포위 격멸하는 작전이었다.

3월 8일 행동에 들어간 두 부대는 의도를 숨기고 표고 1천 6백에서 2천 5, 6백 미터 山頂을 올라 다시 계곡으로 내려가는 難行軍으로 통장을 향하였다.

笹原 연대는 마니푸르강을 건너서는 아주 소식이 끊어져 3월 13일 임팔로 통하는 지점에 출현함으로써 적에게 전혀 의표를 찌르는 행동을 한 것이다. 통장의 적은 笹原 연대의 출현으로 임팔 가도를 점거 당하게 되어 퇴각에 퇴각을 하였지만 **자루 속에 든 쥐**가 되고 말았다.[56] (진한 서체－필자)

즉 일본군 제33사단은 2개 연대를 동원해 그 가운데 한 연대는 마니푸르강을 건너 멀리 우회해 영국군의 배후를 차단케 하고, 다른 한 연대는 통장을 측면에서 공격함으로써 티딤 외곽의 통장까지 진출한 영국군 17사단을 포위 고립시키는 작전을 구사하였던 것이다. 이로써 영국군 제17사단은 일본군 제33사단의 포위로 '자루 속에 든 쥐'가 되고 말았다는 것이다.

한편, 영국군 측의 관련기록에도 티딤으로 진출한 제17사단이 난관에 봉착해 있던 전황이 나타나고 있다. 제2차 대전 당시 동남아전구에서 정보장교를 지냈던 루이스 앨렌(Louis Allen)이 남긴 다음과 같은 기록이 그러한 예이다.

(일본군) 제33사단의 영인군 제17사단 격파계획은 잘 진행되었고 승리의 서전에 다가왔다. 그것은 이전에도 종종 영국군을 상대할 때 사용하던 전형적 포위전법을 구사하는 것이었다. (중략) 영인군 제17사단은 임팔 남쪽 110마일 지점의 통장과, 그곳에서 남쪽으로 40마일 떨어진 티딤 사이에서 난관에 봉착하였다. 통장 북쪽 외곽지대의 109고지에는 영국군이 버마로 진격하데 소요되는 군수물자를 산더미같이 쌓아두고 있었다. (중략) 3월 13일, 마침내 (제4군단장) 스쿤즈는 (제17사단장) 코완에게 퇴각명령을 하달하였다. 하지만 때는 이미 늦어 일본군이 여러 지점에서 도로를 차단한 상태였다.[57]

56) 鹽坪辰實,『ビルマ戰線とインパール』, 旺史社, 1987, 94~95쪽.

57) Louis Allen, *Burma－The Longest War 1941~1945*, Poenix Giant, London, 1998, pp.195~197.

위의 기록도 앞에서 언급한 전황과 거의 일치하고 있다. 즉 영국군 제17사단은 티딤까지 진격하였지만, 군수보급기지가 있는 퉁장과 티딤 사이에서 난관에 봉착하게 되었으며, 결국 일본군의 포위를 당하게 되자, 13일 전면 퇴각명령이 하달되었다는 것이다.

이와 같이 고단한 형세하에 놓였던 영국군 제17사단의 퇴각 때 큰 전공을 세운 문응국은 당시 전황과 자신의 활약상을 다음과 같이 생생하게 증언으로 남겼다.

> 난 거기(임팔–필자주) 있다가 어디까지 나갔느냐 하면, (중략) 티딤이라는 데가 있어요. 티딤은 버어마 땅입니다. 임팔서 66마일 지점이예요. 그러니까 인도를 벗어나서 완전히 버어마로 들어간 거예요. 거기 17사단의 영국사람을 블랙 캣 디비젼(Black Cat Division)이라고 그럽니다. 마크가 블랙 캣이예요. 검은 고양이. 인도 사단의 제17사단인데, 여기의 구성이 어떠냐 하면, 인도 사람이 주가 되어 있고, 1개 여단이 영국 정규군에 배속되어 있습니다. 티딤이라는 곳에 도착한 지 사흘만에 역습을 당했어요. 이쪽 D. Day가 3일 후인데, 일본 사람들이 먼저 쳐들어왔어요. 그래서 거기서 산산조각이 나서 후퇴를 하는데, 임팔까지 다시 나오는데, 한 달 동안 돌파작전이죠. 포위를 당했으니까. 거기서 아마 우리가 일본말, 일본문서 그중에서 제일 귀중한 것을 영국 사람이 제공한 것은 딴 것이 아니라 그 문서에 의해서 일본 사람들의 작전이란 것은 군사에 대해서 아는 분들은 굉장히 흥미 있겠지만, 대대장을 대위로 바꾸었어요. 바꾸니까 일본 문서에서는 갑자기 대대장이 둘 나타나니까, 1개 연대가 2개 연대로 된단 말이예요. 그러니까 사단이 하나 더 느는 겁니다. 연대가 늘면 사단이 늘거든. 그랬는데, 내가 유심히 보니까 전투하기 전에 대대장이 벌써 둘이 나온 거지, 그 다음에는 하나다. 왜놈들이 할 때에는 꼭 지휘관의 이름을 씁니다. (중략) 그러니까 전혀 틀리죠. General 곤(Gown)[58]이라고 소장인데요, 불러서 묻데요. 그래서 제가 서류상 그렇게 되었다고 하니까, 그러느냐고 하면서 그날 그 자리에서 돌격명령을 내리데요. 그래서 임팔까지 후퇴하는데 한 달 걸렸어요. 그래서 제가 General 곤의 지지를 많이 받았어요.[59]

즉 문응국은 노획한 일본군 문서를 정확히 해독하여 포위병력이 일본군 2개 사단이 아니라 1개 사단임을 간파하여 그 결과를 사단장에게 보고함으로써 영국군 제17사단이 포위망을 돌파하여 안전하게 퇴각할 수 있도록 해 주었다는 것이다.

---

58) 제17사단장 코완(D. T. Cowan, 재임: 1943.11~1945.5) 소장의 오기이다.

59) 『韓國獨立運動證言資料集』, 韓國精神文化研究院, 114~115쪽.

이에 영국군 사단장은 인면공작대를 직접 찾아와 사의를 표했다고 한다. 결국 3명의 공작대원은 사단 본부를 따라 20여 일간의 악전고투 끝에 티딤에서 임팔까지 180Km를 무사히 퇴각해 4월 2일 임팔에 안착할 수 있었다.

(3) 임팔대회전에서의 공작활동

인도, 미얀마 국경지대의 격전지인 임팔지역의 마니푸르(Manipur)주 일대는 아라칸(Arakan) 산맥이 남북으로 길게 뻗어 있어 열대밀림이 우거진 험준한 산악지대로 자연조건이 매우 열악한 곳이다. 이러한 악조건 속에서 대원들은 영웅적인 공작전을 수행하였던 것이다.

아라칸에서 철수한 뒤 3월 19일 임팔에 도착한 한지성, 박영진, 김성호 세 대원은 3월 29일 임팔 전방 50Km 떨어진 최전방 격전지에 투입되어 영국군 전투부대와 함께 활약하였다. 이들은 3월 31일부터 일본군과 불과 200m까지 근접한 지점에서 대적선무방송을 시작하였다. 그리고 4월부터는 티딤에서 철수한 문응국, 김상준, 나동규 3인도 합류하여 임팔 부근의 격전지 도처에서 특수 공작전을 전개하였다.

이후 6명의 대원은 5월까지 임팔지역에서만 30여 회에 걸친 선무방송과 10여 건의 포로심문, 문서번역 등의 특수공작전을 수행하였으며, 그 외 비센푸르, 캉글라통비, 우크룰 등지에서도 4월 하순부터 6월 초에 이르기까지 역시 대적방송 등 공작전을 전개하여 영국군의 작전을 기민하게 원조하고 있었다.[60]

비센푸르에서는 4월 하순경 일본군 2개 대대 650명을 대상으로 선무방송을 하여 효과를 나타내었고, 기타 일본군으로부터 노획한 문서를 통해서 일본군의 작전계획, 무기와 병력 배치상황, 무선도청과 암호해독 등 다양한 방면에서 큰 전과를 올렸다. 캉글라통비에서도 5월 중순경 박영진이 동북방의 고지에서 대적 선무방송을 실시하였는데, 이 방송을 들은 일본군이 완전히 철수함으로써 영국 군단부 작전공보상에 선전대가 적 진지를 점령하였다고 공식 발표하고 또 사람을 보내와 대원들에게 감사의 뜻을 표했다고 한다.[61]

이러한 활동은 우크룰에서도 마찬가지여서 5월 초순 대원들의 수차에 걸친 대적 선

60) 한지성, 「인도에서 활약하는 조선용사들」.

61) 한지성, 「인도에서 활약하는 조선용사들」.

무방송이 상당한 효과를 가져와 일본군이 스스로 진지를 포기하고 철수하였다. 이에 영국군 사단장이 직접 공작대를 찾아와 감사의 뜻을 표하였다. 나아가 공작대의 건의를 받아들인 영국군은 일본군 포로를 다시 선무방송에 투입하여 큰 성과를 거두었다고 한다.[62)]

공작대원들은 또 임팔의 선전대 총부에서 5월 11일부터 6월 10일까지 격일로 일문으로 된 공작신문 『병대동무』를 10회 발행하였다. 그리고 포로 시험표를 만들어 15명의 포로로부터 62개 답안을 작성하게 하여 영국군의 공작전에 기여하였다.[63)]

임팔대회전에 참전한 인면전구공작대가 이와 같이 눈부신 활약을 보이게 되자, 영국 전지신문이 이들의 활동상을 취재하여 대원들의 사진과 함께 "한국광복군은 중국 경내에서 성립하였고, 그 중 약간을 인도에 파견하여 연합국과 어깨를 겨누어 작전하며 공동의 적을 치고 있다"라고 하는 기사를 실었다고 한다.[64)] 하지만 애석하게도 현재 이 신문 기사는 확인되지 않고 있다.

이상과 같은 인면전구공작대의 대적 선무공작 전과는 상당한 수준이었다. 선무공작 결과, 木村 소위 등 일본군 27명이 귀순하였으며, 임팔전투에 투입되었던 일본군 제15사단 군속 金龜洛(고등관 特遇)을 비롯하여 100여 명의 한적사병을 별도로 포로수용소에 수용, 특수전에 동원할 목적으로 대원들이 이들을 훈련시키던 중 해방을 맞았다고 하는 설도 있다.[65)]

또한 임팔전투가 종료된 직후에 대장 한지성으로부터 받은 소식을 정리해 보도한 『독립신문』에는 인면전구공작대의 활약상이 다음과 같이 소개되어 있다.

> 문응국 동지는 敵情 판단에 대단한 공로가 있어 영국 ○○사단장(17사단장으로 인정됨 -필자주)은 그를 대단히 좋아하였다. (중략) 우리들은 3월말 公路工作에 참가하였다. 적

62) 한지성, 「인도에서 활약하는 조선용사들」.

63) 한지성, 「인도에서 활약하는 조선용사들」.

64) 한지성, 「인도에서 활약하는 조선용사들」.

65) 독립운동사편찬위원회, 『독립운동사』 6, 481~482쪽; 李延馥, 『大韓民國臨時政府30年史』, 220~221쪽; 金承學, 『韓國獨立史』(上), 統一問題硏究會, 1972, 304쪽. 김구락은 콜카타에서 일본인이 경영하던 고무공장의 공장장으로 8여 년간 근무하였던 한국인으로 영어, 중국어, 일어에 능통하였으며, 이 무렵 일본군에 징집되어 제15사단 통역관으로 근무하던 중 인면공작대의 활동소식을 듣고 일본군을 탈출하였다고 한다. 공작대원들은 그를 공작대 측에 가담시키려 노력하였으나, 부일 前歷 때문에 영국군의 반대로 무산되었다고 한다(독립운동사편찬위원회, 『독립운동사』 6, 481~482쪽).

> 에게 선전한 결과 적은 백기를 들고 투항을 표시하였다. 이것은 인도전선에서 맨 처음 나타난 현상이다. (중략) 현재 인도전선에 있는 英印 군인들은 위로는 군단장으로부터 아래로는 사병에 이르기까지 모두 이 사실을 알고 있기 때문에 가는 곳마다 한국광복군을 특별히 환영하고 있다. 이곳의 영국군의 화력은 적보다 월등히 우세하다. 우리들의 위험한 정형은 또한 한 마디로 다 말하기는 어렵다. 우리들은 수없이 사경을 겪었다.[66)]

요컨대, 대원들은 사경을 헤치고 용감하게 공작전을 전개하여 상당한 전과를 축적하게 되었고, 그 결과 군단장 이하 일반 사병에 이르기까지 영국군 모두가 인면전구공작대의 역량을 인정하고 대원들을 환영하는 분위기라는 것이다.

3) 미얀마 탈환전 참전

임팔대회전이 끝난 뒤 인면전구공작대는 콜카타로 귀환한 뒤 약 1개월간 휴식기간을 가졌다. 그 뒤 이들은 미얀마 탈환전에 참가하기 위해 치타공(Chittagong, 뱅글라데시 남동부 해안도시)으로 이동한 뒤 대기하였다.[67)]

임팔전선에서 일본군을 격퇴한 영국, 미국, 중국군 등 연합군 측은 앞서 언급하였듯이 1945년 초부터 미얀마로 퇴각한 일본군에 대해 총반격을 개시하였다. 이때 인면전구공작대도 영국군 전투부대에 분산 배속되어 미얀마 탈환전에 참전하였다. 새로이 파견된 안원생이 동남아전구사령부에 배속된 외에 한지성, 박영진, 김성호 대원은 미얀마 중북부에서 만달래이(Mandalay)로 향해 남진하는 부대에, 최봉진, 김상준, 이영수는 미얀마 중부지역을 우회하여 만달래이를 향해 북상하는 부대에, 그리고 문응국, 송철은 미얀마의 수도 양곤(Yangon, 구 랭군) 상륙작전에 참전한 것이다.[68)]

---

66) 『獨立新聞』(중경판) 제2호, 1944년 8월 15일자, 「韓國健兒活躍印度前線」. 원문은 다음과 같다. “文應國同志敵情判斷很有功勞 所以英國○○師長非常歡喜他…我們於三月末參加○○○公路工作 向敵人宣傳的結果 敵人拿起白旗 表示投降 這是印度前線頭一次有的現像 不幸我們的作戰部隊 因聯絡不足 由砲手之射擊 而不能使他爲投降 後來我軍佔領其陣地 俘敵五人 我從他們的口供 知道這個事實 現在在印度前線的 英印軍人 上至軍團長 下至士兵都知道這個事實 到處都特別歡迎韓國光復軍 這里英軍的火力 比敵人佔絕對優勢 我們危險的情形也是一言難盡 我們經過好幾次的死境.”

67) 독립운동사편찬위원회, 『독립운동사』 6, 482쪽. 델리에 잔류해 있던 송철과 콜카타에 남아 있던 이영수, 최봉진 등이 본대에 언제 어떠한 경위로 합류하게 되었는지는 확인되지 않는다.

68) 韓詩俊, 『韓國光復軍研究』, 271쪽; 독립운동사편찬위원회, 『독립운동사』 6, 483쪽; 文應國, 「第二次世界大戰秘話－韓國光復軍派遣 印度工作隊 活躍史－」, 3쪽.

영국군에 배속되어 미얀마 내륙으로 진격한 인면전구공작대는 1945년 4월 초 미얀마 중부의 요충지인 만달래이 전투에 참전하였다. 하지만, 자료부족으로 미얀마로 진군한 광복군 공작대의 구체적인 활동과정이나 전과에 대해서는 확인할 수 없는 실정이다. 다만 연락장교였던 베어컨(Roland Clinton Bacon) 대위가 애석하게도 만달래이전투에서 전사한 것으로 알려져 있을 뿐이다.

미얀마전선은 1945년 5월 영국군이 드디어 양곤을 탈환함으로써 종료되었다. 미얀마 탈환작전이 종료된 후 인면공작대는 인도 콜카타로 철수하였다. 공작대는 이곳에서 꿈에도 그리던 8·15광복을 맞이하였다. 인면공작대의 작전수행 및 업무처리 능력을 깊이 신뢰하였던 영국군 동남아전구사령부에서는 전후 포로처리 문제 등에 협조해 줄 것을 요청해 왔다. 하지만, 공작대는 일제가 패망하고 전쟁이 종료된 상황에서 한국광복군총사령부로 복귀하여 새로운 임무를 부여받아야 할 입장이었기 때문에 중경으로 귀환하지 않을 수 없었다. 그리하여 광복군 공작대 9명 전원은 1945년 9월 10일 콜카타에서 중경으로 무사히 귀환하게 되었다.[69]

4. 맺음말

인도, 미얀마 전구에 투입된 한국광복군 인면전구공작대의 인원은 9명(교체인원 제외)에 불과하였다. 그러나 2년간에 걸친 인면공작대의 활동은 역사적으로 그 의미가 적지 않다. 이제 앞에서 논급한 내용을 요약하면 다음과 같다.

한국광복군 인면전구공작대의 연원은 태평양전쟁이 발발하기 직전인 1941년 5월경 조선민족혁명당에서 韓志成을 홍콩, 싱가포르, 필리핀, 미얀마 등지로 선전공작원으로 파견하려던 계획에서 비롯되었다. 이러한 조선민족혁명당의 해외 공작원 파견계획은 비록 좌절되었지만, 한국독립운동세력이 활동무대를 동남아 일대로 확대함으로써 국제연대를 통해 대일전력을 새롭게 강화하려는 시도였다고 평가할 수 있다.

한국광복군 인면전구공작대의 先導는 조선민족혁명당에서 1943년 2월 印度戰區에 周

69) 文應國, 「第二次世界大戰秘話－韓國光復軍派遣 印度工作隊 活躍史－」, 3쪽.

世敏과 崔省吾 등 2명의 대원을 공작원으로 파견한 것이다. 이때의 대원 파견은 인도 영국군사령부의 요청을 받고 중국군사위원회의 승인하에 이루어졌으며, 이들은 인도의 콜카타에서 훈련을 받고 미얀마의 서북부 산악 국경지대인 아라칸 전선에 투입되었던 것으로 보인다. 그러나 이들은 현지 기후와 풍토에 적응하지 못해 불과 한 달 동안 활동한 뒤 1943년 3월 중경으로 귀환하고 말았다. 그럼에도 불구하고 이들의 열성적인 공작활동은 상당한 성과를 거두었고, 그 결과 영국군은 한인대원의 증파를 요구하게 되었던 것이다.

그 뒤 중국군사위원회의 조정을 거쳐 한인의 해외공작대 파견사업은 조선민족혁명당으로부터 한국광복군총사령부로 이관되었다. 그 결과 대장 韓志成 이하 9명으로 구성된 한국광복군 인면전구공작대가 1943년 8월 29일 파견되기에 이르렀다.

한국광복군 인면전구공작대 파견 이후에도 공작원 증파 노력은 계속되었다. 조선민족혁명당에서는 인면공작대가 파견된 직후에 張建相 등 16명을 인도로 파견하려 하였으나, 결실을 맺지 못하였다. 대한민국임시정부에서는 1945년 3월에 대원 9명을 추가로 파견하기로 결정하였지만, 중국군사위원회에서 5명으로 조정하여 이를 승인하였다. 그러나 이때에도 끝내 추가파견은 이루어지지 못한 채 해방을 맞이하고 말았다.

1943년 8월에 파견된 한국광복군 인면전구공작대는 인도 콜카타에 도착한 뒤 수도 델리로 이동해 이곳에서 특수 공작전 수행을 위한 훈련을 받았다. 훈련내용은 영어학습과 일어방송, 전단작성, 문서번역 등이었다. 특히 인면공작대원들에게 영어를 가르쳤던 사람은 충청남도 공주에서 35년간 선교사로 활동하면서 1906년 永明學校를 세워 경영하던 인물인 윌리엄(Frank E. C. Williams)이었다. 1940년 11월 한국에서 강제 추방되어 인도로 갔던 그는 델리 외곽의 가지아바드(Ghaziabad)에 농업 기술과 자력갱생을 가르치던 '인그라함학교'를 설립하였는데, 인면공작대원들이 바로 이곳에서 영어를 배웠던 것이다. 특수공작전 투입을 위해 실시된 인면공작대의 교육은 1943년 9월 15일부터 12월 10일까지 3개월간에 걸쳐 이루어졌다.

2차 대전 중 동남아의 대표적인 전투 가운데 하나가 1944년 3월부터 7월까지 영국군과 일본군 사이에 벌어졌던 임팔대회전이었다. 델리에서 훈련을 마친 인면공작대는 '부야크'에 집결한 뒤 임팔 전장으로 투입되었다. 대원들이 임팔에 도착한 것은 문응국, 김상준, 나동규가 2월 12일이며, 한지성, 박영진, 김성호가 3월 19일이었다. 대원 가운데 송철은 델리의 영국군사령부에 남아 군사업무에 협조하였고, 이영수와 최봉진은 콜카타에 남아 대적방송 임무를 수행하게 되었던 것이다.

영국군 201 전지선전대에 배속된 문응국과 김상준, 나동규 3인은 영국군 제17사단과 함께 1944년 3월 초 미얀마 영내의 티딤까지 진격하였지만, 이곳에서 일본군 제33사단에 의해 포위되어 난관에 봉착하였다. 이때 문응국은 일본군 노획문서를 정확히 해독하고 그 정보를 사단장 코완(D. T. Cowan) 장군에게 제공함으로써 사단병력이 전원 무사히 철수하는 데 큰 기여를 하였다.

임팔대회전 시기에 인면공작대가 활동했던 지역으로는 현재 자료상 임팔을 비롯하여 디마푸르(Dimapur), 캉글라통비(Kanglatongbi), 우크룰(Ukhrul), 비센푸르(Bishenpur), 티딤(Tiddim) 등지가 확인된다. 임팔 정북방으로 210Km 상거한 디마푸르는 콜카타에서 연결된 철도의 종착지이고, 캉글라통비는 임팔 북방 외곽지대에 위치해 있다. 우크룰은 임팔 북동쪽 미얀마와의 국경지대에 위치해 있으며, 비센푸르는 임팔 정남방에 근접해 있다. 그리고 티딤은 다시 비센푸르 정남쪽 180Km 떨어진 미얀마 영내에 있다. 인면공작대는 이들 지역에서 대적선무방송을 비롯하여 문서해독, 포로 심문과 교육, 대적선전지 발행 등의 특수공작전을 영웅적으로 수행함으로써 상당한 전과를 올릴 수 있었고, 나아가 영국군의 깊은 신뢰를 받게 되었던 것이다. 대원들은 3월부터 5월까지 임팔지역에서만 대적선무방송 30여 회, 10여 건의 포로심문, 문서번역 등의 공작전을 전개하였다.

임팔대회전 참전 후 인면공작대는 1945년에 다시 영국군과 함께 미얀마 탈환전에 투입되었다. 미얀마의 최대 격전지였던 만달래이 공방전에 합류한 것을 비롯해 미얀마의 수도 양곤 상륙작전에 참전한 것으로 확인된다. 1944년 7월 중경으로 복귀한 나동규를 대신해 1945년 3월 인도에 파견되었던 안원생 대원이 동남아전구사령부에 배속된 외에 한지성, 박영진, 김성호 대원은 미얀마 중북부에서 만달래이로 향해 남진하는 부대에, 최봉진, 김상준, 이영수는 미얀마 중부지역을 우회하여 만달래이를 향해 북상하는 부대에, 그리고 문응국, 송철은 미얀마의 수도 양곤 상륙작전에 참전한 것이다.

한국광복군 인면공작대 9명 전원은 미얀마 탈환작전이 종료된 후 인도 콜카타로 철수하였다. 대원들은 이곳에서 8·15광복을 맞이하였다. 그리고 이들은 1945년 9월 10일 콜카타에서 중경으로 무사히 귀환함으로써 2년간에 걸친 인면전구 공작전을 종료하였다.

요컨대, 한국광복군 인면전구공작대는 연합군인 영국군과 연합하여 적군인 일본군을 상대로 특수공작전을 수행하였다. 인면공작대원들이 비록 영국군에 배속되어 있었다고 하더라도 그들의 신분은 대한민국임시정부에서 편성한 한국광복군이었다. 그러므로 인면공작대가 자신들의 소임으로 자각하고 있던, 연합군의 일원으로 편제되어 일제 구축을 통한 조국광복의 신념을 철저하게 구현하였던 것은 우리에게 시사하는 바가 크다고 할 것이다.

【참고문헌】

『독립신문』, 『독립』, 『신한민보』

秋憲樹, 『資料韓國獨立運動』 3, 延世大出版部, 1975.

韓國精神文化硏究院, 『韓國獨立運動史資料集－趙素昻篇(四)』, 韓國精神文化硏究院, 1986.

Louis Allen, *Burma－The Longest War 1941~1945*, Poenix Giant, London, 1998.

金光載, 「조선민족혁명당의 연합국과의 합작활동」, 『홍경만교수정년기념 한국사학논총』, 경인문화사, 2002.

김광재, 『한국광복군』, 독립기념관 한국독립운동사연구소, 2007.

반병률, 「해제－인면전구공작대」, 『대한민국임시정부자료집』 12, 국사편찬위원회, 2006.

鹽坪辰實, 『ビルマ戰線とインパール』, 旺史社, 1987.

李鉉淙, 「光復軍聯絡隊의 印度派遣과 活動狀況」, 『亞細亞學報』 11, 1975.

韓詩俊, 『韓國光復軍硏究』, 一潮閣, 1993.

※ 출처: 『한국독립운동사연구』 제33집, 독립기념관 한국독립운동사연구소, 2009.

한국광복군 인면전구공작대의 파견 배경과 성격

柳東宴 | 국가보훈처 공훈발굴과 학예연구사

1. 머리말

한국광복군 인면전구공작대(이하 '인면전구공작대')는 1943년 8월 駐인도 영국군의 요청에 따라 인도-버마 전선으로 파견된 부대이다. 이들은 '인면공작대', '파인공작대', '광복군연락대' 등으로도 불리었고, 주로 대적 선전·포로심문·문건 번역 등의 임무를 수행했다. 이들의 활동은 제2차 세계대전 기간 동안 한국광복군이 연합국인 영국과 합작하여 대일전에 참여한 대표적인 사례로 평가된다.[1)]

인면전구공작대에 관한 연구는 한국광복군 관련 자료가 발굴·수집되면서 진행되었다. 이에 관한 선구적인 연구는 이현종의 연구로 그는 1970년대까지 수집·정리된 자료를 바탕으로 인면전구공작대의 파견과 활동을 살폈다.[2)] 또한 비슷한 시기 독립운동사편찬위원회에서 발간한 『독립운동사』 6권[3)]에서도 인면전구공작대에 관한 내용이 서술되었다. 다만 위의 글들은 임시정부 중심서술로 조선민족혁명당과 영국군에 관한 내용

1) 韓詩俊, 『韓國光復軍硏究』, 일조각, 1993, 260쪽; 박민영, 「한국광복군 印緬戰區工作隊 연구」, 『한국독립운동사연구』 제33집, 2009, 143쪽.

2) 李鉉淙, 「光復軍聯絡隊의 印度派遣과 活動狀況」, 『亞細亞學報』 제11집, 1975, 77~103쪽.

3) 독립운동사편찬위원회, 『독립운동사』 제6권, 1975, 476~484쪽.

을 충분히 검토하지 못했고, 구체적인 내용에서도 오류가 확인된다.

이후 인면전구공작대에 관해 주목되는 연구는 한시준, 김광재, 박민영의 연구이다. 한시준은 한국광복군의 자주성에 초점을 두고 광복군의 全史를 밝히는 과정 속에서 인면전구공작대의 파견과 활동을 살폈다.[4] 이 글은 한국광복군에 관한 전문 학술 연구로 인면전구공작대의 활동 등을 분석했다는 의의를 가진다. 그러나 인면전구공작대에 관한 단일 연구가 아니었기 때문에 공작대와 관련된 전반적인 내용 이외에 세부적인 내용에 대해서는 심도 있는 논의로 이어지지 못했다.

김광재는 조선민족혁명당(이하 '민혁당')과 연합국과의 합작활동 속에서 인면전구공작대의 파견과 이를 둘러싼 민혁당과 한국독립당의 이해관계 등을 분석했다.[5] 그는 인면전구공작대의 파견이 영국군과 민혁당의 협정에서 비롯되었고, 중국과 영국 및 한국독립당(이하 '한독당')과 민혁당의 복잡한 관계 속에서 결국 한국광복군 명의로 공작대가 파견되었음을 지적했다. 이 연구는 민혁당의 관점에서 인면전구공작대의 파견에 대해 살폈다는 의의가 있다. 그러나 자료의 부족 등으로 인해 당시 영국군 측의 상황 및 파견에 대한 구체적인 내용 등에 대해서는 깊게 살피지 못했다.

박민영은 인도-버마지역의 현지답사 성과 등을 바탕으로 인면전구공작대의 활동을 살폈다.[6] 이 글은 인면전구공작대 활동에 관해 체계적으로 살피고, 영국군 장교였던 베이컨의 소속을 통해 인면전구공작대가 영국군 비정규특수전 부대인 Special Operations Executive(이하 'S.O.E')의 산하에 배속되어 활동했음을 유추했다. 다만 영국 측의 자료가 활용되지 못한 점은 아쉬움으로 남는다.

최근의 연구로는 인면전구공작대 대장 한지성을 살피는 가운데 공작대를 분석한 류동연의 연구[7]와 인면전구공작대의 파견 경위에 관해 살핀 카노아츠코(加納敦子)의 연구[8]도 확인된다. 류동연은 한지성이라는 인물을 통해 인면전구공작대를 연합국과의 '외교' 측면으로 바라볼 수 있다고 지적했으나 심도 있는 분석으로 이어지지 못했고, 카노

4) 韓詩俊, 『韓國光復軍研究』, 일조각, 1993, 260~271쪽.

5) 김광재, 「朝鮮民族革命黨의 연합국과의 합작활동」, 『홍경만교수정년기념한국사학논총』, 2002, 441~463쪽.

6) 박민영, 「한국광복군 印緬戰區工作隊 연구」, 143~184쪽.

7) 柳東宴, 「韓志成의 생애와 민족운동」, 『한국근현대사연구』 74, 2015, 187~219쪽.

8) 加納敦子, 「韓国光復軍の「インド・ビルマ戦区工作隊」派遣」, 『現代韓国朝鮮研究』 15, 2015, 64~75쪽.

아츠코 역시 인면전구공작대의 파견 경위 등에 관해 살폈으나 큰 틀에서 기존 연구와 차이가 없다고 생각된다.

그동안 연구들을 종합해 보면 인면전구공작대는 임시정부와 한국광복군의 관점에서 대적 선전 등의 활동 내용과 그 의의를 규명하는데 중점을 두고 연구가 진행되었다고 할 수 있다. 물론 파견 과정 중에서 민혁당의 역할이 지적되었지만 자료 부족 등의 이유로 공작대의 활동 이외에 파견 과정과 배경, 그리고 공작대 에 대한 영국 측에 입장 등에 관해서는 충분한 논의가 진행되지 못했다.

따라서 이 글에서는 기존 연구를 수정·보완하여 공작대의 파견 과정을 자세히 살핀 후, 공작대의 주요 활동과 성격을 규명하고자 한다. 특히 그동안의 연구에서 충분히 서술되지 못한 공작대에 대한 영국 측의 입장과 더불어 공작대 파견을 주도한 민혁당의 입장을 살피고, 민혁당이 주도한 공작대의 성격에 대해서도 언급하고자 한다.

이를 위해 국외에서 발간된 영국 S.O.E 관련 서적 및 영국왕립문서보관소의 S.O.E 관련 문서, 국사편찬위원회에서 발간한 『대한민국임시정부자료집』(이하 『자료집』)과 같은 임시정부 관련 자료집, 그리고 駐인도 영국군 장교로서 인면전구공작대와의 연락업무를 담당한 Roland Clinton Bacon 유족이 국가보훈처에 제출한 자료를 활용하고자 한다.[9] 특히 Bacon 유족의 자료는 그동안 국내에서 확인할 수 없었던 것으로 인면전구공작대에 관한 내용을 살피는 데 중요한 자료가 된다.

2. 제2차 세계대전 발발과 영국 S.O.E India Mission I.F.B.U

1939년 9월 1일 독일이 폴란드를 침공함에 따라 제2차 세계대전이 시작되었고,[10] 9월 3일 영국과 프랑스는 독일에 대해 선전포고를 한다. 그러나 독일은 1940년 6월 프랑스

9) R. C. Bacon은 2020년 광복절 계기 독립유공자 공적심사에서 인면전구공작대와의 연락 업무 등의 공적을 인정받아 건국훈장 애족장에 서훈되었다. 필자는 Bacon 유족으로부터 자료를 제공받고 학술목적으로 이용하는 것에 대한 동의를 얻었는데, 자료 이용에 대해 동의한 유족에게 감사의 말을 전한다.

10) 김남균, 「2차 세계대전 연구동향과 전망」, 『군사』 100, 2016, 193쪽.

파리에 진입하며, 영국 점령까지 노리게 되었다. 이후 프랑스에서는 친독 정권인 '비시 정권'이 들어서는데, 전쟁 초기 양상은 독일의 우세였다고 할 수 있을 것이다.

이러한 상황 속에서 영국은 적국에 대한 첩보 및 선전 활동 등을 위해 1940년 7월 22일 S.O.E.를 창설한다.[11] 당시 영국에는 비정규군으로서 비밀첩보활동을 위한 별도의 조직이 운영되고 있었다. 그러나 S.O.E는 1946년 6월 정식으로 해산될 때까지 9,000여 명의 요원을 양성하고, 중국 · 말라야 · 아프리카 · 남미 · 중동을 비롯하여 유럽 19개국 등지에서 임무를 수행했다.[12]

한편 나치 독일이 프랑스를 점령하고 비시 정권이 들어선 이후, 1940년 8월 일본 외상 마쓰오카와 비시정부의 앙리(Henry Martin) 대사 사이에 「마쓰오카－앙리 협정」이 체결된다. 그리고 이 협정에 따라 일본군은 9월 북부인도차이나에 주둔하고[13] 1941년 4월 인도차이나 남부까지 점령한다.[14]

S.O.E는 「마쓰오카－앙리협정」이 체결된 후인 1940년 가을 아시아지역(Oriental)에서 임무를 수행할 것을 결정하고,[15] 1941년 5월 Oriental Mission을 수립하여 본부를 싱가포르에 설치한다.[16] 그리고 버마 산악지대의 원주민을 대적선전 등의 임무를 수행하는 요원으로 양성하여 동남아 지역에서 일본군의 진격을 늦추고, 프랑스 식민지의 비시 정권 반대자들과도 접촉하고자 했다.[17] 일본과 비시 정권이 협력하는 상황 속에서 이 지역에서의 영국의 이권을 지키기 위함이었던 것으로 판단된다.

그렇지만 '유럽 모델'을 따르며 진행된 S.O.E의 아시아지역 활동은 유럽과는 다른 환경 때문에 많은 어려움이 따랐다.[18] 이러한 이유로 1941년 12월 태평양전쟁이 발발하고 일본이 동남아 지역을 빠르게 점령할 때까지 S.O.E Oriental Mission은 별다른 성과를 내지 못했다.

---

11) Nigel west, *Secret War-The story of SOE*(London, 2019), p.7.

12) Nigel west, *Secret War-The story of SOE*, p.7.

13) 노영순, 「프랑스－일본 제국의 협력과 베트남 친일 협력집단」, 『아세아연구』 49(4), 2006, 157쪽.

14) 노영순, 「프랑스－일본 제국의 협력과 베트남 친일 협력집단」, 154쪽.

15) Nigel west, *Secret War-The story of SOE*, p.173.

16) Charles Cruickshank, *SOE in the far east*(Oxford University Press, 1983), p.61.

17) Nigel west, *Secret War-The story of SOE*, p.174.

18) Charles Cruickshank, *SOE in the far east*, p.6.

그리고 1941년 12월 일본군의 진주만 공습과 함께 태평양전쟁이 발발한다. 일본군은 전쟁 발발과 동시에 필리핀과 말레이 반도를 공격했지만 영국군은 이를 저지하지 못했다. 일본군 제15군의 제33사단과 제55사단은 버마를 공격하여 1942년 3월 9일 버마 남쪽의 랑군을 점령하고, 5월 1일 만달레이를 점령했다.[19] 결국 일본군은 진주만 공습부터 약 6개월 동안 동남아시아에서 서태평양에 이르는 지역을 점령하게 된다.[20] 당시 버마지역은 중국에 대하여 연합국이 전쟁 물자를 수송할 수 있는 유일한 통로로 이른바 '버마공로(Burma公路)' 혹은 '원장루트(援藏Route)'로 불리었는데, 일본은 버마공로를 차단함으로써 중국 측에 대한 연합국의 전쟁물자 지원을 봉쇄하고자 했다.[21]

이러한 상황 속에서 주중영국대사관에서는 싱가포르 일대의 대적선전 임무강화 등을 위해 중국 선전부에 일본인 반전동맹 세력으로 구성된 공작대 파견을 요청한다.[22] 이 요청은 정황상 S.O.E Oriental Mission에 의한 것으로 추측된다. 그러나 일본이 빠르게 동남아지역을 점령하는 상황 속에서 많은 S.O.E Oriental Mission 본부가 있던 싱가포르가 일본에 함락되면서 S.O.E Oriental Mission은 종식된다.

한편 인도지역에서도 1941년 5월 S.O.E India Mission이 구성되어 지휘관으로 Colin Mackenzie가 임명되었다. S.O.E India Mission은 처음 GSI(K)로, 1944년 3월 이후에는 Force 136으로 불리었다.[23] 그러나 S.O.E Oriental Mission과 마찬가지로 요원을 선발하는데 어려움을 겪었기 때문에 '애국심'을 가진 현지인 등을 요원으로 선발하여[24] 아군을 지원하고자 했다.

이에 따라 S.O.E India Mission에서 처음 선발된 동양인 요원은 영국에 망명한 100여 명의 Siam人(Siamese)들이었다. 이들은 일본이 자국을 침략할 때 영국으로 망명한 사람들로[25] 오로지 일본인의 추방에 전념했고, 영국에 '식민지' 문제를 제기하지 않았다고 한다. 때문에 S.O.E India Mission에서 가장 성공한 요원들로 평가받는다.[26] 또한 많은

19) 歷史學硏究會 編, 『太平洋戰爭史 4』, 靑木書店, 141쪽.

20) 由井正臣, 『近代日本の軌跡 5－太平洋戰爭』, 吉川弘文館, 185쪽.

21) 김광재, 『한국독립운동의 역사 52－한국광복군』, 한국독립운동사연구소, 2007, 213쪽.

22) 「日浮赴南洋」, 1942년 1월 21일, 『大公報(重慶版)』.

23) Charles Cruickshank, *SOE in the far east*, p.83.

24) Charles Cruickshank, *SOE in the far east*, p.12.

25) Charles Cruickshank, *SOE in the far east*, p.12.

중국인들도 India Mission에 투입되었다고 한다. 종합해 보면 영국은 현지에서 활동하는 데 지장 없을 뿐만 아니라 '정신적으로 무장된' 요원을 필요로 했다고 생각된다.

한편 1943년 초 인도군사정보국(The Director of Military Intelligence, India)에서는 S.O.E India Mission에 最前線에서의 방송 및 삐라 살포 등의 임무를 위해 Indian Field Broadcasting Unit(이하 'I.F.B.U')[27]를 조직하여 선전 업무를 수행할 것을 요청했다. 이에 따라 1943년 2월부터 4월까지 버마에서 일본어에 대한 지식이 거의 없는 영국 장교들과 한국인들로 구성된 대적선전방송 부대가 실험적으로 운영되었다고 한다.[28] I.F.B.U는 일본군에 대해 선전 전단을 배포하고 연합군에 대해 영어 등으로 뉴스를 전했는데,[29] 1944년 상반기 동안 1번(XV Corps.)·2번(between Mandalay and Kalewa)·201과 203번(IV Corps.)·204번(Assam/Burma)의 5개 부대가 운영되었다고 한다.[30]

I.F.B.U의 운영과 관련하여 언급되는 한국인은 민혁당에서 파견한 주세민과 최성오로 판단된다. 자료에 의하면 주세민 일행은 1943년 2월 인도에 파견[31]되어 4월 중경에 복귀한 것으로 확인[32]되며, 1943년 2월부터 4월까지 I.F.B.U의 대적선전방송 부대가 실험적으로 운영된 기간과 일치하기 때문이다. 그리고 인면전구공작대는 영국군 GSIK의 201부대에서 훈련을 받고 이후 201부대와 204부대에 배속되어 활동했다고 전해진다.[33] 때문에 1944년 초 I.F.B.U가 5개의 부대로 운영되었다는 사실을 감안하면, 공작대원들은 S.O.E India Mission의 I.F.B.U에 소속되어 활동했던 것으로 판단된다.

자료에 따르면 주세민 일행의 활동에 대해 영국 측에서는 크게 만족하여 대적선전대를 특설하게 되었고, 이것이 민혁당과 영국 측의 협정까지 이어지게 되었다고 한다.[34] 아마도 S.O.E India Mission에서 I.F.B.U의 대적선전방송 부대를 실험적으로 운영한 것이 주세민 일행 등의 활약으로 인해 정식 부대 편성까지 이어지게 된 것으로 보인다. 결론

26) Charles Cruickshank, *SOE in the far east*, p.12.
27) "S.O.E(India) Organisation(1943.9.22)"(영국 왕립문서보관소 수집자료)
28) Charles Cruickshank, *SOE in the far east*, p.229.
29) Charles Cruickshank, *SOE in the far east*, p.230.
30) Charles Cruickshank, *SOE in the far east*, p.231.
31) 국사편찬위원회, 「김약산, 周世敏을 공작원으로 인도에 파견(1943.2.9)」, 『자료집』 37권, 2009, 60쪽.
32) 국사편찬위원회, 「周世敏 인도에서 중경으로 귀환(1943.4.27)」, 『자료집』 37권, 2009, 68쪽.
33) 독립운동사편찬위원회, 『독립운동사』 6권, 478~479쪽.
34) 국사편찬위원회, 「인도 공작대에 관하여(『독립』 제3권 제75호, 1945.6.13)」, 『자료집』 12, 2006, 11~12쪽.

적으로 S.O.E India Mission의 I.F.B.U 시범적 운영에 따라 주세민 일행이 인도에 파견되었고, 이것이 발전되어 민혁당과 영국 측과의 공작대 파견에 관한 협정까지 이어졌다고 할 수 있을 것이다.

I.F.B.U는 대적심리전을 수행하는 부대로 일본군 주둔지에서 약 20~600야드 떨어진 곳에서 큰 스피커로 선전 방송을 하거나 전단 살포 등의 임무를 수행했다.[35] 특히 영국 측은 당시 버마지역에서의 선전 활동이 일본군의 사기에 상당한 영향을 끼친다고 판단했다.[36] 때문에 S.O.E가 수행하는 이 지역에서의 심리전에 대한 노력은 매우 중요할 것이라고 생각했다.[37] 이러한 영국 측의 긍정적인 판단은 인면전구공작대의 파견과 운영에 중요한 영향을 끼쳤던 것으로 보인다.

이처럼 영국은 제2차 세계대전이 발발함에 따라 S.O.E를 창설하여 유럽, 중동, 아프리카, 아시아 지역에서 첩보 및 선전 활동을 했다. 비록 태평양전쟁이 발발하고 싱가포르가 함락됨에 따라 S.O.E Oriental Misson은 실패하게 되었지만 S.O.E India Mission은 1943년 초부터 동남아 지역을 중심으로 활동을 재개하고 전쟁이 진행됨에 따라 높은 평가를 받는다. 이러한 상황에서 India Mission은 현지에서 활동 가능한 요원을 필요로 했고, 이 필요성이 인면전구공작대의 파견까지 연결되었던 것이다.

3. 조선민족혁명당의 대외 활동과 파견 과정

인면전구공작대의 파견은 민혁당을 중심으로 하는 재중국 한인독립운동 좌파 세력의 대외 활동에서 그 배경을 찾을 수 있다. 우선 민혁당을 중심으로 1938년 10월 중국 무한에서 창설된 조선의용대는 대적공작으로써 선전, 정보수집, 포로 심문 및 교도 활동, 대외 선전과 반제연합전선을 주도하는 등의 활동을 했다.[38]

---

35) "S.O.E Propaganda to the Japanese Army in the Field(1944년)"(영국왕립문서보관소 수집자료).

36) "S.O.E Propaganda to the Japanese Army in the Field(1944년)"(영국왕립문서보관소 수집자료).

37) "S.O.E Propaganda to the Japanese Army in the Field(1944년)"(영국왕립문서보관소 수집자료).

38) 김영범, 「조선의용대의 항일전투(참가) 실적과 화북진출 문제 재론」, 『한국독립운동사연구』 67, 2019, 181쪽.

특히 조선의용대는 중국 국민당과의 '한중연대'의 상징으로 평가[39]되며, 대만의용대 및 일본인 반전동맹[40]과도 연대했다. 물론 조선의용대 · 대만의용대 · 일본인 반전동맹의 조직은 중국 국민당 군사위원회 정치부 제3청이 주도한 동아시아 반파시스트전선에서 연원을 찾을 수 있다. 그럼에도 조선의용대는 중국 국민당을 비롯한 대만의용대 및 일본인 반전집단과의 연대를 이루며 이른바 '국제연대' 속에서 활동한 것으로 평가할 수 있다.

1941년 5월 조선의용대는 선전주임과 中文刊 主編을 지낸 한지성을 외교주임에 선임했다.[41] 이 시기 외교주임이라는 직책은 신설된 것으로 보이는데, 이를 통해 1941년을 전후하여 조선의용대 측에서 연합국 등을 대상으로 이른바 '외교' 업무를 강화하고자 했다는 점을 알 수 있다.[42] 특히 1941년 5월은 일본이 프랑스 비시 정권과의 협력을 통해 인도차이나반도에 진출하기 시작한 때로 조선의용대는 이러한 상황을 이용하여 연합국과의 '외교'를 강화하고자 했던 것으로 생각된다. 다만 '외교'의 사전적 의미는 "자기 나라의 대외 정책을 실현하고 나라 사이에 생기는 일을 처리하기 위하여 다른 나라와 관계를 맺는 일"을 뜻한다. 따라서 조선의용대의 '외교'는 연합국 등의 외국으로부터 원조 혹은 승인을 받거나 협력하기 위한 대외 활동을 의미한다고 할 수 있다.[43]

조선의용대에서는 외교주임 한지성을 홍콩 · 싱가포르 · 마닐라 등지로 보내 조선의용대의 공적 정형 등을 선전하고, 남양 각 민족의 반일운동을 강화하고자 했다.[44] 이와 관련하여 1941년 10월 한지성이 홍콩에서 한국의 역사 및 독립운동에 대해 강연한 사실이 확인된다.[45] 물론 홍콩 · 싱가포르 · 마닐라 등지에서모두 반일선전 활동이 이루어졌는지는 확인되지 않지만 한지성의 홍콩 강연을 한 사실과 駐홍콩 대표, 駐필리핀, 싱가포르, 버마 총영사관에 한지성의 활동에 대한 협조를 통지했다는 중국 외교부의 공문[46]

---

39) 염인호, 「조선의용대의 창설과 한중연대」, 『한국근현대사연구』 19, 1999, 166쪽.

40) 조선의용대와 일본인 반전동맹과의 연대 및 활동에 관해서는 한상도, 「조선의용대와 재중 일본인 반전운동집단의 연대」, 『한국민족운동사연구』 38, 2004, 249~290쪽 참조.

41) 金正明, 『朝鮮獨立運動』 2, 1967, 716~720쪽.

42) 柳東宴, 「韓志成의 생애와 민족운동」, 203쪽.

43) 柳東宴, 「韓志成의 생애와 민족운동」, 188쪽.

44) 국사편찬위원회, 「韓志成을 南陽에 파견하여 반일선전운동을 하게 하는데 대한 공함(1941.5.14)」, 『자료집』 12, 2006, 20쪽.

45) 「韓志成演講 朝鮮復國運動」, 1941년 10월 31일, 『大公報(香港版)』.

을 통해 조선의용대의 활동이 어느 정도 이루어지고 있었음을 짐작할 수 있다.

이 시기 재중국 한인독립운동 세력은 중일전쟁 발발 이후 일본이 북쪽의 소련이 아닌 남쪽으로 진격할 것으로 예상했다.[47] 때문에 조선의용대가 '남양' 지역에서 반일 선전활동을 강화하고자 한 것은 일본의 남쪽 진격을 대비하기 위함과 더불어 이 지역에서의 활동 기반 및 조직 확대를 꾀하고자 한 것으로 생각된다. 1943년 2월 민혁당에서 인도에 파견한 주세민이 이후 민혁당의 인도 특구 대표로 활동한 점은 '남양' 지역에서 세력을 넓히고자 했던 조선의용대의 의도를 보여준다고 할 수 있다.[48]

그리고 1943년 2월부터 4월까지 버마에서 한국인들로 대적선전방송 부대가 실험적으로 운영되었고, 이들이 주세민과 최성오였을 것이라는 점을 이미 언급했다. 이와 관련하여 1943년 초 이들이 인도에 파견된 배경에 대해서는 일본인 반전세력과의 관계를 살필 필요가 있다. 앞서 영국 측에서 대적선전 임무 강화 등을 위해 일본인 반전동맹공작대 파견을 요청했다는 점[49]을 확인했다. 이를 통해 처음 선전 공작 등에 필요한 인원을 요청받은 쪽은 일본인 반전세력이었음을 알 수 있다.

이러한 내용은 일본인 반전주의자 鹿地 亘이 남긴 회고에서도 확인된다. 그에 따르면 1941년 12월 영국 정부로부터 중국 국민당 정부에 반전공작대를 싱가포르 방위전에 파견해달라는 요청이 있었지만 결국 싱가포르가 함락됨에 따라 영국의 요청은 인도 뉴델리로 변경되었다고 한다. 그러나 당시는 반전동맹이 국민당 지구에서 와해된 상태였기 때문에 별도의 '공작대'를 구성하려고 했으나 중국 국민당 특무의 방해로 일본인들의 인도행은 성사되지 못하고, 중국 국민당 정부는 이들을 대신하여 조선의용대를 추천했다고 한다.[50] 그는 뉴델리로 파견된 사람이 주세민 등이었고, 이후 1년 남짓한 기간 버마 남부의 작전에 투입되었다고 회고한다.[51]

---

46) 국사편찬위원회, 「한지성의 인도 공작에 대한 협조 요청에 대한 공함(1941.6.26)」, 『자료집』 12, 2006, 21~22쪽.

47) 국사편찬위원회, 「한국독립과 倭寇의 남진(『光復』 제1권 제2기(1941.3.20)」, 『자료집』 14, 2006, 107~113쪽.

48) 국사편찬위원회, 「제8차 조선민족혁명당 대표대회(1944.4.14)」, 『자료집』 37, 2009, 99쪽.

49) 「日浮赴南洋」, 1942년 1월 21일, 『大公報(重慶版)』.

50) 鹿地亘, 『日本兵士の反戰運動』, 東城社, 1982, 270~278쪽.

51) 鹿地亘, 『日本兵士の反戰運動』, 281쪽.

여러 내용을 종합해 보면 태평양전쟁이 발발한 이후 S.O.E Oriental Misson에 서는 일본인 반전세력을 선전 활동에 활용하고자 했으나 싱가포르가 함락됨에 따라 그 계획은 실현되지 못했고, 다시 S.O.E India Mission에서 일본인 반전세력을 활용하려했지만 실행되지 못하는 상황 속에서 조선의용대가 일본인 반전세력을 대신하여 파견 요청을 받아 임무를 수행하게 된 것으로 판단된다.

사실 일본인 반전세력이 공작대 파견을 요청받았을 때는 이미 국민당지구에서 세력이 와해되어 있을 때였다. 때문에 鹿地 亘은 별도의 공작대를 구성하여 싱가포르 방위전에 파견하려고 했다. 그러나 이는 현실적으로 불가능한 계획이었으며 실행되지 못했다. 한편 연합국인 영국의 요청을 거부할 수 없는 상황 속에서 중국 국민당 정부 측에서는 소수의 조선의용대 인원을 파견하는 것으로 영국의 요청을 대신하고자 했던 것으로 보인다. 이때 주세민 등의 인도행은 중국 국민당 국제문제연구소의 소개를 통해 이루어진 것으로 확인[52]된다.

이처럼 주세민 일행의 인도행은 여러 사정이 중첩되어 있었던 것이다. 그럼에도 민혁당 측에서 주세민과 최성오를 처음 파견할 수 있었던 이유는 조선의용대 시절부터 선전활동 등의 경험이 있었던 점과 꾸준하게 대외 활동을 하며 자신들을 알리는 활동을 했다는 점을 꼽을 수 있을 것이다.

그리고 중국 중경이 전시수도가 된 후, 연합국의 공관이 설치됨에 따라 재중국 한인 독립운동가들은 연합국을 상대로 자신들을 선전하기 위한 '외교'활동을 펼친다. 비록 자료의 한계 때문에 민혁당의 '외교' 내용은 확인되지 않지만, 1943년 초 영국대사관 1등 서기관 Findlay Andrew가 인도 및 버마에 영국군의 편의를 제공하기 위해 한국인의 도움을 얻고자 중경의 한국인에게 접근했다는 보고를 통해 민혁당의 연합국을 상대로 했던 활동이 어느 정도 효과를 보았다고 생각된다.[53]

인도로 파견된 주세민 일행은 1943년 2월부터 4월까지 약 2달간 체류하며, 대적선전 방송에 참여했던 것으로 판단된다. 또한 인도에 민혁당의 세력 확장을 위한 조직을 건설하려고 시도했던 것으로도 생각된다. 이는 주세민이 인도 도착 직후 한길수에게 보낸

52) 국사편찬위원회, 「英軍의 요청에 응하여 赴印 공작을 하는 일에 관한 회담기록」, 『자료집』 12, 2006, 24~25쪽.

53) 국사편찬위원회, 「한국독립운동과 관련한 서신(1943.11.15) – 별지 2」, 『자료집』 12, 2006, 56쪽.

편지에 자신을 조선민족혁명당 인도국 대표로 소개한 점[54]과 제8차 조선민족혁명당 전당대회에서 당의 인도 특구 대표로서 전당 대회에 참석한 점[55]은 이를 뒷받침한다.

아울러 주세민 일행의 방송·선전 활동에 대해 영국 측은 만족을 표했던 것으로 보인다. 때문에 주세민 일행의 활동이 발전되어 민혁당은 영국 측과 '朝鮮民族軍宣傳聯絡隊' 파견을 위해 아래와 같은 협정을 맺는다.

-朝鮮民族革命黨에서 派遣하는 朝鮮民族軍宣傳聯絡單位에 關한 協定의 計劃[56]-

朝鮮民族革命黨 代表 金若山將軍과 在印英軍總司令部 代表 멕켄지 先生은 朝鮮民族의 獨立을 爭取하고 英軍의 完全戰勝을 促進하기 爲하야 朝鮮民族革命黨은 在印英軍의 對日作戰을 協助하고 英軍은 朝鮮民族革命黨의 對日鬪爭을 援助하는 原則下에서 아래와 갓히 協定함

(1) 朝鮮民族革命黨은 英軍의 對日作戰을 協助하기 爲하여「朝鮮民族軍宣傳聯絡隊」를 파견함

(2) 聯絡隊는 10인至 25人으로써 隊長 1인을 두되 英軍의 制服을 입고 朝鮮民族革命黨ㆍ의 聯絡隊라은 顯明한 徽章을 佩帶함

(3) 聯絡隊의 主要工作은 英軍의 對日作戰에 有利한 對敵宣傳과 可能l할 때에 朝鮮革命運動에 有利한 宣傳과 戰獲한 文件을 飜譯하는 것임

(4) 聯絡隊의 服務期限은 6個月을 第一期로 하되 兩方의 協議에 依하여 연기할 수 있음

(5) 前條期滿前에 朝鮮民族革命黨이 필요로 認할 時나 英方의 要求가 있을 때에는 一部分 或은 全部의 人員을 調換할 수 있음

(6) 隊長은 在印英軍 上尉(captain)와 同等한 待遇를 받고 隊員은 在印英軍 中尉(lieutenant)와 同等한 待遇를 받으되 工作上 優秀한 功績이 있는 者는 特別獎勵를 받음

(7) 聯絡隊의 工作을 有效히 進展시키기 爲하야 朝鮮民族革命黨ュ은 常駐代表 1인을 印度에 파견하여 全般動作에 있어서 密切히 合作케 함

(8) 英軍이 捕獲한 朝鮮人俘虜에게 工作隊人員이 自主로 接觸:케 해서 可能하면그들을 訓練하여 服務케 함

(9) 上述 聯絡隊 人員의 派遣調換 或은 撤回에 需要되는 一切 經費는 英方에서 負擔함

---

54) 국사편찬위원회,「周世敏이 한길수에게 보낸 편지(1943.2.13)」,『자료집』 37, 2009, 60쪽.

55) 국사편찬위원회,「제8차 조선민족혁명당 대표대회(1944.4.14)」,『자료집』 37, 2009, 99쪽

56) 국사편찬위원회,「朝鮮民族革命黨E에서 派遣하는 朝鮮民族軍宣傳聯絡單位에 關한協定의 計劃(1943.5)」,『자료집』 12, 2006, 3~5쪽.

(10) 聯絡隊 人員은 英軍軍官과 同一한 旅行上 便利와 待遇를 享受함

(11) 隊의 人員이 대리에서 工作할 때는 無料로 居住의 便宜를 주되 그것은 帳幕生活이 되기 쉬움. 萬若 旅館에 居住할 수 있을 때에는 薪金中에서 百루비를 把除해서 그 食宿費에 充用함

(12) 朝鮮民族革命黨 代表는 主로 대리에 居住하고 그의 辦公 生活旅行 등 費用은 相當한 待遇로 英方에서 負擔함

印度英軍總司令部 코린맥켄지

朝鮮民族革命黨 總書記 金若山

1943년 5월

위 협정문에서 주목되는 것은 영국 측과의 협상 주체가 한국광복군이 아닌 민혁당이라는 점이다. 그리고 민혁당의 상주대표를 인도에 둔다는 협정문 7항과 조선인 포로를 훈련시켜 복무하게 한다는 8항의 내용은 민혁당이 영국과의 협정을 통해 자신들의 세력을 확장시키고자 했다는 것을 짐작케 한다. 따라서 이 협정은 민혁당의 세력 확대를 위한 대외 활동의 결실이라고도 평가할 수 있을 것이다.

그러나 민혁당은 자신들의 명의로 '연락대'를 파견하지 못하고, 한국광복군에서 인원을 선발하여 파견하게 된다. 민혁당 측에서 인원을 선발하지 못했던 것은 중국 국민당 군사위원회와 한독당의 반대 때문[57]이었는데, 군사위원회에서는 인도에 파견되는 부대가 광복군 가운데서 선정되도록 했다.[58] 물론 당시는 민혁당이 임시정부에 합류하고 있던 시기로 임시정부의 군대인 한국광복군 명의로 파견되는 것이 절차상 어긋난 것이라고 보기는 어렵다. 다만 민혁당 입장에서 영국과의 합작이 자신들만의 단독 명의로 이루어지지 못했다는 점은 아쉬움이 남는 대목이었다고 할 수 있을 것이다.

이처럼 민혁당이 아닌 한국광복군 명의로 인원이 파견된 것은 1차적으로 중국 측의 반대가 컸기 때문이다. 그러나 중국 국민당 측에서 민혁당 단독으로 공작대를 파견하는 것에 대해 반대한 까닭은 자료에서 명확하게 확인되지 않는다. 따라서 여러 정황을 통

57) 민주주의민족전선 編, 『해방조선 1』, 과학과 사상, 1988, 185쪽.

58) 국사편찬위원회, 「英軍의 요청에 응하여 赴印 공작을 하는 일에 관한 회담기록」, 『자료집』 12, 2006, 24~25쪽; 국사편찬위원회, 「한국독립운동과 관련한 서신(1943.11.15) – 별지 2」, 『자료집』 12, 2006, 56~57쪽.

해 반대의 사유를 추측해 볼 수밖에 없는데, 그 원인으로는 중국 국민당과 민혁당 사이의 '관계 모순' 및 조선의용대의 북상과 그 이후의 상황을 생각해 볼 수 있다.

앞서 조선의용대는 한·중 연대의 상징이었으며, 대만의용대와 일본인 반전집단과도 연대했음을 밝혔다. 그렇지만 이러한 연대는 중국 국민당의 지원을 바탕으로 운영되었기 때문에 연대의 구성 세력들은 중국 국민당에 종속될 수밖에 없는 한계를 지녔다. 또한 1차적으로 대일항전을 표방했을지라도, 각기 세력의 이해관계가 항상 일치할 수 없었다. 따라서 중국 국민당과 이해의 충돌이 발생할 경우 국민당 측으로부터 견제를 받을 수밖에 없는 구조적인 모순이 있었다. 중국 측의 한국독립운동에 대한 지원은 약소국 간의 연대 혹은 국제적 公義의 실현이라는 理想이 아닌 중국 측의 국익을 전제로 한 것이었고,[59] 그것이 중국 국민당과 일치하지 않을 경우 여러 방식으로 견제와 압박을 가했던 것이다.[60]

1938년 10월 창설된 조선의용대에서는 만주로 진출하여 이후 국내와 연결해야 한다는 이른바 '동북노선'을 꾸준히 주창했다.[61] 그리고 단계적으로 황하를 건너 화북으로 진출한다. 1941년 봄 조선의용대의 황하 도강은 중국 국민당 군사위원회의 승인하에 이루어진 것이었다.[62] 그러나 북상한 조선의용대는 중국 공산당의 지구인 태항산으로 진입하게 되고, 이후 중국 공산당의 구심력 속으로 들어가게 된다. 이러한 상황 전개는 중국 국민당을 자극했고, 결국 조선의용대장 김원봉은 중국 국민당으로부터 조사를 받기도 했다.[63] 중국 국민당 입장에서는 자신들의 지원을 받아 창설된 조선의용대의 주력이 중국 공산당의 영향력 아래에 들어갔던 전례에 비춰볼 때, 민혁당이 주도하는 공작대가 영국과 합작을 통해 자신들의 영향력에서 벗어날 수 있다는 점을 경계했던 것으로 판단된다.

---

59) 배경한, 「중일전쟁시기 蔣介石·國民政府의 對韓政策」, 『역사학보』 208, 2010, 273쪽.

60) "한국인들은 중국이 한국인의 앞길에 가능한 한 모든 방해물을 설치하고 있으며, 협력이 전혀 없기 때문에 일본군 점령지역에서 효과적인 어떤 첩보활동도 수행 불가능하다고 주장했다는 미국의 평가는 이러한 점을 대변한다고 생각한다(국사편찬위원회, 「한국독립운동과 관련한 서신(1943.11.15)」, 『자료집』 12, 2006, 51쪽).

61) 동북노선에 대해서는 염인호, 「조선의용군 연구」, 국민대학교 국사학과 박사학위논문, 1994, 19~28쪽 참조.

62) 염인호, 「조선의용군연구」, 1994, 81쪽.

63) 김영범, 「조선의용대의 항일전투(참가) 실적과 화북진출 문제 재론」, 215쪽.

특히 중국 국민당은 전후 아시아의 중심세력으로 복귀하기를 희망했고,[64] 전후 한국 처리에서도 패권적 혹은 주도적 권리를 확보하기를 원했다.[65] 이러한 맥락에서 중국 국민당은 중국 내의 한인독립운동 세력을 자신들의 통제권 안에 두고자 한 것으로 생각된다. 그래서 민혁당보다는 '9개 준승'으로 상대적으로 통제가 수월한 한국광복군 명의로 공작대를 파견하도록 했던 것이다. 이는 인면전구공작대가 파견된 이후에도 이들을 감시하려 했던 사실[66]과 공작대의 운영에 대해서도 비협조적인 태도를 유지한 점을 통해 짐작할 수 있다.[67]

그리고 중국 국민당 측의 결정에 대해 임시정부의 여당인 한국독립당은 반대할 까닭이 없었다고 생각한다. 비록 민혁당이 임시정부에 합류했지만 자신들과 경쟁하는 상황 속에서 민혁당과 영국과의 합작에 의한 공작대를 광복군 명의로 파견하는 것은 한국독립당 입장에서는 잃을 것이 없는 상황이었기 때문이다. 특히 인면전구공작대 9인 중 7인이 한독계열로 확인되는데, 민혁당이 추진한 사업에 더 많은 한독계열의 인원을 참여시킴으로써 민혁당을 견제하고자 한 것으로 생각된다. 또한 영국 측에서는 S.O.E India Mission에 활용 가능한 인원만 을 필요로 한 것 외에 다른 부분은 크게 고려하지 않았던 것 같다. 따라서 파견의 주체에 대해서는 중요하게 여기지 않았다고 생각한다. 이에 반해 민혁당은 자신들이 '공을 들인' 영국과의 합작이 계획대로 추진되지 못한 것에 불만이 있었을 것이다.

그럼에도 민혁당에서는 공작대 파견 이후 16명의 공작대원 증파[68]를 시도하는 등 공작대 운영을 주도하고자 했다.[69] 16명을 추가로 파견하고자 한 것은 민혁당과 영국 측

---

64) 구대열, 『한국국제관계사연구 2』, 역사비평사, 1995, 89쪽.

65) 구대열, 『한국국제관계사연구 2』, 92쪽.

66) 국사편찬위원회, 「韓志成 등 9명의 赴印 공작을 살펴보기를 청하는 公函」, 『자료집』 12, 2006, 25쪽.

67) 인도에서 중경의 한국인들이 일본문서 번역과 일본 포로 심문을 위해 고용되었고, 이들이 매우 유용하다는 것을 알자 영국 측에서는 중경의 한국인들을 추가로 고용하고자 했으나 중국은 한국인들의 앞길에 가능한 장애물을 배치했고, 조력을 하지 않는다는 미국 측의 보고를 통해서도 중국 국민당 측의 비협조적인 모습을 확인할 수 있다(국사편찬위원회, 「한국독립운동(C. E. Gauss → 미국무장관, 1943.11.15)」, 『자료집』 26, 2008, 166~167쪽.

68) 국사편찬위원회, 「印度 派遣工作員 16人에 대한 身分保證과 관련한 공함」, 『자료집』 12, 2006, 42쪽.

69) 1945년 3월 미국 OSS와의 독수리작전이 시행될 때, "김원봉은 인도 내의 영국 측과의 협조에 몰두하고 있다"는 미국의 분석은 이를 뒷받침한다고 생각한다(국사편찬위원회, 「한국에 대한 비밀첩보침투를 위한 독수리 작전 보고서-부록6, 한국 측 정황과 독수리작전」, 『자료집』 12, 2006, 121쪽).

이 맺은 협정 제2항에 따른 것으로, 대부분 당의 주요 간부로 활동하던 인물들이었다. 특히 민혁당은 증파될 인원이 '非軍職'으로 광복군이 아님을 강조하며 중국 측에 증파에 관한 허가를 받고자 했다.[70] 아마도 중국 국민당 군사위원회의 통제를 피하기 위함이었던 것으로 생각된다. 이러한 점을 통해서도 민혁당이 영국과의 합작에 상당한 노력을 기울였으며, 당세 강화에 활용하고자 했다는 점을 유추할 수 있다.

그러나 16명의 추가 파견은 중국 국민당 군사위원회의 반대로 실행되지 못했다. 중국 측에서는 증파 인원은 김구와 김원봉의 부하로 각각 반수로 선정하여 광복군에 편입해야 한다고 주장했으며, 비군직 인원은 관리가 불편하다는 의견을 내기도 했다. 또한 한독당에서도 민혁당 소속 추가 인원에 대한 여권 발급 중지를 요구했다.[71] 민혁당이 추가 인원을 파견하고자 했던 과정 속에서도 중국 측과 한국독립당의 반대 입장을 확인할 수 있는데, 이는 중국 측의 한인독립운동 세력에 대한 통제와 민혁당을 견제하고자 하는 한독당의 입장이 확인되는 대목이라고 생각한다.

한편, 중국 국민당이 공작대를 파견 등에 대해 부정적인 입장을 취하는 모습을 보면서, 1943년 2월 주세민과 최성오가 인도에 파견되는 것에는 반대하지 않았는지 의문이 생긴다. 이 점 역시 자료가 명확하게 남아 있지 않아 당시 정황을 고려하여 판단할 수밖에 없는데, 1943년 2월 당시에는 연합국인 영국 측의 요청을 거부할 수 없는 상황 속에서 소수의 인원이 짧은 기간 동안 인도에 파견되는 것에 대해 '우려할 만한' 문제점이 발생할 것이라고 예상하지 못했던 것 같다.

그러나 주세민 일행의 활동이 성과를 내고 그것이 계기가 되어 민혁당과 영국 측과의 정식 협정에 이은 공작대 파견으로 이어지는 등, 예상과 다르게 상황이 전개되자 당황했던 것으로 보인다. 이는 주세민 일행이 인도를 다녀온 지 6개월 이상이 지난 후에야 출국의 경위를 조사하는 모습을 통해서도 짐작이 가능하다.[72]

인면전구공작대 대장인 한지성은 "한, 중, 영 간에 복잡한 관계로 인하여 그 협정이

---

70) 국사편찬위원회, 「韓人의 赴印 공작의 일에 관한 金若山과의 회담기록」, 『자료집』 12, 2006, 30쪽.

71) 국사편찬위원회, 「英軍의 요청에 응하여 赴印 공작을 하는 일에 관한 회담기록」, 『자료집』 12, 2006, 13쪽.

72) 중국 국민당 군사위원회에서는 1943년 11월부터 주세민 일행의 출국 경위에 대해 외교부에 문의하는 관련 내용에 대한 조사를 시작한다(국사편찬위원회, 「周世敏의 출국 경위를 조사해 달라는 公函(군사위원회 판공청 군사처 → 外交部 亞東司, 1943.12.3)」, 『자료집』 12, 2006, 31~32쪽.

실현되지 못하고 중국 군사 위원회는 광복군 총사령부에서 인도공작대를 파견할 것을 주장하였다[73]"고 밝힌다. "복잡한 관계"란 위에서 언급한 중국 국민당과 민혁당, 민혁당과 한국독립당, 그리고 영국의 입장 차이였다고 할 수 있을 것이다. 이러한 "복잡한 관계" 때문에 민혁당은 자신들이 추진했던 공작대 파견을 단독으로 실행하지 못했던 것이다. 그럼에도 인면전구공작대파견의 배경에는 민혁당의 대외활동 등이 크게 작용했다는 점을 강조하고 싶다.

4. 인면전구공작대의 주요 활동과 성격

1943년 8월 인면전구공작대는 대장 한지성을 포함하여 총 9명으로 구성되었고, KNALU (Korean National Army Liaison Unit)라는 명칭으로 활동한다.[74] 대원들은 중국 국민당 군사위원회에서 3주간의 교육을 받고 인도로 파견되었으며,[75] 다시 인도에서 영문과 방송기술을 배웠다고 한다. 이후 송철은 델리에서 번역과 방송협조를 하도록 하고, 나머지 대원은 대장 한지성의 인솔하에 캘커타로 이동하여 방송기술 학습을 마쳤다.[76]

인도 현지에서 공작대원들은 영어와 방송기술을 습득하는 데는 약 3개월이 걸렸다. 교육 후 송철은 델리의 영국군 사령부, 이영수와 최봉진은 캘커타의 방송국, 그리고 이들을 제외한 나머지 대원들은 1944년 1월 '부야크'로 이동하여 2개 분대로 나뉘어 영국군에 배속되었다.[77] 앞서 언급했듯이 이때 인면전구공작대원들이 배속되어 활동한 부

73) 국사편찬위원회, 「인도 공작대에 관하야(『독립』 제3권 제75호, 1945.6.13)」, 『자료집』 12, 2006, 11~13쪽.

74) 인면전구공작대 부대장을 지낸 문응국은 자신과 대장 한지성이 공작대의 명칭을 Korean National Army Legion Unit(KNALU)로 할 것을 정했다고 증언한다(이현희, 『韓國獨立運動證言資料集』, 한국정신문화연구원, 1986, 113쪽). 그러나 'Legion'은 어의와 발음으로 볼 때 'Liaison'의 오기로 보이며, 1943년 5월 영국과 민혁당의 영문 협정문에 공작대의 명칭은 이미 'KOREAN NATIONAL ARMY LIAISON UNIT'로 표기되어 있다(국사편찬위원회, 「朝鮮民族革命黨에서 派遣하는 朝鮮民族軍宣傳聯絡單位에 關한 協定의 計劃(1943.5)」, 『자료집』 12, 2006, 3~5쪽). 한편 이 명칭은 Bacon이 사망한 후 공작대원이 유족에게 보낸 편지에서도 확인되며, 인면전구공작대의 공식 영문 명칭으로 볼 수 있다.

75) 이현희, 『韓國獨立運動證言資料集』, 1986, 111쪽.

76) 국사편찬위원회, 「인도에서 활약하는 조선용사들(『독립』 제3권 제75호, 1945.6.13)」, 『자료집』 12, 2006, 13쪽.

77) 국사편찬위원회, 「인도에서 활약하는 조선용사들(『독립』 제3권 제75호, 1945.6.13)」, 『자료집』 12,

대는 I.F.B.U였던 것으로 생각된다. 이와 관련하여 인면전구공작대원들과 영국인 I.F.B.U 대원들이 함께 찍은 사진(〈사진 1〉 참조)이 확인된다.

〈사진 1〉 Indian Field Broadcasting Unit officers with KNALU &Capt. Bacon: Fagu, India -1944[78)]

사진을 통해서 몇 가지 사실을 확인 혹은 추정할 수 있다. 우선 인면전구공작대가 I.F.B.U에 소속되어 활동한 것이 확실하다는 점이다. 그리고 1944년 1월 이동했다는 '부야크'는 사진의 촬영지인 'Fagu'로 추정되는데, 이곳은 현재 인도 뉴델리에서 북쪽으로 약 300km 떨어진 곳이다. 또한 앞열 오른쪽의 인물은 문응국 · 김상준 · 나동규가

2006, 14쪽.

78) 사진의 뒷열 오른쪽부터 R. C. Bacon, 나동규, 한지성, 김상준, Capt Mollison, Capt Preston, 앞열 오른쪽부터 박영진(추정), 문응국, 김성호, Lt. Col Steer이다. 영국인 대원에 대한 성명은 R. C. Bacon 유족이 확인한 것이며, 인면전구공작대의 성명은 기존 사진자료와의 비교 대조를 통해 필자가 확인한 것이다.[자료: 베이컨 유족(Elsa Dickson) 기증자료]

201부대, 박영진과 김성호가 204부대에 배속[79]되었다는 기록을 감안할 때, 박영진으로 추정된다.

인면전구공작대는 주로 일어방송과 선전문을 산포하고, 문건 번역과 포로 심문 등의 임무를 수행했다.[80] 특히 임팔대회전에 투입되어 대적선무방송, 투항 권유 전단작성, 노획문서 해독, 포로심문 등의 공작전을 수행했다.[81] 인면전구공작대 부대장을 지낸 문응국은 임팔대회전 당시 영국군 제17사단에 배속되어 있었으나, 부대는 일본군에 포위되어 퇴로가 막히게 되었고, 이때 공작대원들의 정확한 문건 분석으로 부대가 무사히 퇴각하는데 기여했다고 증언한다.[82]

문응국 등의 활약은 당시 기록에서도 확인[83]되며, 인면전구공작대의 활동에 대해 영국 측에서는 만족을 표했던 것 같다. 따라서 영국 측에서는 인면전구공작대 인원의 증원을 중국 국민당 정부 측에 요청하게 된다.[84] 그러나 중국 측에서는 공작대원들의 중경 복귀를 원하고 있었으며,[85] 결국 공작대의 증파는 이루어지지 않았다.[86]

영국과의 협정문에 따르면 공작대의 복무기한은 6개월 단위였고, 양쪽의 협의에 따라 활동 기간의 연장이 가능했다. 때문에 기간 연장에 반대하는 입장이었던 중국 측에서는 6개월의 만기가 되는 1944년 2월과 8월 모두 공작대의 중경 귀환을 희망했다. 그럼에도 공작대가 해방 때까지 인도-버마 전선에서 활동할 수 있었던 것은 공작대의 활동에 대해 영국 측에서 만족하고 있었기 때문이며, 비록 대원의 증파는 이루어지지 않았지만 공작대가 유지·운영될 수 있었다고 생각한다.

아울러 인면전구공작대의 활동은 언제든 위험에 노출될 수 있는 상황 속에서 진행되었다. 이는 영국군 장교로서 인면전구공작대와의 연락 업무를 맡은 R.C. Bacon이 전사

79) 독립운동사편찬위원회, 『독립운동사』 제6권, 479쪽.

80) 柳東宴, 「한지성의 생애와 민족운동」, 210쪽.

81) 박민영, 「한국광복군 인면전구공작대연구」, 167쪽.

82) 이현희, 『韓國獨立運動證言資料集』, 113쪽.

83) 국사편찬위원회, 「인도에서 활약하는 조선용사들(『독립』 제3권 제75호, 1945.6.13)」, 『자료집』 12, 2006, 14쪽.

84) 국사편찬위원회, 「마운트바튼에게 보내는 편지의 번역을 요청한 군사위원회의 代電(1944.8.6)」, 『자료집』 12, 2006, 40~41쪽.

85) 국사편찬위원회, 「광복군 韓志成 등의 조속한 귀국을 재촉하는 司函(1944.7.22)」, 『자료집』 12, 2006, 38~39쪽.

86) 국사편찬위원회, 「한국광복군 문제 가운데 시급히 협의해야 할 사항(1945)」, 『자료집』 10, 2006, 213쪽.

한 후, 이영수가 Bacon의 부인에게 보낸 편지에서도 확인된다.[87] 이영수의 편지를 통해 인면전구공작대는 I.F.B.U에 소속되어, 영국군, 그리고 구르카족들과 함께 대적 방송 등의 임무를 수행했다는 점을 알 수 있다. 또한 때때로 일본군의 저항에 부딪혀 위험에 노출될 수 있는 환경이었다는 점도 확인된다. 결국 인면전구공작대원들은 死線을 넘나들며 일본군에 대해 자신들이 임무를 수행했으며, 영국 측에서는 대체로 인면전구공작대의 활동에 만족을 가졌다고 볼 수 있을 것이다.

한편 민혁당에서는 인면전구공작대를 통해 인도지역에 자신들의 조직을 건설하여 운영하고자 했다. 앞서 1943년 2월 인도에 파견된 주세민이 자신을 조선민족혁명당 인도국 대표로 소개하고 제8차 민혁당 전당대회에 인도 특구대표로서 참석했다는 점을 언급했다. 그리고 민혁당 기관지 『앞길』에서는 "한지성이 이끄는 조선청년 1소대가 근일 인도특구부를 건설"했다는 내용이 확인된다.[88]

또한 인면전구공작대 내에서 민혁계열 대원들의 한독계열 대원에 대한 포섭공작이 진행되었던 것 같다. 파견 당시 공작대원은 광복군 1지대(민혁계열) 2명, 2지대(한독계열) 7명으로 구성되었다. 문응국은 공작대가 파견된 후 한독당 소속 대원에 대한 민혁당원들의 공작이 있었다고 증언한다.[89] 공작의 구체적인 사항은 알 수 없으나 한독계열이었던 문응국과 박영진이 민혁당 특파공작원[90]으로 소개되는 점과 1944년 8월 김상준과 박영진이 『앞길』에 성금을 보낸 사실[91]을 통해 포섭 공작이 진행되었고, 어느 정도 효과를 보았다는 점을 생각해 볼 수 있다.

1944년 12월 인면전구공작대장 한지성은 그동안의 공작대 활동을 보고하고, 공작대원의 증파를 교섭하기 위해 중경으로 잠시 귀환한다.[92] 그리고 王英哉, 陳春浩, 呂正淳,

---

87) 편지에 따르면 1945년 3월 12일 Bacon과 김성호, 그리고 10여 명의 구르카인들은 일본군에 대적선전 방송을 하기 위해 前線으로 갔다. 그리고 다음날 아침 일본군 전방 60미터에서 김성호는 항복을 권유하는 방송을 했는데, 일본군의 사격으로 인해 Bacon은 총상을 입었고 병원으로 후송되었지만 안타깝게도 사망한다. 이러한 안타까움과 유감을 표하기 위해 이영수는 Bacon의 유족에게 편지를 쓴 것으로 보인다(「이영수가 Mrs. Bacon과 그의 가족에게 보낸 편지(필사본, 1945.3.31)」[베이컨 유족(Elsa Dickson) 기증자료]).

88) 국사편찬위원회, 「『앞길』 제33기(1944.6.1)」, 『자료집』 37, 2009, 474쪽.

89) 이현희, 『韓國獨立運動證言資料集』, 110~111쪽.

90) 추헌수, 『資料韓國獨立運動』 2, 연세대출판부, 249~250쪽.

91) 국사편찬위원회, 「『앞길』 제36기(1944.8.29)」, 『자료집』 37, 2009, 512쪽.

92) 국사편찬위원회, 「印度工作隊 대장 韓志成 업무보고차 重慶에」, 『자료집』 12, 2006, 19쪽.

胡建, 金斌 5명에 대한 증파가 허가된 것으로 보인다.93) 이는 그동안의 증파에 관한 노력이 결실을 맺는 순간이라고 할 수 있을 것이다. 한지성은 증파에 관한 협상을 마무리하고 1945년 3월 말 인도로 돌아왔는데, 송철이 Bacon의 유족에 보낸 편지에 의하면 1945년 4월 5일 한지성이 캘커타로 왔고 열흘 뒤인 15일경 5명의 한국인이 캘커타에 도착하여 선전활동을 할 것으로 기대한다는 내용을 전했다.94) 이를 통해 5명의 공작대원 증파는 거의 성사단계까지 갔던 것으로 생각된다.

또한 임시정부 군무부에서는 1943년 5월 민혁당과 맺은 협정을 임시정부 명의로써 다시 맺고, 공작대를 확대 발전시키고자 했다.95) 그러나 최종적으로 5명은 인도로 가지 못했고, 새로운 협정도 체결되지 못했다. 이와 관련하여 1945년 4월 16일 제38차 임시의정원 회의에서 손두환이 "군무부에서는 인도에 5명을 파견했다고 하는데 광복군 총사령이 중국 국민당 비서처에 가서 광복군 은 갈 수 없다"고 발언한 내용을 주목할 필요가 있다.96)

이 발언에 대해 군무부장 김원봉은 "최근 5명에 대한 여권은 발급되었으나 광복군에서 제기한 내용은 잘 모른다"는 취지로 답변한다.97) 내용을 종합하면 군무부에서는 5명 증파에 대해 중국 측과 협상을 마무리했지만 최종단계에서 광복군의 반대로 증파가 이루어지지 않은 것으로 판단할 수 있다. 다만 자료의 부족으로 군무부와 광복군이 다른 입장을 취하게 된 이유는 확인되지 않는데, 앞서 민혁당의 인면전구공작대원에 대한 '공작'과 이탈을 경험한 한독당 측에서 이러한 전철을 밟지 않고자 했던 것으로 추정할 뿐이다.

결론적으로 5명의 증파는 이루어지지 않았고, 새로운 협정도 체결되지 않았다. 다만 임시정부에서 선전과 과원을 지낸 한지성의 妻 안금생과 임시의정원 의원 등을 지낸 안원생의 인도행만 확인될 뿐이다.98) 안금생은 민간인 신분으로 영국 측에 고용된 것으로

---

93) 국사편찬위원회, 「趙志英 외 9인의 印度 派遣工作을 위한 여권발급에 관한 공함(1945.3.28)」, 『자료집』 12, 2006, 44쪽.

94) 「송철이 Bacon유족에게 보낸 편지(1945.4.9)」[베이컨 유족(Elsa Dickson) 기증자료].

95) 국사편찬위원회, 「군무부공작보고서(1945.4.1)」, 『자료집』 9, 2006, 73쪽.

96) 국사편찬위원회, 「臨時議政院會議 第38回 速記錄(1945.4.16)」, 『자료집』 4, 2005, 29쪽.

97) 국사편찬위원회, 「臨時議政院會議 第38回 速記錄(1945.4.17)」, 『자료집』 4, 2005, 37쪽.

98) 「송철이 Bacon유족에게 보낸 편지(1945.4.9)」[베이컨 유족(Elsa Dickson) 기증자료].

보이며,[99] 안원생은 1944년 7월 31일 중경으로 복귀한 나동규를 대신하여 파견된 것으로 판단된다.[100] 그리고 인면전구공작대원들은 전쟁이 끝난 1945년 9월 중경으로 무사히 귀환하게 된다.

지금까지 연구에서는 대체로 한국광복군의 활동으로써 인면전구공작대의 활동이 강조되었다. 그러나 공작대 파견에 관한 협정과 이후의 '관리'는 민혁당에 의해 운영되었다고 할 수 있다. 비록 민혁당 중심이 아닌 한독당원이 포함된 광복군 대원들로 공작대가 구성되었지만 파견의 시작과 증파 노력 등은 민혁당이 추진했고, 공작대를 당세 확장에 이용하고자 했던 사실이 확인되기 때문이다. 또한 파견 배경도 한국광복군 혹은 임시정부가 직접 추진한 결과가 아닌 민혁당이 조선의용대 시절부터 추진한 '외교' 활동에서 그 연원을 찾을 수 있기 때문이다.

인면전구공작대가 민혁당의 주도로 파견되었고, 이후 관리되었다는 점은 앞서 살핀 여러 활동 이외에 해방 후 민혁당 측에서 공작대의 활동을 강조하는 점을 통해서도 추정 가능하다. 이러한 내용은 "조선의용대원들이 印緬작전에 참가했다"는 해방 이후 신문기사[101]와 민혁당이 인도에 연락대를 파견했다고 주장[102]하는 글을 통해서도 확인된다. 아울러 16명의 증파가 논의될 즈음에 김원봉은 임시정부가 승인되지 않은 상황에서 민혁당이 영국 측과 교섭하게 된 것이라는 취지의 발언을 한다.[103] 이를 통해서 민혁당은 영국과의 '외교'로써 인면전구공작대에 파견했고, 이를 당세확장의 기회로 생각했음을 유추해 볼 수 있다.

이와 함께 "인도 공작대를 통하여 양 민족의 관계를 다시 새로이 건립한 것은 한영국교 상에 의미 깊은 사실"이라고 밝힌 한지성의 언급을 통해서 인면전구공작대가 단순히 영국을 보조하는 역할이 아닌 한국독립운동 세력이 연합국 측으로부터 인정받는 계기로 삼고자 했음을 생각해 볼 수 있다. 다시 말해 민혁당은 공작대를 통해 당세확장 등의 결과를 얻어 한국독립운동과 해방 후 정국을 유리하게 이끌어 나가고자 했음을 생

99) 국사편찬위원회, 「韓志成이 처 安錦生의 인도 동반을 문의하는 代電(1945.2.8)」, 『자료집』 12, 2006, 43~44쪽.

100) 박민영, 「한국광복군 印緬戰區工作隊 연구」, 161쪽.

101) 『동아일보』 1946년 3월 16일자, 「韓英提携하여 對日作戰」.

102) 『동아일보』 1946년 3월 16일자, 「韓英提携하여 對日作戰」.

103) 국사편찬위원회, 「臨時議政院會議 第35回(1943.11) 會議錄」, 『자료집』 3, 2005, 19쪽.

각해 볼 수 있다.

물론 민혁당이 공작대를 통해 여러 가능성을 만들고 그것을 현실화시키고자 했어도, 영국 측의 입장은 S.O.E India Mission에서 활용 가능한 인원만을 운용하는 것이었다. 그들에게 임시정부 승인과 같은 문제는 고려 대상이 아니었다. 그리고 민혁당 주도의 공작대 파견은 중국 국민당 정부의 견제에서 자유로울 수 없었다는 한계를 지닐 수밖에 없었다. 이러한 한계 때문에 민혁당에서는 자신들이 처음부터 구상한 공작대를 파견할 수 없었던 것이었다. 그럼에도 인면전구공작대의 파견과 활동은 민혁당의 노력 속에서 비롯되었고, 연합국과의 '새로운 관계를 설정'을 위한 과정으로 생각했다는 점에서 '외교' 활동의 일환으로도 해석할 수 있을 것이다.

5. 맺음말

한국광복군 인면전구공작대는 미국 OSS와의 합작 훈련과 더불어 광복군의 대표적인 활동으로 평가된다. 이러한 인면전구공작대의 파견 배경은 우선 제2차 세계대전 중 추축국에 대해 정보전을 펼치고자 했던 영국 S.O.E의 활동에서 찾을 수 있다. 특히 S.O.E는 아시아 지역에서 Oriental Mission과 India Mission을 수행했는데, 인면전구공작대는 영국 측의 요청을 받아 S.O.E India Mission(Force 136)의 I.F.B.U에 소속되어 대적 선전 방송 등의 활동을 수행했다.

인면전구공작대 파견의 또 다른 배경은 민혁당을 중심으로 하는 재중국 한인독립운동 좌파세력의 대외 활동에서 찾을 수 있다. 민혁당이 중심이었던 조선의용대는 일본 반전집단 등과 연대하며 '국제대오'로서 활동했고, 이후에는 '남양'지역에서 자신들의 활동 영역을 넓히기 위한 선전활동도 진행했다. 또한 중국 중경이 전시수도가 되자 각국 공관에 자신들을 알리기 위한 이른바 '외교 활동'을 진행했는데, 이러한 활동들로 영국 측과 연결되는 계기가 만들어졌다고 할 수 있을 것이다.

인면전구공작대 파견은 영국과 민혁당의 이해관계가 합치하였기 때문에 가능했다. 그러나 민혁당이 중심된 인면전구공작대의 파견은 성사되지 못했다. 이는 한국독립운동세력을 통제하고자 하는 중국 국민당의 의중과 민혁당에 대한 한독당의 견제, 그리고 영국 측의 무관심 등이 작용했기 때문이다. 이처럼 공작대를 둘러싼 세력들의 이해관계는 서로 달랐다. 이러한 상황 속에서 민혁당은 한국광복군의 명의로써 한독당원이 혼재된 공작대를 파견할 수밖에 없었던 것이다. 그럼에도 공작대 파견에 있어 민혁당의 노력은 결정적이었다고 평가할 수 있을 것이다.

민혁당은 대원의 증파를 위해 노력하는 등, 자신들의 당세 확장을 위해 인면전구공작대를 관리·운영하고자 했다. 물론 공작대원의 증파 노력도 중국 군사위원회의 반대 때문에 이루어지지 못했다. 그럼에도 인면전구공작대원들의 활동에 대해 영국 측은 만족을 표하는 동시에 중국 측에 공작대 증원을 요청하기도 했다. 이러한 공작대에 대한 영국 측의 만족은 종전 때까지 공작대가 유지 운영될 수 있는 배경이 되었다고 할 수 있을 것이다. 또한 민혁당은 인면전구공작대를 운영하며 인도지역에 조직을 건설하여 운영하고자 했는데, 민혁당이 공작대를 통해 자신들의 세력을 확대하고자 했다는 점을 보여준다.

끝으로 인면전구공작대를 통해 민혁당은 연합국 측으로부터 자신들의 세력을 인정받아 한국독립운동의 주도적 위치를 차지하고자 했다는 점을 주목할 필요가 있다. 이러한 민혁당의 활동은 '외교' 활동으로도 해석될 수 있으며, 국제관계 속에서 한국독립운동과 해방 후 정국 상황을 자신들에게 유리한 방향으로 만들어나가고자 했던 것이라고 할 수 있다.

【참고문헌】

1. 1차 자료

「(사진) Indian Field Broadcasting Unit officers with KNALU &Capt. Bacon: Fagu, India-1944」

「이영수가 Mrs. Bacon과 그의 가족에게 보낸 편지(필사본, 1945.3.31)」

「송철이 Bacon 유족에게 보낸 편지(1945.4.9)」

(이상 베이컨 유족(Elsa Dickson) 기증자료)

「S.O.E(India) Organisation(1943.9.22)」

「S.O.E Propaganda to the Japanese Army in the Field(1944년)」
(이상 영국왕립문서보관소 수집자료)
『大公報(香港版)』, 『大公報(重慶版)』, 『東亞日報』

2. 단행본(자료집)
국사편찬위원회, 『대한민국임시정부자료집』 9, 2006.
국사편찬위원회, 『대한민국임시정부자료집』 10, 2006.
국사편찬위원회, 『대한민국임시정부자료집』 12, 2006.
국사편찬위원회, 『대한민국임시정부자료집』 14, 2006.
국사편찬위원회, 『대한민국임시정부자료집』 24, 2010.
국사편찬위원회, 『대한민국임시정부자료집』 26, 2008.
국사편찬위원회, 『대한민국임시정부자료집』 37, 2009.
구대열, 『한국국제관계사연구 2』, 역사비평사, 1995.
독립운동사편찬위원회, 『독립운동사』 제6권, 1975.
민주주의민족전선 編, 『해방조선 1』, 과학과 사상, 1988.
이현희, 『1韓國獨立運動證言資料集』 1, 한국정신문화연구원, 1986.
韓詩俊, 『韓國光復軍研究』, 일조각, 1993.
鹿地 亘, 『日本兵士の反戰運動』 1, 東城社, 1982.
Charles Cruickshank, *SOE in the far east*, Oxford University Press, 1983.
Nigel west, *Secret War-The story of SOE*, London, 2019.

3. 연구논문
加納敦子, 「韓国光復軍の「インド・ビルマ戦区工作隊」派遣」, 『現代韓国朝鮮研究』 15, 2015.
김광재, 「朝鮮民族革命黨의 연합국과의 합작활동」, 『홍경만교수정년기념한국사학논총』, 2002.
김영범, 「조선의용대의 항일전투(참가) 실적과 화북진출 문제 재론」, 『한국독립운동사연구』 67, 2019.
박민영, 「한국광복군 印緬戰區工作隊 연구」, 『한국독립운동사연구』 제33집, 2009.
柳東宴, 「韓志成의 생애와 민족운동」, 『한국근현대사연구』 74, 2015.
염인호, 「조선의용군연구」, 국민대학교 국사학과 박사학위논문, 1994.
염인호, 「조선의용대의 창설과 한중연대」, 『한국근현대사연구』 19, 1999.

李鉉淙, 「光復軍聯絡隊의 印度派遣과 活動狀況」, 『亞細亞學報』 제11집, 1975.
한상도, 「조선의용대와 재중 일본인 반전운동집단의 연대」, 『한국민족운동사연구』 38, 2004.

※ 출처: 『한국근현대사연구』 제95집, 한국근현대사학회, 2020.

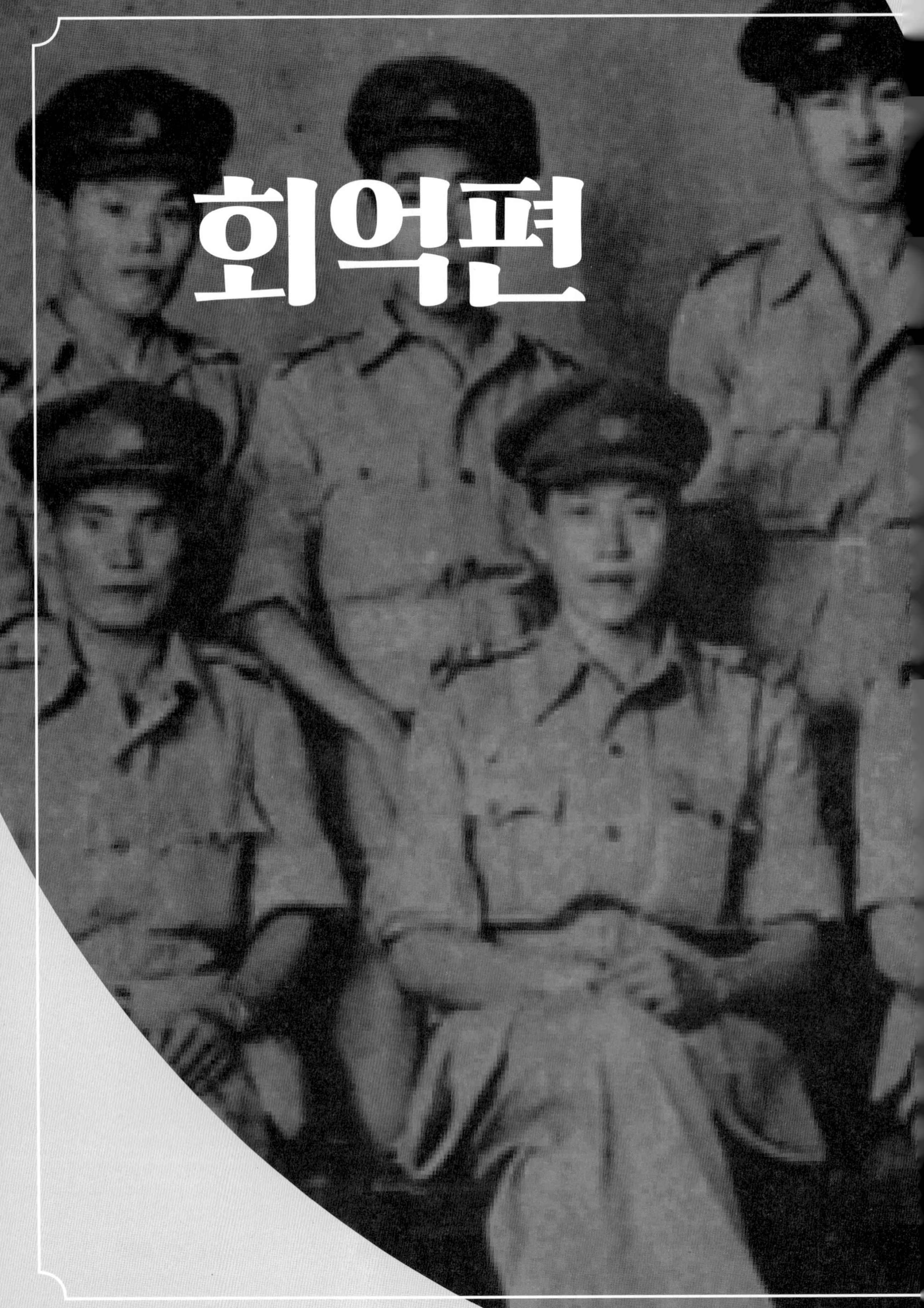

회억편

Ⅳ

인면전구공작대의 동지 9인

인면전구공작대의 동지 9인 (약전, 가나다 순)

1. 김상준(金尙俊)

건국훈장 애국장(1990)

1916.12.10~1996.11.5

경상북도 김천(金泉) 출신이고, 1939년 11월경 한국청년전지공작대에 참여하여 중국 서안(西安)에서 운영되고 있던 중앙전시간부훈련단 제4단의 한국청년간부훈련반(한청반)에서 훈련받았다. 한국청년전지공작대가 1941년 1월 한국광복군 제5지대로 편입되고 이듬해 제2지대로 개편됨에 따라 광복군 요원으로 활동한다.

1943년 5월 주인도영국군 사령부와 조선민족혁명당의 '조선민족군선전연락대' 파견 협정이 체결되고 이어서 한국광복군에서 '인면전구공작대'를 파견하게 되자 대원으로 인도-버마전선에 파견되었다. 1943년 8월 중국 중앙군사위원회에서 3주간 훈련받고 인도로 파견되었으며, 현지에서 영어와 방송기술을 교육받았다. 교육 이수 후 나동규, 박영진, 문응국, 김성호와 함께 1944년 1월 '부야크'로 이동하여 영국 S.O.E India Mission에서 대적심리전을 위해 창설한 I.F.B.U(India Field Broadcasting Unit)에 배속되어 활동했다.

1944년 초 임팔전투에서 영국군 제17사단에 문응국, 나동규와 함께 배속되었는데, 제17사단이 일본군에 포위되자 정확한 정보 분석을 해내 영국군이 무사히 퇴각하는데 기여했다고 한다. 이후 1945년 최봉진, 이영수와 함께 버마 중부로 이동하여 영국군과 함께 버마탈환작전에 참가하고, 1945년 8월 일본이 연합군에 항복하자 9월에 중국 중경으로 귀환하였다.

2. 김성호(金成浩)

2022년 현재 미서훈
생몰년 미상

평안북도 신의주 출신으로, 1937년 7월 중일전쟁 발발 이후 중국으로 건너가 일본군 번역원으로 활동하다 중국 위현에서 전투 중 부상을 입고 중국군에 포로로 잡혔다. 이후 1939년 11월경 한국청년전지공작대에 입대했다(김성호,「나는 어떻게 포로가 되었나」,『한국청년』 제2기, 1940.9). 1940년 전지공작대가 진행한 항일연극 '국경의 밤', '한국의 일용사(一勇士)', '아리랑' 등에 출연하여 한중 항일연대 형성에 기여했다. 한국청년전지공작대가 1941년 1월 한국광복군 제5지대로 편입되었다가 다시 제2지대로 개편됨에 따라 지대 총무조원이 되어 활동한다.

1943년 5월 주인도영국군 사령부와 조선민족혁명당의 '조선민족군선전연락대' 파견 협정이 체결되고 이어서 한국광복군에서 '인면전구공작대'를 파견하게 되자 대원으로 인도-버마전선에 파견되었다. 1943년 8월 중국 중앙군사위원회에서 3주간 훈련받고 인도로 파견되었으며, 현지에서 영어와 방송기술을 교육받았다. 이어서 김상준, 나동규, 박영진, 문응국과 함께 1944년 1월 '부야크'로 이동하여 영국 S.O.E India Mission에서 대적심리전을 위해 창설한 I.F.B.U(India Field Broadcasting Unit)에 배속된 후 박영진과 함께 I.F.B.U의 201부대에서 문건번역, 정보수집, 포로심문 등의 활동을 한 것으로 전해진다. 1945년 영국군과 함께 버마 중북부에서 버마탈환전에 참전하고, 1945년 8월 일본이 연합군에 항복하자 9월 중국 중경으로 귀환하였다.

3. 나동규(羅東奎)

건국훈장 애족장(1990)

1918.12.11~1985.9.4

전라남도 나주(羅州) 출신으로, 1939년 11월경 한국청년전지공작대에 참여하여 중국 서안(西安)에 있는 중앙전시간부훈련단 제4단의 한국청년간부훈련반(한청반)에서 훈련받았다. 한국청년전지공작대가 1941년 1월 한국광복군 제5지대로 편입되고 다시 광복군 제2지대로 개편됨에 따라 대원으로 활동한다.

1943년 5월 주인도영국군 사령부와 조선민족혁명당의 '조선민족군선전연락대' 파견 협정이 체결되고, 이어서 한국광복군에서 '인면전구공작대'를 파견하게 되자 대원으로 인도-버마전선에 파견되었다. 1943년 8월 중국 중앙군사위원회에서 3주간 훈련받고 인도로 파견되었으며, 현지에서 영어와 방송기술을 교육받았다. 이어서 1944년 1월 김상준, 박영진, 문응국, 김성호와 함께 '부야크'로 이동하여 영국 S.O.E India Mission에서 대적심리전을 위해 창설한 I.F.B.U(India Field Broadcasting Unit)의 요원이 되어 활동했다.

1944년 초 임팔전투에서 영국군 제17사단에 김상준, 문응국과 함께 배속되었고, 제17사단이 일본군에 포위되자 정확한 정보분석을 해내 영국군이 무사히 퇴각하는데 기여했다고 한다. 1944년 7월 질병으로 인해 중국 중경으로 귀환한 후 임시정부 경무과 등에서 활동했다.

4. 문응국(文應國)

건국훈장 애국장(90)

1921.6.10~1996.4.21

황해도 안악(安岳) 출신으로, 1939년 11월경 한국청년전지공작대에 참여하여 중국 서안(西安)에서 운영되고 있던 중앙전시간부훈련단 제4단의 한국청년간부훈련반(한청반)에서 훈련받았다. 한국청년전지공작대가 1941년 1월 한국광복군 제5지대로 편입되고 다시 광복군 제2지대로 개편됨에 따라 그 대원으로 활동한다.

1943년 5월 주인도 영국군사령부와 조선민족혁명당의 '조선민족군선전연락대' 파견 협정이 체결되고 이어서 한국광복군에서 '인면전구공작대'를 파견하게 되자 부대장(副隊長)으로 인도-버마전선에 파견되었다. 1943년 8월 중국 군사위원회에서 3주간 훈련받고, 다시 인도 현지에서 영어와 방송기술을 교육받았다. 교육 이수 후 김상준, 나동규, 박영진, 김성호와 함께 1944년 1월 '부야크'로 이동하여 영국 S.O.E India Mission에서 대적심리전을 위해 창설한 I.F.B.U(India Field Broadcasting Unit)에 소속되어 활동했다.

1944년 초 임팔전투에서 영국군 제17사단에 김상준, 나동규와 배속되었고, 제17사단이 일본군에 포위되자 정확한 정보분석을 해내 영국군이 무사히 퇴각하는 데 기여했다고 한다. 이후 1945년 초 송철(宋哲)과 함께 해상(海上)으로부터 버마 수도 랭군(Rangoon)을 목표로 진격하는 상륙 작전에 참전하고, 1945년 8월 일본이 연합군에 항복하자 9월 중국 중경으로 귀환했다.

5. 박영진(朴永晋)

건국훈장 애국장(1990)

1921.3.27~1950.6.25

경상북도 고령(高靈) 출신으로, 1939년 11월경 한국청년전지공작대에 참여하여 중국 서안(西安)에 있는 중앙전시간부훈련단 제4단의 한국청년간부훈련반(한청반)에서 훈련받았다. 한국청년전지공작대가 1941년 1월 한국광복군 제5지대로 편입되고 그 후 다시 광복군 제2지대로 개편되면서 그 대원으로 활동한다.

1943년 5월 주인도영국군 사령부와 조선민족혁명당의 '조선민족군선전연락대' 파견 협정이 체결되고 이어서 한국광복군에서 '인면전구공작대'를 파견하게 되자 대원으로 인도-버마전선에 파견되었다. 1943년 8월 중국 중앙군사위원회에서 3주간 훈련받고 인도로 파견되었으며, 현지에서 영어와 방송기술을 교육받았다. 뒤이어 김상준, 나동규, 문응국, 김성호와 함께 1944년 1월 '부야크'로 이동하여 영국 S.O.E India Mission에서 대적심리전을 위해 창설한 I.F.B.U(India Field Broadcasting Unit)에 소속되었고, 김성호와 함께 I.F.B.U의 201부대에 배속되어 문건번역, 정보수집, 포로심문 등의 활동을 한 것으로 전해진다. 1945년 영국군과 함께 버마 중북부에서 버마탈환전에 참전하고, 1945년 8월 일본이 연합군에 항복하자 9월 중국 중경으로 귀환하였다.

6. 송철(宋哲)

2022년 현재 미서훈
출신지 및 생몰년 미상

1939년 말 중국 하남성(河南省)에서 한국전지공작대원이던 김용주와 박영진의 포섭으로 최봉진과 함께 공작대에 입대하였다고 한다. 한국청년전지공작대가 1941년 1월 한국광복군 제5지대로 편입되고 다시 제2지대로 개편되면서 그 대원 되어 활동한다.

1943년 5월 주인도 영국군사령부와 조선민족혁명당의 '조선민족군선전연락대' 파견 협정이 체결되고 이어서 한국광복군에서 '인면전구공작대'를 파견하게 되자 대원으로 인도-버마전선에 파견되었다. 1943년 8월 중국 중앙군사위원회에서 3주간 훈련받고 인도로 파견되었으며, 다시 현지에서 영어와 방송기술을 교육받았다. 그 후 델리의 영국군 사령부에 배속되어 번역과 방송 지원 활동을 했다.

1945년 초에 문응국과 함께 해상(海上)으로부터 버마 수도 랭군(Rangoon)을 목표로 진격하는 상륙작전에 참전하고, 1945년 8월 일본이 연합군에 항복하자 9월 중국 중경으로 귀환했다.

7. 이영수(李英秀)

2022년 현재 미서훈
출신지 및 생몰년 미상

출신지와 생몰시점이 확인되지 않고 있다. 1943년 4월부터 6월 사이에 대한민국 임시정부 선전부의 편집과 과원으로 활동했음과 조선민족혁명당 소속이었음이 확인된다.

1943년 5월 주인도 영국군사령부와 조선민족혁명당의 '조선민족군선전연락대' 파견 협정이 체결되고 이어서 한국광복군에서 '인면전구공작대'를 파견하게 되자 대원으로 인도-버마전선에 파견되었다. 1943년 8월 중국 중앙군사위원회에서 3주간 훈련받고 인도로 파견되었으며, 다시 현지에서 영어와 방송기술을 교육받았다. 교육 이수 후 최봉진과 함께 캘커타 방송국에서 선전방송 임무를 맡아 수행하였다.

1945년 최봉진, 김상준과 함께 버마 중부로 이동하여 영국군과 함께 버마탈환전에 참전하고, 1945년 8월 일본이 연합군에 항복하자 9월 중국 중경으로 귀환하였다.

8. 최봉진(崔鳳鎭)

건국훈장 애국장(1990)

1917.12.17~2003.2.8

전라남도 보성(寶城) 출신이고, 이명은 최상철(崔相哲)이다. 1939년 말 중국 하남성에서 한국전지공작대원이었던 김용주, 박영진의 포섭으로 송철과 함께 공작대에 입대하여 중국 서안(西安)에 있는 중앙전시간부훈련단 제4단의 한국청년간부훈련반(한청반)에서 훈련받았다고 한다. 한국청년전지공작대가 1941년 1월 한국광복군 제5지대로 편입되고 다시 제2지대로 개편되면서 그 대원이 되어 활동했다.

1943년 5월 주인도영국군 사령부와 조선민족혁명당의 '조선민족군선전연락대' 파견 협정이 체결되고 이어서 한국광복군에서 '인면전구공작대'를 파견하게 되자 대원으로 인도-버마전선에 파견되었다. 1943년 8월 중국 중앙군사위원회에서 3주간 훈련받고 인도로 파견되었으며, 현지에서 영어와 방송기술을 교육받았다. 교육 이수 후 이영수와 함께 캘커타 방송국에서 선전방송 협조 임무를 맡아 수행했다.

1945년 김상준, 이영수와 함께 버마 중부로 이동하여 영국군과 함께 버마탈환전에 참전하고, 1945년 8월 일본이 연합군에 항복하자 9월 중국 중경으로 귀환하였다.

9. 안원생(安原生)

건국훈장 애족장(1990)

1905.2.27~미상

황해도 안악(安岳) 출신으로, 안중근 의사의 첫째 동생인 안정근의 장남이다.

1925년 5월 중국 호강대학(滬江大學) 재학 때 주요한(朱耀翰), 현정주(玄正柱), 최남식(崔南植) 등과 함께 프랑스조계에서 전단을 배포하며 시위를 벌였다. 1933년 흥사단(興士團)에 가입하여 원동반(遠東班) 제6반에 소속되어 활동하고, 이후 임시정부 선전 및 홍보 활동을 하였다.

1941년 1월부터 임시정부 외무부 부원이면서 선전위원을 겸임하고, 1943년 4월부터는 외무부 외사과장 겸 선전부 비서를 겸임했다. 같은 해 중경의 한인청년들을 규합하여 조직된 한국청년회의 총간사가 되어 활동했다.

1943년 10월 제35회, 1944년 4월 제36회 임시의정원에서 의원으로 연속 선임되었고, 1944년 3월에는 임시정부 주석판공실 비서가 되어 활동했다. 1944년 6월 임시정부 선전부 편집위원으로서 중국국민당 선전부의 대적선전위원회와의 합작으로 중경방송국에서 우리말 방송을 하였다.

1945년 2월 중경에서 신한민주당(新韓民主黨)에 참여하여 선전부장을 맡았으며, 4월에 나동규 대신으로 인면전구공작대의 신입대원이 되어 인도로 가서 활동하였다.

감사의 말

두툼하고도 자못 품격 있는 형체로 이 자료집이 간행되어 나오기까지 실로 많은 분들의 인도와 도움이 있었습니다. 한지성 대장의 조카 되는 저희는 이에 깊이 감사하오며 그 뜻을 밝혀 적습니다.

먼저 김영범 명예교수님께 깊이 감사드립니다. 교수님은 이 자료집 간행의 처음부터 끝까지 모든 과정을 주관하고 성심으로 도와주셨습니다. 발의와 기획, 자료 확충과 검토 및 선별, 편집과 감수에다 해제 집필에 이르기까지, 교수님의 그 모든 노력과 독려가 아니었다면 이 자료집의 간행은 성사되지 못했을 것입니다. 한지성 대장의 생애와 독립운동 공적에 관한 논문을 일찍이 써내셨고 실물자료 확보에도 도움 주신 류동연 연구관님과 그 지도교수이신 염인호 교수님, 인면전구공작대 기념사업회장으로 수고해주시면서 아낌없는 응원도 보내주시는 전 대구가톨릭대학교 사회적경제대학원장 정홍규 신부님께도 깊이 감사드립니다.

한지성 대장을 '성주 항일독립운동사의 빛나는 등불'이라고 힘주어 말씀해주시는 이윤기 전 도산서원 원장님, 대한민국임시정부기념관 건립추진위원장의 직무로 바쁘셨음에도 기꺼이 축사를 써주신 이종찬 우당교육문화재단 이사장님, 두 편의 감명 깊은 축시를 지어주신 겨레시인 성재경 목사님께 깊이 감사드립니다. 만만찮은 부담이 될 간행 의뢰를 쾌히 수락해주신 선인출판사 윤관백 대표님의 후의와, 고품질의 책이 되어 나오게끔 애써주신 이동언 기획이사님 및 편집부 여러분의 노고에도 사의를 표합니다.

한지성 숙부님의 독립운동 공훈 선양과 관련해서도 고마운 분이 많이 계십니다. 인면전구공작대원이셨던 고 박영진 애국지사님의 부인 되시는 이애선 여사님, 심산 김창숙 선생님의 손자이신 김위 선생님, 해공신익희선생기념사업회 회장이신 현승일 전 국민대 총장님, 대구가톨릭대학교의 안중근의사연구소장이셨던 이경규 명예교수님, 안중근의사숭모회 · 기념관의 정하철 전 상임이사님, 밀양독립운동사연구소의 이성영 전 소장님과 최필숙 부소장님, 생가터 방문과 무궁화 기념식수 및 추모음악회를 주관해주신 세종파

라미타청소년협회의 회장 선보스님과 이기석 사무처장님, 한지성 대장의 독립운동 이야기를 널리 알리고 전파해주신 코레아우라 박창재 대표님, 정상규 작가님과 김동우 작가님, (사)한국자전거품화포럼의 박삼옥 회장님, 사돈지간임을 강조하며 도움을 주시는 안기영 여사님과 윤종구 선생님, 기념사업회 일에 늘 물심양면으로 크게 힘써주시는 서홍우님과 여러 회원님들, 그리고 성주신문, 대구평화방송, KBS, EBS. KTV, SK브로드 중부방송 등 언론사의 관계자 여러분, 행사 때마다 도와주신 성주군과 관계자 분들, 대구상원고등학교 관계자님, 그밖에도 도움 주셨던 모든 분께 이 지면을 빌려 감사의 말씀을 드리는 바입니다.

한지성 대장의 탄생 110주년인 2022년 7월에
조카 한춘영, 한석동, 한춘희, 한옥동, 한창동 올림

편 자

김영범(金榮範)

- 대구대학교 사회학과 교수를 지내고 현 명예교수
- 서울대학교 사회학과 및 동 대학원 졸업(사회사/역사사회학 전공, 문학박사)
- 독립기념관 한국독립운동사연구소 연구원, 비상임 연구위원, 사전 편찬위원, 학술지 편집위원장, 현 운영위원
- 대구광역시 독립운동 현창사업, 밀양시 의열기념관 · 의열체험관 건립 등 자문위원
- 진실 · 화해를 위한 과거사정리위원회 제1기 위원
- 국무총리 소속 경제 · 인문사회연구회 기획 · 평가위원
- 제8회 독립기념관 학술상(2012) 수상

■ **학술저서**

『한국 근대민족운동과 의열단』(1997), 『의열투쟁 Ⅰ-1920년대』(2009), 『혁명과 의열: 한국독립운동의 내면』(2010), 『민중의 귀환, 기억의 호출』(2010), 『의열단 · 민족혁명당 · 조선의용대의 영혼 윤세주』(2013), 공저로 『한국민족운동사연구』(2003), 『기억투쟁과 문화운동의 전개』(2004), 『경북독립운동사』 Ⅴ(2014), 『3.1운동 100년 5: 사상과 문화』(2019) 외 다수

■ **연구논문**

「한국광복군 간행 《광복》의 독립운동론」, 「조선의용대 연구」, 「민족혁명당의 결성과 그 혁명운동 노선」, 「1940년대 초 재중국 '민족좌파'의 임시정부 참여 재론」, 「조선의용대의 항일전투(참가) 실적과 화북진출 문제 재론」 외 60여 편